D1664999

Zeitschrift für Lübeckische Geschichte
102/2023

Bibliographische Information der Deutschen Nationalbibliothek
Die Deutsche Nationalbibliothek verzeichnet diese Publikation in der Deutschen Nationalbibliothek; detaillierte Daten sind im Internet über http://dnb.d-nb.de abrufbar.

Printed in Germany

Druck: Schmidt-Römhild, Lübeck

ISSN: 0083-5609

ISBN: 978-3-7950-1508-4

Zeitschrift für Lübeckische Geschichte

herausgegeben
im Auftrag des
Vereins für Lübeckische Geschichte
und Altertumskunde

von
Jan Lokers

in Zusammenarbeit mit
Meike Kruse und Dominik Kuhn

Band 102
2023

Verlag Max Schmidt-Römhild, Lübeck

Das erste Heft der „Zeitschrift des Vereins für Lübeckische Geschichte und Altertumskunde", abgekürzt ZVLGA, erschien 1855. Die Bände 1 (1860) bis 31 (1949) enthielten jeweils zwei, selten drei Hefte. Ab Bd. 32 (1951) wurde jeweils ein Jahresband herausgegeben. Seit Bd. 90 (2010) erscheint die Zeitschrift unter dem verkürzten Titel „Zeitschrift für Lübeckische Geschichte", abgekürzt ZLG.

Der Verein für Lübeckische Geschichte und Altertumskunde hat 2017 alle Bände der Mitteilungen (MVLGA) und (bis auf wenige Ausnahmen bei den aktuellen Bänden) alle Ausgaben der Zeitschrift (ZVLGA/ZLG) online gestellt, auch dank maßgeblicher Förderung der Possehl-Stiftung. Eine Volltextrecherche ist möglich unter **www.vlga.de**.

Manuskriptzusendungen und Besprechungsstücke werden an die Redaktion, Mühlendamm 1-3, 23552 Lübeck, Tel. 0451 122 4152 (Archiv der Hansestadt Lübeck) oder E-Mail: archiv@luebeck.de erbeten. Exemplare im Zeitschriftentauschverkehr ebenfalls an die genannte Adresse.

Anmeldungen zur Mitgliedschaft im Verein für Lübeckische Geschichte und Altertumskunde, die zum freien Bezug der Zeitschrift berechtigt, nimmt die Geschäftsstelle des Vereins unter der zuvor genannten Adresse oder unter **www.vlga.de/de/mitglied-werden** entgegen. Der Jahresbeitrag beträgt 40 Euro, für Studenten und Schüler ermäßigt 25 Euro.

Girokonto:
IBAN: DE 89 2305 0101 0001 0127 49 BIC: NOLADE21SPL.

Für akribisches Korrekturlesen wird Frau Prof. Dr. Antjekathrin Graßmann und Herrn Prof. Dr. Gerhard Ahrens besonders gedankt.

Die Veröffentlichung dieses Bandes wurde durch namhafte finanzielle Beihilfen der Possehl-Stiftung, der Jürgen Wessel-Stiftung und der Reinhold-Jarchow-Stiftung ermöglicht. Ihnen allen sei vielmals gedankt.

Jeder Autor ist für seinen Beitrag verantwortlich.

Auf Beschluss des Vorstands des VLGA wird in der Zeitschrift im Grundsatz das generische Maskulinum angewandt, das heißt die geschlechtsübergreifende und geschlechtsneutrale Verwendung der maskulinen Wortform als allgemeingültiger Oberbegriff.

E-Mail: archiv@luebeck.de

Internet: www.vlga.de

Inhaltsverzeichnis

Nachruf

Miszelle

Berichte

Besprechungen und Hinweise

Mitarbeiterverzeichnis

Auge, Prof. Dr. Oliver, Abteilung für Regionalgeschichte der CAU zu Kiel, oauge@email.uni-kiel.de

Bachmann, Dr. Sarah, Universität Hamburg, Fakultät für Rechtsgeschichte, Rothenbaumchaussee 33, 20148 Hamburg

Bailly, Klaus, Dreeblöcken 22, 23570 Lübeck-Travemünde

Behm, Ann-Mailin, M.A.

Bickelmann, Dr. Hartmut, Gartenstr. 7, 23564 Lübeck

Böttcher, Hans-Ernst, heboettcher@gmail.com

Dubisch, André, Dipl.-Prähist., Europäisches Hansemuseum, An der Untertrave 1, 23552 Lübeck

Eickhölter, Dr. Manfred, Grüner Weg 56, 23556 Lübeck

Freiesleben, Prof. Dipl.-Ing. Antje, Bayernallee 47, 14052 Berlin

Freiesleben, Dr. med. habil. Heiner, Engelsgrube 45, 23552 Lübeck

Freytag, Prof. Dr. Hartmut, Wakenitzstr. 46, 23564 Lübeck

Füting, Dr. Susanne, Museum für Natur und Umwelt, Mühlendamm 1-3, 23552 Lübeck

Grabowski, Mieczysław, Bereich Archäologie und Denkmalpflege der Hansestadt Lübeck, Abt. Archäologie, Meesenring 8, 23566 Lübeck

Graßmann, Prof. Dr. Antjekathrin, Archiv der Hansestadt Lübeck, Mühlendamm 1-3, 23552 Lübeck

Häckermann, Ursula, Käthe-Kollwitz-Weg 28, 23558 Lübeck

Hemmie, Dr. Dagmar, Stadtarchiv Rendsburg, Am Gymnasium 4, 24768 Rendsburg

Hesse, Wolfgang, Strandredder 4, 23570 Lübeck-Travemünde

Hunecke, Dr. Irmgard, Am Brink 5, 23689 Scharbeutz-Gleschendorf

Iwanov, Dr. Iwan, Johannes Gutenberg-Universität Mainz, Arbeitsbereich Osteuropäische Geschichte, Jakob-Welder-Weg 18, 55128 Mainz

Jaehn, Dr. Max Reinhard, Schürbeker Str. 7, 22087 Hamburg

Jessen, Thorsten, Pastor, Bäckerstr. 3-5, 23564 Lübeck

Jones, Dr. Evan, University of Bristol, Department of History, 13 Woodland Rd, UK-Bristol BS8 1TE

Kala, Dr. Tiina, Stadtarchiv Tallinn / Tallinna Linnaarhiiv, Tolli 6, 10133 EST-Tallinn

Koppe, Gert, Lakweg 9 b, 24568 Kaltenkirchen

Kruse, Dr. Meike, Archiv der Hansestadt Lübeck, Mühlendamm 1-3, 23552 Lübeck

Kugler-Weiemann, Heidemarie

Kuhn, Dr. Dominik, Archiv der Hansestadt Lübeck, Mühlendamm 1-3, 23552 Lübeck

Letz, Kerstin, Dipl.-Archivarin, Archiv der Hansestadt Lübeck, Mühlendamm 1-3, 23552 Lübeck

Lokers, Dr. Jan, Archiv der Hansestadt Lübeck, Mühlendamm 1-3, 23552 Lübeck

Lutter, Marianne, M.A., Bereich Archäologie und Denkmalpflege der Hansestadt Lübeck, Abt. Denkmalpflege, Königstr. 21, 23552 Lübeck

Pelc, Dr. Ortwin, Halstenbeker Weg 65, 22523 Hamburg

Petersen, Dr. Niels, Georg-August-Universität, Institut für Historische Landesforschung, Heinrich-Düker-Weg 14, 37073 Göttingen

Puhle, Prof. Dr. Matthias, Lerchenwuhne 37, 39128 Magdeburg

Rathmer, Christian, M.A., Kulturstiftung Hansestadt Lübeck, die Lübecker Museen, Industriemuseum Geschichtswerkstatt Herrenwyk, Kokerstr. 1-3, 23569 Lübeck

Rieger, Dr. Dirk, Bereich Archäologie und Denkmalpflege der Hansestadt Lübeck, Meesenring 8, 23566 Lübeck

Rösch, Dr. Felix, Bereich Archäologie und Denkmalpflege der Hansestadt Lübeck, Abt. Archäologie, Meesenring 8, 23566 Lübeck

Seemann, Dr. Markus, Stadtarchiv Augsburg, Zur Kammgarnspinnerei 11, 86153 Augsburg

Seggern, Prof. Dr. Harm von, Christian-Albrechts-Universität zu Kiel, Historisches Seminar, Ohlshausenstr. 40, 24098 Kiel

Spies, Dr. Hans-Bernd, M.A., Neubaustr. 27, 63814 Mainaschaff

Sudhoff, Dr. Ingrid, Bereich Archäologie und Denkmalpflege der Hansestadt Lübeck, Abt. Archäologie, Meesenring 8, 23566 Lübeck

Szperalski, Gerhard, An der Mauer 86, 23552 Lübeck

Tanck, Dr. Claudia, Ev.-Luth. Kirchenkreis Lübeck-Lauenburg, Archiv, Bäckerstr. 3-5, 23564 Lübeck

Vogeler, Dr. Hildegard, Wakenitzstr. 46, 23564 Lübeck

Wegner, Hauke, Oberschule zum Dom, Domkirchhof 1-3, 23552 Lübeck

Weinke, Dr. Wilfried, w.weinke@t-online.de

Wolf, Prof. Dr. Jürgen, Philipps-Universität Marburg, Institut für Deutsche Philologie des Mittelalters, Deutschhausstr. 15, 35032 Marburg

Die Schlacht von Bornhöved (1227) und die Legende der Lübecker Stadtheiligen Maria Magdalena[1]

Hildegard Vogeler und Hartmut Freytag

Die Schlacht von Bornhöved (Abb. 1) markiert einen Höhepunkt in der mittelalterlichen Geschichte Lübecks, und zwar das Ende der ein Vierteljahrhundert währenden dänischen Herrschaft über die Stadt und den Ausgangspunkt für ihre rapide Entwicklung zu einer – wenn auch vorübergehenden – Führungsmacht im Ostseeraum. Diesen Prozess hat man in der lübeckischen Geschichtsschreibung schon bald sehr wohl wahrgenommen und die Erinnerung an die erfolgreich gegen das überlegene dänische Königreich geschlagene Schlacht noch lange im städti-

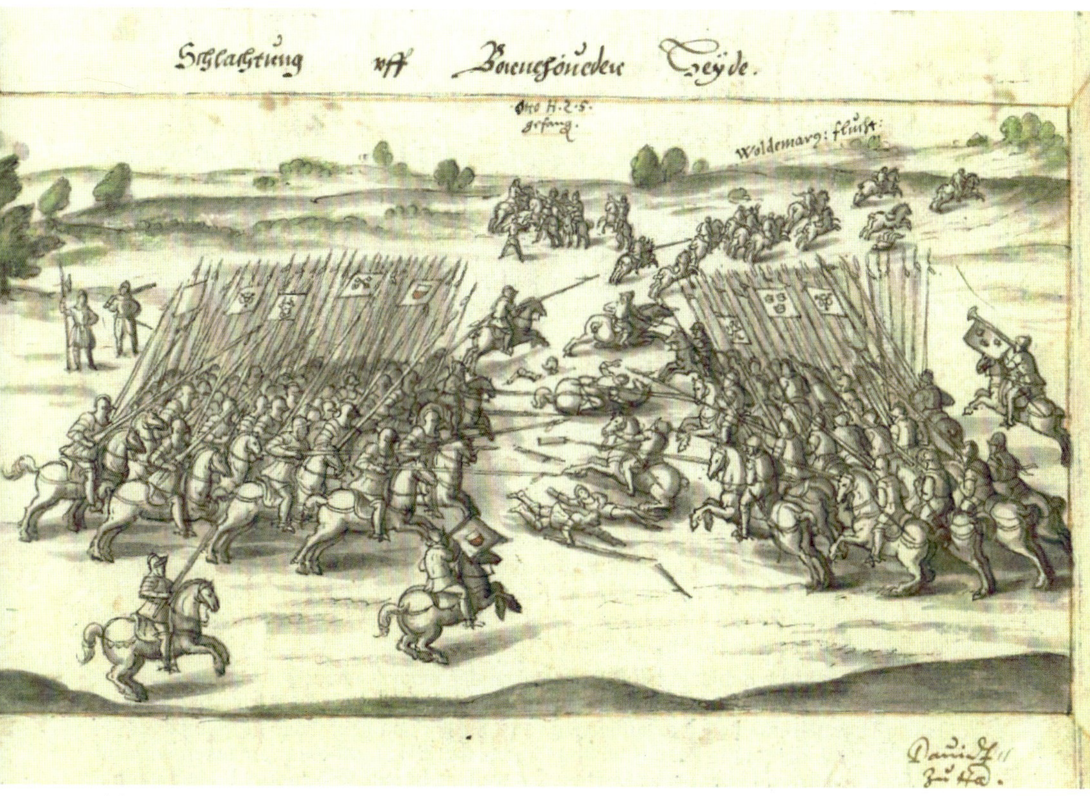

Abb. 1: Rehbeinchronik (um 1600), Schlacht bei Bornhöved. Stadtbibliothek Lübeck

1 Der Wortlaut des Aufsatzes entspricht weithin dem unseres gleichlautenden Vortrags, den wir am 13. Juli 2022 im Rahmen des 400jährigen Jubiläums der Stadtbibliothek Lübeck ebenda im Scharbausaal gehalten haben. Diesem Beitrag hinzugefügt haben wir die Fußnoten und das Literaturverzeichnis; die seinerzeit zur Illustration unserer Worte gezeigten Farbfotos haben wir auf die gute Hälfte reduziert. – Antjekathrin Graßmann und Gerhard Ahrens danken wir dafür, dass sie das Manuskript des Aufsatzes gegengelesen und uns manchen nützlichen Tipp gegeben haben.

schen Gedächtnis bewahrt.[2] So ist es dazu gekommen, dass der am Tag der heiligen Maria Magdalena bei Bornhöved erstrittene Sieg des vereinigten Lübecker Heeres vom 22. Juli 1227 noch weit mehr als 200 Jahre danach sowohl in der lokalen Historiographie als auch in der sakralen Kunst und Literatur der Hansestadt eine gleichsam religiöse Überhöhung erfahren hat. Ja, wenn man die letzten Zeugnisse ihrer Rezeption berücksichtigt, so ist dieses Ereignis mit unserem heutigen Vortrag anlässlich der Feiern zum 400jährigen Bestehen der Stadtbibliothek schon bald 800 Jahre im kulturellen Gedächtnis der alten Hansestadt unvergessen geblieben.[3]

So wollen wir denn am heutigen Sommerabend skizzieren, wie vor allem der Lübecker Stadtchronist Hermann Korner im Späten Mittelalter vom Wunder der Schlacht von Bornhöved berichtet, ihren Verlauf und ihre Folgen darstellt und erzählt. Noch mehr interessiert uns aber, wie und in welcher Absicht er den für die Geschichte der Stadt glücklichen Ausgang der Schlacht deutet. Darüber wollen wir heute sprechen – zehn Tage vor dem Namenstag der heiligen Maria Magdalena, der noch mehr als 275 Jahre nach der Reformation in Lübeck alljährlich feierlich begangen wurde, ehe er im beginnenden 19. Jahrhundert wie so viele andere Traditionen auch so gut wie sang- und klanglos aus dem Kalender der in der Stadt begangenen Feste verschwunden ist. Dieses Phänomen hat der Lübecker Oberappellationsrat und Senator Johann Friedrich Hach[4] in seinem zweiteiligen Dienstagsvortrag in der „Gemeinnützigen" vom 11. und 18. November 1823 über „Veränderungen in unserer Vaterstadt im Laufe der letzten 50 Jahre" ebenso lakonisch wie bedauernd konstatiert: „Dankfeste, d. h. kleine nachträgliche Reden nach beendigter Predigt, zum Andenken merkwürdiger [d.h. denkwürdiger] Begebenheiten, worunter der Freiheitskampf dieser Stadt bey Bornhoevt vor allen andern bemerkt zu werden verdient, sind abgestellt worden."[5] Dem zum Trotz gedachten die „Lübeckischen Blätter" anlässlich der 600. und 700. Wiederkehr des Tages der Schlacht von Bornhöved in den Jahren 1827 und 1927 in nicht persönlich gezeichneten anonymen Artikeln mit gebührendem Pathos dieses Höhepunktes in der vaterländischen Geschichte und Hagiographie.[6]

---

2 Über die innerstädtische Erinnerungskultur am Beispiel zweier herausragender Ereignisse der frühen lübeckischen Geschichte, und zwar die Stadtgründung Lübecks von 1143 (bzw. 1158/59 und 1226) sowie die Erhebung Lübecks zur Reichsstadt im Jahr 1226 handeln Hammel-Kiesow (2014) und Lokers (2014).

3 Über die Schlacht bei Bornhöved in der lübeckischen Erinnerungskultur des Späten Mittelalters und der Frühen Neuzeit handelt in seiner geschichtswissenschaftlichen Dissertation ebenso detailliert wie ausführlich und überzeugend Möbius (2011): 131-205; vgl. hierzu die Rezension von Graßmann (2012). Möbius verdanken wir zahlreiche Hinweise auf historische Quellen und weiterführende wissenschaftliche Literatur.

4 Zur außergewöhnlichen Bedeutung Hachs unter anderem für die lübeckische Geschichte vgl. Graßmann (1994): 150-154.

5 Hach (1823): 77; vgl. auch Hammel-Kiesow (2014): 80.

6 Vgl. Anonymus (1827): 143f.; Anonymus (1927): 521-523. – Ob die 1946 erstmals erwähnte Bornhövedstraße in Lübeck sich auf die historische Schlacht bezieht, scheint uns fraglich, da andere Straßen in diesem Siedlungsgebiet nach Ortschaften in Schleswig-Holstein benannt worden sind; vgl. Ahrens und Sinner (2019): 71. Die Autoren weisen in ihrem Artikel zum Straßennamen ausführlich auf die Bedeutung der Schlacht für die lübeckische Geschichte hin.

Kurz vor der Jahrtausendwende hat Ingaburgh Klatt in ihrer Funktion als Leiterin des Burgklosters die Maria Magdalenen-Feste – losgelöst von der historischen Schlacht – in Erinnerung an die Stadtheilige im Jahr 1992 wiederbelebt und bis ins Jahr 2011 im Burgkloster veranstaltet.[7]

Eines wollen wir jedoch schon hier dem Folgenden vorausschicken: Den maßgeblichen Kräften der Stadt und nicht zuletzt ihrem Chronisten Hermann Korner war durchaus an der manipulierten, religiös überhöhten Interpretation des kriegerischen Aufeinandertreffens zwischen den Dänen und dem vereinigten Lübecker Heer gelegen; denn auf ihr gründet die selbstbewusste Adaptation, die dieses historische Ereignis als Höhepunkt der mittelalterlichen Stadtgeschichte in der historischen Wahrnehmung Lübecks finden sollte – und zwar sowohl im Rathaus, dem politischen Zentrum der Stadt, als auch im geweihten Raum der Kirche und nicht zuletzt im repräsentativen, über Lübeck hinaus wirkenden, damals noch sehr jungen Medium der Kunst des frühen deutschen Buchdrucks, in dem Lübeck im ausgehenden Mittelalter in Nordeuropa eine herausragende Stellung eingenommen hat.

Lassen Sie uns mit dem mittelniederdeutschen Bericht des Chronisten Hermann Korner über die Schlacht von Bornhöved beginnen, da er allen Lübecker Text- und Bildzeugnissen, die wir behandeln, mittel- oder unmittelbar zugrunde liegt. Damit wir den Auszug aus der Chronik leichter verstehen, übersetzen wir die mehr als 200 Jahre nach der Schlacht vor dem Jahr 1438 entstandene Quelle ins Neuhochdeutsche, wobei wir uns darum bemühen, das Original sprachlich, stilistisch und historisch nicht modernisierend zu verbiegen, sondern es in Maßen transparent werden zu lassen. Erst in Gestalt dieses – wir sagten es gerade – 200 Jahre nach dem Aufeinandertreffen der Combattanten von Bornhöved verfassten Textes scheint der Maria Magdalenen-Kult mit dem Mirakel der Heiligen in Lübeck seine öffentliche Wirkung entfaltet zu haben.

Wir zitieren nun ausführlich die Abschnitte 120 und 121 aus der Chronik:

> Zu derselben Zeit da schickten die Bürger der Stadt Lübeck zu Kaiser Friedrich [II.] rechtschaffene Sendboten und vertrauten ihm ihre Stadt an, damit er sie unter die Krone des Reiches nehme und als Reichsstadt beschirme wie sein [Groß-] Vater Kaiser Friedrich I. [Barbarossa] sie mit dem Schwert auf rechte Weise für das Reich gewonnen hatte; denn sie wollten lieber ihm zinspflichtig und untertan sein als den Dänen. Diese freiwillige Zusage ihrer Stadt nahm der Kaiser dankbar entgegen und stellte sie mit ihren Einwohnern unter seinen Schutz und in die Gewalt des Reiches. Sodann nahm er ihre Huldigung entgegen und löste sie aus ihrem Gelöbnis und dem Treueid, den sie König Waldemar geleistet hatten – auf rechte Weise und ohne jede Einschränkung. Darauf verneigte sich der Kaiser und bestätigte all ihre Freiheit sowie auch ihre Privilegien und erweiterte sie noch in seiner großen Gnade.
>
> Als König Waldemar dieses vernommen hatte, war er darüber verärgert und nahm es ihnen sehr übel, dass sie ihn verschmäht und sich ohne sein Wissen unter den Schutz Kaiser Friedrichs II. begeben hatten. So ließ er der Stadt und ihren Einwohnern vermelden und gebot ihnen, sich zu einem bestimmten Tag für den Kampf zu rüsten, denn er wollte an einer festgesetzten Stelle bei Bornhöved auf sie stoßen. Deshalb versammelte er ein starkes Heer von allen den Seinen und schrieb auch ringsherum seinen Freunden und

7 In den Kontext der Initiative gehört auch die bronzene Plastik der Maria Magdalena von Kiki Smith (1994) auf dem ehemaligen Gefängnishof im Lübecker Burgkloster, die auf die befreite Sünderin anspielen soll.

brachte so viel Volkes zusammen. Auf diese Weise zwang er unter Drohungen auch die Dithmarscher, ihm gegen die Leute von Lübeck zu helfen, die ihm die Treue gebrochen hätten, wie er behauptete; das mussten sie ihm da wider ihren Willen glauben. Die von Lübeck ließen unterdessen auch ihrerseits keineswegs Zeit verstreichen und schilderten dem Kaiser sehr schnell ihre Not. Dieser sandte ihnen umgehend 200 bewaffnete Männer und schrieb auch seinen Fürsten und Herren, die in der Nähe von Lübeck residierten, sie sollten ihnen helfen. Auf die Weise kam [en] der Stadt zu Hilfe Bischof Gerhard von Bremen, Herzog Albrecht von Sachsen, Graf Adolf von Holstein, Graf Hinrich von Schwerin und Borwin, der Herr der Wenden. Diese Fürsten und Herren kamen denen von Lübeck mit viel Volk [zu Hilfe]. Deshalb trafen sie mit den Bürgern [von Lübeck] zusammen, deren Befehlshaber Alexander von Salzwedel war, ein sehr mutiger Held, und außerdem [vereinten sie sich] mit den Söldnern des Kaisers (siehe Abb. 1). Und [sie] zogen aus der Stadt am Tage der Heiligen Maria Magdalena mit ihrem stolzen Heer in Reih und Glied gemäß dem Rang und der Würde der Fürsten. Des Kaisers Banner trug ein Ritter vornweg, der die Bewaffneten des Kaisers befehligte. Danach zog das Banner des Erzbischofs von Bremen, dem das Banner des Herzogs von Sachsen folgte. Nach dieser Schar zog des Grafen von Holstein Volk und nach ihm das des Grafen Hinrich von Schwerin, dem sogleich das Banner des Herrn über die Wenden folgte. Den Abschluss des Heereszugs bildete das Rot und Weiß [des Lübecker Banners], das der rechtschaffene, kampfentschlossene Held Alexander, der Lübecker Bürgermeister, sich vorantragen ließ. Diesem folgte er mit seinen stolzen Waffenträgern. Der ganze Rat von Lübeck kam an dem Morgen zusammen, als das Heer ausziehen wollte, und sie gelobten Gott und der edlen Heiligen Maria Magdalena, dass – würde es sich aufgrund der Gnade Gottes und des Verdienstes der Heiligen so fügen, dass die Stadt den Sieg davon trage – sie zu Ehren Gottes und der Heiligen Maria Magdalena ein Kloster an der Stätte erbauen würden, wo die [dänische] Zwingburg stehe. Ferner sollte die Heilige Maria Magdalena Patronin und Schutzheilige des Klosters sein, und sie wollten ihr zu Ehren alljährlich an diesem Tage [22. Juli] für alle Zeiten die Armen durch Almosen speisen. Nachdem das ehrbare Heer so [in dieser Formation] auf der Heide von Bornhöved eingetroffen war, stießen sie dort auf den [dänischen] König mit den Seinen. Als die Dithmarscher das Heer der Lübecker so mächtig gestärkt mit vielen Fürsten und Herren, Bannern und Waffenröcken erblickten und sich dessen bewusst wurden, dass die Stadt ihnen allzeit wohl zugetan war und ihnen lange genützt hatte und sie sich von ihnen auch nicht selbst losgesagt hatten, sondern vielmehr, dass sie gegen ihren Willen dazu gebracht worden waren, – aus diesem Grunde traten sie alle einträchtig [zu den Lübeckern] über und stellten sich unter das lübeckische Banner. Da der [dänische] König dessen gewahr wurde und auch die Helfer [Hilfstruppen] der Lübecker mit ihren Bannern bemerkte, war er sehr entsetzt. Doch fasste er nun Mut, und sie schickten ihre vordersten Reihen auf beiden Seiten vor, und beide Heere stießen voller Kampfeswillen aufeinander. In diesem Moment konnte man dort ein großes Wunderwerk von Gott schauen: Das lübeckische Heer wurde da von der Sonne geblendet, und das war für sie ein sehr großes Hindernis. Sogleich sah man da auch offenbar eine Frauengestalt in der Luft heran kommen und sich zwischen die Sonne und das lübeckische Heer setzen; und der Sonne Strahlen wandten sich gegen die Augen der Dänen. Aufgrund dieser Erscheinung wurden die Deutschen insgesamt erfreut und gestärkt und griffen da die Dänen voller Entschlossenheit an. Da wurde dort mannhaft gefochten auf beiden Seiten, und es fielen viele Helden hier und dort. Zu guter Letzt schenkte Gott den Bürgern von Lübeck seinen Segen, so dass sie die Dänen an diesem Tage überwanden, unzählige von ihnen erschlugen und auch viele von ihnen gefangen nahmen. Die Krone [Dänemarks] räumte da das Feld und kam nur gerade eben mit wenigen Mannen davon. Dort wurden da gefangen genommen Herr Otto von Lüneburg und zwei Bischöfe aus Dänemark mit vielen Rittern und Knappen; Herzog Abel von Schleswig, der Sohn des Königs, war da gemeinsam mit dem Vater geflohen. Also zogen da die Lübecker mit ihren Fürsten von dannen und kamen voller Freude nach Lübeck. Da übergaben sie Otto von Lüneburg dem Herzog Albrecht von Sachsen und die Bischöfe dem Grafen Adolf von Holstein, und der Bischof von Bremen erhielt vier mächtige Ritter; und den anderen Herren teilten sie wunschgemäß die Gefangenen zu – einem jeden, wie es sich gehörte. Gleich nachdem sie in ihre Stadt gekommen waren, da zogen sie mit dem Heer vor die [dänische] Zwingburg und eroberten sie ohne große Mühen und schleiften sie bis auf die Grundmauern. Darauf erbauten sie auf dieser Stätte ein Mönchskloster, gerade so wie sie es Gott und der Heiligen Maria Magdalena gelobt hatten, und sie ließen die Predigermönche aus Magdeburg und aus Bremen holen und übergaben ihnen das Kloster zu Ehren der Heiligen Maria Magdalena. Außerdem verpflichteten sich die Bürger in ewiger Dankbarkeit für den Sieg und zu seinem Gedenken alljährlich am St. Maria Magdalenen-Tag zu einer allgemeinen Spende, und zwar einem Pfennig für alle Armen, und die Brüder schenkten in ihrem Kloster des selbigen Tages Jahr für Jahr allen Armen eine Kanne Bier, Gott und der Heiligen Maria Magdalena zu Ehren. So wurde die ehrbare Stadt Lübeck aus den Händen der Dänen befreit und blieb kaiserfrei, in Zukunft wie dazumal zuvor.[8]

Die bildliche Darstellung der Schlacht von Bornhöved im Gemäldezyklus der Hörkammer im Lübecker Rathaus

Als herausragendes historisches Ereignis steht die am Maria Magdalenen-Tag des Jahres 1227 bei Bornhöved geschlagene Schlacht im Brennpunkt der Geschichte Lübecks. Insbesondere dringt sie durch Hermann Korner in die ratsfreundliche Chronistik sowie auch in das Bewusstsein der Bürger ein. Ja, die hierauf zurückzuführende Berichterstattung ist sogar mit vier von insgesamt 15 Bildern im Lübecker Rathaus illustriert worden.[9] Die in der ersten Hälfte des 15. Jahrhunderts entstandene historische Gemälde-Sequenz aus der Geschichte der Stadt von ihrer sagenhaften Gründung bis hin zum Besuch Kaiser Karls IV. im Jahr 1375 schmückte Jahrhunderte lang die Hörkammer, einen langen schmalen Raum von 5 x 11 Metern an der Westseite des Audienzsaales, in dem „zeitweise die Bürgermeisterwahlen stattfanden“ und der „vermutlich nur dem Rat und seinen Gästen zugänglich war“[10] sowie für vertrauliche Vorgespräche und Verhandlungen des Rates genutzt wurde.[11] Die Bilder selbst sind durch viele Umbauten im Rathaus verdeckt oder zerstört worden. Ihre Beischriften haben sich jedoch durch Aufzeichnungen Jacob von Melles († 1743), des hochgebildeten Lübecker Historiographen und Seniors von St. Marien, erhalten.[12]

Die „Bau- und Kunstdenkmäler der Hansestadt Lübeck“ drucken von Melles Beschreibung der Gemälde der Hörkammer ausführlich ab und zitieren die zu den 15 Bildern angebrachten Beischriften.[13] Im Jahr 1796 wurden die Wandgemälde, wie es zu der Zeit mit farbigen Bildern häufig geschah, „mit grauer

8 Korner (1895): 537-539. Hier nach unserer Übertragung ins Neuhochdeutsche.

9 Zum Bildzyklus der Hörkammer und ihrem Bezug vor allem auf die „Chronica Novella“ Korners vgl. besonders Möbius (2011): 153-166.

10 Hammel-Kiesow (2014): 80.

11 Möhlenkamp (1998): 11-27; zuvor besonders BuKD I.2 (1974): 177-180.

12 Ebd.: 178f.

13 Zur Datierung des Gemäldezyklus in der Hörkammer vgl. u.a. Hasse (1893): 83; Jaacks (1998): 35, 37f.; Möhlenkamp (1998): 24f.; Möbius (2011): 153.

Wasser-Farbe“ überstrichen.[14] In unserem Zusammenhang wollen wir hier lediglich vier Bildtitel aufführen, die die Voraussetzungen für die Schlacht, diese selbst und ihre Folgen betreffen[15]:

„Hir winnen de Borger dat Schlot“

„Hir oferwinnen de Lübeckschen den Konink van Dennemarck [...] up sunte Marya Magdalene Dag, by Bornhoft disse Feltschlacht geschach“

„Hir benedyet Marya Magdalene dat Lübecksche Heer“

„Hir wert den Prediker de Borch ingefen“

Schon von Melle bemerkt, dass sich bei verschiedenen Restaurierungen und namentlich bei der Renovierung von 1695 „manche Jrthümer, sonderlich der Jahrzahlen, mit eingeschlichen“ hätten,[16] und die „Bau- und Kunstdenkmäler“ bedauern den Verlust der alten Wandgemälde aufgrund der baulichen Veränderungen innerhalb des Raumes, schließen aber die Möglichkeit nicht aus, dass die Bilder sich zum Teil noch unter dem Putz erhalten hätten.[17] Diese Vermutung sollte sich bewahrheiten, und so schätzen wir uns glücklich, dass es sich im Rahmen der Untersuchungen durch die städtische Denkmalpflege in den neunziger Jahren des 20. Jahrhunderts ergab, dass das zwölfte Bild mit der die Lübecker in der Schlacht bei Bornhöved segnenden Stadtheiligen als einzige Szene großenteils erhalten ist (Abb. 2). Hierüber hat die Denkmalpflegerin Annegret Möhlenkamp ausführlich gehandelt.[18] So beschreibt sie die Maria Magdalenen-Szene der Schlacht, die für sich genommen eine Gemäldefläche von knapp 1 ½ zu 2 ½ Metern einnimmt.[19] Das Wandbild zeigt im Vordergrund verschiedene, im Betgestus auf die Knie gesunkene Personen in Plattenharnischen, unter ihnen zur

Abb. 2: Hörkammer im Rathaus: Die Hl. Maria Magdalena segnet das Lübecker Heer. Denkmalpflege der Hansestadt Lübeck

14 BuKD I.2 (1974): 178f.

15 Hasse (1893): 84.

16 Zitiert BuKD I.2 (1974): 179.

17 Ebd.

18 Möhlenkamp (1998): 11-27.

19 Ebd.: 16-18.

Rechten zwei optisch hervorgehobene Würdenträger, die sich von den anderen durch ihr vornehmes modisches Obergewand über der Rüstung und durch das Banner in den lübeckischen Farben weiß und rot auszeichnen.[20] Über ihren Häuptern schwebt die Heilige in einem Wolkenkranz inmitten des Bildes – mit ihrem Attribut, dem Salbgefäß, in der linken Hand. Ihre Rechte ist im Segensgestus erhoben. Der gemessen am Vordergrund schmale Streifen des Bildhintergrundes lässt sich schwer beschreiben, da er nur schlecht erhalten ist.

Laut Möhlenkamp geht die Szene auf Korner zurück, der die Schlacht, das himmlische Wunder und den Sieg des Lübecker Heeres sowie seine besondere politische Bedeutung für die Stadt hervorgehoben habe.[21] Im Unterschied zum Chronisten, der das Wunderwerk beredt ausmalt, stellt das Bild in der Hörkammer aber nicht dar, wie die Heilige die Sonnenstrahlen zugunsten des Lübecker Heeres auf seine Gegner umlenkt. Vielmehr scheint Maria Magdalena aus der Höhe herab durch den Segensgestus anzudeuten, dass sie das Gebet und das Gelübde der knienden Personen angenommen hat. Entsprechend fasst die Beischrift zum Bild das Fazit ihres Tuns knapp zusammen: „Hir benedyet Marya Magdalene dat Lübecksche Heer" („Hier segnet Maria Magdalena das lübeckische Heer"). Die stolze und erbauliche historische Serie der 15 Bilder im Rathaus zeigt, dass Lübeck im Verlauf der Schlacht unter dem Schutz Gottes und seiner Heiligen steht.

Unser Wissen um die Darstellung der Schlacht von Bornhöved, wie sie das Fragment der Hörkammer nur unvollständig erhalten hat, können wir um die Chronik Heinrich Rehbeins († 1629) ergänzen, der sich in Bild und Text mit der Schlacht und dem Maria Magdalenen-Wunder auseinandersetzt und kein anderes Ereignis so ausführlich dargestellt hat.[22] Das Geschehen illustriert Rehbein mit zwei Bildern, die die Kenntnis der Gemälde der Hörkammer voraussetzen. Die Beischrift zur ersten der beiden Abbildungen lautet: „Alexander van Soltwedel: Capitein betet zu dem Herrn fur der schlacht." Sie ersetzt damit aus entschieden nachreformatorischer Zeit nicht unwesentlich die alte Beischrift der Hörkammer: „Hir benedyet Marya Magdalene dat Lübecksche Heer." Die starke Anlehnung an die entsprechende Szene in der Hörkammer zeigt auch die in der Mitte am oberen Rand über den Köpfen der betenden Ratsherren schwebende Gestalt (Abb. 3). Bei ihr macht sich zweifellos bemerkbar, dass zwischen der Darstellung in der Hörkammer und ihrer Rezeption bei Rehbein die Zeitenwende der Reformation verläuft, die sich im Jahr 1531 in Lübeck vollzogen hat. Mit ihr ist die Wunder wirkende Kraft der Heiligen infolge von Luthers Lehre, dass allein Gott Heil wirkt, zurückgedrängt. Dies hat zur Folge, dass Gottvater in Rehbeins Illustration selbst an die Stelle der Maria Magdalena getreten ist und groteskerweise ihr Attribut, die Salbbüchse, in seiner Rechten hält, während er seine Linke im Segensgestus über der knienden Gruppe erhebt (Abb. 4). Nicht nur das Relikt des Salbgefäßes, sondern auch die im Segensgestus erhobene

---

20 Zu den Gewändern der Figuren auf dem Wandbild Jaacks (1998): 35-39.

21 Möhlenkamp (1998): 18.

22 Über Hinrich Rehbeins Darstellung der Schlacht von Bornhöved im Text und in den Illustrationen seiner Chronik handelt ausführlich Möbius (2011): 157-162, 191-202; vgl. auch Mührenberg (2003): 125-127; Schweitzer (2003): 210f.; Buske (2018): 156-158.

Abb. 3: Rehbeinchronik (um 1600), Betende Ratsherren und Gottvater mit der Salbbüchse. Stadtbibliothek Lübeck

Linke offenbart, dass dem Chronisten ebenso wie seinem Illustrator das Wissen um den alten Glauben und seinen Ritus nicht mehr geläufig ist.

Was das Mirakel der Heiligen betrifft, so distanziert sich Rehbein hiervon im Text in aller Deutlichkeit, indem er seinen Einwand durch die Kürzel „NB“ markiert, d.h. „Nota bene“ („Merke wohl!“). Hierauf folgt im Text der Rehbein-Chronik als Warnhinweis für den Leser am Rand der Seite das Wort „Aberglaube“ und im Innern des Textes nach einem erneuten „Nota bene“ der Satz: „Hir von haben die altten Catholischen in altten Jahren, treflig viel gefabulirt [„blumenreich erzählt, ausgemalt“] und gesagt, daz es die heillige Maria Magdalena gethan, damidt: und daß sie ihren langen mandtel für die Sonne außgespreitet.“[23]

Im Exkurs dieses Absatzes wollen wir an wenigen repräsentativen Beispielen zeigen, auf welche Weise Lübecker Historiographen nach der Zeitenwende der Reformation das legendenhafte Wunder der Stadtheiligen Maria Magdalena im Kontext der Schlacht von Bornhöved kommentieren zu müssen meinten. So hat der im Übrigen ebenso gelehrte wie hoch angesehene Lübecker Senior und evangelisch-lutherische Hauptpastor von St. Marien Jacob von Melle es sich nicht nehmen lassen, in der zweiten Auflage seines Werkes „Gründliche Nach-

23 Rehbein (MS Lub 56): 172; vgl. hierzu Möbius (2011): 193.

richt, von der Kayserlichen, Freyen, und des H. Römisch. Reichs Stadt, Lübeck" aus dem Jahr 1742 zu Beginn des Kapitels über die Gründung des Burgklosters gegen den katholischen Glauben zu polemisieren, wenn er schreibt, die Lübecker hätten 1227 am „S. Marien Magdalenen Tage, bey Bornhövet einen herrlichen Sieg erhalten, welchen sie (dem damaligen Wahn nach) gedachter Heiligen zugeschrieben".[24] In der dritten Auflage eben dieses Werkes aus dem Jahr 1787 vermerkt ihr Herausgeber Johann Hermann Schnobel ebenso versöhnlich wie amüsiert und amüsant, die Lübecker hätten das nach der Schlacht gegründete Kloster „doch wohl aus wahrer Achtung und Dankbarkeit gegen diese Heilige" nach Maria Magdalena benannt, „welche an dem, ihrem Andenken gewidmeten siegreichem Tage, mit ihrem Rocke vor der Sonne sich so ausnehmend gefällig gegen die Lübecker erwiesen hatte."[25] Ebenso wenig ignorieren wollen wir in diesem Zusammenhang den folgenden Satz aus dem Artikel zu unserer Heiligen im „Handwörterbuch des deutschen Aberglaubens": „Eines ihrer größten Wunder ist der Schutz, den sie in der Schlacht bei Bornhöved (1227) den Holsteinern, Ditmarschen [sic!] und Lübeckern gegen die Dänen dadurch erwies, daß sie sie mit ihrem Gewande vor der Sonne schützte."[26]

Abb. 4: Gottvater mit der Salbbüchse, Detail. Stadtbibliothek Lübeck

Das letzte mit der Schlacht verbundene, aber nicht erhaltene Bild der Hörkammer zeigt die Einsetzung der Dominikanermönche in das aufgrund des Gelübdes gegründete Burgkloster. Dieses Ereignis hat der Chronist Rehbein in einer Illustration festgehalten, die gewiss auch auf die Hörkammer zurückgeht; denn Rehbeins Überschrift der Illustration („Hir wert den München das

24 Von Melle (1742): 204.

25 Schnobel (1787): 268. Vgl. auch Becker (1782): 184f.: „Die Hitze des Tages hatte die Kämpfenden ermüdet, und die verbündete Armee, welche die Strahlen der Sonne vor sich hatte, wäre durch diesen Umstand beinahe in Unordnung gerathen, wenn nicht Graf Adolph von Holstein den Wankenden neuen Muth eingesprochen, und durch eine geschickte Wendung den Stand der Schlachtordnung verändert hätte, wobey die Kämpfenden auf eine Zeitlang zum guten Glücke durch ein Gewölk wider die blendenden Sonnenstrahlen gedeckt wurden, welche nachher den Dänen beschwerlich zu werden anfingen. Damals ging der Streit gleichsam von neuem an, die Verbündeten verdoppelten ihren Eifer. [...] Der abergläubige Haufe eignete [...] Maria Magdalena [,an deren Namenstage vorgerühmter Sieg erfochten war,] den Sieg zu, weil sie die Wolke herbeygeführet, und dadurch den Lübeckern wider die Sonne Schatten verschaffet, durch ihre eigene Strahlen aber den Dänen das Gesicht geblendet habe."

26 Sartori (1932/33): 168f. mit Anm. 5.

Burgk Closter übergeben“) setzt die durch von Melle überlieferte Beischrift zu dem Gemälde in der Hörkammer voraus („Hir wert den Prediker de Borch ingefen“).[27]

Wie die „Bau- und Kunstdenkmäler“ vermerken, wurden zwei Jahre nach dem Sieg des Lübecker Heeres Dominikanermönche aus Bremen und Magdeburg in die Stadt geholt.[28] Ferner hält das große kunst- und architekturhistorische Lübecker Werk des 20. Jahrhunderts fest, dass das Burgkloster beim großen Stadtbrand, der Lübeck 1276, also ein halbes Jahrhundert nach der Schlacht heimsuchte, zerstört wurde. Erst 40 Jahre später sollte Bischof Bockholt am Tag der Kreuzfindung am 3. Mai 1319 die neue Burgkirche nach vielen Auseinandersetzungen zwischen seinen Vorgängern vom Domkapitel und der Stadt endlich weihen.[29] Eine in den Chroniken und im Lübecker Urkundenbuch besonders hervorgehobene Phase des Ausbaus der Klosterkirche markieren die sich von 1399 bis über das erste Viertel des 15. Jahrhunderts hinziehenden Ausschmückungen der Burgkirche, die auf den immensen Betrag von 1.600 Mark, die der Münzmeister Petrus Huek hierfür gestiftet hatte, zurückgingen.[30] Mit ihr ermöglichte der Stifter den aufwendigen Neubau und die Ausstattung des gesamten Chores (Abb. 5). Besonders imposant muss dabei der Anblick der monumentalen Fenster gewesen sein, die mit ihren sechs Bahnen den Chor im Osten dominierten. Einen Eindruck von ihrer farbenfreudigen Schönheit geben uns die späteren aquarellierten Federzeichnungen der Fenster. Diese hat Carl Julius Milde, der erste Konservator der Stadt, nach dem Abriss der Burgkirche im Jahr 1818 der Nachwelt erhalten, da er sie im Auftrag der Vorsteherschaft der „Gemeinnützigen“ für den Einbau der alten Fenster der Burgkirche in den Hochchor der St. Marienkirche anfertigte. Mildes Zeichnungen lassen erkennen, dass die Szenenfolge des Maria Magdalenen-Zyklus aus der Burgkirche der Vita der Heiligen entnommen ist, die der Dominikanermönch Jacobus de Voragine († 1298) in seiner weit verbreiteten Sammlung aller Heiligenlegenden, der „Legenda aurea“, erzählt. [31] Hiermit greift der Autor auf eine lange Tradition von Legenden zurück, die im Lauf ihrer Entwicklung immer wieder ergänzt worden sind. Im Falle der Maria Magdalenen-Legende vor allem durch Wunder, die die Heilige, die besonders in Frankreich verehrt wurde, angeblich im Verlauf ihrer Lebensstationen zwischen Marseille, Aix und Vézelay bewirkt haben soll.

Ähnlich verhält es sich mit dem ausführlichen Bildprogramm des einst für die Burgkirche gestifteten großen Maria Magdalenen-Altars der Bruderschaft der Schneidergesellen, der den aus der „Legenda aurea“ bekannten Heiligenzyklus wiedergibt. Heute steht der Altar im Remter des St. Annen-Museums (Abb. 6).

---

27 BuKD I.2 (1974): 179.

28 BuKD IV (1928): 167.

29 Ebd.: 168.

30 Ebd.

31 Vgl. Zander (1987): 57f. mit der Abb. auf S. 61.

Abb. 5: Carl Julius Milde, Aquarell des ehemaligen Maria Magdalenenfensters aus dem Chor der Burgkirche. Fotoarchiv der Hansestadt Lübeck, St. Annen-Museum

Abb. 6: Maria Magdalenen-Altar (1519), Gesamtansicht der geschnitzten Festtagsseite, St. Annen-Museum (Remter). Fotoarchiv der Hansestadt Lübeck, St. Annen-Museum

Der Maria Magdalenen-Altar der Schneidergesellen im St. Annen-Museum

Wie eine nicht erhaltene Inschrift einmal bezeugt hat, stiftete die Bruderschaft der Schneidergesellen im Jahr 1519 zu Ehren ihrer Schutzpatronin für die Kirche des Dominikanerklosters den Maria Magdalenen-Altar.[32] Dieser zeichnet sich durch ein außerordentlich umfangreiches Bild-Programm aus. Darin weist die Heilige ein großes Spektrum menschlicher Erfahrungen auf, was darauf beruht, dass sie im Laufe der Zeit aus einem allein den Freuden der Welt zugewandten Leben zu wahrer Christusliebe findet. Aufgrund ihres über verschiedene Stationen nachgezeichneten Weges von Sünde über Reue und

32 Albrecht (2005): 430.

Buße zu Gnade und Erwählung wird sie zum Vorbild für die Gläubigen; denn an ihr macht Christus selbst offenkundig, dass es für den Menschen nie zu spät ist, durch Umkehr zum Glauben und zu wahrer Liebe zu finden und endlich Gottes Gnade zu erfahren.

Doch wollen wir, ehe wir den szenenreichen Altar näher betrachten,[33] zunächst einmal festhalten, dass dieser sowohl eine geschnitzte als auch eine gemalte Seite aufweist, was bei den norddeutschen Wandelaltären so üblich ist. Die eher bodenständigen Schnitzarbeiten des Altars werden dem hiesigen Meister der Burgkirchenaltäre zugeschrieben, die qualitätvolle Malerei der Seitenflügel hingegen Erhart Altdorfer – nicht zu verwechseln mit seinem bedeutenderen Bruder Albrecht. Beide werden der Donauschule zugerechnet. Erhart Altdorfer wirkte zu der Zeit seines Lübecker Engagements als Hofmaler am mecklenburgischen Hof in Schwerin.

Der Altar weist folgendes Bildprogramm auf.

Zur Festtagsseite des Altars:

Im Zentrum steht Maria Magdalena, die sich zu einem bußfertigen Leben in die Einöde zurückgezogen hat. Ihre Kleider sind zerfallen, und nur ihr eigenes Haar bedeckt ihren Körper. Sie wird von Engeln zu den kanonischen Tageszeiten, wie sie im Kloster begangen werden, zum Himmel emporgehoben, um gemeinsam mit ihnen am himmlischen Chorgesang teilzunehmen. Er ist ihre geistliche und körperliche Speise. Dazu heißt es im Lübecker „Passional" von 1499: "god […] sande er de engele alle daghe, vii. stunden [siebenmal], de vorden se hoghe vp in de lucht [Luft], dar horde se de vii tiiden [Tagzeiten] singen, vnde vorden se wedder in ere hol dar van wart se liifliken vnde gestliken ghespiset"[34] („Gott […] sandte ihr die Engel alle Tage siebenmal, die führten sie hoch empor in die Luft; dort hörte sie die sieben Tagzeiten singen, und sie führten sie zurück in ihre einsame Höhle. Auf die Weise ward sie leiblich und geistlich gespeist.").

Die Predella, die geschnitzte Basis des Schreins, gibt – im Kontrast zu der Altarmitte darüber – das luxuriöse und ausschweifende Leben der wohlhabenden Maria Magdalena *vor* ihrer Begegnung mit Christus wieder. Das Bild zeigt, wie sie in prunkvollem Gewand in Gesellschaft ihrer Freier mit Sang und Klang zur Jagd ausreitet. Die im Wortlaut der Legende, nicht aber auf dem Altar in Szene gesetzte Begegnung mit Christus löst in ihr die Umkehr, d.h. die conversio aus, der Reue und Buße folgen.

Die geschnitzten Darstellungen auf den Seitenflügeln zeigen von links oben nach rechts unten folgende vier Szenen: In der 1. Szene, links oben, wird Maria Magdalena mit einer in der Bibel nicht näher benannten Sünderin identifiziert. Als solche fällt sie bei einem Mahl im Hause des Simon, bei dem Christus zu Gast ist, diesem demütig zu Füßen, bereut unter Tränen ihr

---

33 In diesem Abschnitt greifen wir des Öfteren zurück auf den folgenden Band: Heise und Vogeler (2016): 84-90, Nr. 14: Maria Magdalenen-Altar der Bruderschaft der Schneidergesellen.

34 Passional (1499): lxx; vgl. BuKD IV (1928): 206.

bisheriges Leben, trocknet mit ihren Haaren die Füße des Heilands und salbt sie mit Öl (Lk. 7, $_{37}$). Von daher erhält Maria Magdalena als ihr Attribut das kostbare Salbgefäß.

In der 2. Szene, rechts oben, wird die Heilige mit Maria von Bethanien gleichgesetzt, die den Worten Christi aufmerksam lauscht. Von dieser Maria berichtet der Evangelist Lukas (Lk. 10, $_{38-42}$) als der Schwester der Martha und des Lazarus. Als solche wird sie (Augen-) Zeugin der wunderbaren Erweckung des Lazarus durch Christus. Das zu ihren Füßen stehende Salbgefäß weist sie als Maria Magdalena aus.

In der 3. Szene, links unten, erscheint Christus nach seiner Auferstehung am Ostermorgen Maria Magdalena als erstem Menschen. Sie hatte sich aufgemacht, um den Leichnam des Gekreuzigten zu salben, fand ihn aber nicht im Felsengrab vor. Als ihr der Auferstandene begegnet, erkennt sie ihn jedoch nicht, sondern hält ihn für einen Gärtner, den sie nach Christus fragt. Als Zeichen hierfür trägt der Auferstandene in dieser Situation die Schaufel als sein Attribut, woran ihn der Betrachter erkennen kann. Als Jesus Christus sich nun Maria Magdalena offenbart, fällt sie ihm zu Füßen und sucht ihn zu berühren. Er aber wehrt sie mit den Worten ab, er sei noch nicht zu seinem himmlischen Vater aufgefahren. Diese Begegnung ist als „Berühre mich nicht"-, d.h. als „Noli me tangere"-Szene, bekannt (Joh. 20, $_{17}$).

In der 4. Szene, rechts unten, knüpft die Darstellung an die im Zentrum gezeigte Schnitzarbeit an: Jetzt wird Maria Magdalena, die ihrem Tod nahe ist, von Engeln aus der Einöde, in der sie gelebt hat, in die Kapelle des Bischofs Maximinus von Aix entrückt. Dort erhält sie aus seiner Hand das Abendmahl und stirbt auf den Stufen des Altars.

Ehe wir uns diesem speziellen Bildprogramm zuwenden (Abb. 7), müssen wir noch hervorheben, dass zu dem im Remter des St. Annen-Museums ausgestellten Altar ursprünglich zwei weitere fest montierte Standflügel gehörten, über die man nichts Genaueres weiß, und darüber hinaus noch zwei weitere äußere Drehflügel mit jeweils zwei Gemälden auf der rechten und linken Seite. Wann diese vom Altar abgetrennt wurden, ist nicht nachweisbar. Der linke Flügel ist insgesamt verschollen, seine beiden Darstellungen sind aber durch alte Schwarz-Weiß-Fotos belegt. Die beiden Tafeln des rechten Außenflügels sind dagegen erhalten und befinden sich im „Allen Memorial Art Museum" in Oberlin, Ohio.[35] In den neunziger Jahren des 20. Jahrhunderts hat Kurt Löcher, der Kollege vom Germanischen Nationalmuseum in Nürnberg, die Tafeln dort entdeckt und darüber in der „Zeitschrift des Vereins für lübeckische Geschichte und Altertumskunde" gehandelt.[36] Im Folgenden werden wir alle Tafeln beschreiben.[37]

---

35 Albrecht (2005): 439.

36 Löcher (1993): 25-37; Löcher (1994): 323-328.

37 Mestemacher (2015): 341, zeigt die vollständigen Gemäldetafeln des Maria Magdalenen-Altars in einer vorzüglichen Fotomontage.

Abb. 7: Maria Magdalenen-Altar, Gesamtansicht der gemalten Sonntagsseite (Fotomontage mit den nicht mehr vorhandenen beiden äußeren Seitenflügeln). Ohio, Allen Memorial Art Museum, Oberlin College. Fotoarchiv der Hansestadt Lübeck, St. Annen-Museum

Die 1. Szene der oberen Reihe links zeigt (Abb. 8), wie die Heilige mit ihren Geschwistern und Freunden von Widersachern des Christentums in einem steuerlosen Boot auf dem Mittelmeer ausgesetzt wird. Im Hintergrund befindet sich, wie der Engel es andeutet, das Ziel ihrer von himmlischen Kräften gelenkten Irrfahrt: Marseille.

Die 2. Szene links schildert, wie Maria Magdalena nach ihrer Landung in Marseille vor dem heidnischen Volk sowie der Fürstin und ihrem Gemahl eine Predigt gegen die Verehrung von Götzen hält, von denen sich das Fürstenpaar die Geburt eines Sohnes erhofft. Die Heilige bekehrt beide zum Christentum. Unverkennbar zeigt die Darstellung, wie man schon früh erkannt hat, zwei charakteristische Gebäude aus Lübeck: die Petrikirche mit ihren kleinen Ecktürmchen und das Holstentor.

Die 3. Szene der oberen Reihe verdeutlicht, dass Gott die Fürbitte der Heiligen erfüllt hat; denn die Fürstin ist schwanger und bricht mit ihrem Gemahl zu einer Pilgerfahrt auf, die sie zum Hl. Petrus nach Rom führen soll, um dort gemeinsam mit ihm die heiligen Stätten zu besuchen. Während der Seefahrt stirbt die Fürstin bei der Geburt ihres Sohnes und wird, wie wir im Hintergrund erkennen, mit dem Säugling auf einer Insel ausgesetzt; denn die Seeleute weigern sich, mit einem Leichnam an Bord weiterzufahren, da sie in ihrem Aberglauben davon überzeugt sind, das bringe Unglück.

In der 4., heute im St. Annen-Museum nicht mehr vorhandenen Szene der oberen Reihe sehen wir, wie der Fürst auf dem Rückweg von seiner zweijährigen Pilgerfahrt seine tot geglaubte Gemahlin und das Kind – von der Heiligen wunderbar erhalten und beschützt – auf der Insel antrifft.

In der 1. Szene der unteren Reihe links (Abb. 9) bemerken wir in schwarzweiß eine seit langem verschollene Tafel, die zeigt, wie der Fürst aus Dankbarkeit für die Rettung von Frau und Kind den heidnischen Tempel abreißen und an seiner Stelle eine christliche Kirche zu Ehren Maria Magdalenas errichten lässt.

Auf der 2. Tafel erkennen wir, wie die Heilige ihren Bruder Lazarus zum Bischof von Marseille weiht, ehe sie sich in die Einöde nahe bei Aix zurückzieht, wo sie sich als Einsiedlerin für den Rest ihres Lebens aufhält, wie wir es vorhin auf der geschnitzten Seite des Altars gesehen haben. Im Hintergrund findet sich wohl die Rückkehr der Pilger nach Marseille.

Die 3. Tafel zeigt, wie die Heilige nach ihrem Tod und ihrer Bestattung in Aix zwei Mönchen aus Vézelay erscheint und sie zu ihrem Grab leitet, von wo die beiden die Gebeine der Heiligen als Reliquien in einer feierlichen Prozession ins burgundische Vézelay überführen, nachdem die Stadt Aix zerstört worden ist. Bemerkenswert ist für uns auch hier ein Lübeckbezug; denn die Mönche tragen nicht das Ordensgewand der Benediktiner von Vézelay, sondern den Habit der Dominikaner, wie die Stifter des Altars ihn mit den Mönchen des Lübecker Maria Magdalenen-Klosters verbinden.

Die 4. und letzte, in unserem Kontext wichtigste Tafel ist leider nicht im St. Annen-Museum, sondern nur als Einzelstück in Ohio zu sehen. Ihre Darstellung fußt im Gegensatz zu allen anderen Tafeln nicht auf der traditionellen Maria Magdalenen-Legende, sondern sie basiert auf Hermann Korners Bericht vom Wunder der Heiligen während der Schlacht von Bornhöved (Abb. 10). Im Vordergrund zeigt die Altartafel die festlich gekleideten Mitglieder des Rates der Stadt Lübeck, die der Tagesheiligen Maria Magdalena feierlich geloben, im Falle eines Sieges über die Dänen ihr zu Ehren auf den Mauern der dänischen Burg in Lübeck eben dieses Dominikanerkloster zu errichten und zu weihen. Darauf erscheint die Heilige über ihnen auf einer Wolke und erhört ihr Gebet und ihr Gelübde; denn ihr Einverständnis signalisiert sie durch ihren Segen. Auf ihren im Wortsinn wunder-baren, also wortwörtlich ein Wunder enthaltenden meteorologischen Eingriff in die Konstellation von Wolke und

Abb. 8: Die vier Szenen der oberen Reihe. Ohio, Allen Memorial Art Museum, Oberlin College. Fotoarchiv der Hansestadt Lübeck, St. Annen-Museum

Abb. 9: Die vier Szenen der unteren Reihe. Ohio, Allen Memorial Art Museum, Oberlin College. Fotoarchiv der Hansestadt Lübeck, St. Annen-Museum

Sonnenstrahlen verzichtet der Maler – ebenso wie es die Abbildung der Hörkammer im Rathaus zeigt. Auf dem Altar zieht sich allerdings das grausige Schlachtgeschehen vom Hintergrund bis in den Vordergrund des Gemäldes hin. Der Chronist Korner malt das Schlachtgeschehen dagegen legendenhaft aus; denn ihm zufolge waren die Lübecker zunächst durch die Sonne derart geblendet, dass sie ihre Feinde nicht klar erkennen konnten. Da erschien die Heilige am Himmel und lenkte ihre Strahlen gegen das dänische Heer. So verhalf sie den Lübeckern mit ihrer himmlischen Hilfe zum Sieg über die Feinde. Das eigentliche Mirakel, also das wahrhaftige Naturwunder, das die Heilige bewirkt, ist einer anderen Quelle vorbehalten. Mit ihr wollen wir die Reihe unserer Beispiele für die Schilderung des Maria Magdalenen-Wunders bei der Schlacht von Bornhöved zu Ende führen.

Abb. 10: Die letzte Szene der unteren Reihe: die Schlacht von Bornhöved mit der segnenden Maria Magdalena. Ohio, Allen Memorial Art Museum, Oberlin College. Fotoarchiv der Hansestadt Lübeck, St. Annen-Museum

Nach der Erfindung des Buchdrucks in der Mitte des 15. Jahrhunderts wurde die „Legenda aurea" ein Bestseller, der sehr bald auch in Lübeck als dem Zentrum der nordeuropäischen Kunst des Buchdrucks wiederholt nach einer oberdeutschen Vorlage von neuem gedruckt und für die Region sowie den Export nach Skandinavien, Finnland und in das Baltikum ins Niederdeutsche übertragen wurde. Im Jahr 1492 verlegte der Lübecker Buchdrucker Steffen Arndes im Anschluss an seinen ersten, noch ganz auf seiner oberdeutschen Vorlage basierenden Text von 1488 eine neue, nun um eine lübeckspezifische Ergänzung bereicherte Version der „Legenda aurea". In dieser Ausgabe fügte Arndes – neben zahlreichen, zumal norddeutschen und skandinavischen Heiligenleben – mit dem für die Hansestadt so segensreichen Wunder von Bornhöved dem bisherigen Leben und Wirken der Heiligen Maria Magdalena diese neue Station hinzu.[38] Das von Arndes breit ausgeführte Mirakel beruht ganz und gar auf dem Bericht des Lübecker Chronisten Hermann Korner, genauer gesagt: Es handelt sich hierbei um eine eigenständige mittelniederdeutsche Übersetzung aus seiner zweiten lateinischen Bearbeitung.[39] Sieben Jahre darauf (1499) publizierte Arndes eine weitere, neu gesetzte Auflage seines „Passionals" mit dem Mirakel von Bornhöved, und ebenso verfuhr er bei seiner dritten Auflage von 1507. Hierfür hat der Buchdrucker jeweils nicht nur den alten Text, sondern auch den Holzschnitt seiner ersten Auflage mit Maria Magdalenas überirdischem Eingriff in das Schlachtgeschehen wiederverwendet bzw. nachschneiden lassen. Danach riskierte kein Lübecker oder norddeutscher Buchdrucker mehr eine Neuausgabe, wohl aber Adam Petri, der 1511 und 1517 in Basel Arndes' zweite Auflage des „Passionals" von 1492 erneut gedruckt hat.[40]

Den Text des Mirakels, wie ihn das „Passional" wiedergibt, brauchen wir nicht noch einmal zu wiederholen. Er stimmt mit dem eingangs unseres Vortrags ins Neuhochdeutsche übertragenen mittelniederdeutschen Text von Korners Bearbeitung größtenteils überein und enthält wie die entsprechenden Stellen in den anderen Versionen des Chronisten den Ablauf des historischen Geschehens, den wir hier stichwortartig in Erinnerung rufen: den Zwist der Lübecker mit dem dänischen König, seine Herausforderung der Lübecker zur Schlacht, das von ihrer Seite der Tagesheiligen Maria Magdalena geleistete Gelübde, die Schlacht der Kombattanten und ihren für das vereinigte Lübecker Heer erfolgreichen Ausgang, seine Rückkehr nach Lübeck, die Gründung des Maria Magdalena gelobten Klosters und die Berufung der Predigermönche aus Magdeburg und Bremen nach Lübeck sowie zu guter Letzt das mit einer Armenspeisung durch den Rat in der St. Marienkirche und durch die Dominikanermönche im Burgkloster verbundene Stadtfest, das zu ihren Ehren in Erinnerung an das Mirakel

38 Zu den von Steffen Arndes, dem Lübecker Drucker des „Passionals", ausdrücklich auf dem Titelblatt und Kolophon aufgeführten, gegenüber oberdeutschen Legendaren neu hinzugefügten Heiligenleben nordeuropäischer Heiliger vgl. Williams-Krapp (1986): 309f. und (1992): 32.

39 Benda (1890): 115.

40 Vgl. Williams-Krapp (1986): 236-238, 312f.; ders. (1992): 32-34.

an ihrem Namenstag alljährlich in Lübeck gefeiert werden sollte.[41] Konzentrieren wollen wir uns jetzt auf den Wortlaut, mit dem der Chronist das Mirakel in lateinischer Sprache vorgegeben hat und den das „Passional“ des Buchdruckers Steffen Arndes in den drei Auflagen von 1492, 1499 und 1507 über weite Teile in trefflicher mittelniederdeutscher Übersetzung wiedergibt. Der dem Mirakel als Illustration vorangestellte Holzschnitt setzt dieses gleichsam als Kapitelüberschrift ins Bild und dient dadurch zugleich dem Gläubigen als Zeugnis für die historische Wahrheit der Legende. Im Folgenden zitieren wir den Wortlaut des Textes nach der neuhochdeutschen Übersetzung der mittelniederdeutschen Quelle von 1492, die Albert Benda 1890 in den „Mittheilungen des Vereins für Lübeckische Geschichte und Alterthumskunde“ seiner Transkription des mittelniederdeutschen Textes zur Seite gestellt hat.

„Wunderbarer Weise nun, als diese Heerscharen von beiden Seiten zu Kampf und Schlacht auf oben genannter Stelle aneinander kamen, schienen die Strahlen der Sonne dem Heere der Lübecker recht unter die Augen, und blendeten sie, daß sie ihre Feinde nicht deutlich sehen konnten. Da geschah nun ein großes Wunderzeichen. Denn Maria Magdalena ward sichtlich [*sichtlyken*] gesehen, wie sie sich den scheinenden Strahlen der Sonne entgegenstellte, und sie dem Heere der Dänen entgegenbeugte, so daß sie davon geblendet wurden, und die Lübecker waren, als ob sie unter einem Schatten gestanden hätten.“[42]

Wie sich diese Worte in der nunmehr 520 Jahre alten mittelniederdeutschen Übersetzung von Korners lateinischem Text anhören, wollen wir Ihnen jetzt nicht vorenthalten.

„Wunderlyker wijs als desse vorsammelynghe van beyden parten to vechtende vnde op de vorbenomede stede tohope quemen, weren de stralen van der sunnen dem heer van Lubke rechte vnder oghen vnde vorblindeden se, dat se ere vyende clarliken nicht seen enkonden. Do scach dar eyn groet wunderlik teken, wente Maria Magdalena wart sichtlyken gheseen, dat se sik settede ieghen de schynenden stralen der sunnen vnde boghede se deme denscken heer to, alzo dat se dar van vorblyndet worden. Vnde de Lubescken weren, yft se vnder eneme scade ghestaen hadden.“[43]

41 Möbius (2011): 131 und 133, hebt hervor, dass seit der Mitte des 14. Jahrhunderts in Lübeck alljährlich Armenspeisungen am Maria Magdalenen-Tag belegt sind und bis ins „Ende der Frühen Neuzeit“, also noch eineinhalb Jahrhunderte nach der Reformation, in Erinnerung an die Schlacht am Sonntag nach Maria Magdalenen ein Dankgottesdienst in der St. Marienkirche gefeiert wurde. Ebd. (131) bemerkt Möbius, hierbei handele es sich „um eine der längsten Erinnerungen in einer städtischen Erinnerungskultur, die im deutschen Sprachraum nachweisbar ist.“

42 Benda (1890): 124.

43 Wir geben den mittelniederdeutschen Text wieder nach der Transkription der entsprechenden Stelle aus Arndes‘ 2. Auflage des „Passionals“ von 1492, die Benda (ebd.) seiner Übersetzung gegenüberstellt; zum besseren Verständnis des Lesers haben wir sie an einigen Stellen interpungiert.

Dem Wortlaut des Mirakels, wie ihn Arndes' „Passional“ wiedergibt, wollen wir nun die Beschreibung des vorangesetzten Holzschnitts zur Seite stellen (Abb. 11):

Vor einem hügeligen Landschaftsstreifen mit der Silhouette weniger kleiner Gebäude und zwei Türmen im Hintergrund sehen wir links das dichtgedrängte Lübecker Heer mit aufgerichteten Lanzen, an denen kleine Banner befestigt sind; unter ihnen ganz exponiert das kaiserliche Reichswappen mit dem Doppeladler. Dem Betrachter den Rücken zugewandt, knien vorn links im Vordergrund zwei leicht gerüstete Männer mit zum Gebet erhobenen Händen. Auf einem prachtvoll geschmückten Pferd reitet der dänische König Waldemar II. an der Spitze seines Heeres von rechts majestätisch ins Bild, hoch gerüstet mit einer Lanze in der Hand. Seinen Helm umspannt eine Krone, die ihn als König identifiziert. Die hinter ihm platzierten Krieger tragen das Banner der dänischen Könige: die drei gekrönten langgestreckten Löwen mit herausgestreckter Zunge und gespreizten Klauen. Übereinander gestaffelt, laufen sie kampfbereit heraldisch gesehen von links nach rechts.[44]

Abb. 11: Holzschnitt im Passional des Druckers Steffen Arndes (Lübeck, 1492): Maria Magdalena wendet mit ihrem Mantel die Sonnenstrahlen vom Lübecker auf das dänische Heer. Stadtbibliothek Lübeck

In dem schmalen Streifen zwischen den beiden Heeren spielt sich am Himmel das Mirakel ab, dem das vereinigte Lübecker Heer seinen Sieg verdankt: Wie der Text den Leser wissen lässt, war der Stand der Sonne für dieses zunächst sehr ungünstig. Da erscheint in dem wohl durch das Gebet und das Gelübde der Lübecker Repräsentanten ausgelösten Moment die Tagesheilige Maria Magdalena auf einer Wolke am Himmel, in ihrer Rechten ihr Attribut, das Salbgefäß. Mit ihrer Linken ist sie gerade dabei, tatkräftig ein schalartiges Tuch ihres Mantels zu entfalten, um so die Sonnenstrahlen von dem Lübecker auf das dänische Heer umzulenken. Ob die Wolke, auf der sie steht, wirklich dazu imstande ist, den Lübeckern auch Schatten zu spenden, wie es der Maria Magdalenen-Altar der Bruderschaft der Schneidergesellen von 1519 möglicherweise zeigt, ist auf dem Holzschnitt nicht sicher auszumachen.

Offensichtlich setzt die Bildtafel des Maria Magdalenen-Altars die Kenntnis vom Wunder der Heiligen voraus (siehe Abb. 10). Ebenso offensichtlich ist es, dass das Wissen hierüber nicht auf einem einzelnen Bild fußt, sondern auf einem Text, und zwar der „Chronica Novella“ des Lübecker Dominikanermönchs Hermann Korner, der dieses sein Werk drei bis vier Generationen vor der Entstehung

44 Vgl. zu dem Holzschnitt Schweitzer (2003): 209f.

des Altars mehrmals überarbeitet und im Laufe der Zeit verschiedene Versionen hiervon herausgebracht hat.[45] Da die Bruderschaft der Schneidergesellen ihren Altar Maria Magdalena als ihrer Schutzheiligen für das Burgkloster gestiftet hat,[46] gehen wir davon aus, dass die dort angesiedelten Mönche die Stifter bei der Programmfindung beraten und die Gelegenheit dazu genutzt haben, die Legende, wie sie die „Legenda aurea“ bislang überlieferte, um das Mirakel des Wunders bei der Schlacht von Bornhöved zu erweitern. So gesehen, verdankte die Stadt Lübeck ihrem Sohn Hermann Korner als dem seinerzeit stadtbekanntesten Mönch des Predigerordens zum einen die „Chronica Novella“ mit ihrer patriotisch motivierten und motivierenden verbalen Ausmalung des wirkmächtigen Wunders und zum anderen sein Heimatkloster seine mit der Stadtgeschichte eng verwobene Gründungslegende.[47] Was nun die Adaptation des Maria Magdalenen-Wunders auf dem Altar der Bruderschaft der Schneidergesellen betrifft, so vermuten wir, dass erst die Weihe der Aufnahme von Korners historischem Text in das religiös-erbauliche „Passional“ der römisch-katholischen Kirche die Voraussetzung hierfür geschaffen hat. Nur durch diesen Prozess konnte das Wunder von Bornhöved in den Altar integriert werden, der in dem Innenraum der Kirche des Maria Magdalenen-Klosters zur Burg als einem geweihten sakralen Ort aufgestellt werden sollte. Dort fügt er dem Leben und wunderbaren Wirken der Heiligen das für die Stadt Lübeck und die Stiftung seines Dominikanerklosters so bedeutungsvolle Mirakel ihres himmlischen Schutzes und Schirms hinzu.

Wenn wir uns nicht täuschen, so stellt der Maria Magdalenen-Altar von 1519 das letzte von christlich heilsgeschichtlichem Denken geprägte mittelalterliche Zeugnis für das Wunder der Heiligen im Kontext der Schlacht von Bornhöved dar; denn gerade einmal zwölf Jahre nach seiner Aufstellung in der Burgkirche setzte sich in Lübeck im Jahr 1531 die Reformation durch. Die Tatsache, dass sich der neue Glaube in der Hansestadt nicht mit Bilderstürmerei verband und insgesamt eher friedlich verlief, hat gewiss dazu geführt, dass der Heiligenkult hier zwar nicht mehr gelehrt und gefördert wurde, in der Volksfrömmigkeit aber noch Jahrhunderte lang weiterlebte. So haben die Schneidergesellen ihren Altar um 1700 – also rund 170 Jahre später – noch einmal restaurieren lassen.[48]

Das gewichtigste Zeugnis für die Jahrhunderte lange, weit über die Reformation hinaus währende Kontinuität der Erinnerung an den Sieg in der Schlacht von Bornhöved als ein Gnadengeschenk Gottes mittels des Maria Magdalenen-Mirakels ist ohne Zweifel die Tatsache, dass der Reformator Johannes Bugenhagen im Auftrag Martin Luthers das Gedenken an die Schlacht und die Danksagung für den Sieg über die damals verfeindeten Dänen beibehält, indem er es

45 Zu den fünf rekonstruierbaren lateinischen und den zwei niederdeutschen Fassungen der „Chronica Novella“, die Korner zwischen 1416 und 1438 verfasst hat, vgl. Korner (1895): X-XV, XVf.

46 Heise und Vogeler (2016): 84; vgl. Albrecht (2005): 430.

47 Zu Korners Bedeutung als Chronist und seinem Einfluss auf die lübeckische Geschichte vgl. den konzisen Artikel von Graßmann (2006): 269-271.

48 BuKD IV (1928): 203 mit Anm. 2; Zmyslony (1977): 30 mit Anm. 72 auf S. 164; Heise und Vogeler (2016): 84; Albrecht (2005): 430.

in seine evangelische Lübecker Kirchenordnung von 1531 integriert und auf die Weise das im Zusammenhang mit der historischen Schlacht geleistete Gelübde der Stadt, den Tag der Heiligen auch nach der Reformation in Lübeck gebührend zu feiern, bestätigt.[49]

Hermann Korner geht es in seiner „Chronica Novella“ – talentiert, erzählfreudig und phantasievoll, wie er ist – keineswegs primär um historische Treue, weshalb er sich nach der Reformation in Lübeck nicht nur den Tadel evangelischer Bürger und Theologen wie Heinrich Rehbein und Jacob von Melle zugezogen hat. Im Unterschied zu ihnen und zahlreichen Historikern des 19. und 20. Jahrhunderts neigen wir heute dazu, Korners Deutung von Geschichte aus dem Zeitgeist spätmittelalterlicher christlicher Geschichtsschreibung abzuleiten; denn sein Exempel des mirakulösen Eingreifens der Maria Magdalena in das Schlachtgeschehen von Bornhöved bezeugt das heilsgeschichtlich ausgerichtete Prinzip des Lübecker Chronisten und gelehrten Dominikanermönchs, profane Geschichte als Einwirken Gottes zum Heil der Stadt zu interpretieren. Daran lässt Korner, wie wir ihn abschließend in unserer hochdeutschen Übersetzung seiner Vorrede zur niederdeutschen Version der „Chronica Novella“ zitieren wollen, keinen Zweifel: „Diese Stadt ist oft zerstört worden – sowohl vom Feind als auch durch ihr eigenes Feuer [...], doch hat Gott ihr immer aus ihrer Not geholfen und sie dazu vorherbestimmt, dass sie eine Krone und ein Haupt aller Hansestädte geworden ist.“[50]

Ein spätes Echo auf das Maria Magdalenen-Wunder von Bornhöved

Ein vielleicht auch nur scheinbar aus der Zeit gefallenes Relikt der eben skizzierten heilsgeschichtlichen Vorstellungen des Chronisten Korner erwähnen wir zum Schluss und nur am Rande, und zwar die Rezeption des Maria Magdalenen-Wunders bei der Schlacht von Bornhöved in der Urkunde, die der Senat und die Bürgerschaft von Hamburg der Schwesterstadt als Dank für ihre Nothilfe

---

49 Vgl. Bugenhagen (1531): 150*f., nach der neuhochdeutschen, dem niederdeutschen Text zur Seite gestellten Übersetzung des Herausgebers Hauschild: „Am Sonntag nach Magdalenen soll ein Kaplan gleich nach der Epistel während der Messe auf der Kanzel folgendermaßen vermahnen: ‚Liebe Freunde, diese gute Stadt ist vor Zeiten in großen Ängsten und Nöten gewesen, und Gott hat ihr den Segen gegeben gegen die Dänen, die damals unsere Feinde waren. Darum hat sich diese gute Stadt damals Gott durch ein Gelöbnis verbunden, vielleicht [Freytag und Vogeler verstehen *villichte* anders als Hauschild als verstärkendes „sehr wohl, und zwar“, da es „in der älteren sprache … mehr die sichere erwartung, vermuthung oder befürchtung, als die blosse möglichkeit bezeichnet“ – so Grimm (Nachdruck von 1951): 236] unter dem Namen der heiligen Frau Maria Magdalena, deretwegen auch noch bis in diese Zeit der Ehrbare Rat den armen Leuten eine Spende gibt, Gott zu Ehren und als Danksagung. Damit aber nun einige abergläubische Leute die Ehre Gottes nicht der heiligen Frau Maria Magdalena zuschreiben und doch Gott die ihm gebührende Ehre und jährliche Danksagung, diesem unserem Gelöbnis gemäß, zukomme, so ist es für gut angesehen worden, die Danksagung auf diesen Tag zu legen, damit wir also an diesem Tag zusammen danken –“

50 Korner (1895): 536, Zeile 5-9: *Desse stad is dicke vorstoret beyde van vyende unde ok van ereme egenen vure [...], men god heft er jo gehulpen ute eren noden unde heft se dar to vorseen, dat se worden is en crone unde en hovet aller Hensestede.* Zur hier angedeuteten etymologisierenden Herleitung des Stadtnamens Lübeck aus dem slawischen *Liubice* „Krone“ vgl. Freytag (2001): 61-74 und (2011): 245.

nach dem Brand von 1842 gewidmet haben. Hierauf hat Gerhard Ahrens eigens hingewiesen und die Initiative historisch ausführlich beschrieben und erklärt. Mit der Gestaltung des Dokuments betraute der Stadtstaat den gebürtigen Hamburger und großen Lübecker Konservator und Restaurator Carl Julius Milde.[51] Dieser hatte sich sehr um die Erhaltung mittelalterlicher Kunst in Lübeck verdient gemacht. So mag es dazu gekommen sein, dass er in Kenntnis der durch die Heiligenlegende sublimierten gemeinsamen Geschichte der beiden Städte ihre gemeinsame historische Mission – den schicksalsträchtigen Sieg in der Schlacht von Bornhöved – als Basisszene im Zentrum des unteren Teils der Hamburger Dankesurkunde erwählt und in der Mitte der unteren Bildleiste platziert hat. Hierfür griff der Künstler nicht auf bildliche Vorlagen, wie wir sie oben aufgeführt haben, zurück. Vielmehr konnte er sich auf das stadtbekannte allgemeine Wissen aus der schriftlichen Tradition in der Folge Korners verlassen.

Das im Archiv der Hansestadt Lübeck bewahrte Original der Urkunde war während des Zweiten Weltkrieges ausgelagert und ist nach fünfzigjährigem Aufenthalt in der früheren Sowjetunion in das Archiv der Hansestadt Lübeck zurückgelangt, freilich nicht ohne Schäden aufgrund seines Exils.[52] Im St. Annen-Museum haben sich indes, worauf Ahrens hingewiesen hat, Vorentwürfe erhalten.[53] Einer von ihnen zeigt die über dem Schlachtgeschehen von rechts nach links in voluminösem veilchenfarbenem Gewand heranschwebende weibliche Figur gerade in dem Moment, in dem sie dieses weithin entfaltet und damit die Sonnenstrahlen vom vereinigten Lübecker auf das dänische Heer umlenkt (Abb. 12). Das Attribut der Salbbüchse fehlt der Figur ebenso wie jeder Hinweis auf die ihr von Gott geschenkte Kraft, Wunder zu wirken. Ihre auf das Gewand reduzierte Gestalt wirkt auf uns jetzt eher märchenhaft.

Nachtrag

Dem Freund und Kollegen Gerhard Ahrens verdanken wir den Hinweis auf die lebendige historische Erinnerung an die Schlacht von Bornhöved im Jahr 1927, welche die Mitglieder des Vereins und die Leser der Zeitschrift heute nachdenklich stimmen mag; denn im Jahresbericht für das Jahr 1927 heißt es: „Am Maria-Magdalenentage, dem 22. Juli 1927, am Tage der Schlacht bei Bornhöved vor 700 Jahren hielten auf Anregung unseres Vereins der Verein für die Geschichte Hamburgs, die Gesellschaft für Schleswig-Holsteinische Geschichte in Kiel und unser Verein eine gemeinsame Sitzung in Bornhöved ab, die unter starker Beteiligung von allen drei Vereinen einen eindrucksvollen Verlauf nahm. Prof. Dr. Rörig, Kiel, hielt einen Vortrag, der die einschneidende Bedeutung dieses Sieges für unsere heimatliche und vaterländische Geschichte in helles Licht setzte.“ Den Abschluss der Jahrestagung bildete die „Besichtigung des Schlachtfeldes vom Königshügel aus.“[54]

---

51 Vgl. Ahrens (2005): 213-215. Ein Foto des Hamburger Dankdiploms findet sich auf S. 215.

52 AHL, Altes Senatsarchiv, Externa, Deutsche Territorien und Staaten 5306.

53 Ahrens (2005): 214 mit Anm. 16.

54 Anonymus (1929): 260.

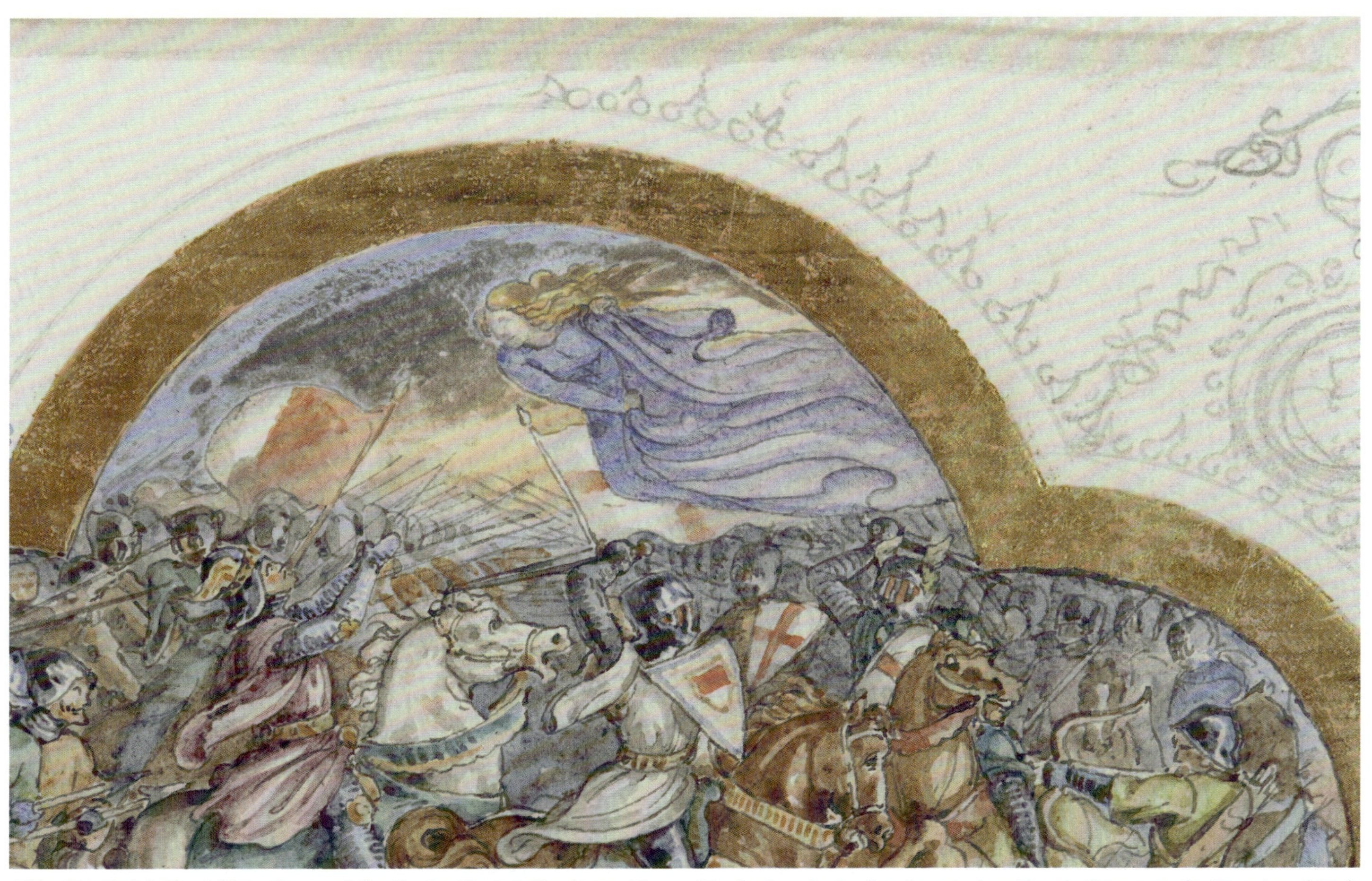

Abb. 12: Carl Julius Milde, Entwurf für die der Stadt Lübeck gewidmete Dankurkunde des hamburgischen Senats (Museum für Kunst und Kulturgeschichte der Hansestadt Lübeck, Schrank 11, Kasten 2, Inv. 7/206 - 7/209). Fotoarchiv der Hansestadt Lübeck, St. Annen-Museum

Quellen und Literatur

Quellen

Bugenhagen (1531)
Lübecker Kirchenordnung von Johannes Bugenhagen 1531. Text mit Übersetzung, Erläuterungen und Einleitung, hrsg. von Wolf-Dieter Hauschild, Lübeck 1981.

Korner (1895)
Die Chronica novella des Hermann Korner, hrsg. von Jakob Schwalm, Göttingen 1895.

Passional (1488)
[Jacobus de Voragine] Passionael, Lübeck: Steffen Arndes, 1488 [Borchling/Claussen 131].

Passional (1492)
[Jacobus de Voragine] Passionael, Lübeck: Steffen Arndes, 1492 [Borchling/Claussen 202].

Passional (1499)
[Jacobus de Voragine] Passionael, Lübeck: Steffen Arndes, 1499 [Borchling/Claussen 314].

Passional (1507)
[Jacobus de Voragine] Passionael, Lübeck: Steffen Arndes, 1507 [Borchling/Claussen 416].

Passional (1511)
[Jacobus de Voragine] Passionael, Basel: Adam Petri, 1511 [Borchling/Claussen 497].

Passional (1517)
[Jacobus de Voragine] Passionael, Basel: Adam Petri, 1517 [Borchling/Claussen 592].

Rehbein (MS Lub 56)
Hinrich Rehbein, Chronica, 1600-1628 [Signatur: Stadtbibliothek Lübeck, MS Lub 56].

Literatur

Ahrens (2005)
Gerhard Ahrens, Die Lübecker und der Hamburger Brand, in: Das Gedächtnis der Hansestadt Lübeck. Festschrift für Antjekathrin Graßmann zum 65. Geburtstag, in Verbindung mit dem Verein für Lübeckische Geschichte und Altertumskunde und dem Hansischen Geschichtsverein hrsg. von Rolf Hammel-Kiesow und Michael Hundt, Lübeck 2005, S. 209-219.

Ahrens und Sinner (2019)
Roswitha Ahrens und Karl-Ernst Sinner, Warum der Kohlmarkt ‚Kohlmarkt‘ heißt. 1.826 Lübecker Straßen, Gänge & Höfe – ihre Namen, ihre Lage (Veröffentlichungen zur Geschichte der Hansestadt Lübeck, hrsg. vom Archiv der Hansestadt, Reihe B, Band 50), Lübeck [2. Auflage] 2019.

Albrecht (2005)
Uwe Albrecht (Hrsg.), Corpus der mittelalterlichen Holzskulptur und Tafelmalerei in Schleswig-Holstein, Band 1: Hansestadt Lübeck, St. Annen-Museum, bearbeitet von Uwe Albrecht, Jörg Rosenfeld und Christiane Saumweber mit einem Beitrag von Hildegard Vogeler. Fotografien von Annette Henning, Kiel 2005.

Anonymus (1827)
Erinnerung an das Gelübde, so die von Lübeck den 22. Juli 1227 in der Schlacht bei Bornhoevet für sich und ihre Nachkommen gethan haben, in: LBll 1827, S. 143f.

Anonymus (1927)
Das Mirakel von Lübeck: Zur Erinnerung an die Schlacht bei Bornhöved am 22. Juli 1227, in: LBll Nr. 30 vom 24. Juli 1927, S. 521-523.

Anonymus (1929)
Anonymus, Jahresbericht für 1927, in: ZVLGA 25, 1929, S. 259f.

Becker (1782)
Johann-Rudolph Becker, Umständliche Geschichte der Kaiserl. und des Heil. Römischen Reichs freyen Stadt Lübeck, Band 1, Lübeck 1782.

Benda (1890)
Albert Benda, Bericht des Lübecker Passionaels von 1492 über die Schlacht von Bornhöved, in: Mittheilungen des Vereins für Lübeckische Geschichte und Alterthumskunde 4, 1890, S. 114-126.

Borchling/Claussen (1931)
Conrad Borchling und Bruno Claussen, Niederdeutsche Bibliographie. Gesamtverzeichnis der niederdeutschen Drucke bis zum Jahre 1800, Band 1: 1473-1600, Neumünster 1931.

BuKD IV (1928)
Die Bau- und Kunstdenkmäler der Freien und Hansestadt Lübeck, Band IV: Die Klöster. Die kleineren Gotteshäuser der Stadt. Die Kirchen und Kapellen in den Außengebieten. Denk- und Wegekreuze und der Leidensweg Christi, bearbeitet von Joh. Baltzer, F. Bruns und H. Rahtgens, Lübeck 1928. Nachdruck Neustadt an der Aisch 2001.

BuKD I.2 (1974)
Die Bau- und Kunstdenkmäler der Hansestadt Lübeck, Band I.2: Rathaus und öffentliche Gebäude der Stadt. In Verbindung mit Friedrich Bruns bearbeitet von Hugo Rahtgens, überarbeitet und ergänzt von Lutz Wilde, Lübeck 1974.

Buske (2018)
Angela Buske, Lebenswerk eines Geschichtsbesessenen. Lübeckische Chronik des Heinrich Rehbein, 2. Hälfte 16. Jahrhundert bis 1619. Bibliothek der Hansestadt Lübeck, in: 875 Jahre. Lübeck erzählt uns was. Die Ausstellung. Museumsquartier St. Annen der Lübecker Museen, Burgkloster des Europäischen Hansemuseum[s]. 9. September 2018 bis 6. Januar 2019, Lübeck 2018, S. 156-158.

Freytag (2001)
God heft vorseen, dat se worden is en crone unde en hovet aller Hensestede. ‚Gott hat es so vorgesehen, daß sie eine Krone und ein Haupt aller Hansestädte geworden

ist.‘ Über Interpretationen des Stadtnamens Lübeck als polnisch *Liubice* – ‚Krone‘, in: Vox Sermo Res. Beiträge zur Sprachreflexion, Literatur- und Sprachgeschichte vom Mittelalter bis zur Neuzeit. Festschrift Uwe Ruberg, hrsg. von Wolfgang Haubrichs, Wolfgang Kleiber und Rudolf Voß, Stuttgart und Leipzig 2001, S. 61-74.

Freytag (2011)
Hartmut Freytag, Lübeck (Namenserklärung), in: Das neue Lübeck-Lexikon. Die Hansestadt von A-Z, hrsg. von Antjekathrin Graßmann, 2. Auflage, Lübeck 2011, S. 245.

Freytag und Vogeler (2018)
Hartmut Freytag und Hildegard Vogeler, Geschrieben zur Ehre Gottes. Die Cronica Novella des Hermann Korner, um 1459/1460. Bibliothek der Hansestadt Lübeck, in: 875 Jahre. Lübeck erzählt uns was. Die Ausstellung. Museumsquartier St. Annen der Lübecker Museen, Burgkloster des Europäischen Hansemuseum [s]. 9. September 2018 bis 6. Januar 2019, Lübeck 2018, S. 122-125.

Graßmann (1994)
Antjekathrin Graßmann, Hach, Johann Friedrich, in: Biographisches Lexikon für Schleswig-Holstein und Lübeck, Band 10, Neumünster 1994, S. 150-154.

Graßmann (2006)
Antjekathrin Graßmann, Korner, Hermann, in: Biographisches Lexikon für Schleswig-Holstein und Lübeck, Band 12, Neumünster 2006, S. 269-271.

Graßmann (2011)
Antjekathrin Graßmann, Waldemar II., in: Das neue Lübeck-Lexikon. Die Hansestadt von A-Z, hrsg. von derselben, 2. Auflage, Lübeck 2011, S. 407.

Graßmann (2012)
Antjekathrin Graßmann, Rezension zu Möbius (2011), in: ZLG 92, 2012, S. 353f.

Grimm (1951)
Deutsches Wörterbuch von Jacob und Wilhelm Grimm [Nachdruck], Band 26, bearbeitet von Rudolf Meiszner, Leipzig 1951.

Hach (1823)
J.F. [Johann Friedrich] Hach, Blicke auf die Veränderungen in unserer Vaterstadt im Laufe der letzten 50 Jahre, in: Zwischen Aufklärung, Revolution und Biedermeier. Zwei Zeitbetrachtungen über Lübecks Lage und Verfassung, II, hrsg. von Ahasver von Brandt, in: ZVLGA 40, 1960, S. 67-86.

Hammel-Kiesow (2014)
Reichsstadt und Hansestadt: Konkurrierende städtische Identitäten? Das Beispiel Lübeck, in: Tempi passati. Die Reichsstadt in der Erinnerung. 1. Tagung des Arbeitskreises ‚Reichsstadtgeschichtsforschung‘, Mühlhausen 11. bis 13. Februar 2013 (Studien zur Reichsstadtgeschichte, Band 1), hrsg. von Helge Wittmann, Petersberg 2014, S. 75-98.

Hasse (1893)
Paul Hasse, Bildliche Darstellungen aus Lübecks ältester Geschichte, in: Mittheilungen des Vereins für Lübeckische Geschichte und Alterthumskunde 6, 1893, S. 82-94.

Heise und Vogeler (2016)
Brigitte Heise und Hildegard Vogeler, Die Altäre des St. Annen-Museums. Erläuterung der Bildprogramme, 3. Auflage, Lübeck 2016.

Hoffmann (1977)
Erich Hoffmann, Die Bedeutung der Schlacht von Bornhöved für die deutsche und skandinavische Geschichte, in: ZVLGA 57, 1977, S. 9-37.

Hoffmann (2008)
Erich Hoffmann, Lübeck im Hoch- und Spätmittelalter: Die große Zeit Lübecks, in: Lübeckische Geschichte, hrsg. von Antjekathrin Graßmann, 4. Auflage, Lübeck 2008, S. 81-339.

Jaacks (1998)
Gisela Jaacks, Kostümgeschichtliche Untersuchung zu den Wandgemälden in der ‚Hörkammer' des Lübecker Rathauses, in: Nordelbingen 67, 1998, S. 35-39.

Löcher (1993)
Kurt Löcher, Ein wiedergefundener Flügel vom Maria Magdalenen-Altar der Lübecker Bruderschaft der Schneider, in: ZVLGA 73, 1993, S. 25-37.

Löcher (1994)
Kurt Löcher, Ein weiterer Flügel vom Maria Magdalenen-Altar der Lübecker Bruderschaft der Schneider, in: ZVLGA 74, 1994, S. 323-328.

Lokers (2014)
Selige Jubelfeiern? Lübeck gedenkt seiner Stadtgründung. Hansestädtische Erinnzerungskultur im 19. und 20. Jahrhundert, in: Hanse und Stadt. Akteure, Strukturen und Entwicklungen im regionalen und europäischen Raum. Festschrift für Rolf Hammel-Kiesow zum 65. Geburtstag, hrsg. von Michael Hundt und Jan Lokers, Lübeck 2014, S. 295-312.

Melle (1742)
Jacob von Melle, Gründliche Nachricht, von der Kayserlichen, Freyen, und des H. Roemisch. Reichs Stadt, Lübeck, [...], 2. Auflage 1742.

Mestemacher (2016)
Ilka Mestemacher, Maria-Magdalenen-Retabel der Bruderschaft der Schneidergesellen, in: Lübeck 1500. Kunstmetropole im Ostseeraum (Ausst. Kat. Museumsquartier St. Annen, Lübeck [...], 20. September 2015 - 10. Januar 2016), Petersberg 2016, Nr. 61, S. 338-341.

Möbius (2011)
Sascha Möbius, Das Gedächtnis der Reichsstadt. Unruhen und Kriege in der lübeckischen Chronistik und Erinnerungskultur des späten Mittelalters und der frühen Neuzeit (Formen der Erinnerung, 47), Göttingen 2011.

Möhlenkamp (1998)
Annegret Möhlenkamp, Die Ausstattung der Ratsstube im Lübecker Rathaus im 14. und 15. Jahrhundert – ein Rekonstruktionsversuch, in: Nordelbingen 67, 1998, S. 11-27.

Mührenberg (2003)
Doris Mührenberg, Die Rezeption der Dänenzeit in Mythen und Sagen, in: Dänen in Lübeck 1203. 2003, hrsg. von Manfred Gläser und Doris Mührenberg sowie von Palle Birk Hansen (Ausstellungen zur Archäologie in Lübeck, 6), Lübeck 2003, S. 125-131.

Sartori (1932/33)
Paul Sartori, Maria Magdalena, hl., in: Handwörterbuch des deutschen Aberglaubens, hrsg. von [...] E. Hoffmann-Krayer und [...] Hans-Bächtold-Stäubli, Band V, Berlin und Leipzig 1932/33, Sp. 1684-1686.

Schnobel (1787)
Jac. von Melle, Gründliche Nachricht von der Kaiserl. freyen und des H. R. Reichs Stadt Lübeck, [...], 3., stark vermehrte und umgearbeitete Ausgabe auf Kosten des Herausgebers [Johann Hermann Schnobel] Auflage, Lübeck 1787.

Schweitzer (2003)
Robert Schweitzer, Das Lübecker Passional, in: Dänen in Lübeck 1203. 2003, hrsg. von Manfred Gläser und Doris Mührenberg sowie von Palle Birk Hansen (Ausstellungen zur Archäologie in Lübeck, 6), Lübeck 2003, S. 209f.

Schweitzer (2003a)
Robert Schweitzer, Rehbein-Chronik, in: Dänen in Lübeck 1203. 2003, hrsg. von Manfred Gläser und Doris Mührenberg sowie von Palle Birk Hansen (Ausstellungen zur Archäologie in Lübeck, 6), Lübeck 2003, S. 210f.

Williams-Krapp (1986)
Werner Williams-Krapp, Die deutschen und niederländischen Legendare des Mittelalters. Studien zur Überlieferungs-, Text- und Wirkungsgeschichte (Texte und Textgeschichte. Würzburger Forschungen, 20), Tübingen 1986.

Williams-Krapp (1992)
Werner Williams-Krapp, Die Heiligen und der Bücherabsatz. Zu den Lübecker Drucken von ‚Der Heiligen Leben', in: LBll 157, 1992, S. 31-34.

Zander (1987)
[Sylvina Zander], Das Schöne soll man schätzen. Carl Julius Milde, Lübecks erster Denkmalpfleger, zeichnet nach mittelalterlicher Kunst (Ausst. Kat. Museum für Kunst und Kulturgeschichte der Hansestadt Lübeck, 11.6.-30.8.1987), Lübeck 1987.

Zmyslony (1977)
Monika Zmyslony, Die Bruderschaften in Lübeck bis zur Reformation (Beiträge zur Sozial- und Wirtschaftsgeschichte, 6), Kiel 1977.

Abkürzungsverzeichnis

BuKD	Bau- und Kunstdenkmäler
LBll	Lübeckische Blätter
ZLG	Zeitschrift für Lübeckische Geschichte (ab Band 2010)
ZVLGA	Zeitschrift für Lübeckische Geschichte und Altertumskunde

Anschrift der Autoren:
Dr. Hildegard Vogeler & Prof. Dr. Hartmut Freytag
Wakenitzstraße 46
23564 Lübeck
E-Mail: vogelfrey@alice.de

Gert Avendorps Schiffsuntergang 1497 bei Bornholm

Wilhelm Koppe (†) und Gert Koppe

Schiffsuntergänge waren „die wohl häufigsten und schwersten Verkehrsunglücke des Mittelalters".[1] Das trifft auf die Katastrophe zu, die sich um den 15. September 1497 auf der mittleren Ostsee ereignete. Ein Nordweststurm erfasste bei Bornholm etwa 30 Handelsschiffe auf ihrem Weg von Riga und Reval nach Lübeck. Einige Schiffe erreichten ihr Ziel, andere wurden beschädigt, abgetrieben oder versanken. Gert Avendorps Schiffsuntergang überlebte niemand. Ladungsteile wurden in Pommern angeschwemmt und geborgen. Daraufhin erhob die Lübecker Kaufmannschaft mithilfe ihrer Bevollmächtigten Ansprüche beim Herzog Bogislav X. von Pommern und bei der Stadt Danzig. Vom Leid und dem Verlust berichten Chronisten, erzählen Lieder und zeugen Briefe und Rechnungslegungen Revaler und Lübecker Kaufleute.[2]

Die Quellen

Die Auswertung zu Gert Avendorps Schiffsuntergang basiert auf Lübecker und Revaler/Tallinner Quellen. Von diesen bewahrt das Archiv der Hansestadt Lübeck (AHL) ein Schadensverzeichnis vom 6. Oktober 1497 im Urkundenbestand 7.1-1.1 Interna unter Nr. 496. Es liegt als Teildruck vor.[3] Des Weiteren verfügt es über zwei im Folgenden in der Bearbeitung von Hans-Jürgen Vogtherr ausgewertete Lübecker Pfundzollbücher 1492-1496.[4] Das Revaler Gegenstück bilden vorwiegend noch nicht ausgewertete Revaler Pfundzolllisten 1487-1491 und 1495-1516.[5] Ihre Einnahmen dienten der Finanzierung von Gesandtschaften, der sogenannten Novgoroder bzw. Moskauer Reise.[6] Mit ihrer Hilfe und mit dem in Tallinn bewahrten Nachlass des Revaler Kaufmannes Steffen Pelser (1490-1500)[7] kann Avendorps Schiffverkehr auf der Ostsee genauer erfasst werden. Danach verkehrte er seit 1491 mit dem größten und wertvollsten Schiff zwischen Lübeck/Travemünde und Reval, wo er stets überwinterte.

Die politischen Verhältnisse des Jahres 1497 zwangen die Rigaer und Revaler Schiffer dazu, erst ungewöhnlich spät im Jahr im Konvoi nach Lübeck

---

1 Fouquet/Zeilinger (2011): 11.

2 Ich danke den Herren Professor Dr. Harm von Seggern, Dr. Dominik Kuhn und Dipl.-Math. Hans Koppe für ihre Hinweise und Korrekturen.

3 HUB XI: 641-644, Nr. 1036. Die dortige Wiedergabe der Handelsmarken erweist sich allerdings als fehlerhaft. Ich beabsichtige, dem in näherer Zukunft weiter nachzugehen.

4 Vogtherr (1996): 1.-4. Band. Dort wird Avendorp unter Ovendorp geführt.

5 Carsten Jahnke wies 1998 in seinem Aufsatz über die „Pfundzollrechnungen im Ostseeraum" auf sie hin, übersah aber, dass auch zu 1490, 1495 und 1500 Revaler Pfundzolllisten vorliegen: 168 f.

6 TLA, 230.1, Ad 25, fol. 76v-81v, 86r-126v, 132r-169r (bis 1500).

7 Koppe (2020): 157-211; zu den Revaler Pfundzolllisten ebd.: 184-186.

abzusegeln. Von der Sorge um ihr Schicksal berichten drei Briefe des Lübeckers Kersten Swarte von Oktober/November 1497 an seinen Gesellschafter Steffen Pelser.[8] Anhand ihrer und gedruckter Quellen, vor allem aus dem Hansischen Urkundenbuch, lassen sich die Bemühungen der Lübecker Kaufmannschaft, das angespülte und geborgene Handelsgut wiederzuerlangen, hinreichend darstellen.

Neben dem Lübecker Schadensverzeichnis zu Gert Avendorp gab es bis 1945 ein weiteres in Gdańsk/Danzig bewahrtes zum Rigaer Schiffer Hans Balhorn, der ebenfalls bei Bornholm unterging. Auch davon liegt ein Teildruck vor.[9] Beide Listen enthalten keine Wertangaben, aber Art und Umfang der Ware und die Namen der sie beanspruchenden Kaufleute sowie eine Vielzahl von Handelsmarken. Demnach erhoben nicht nur Lübecker Bürger Anspruch auf das geborgene Handelsgut, denn das dort verwendete *unses rades borgermesteren, medelithmaten* [Mitgliedsstädte der Hanse]*, borgeren unde coplude*[10] schließt Kaufleute anderer Hansestädte ausdrücklich mit ein.

Die Avendorp-Liste verzeichnet 68 Kaufleute, die Handelsgut reklamierten, darunter ein Lübecker Bürgermeister und sechs Ratsherrn. Sie benannten Waren mit den Handelsmarken, *merke* genannt. Sieben beanspruchten nur das, was unter den von ihnen angegebenen Marken gefunden werde. Aus Balhorns Schiff waren es 30 Personen, die Güter mit Angabe der Handelsmarken benannten, weitere zwölf teilten nur die Marken mit.

Zwei Listen aus dem Lübecker Niederstadtbuch ergänzen diese Schadensverzeichnisse. Es handelt sich zum einen um den Lübecker Zuversichtsbrief vom 6. Februar 1498 an Danzig, in dem 28 Kaufleute für sich und andere ihren Anspruch auf geborgenes Handelgut bekräftigten, und zum anderen um einen weiteren *tovorsichtsbrev* vom 29. April 1498, in dem sich 51 Kaufleute deswegen an Herzog Bogislav X. wandten.[11]

Der Blick auf das umfangreiche Namensmaterial zeigt das Vertrauen, das die führende Lübecker und Revaler Kaufmannschaft dem erfahrenen Schiffsführer Gert Avendorp entgegengebracht hat. Es spiegelt zugleich in einer Art Momentaufnahme Lübecks Bedeutung als Stapel- und Umschlagplatz für Ostwaren am Ende des 15. Jahrhunderts und zeigt die Vielfalt im Handel mit eigenem Gut (Proper-Gut), Kommissions- und Gesellschaftsgut. Die Spur der nicht vor Ort gelagerten oder verkauften Waren führt in erster Linie in den niederländischen Westen und nach Köln.

---

8 TLA, 230.1, Bh 35/I, fol. 23r-v, 26r-27v, 33r-v.

9 HUB XI: 639-641, Nr. 1035.

10 AHL, 7.1-1.1 Interna, Nr. 496.

11 AHL, 3.1-2.4 NStB 1496-1500 Letare (RS), fol. 178r, 198r. Zur Frage Urschrift (US)-Reinschrift (RS), s. von Seggern (2016): 49 f.

Die Vorgeschichte

Am 6. November 1494 hatte der Moskauer Großfürst Ivan III. völlig unerwartet alles hansische Eigentum in Novgorod arrestiert und die dort anwesenden Kaufleute in Haft genommen. Der Petershof zu „Naugarden“, die exterritoriale hansische Faktorei in Nordrussland, wurde geschlossen. Anfang des Jahres 1497 saßen die deutschen Kaufgesellen und Sprachschüler noch immer in Novgorod fest. Im Januar ging das Gerücht,[12] dass die Russen sich in großer Zahl in Novgorod sammelten, um mit dem nächsten Vollmond in Livland einzufallen.

Diese Furcht stellte sich jedoch als übertrieben heraus.[13] Nach langen Verhandlungen traf am 31. März der Sendbote des Ordensmeisters mit den freigelassenen Kaufleuten aus Novgorod in Narva ein, unter ihnen der todkranke Revaler Gesandte Herr Gotschalk Remmelincrode. Der Bote brachte zudem ein russisches Verhandlungsangebot mit. Im September schlugen die Russen dann Verhandlungen zum 2. Februar 1498 in Narva vor[14] und erklärten, dass die Deutschen bis dahin unbeschadet Novgorod besuchen könnten.

Die Herstellung früherer Zustände stand jedoch in weiter Ferne. Vier Gesellen lagen nach wie vor in Novgorod in Ketten und das hansische Gut der Festgenommenen blieb beschlagnahmt. Die Russen stellten Forderungen, die für die Hansen unannehmbar waren. Der deutsch-russische Warenaustausch ging jedoch in Narva fürs Erste ungestört weiter. Diese Gelegenheit nutzen im Frühjahr und Sommer 1497 die dort verkehrenden hansischen Kaufgesellen, wovon Revaler Quellen Zeugnis geben. Es blieb aber die Unsicherheit im Mare Balticum (*tor sewort*).

Am 23. Februar 1497 warnte König Hans von Dänemark Lübeck,[15] mit Schweden Warenverkehr zu betreiben. Das teilte Lübeck am 11. April Reval abschriftlich mit[16] und schrieb zugleich, dass er vielleicht schon Auslieger, also bewaffnete Schiffe, in See habe stechen lassen oder es gedenke. Die Lübecker Kaufleute befürchteten daher Angriffe auf die aus livländischen Häfen kommenden Schiffe. Daher sollten die in Reval beladenen Schiffe binnen kurzem mit Kriegsmannen (*ruteren*) bemannt werden und mit diesen ‚Friedeschiffen‘ eine Flotte bilden. Am 13. Mai schrieb Lübeck an Reval,[17] vier hansische Schiffe wären bereits von dänischen Ausliegern genommen worden, obwohl sie nicht nach Schweden bestimmt waren. Die in Lübeck verkehrenden Kaufleute wünschten deshalb, dass die von Reval nach Lübeck bestimmten Schiffe nicht eher absegeln sollten, bevor neue Botschaft von Lübeck käme. Reval antwortete darauf,[18] es hätte schon vor der Kunde von den dänischen Kapereien die

12 LEKUB II.1: Nr. 483, 485; HUB XI: Nr. 985.

13 LEKUB II.1: Nr. 494.

14 LEKUB II.1: Nr. 585.

15 LEKUB II.1: Nr. 495.

16 LEKUB II.1: Nr. 514, 524; HUB XI: Nr. 993.

17 LEKUB II.1: Nr. 530; HUB XI: Nr. 999.

18 LEKUB II.1: Nr. 541; HUB XI: Nr. 1005 vom Mai/Juni 1497.

Ausfahrt der Schiffe nach Lübeck verboten, denn ein von Reval nach Danzig segelndes Schiff war Anfang Mai von den Dänen ‚genommen' worden. Somit lagen die Schiffe in Livland bis Anfang Juli fest.

Am 4. Juli teilte Riga Reval mit, von Lübeck wäre die Nachricht gekommen, dass man die Schiffe abfahrbereit machen sollte.[19] Riga selbst hätte den Kaufleuten und Hauptmännern der Friedeschiffe geboten, bis zum 1. August fertig zu sein und im Flottenverband abzusegeln, „sofern Gott allmächtig Wetter und Wind verliehe". Riga erwartete von Reval entsprechende Maßnahmen. Offensichtlich haben sich die Revaler Schiffe mit den Rigaer Schiffen vereinigt und sind wegen ungünstiger Winde erst Anfang September abgesegelt, so dass sie um den 15. September 1497 bei Bornholm in den verheerenden Nordweststurm gerieten.

Der Septembersturm 1497

An Bord von Gert Avendorp befanden sich viele der erst vor kurzem aus der Novgoroder Gefangenschaft freigelassenen Kaufgesellen. Das berichtet der Lübecker Chronist Hans Regkmann:[20] „1497 […] blib Schiffer Gert Anendorf [Avendorp] mit vilen andern Schiffen. Uf disem waren viel Lubeckische Kinder [Lehrjungen, junge Gesellen] und Kaufleut von den reichesten der Statt, deren vil zu Neugarden zwey Jahr lang gefangen gesessen und erst waren losz geben. Derhalben sie zu Revel mit grosem Triumpf mit Pfeiffen und Trummen zu Schiff gingen, da niemand auf den tod dachte. Diser aber kam keiner gen Lubeck, darumb grosse sorg und mühe zu Lubeck in der Statt entstund." Der Lübecker Reimar Kock nennt in seiner Chronik zum Jahr 1494 Namen und Herkunft von 49 in Novgorod gefangen Genommenen und schildert, wie zwei Jahre später in Reval die Freigelassenen „frolick und guder dinge" in die Schiffe gingen, am 29. August ausliefen und dann „alle vorsopeden". Insgesamt seien im Sturm Mitte September 1497 über 5.000 Menschen ertrunken.[21] Dies darf man aber als zeittypische Übertreibung werten.

Der Sturm raste mit einer seit Menschengedenken nicht erlebter Gewalt über die Ostsee, wovon in zeitgenössischen Liedern wie „Von dem groten Storme in Pamern, anno 1497" erzählt wird.[22] Der Danziger Chronist Christoph Beyer der Ältere schreibt: „den 14 und 15 Septembris vom freitagk auff den sonnobend vor sanct Lamperti des nachts do wehete so ein gewaltiger stormwindt [24 stunde langk], das er zu Dantzick das pollwerck bey der sehe zubrach […]. Es blieben auch in die 30 schiffe darfor mit grossem gutt, mit mannen, mit allem. Etliche schiffe kwamen auch mastlosz, anckerlosz und siegellosz vor die rede.

19 LEKUB II.1: Nr. 560; HUB XI: Nr. 1013.

20 Stabi, Ms. Lub. 2° 69: 88.

21 Stabi, Ms. Lub. 2⁰ 27: fol. 240r-v, 255r-v; Teildruck HR III.3: 390, Nr. 502; Stabi, Ms. Lub. 2⁰ 62 (Heinrich Rehbein-Chronik, Heft J): 47:13, 48:13a.

22 Dähnert (1754): 261-267.

Die schiffer von Lubeck und von Revel verloren merklich grosz gutt."[23] Reimar Kock berichtet sogar, der Sturm habe zwei Tage und drei Nächte gedauert.[24]

In Danziger Quellen werden Schiffer genannt, die auf der Fahrt von Livland nach Lübeck untergingen, abtrieben oder anderweitig Schäden erlitten.[25] Aus Riga kommend waren es Hans Balhorn, Hans Moller, Hinrik Moller, Hinrik Porat, Hinrik Berch, Andreas Schardyck und Hermen Hophusen, aus Reval Hans Franke, Jürgen Blomenborch, Frans Ben, Gert Avendorp, Oleff Schalm[26] und Oleff Swarte. Der Sturm erfasste außerdem die Schiffer Hinrik Surber auf dem Weg von Ålborg nach Reval, Hinrik Quant von Lübeck nach Riga und Hans Schomaker von Lübeck nach Danzig sowie wenigstens einen von der Baie (Bourgneuf an der französischen Westküste) nach Reval.[27]

Zum Revaler Verband gehörten weitere Schiffer: Clawes/Klaus Gutarch, der unter Gotland Schiffbruch erlitt,[28] und Hans Schack, der ohne Mast nach Kolberg abgetrieben wurde.[29] Auch Hans Holste und Andreas Jacobssone waren dabei,[30] überstanden aber die Schiffskatastrophe. Sie wurden mit dem Schiffer Cleys Schulte Weihnachten 1499 als neue Mitglieder in die Revaler Tafelgilde aufgenommen und verkehrten weiterhin zwischen Lübeck und Reval.[31] Auch Thomas Moller erreichte 1497 Lübeck und segelte noch im selben Jahr mit Kersten Tode und Mathias Plate wieder nach Reval zurück.[32] Bald danach muss Moller gestorben sein, denn die Revaler Tafelgilde hielt Fastnachtabend 1498 für ihn wie für Gert Avendorp und Hans Franke das Totengedächtnis ab.[33]

Die Chronisten berichten von großen Mengen bei Danzig, nahe Köslin, Buckow und Rügenwalde an Land gespülten und geborgenen Gütern. In einer Eintragung im Kolberger Stadtbuch heißt es:[34] „Unde hir in unsen strand slogen grote geladene schepe van Reuele [Reval] unde Righe kamende, to Lubeck unde Wismar to hus horende, dor vorgink groth gud: wass, tallich, vlass unde dürbar veewerk [Wachs, Talg, Flachs und kostbares Pelzwerk] unde andere ware unde osemund [Eisenwerk], unde dar welke scippers unde merklike rike koplude

---

23 SRP 5 (1965): 447 mit Anm. 1; gleicher Wortlaut (bei Schreibvarianten) Bornbach: Ms. boruss. fol. 248: fol. 16v.

24 Stabi, Ms. Lub. 2⁰ 27: fol. 255v.

25 HUB XI: Nr. 1034; LEKUB II.1: Nr. 622.

26 HR III.4: Nr. 388 § 36, Nr. 429 § 24.

27 HUB XI: Nr. 1034; LEKUB II.1: Nr. 622. Der Baienfahrer war vermutlich Hans Gustrowe.

28 HR III.4: 475 f., Nr. 429 § 6 mit Nr. 388, S. 517.

29 TLA, 230.1, Bh 35/I, fol. 26v „upp Sunt Galle anno xcvij".

30 Sie waren zusammen mit dem aus Lübeck kommenden Hans Franke unter dem 29. Juni 1497 in Reval verzollt worden: TLA, 230.1, Ad 25, fol. 152v.

31 Ebd., fol. 157r (1498), fol.163 r-v (1499); Derrik (2000): 396.

32 TLA, 230.1, Ad 25, fol. 155r-156r.

33 Derrik (2000): 396.

34 Riemann (1873): 261 f.

uppe vordrunken, de vele goldes by sik hadden, dar van gold gevunden ward by lankstrandes." Auch ein Boot mit Dänen sei an Land getrieben worden.

Die Linienschifffahrt Lübeck-Reval/Riga erlitt großen Schaden, denn nach Ausweis der Lübecker Pfundzollbücher 1492-1496 und den Revaler Pfundzolllisten 1487-1491 und 1495-1500 ff., befuhren die meisten der vom Unglück betroffenen Schiffer beide Routen regelmäßig. Besonders verheerend war Gert Avendorps Schiffsuntergang, den niemand überlebte. „Item in dussem scheppe weren boven 80 van den besten Lubeschen kinderen, dede alle vorgingen, Gode entfarmet", heißt es auf der Rückseite der in Lübeck aufbewahrten Zertifikationsurkunde vom 6. Oktober 1497.[35]

Dennoch kam die Handelsschifffahrt Lübeck-Reval keineswegs zum Erliegen. Noch im Herbst 1497 liefen drei aus Lübeck kommende Schiffe wieder in Reval ein und wurden verzollt. Es waren Kersten Tode, Thomas Moller und Mathias Plate, die unter dem 25. Oktober, 1. sowie 8. November in den Importlisten aufgeführt sind.[36] Im ganzen Jahr waren es sieben Lübecker Schiffe, 1498 neun, 1499 acht und 1500 zehn.[37]

Gert Avendorps Schiffspassagen

Gert Avendorps Herkunft und frühen Jahre sind unbekannt. Als Schiffsführer *tom Holme* (Stockholm) wird er erstmals 1481 in einer drei Jahre zurückliegenden Streitsache genannt.[38] Im Folgejahr führte er in Reval 900 Hüte westfranzösisches Meersalz ein.[39] In den 1490er Jahren verkehrte Avendorp als „Linienfahrer" regelmäßig zwischen Lübeck und Reval. Den Lübecker Pfundzolllisten 1492-1496 zufolge war sein Schiff das größte auf der Ostsee, denn er zahlte 1492 mit 6 m lüb. den höchsten Schiffszoll aller über Lübeck verkehrenden Schiffe.[40] Seine unter dem 1. August 1493 in Lübeck verzollte Ladung war die wertvollste aller Schiffe dieses Jahres.[41] Avendorps herausragende Transportfähigkeit legen auch die Revaler Pfundzolllisten 1487-1491 und 1495-1497 nahe. Für seine und die vom Schiffer Jachim Volquin am 23. Mai 1491 aus Lübeck eingeführten Waren wurde ein Pfundzoll in Höhe von 335 m 32 ß rig. erhoben. Nach ihrer Rückkehr in Lübeck segelten beide erneut nach Reval und zahlten unter dem 16. September 221 m 6 ß m rig. Zoll. Das sind zusammen 62,5 % der 1491 in Reval aller von 42 Schiffern verbuchten Zollzahlungen in Höhe von

35 AHL, 7.1-1.1 Interna, Nr. 496; HUB XI: 644, Nr. 1036.

36 TLA, 230.1, Ad 25, fol. 155r-156r.

37 Ebd., fol. 152v/289-168r/322 (1497-1500); siehe Tabelle 3.

38 AHL, 3.1-2.4 NStB, 1487 Corporis Christi-1481 (RS), fol. 236r-v; Ebel (1967): 174 f., Nr. 217.

39 Vogelsang (1992): 628. Das importierte Seesalz wurde in c (centum/Hundert) „hoed" berechnet.

40 Vogtherr (1996): 1816.

41 Vogtherr (2005): 175, 180 f.

890 m 31 ß rig.[42] Avendorp überwinterte dort und nahm Weihnachten 1491 an den Drunken der Revaler Schwarzenhäupter teil, einer Vereinigung unverheirateter Kaufgesellen heimischer wie auswärtiger Herkunft.[43]

Für Avendorps Schiffsverkehr der folgenden drei Jahre können wir nur die beiden Lübecker Pfundzollbücher heranziehen, denn für 1492-1494 sind keine entsprechenden Revaler Pfundzolllisten vorhanden. Aber Steffen Pelsers in Tallinn bewahrt gebliebener Revaler Nachlass (1490-1500) enthält Angaben, wann Pelser und der Lübecker Kersten Swarte einzelne Posten in Avendorps Schiff luden und aus ihm empfingen. Ein Beispiel: Pelser gab in Reval nach dem 22. April 1492 in sein Schiff 1.280 (32 Timmer) Wieselfelle. Diese waren Gesellschaftsgut mit Swarte und wurden von Pelsers Jungen (Knecht) Hans Wyneke begleitet.[44] Der Lübecker bestätigte 1492 den Empfang und belud seinerseits Avendorps Schiff am 13. und 25. Juli mit einem poperinghescher Terling Laken und einem Schof Kessel, was Pelser am 20. August 1492 empfing.[45]

Seit dem 15. April 1492 erhob Lübeck einen Pfundzoll von einem Pfennig auf eine Mark des vom Zoll geschätzten lübischen Warenwertes auf „dat gut, dat to der seewort geyt [...] und dat van der see kumpt." Das entspricht einem Zollsatz von 0,52 %.[46] Auch ein Schiffszoll musste gezahlt werden. Im Exportband der beiden Pfundzollbücher (mit e gekennzeichnete Seiten) finden sich Angaben zu den 1492 mit Avendorp nach Reval verschifften Westwaren,[47] im Importband (mit i gekennzeichnete Seiten) jedoch keine zur Einfuhr von Ostwaren. Das müsste aber sein. Liegt es an den von Hans-Jürgen Vogtherr festgestellten lückenhaften Zolleintragungen.[48] Oder daran, dass Lübeck Reval und Danzig erst im Schreiben vom 28. April 1492 über die Pfundzollerhebung unterrichtete?[49]

Jedenfalls bestätigen Kersten Swartes Angaben in Steffen Pelsers Nachlass für 1492 einen Revaler Import nach Beginn der Lübecker Pfundzollerhebung. Außer Avendorp belud Pelser im April auch die Schiffer Marquard Furhake und Jachim Volquin mit Wachs für Swarte, der es um den 10. Juni empfing.[50] Geht man von einer Konvoifahrt mit den üblicherweise über Winter vollbeladenen ersten Schiffen des Jahres aus, so wurde 1492 Ostgut auf den Lübecker Markt gebracht, das dem der Jahre 1493/94 entsprochen haben dürfte. Damit stellen wir für dieses Jahr Hans-Jürgen Vogtherrs Annahme von einer „außergewöhnlich aktive[n]

---

42 TLA, 230.1, Ad 25, fol. 116v-126v.

43 TLA, 87.1, Nr. 20, fol. 157r.

44 TLA, 230.1, Bh 25, fol. 19v.

45 TLA, 230.1, Bh 35/I, fol. 36r; Bh 35/III, fol. 3r; Bh 25, fol. 18r.

46 AHL, 3.4-4 Pfundzollherren, Pfundzollbücher 1492-1496, fol. e1r; Kuhn (2019): 95-115, hier 95-98. Zu den vom Zoll befreiten Waren Vogtherr (1996): 35.

47 AHL, 3.4-4 Pfundzollherren, Pfundzollbücher 1492-1496, fol. e17r-18r, e20v, e21v.

48 Vogtherr (1996): 34; Ders. (2001): 202 f; ebenso Kuhn (2019): 98 f.

49 HR III.3: 58, Nr. 77 f.

50 TLA, 230.1, Bh 25, fol. 19v-20r; Bh 35/I, fol. 37r; Bh 35/III, fol. 1r-v; Koppe (2020): 183.

Handelsbilanz Lübecks im Verhältnis vor allem zu Reval“ in Frage[51] und gehen von einer eher ausgeglichenen Handelsbilanz aus. Einen Warenstau in Richtung Reval wegen der Bedrohung des Schiffsverkehrs durch Freibeuter vom Schlage der Hoyke und der Gebrüder Hunninghusen nehmen wir nicht an.[52]

Weihnachten 1492 wechselte Avendorp von den Revaler Schwarzenhäuptern in die dortige Tafelgilde,[53] die als Teil der Großen Gilde nicht nur ortsansässige, meist verheiratete Kaufleute, sondern auch Geistliche, Schiffer, Stadtbedienstete und Ratssekretäre Revals sowie einige Auswärtige einschloss.[54] Diese Bruderschaft gedachte seiner am 15. April 1498.[55]

Die nachfolgende Tabelle zu Gert Avendorps Schiffspassagen 1491-1497 enthält

1. Pfundzollangaben aus Revaler und Lübecker Verzeichnissen.[56] Reval erhob von 1487 bis 1491 einen Pfundzoll auf über die Ostsee eingeführte Ware. Danach war er für drei Jahre ausgesetzt, vermutlich wegen der Lübecker Pfundzollerhebung auf Im- und Exportgüter vom 15. April 1492 bis 1. Juli 1496. Wegen der Festnahme zweier Ratssendboten und deutscher Kaufgesellen in Novgorod im November 1494 führte Reval die Abgabe 1495 wieder ein, diesmal auf ein- und auszuschiffende Ware.[57]
2. Beladungs- und Empfangsdaten der Gesellschafter Steffen Pelser in Reval und Kersten Swarte in Lübeck. Die Zollangaben, teils nur Jahreszahlen, stammen aus Pelsers Revaler Nachlass (1490-1500).[58]

Wie die Tabelle zu lesen ist, sei für das Jahr 1491 gezeigt. Avendorp befuhr die Route Lübeck/Travemünde-Reval ausnahmsweise dreimal. Er segelte von Lübeck aus, wo Swarte ihn, unbekannt wann, mit in Lübeck nicht zu verzollender Ware für Pelser belud. Unterm 23. Mai wurde in Reval das von Avendorp importierte Handelsgut verzollt, drei Tage später bestätigte Pelser in seiner Rechnung für Swarte den Empfang. Am 23. Juni belud Pelser seinerseits Avendorp mit Ostgut für Swarte, das weder in Reval noch in Lübeck verzollt werden musste. Swarte bestätigte Pelser den Empfang, ohne ein genaues Datum zu nennen. Avendorp segelte nochmals nach Reval, hatte diesmal aber keine von Swarte für Pelser bestimmte Ware an Bord. Seine Ladung wurde unterm 16. September in Reval verzollt. Von nun an überwinterte Avendorp stets in Reval.

---

51 Vogtherr (1996): 38-40 mit Tabelle 5, hier 40.

52 So Vogtherr (2001): 202 f.

53 Derrik (2000): 393. Gleichzeitig wurden seine Schifferkollegen Thomas Moller und Jachim Volquin aufgenommen.

54 Ebd.: 421 f.

55 Ebd.: 396, wo irrtümlich Gert Asendorp steht.

56 Für Reval: TLA, 230.1, Ad 25, fol. 120v, 124r (1491), 132v, 142r (1495), 148v (1496), 137v (1497); für Lübeck: Bruns (1904/05): 126 mit einer unzutreffend aufgelösten Zeitangabe zum Importzoll 1493; Vogtherr (1996): 1505-1510, 1816.

57 Koppe (2020): 185 f. mit den Nachweisen.

58 TLA, 230.1, Af 20, fol. 2v, 3r, 4r, 6r-v, 8v; Bh 25, fol. 19r-21v; Bh 35/I, fol. 36r-37r; Bh 35/III, fol. 1r-v, 3r-4r, 5v-6r, 10r-v.

Tabelle 1: Gert Avendorps Schiffspassagen Lübeck/Travemünde-Reval 1491-1497.

Jahr	Beladung	Exportzoll	Importzoll	Empfang
1491	Swarte: 1491	kein	23.5.	26.5.
	Pelser: 23.6.	kein	kein	1491
	Swarte: belädt nicht	kein	16. 9.	kein
1492	Pelser: 22.4.	kein	kein	1492
	Swarte: 25.7.	1492	kein	20.8.
1493	Pelser: 3.4.	kein	12.-15.5.	25.4.
	Swarte: 25.7.	nach 1.8.	kein	zerstörtes Datum
1494	Pelser: 13.5.	kein	nach 9.6.	1494
	Swarte: 1494	nach 24.6.	kein	10.9.
1495	Pelser: 22.5.	1495	nach 28.5.	unbekannt
	Swarte: unbekannt	nach 2.7.	27.8.	kein
1496	Pelser: belädt nicht	kein	nach 24.6.	kein
	Swarte: unbekannt	kein	27.10.	13.12.
1497	Pelser: 17.5.-16.7.	kein	Untergang um 15.9.	-

Einige der Angaben sind auffällig. So empfing Swarte am 25. April 1493 von Pelser Gemeinschaftsgut aus Avendorps Schiff, dessen Ladung aber erst unter dem 12. bis 15. Mai in Lübeck als verzollt eingetragen ist.[59] Eine Schiffspassage Reval-Lübeck/Travemünde 1495 in kaum mehr als sechs Tagen wäre außergewöhnlich kurz.[60] Zeitangaben des Lübecker Zolls können ungenau sein.[61]

Gemäß der Ordnung der Lübecker Novgorod-Fahrer vom 28. Juni 1491 galt für den Verkehr mit Reval unter anderem die Verpflichtung,[62] dass

- Güter, die nach Reval, Dorpat, Narva oder Novgorod bestimmt sind, nicht über Danzig, Königsberg, Pernau oder Stockholm versendet, sondern auf direktem Weg nach Reval verschifft werden müssen.
- Güter nach Reval nur in den von den Lübecker Novgorod-Fahrern gecharterten Schiffen befördert werden dürfen. Bei einem Mangel an Schiffsraum darf der Kaufmann in Reval seinerseits Schiffe chartern, aber nur die besten der zur Verfügung stehenden.
- die von den Lübeckern oder Revalern verpflichteten Schiffe im Konvoi fahren müssen.

59 TLA, 230.1, Bh 35/I, fol. 37v; Bh 35/III, fol. 1v; Vogtherr (1996): 1508 (i52v).

60 Allerdings gibt es auf dieser Linie durchaus kurze Schiffspassagen, die aber nur Ausnahmen sind. Zu 1497 lassen sich für vier Brieflaufzeiten Lübeck/Travemünde-Reval durchschnittlich 14 Tage ermitteln: Koppe (2018): 195.

61 Bruns (1904/05): 116 verweist auf den Reinschrift-Charakter der Zollregister und stellt infrage, „ob der Rechnungsführer bei der Übertragung der Einzelbuchungen die Zeitfolge genau eingehalten hat, was hinsichtlich der datierten Überschrift nicht immer der Fall ist."

62 HUB XI: Nr. 458; Vogtherr (2001): 227.

Die Schifffahrtsaison begann in der Regel um den 15. März und sollte vorschriftsgemäß um Martini, den 11. November, enden. Wind und Wetter verhinderten das aber immer wieder.[63] Den Lübecker Pfundzollbüchern zufolge segelte man in Verbänden:[64] Avendorp 1492-1494 mit Furhake (Schiffszoll 1492: 5 m lüb.), 1495 mit Thomas Moller (Schiffszoll 1492/93: 3 m lüb.) und Kersten Tode (Schiffszoll 1496: 2 m 7 ß lüb.).[65] Dementsprechend wurde in Reval Avendorps Import 1491 zweimal zusammen mit dem von Jachim Volquin verzollt, 1495 einmal mit dem von Thomas Moller, Hinrik Born und Kersten Tode und 1496 wieder mit dem von Moller. In den undatierten Revaler Exportlisten wird Avendorp zu 1495 oft, zu 1496 und 1497 aber nur je einmal genannt.[66] Zweifellos waren nur wenige große Schiffe im Lübecker Revalhandel unterwegs.[67] Ihr Lübecker Umschlag fand in Travemünde statt.[68]

Zu ihrem Schutz erging am 25. April 1492 von den Vertretern des Revaler Kaufmanns an die Lübecker Älterleute der Novgorodfahrer die Aufforderung, die Schiffe entsprechend der Größe und Ladung stärker als bisher mit Söldnern zu besetzen. Die Schiffe von Gert Avendorp, Marquard Furhake, Eler Elvessen sowie Jachim Volquin, dessen Bewaffnung verstärkt wurde, werden ausdrücklich genannt.[69]

Um den 28. Oktober 1495 kam es während der Liegezeit in Reval „hinter dem Bollwerk" zu einem folgenschweren Vorfall. Im Sturm sei Avendorps Schiff abgetrieben, so Bernd Papkes Vorwurf, und habe sein Schiff in den Grund gerammt. Avendorp bestritt jedoch, daran schuld zu sein.[70] Greifswald unterstützte 1496 im Schreiben an Lübeck seinen Schiffer wegen dessen Schadensersatzforderungen.[71] Bis 1503 wurde deswegen von Papke Klage gegen Avendorps Reeder geführt.[72]

1496 wurden die aus Lübeck kommenden Schiffer Avendorp und Thomas Moller erst außergewöhnlich spät am 27. Oktober in Reval verzollt,[73] denn beide

63 Dazu Bruns (1904/05): 114-116.

64 Vogtherr (2001): 233.

65 HUB XI: Nr. 571 Anm. 1; Vogtherr (1996): 1811, 1847, 1852.

66 TLA, 230.1, Ad 25, fol. 132v-134r (1495); fol. 136v (1496); fol. 137v (1497).

67 Bruns (1904/05): 121, 125-127.

68 So beklagte sich denn auch Swarte in seinem Brief vom 11. November 1497 an Pelser darüber, dass Schiffer Thomas Moller einen halben Terling Laken in Travemünde an Land hatte liegen lassen: TLA, 230.1, Bh 35/I, fol. 23r „upp Sunt Mertin anno xcvij."

69 HUB XI: Nr. 571 vom 25. April 1492.

70 TLA, 230.1, Aa 7, fol. 64v vom 24. Januar 1495.

71 AHL, 1.1-3.1 ASA Externa, Deutsche Territorien, Nr. 6034.

72 AHL, 3.1-2.4 NStB 1501-1503 (RS), fol. 138r-139r, 204r, 231r-232r; Teildrucke bei Ebel (1956): 42, 76/77 mit den Nrn. 79, 140/41.

73 TLA, 230.1, Ad 25, fol. 184v-194v. Die Schifffahrt wurde üblicherweise um Michaelis eingestellt. Gelegentlich liefen 1426-1462 aber noch Schiffe im November in Reval ein, ein Salzschiff sogar erst am 4. Dezember 1433: Stieda (1885): Tabelle 1, 107 f., 110.

hatten auf der Fahrt einen Sturm zu überstehen. Die Mitreisenden auf Avendorps Schiff *hadden gelovet eyn man over schyp und gut to Sunte Jacob*,[74] also einen Pilger nach St. Jakob de Compostela in Nordspanien zu senden, falls sie wohlbehalten nach Reval gelangten. Dafür zahlte Pelser, der dies berichtet, 27 ß rig., als er um den 13. Dezember 1496 drei Last Honigseim aus dessen Schiff empfing.[75] In seiner Antwort vom 8. Februar 1497 auf Pelsers nicht bewahrt gebliebenen Brief vom 25. November 1496 schreibt der Lübecker Kersten Swarte ins Neuhochdeutsche übertragen:[76] „Ich habe gut verstanden, wie du schreibst, dass beide Schiffe [geführt von Thomas Moller und Gert Avendorp] mit dem Leben davongekommen sind und habe verstanden, dass sie große Not gehabt haben, insbesondere Gert Avendorp. Wir haben es Gott sehr zu danken [...] und müssen die Schiffe also früher abfahrbereit machen.“ Das war aber leichter gesagt als getan, wie die Ereignisse des Jahres 1497 zeigen.

Zu diesem Jahr finden sich Zollbeträge von 35 Revaler Kaufleuten für ihre „aus dem Lande“ verschifften, aber oft ungenannten Güter.[77] Noch seltener sind Schiffernamen: [Thomas] Moller fünfmal, [Hans] Schack zweimal, Avendorp nur einmal in Zusammenhang mit Hinrik Dellinghusen, der alle drei Schiffer belud, wofür er 23 m rig. Pfundzoll zahlte. Nur Moller überstand den Septembersturm und erreichte Lübeck.

Der Revaler Steffen Pelser

Zu den Opfern von Gert Avendorps Schiffsuntergang gehörten Hans Wyneke und Kord Busk (Busch). Sie begleiteten Steffen Pelser Waren, die vor allem für dessen Gesellschafter, den Lübecker Kersten Swarte und Valentin Lam im niederländischen Westen, bestimmt waren.[78] Pelser berichtet in seiner Rechnungslegung für Swarte vom 2. Mai 1500, er habe Avendorp am 17. Mai 1497 mit zwei Last vier Fässern Tran und dann am 4. Juni mit weiteren zwei Stro Wachs als ihrem Gemeinschaftsgut beladen. Am 16. Juni tat er in die Kiste seines Knechtes Hans Wyneke weitere ihrer Gesellschaft gehörende 14 Timmer Menken (560 Nerze).[79] Zur Risikostreuung verteilten Kaufleute ihr Handelsgut auf möglichst mehrere Schiffe. So auch Pelser. Unter dem 4. Juni 1497 ließ er weitere zwei Stro Wachs in Thomas Mollers Schiff und ein Stro Wachs in [Hans] Schackes Schiff als Gemeinschaftsgut für Swarte laden.[80] Pelser zahlte für seine 1497 aus dem Land verschifften Güter 13½ m rig. Pfundzoll, was

---

74 TLA, 230.1, Bh 35/III, fol. 5v.

75 Ebd.

76 TLA, 230.1, Bh 35/I, fol. 30r: Kersten Swarte an Steffen Pelser „upp Aske dach anno xcvij“.

77 TLA, 230.1, Ad 25, fol. 137v-138r.

78 Koppe (2020): 157-211; Ders. (2018): 123-179; zu Swartes Ostseehandel 1492-1496 Vogtherr (1996): 1505-1510; Ders. (2001): 208 Tabelle 6, 217.

79 TLA, 230.1, Bh 35/III, fol. 10r.

80 Ebd., fol. 10v.

einem Warenwert von etwa 2.700 m rig. entspricht.[81] Er war damit in Reval der fünftgrößte Pfundzollzahler.

Drei von Swarte im Oktober und November 1497 an Pelser adressierte Briefe zeugen von den Ängsten der Lübecker Kaufmannschaft und der Sorge über Avendorps Schicksal und dem der anderen Schiffer. Sie werden im Folgenden übersetzt wiedergegeben. Swarte schreibt am 16. Oktober, dass er Pelsers (nicht bewahrt gebliebenen) Brief aus dem Schiff des [Thomas] Moller mit zwei Stro Wachs erhalten habe sowie ein weiteres Stro mit seiner eigenen Handelsmarke und fährt fort:[82] „Also, was du von Gert Avendorp schreibst, das habe ich wohl verstanden, was in sein Schiff geladen wurde und dass Hans Wyneke und Kord Busk mitfahren. Gott gebe, dass es Avendorp gut gehe. Er war mit den anderen Schiffen von Bornholm abgetrieben worden, die dort untergegangen sind, und man hört nichts davon, dass etwas an Pommerns Küste angeschwemmt wurde, das von ihm stammt. Also hoffen wir noch das Beste. Gott gebe uns gute Nachrichten! Schiffer [Hans] Schack wurde auch abgetrieben. Er kam ohne Mast nach Kolberg und will den des untergegangenen Schiffers Franke[83] verwenden und uns das Schiff mit dem Handelsgut vor die Trave bringen. Gott möge ihm helfen! Also Steffen, lieber Freund, auch Schiffer Gustrowe[84] ist an Pommerns Küste untergegangen. Er kam aus der Baie und hatte Salz von Valentin Lam [Steffen Pelsers Gesellschafter] geladen. Ich hoffe nicht, dass du daran Anteile hast. Es ist ein so großer Schaden entstanden, dass ich es dir gar nicht schreiben kann. Es wird dir genauer berichtet werden, als ich schreiben kann. Es war zu viel mit dem Wind. Das Volk geht hier, als wären sie ertrunken (*vor suffet sin*). Ein Edelmann [Glücklicher] ist der, der keine Fracht darin hatte.“

Am 21. Oktober 1497 schrieb Swarte,[85] er hätte Pelser wohl etwas mehr gesandt „aber es ist ein schlimmer Sommer gewesen und noch heute ist das Gejammer so groß, dass ich es dir gar nicht schreiben kann. Du wirst davon mehr hören, als ich dir schreiben kann. Wir wissen noch nichts Schlimmes von Avendorp. Sie vermuten ihn entweder auf der Wyk oder in den Scheren. Wenn es wegen der Fehde [zwischen Dänemark und der Hanse] nicht so ist, so muss er ertrunken sein, es kann nicht anders sein. Wäre er irgendwo gestrandet oder hätte er sich versegelt (*umme seygelt*), dann wären ja die Kisten und was er an Deck hatte angeschwemmt worden. Also müssen wir damit rechnen, denn es ist zwei gegen eins, dass er ertrunken ist. Gott möge ihnen allen gnädig sein und

---

81 TLA, 230.1, Ad 25, fol. 137v; Koppe (2020): 187.

82 TLA, 230.1, Bh 35/I, fol. 26v “upp Sunt Galle anno xcvij.”

83 Hans Franke war gebürtiger Lübecker. Nach Angaben der Lübecker Pfundzollbücher führte er ein Schiff mittlerer Größe im Verkehr mit Reval, Riga, Schonen und Danzig: Vogtherr (1995): 72 f. Sein Schiff „scheiterte“ ebenfalls vor Kolberg: HUB XI: 659 f., Nr. 1057.

84 Gustrowe ist jener Hans Schele, genannt Gustrowe aus Stralsund, der im HUB XI: 667, Nr. 1076 genannt wird. Er ist u.a. als Salzimporteur bekannt. 1494 und 1496 lief er mit Brouage-Salz in Reval ein Vogelsang (1992): 680, 683.

85 TLA, 230.1, Bh 35/I, fol. 33r „sunawedes nan Sunt Urssel offte upp er dach anno xcvij.“

einen jeden vor Schaden schützen. Es soll manchen so erwischt haben, dass er es sein Lebtag nicht überwinden wird."

Unter dem 11. November 1497 schrieb Swarte dann:[86] „Gert Avendorp ist geblieben und es wurde viel Gut geborgen und auf das Schloss zu Rügenwalde geführt; sie wollen niemanden daran lassen, ehe der Herzog [von Pommern Bogislav X.] nach Hause kommt. Der ist ins Heilige Land gezogen, aber wir hoffen, dass er in Kürze nach Hause kommt [...]. Wachs, Pelzwerk, Tran, Butter und Schimesen [Häute] sind angetrieben worden; die Fürstin ließ alles Gut von den Bauern und Gutsleuten holen, um es näher untersuchen zu können und ließ alles nach Rügenwalde fahren, bis der Herzog kommt. Gott erbarme sich, es ist niemand gerettet worden. Gott sei ihnen allen gnädig, von ihnen sind viele hin in kurzer Zeit."

In einer Nachschrift zu diesem Brief heißt es:[87] „Unsere Sendboten, nämlich Gert Gruter und Hans Rute, sind gerade eben nach Hause gekommen und sagen, dass viele Güter geborgen worden sind." Swarte wiederholt sich im Folgenden, fügt aber über den Herzog neu hinzu: „Man sagt, er solle schon wieder auf dieser Seite sein, so dass wir ihn hier bald haben werden. So baten unsere Sendboten, dass man sie doch an die verderbliche Ware wie das Pelzwerk heranließe, um zu helfen. Da sagte die Fürstin, sie wolle Pelzmacher herbeischaffen lassen, die es gut verwahren sollten. Es steht sehr zu befürchten, dass sie es über einen Haufen werfen. Deswegen schreibe mit dem ersten [Schiffen des Jahres 1498] hierher, was du alles in dem Fass hast, darauf sei bedacht. Hermen Hagen oder sein Bruder hat ein Fass, das bei Stolp geborgen wurde. Ich konnte die [Handels-] Marke nicht kriegen. Es stand zu viel Volk herum." Er prägt Pelser dann nochmals ein, genaue Angaben über das mit Avendorp verfrachtete Gut zu machen, damit es zertifiziert werden könne und wiederholt seine Befürchtung, dass alles, Eichhornfelle und Wachs, durcheinandergebracht werde.

Da Schiffer Thomas Moller den Septembersturm überstand und Lübeck mit den beiden Stro Wachs für Swarte erreichte, konnte dieser bereits am 6. Oktober 1497 dem Lübecker Ratsschreiber Angaben zu den von Pelser mit Avendorp gesandten Güter machen und Handelsmarken nennen.[88] Es fehlten aber noch die vom ertrunkenen Kord Busk geführten Waren. Deshalb forderte Swarte in seinem Brief vom 11. November 1497 Pelser auf, ihm mit den ersten Schiffen des Jahres 1498 dessen Marke und die mitgeführten Partien zu nennen.[89]

Pelsers Hoffnung, von dem an Pommerns Küste angelandeten Gut wenigstens etwas zurückzuerhalten, erfüllte sich nicht. In seinem Brief vom 30. November 1499 an Herrn Johan Beye, alter Bürgermeister von Dortmund, versicherte er,[90] allein in Avendorps Schiff hätten seine Güter einen Wert von um die

86 TLA, 230.1, Bh 35/I, fol. 23r "upp Sunt Mertin anno xcvij."

87 Ebd., fol. 23v.

88 AHL, 7.1-1.1 Interna, Nr. 496; ausgewertet bei Koppe (2018): 125 f.

89 TLA, 230.1, Bh 35/I, fol. 23r.

90 Ebd., fol. 41v "up Sunte Andreas int jar xcix".

100 Pfund flämischer Grote (etwa 692 m lüb.),[91] von denen er kein Fell gesehen und keinen Pfennig erhalten habe. Demnach waren sie also nicht Teil der 1498 von Bogislav X. den Lübecker Vertretern (Syndikus Matheus Packebusch, Gert Gruter, Hans Rute) übergebenen und einzeln aufgeführten Güter.[92]

Der Revaler Bernd Pal

Auch der aus Lübeck stammende Revaler Kaufgeselle Bernd Pal verlor 1497 Handelsgut, das er in die Schiffe von Gert Avendorp, Claus Gutarch und Hinrik Oldenborch geladen hatte. Auskunft gibt sein letztes, in Tallinn bewahrt gebliebenes Kaufmannsbuch D.[93] Den dortigen Pfundzolllisten zufolge wurde der aus Lübeck gekommene Gutarch unterm 14. August 1497 in Reval verzollt, der aus Danzig kommende Oldenborch am 20. August.[94] Pal belud Gutarch schon zehn Tage später mit Flachs und Dorpater Knochen auf eigenes Risiko (*up myn eventur*) für seinen Lübecker Neffen Hinrik Runge. Pal schreibt in seinem Buch:[95] „Dies Schiff blieb 1497 auf Gotland bei Karlsö drei Wochen nach Michaelis [20. Oktober] und ich habe von dem Gut keinen Denar erhalten." Er wiederholt später diesen Eintrag und gibt dann das Datum des Schiffsuntergangs mit drei Wochen vor Michaelis, den 8. September, an.[96] Oldenborchs Schiff, so sagt Pal weiter, ging auf der Rückfahrt nach Danzig bei der Halbinsel Hela unter.[97] Er habe dadurch drei Fässer Hanf und vier Tonnen Butter als gemeinsames Gut mit seinem Danziger Gesellschafter Hans Syving verloren.

Wie Tabelle 1 zeigt, wurde Avendorp 1496 in Reval am 27. Oktober verzollt und lag seitdem auf Reede. Am 1. Juli 1497 belud ihn Pal mit 5 ½ Tonnen ihm allein gehörende Butter im Einkaufswert von 27 m rig. sowie mit einem Stro Wachs im Wert von 197 m rig. für seinen Lübecker Gesellschafter Hinrik Greverade, das mit ihren beiden Handelsmarken gekennzeichnet war.[98] Eigentlich müsste Greverade oder seine Handelsmarke[99] im Lübecker Schadensverzeichnis

---

91 Für das Jahr 1491 ist folgender Kurs überliefert: 1 lb gr. = 6 m 14 ß 9 d lüb.: TLA, 230.1, Bh 35/I, fol. 37r.

92 HUB XI: Nr. 1070 vom 14. Mai 1498.

93 TLA, 230.1, Af 18, fol. 49r, 173r; Jahnke (2019): 134 f. ‚Verluste Bernd Pals durch Schiffsuntergänge'. Wir haben zu 1497 allerdings abweichende Lesungen und Zuordnungen: Gert Avendorp statt Gert Amendorp, Claus Gutarch statt Claus Groth, nicht Hans Runge, sondern Hinrik Runge. Knelse bei Gotland ist das Eiland Karlsö. Pal verschiffte Wachs und Butter nicht am 16. Juni, sondern am 1. Juli 1497. Gotland wird als Ort von Gutarchs Schiffsuntergang genannt, es ist aber nicht der von Avendorp.

94 TLA, 230.1, Ad 25, fol. 154r.

95 TLA, 230.1, Af 18, fol. 49r. Einiges Handelsgut wurde angelandet und konfisziert. Daraufhin reklamierten neun Lübecker Bürger und Kaufleute es für sich und andere. Runge war nicht dabei: HR III.4: 517, Nr. 388 § 7 und 575 f., Nr. 429 § 6.

96 TLA, 230.1, Af 18, fol. 173r.

97 Wegen dort geborgener, dem Deutschen Orden gehörender Güter, Pakete mit Urkunden und Abzeichen wandten sich im November 1497 der Ordensmeister Wolter van Plettenberg und sein Statthalter an Danzig: LEKUB II.1: 446 f., Nr. 614 f.

98 TLA, 230.1, Af 18, fol. 173r.

99 Ebd., fol. 92v.

vom 6. Oktober 1497 zu Gert Avendorp erwähnt werden. Das ist aber nicht der Fall. Er wird auch nicht in den beiden Lübecker Zuversichtsbriefen vom 6. Februar 1498 an Danzig und 29. April 1498 an den Herzog von Pommern Bogislav X. genannt, in denen namentlich aufgeführte Lübecker Kaufleute ihren Anspruch auf die angelandeten und geborgenen Güter unterstrichen.[100] Vermutlich wusste Greverade damals nicht, dass Pal ihm mit Avendorps Schiff Wachs als ihr Gesellschaftsgut zugeschickt hatte.

Das Handelsgut

Am 6. Oktober 1497 wandte sich Lübeck an Danzig mit der Bitte, bei der Wiedererlangung des in Pommern geborgenen und noch zu bergenden Gutes gegen Zahlung eines redlichen Bergegeldes behilflich zu sein.[101] Es habe diesbezüglich seine Bürger Hermen Ruckerding und Bernd Bomhouwer bevollmächtigt, dieses mit Hilfe eines Zertifikats einzufordern.[102] Danzig antwortete am 11. Dezember, sein Bürgermeister Hinrik van Suchten habe mit Hilfe vieler Leute und des Lübecker Bürgers Hermen Huntenberch den größten Teil der gestrandeten Güter geborgen.[103] Die Danziger beklagen sich aber darüber, dass Huntenberch oder andere Danzig bei Lübeck verleumdet hätten, die Bergung sei nicht mit rechten Dingen geschehen. Sie haben daher die beiden Sendboten gebeten, dem Lübecker Kaufmann den wahren Sachverhalt darzulegen. Die geborgenen Güter werden gegen ein Bergegeld zurückgegeben.

Der weitere Briefverkehr in dieser Sache ist geprägt von gegenseitigen Vorwürfen und Rechtfertigungen, aber auch von dem Versuch, sich gütlich zu einigen.[104] Dabei wird der Lübecker Zuversichtsbrief vom 6. Februar 1498 an Danzig erwähnt.[105] Darin verbürgte sich Lübeck für 28 namentlich genannte Kaufleute wegen ihres Anspruches auf geborgenes Handelsgut sowie für drei Lübecker, die dies für andere taten. Einen weiteren Brief richtete Lübeck unter dem 29. April 1498 an Herzog von Pommern Bogislav X.[106] Diesmal verwandte sich der Rat für 33 Lübecker Ratsherren und Kaufleute, die beschworen, selbst zu Schaden gekommen zu sein. Des Weiteren setzten sich Lübecker Kaufleute auch für 18 namentlich genannte, zum Teil auswärtige Geschädigte ein.

Am 14. Mai 1498 kam es unter Vermittlung des Lübecker Syndikus Matheus Pakebusch und den Lübeckern Gert Gruter und Hans Rute zur Rückgabe der geborgenen Güter mit dem Versprechen, das Bergegeld in Höhe von 1.200 m

---

100 AHL, 3.1-2.4 NStB 1496-1500 Letare (RS), fol. 178r, 198r.

101 HUB XI: Nr. 1034 mit Nr. 1037 f.

102 Gemeint ist das Schadensverzeichnis zu Hans Balhorn: Ebd.: 639-641, Nr. 1035.

103 Ebd.: Nr. 1045.

104 Ebd.: Nr. 1050, 1059, 1061.

105 AHL, 3.1-2.4 NStB 1496-1500 Letare (RS), fol. 178r, unter Dorothee 1498 eingetragen.

106 Ebd., fol. 198r, unter Misericordia domini 1498 eingetragen.

lüb. Herzog Bogislav X. am 24. Juli des Jahres auszuzahlen.[107] Art und Menge des Handelsgutes werden detailliert aufgeführt. Für Talg waren es 40 teils beschädigte Fässer und Geldwerte für inzwischen verkaufte Stücke und Fässer, für Wachs 24 große und kleine Stro, etliche Stücke und ebenfalls Geld als Verkaufserlös. Es handelte sich aber nur um einen sehr kleinen Teil der von der Kaufmannschaft reklamierten Güter. Dies zeigt allein schon der Vergleich mit den beiden Schadensverzeichnissen von 6. Oktober 1497 zu Gert Avendorp und Hans Balhorn.[108]

Tabelle 2: Aus Gert Avendorps und Hans Balhorns Schiffen namentlich beanspruchtes Handelsgut.

Gert Avendorp (Reval)	Hans Balhorn (Riga)
125 Stro Wachs	71 Stro Wachs
24 Fässer Pelzwerk	1 Fass Pelzwerk und 120 Marderfelle
14 bereifte Fässer [meist mit Pelzen/Fellen]	1 bereiftes Fass
14 Last 9 Fässer Tran	4 Fässer
11 Tonnen Seehundfleisch	2 Packen mit Laken
82 Fässer geschmolzener Talg	9 und ‚etliche' Fässer Talg
36 Fässer Talg	2 Kisten
1 Last 9 ¾ Tonnen Butter	1033 Stücke Kabelgarn
7 Fässer Knochen	3 Fässer Knochen
2 Fässer Flachs	-
1 Fass Häute, 51 Kip und 32 gesalzene Häute	-

Die Tabelle zeigt nicht den vollen Umfang der geladenen Güter, weil mehrere Kaufleute die ihnen entstandenen Verluste nicht einzeln aufführten oder nicht benennen konnten. Zudem wurden Nachforderungen gestellt.[109] Dennoch ist deutlich: Russisches Wachs und Pelzwerk, Talg und Kabelgarn waren die Hauptexportgüter. Die Pelze und das in Fässern transportierte Schwergut gingen vor allem mit Avendorp, der als erfahrener Schiffsführer bevorzugt von Ratsmitgliedern und führenden Kaufleuten beladen wurde. Balhorn transportierte aus Riga im Wesentlichen Wachs und Kabelgarn. Er segelte ein Schiff geringerer Ladefähigkeit, das seit 1490 vor allem zwischen Lübeck, Danzig und Riga unterwegs war.[110] 1493 zahlte er 2 m lüb. Schiffszoll, 1496 waren es 1 ½ m lüb.[111]

107 HUB XI: Nr. 1070; AHL, 7.1-3.23 Pomeranica, Nr. 241 a.

108 Zu Balhorn HUB XI: 639-641, Nr. 1035; zu Avendorp AHL, 7.1-1.1 Interna, Nr. 496.

109 AHL, 3.1-2.4 NStB 1496-1500 Letare (RS), fol. 180v, unter Dorothee 1498 eingetragen; HUB XI: Nr. 1038, 1042, 1049, 1057, 1058, 1075 (mit Angabe der Handelsmarken).

110 Für die Revaler Pfundzolllisten TLA, 230.1, Ad 25, fol. 111v, 123v (1490/91); für die Lübecker Pfundzollbücher Vogtherr (1996): 1754, 1863 f.

111 Vogtherr (1996): 1754.

Zur Klärung der Eigentumsfrage der mit Marken gekennzeichneten Handelsgüter verwendete man formelhafte Umschreibungen. Aus Avendorps Schiff beanspruchte der Lübecker Kaufmann sie

- 36mal als ihm (und einem anderen) und nach Lübeck *to husz* gehörend
- 6mal als ihm zu eigen (*proper/proper egentlich*) und nach Lübeck gehörend
- 30mal als ihm (und einem anderen) und in die Hanse gehörend

Dem Lübecker ging es in erster Linie darum, eigene Ansprüche festzustellen und diese von dem der Kaufleute anderer Städte abzugrenzen. Nur selten wird ein anderer Ort als Lübeck genannt (dreimal Reval, einmal Lüneburg). Die Formulierung „ihm und nach Lübeck zu Hause gehörend" kennzeichnete dabei keineswegs stets sein Eigentum (Proper-Gut). Das darf dagegen in der Regel bei „ihm zu eigen und nach Lübeck gehörend" angenommen werden. Der Ausdruck *eme proper egentliken tobehorende unde hyr in unsze stadt to husz behorende* besagt, dass das Handelsgut dem Lübecker Kaufmann gehört und vor Ort gelagert oder umgeschlagen werden sollte. Sollte es an einen auswärtigen Kaufmann weitergeleitet werden, wählte man *eme unde in der anze to husz behorende*. Dann war der Lübecker lediglich Kommissionär. Allerdings gibt es davon auch Ausnahmen.

79mal wird eine einzelne Handelsmarke angegeben. Sie verweist auf den Absender, den Empfänger oder einen Dritten als Eigentümer. Derart gekennzeichnetes Handelsgut konnte in Teilen zugleich Gesellschafts- bzw. Kommissionsgut enthalten, wie das Beispiel von Steffen Pelsers Lehrjungen Hans Wyneke gezeigt hat. Auch kann es sich um eine Sozietätsmarke (signum societatis) handeln, welches sich mehrere Gesellschafter für ihr gemeinsames Handelsgut gegeben haben.[112]

Die 25mal mit zwei, einmal mit drei Marken gekennzeichneten Handelsgüter gehörten den Kaufleuten in der Regel gemeinschaftlich, sei es aufgrund einer längerfristig angelegten gesellschaftlichen Verbindung mit einem etablierten Kaufmann, einer auf einer Widerlegung aufgebauten Gelegenheitsgesellschaft oder einer solchen zum Zwecke der Aus- und Fortbildung mit einem Lehrjungen oder Gesellen. Dies ist der Fall, wenn namentlich genannte oder auch namenlos bleibende Jungen/Knechte oder Gesellen als Miteigentümer erwähnt werden. Doch auch Kommissionsgut kann mit zwei oder mehr Marken gekennzeichnet sein.

112 Held (1911): 497 f.

Der Schiffsverkehr Lübeck-Reval 1495-1500

Zur Frage nach den Auswirkungen der Katastrophe von 1497 auf den Schiffsverkehr Lübeck-Livland sind die Revaler Pfundzolllisten heranzuziehen. Die folgende Tabelle nennt für 1495-1500 zeitlich geordnet die Namen der aus Lübeck kommenden in Reval verzollten Schiffer mit den auf sie verbuchten Zollbeträgen sowie Quellennachweise.

Tabelle 3: Die 1495-1500 aus Lübeck kommenden Schiffer mit ihren Revaler Zollzahlungen.

Jahr	Name und Zahl der Schiffer	Zollbetrag (m rig.)	TLA, 230.1, Ad 25, fol.
1495	[Hans] Franke, [Hinrik] Surber, Dirik Lüdeman, Gert Avendorp, [Thomas] Moller, Hinrik Born, Karsten Tode, Hermen Hobbehusen, Asmus Papke, Caspar Cornick, [Hinrik] Surber, [Hans] Schacke (12 Schiffer)	ca. 620 m	140v-146r
1496	Kersten Tode, Oleff Swarte, [Hans] Schack, [Hans] Franke, Thomas Moller, [Gert] Avendorp (6 Schiffer)	559 m 5 ß	147v, 148v-149v
1497	Hans Holste, Andreas Jacobsen, [Hans] Franke, [Clawes] Gudach, Kersten Tode, Thomas Moller, Mathias Plate (7 Schiffer)	485 m 8 ß	152v-154r, 155r-156r
1498	[Hans] Holste, Mathias Swarte, Cleys Marquardsen, [Kersten] Tode, Hans Tideman, [Martin] Quant, Mathias Swarte, [Kersten] Tode, Martin Quant (9 Schiffer)	ca. 391½ m	157r-161r
1499	Kersten Tode, Mathias Swarte, Detlef Swarte, Hans van Ekken, Cleys Marquardsen, Andreas Jacobsen, Hans Holste, Cleys Schulte (8 Schiffer)	473 m 19 ß	161v-164r
1500	Kersten Bruggeman, Thomas Tymme, [Hans] Holste, Cleys Schulte, Laurens Rygewolt, [Kersten] Tode, Detlef Swarte, Hans Elspit, Eler Elvesen, Cleys Marquardsen (10 Schiffer)	mindestens 439½ m	164v-168r

Auf seewärtig eingeführtes Handelsgut (aus Lübeck waren es vor allem Laken, Heringe, Honigseim, Salz, Silber und Metalle und Metallprodukte) wurde von 1495 bis Ende Juli 1498 ein Zollsatz von 1 m rig. auf 200 m rig. Warenwert erhoben.[113] Danach waren für etwa ein Jahr nur noch die mit den Russen gehandelten Güter (*ynt lant gande up de russen*) zum Satz 1:400 zu verzollen.[114] Seit dem 18. August 1499 galten wieder die alten Bestimmungen (*uppet olde*) von 1:200.[115]

Das galt von 1495 bis 1498 auch für die über das Mare Baltikum gehenden Revaler Exportgüter. In Richtung Lübeck waren es vor allem Pelzwerk, Felle

113 TLA, 230.1, Ad 25, fol. 132r.

114 Ebd., fol. 158v.

115 Ebd., fol. 163r.

und Häute, Wachs, Hanf und Flachs, Talg und Tran.[116] Die darüber geführten Revaler Listen geben oft nur die Namen der Kaufleute und ihre Zollbeträge an. Es fehlen häufig Zeit- und Warenangaben sowie der Name des Schiffers mit seinem Bestimmungsort. Zum Jahr 1497 werden allerdings 35 Kaufleute genannt, die für ihre aus dem Land verschifften Güter 208 m 11 ß rig. zahlten, 1498 waren es 55 Zollzahler mit 602 m 9 ß rig.[117]

Von 1495 bis zum 1. Juli 1496 wurden in Lübeck und in Reval Import- und Exportgüter verzollt, wobei wir eine Waren-Doppelbesteuerung ausschließen.[118] In Reval wurden also mehr zollpflichtige Waren eingeführt, als die Tabelle 3 ausweist.[119] 1497 fielen die Revaler Pfundzolleinnahmen gering aus, mitverursacht durch die Zollfreiheit der Holländer.[120] Dazu beigetragen haben sicherlich die Vorgabe, mit den Rigaer Schiffen im Flottenverband loszusegeln, und die Schiffsverluste durch den Septembersturm. Denn danach liefen nur drei Lübecker Schiffer wieder in Reval ein.

1498 gingen die Zolleinnahmen aus Lübecker Schiffen weiter zurück. Ob Reval deshalb weniger Güter einführte, steht wegen des halben Zollsatzes im Handel mit den Russen ab Anfang August dahin. Das betrifft auch für die Bewertung der Revaler Zolleinnahmen bis zum 18. August 1499. Außerdem wurden vor Beginn der Zollbuch-Eintragungen zu 1501 weitere 359 m 1 ß rig. *vor olde schult* verbucht.[121] Es handelte sich nahezu ausschließlich um Einnahmen für lötiges Silber, das aus Lübeck bezogen wurde und von den Russen gefragt war. Somit erhöhen sich die Revaler Zolleinnahmen für 1500 deutlich, vermutlich auch für die beiden Jahre davor.

Gegenüber der Aussagekraft von Pfundzolllisten ist aus vielerlei Gründen Vorsicht geboten.[122] Die Revaler Pfundzolllisten spiegeln nicht das gesamte seewärtige Handelsvolumen. Das gilt vor allem für die Exportseite 1495-1498, die Importlisten sind dagegen aussagestärker. Insgesamt ergibt sich: So verheerend die Schiffskatastrophe vom Frühherbst 1497 auch war, der Handel zwischen Lübeck und Reval erlitt kaum einen signifikanten und andauernden Einbruch.

116 Von hervorragender Bedeutung war auch die Ausfuhr von Getreide jeglicher Art. Da sie von den Baien-Fahrern betrieben wurde, spiegeln sie sich nicht in diesen Exportlisten.

117 TLA, 230.1, Ad 25, fol. 137v-138v.

118 Jahnke (1998): 160.

119 Beispielsweise verzollten nach dem 2. Juni 1496 sechs Lübecker Kaufleute Waren im Wert von ca. 1.344 m lüb. in Kersten Todes Schiff, in Reval waren es unter dem 15. August mit dem Nachtrag 64 Zollzahler: Vogtherr (1996): 1931 mit den Einzelnachweisen; TLA, 230.1, Ad 25, fol. 134v-135r.

120 So Revals Klage an Dorpat vom Februar/März 1498: HUB XI: Nr. 1065.

121 TLA, 230.1, Ad 25, fol. 168v-169r.

122 Jahnke (1998): 155-163.

Quellen und Literatur

Ungedruckte Quellen

AHL (Archiv der Hansestadt Lübeck)

1.1-3.1 ASA Externa, Deutsche Territorien, Nr. 6034.

3.1-2.4 NStB (Niederstadtbuch): 1478 Corpus Christi-1481; 1496-1500 Letare; 1501-1503 (jeweils Reinschrift = RS).

3.4-4 Pfundzollherren, Pfundzollbücher 1492-1496.

7.1-1.2 Interna, Nr. 496: Zertifikation über die in dem auf der Reise von Reval nach Lübeck verunglückten Schiffe des Gerdt Avendorp befindlich gewesenen, teilweise geborgenen Waren vom 6. Oktober 1497.

7.1-3.23 Pomeranica, Nr. 241 a vom 14. Mai 1498.

Stabi (Stadtbibliothek Lübeck)

Ms. Lub. 2° 27: Kock, Reimar, Chronica T. II, Abschrift Godthart van Hovelen von 1592 Lübeck.

Ms. Lub. 2° 69: Regkman, Hans, Lubeckische Chronick. Das ist / alle vornembste Geschicht und Hendel / so sich in der Kayserlichen ReichsStadt Lubeck / von zeit ihrer ersten erbawung zugetragen, Straßburg 1619.

Ms. Lub. 2° 62: Heinrich Rehbein-Chronik, Heft J (1482-1509).

TLA (Tallinna Linnaarhiiv) 230.1

Aa 7: Denkelbuch der Stadt Reval 1415-1523 *unser stadt middelste bok.*

Ad 25: a) Eingenommene Schoss-, Pfund- und Tonnengelder, b) Gesandtschaftskosten (1458-1514).

Af 18: Kaufmannsbuch D des Bernd Pal (1482-1503) mit Nachträgen der Vormünder bis 1506.

Bh 25: Briefe, Obligationen und lose Blätter den Handel betreffend (1400-1600).

Bh 35/I: Briefe an und von Steffen Pelser mit Kersten Swartes Rechnung für Steffen Pelser.

Bh 35/III: Verschiedene Rechnungen, Steffen Pelser betreffend.

87.1, Nr. 20: Bruderbuch der Revaler Schwarzenhäupter 1446-1499.

Staatsbibliothek zu Berlin, Preußischer Kulturbesitz (digitale Sammlung)

Ms. boruss. fol. 248: Bornbach, Stanislaus, Preußische Chronik, Bd. 4 (recte Bd. 6) zu den Jahren 1497-1520.

Gedruckte Quellen und Literatur

Bruns (1904/05)
Friedrich Bruns, Die Lübeckischen Pfundzollbücher von 1492-1496, 1. Teil, in: HGbll. 11 (1904/05), S. 107-131.

Dähnert (1754)
Johann Carl Dähnert, Pommersche Bibliothek, Bd. 3, Greifswald 1754.

Derrik (2000)
Torsten Derrik, Das Bruderbuch der Revaler Tafelgilde (1364-1549), Edition Wissenschaft. Reihe Geschichte 59, Marburg 2000 [Mikrofiche-Ausgabe].

Ebel (1955-1967)
Wilhelm Ebel (Hg.), Lübecker Ratsurteile, Bde. 1-4, Göttingen 1955/1956/1958/1967.

Fouquet/Zeilinger (2011)
Gerhard Fouquet/Gabriel Zeilinger, Katastrophen im Spätmittelalter, Darmstadt/Mainz 2011.

Held (1911)
Otto Held, Marke und Zeichen im hansischen Verkehr des 15. Jahrhunderts, in: HGbll. 38 (1911), S. 481-512.

HR III.3 (1888) / HR III.4 (1890)
Dietrich Schäfer (Hg.), Hanserecesse, 3. Abt., 3./4. Bd., Leipzig 1888/1890.

HUB XI (1916)
Walther Stein (Bearb.), Hansisches Urkundenbuch, 11. Bd., Leipzig und München 1916.

Jahnke (1998)
Carsten Jahnke, Pfundzollrechnungen im Ostseeraum-Bestand und Fragen der Auswertung, in: Zenon Hubert Nowak/Janusz Tandecki (Hgg.), Die preußischen Hansestädte und ihre Stellung im Nord- und Ostseeraum, Toruń 1998, S. 153-170.

Jahnke (2019)
Carsten Jahnke, Netzwerke in Handel und Kommunikation an der Wende vom 15. zum 16. Jahrhundert am Beispiel zweier Revaler Kaufleute, Teil I (Textband), ungedruckte Habilitationsschrift, Kiel 2003 [online] http://www.hansischergeschichtsverein.de/file/jahnke_2019_i.pdf (4.3.2020).

Koppe (2018)
Gert Koppe, Hans Wynekes Revaler Handlungsbuch (1490-1497). Ein Beitrag zur Ausbildung hansischer Kaufleute, in: Stephan Selzer (Hg.), Menschen. Märkte. Meere. Bausteine zur spätmittelalterlichen Wirtschafts- und Sozialgeschichte zwischen Hamburg, Lübeck und Reval (Contributiones 6), Münster 2018, S. 123-179.

Koppe (2020)
Gert Koppe, Der Ost-West-Handel des Revaler Kaufmannes Steffen Pelser (1475-1500), in: HGbll. 138 (2020), S. 157-211.

Kuhn (2019)
Dominik Kuhn, Lübecks Pfundzollbücher von 1492-96: Von der Finanzierung hansestädtischer Kriege und vom hansischen Warenumschlag, in: ZLG 99 (2019), S. 94-115.

LEKUB II.1 (1900)
Leonid Arbusow d. Ä. (Hg.), Liv-, Esth- und Kurländisches Urkundenbuch nebst Regesten, 2. Abt., 1. Bd., Riga 1900.

Riemann (1873)
Heinrich Riemann, Geschichte der Stadt Kolberg, Colberg 1873.

von Seggern (2016)
Harm von Seggern, Quellenkunde als Methode. Zum Aussagewert der Niederstadtbücher des 15. Jahrhunderts (QDhG 72), Köln u. a. 2016.

SRP 5 (1965)
Theodor Hirsch/Max Toeppen/Ernst Strehlke (Hgg.), Die Geschichtsquellen der Preussischen Vorzeit bis zum Untergang der Ordensherrschaft (Scriptores Rerum Prussicarum, Bd. 5), Leipzig 1874 [ND Frankfurt/M. 1965].

Stieda (1884)
Wilhelm Stieda, Schifffahrtsregister, in: HGbll. 13, 1884 (1885), S. 77-115.

Vogelsang (1992)
Reinhard Vogelsang (Hg.), Revaler Schiffslisten 1425-1471 und 1479-1496 (Quellen und Studien zur baltischen Geschichte 13), Köln u. a. 1992.

Vogtherr (1995)
Hans-Jürgen Vogtherr, Der Lübecker Hermann Messmann und die lübisch-schwedischen Beziehungen an der Wende des 15. zum 16. Jahrhundert, in: ZVLGA 75 (1995), S. 53-136.

Vogtherr (1996)
Hans-Jürgen Vogtherr (Bearb.), Die Lübecker Pfundzollbücher 1492-1496, 4 Bde. (QDhG 41), Köln u. a. 1996.

Vogtherr (2001)
Hans-Jürgen Vogtherr, Livlandhandel und Livlandverkehr Lübecks am Ende des 15. Jahrhunderts, in: Norbert Angermann (Hg.), Fernhandel und Handelspolitik der baltischen Städte in der Hansezeit (Schriften der baltischen historischen Kommission 11), Lüneburg 2001, S. 201-237.

Vogtherr (2005)
Hans-Jürgen Vogtherr, Hansischer Warenverkehr im Dreieck Lübeck-Hamburg-Lüneburg am Ende des 15. Jahrhunderts, in: HGbll. 123 (2005), S. 171-188.

Siglen

AHL	Archiv der Hansestadt Lübeck
HGbll.	Hansische Geschichtsblätter
HR	Hanserecesse
HUB	Hansisches Urkundenbuch
LEKUB	Liv-, Esth- und Kurländisches Urkundenbuch
NStB	Niederstadtbuch
QDhG	Quellen und Darstellungen zur hansischen Geschichte
SRP	Scriptores Rerum Prussicarum
TLA	Tallinna Linnaarhiiv
ZLG	Zeitschrift für Lübeckische Geschichte
ZVLGA	Zeitschrift des Vereins für Lübeckische Geschichte

Anschrift des Autors:
Gert Koppe
Lakweg 9 b
24568 Kaltenkirchen

Das Pestkreuz von St. Lorenz – Erinnerung an eine vergessene Epidemie und die Gründung einer Kirchengemeinde

Claudia Tanck

Vor der Lübecker St.-Lorenz-Kirche am Steinrader Weg steht ein 2,90 Meter hohes und 1,70 Meter breites Kreuz aus Kalkstein, das seiner Inschrift zufolge am 10. August 1598, dem Tag des heiligen Laurentius, errichtet wurde:

ANO 1597 AUFF DEN TAGK LAUVRENTZIUS HEBBEN DISSE NACHFOLGENDE VORSTENDER VTH HETE DES ERBAREN RADES DIESEN KARK HOFF ANGEFANGE GOTT ZU EHREN VND DEM ARMEN THOM BESTE. AO 1598 HEBBE DE VORSTENDER DAT HVS BY DEN GARDEN BOWEN LATEN. HINRICH MEIER – JACOP GRANEKOW – HANS GLANDORP – HINRICH BILDERBECK

Ins Hochdeutsche übersetzt lautet der Text: „Im Jahr 1597 am Laurentius-Tag haben die nachstehenden Vorsteher auf Geheiß des ehrbaren Rates diesen Kirchhof angelegt zur Ehre Gottes und zum Besten der Armen. Im Jahr 1598 haben die Vorsteher das Haus am Garten bauen lassen. Hinrich Meier – Jacop Granekow – Hans Glandorp – Hinrich Bilderbeck."

Abb. 1: Das Pestkreuz von St. Lorenz von 1598 (Foto: Manfred Maronde)

Pestkreuze

Pestkreuze sind eine spezielle Form der Flur- oder Grabkreuze, die zum Gedenken an die Opfer der großen Pest-Epidemien der Frühen Neuzeit gesetzt wurden. Sie stehen entweder auf den als Massengräber angelegten Pestfriedhöfen oder in der freien Feldmark. Die meisten erhaltenen Exemplare befinden sich in Süd- und Westdeutschland, hier vor allem in katholisch geprägten Regionen, sowie in Österreich.[1] Alle bisher bekannten und in Publikatonen beschriebenen Pestkreuze sind anlässlich der Seuchenkatastrophen des 17. Jahrhunderts während und nach dem Dreißigjährigen Krieg errichtet worden. Das Pestkreuz von St. Lorenz ist somit nicht nur das älteste erhaltene und nördlichste Exemplar seiner Art, sondern zugleich auch das einzige in einer evangelisch-lutherischen Region.

1 Urban (1990): 117-122.

Die Pest im Jahr 1597

Seit alters her wurden die verstorbenen Lübecker auf den Kirchhöfen rund um die Kirchen innerhalb der Stadtmauern beerdigt. Das Gebiet vor dem Holstentor war im ausgehenden 16. Jahrhundert nur dünn besiedelt; die dort wohnenden Menschen waren in St. Petri eingepfarrt. 1597 wurde Lübeck von einer schweren Pestepidemie heimgesucht. Es war nicht die erste große Seuche dieses Jahrhunderts; bei einer Pestwelle 1580 waren ungefähr 8.000 Menschen gestorben.[2] Nur 17 Jahre später wiederholte sich die Katastrophe, und jetzt war die Not besonders groß. Ein Zeitzeuge, der 1614 gestorbene Dompastor Magister Johannes Dobbin, beschreibt die Ereignisse wie folgt: „In dissem 97. Jar erhoff sick einne geswinde und gefarlicke pestilentzie, gewan eren anfanck bald na johannis gebordt dag, unde waerde ser lange, storven aver 7.000 uth allen stenden vast, vel godtselige fruwen un menner. Und leth ein erbar rath uth eines unbedachtsammen mannes angevent einnen nyen kerckhoff unde pestilentzienhuß buten dem Holstendore buwen, dar etliche begraven vun den krancken, so op den gassen un straten sick legen, gepfleget worden. Darvan wardt ein groth unde schrecklick geschrey in allen benarbaden unde with affgelegenen lendren un stede, dat nergend herthovor geschach unde grote dure tidt benevenst der pestilentzie infill…“.[3]

Nach den Worten von Pastor Dobbin brach die Pest kurz nach dem 24. Juni 1597 aus und währte sehr lange. Dieser Seuche fielen über 7.000 Menschen zum Opfer. Aus Lübeck selbst gibt es keine weiteren Hinweise auf die Epidemie, aber Schreiben anderer norddeutscher Städte erwähnen, dass auf Grund eines Ausbruchs der Pest in Lübeck ein Verbot der im Herbst stattfindenden überregionalen Jahrmärkte verfügt beziehungsweise diese Märkte abgesagt worden seien. Zu den Städten, in denen es im Sommer 1597 zu Pestausbrüchen gekommen war, gehören Parchim, Oldenburg, Lüneburg, Gadebusch und Güstrow sowie in weiterer Entfernung Visby und Stettin.[4] Die Schreiben datieren von Juli bis September 1597, also genau in jene Zeit, als auch in Lübeck die Pest wütete. Laut Schreiben aus Lüneburg vom 27. August 1597 sei die Epidemie von Dahlenburg (Landkreis Lüneburg) ausgegangen. Diese Bemerkung belegt, dass das Seuchengeschehen nicht nur die größeren Städte erfasst hatte, sondern sehr weit in das nähere und weitere Umland übergegriffen und schließlich auch nach Lübeck gelangt war.

Schon im August 1597 reichte der Platz auf den innerstädtischen Friedhöfen nicht mehr aus, so dass vor dem Holstentor ein neuer Begräbnisplatz angelegt werden musste. Die Initiative ging vom Rat aus, der laut Pastor Dobbin einen unbescholtenen Mann für diesen Auftrag auswählte. Tatsächlich waren es aber vier Männer, Hinrich Meier, Jacob Granekow, Hans Glandorp und Hinrich Bilderbeck, die diese Aufgaben versahen und auch zu Vorstehern für den Kirchhof und die zu errichtenden Pesthäuser ernannt wurden.

---

2 St. Lorenz-Kirchhof (1835): 41f. – Zu den Pestzügen in Schleswig-Holstein: Ibs (1994): passim.

3 AHL 6.1-5 Dom Nr. 62.

4 AHL 1.1.-1 ASA Interna Nr. 22271.

Die Anlage des Friedhofs

Im Mittelalter und in der Frühen Neuzeit war es allgemein üblich, kranke Menschen zu separieren und Hospitäler und Siechenhäuser außerhalb der Stadtmauern einzurichten; die Absonderung der Kranken war die einzige Möglichkeit, die Bevölkerung vor Infektionskrankheiten zu schützen. Die ersten Hospitäler dieser Art entstanden im 12. Jahrhundert und waren zunächst für Leprakranke bestimmt.

In Lübeck wurde 1240 vor dem Mühlentor das St.-Jürgen-Hospital gegründet, und 1265 folgte das ebenfalls dem heiligen Georg geweihte Hospital in Klein Grönau.[5] Diese Einrichtungen lagen an der Straße, die von Lüneburg über die Elbfurt bei Artlenburg, Büchen, Mölln und Ratzeburg nach Lübeck führte und ein bedeutender und stark frequentierter Handelsweg war.[6] Die Lage an wichtigen Verkehrswegen ist charakteristisch für mittelalterliche Hospitäler, weil auf diese Weise die Kranken, die sich der Stadt näherten, ausgesondert werden konnten, bevor sie eine Seuche in eine Stadt brachten. Auch die Verstorbenen wurden in der Nähe begraben, weshalb die Aussätzigen-Hospitäler auch immer mit einem Friedhof verbunden waren. Nach dem Rückgang der Lepra und anderer epidemischer Krankheiten ab dem 16. Jahrhundert wurden Hospitäler häufig als Armenhäuser weitergenutzt, und auch die Friedhöfe dienten weiterhin als Armenfriedhöfe. Die vielerorts im Volksmund tradierte Bezeichnung „Pestfriedhof“ zeugt vom ursprünglichen Zweck und teilweise auch späterer Nutzung dieser Plätze.

Ein Beispiel in der Nachbarschaft Lübecks ist der ehemalige Friedhof des St.-Annen-Hospitals in Lauenburg, der eingesessenen Lauenburgern noch lange als Pestfriedhof bekannt war, obwohl er schon seit Jahrhunderten als Bestattungsort für die Bewohner des St.-Annen-Hospitals und die Einwohner der Vorstadt Unter dem Berge diente; er wurde 1800 aufgehoben.[7] In Lübeck wurde ein Hospital für Pestkranke mit dazugehörigem Friedhof während der großen Pest 1350 auf dem Burgfeld angelegt und der heiligen Gertrud geweiht.[8] An erster Stelle stand die Einrichtung des Friedhofes. Innerhalb kurzer Zeit waren zu viele Menschen gestorben, als dass sie alle auf den ohnehin beengten Kirchhöfen rund um die Kirchen hätten bestattet werden konnten.

Vor dem Holstentor stand nach dem Wortlaut der Kreuzinschrift Gartenland zur Verfügung. Nach den Ausführungen von Wilhelm Stier ist dabei jedoch nicht ein Garten im heutigen Sinne gemeint, sondern eine Parzelle aus der großen Gemeinweide, die den Vorstehern des Hospitals übereignet wurde. Dieses Grundstück wurde durch einen Flechtzaun aus Gerten vom übrigen Gelände abgetrennt, um es vor dem dort weidenden Vieh zu schützen.[9] Der neue Friedhof vor dem Holstentor wurde am 10. August 1597 eingeweiht, dem Tag des heiligen

---

5 Müller (1998): 18f.

6 Prange (1960): 42-45.

7 Tanck (2003), 25f.

8 Müller (1986): 1ff.

9 Stier (1967): 333.

Laurentius, weshalb der neue Friedhof diesem Heiligen gewidmet wurde. Im schon zitierten Aufsatz in den „Neuen Lübeckischen Blättern" vom 22. Februar 1835 wird von einem anonymen Autor die Einweihung – leider ohne Nennung von Quellen – beschrieben: „Jene vier Vorsteher begaben sich nämlich, von vielen Bürgern aus der Stadt begleitet, am Mittage hinaus und folgten den Leichen zweier an der Pest gestorbenen Personen nach, welche, um die Beziehung auf das Höhere nicht fehlen zu lassen, mit Sterbeliedern, von den Waisenkindern und ihren Lehrern gesungen, (denn die Katharinen-Schüler hatten genug mit den Todten in der Stadt zu thun), und unter dem Geläute eigens dazu aufgerichteter Glocken, dieser Stimme von oben, auf dem neuen Begräbnisplatze ächt-christlich bestattet wurden."[10] Anfangs diente der St.-Lorenz-Friedhof nur der Bestattung Pestkranker und Verstorbener aus den Pesthäusern und wurde erst nach dem Bau der St.-Lorenz-Kirche 1660 zum Begräbnisplatz der in dem Gebiet vor dem Holstentor entstehenden, damals noch sehr kleinen Gemeinde.

Die Pesthäuser

Alle aus Lübeck und dem Umland bekannten Siechenhäuser stammen aus dem Hoch- und Spätmittelalter. Neuanlagen von Siechenhäusern mit dazugehörigen Friedhöfen in der frühen Neuzeit hingegen sind selten, und es ist wohl der ungewöhnlichen Situation geschuldet, dass es in Lübeck noch nach der Reformation zur Gründung eines Pesthauses und der Anlage eines dazu bestimmten Friedhofes kam. Das „Instrumentarium" hierfür wurde in der Kirchenordnung von Johannes Bugenhagen von 1531 festgelegt, in der auch die Armenfürsorge geregelt war. Es wurde eine zentrale Kirchenkasse, der Hauptkasten, eingerichtet, die sich aus den Abgaben der Gemeindeglieder, wie die zu Ostern, Pfingsten, Michaelis und Weihnachten entrichteten Vierzeitengelder, den Gebühren für Amtshandlungen und den Erträgen der Kirchengüter, der Jungfrauenklöster und Beginenhäuser sowie aus den Dompfründen speiste. Das Geld aus dieser Kasse war für den Unterhalt der Kirche und die Besoldung der Pastoren bestimmt.

Die zweite, ebenfalls zentrale Kasse ist der Armen-Hauptkasten. Neben den Abgaben der Bürger flossen in diese Kasse auch die Erträge der im Zuge der Reformation eingezogenen Hospitäler, Bruderschaften, Kalande und Stiftungen. Dieser Armenkasten bestand aus zwei Abteilungen, von denen eine, die Almosenkasse, der wöchentlich ausbezahlten Versorgung der Armen diente, und die andere, die Hauptkasse, für den Bau eines Hauses für arme Pestkranke verwendet wurde. Reichte der Betrag der Almosenkasse nicht für den Unterhalt der Armen aus, konnte Geld aus der Hauptkasse genommen werden, und umgekehrt wurden Überschüsse aus der Almosenkasse der Hauptkasse zugeführt.[11]

Das erste, 1598 errichtete Pesthaus wurde schon vor langer Zeit abgebrochen,[12] seine Lage lässt sich aber noch identifizieren. Es stand oberhalb des Adlergangs,

---

10 St. Lorenz-Kirchhof (1835): 41.

11 Fromm (1895): 275, mit Verweis auf die Kirchenordnung von Bugenhagen, Bl. 78; Hauschild (1981): 195f.

12 BuKD (1928): 445.

und noch heute ist hinter der Adlerstraße im Baublock ein Haus erhalten, das im Volksmund der „Pesthof“[13] heißt. Eine zweite Unterkunft für Pestkranke wurde 1603 am Ende des Friedhofes am heutigen Steinrader Weg 18 errichtet. Auf einer Inschrift war zu lesen: „A[nn]o 1603 hebben die Vorstender dit Borgerpesthaus buven late. Hinrich Meier – Jacob Granekow – Hans Glandorp – Hinr. Bilderbeck“[14]. Auf der Inschrift des Kreuzes heißt es, dass dieser Bau den Armen zum Besten und Gott zur Ehre gestiftet werde. 1720 ersetzte man es durch einen Neubau, der schließlich 1964 abgebrochen wurde, und an seiner Stelle erhebt sich das heutige Gebäude, das lange Jahre als Pastorat diente.

Nach dem Zeugnis von Pastor Dobbin war das Pestilenzhaus eine Einrichtung, in der an der Pest Erkrankte untergebracht, versorgt und gepflegt wurden. Das muss kein Widerspruch zur Widmung auf dem Kreuz sein, denn Armut bedeutete im Sprachgebrauch des ausgehenden 16. Jahrhunderts nicht nur Mangel an materiellen Gütern, sondern war allgemeiner gefasst und bezeichnete einen Zustand, in dem ein Mensch schutzlos und auf fremde Hilfe angewiesen war, was ganz besonders auf Kranke zutraf, zumal Krankheit auch eine Ursache für Armut war. Ein Kranker war selbst nicht in der Lage, für seinen Lebensunterhalt zu sorgen, und wenn keine Angehörigen vorhanden waren, die ihn unterstützen konnten, war er auf die mildtätige Unterstützung durch seine Mitbürger angewiesen.

Abb. 2: Die 1661-1664 erbaute St.-Lorenz-Kirche vor dem Holstentor, abgebrochen 1898 (KKA Lübeck-Lauenburg, Archiv der Kirchengemeinde St. Lorenz-Lübeck, Nr. 342)

13 Stier (1967): 333.

14 BuKD (1928): 445f.

Die Vorsteher

Als Vorsteher des Pesthauses St. Lorenz werden Hinrich Meier, Jacob Granekow, Hans Glandorp und Hinrich Bilderbeck genannt. Es handelt sich um bürgerliche Vorsteher. Auch später änderte sich hieran nichts, und auch das 1669 gegründete Kirchspiel St. Lorenz hatte ausschließlich bürgerliche Vorsteher,[15] was damit zu erklären ist, dass der Bau der St.-Lorenz-Kirche aus den Überschüssen der Armenkasse finanziert wurde. Von den genannten Personen sind wir über Hans Glandorp am besten informiert. Er ist mit dem 1612 verstorbenen Kaufmann und Ratsherrn Johann Glandorp identisch, der Glandorps Hof in der Glockengießerstraße 49 bis 53 und den benachbarten gleichnamigen Gang stiftete.[16]

Hinrich Bilderbeck war ein Sohn des aus Livland stammenden Krämer Martin Bilderbeck. Über ihn ist bekannt, dass er Grundstücke in der Braunstraße, in der Dankwartgrube und in der Straße an der Trave sowie jenseits des Holstentores erwarb, die er aber teilweise später wieder verkaufte. Ansässig war er im Kirchspiel St. Petri, denn sein Tod am 21. September 1629 ist im St.-Petri-Wochenbuch eingetragen.[17] Der Erwerb des Grundstückes vor dem Holstentor erfolgte 1592 und bezeugt ein Interesse für dieses Gebiet, was sechs Jahre später dazu geführt haben mag, dass Hinrich Bilderbeck als Vorsteher für das Pesthaus bestimmt wurde.

Jacop Granekow ist vermutlich mit Jacob Gramkow identisch, der zwischen 1584 und 1614 als Käufer von Grundstücken und Bürge auftritt.[18]

Über Quellenbelege am schwierigsten zu erfassen ist Hinrich Meyer/Meier, da es um 1600 mehrere Personen dieses Namens in Lübeck gab. Aufgrund der Lebensdaten und überlieferten Grundstückstransaktion handelt es sich vermutlich um den am 28. August 1618 verstorbenen Hinrich Meyer, einen Sohn von Hermann Meyer. Unter anderem erwarb er von seinem Bruder Hermann 1582 ein Grundstück in der Fischstraße und 1586 ein Grundstück in der Holstenstraße.[19]

Abb. 3: Das Innere der alten St.-Lorenz-Kirche von 1664 um 1890 (KKA Lübeck-Lauenburg, Archiv der Kirchengemeinde St. Lorenz-Lübeck, Nr. 342)

15 Hauschild (1981): 316.

16 AHL 5.2-14/58 Johann Glandorp Nr. 1.

17 AHL 8.1 Handschriften 1029, Bd. 1, S. 139; Personenkartei.

18 AHL 8.1 Handschriften 817/2, Bd. 2, S. 582; Personenkartei.

19 AHL 8.1 Handschriften 1029, Bd. 2, S. 242; Personenkartei.

Bau der ersten St.-Lorenz-Kirche

Die Bewohner des Gebietes vor dem Holstentor waren wie erwähnt in St. Petri eingepfarrt. Erst mehr als sechzig Jahre nach Anlage des Friedhofs, nachdem die dortige Bevölkerung gewachsen war, wurde am St.-Lorenz-Friedhof auch eine Kapelle gebaut. Am 20. Oktober 1660 gestattete der Rat der Stadt den Vorstehern des St.-Lorenz-Kirchhofs deren Errichtung. Finanziell ermöglicht wurde der Bau durch Verwaltungsüberschüsse des Pesthofes in Höhe von 7.390 Mark lübisch. Gemäß der Genehmigung des Rates musste der einschiffige Backsteinbau so niedrig sein, dass er die Stadtbefestigung nicht überragte und durfte auch keinen Turm, sondern nur einen Dachreiter haben. Der Bau wurde am 27. Juli 1661 begonnen und 1664 vollendet.[20] Am 9. Juli 1669 bestimmte der Rat, dass der Prediger von St. Lorenz durch den Bürgermeister, den Pastor von St. Petri, einen Ratsherrn aus dem Kirchspiel und den Vorstehern von St. Lorenz gewählt werden sollte.

Damit war St. Lorenz zwar ein eigenständiges Kirchspiel geworden, das jedoch durch die Modalitäten der Predigerwahl noch immer mit der Mutterkirchengemeinde verbunden war, und dieses Konstrukt wurde seitens des Predigers von St. Petri in der Weise interpretiert, dass St. Lorenz eine Filialkirche von St. Petri sei. Hinter dieser Auffassung stand vor allem die Befürchtung von Einnahmeverlusten, denn die Amtshandlungsgebühren fielen nun dem Pastor von St. Lorenz zu. Zwei Ratsdekrete schufen schließlich Klarheit in dieser Angelegenheit. Im Dekret vom 4. Juli 1673 wurde ausdrücklich festgestellt, dass St. Lorenz keine Filialkirche von St. Petri sei und der Prediger von St. Lorenz mit allen Rechten ausgestattet wird. Und ein Jahr später wurde in einem weiteren Dekret festgelegt, dass nur dem Prediger von St. Lorenz das Recht der Taufe und Trauung der Bewohner des Gebiets vor dem Holstentor und damit auch die hierfür festgesetzten Gebühren zuständen.[21]

Abb. 4: Der Altar in der St.-Lorenz-Kirche um 1890 (KKA Lübeck-Lauenburg, Archiv der Kirchengemeinde St. Lorenz, Nr. 342)

20 BuKD (1928): 443f.

21 AHL 1.1.-1 ASA Interna 21315 und 21336.

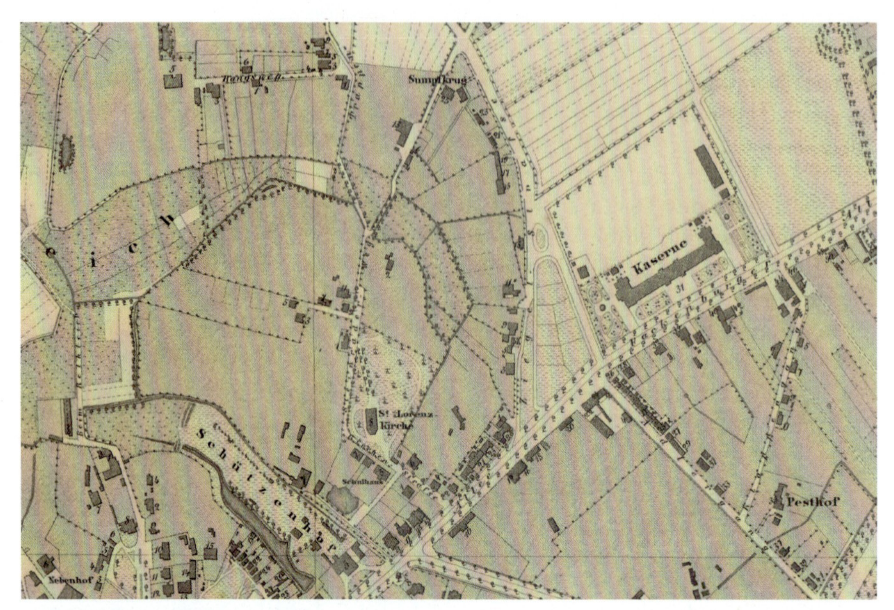

Abb. 5: Kartenausschnitt von 1872 (AHL 8.2 Karten- und Plansammlung IV 60/2)

Das Pestkreuz als Nukleus der Kirchengemeinde und des Stadtteils

In den Jahren 1898 bis 1900 wurde die alte St.-Lorenz-Kirche durch den heutigen Bau ersetzt, aber der Friedhof mit seinem alten Baumbestand und zahlreichen kunstvoll gestalteten Grabdenkmälern bekannter Lübecker Familien blieb samt dem Pestkreuz erhalten, welches an die Ursprünge der Kirchengemeinde und der bis zum heutigen Tage nach ihr benannten Vorstadt erinnert. Das Pestkreuz kündet zudem von einer fast vergessenen Seuchenkatastrophe und vom Bürgersinn Lübecker Kaufleute, ihren Wohlstand zum Besten der durch Krankheit und Armut bedrohten Menschen einzusetzen.

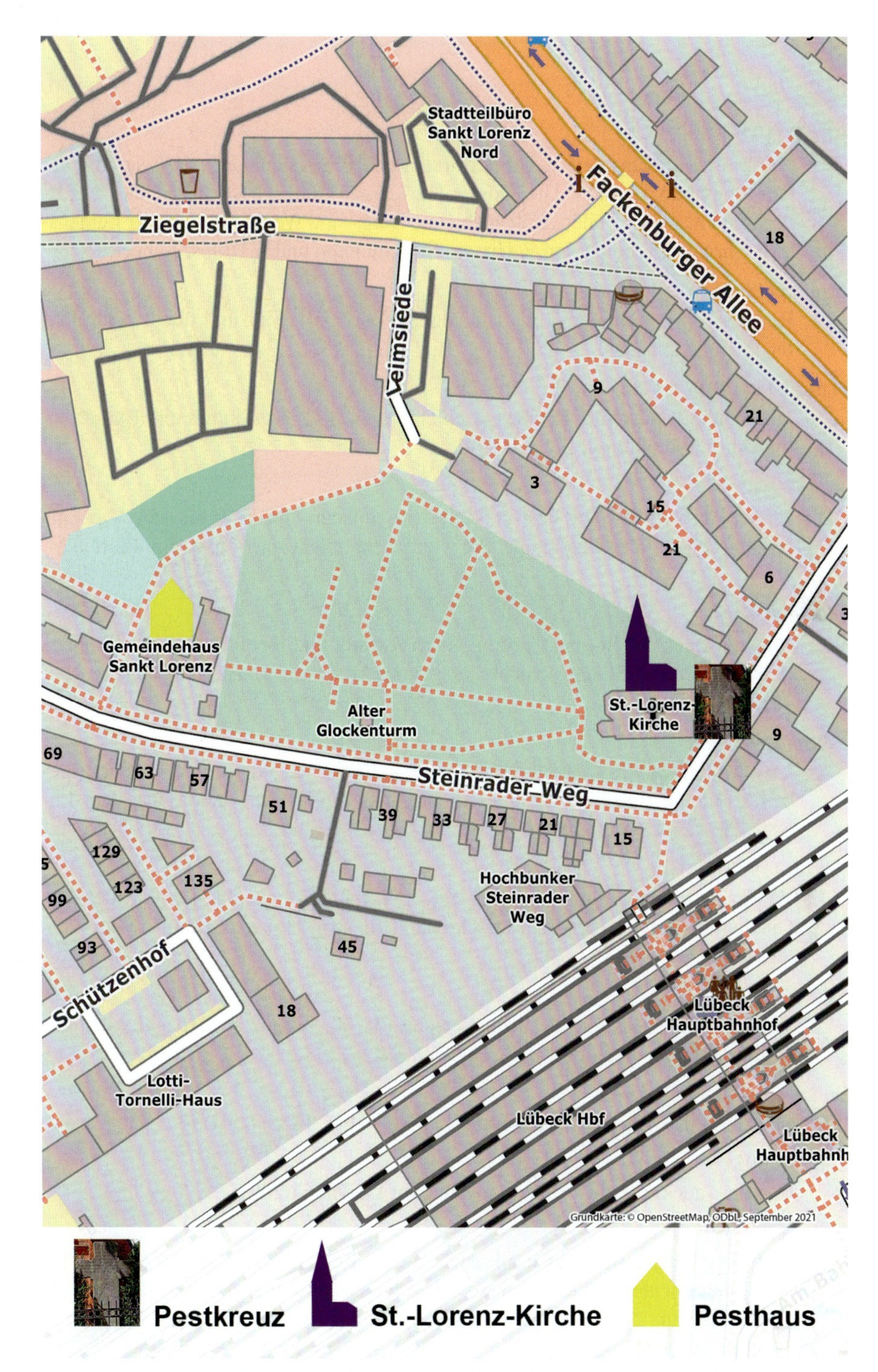

Abb. 6: Lage der St.-Lorenz-Kirche, des ehemaligen Pesthauses und des Pestkreuzes im heutigen Stadtbild (Karte bearbeitet von Miriam Singer, Kirchenkreis Lübeck-Lauenburg)

Literatur

BuKD (1928)
Die Bau- und Kunstdenkmäler der Freien und Hansestadt Lübeck, hrsg. von der Baudeputation, Band IV: Die Klöster. Die kleinen Gotteshäuser der Stadt. Die Kirchen und Kapellen in den Außengebieten. Denk- und Wegkreuze und der Leidensweg Christi, bearbeitet von F. Hirsch, G. Schumann und F. Bruns, Lübeck 1928.

Fromm (1895)
Rudolf Fromm, Bau und Geschichte der St.-Lorenz-Kirche, in: Lübeckische Blätter 1895, S. 275-288.

Hauschild (1981)
Wolf-Dieter Hauschild, Kirchengeschichte Lübecks. Christentum und Bürgertum in neun Jahrhunderten, Lübeck 1981.

Ibs (1994)
Jürgen Hartwig Ibs, Die Pest in Schleswig-Holstein von 1350 bis 1547/48. Eine sozialgeschichtliche Studie über die wiederkehrende Katastrophe, Frankfurt a. M. 1994.

Müller (1998)
Meike Müller, St. Jürgen, Chronik einer Vorstadt und ihres dörflichen Umfeldes (Kleine Hefte zur Stadtgeschichte, hrsg. vom Archiv der Hansestadt Lübeck, Heft 14), Lübeck 1998.

Müller (1986)
Uwe Müller, St. Gertrud. Chronik eines vorstädtischen Wohn- und Erholungsgebietes (Kleine Hefte zur Stadtgeschichte, hrsg. vom Archiv der Hansestadt Lübeck, Heft 2), Lübeck 1986.

Prange (1960)
Wolfgang Prange, Siedlungsgeschichte des Landes Lauenburg im Mittelalter. Quellen und Forschungen zur Geschichte Schleswig-Holstein, Bd. 41, Neumünster 1960.

Stier (1967)
Wilhelm Stier, Das alte Pesthaus verschwand. St. Lorenz verliert ein wichtiges Kulturdenkmal, in: Lübeckische Blätter 1967, S. 333.

St. Lorenz-Kirchhof (1835)
St. Lorenz-Kirchhof, in: Neue Lübeckische Blätter, 1835, S. 41-43.

Tanck (2003)
Claudia Tanck, Das St.-Annen-Hospital, in: LbgH 164/2003, S. 25-49.

Urban (1990)
Wolfgang Urban, Baindter Pestkreuz, in: Otto Beck (Hrsg.), Baindt. Hortus Floridus. Geschichte und Kunstwerke der früheren Zisterzienserinnen-Reichsabtei. Festschrift zur 750-Jahrfeier der Klostergründung 1240-1990, München/Zürich 1990, S. 117-122.

Abkürzungen

AHL	Archiv der Hansestadt Lübeck
ASA	Altes Senatsarchiv
KKA	Kirchenkreisarchiv
LbgH	Lauenburgische Heimat

Anschrift der Autorin:
Dr. Claudia Tanck
Ev.-Luth. Kirchenkreis Lübeck-Lauenburg
Archiv
Bäckerstraße 3-5
23464 Lübeck
E-Mail: ctanck@kirche-LL.de

Das Lübecker Domkapitel in der frühen Neuzeit als Begegnungsraum von Kirche und Welt: Das Beispiel der Domherren als herrschaftliche Diener

Oliver Auge

I. Zum Einstieg: Drei Lübecker Domherren aus der Familie Gloxin

Der ehemalige Lübecker Domherr (amt. 1636-1642) und seit 1642 Syndicus der freien Reichsstadt Lübeck und der Hanse David Gloxin (1597-1671)[1] war maßgeblich am Erfolg des Fürstbischofs und Domkapitels bei den Verhandlungen zum Westfälischen Frieden beteiligt. Dieser Erfolg bestand darin, dass von den bislang bestehenden protestantischen Fürstbistümern das Lübecker als nahezu einziges bis zum Ende des Alten Reiches erhalten blieb.[2] Das Fürstbistum erhielt 1653 sogar den zur Reformationszeit verlorenen Sitz samt Stimme auf dem Immerwährenden Reichstag zu Regensburg zurück.[3] „Damit", so hält Dieter Lohmeier ganz richtig fest, „war für (Bischof, O.A.) Hans und seine Nachfolger die Stellung als Reichsfürsten und faktisch auch als Souveräne ihres kleinen Staates gesichert."[4] Ab 1632 hatte Gloxin als Rat von Haus aus in den Diensten Herzog Friedrichs III. von Schleswig-Holstein-Gottorf (1597-1659) gestanden, was ihn offenkundig für eine Lübecker Präbende empfahl, die er 1636 in Besitz nehmen konnte. Das Angebot, Syndicus des Domkapitels zu werden, lehnte er jedoch ab und entschied sich vielmehr für das erwähnte, gleichzeitig offerierte Lübecker Syndicus-Amt. Auch gab er seine Präbende im Lübecker Domkapitel 1642 an seinen Bruder Balthasar (1601-1654, amt. 1642-1654) weiter.[5] Dieser war bereits ab Mitte der 1620er Jahre holsteinischer Kanzleirat beim Lübecker Fürstbischof Johann Friedrich von Schleswig-Holstein-Gottorf (1579-1634, amt. 1607-1634) gewesen und danach noch weiter als herzoglicher Rat tätig. Auch mit seiner Ehe passte sich Balthasar hervorragend in die gottorfische Klientel ein. Denn er war verheiratet mit Margarete, einer Tochter des gottorfischen Hofrates Peter Jügert (1567-1639). Seine fortbestehende Nähe zu den Gottorfern – 1642 wurde er herzoglicher Rat von Haus aus, 1644 Geheimer Rat – kam auch dadurch zum Ausdruck, dass er nicht etwa in Lübeck, sondern in Schleswig verstarb und dann im Schleswiger Dom seine letzte Ruhestätte fand. Bis heute ist dort sein barockes Epitaph mit seinem Porträt und dem seiner

1 Vgl. Prange (2014): 394, Nr. 257; Graßmann (1998). – Siehe des Weiteren v. Brandt (1964); Graßmann (1982b); Kramer (1861); Dittmer (1859). – Auch zum Folgenden.

2 Das Erzstift Magdeburg wurde 1680 säkularisiert. Siehe dazu Haag (2018). – Für das Hochstift Osnabrück wurde eine alternierende Bischofsbesetzung festgelegt, wonach fortan jeder zweite Bischof aus dem in Hannover regierenden lutherischen Welfenhaus stammen sollte. Vgl. dazu Steinert (2002).

3 Lohmeier (2008): 191.

4 Zitat aus ebd.

5 Prange (2014): 395, Nr. 268; Graßmann (1982a). – Auch zum Folgenden.

Ehegemahlin erhalten.[6] Seine Lübecker Präbende fiel mit seinem Tod an seinen Sohn Friedrich Hans Gloxin (1635-1684, amt. 1654-1684), der wie sein Vater als herzoglicher Rat fungierte.[7] Herzog Christian Albrecht (1641-1695) ernannte ihn als Nachfolger Andreas Cramers (vor 1620-1679) im September 1666 zum Hof- und Kanzleirat. Im August 1672 bestellte ihn der Gottorfer Herzog zu einem der beiden Kuratoren seiner 1665 gegründeten Universität Kiel.[8] Seit 1661 war er in erster Ehe verheiratet mit Sophia Augusta († 1674), einer Tochter des gottorfischen Geheimsekretärs Eilhard Schacht († 1677).[9] 1676 nahm er Maria Elisabeth, eine Tochter des schon erwähnten Andreas Cramer, zu seiner zweiten Ehefrau.[10] Nicht nur durch seine beiden Ehen, sondern auch durch seine Grablege demonstrierte Gloxin wie schon sein Vater seine besondere Nähe zu den Gottorfern. So ließ er 1679 eine Familien-Gruft im Schleswiger Dom errichten. Der Anbau an der Südwand des ersten Chorjoches, dessen Tür mit reich gestalteten schmiedeeisernen Beschlägen geschmückt ist, dient seit 1894 als Domsakristei.[11] Allerdings gestaltete sich sein Verhältnis zu den Gottorfern durchaus ambivalent. Denn bereits 1674 hatte er die Seite gewechselt und war königlich-dänischer Regierungsrat und Kanzler der Regierungskanzlei des Herzogtums Holstein in Glückstadt geworden.

II. Säkulare Domstifte der frühen Neuzeit als Forschungsthema und Forschungsaufgabe

Weltliche Kollegiatstifte – und das schließt natürlich die betreffenden Domstifte mit ein – waren bekanntlich bis zur Reformation bedeutsame „Stätte[n] der Begegnung von Kirche und Welt", um ein oft gebrauchtes Dictum Peter Moraws zu zitieren,[12] bzw. – mit Bernd Schneidmüller – sogar der „intensivste Begegnungsraum von Kirche und Welt"[13]. Diese „Begegnung" fand dabei auf vielerlei Ebenen statt und berührte ganz verschiedene Aspekte, bezog sich aber immer auch und insbesondere auf Dienste für die jeweilige Herrschaft. Denn „[b]ei der großen Selbständigkeit in materieller Ausstattung und Lebensgestaltung, den im ganzen geringen Verpflichtungen für die Stiftsgemeinschaft und der großen Abkömmlichkeit waren gerade die Stiftskanoniker für über ihre geistlichen Funktionen hinausreichende Aufgaben im Dienste von Herrschaft geeignet".[14] Nicht von ungefähr lassen sich säkulare Dom- und Kollegiatstifte auch als „Spiegelbild des jeweiligen Herrschaftsgefüges" charakterisieren.[15]

6 Beseler (1974).

7 Prange (2014): 396, Nr. 273; Graßmann (1993). – Auch zum Folgenden.

8 Ratjen (1870).

9 Moller (1687).

10 Kellenbenz (1971).

11 Siehe Beseler (1974).

12 Moraw (1980): 11.

13 Schneidmüller (1986): 115.

14 Zitat aus Holbach (1992a): 121.

15 Zitat aus Ders. (1992b): 163.

Die Zusammenhänge sind länderübergreifend für das mittelalterliche Europa untersucht,[16] und der Verfasser dieses Beitrags hat selbst in mehreren Veröffentlichungen Beobachtungen anhand württembergischer, pommerscher und schleswig-holsteinischer Kollegiatstifte zu diesem interessanten wie aufschlussreichen Aspekt der mittelalterlichen Kirchen- wie Territorialisierungsgeschichte beisteuern können.[17]

Im Hinblick auf die frühe Neuzeit indes, in der einige Stifts- und ein großer Teil der säkularen Domkapitel auch unter protestantischem Vorzeichen fortbestanden, dünnen sich entsprechende Erträge der Forschung zahlenmäßig und auch qualitativ merklich aus, sodass es nicht zu gewagt erscheint zu betonen, dass die Untersuchung der Rolle gerade frühneuzeitlicher (protestantischer) Domherren als Diener von Herrschaft allgemein nach wie vor ein drängendes Desiderat der Forschung darstellt.[18] Statt von Diensten und Dienern, wird von manchen heutigen Forschern gleich von (höfischen) Experten gesprochen. Im Prinzip ist damit aber dieselbe Personengruppe bei Hof angesprochen. Denn die Bezeichnung „Diener“ bezieht sich längst nicht bloß auf den klassisch in Livree gekleideten Lakaien, der dem Fürsten die Tür aufzuhalten oder ihm in kalten Wintertagen den Kachelofen in Speise- oder Schlafzimmer zu beheizen hatte – das waren dann Bedienstete –, sondern Diener ist als ein wesentlich weiter gefasster Begriff zu verstehen, der jedwede Person meint, die für einen Fürsten und seinen Hof in welcher Funktion auch immer tätig war. Dies kann von der obersten Führungsebene bis hinunter zum einfachen Stallknecht oder zur ebenso simplen, aber nicht minder nötigen Gänsemagd reichen. Wie Annette C. Cremer in einem Sammelband von 2018 meint, sind auch die letztgenannten durchaus als Expert(inn)en bei Hof anzusprechen.[19] Diese Meinung mag man nun teilen oder nicht.[20] Cremers Plädoyer zeigt freilich, dass die „Experten“- und die „Diener“-Fraktion innerhalb der Historikerzunft gar nicht so weit voneinander entfernt liegen. Das gilt umso mehr, wenn man den Expertenbegriff eben nicht zu hochschraubt, sondern sich vielmehr den Schlusssatz von Marian Füssel in der Einführung zu demselben Sammelband auf der Zunge zergehen lässt: „Was der höfische Experte vor allem brauchte, war nicht nur Kompetenz, sondern die angemessene ‚Kompetenzdarstellungskompetenz‘.“[21]

---

16 Siehe Millet (1992) und die darin abgedruckten instruktiven Beiträge. – Siehe etwa auch Dies./Moraw (1996); Stievermann (1986).

17 Siehe vor allem Auge (1996); Ders. (2002): 167-207; Ders. (2003); Ders. (2005); Ders. (2007); Ders. (2009); Ders. (2013); Ders. (2018).

18 Siehe bisher etwa Hersche (1984) mit einer seinerzeit innovativen sozialgeschichtlichen Fragestellung, die für unsere hiesigen Interessen aber nicht ergiebig ist; Ders. (1985); vgl. ebenso Haag (2018), der aber für den hier verfolgten Themenkomplex ebenso wenig hilfreich ist, sieht man einmal vom Aspekt der „Dynastisierung“ ab, die in ihrer Konsequenz dann im weiteren Sinn auch einen „Dienst für Herrschaft“ ergibt. – Derzeit forscht Paul Beckus von der Universität Halle offenbar aussichtsreich zum Thema an mitteldeutschen Beispielen. Siehe dazu Beckus (2020).

19 Cremer (2018).

20 Siehe nur die kritischen Bemerkungen dazu bei Auge (2020).

21 Füssel (2018): 18.

Für das uns im Folgenden näher interessierende Lübecker Domkapitel ist die diesbezügliche Forschungslage im Übrigen besonders schlecht, weil trotz vorhandener mehr oder minder gründlicher prosopographisch-kollektivbiographischer Vorarbeiten die Frage nach der Funktion der Domherren für herrschaftliche Zwecke bisher weder für das Mittelalter noch für die frühe Neuzeit gestellt, geschweige denn beantwortet worden ist.[22] Dabei bietet sich das Domkapitel für die frühe Neuzeit, auf die unser Blick nunmehr konzentriert sei, allein schon zahlenmäßig hervorragend für eine solche Betrachtung an, handelte es sich doch um 30 Pfründen, genauer gesagt um 26 ordentliche und vier Distinktpräbenden, aus denen sich in dieser Zeit das Domkapitel zusammensetzte.[23] Von den 26 ordentlichen oder sog. Großen Präbenden erhielten die zehn ältesten Domherren einen vollen, die nächsten drei einen kleineren und die folgenden sechs einen noch geringeren Anteil am gemeinschaftlichen Kapitelsgut. Nur diese 19 Domherren waren zur Residenz mit Sitz und Stimme im Kapitel (und mit Hebung der Einkünfte) zugelassen, während es sich bei den übrigen sieben um bloße Anwärter handelte, die nurmehr eine Zahlung auf ganz niedrigem Niveau empfingen. Niedrigere Einkünfte als die Großen Präbenden boten zudem die vier Distinktpräbenden. Die zwei sog. Livonistenpräbenden, benannt nach ihrem Stifter, dem Dekan Johannes Livo († 1292), hatten gar keinen Sitz und keine Stimme im Kapitel. Vier Präbenden waren im Übrigen seit dem Vergleich von 1665/68 katholischen Geistlichen vorbehalten.[24] Ohne die Inhaber der gerade erwähnten Livonistenpräbenden kommt man nun für die Zeitspanne zwischen 1585 und 1803 auf sage und schreibe 293 Präbendeninhaber, was, wie gesagt, von vornherein ein für die nähere Untersuchung erfreulich umfängliches Personenkorpus darstellt. Doch die zur Untersuchung günstige Ausgangssituation geht noch über die bloßen Zahlen hinaus: Da der Lübecker Bischof Patron allein schon von vier Präbenden war – der Bischöflichen Großen Präbende sowie von drei bischöflichen Distinktpräbenden – und den Herzögen von Holstein das Patronatsrecht der sog. Holsteinischen Distinktpräbende zustand,[25] ist klar, dass die Herrschaft, sei es ein Fürstbischof aus der jüngeren Gottorfer Linie, sei es abwechselnd der König von Dänemark oder der Gottorfer Herzog in ihrer gemeinsamen Funktion als holsteinische Landesfürsten, einen starken Einfluss auf die Besetzung des Domkapitels mit ihnen warum auch immer genehmen Männern nahm, was nicht ohne Konsequenzen auch bei der weiteren Instrumentalisierung der betreffenden Domherren für die Interessen der Herrschaft bleiben konnte und sollte. Wolfgang Prange hat für die bischöfliche Seite einen Besetzungsanteil von 31 Prozent gegenüber 55 Prozent, die durch das Domkapitel wiederbesetzt wurden, errechnet.[26] Hinzu kamen Kaiser, Papst, die schon genannten holsteinischen Landes-

---

22 Vgl. dazu Friederici (1988) mit ansatzweisen Befunden, z.B. auf S. 214f. zum Domherr Anton von Plessen, der notarielle Funktionen am Hof Heinrichs II. von Mecklenburg (1287-1329) ausübte; Prange (2007); Ders. (2014); Voßhall (2016);

23 Dazu Prange (2014): 332. – Auch zum Folgenden.

24 Ebd.: 333.

25 Ebd.: 429-431 (eine vierte bischöfliche Distinktpräbende blieb seit 1548 unbesetzt).

26 Ebd.: 334 (allerdings erst ab 1601 bis 1804).

herren und die Familie Warendorf, die bei der personellen Zusammensetzung des Domkapitels nachdrücklich mitsprachen, der Kaiser im Übrigen durch das ihm gebührende Privileg der Ersten Bitte, die auch dem Bischof zustand.[27] Der Bischof verlieh zudem Exspektanzen auf ihm künftig zur Verleihung zufallende Große oder Distinktpräbenden. So vergab z.B. Adolf Friedrich (1710-1771, amt. 1727-1751) gleich bei seiner Wahl zum Fürstbischof 18 solcher Exspektanzen an Beamte und Angehörige seines Hofstaates sowie an deren Kinder oder Verwandte. Längst nicht alle Exspektanzen wurden realisiert, doch verdankten z.B. im Jahr 1746 neun der insgesamt 30 Lübecker Domherren ihre Präbende bischöflicher Verleihung, also wiederum rund ein Drittel.[28]

III. Lübecker Domherren in der frühen Neuzeit und ihre Dienste für säkulare Herrschaften: Die Familienbeispiele Pincier und Wedderkop

Bei der Besetzung der Lübecker Präbenden kamen also von vornherein etliche um die Fürstbischöfe und ihren Hof sowie um ihre enge Gottorfer Verwandtschaft verdiente Leute zum Zug; die Betreffenden setzten sich vielfach auch als Domherren weiterhin für die Bischöfe und ihren fürstbischöflichen Hof in Eutin ein, wie das generationenübergreifende Beispiel der Familie Gloxin zum Einstieg des Beitrags gezeigt hat und wie eine ganze illustre Beispielreihe weiter verdeutlichen kann.

Die generationenübergreifenden Verbindungen und Dienste von Lübecker Domherren aus der Familie Gloxin zu den Fürstbischöfen und den mit ihnen verwandten Gottorfer Herzögen werden so z.B. von den Domherren der Familie Pincier bei weitem übertroffen. Beginnend mit dem ersten protestantischen Domdekan zu Lübeck namens Ludwig Pincier (1561-1612, amt. Domherr ab 1589, Domdekan ab 1595), der 1591 zum Gottorfer Rat von Haus aus berufen wurde und im Jahr darauf erweiterte Befugnisse erhielt,[29] handelt es sich weiter um dessen Söhne Johann Adolf († 1609, amt. ab 1607)[30] und Hermann (1598-1668, amt. ab 1609), der 1612 auch noch Domherr in Hamburg wurde.[31] Als Großvogt (*Praefectus maior*) verwaltete er die Kapitelgüter im Amt Großvogtei und zuletzt wurde er Senior des Domkapitels. Nebenbei war er wie sein Vater zudem noch erzbischöflich-bremischer Rat. Zwei seiner Söhne namens Ludwig (1624-1702, amt. ab 1636)[32] und Detlef Hinrich (1641-1701)[33] fungierten als Senior bzw. Sekretär des Lübecker Doms sowie auch noch Dekan des Eutiner Stiftskapitels. Ludwig war zugleich bischöflicher und herzoglicher Hof- und Kanzleirat. Sein Sohn Joachim Christian (1671-1708) wiederum war seit 1682 im Besitz einer Lübecker Dompräbende und übte wie sein Vater zudem die Funktion eines bischöfli-

27 Ebd.: 432.

28 Ebd.: 334.

29 Prange (2014): 382, Nr. 159; Henseling (1976): 191; Schellenberg (1856).

30 Prange (2014): 387, Nr. 207.

31 Ebd.: 387, Nr. 212; Fabricius (1710): 606.

32 Prange (2014): 394, Nr. 256. – Auch zum Folgenden.

33 Dittmer (1859): 69.

chen und herzoglichen Hof- und Kanzleirats aus.[34] Der weitere Sohn Johann Ludwig (1660-1730) war seit 1698 im Besitz einer bischöflichen Distinktpräbende.[35] Nach seinem Studium an den Universitäten Kiel und Leiden war er in die Dienste Herzog Christian Albrechts getreten und zum Hofmeister von dessen 15-jährigen Sohn Friedrich (IV.) (1671-1702) berufen worden, in welcher Funktion er selbigen auf dessen Kavalierstour durch Europa begleitete. Es folgte 1690 die Ernennung zum Hofrat und 1693 zum Kanzleirat in der Gottorfer Regierung. Als Friedrich IV. dann 1695 seinem verstorbenen Vater als regierender Herzog nachfolgte, machte er Johann Ludwig Pincier zum Geheimrat, Amtmann in Tondern, Generalkriegskommissar und stellvertretenden Präsidenten des Geheimen Rats, als dessen Präsident sein Schwager, der gleich noch näher zu berührende Magnus von Wedderkop (1637-1721, amt. 1686-1721) fungierte. Zum Dank für seinen Einsatz bezüglich einer engeren Allianz Gottorfs mit Schweden gegen Dänemark wurde er 1691 vom schwedischen König Karl XI. (1655-1697) geadelt und von dessen Sohn und Nachfolger König Karl XII. (1682-1718) als Freiherr von Königstein in den schwedischen Freiherrenstand erhoben. Ab 1698 war Johann Ludwig Pinicier, wie gesagt, auch noch Lübecker Domherr. Der Frieden von Traventhal vom 8./18. August 1700, in den der besiegte dänische König einwilligen musste und der den Gottorfer Herzog auf den Höhepunkt seiner Macht führte, gilt als seine diplomatische Glanzleistung.[36] Nicht von ungefähr also wurden Johann Ludwig Pinciers sechsjährige Söhne Friedrich (1698-1732)[37] und Carl Ludwig (1701-1742, res. 1735)[38] 1704 und 1707 wiederum Lübecker Domherren, wobei letzterer seine Präbende auf die Erste Bitte des Fürstbischofs erhielt. Nachdem Johann Ludwig sich aber 1709 mit der Gottorfer Regierung überworfen hatte, wurde er kaiserlicher und auch königlich-dänischer Rat sowie Ritter des dänischen Dannebrog-Ordens. In der Folge verwaltete er von 1714 bis 1723 die königlichen Ämter Apenrade und Lügumkloster als Amtmann.

Von Magnus von Wedderkop, Johann Ludwig von Pinciers Schwager, war bereits kurz die Rede. Gebürtig aus Husum hatte er das Katharineum in Lübeck besucht und war er nach seinem Studium in Helmstedt und Jena sowie einer Dozentur für Staats- und Lehnsrecht an der Universität Heidelberg 1669 an die Juristische Fakultät der Universität Kiel berufen worden.[39] Bald darauf wurde er zum Syndicus des Lübecker Domkapitels und Rat des Fürstbischofs von Lübeck ernannt. 1676 berief ihn Christian Albrecht sodann als herzoglichen Geheimen und Kammerrat an den Gottorfer Hof zu Schleswig. Hier vermählte er sich am 16. April 1683 mit Margaretha Elisabeth (1661-1731), der Schwester des eben ausführlicher berührten Johann Ludwig (von) Pincier. Die aus dieser Ehe hervorgehende Tochter Anne heiratete den britischen Gesandten in Hamburg und beim

---

34 Prange (2014): 400, Nr. 298.

35 Ebd.: 402f., Nr. 313; Bobé (1895). – Auch zum Folgenden.

36 Siehe zum Frieden von Traventhal Lohmeier (2006a): 119.

37 Prange (2014): 404, Nr. 322.

38 Ebd.: 404, Nr. 323.

39 Ebd.: 401, Nr. 302. – Siehe zu Wedderkop Kähler (1947); Feilcke (1972); Wedderkop (1896); Neuschäffer (1987).

Niedersächsischen Reichskreis, Sir Cyril Johnsson von Wyche (1695-1756).[40] Magnus' Söhne Gottfried und Friedrich Christian nahmen in einer Doppelhochzeit am 3. Januar 1716 die beiden Töchter von Johann Ludwig von Pincier zu Ehefrauen, was das beiderseitige familiäre Netzwerk weiter verdichtete. Drei Jahre nach seiner eigenen Eheschließung erhielt Magnus von Wedderkop die Holsteinische Distinktpräbende am Lübecker Dom vom Gottorfer Herzog verliehen.

Im gottorfischen Dienst gelang ihm die Wahrung der herzoglichen Souveränität über Schleswig gegen die Interessen Dänemarks, wofür er im Zuge des Friedens von Nimwegen (1678/79) auch die kaiserliche Fürsprache erlangte. Zu seinen großen diplomatischen Erfolgen wird der Altonaer Vergleich von 1689 gerechnet, mit dem Herzog Christian Albrecht seine von dänischen Truppen besetzten Länder wieder zurückerhielt.[41] Nachdem ihn Karl XII. von Schweden 1693 zum Etatsrat gemacht hatte, stieg er 1695 unter dem neuen Herzog Friedrich IV. zum Präsidenten des Geheimen Rats auf, womit er der Regierungschef des Gottorfer Herzogtums war. Sein Schwager Johann Ludwig von Pincier war, wie gesagt, sein Stellvertreter. Im gleichen Jahr übertrug Friedrich IV. ihm auch das Amt des General-Erbpostmeisters, das fortan im Familienbesitz verblieb. Sein Bemühen um eine dauerhafte Stabilisierung des durch den Frieden von Traventhal geschaffenen Auskommens mit dem Nachbarn Dänemark brachte ihn aber zunehmend in Konflikt mit seinem aufsteigenden Widersacher Georg Heinrich von Görtz (1668-1719). Dieser entwickelte nach dem Schlachtentod Herzog Friedrichs IV. im Jahr 1702 einen offenkundig besseren Draht zum Administrator des Herzogtums, Fürstbischof Christian August (1673-1726, amt. ab 1705). Wedderkop fühlte sich zwar vorübergehend durch eine von Stockholm veranlasste Untersuchung der Finanzen des Herzogtums bestärkt, die die Verschwendung des Administrators und die Ausplünderung des Landes durch Görtz offenlegte. Und 1706 wurde er als bekannter wie bekennender Förderer des Pietismus zusammen mit dem Generalsuperintendenten Heinrich Muhlius (1666-1733) Visitator der Kieler Universität, in welcher Funktion sie beide im Folgejahr das von pietistischem Geist geprägte *Reglement zur Auffnahm der Studien* erließen.[42] Mit dem Tod der Herzoginwitwe Hedwig Sophia (1681-1708) geriet Wedderkop aber zunehmend in die Defensive und zog sich daher sicherheitshalber in sein Palais am Neuen Wall in Hamburg zurück. Am 19. Dezember 1709 wurde er dennoch zur Teilnahme an einer Sitzung des Geheimen Rates auf Schloss Gottorf veranlasst, nach deren Ende und dem folgenden Diner mit dem Administrator er dann nachts verhaftet und auf die Festung Tönning gebracht wurde. Der Verhaftung lag kein Gerichtsurteil oder auch nur eine gerichtliche Untersuchung zugrunde. Und ohne dass es schwerwiegende Vorwürfe gegen ihn gab, wurde Wedderkop 1713 zum Tode verurteilt. Doch bevor dieses Urteil vollstreckt werden konnte, musste die Besatzung der Festung Tönning vor den dänischen Truppen kapitulieren, die zeitgleich die darin eingeschlossenen Soldaten unter dem schwedischen Feldmarschall Magnus Stenbock (1665-1717) belagert

40 Burke (1844): 587.

41 Vgl. zum Altonaer Vergleich Lohmeier (2006b): 77; Neuschäffer (1987).

42 Jakubowski-Tiessen (1982): 98.

hatten. Magnus von Wedderkop kam also wieder frei. Seine letzten Lebensjahre verbrachte er dann in Hamburg in der herzoglichen Residenz am Speersort 12/14, von wo aus er sein eigenes von Görtz beschlagnahmtes Palais am Neuen Wall zurückzubekommen versuchte. Am 1. Juli 1719 verlieh der neue Herzog von Holstein-Gottorf, Carl Friedrich (1700-1739), Wedderkop und seinen Erben als Ersatz für das erlittene Unrecht das Amt Tremsbüttel zur Nutznießung auf 30 Jahre. Görtz war am 2. März 1719 enthauptet worden. Doch ein Zivilrechtsstreit zwischen den Erben von Görtz und von Wedderkops zog sich noch lange hin.

Noch am Gipfel von Wedderkops Gottorfer Karriere erhielten seine Söhne Gottfried (1689-1741)[43] und Friedrich Christian (1696-1756)[44] als Kinder 1701 bzw. 1702 je eine Präbende am Lübecker Dom, wobei ersterer die seinige der Resignation Herzog Christian Augusts bei dessen Wahl zum Koadjutor verdankte, letzterer der Fürsprache von dessen Onkel Fürstbischof August Friedrich (1646-1705, amt. ab 1666). Friedrich Christian wurde 1742 zum Dekan des Domkapitels gewählt.[45] Er wurde dadurch bekannt, dass er zusammen mit Graf Otto Karl von Kallenberg, Benedikt von Ahlefeldt (1658-1757), Cyril Johnsson von Wich – dessen Schwager er wurde, da von Wich seine Schwester Anna Catharina ehelichte – und Jean Henri Desmercières (1687-1778) ab Ostern 1722 rückwirkend auf sechs Jahre die Pachtung und Direktion der Hamburger Oper am Gänsemarkt übernahm.[46] Zu Ostern 1724 schied er indes schon wieder aus diesem Engagement aus. Als Diener einer Herrschaft trat er nicht gesondert hervor. Jedoch war er im gerade genannten Personenkreis in einer gewissen Nähe zum dänischen Königshof verortet: Benedikt von Ahlefeldt war königlich-dänischer Landrat, Geheimer Rat und Träger des Dannebrog-Ordens,[47] und Jean Henri Desmercières machte sich im königlichen Auftrag als Bankier, Landreformer und vor allem Deichbauer einen bleibenden Namen.[48] Deutlicher kam die nunmehrige Affinität zum dänischen Königshof – nach dem, was beider Vater, wie eben berichtet, erfahren musste, mehr als verständlich – beim Bruder zum Vorschein: 1713 übernahm Gottfried von seinem Vater noch die Leitung des Amtes Tremsbüttel, drei Jahre darauf wurde er Landrat. Von 1723 bis 1728 war er dann aber königlich-dänischer Gesandter in Paris. Für diese Zeitspanne wird Wedderkop gar eine Liebschaft mit der Mutter von Madame de Pompadour (1721-1764), Louise-Madeleine de La Motte (1699-1745), nachgesagt. Am 17. September 1728 nahm er in Wolfenbüttel als Vertreter des dänischen Königs dessen Belehnung mit dem Stadinger und Butjadinger Land durch Herzog August Wilhelm von Braunschweig-Wolfenbüttel (1662-1731) entgegen. Kurz darauf wurde er Geheimrat und Oberhofmeister in Wolfenbüttel. 1737 sorgte er schließlich im Rahmen der „Steinhorst-Affäre" für eine handfeste politische Verstimmung zwischen Großbritannien und Dänemark, indem er in einem Vertrag vom 12. Dezember 1737 Gut und Herrenhaus Steinhorst, das er

43 Prange (2014): 403, Nr. 319.

44 Ebd.: 404, Nr. 320; Neuschäffer (1987): 273.

45 Juglers (1777): 198.

46 Von Wehl (1856): 46.

47 Lohr (2008); Bobé (1899): 49 (Anhang, Tafel V), 116f., 138-144.

48 Geerkens (1960): 23f., 119, 131; Ders. (1970); Holm (1890): 246f.

1717 von seinem Vater erhalten hatte, dem König von Großbritannien und Kurfürsten von Braunschweig-Lüneburg (Hannover) Georg II. August (1683-1760) überlassen wollte, dessen Haus seit 1705 auch über das benachbarte Herzogtum Lauenburg herrschte.[49] Zwanzig Jahre vorher hatte Wedderkop dasselbe aber dem dänischen König in Aussicht gestellt, weswegen dieser am 24. November 1738 das Gut zur Wahrung seiner Ansprüche von 50 dänischen Dragonern besetzen ließ. Drei Wochen später griffen 200 kurbraunschweigische Soldaten die Dänen auf Steinhorst an, töteten deren Hauptmann Christensen und bemächtigten sich gewaltsam des Herrenhauses. Einer weiteren militärischen Konfrontation konnte ein am 5. März 1739 vom dänischen Gesandten Johann Hartwig Ernst von Bernstorf (1712-1772) zu Hannover abgeschlossener Vertrag vorbeugen, dem zufolge der dänische König gegen Zahlung von 70.000 Gulden seitens Kurbraunschweigs auf seine Ansprüche verzichtete. So wurde Steinhorst am 4. August 1739 dem Herzogtum Sachsen-Lauenburg (wieder) angegliedert. Gottfried von Wedderkop war bei dem offiziellen Akt anwesend und entsagte allen seinen Rechten an Steinhorst.[50] Sein Sohn Magnus (1716-1741) erhielt 1739 die Exspektanz auf eine bischöfliche Distinktpräbende, schied aber aus dem Leben, bevor er sie wirklich erlangen konnte.[51] Als er starb, hatte er die militärische Würde eines königlich-dänischen Rittmeisters erlangt.

Die Domherrengeschichte der Wedderkops war mit ihm aber noch nicht abgeschlossen: So hatte der Domdekan Friedrich Christian zwei Söhne: Johann Ludwig (1724-1777), der 1744 die bischöfliche Präbende erwarb, sie aber schon im Jahr darauf zugunsten von Graf Ulrich Adolph von Holstein (1731-1789)[52] resignierte, indes 1771 wieder Mitglied des Domkapitels wurde, indem er die bischöfliche Distinktpräbende seines damals verstorbenen Bruders Magnus (1717-1771) übernahm, die jener zehn Jahre zuvor übernommen hatte.[53] Magnus hatte das Amt eines königlich-schwedischen Oberkammerherrn und Hofmarschalls versehen, wohingegen sein Bruder Johann Ludwig zum Gottorfer Hof zurückkehrte und als großfürstlicher Landrat und Generalerbpostmeister diente. 1777 stieg er schließlich zum Präsidenten der bischöflichen Kollegien in Eutin auf, wurde also Eutiner Regierungschef.[54] Bereits 1774 hatte sein Sohn Georg Conrad (1765-1841) eine Präbende im Lübecker Domkapitel inne, die ihm Prinz Peter Friedrich Wilhelm von Schleswig-Holstein-Gottorf bzw. Oldenburg (1754-1823, amt. 1766-1774)[55] resigniert hatte.[56] Georg Conrad war oldenburgischer Rat und zugleich Kammerjunker.[57]

49 Klose (1960): 70f.

50 Von Kobbe (1837): 148-151; Opitz (2003): 253f.

51 Prange (2014): 410, Nr. 358. – Auch zum Folgenden.

52 Ebd.: 363, Nr. 366 (resigniert ebenfalls 1751).

53 Ebd.: 414, Nr. 380.

54 Ebd.: 416, Nr. 396.

55 Ebd.: 415, Nr. 391. – Zu ihm vgl. Kraack (2015).

56 Prange (2014): 417, Nr. 399.

57 Finnholbek (2023).

IV. Pincier und Wedderkop – (K)ein Ausnahmefall!

Die Auflistung von Lübecker Domkapitelsmitgliedern, die zugleich auch oder schon vor ihrer Domherrenzeit Diener der Gottorfer Fürsten waren, lässt sich noch spielend erweitern: Der 1616 in das Kapitel aufgenommene Ägidius von der Lancken (1580-1631) etwa hatte den herzoglichen Rat und Amtmann von Bordesholm Albert von der Lancken zum Vater.[58] Da seine Eltern vor der Zeit verstarben, wurde er von der Herzoginwitwe Christine (von Hessen) (1543-1604) großgezogen. Der Gottorfer Herzog Johann Adolf (1575-1616) machte ihn noch in seiner Funktion als Fürstbischof von Lübeck (amt. 1586-1607) zum Rat und Kammerherrn. Sein Sohn und Nachfolger Herzog Friedrich III. (1597-1659) holte ihn dann an seinen Gottorfer Hof nach Schleswig, wo er zum Geheimrat und Oberhofmeister berufen wurde. Außerdem übte von der Lancken die Funktion des Amtmanns von Kiel, Bordesholm, Gottorf sowie Fehmarn aus. Er führte mit dem Feldherrn der katholischen Liga Tilly (1559-1632) nach der für den dänischen König Christian IV. (1577-1648) verlorenen Schlacht bei Lutter am Barenberge 1626 Waffenstillstands- und Friedensverhandlungen; ebenso verhandelte er mit Wallenstein (1583-1634) wegen der von diesem erstrebten Einrichtung eines Kriegshafens in Friedrichstadt. Schließlich war er an den Verhandlungen zum Lübecker Frieden von 1629 beteiligt, der den Kriegszustand zwischen dem Heiligen Römischen Reich und Dänemark beendete.[59] Ägidius von der Lancken hatte im Übrigen das Amt des Lübecker Dompropstes inne[60] und war zugleich auch Propst des Preetzer Adeligen Damenstifts.[61]

Der im gleichen Jahr wie Ägidius von der Lancken zum Domherrn gemachte Johann Friedrich von Winterfeld (1609-1667) war ebenfalls herzoglich Geheimer Rat und nacheinander Amtmann der Ämter Tremsbüttel, Steinhorst, Trittau und Apenrade.[62] 1637 übernahm er zudem die Würde des Lübecker Dompropstes und wurde 1656 noch Domdekan.[63] Am Eutiner Kollegiatstift fungierte er als Stiftsdekan. Da er zur selben Zeit brandenburgischer Vasall und Gottorfer Rat war, geriet von Winterfeld im zweiten Nordischen Krieg von 1655 bis 1660/61 zwischen die Kriegsfronten, und Kurfürst Friedrich Wilhelm von Brandenburg (1620-1688) verurteilte ihn schließlich unter Androhung der Enteignung seines brandenburgischen Besitzes zur Zahlung von 6.000 Reichstalern.[64] Der Lübecker Fürstbischof Christian Albrecht bemühte sich vergeblich um eine Vermittlung, sodass der Kurfürst von Winterfeld 1660 in Tondern gefangen nehmen ließ. Erst als von Winterfelds Frau die verlangte Summe gezahlt hatte, wurde er wieder aus der brandenburgischen Haft entlassen.[65]

---

58 Prange (2014): 389, Nr. 224 (hier falscher Name des Vaters Ägidius); Fridericia (1896): 8. – Auch zum Folgenden.

59 Fridericia (1896): 9.

60 Prange (2014): 428 (Liste der Pröpste).

61 Buchwald, von (1879): 75.

62 Prange (2014): 389, Nr. 223.

63 Ebd.: 428f. (Listen der Pröpste und Dekane).

64 Von Winterfeld (1863): 432f.

65 Ebd.: 433.

Der 1717 zum Domkapitel dazugestoßene Benedikt Wilhelm von Ahlefeld (1678-1748) diente zuerst als Major der holsteinischen Dragoner und wurde nachmalig Landrat,[66] wohingegen der mit ihm verwandte Adolf Jasper von Ahlefeld (1712-1761), der zwei Jahre später Domherr wurde, 1735 zum Kammerjunker und 1756 zum Kammerherrn gemacht wurde.[67] Henning Benedikt von Rumohr (1717-1777), seit 1723, also auch mit gerade einmal sechs Jahren in den Besitz einer Lübecker Domherrenpräbende gelangt, wurde fürstbischöflicher Rat und unter Fürstbischof Friedrich August (1711-1785) Präsident der fürstbischöflichen Kollegien und damit Regierungschef des Fürstbistums. Als Teil des Geheimen Rats Friedrich Augusts, der als Statthalter Zar Pauls I. (1754-1801) in Holstein fungierte, wechselte Adolf Jasper 1773 nach Kiel. Für seine Verdienste um das Haus Gottorf wurde er mit dem St.-Annen-Orden, dem Gottorfer Hausorden also, ausgezeichnet.[68] Jakob Levin von Plessen (1701-1761) [Abb. 1], Domherr seit 1730, war 1729 zum Eutiner Schlosskommandanten ernannt worden.[69] 1731 wurde er Hofmarschall des Fürstbischofs Adolf Friedrich, des nachmaligen schwedischen Königs, und Präsident des Kanzlei- und Kammerkollegiums zu Eutin. 1735 folgte seine Ernennung zum schwedischen Ober-

Abb. 1: Ein Fürstbischof übergibt einem „Diener-Domherrn" ein offizielles Schriftstück: Doppelporträt Herzog Adolf Friedrich von Holstein-Gottorf und Hofmarschall Jakob Levin von Plessen (Werkstatt von Balthasar Denner). Um 1740/50, Öl auf Leinwand, 126,5 x 163,5 cm (ohne Rahmen). Inv.-Nr. 1976-52 Stiftung Schleswig-Holsteinische Landesmuseen Schloss Gottorf

66 Prange (2014): 406, Nr. 336; Möller (1771): 290 (Stammbaum), 295 (Kurzvita).

67 Prange (2014): 407, Nr. 339.

68 Jensen (1847): 322.

69 Dazu und zum Folgenden Prange (2014): 408, Nr. 350; v. Welck (2015).

hofmarschall und 1739 die Berufung zum Amtmann des Amtes Reinbek. Die Würde des Lübecker Dompropstes erlangte er 1743. Seiner Verdienste um die Gottorfer Interessen wegen nahm man ihn als Ritter in den Gottorfer St.-Annen-Orden, den russischen Alexander-Newski-Orden sowie den schwedischen Seraphinenorden auf. Und Friedrich Leopold Graf von Stolberg (1750-1819), um mit einem bekannteren Beispielfall abzuschließen, war von 1776 bis 1780 als diplomatischer Gesandter des Fürstbischofs Friedrich August in Kopenhagen und danach fürstbischöflicher Oberschenk am Eutiner Hof gewesen und hatte 1783 die Stelle eines Landvogtes im oldenburgischen Neuenburg übernommen, als welcher er im Auftrag des neuen Fürstbischofs und Oldenburger Herzogs Peter Friedrich Ludwig (1755-1829, amt. 1785-1803/23) an den Zarenhof in St. Petersburg geschickt worden war, um dort den Tod seines Vorgängers bekannt zu machen.[70] 1789 gelangte er aufgrund der Ersten Bitte des Fürstbischofs in die Possession einer Lübecker Domherrenpräbende, die er aber noch im selben Jahr zugunsten seines sechsjährigen Sohnes Christian Ernst (1783-1846)[71] resignierte. Stattdessen wurde er auf Vermittlung seines Schwagers Andreas Peter von Bernstorff (1735-1797), des dänischen Außenministers, Gesandter des dänischen Königs in Berlin. 1791 übernahm Graf Stolberg indes zum zweiten Mal eine Präbende im Lübecker Domkapitel, die er jedoch im Jahr 1800 schon wieder resignieren sollte.[72] Ab demselben Jahr 1791 fungierte er jedenfalls nahezu folgerichtig als Präsident der fürstbischöflichen Kollegien in Eutin.

Man könnte spielend noch weitere schlagende Beispiele folgen lassen. Doch dürfte mittlerweile hinreichend veranschaulicht sein, dass und in welchem Ausmaß die Lübecker Domherren den „älteren“ Gottorfern auf Gottorf oder ihrer „jüngeren“ Linie in Eutin in den verschiedensten verantwortungsvollen Funktionen dienend zur Hand gingen.

V. Lübecker Domherren und ihre Dienste für andere Herren als die Gottorfer

Jedoch wäre das Bild unvollständig, würde man bezüglich solcher Dienste für eine Herrschaft nur auf das Haus Gottorf in seinen zwei Linien schauen. Vielmehr kamen ja bereits im Vorangegangen immer wieder auch Dienste für ganz andere Dienstherren zutage.

So stand der 1635 zum Domherrn ernannte Graf Christian von Pentz (um 1600-1651) nicht in gottorfischen, sondern in königlich-dänischen Diensten.[73] Christian IV. hatte ihn auf die Holsteinische Distinktpräbende präsentiert. Fünf Jahre vorher war Pentz zum Festungskommandanten des neu gegründeten Glückstadts ernannt worden, welches er schon 1627/28 erfolgreich gegen den Angriff Wallensteins verteidigt hatte. Als besonderes Zeichen der königlichen Gunst ist es natürlich zu werten, dass Christian IV. Pentz eine seiner Töchter aus

70 Dazu und zum Folgenden Prange (2014): 420, Nr. 418; Hempel (2013); Baudach (2010); Noss (1995); Ritterhoff (1992); Schmidt (1893).

71 Prange (2014): 420, Nr. 419.

72 Ebd.: 420, Nr. 422.

73 Ebd.: 394, Nr. 255; Hattendorf (1987); Fridericia (1899).

seiner Ehe zur linken Hand mit Kirsten Munk (1598-1658) zur Frau gab: Gräfin Sophie Elisabeth von Schleswig-Holstein (1619-1657). 1639 wurde Pentz dann zum Amtmann des Amtes Steinburg bestimmt. Im Auftrag des Königs reiste er an den Kaiserhof nach Wien, wo er wegen der Einrichtung eines neuen Elbzolls zu Glückstadt verhandelte. Allerdings fiel er beim König wegen seiner zunehmenden Neigung zum exzessiven Alkoholkonsum in Ungnade und wurde mit der Herrschaftsübernahme von dessen Sohn und Nachfolger Friedrich III. (1609-1670) sogar aus all seinen Ämtern entlassen. Schließlich verstarb er eingekerkert. Ob er an geistiger Umnachtung litt, wie man damals behauptete, ist durchaus fraglich. Der Vorwurf könnte auch Mittel zum Zweck gewesen sein, um ihn vollends kaltzustellen.[74]

Einer der bedeutendsten Domherren im Dienst des dänischen Königs war sicherlich Christian Rantzau (1614-1663), der 1651 die von Graf Pentz innegehabte holsteinische Distinktpräbende durch Herzog Friedrich III. von Gottorf verliehen erhielt.[75] Rantzau fungierte wie sein Vater, Großvater und Urgroßvater als königlicher Statthalter in den Landen und war erst 1650 mit dem Wohlwollen des Königs vom Kaiser zum reichsunmittelbaren Grafen erhoben worden.[76] Über die Gründe, weswegen Rantzau nun vom Herzog die Präbende verliehen bekam, kann man wohl nur noch spekulieren: Wollte sich der Herzog eines starken Verbündeten im Land versichern? Rantzau war als Parteimann der königlichen Seite bekannt. Oder hatte König Friedrich III., der mit Rantzau eng befreundet war und der ihm auch den Elefantenorden verlieh, Einfluss auf den Herzog ausgeübt, eventuell sogar Druck?

Nach Präsentation durch den dänischen König seit 1665 im Besitz der Holsteinischen Distinktpräbende war sodann Graf Friedrich von Ahlefeldt (1623-1686).[77] Durch die Vermittlung seines mächtigen und reichen Schwiegervaters Reichsgraf Christian von Rantzau (1614-1663) stand er als Diplomat ab 1657 in dänischen Diensten. Nach Rantzaus Tod übernahm er dessen Funktion als königlicher Statthalter in den Herzogtümern und fungierte zudem noch als Amtmann des Amtes Steinburg und Gouverneur für Süderdithmarschen. Seiner Verdienste wegen wurde er mit dem dänischen Elefanten-Orden geehrt. Unter dem ab 1670 regierenden König Christian V. (1646-1699) wurde Ahlefeldt zum Geheimen Etats- und Landrat sowie für den Zeitraum von 1676 bis 1686 zum Großkanzler (Storkansler) ernannt. Gemeinsam mit seinem Verwandten Detlef von Ahlefeldt (1612-1686), der als dänischer Gesandter in Berlin tätig war, sorgte er für den Abschluss einer Offensivallianz mit Brandenburg gegen Schweden.[78] Als zusätzliche Ehrung erhielt Ahlefeldt nun auch den Dannebrog-

74 Möller (2017): 24, 90.

75 Prange (2014): 396, Nr. 271. – Siehe dazu und zum Folgenden auch Heiberg/Schwarz (2006). – Vgl. auch den älteren Beitrag von Handelmann (1888): 275f.

76 Siehe dazu auch Auge (2023).

77 Prange (2014): 397, Nr. 278.

78 Opitz (1979): 15f.; Heiberg (1985).

Orden, nachdem er 1672 bereits den Titel eines dänischen Lehnsgrafen von Langeland erhalten hatte.[79]

Heinrich Focke (1673-1730), seit 1681 Mitglied des Domkapitels, war zugleich dänischer Regierungsrat.[80] Er unterstützte bei der umstrittenen Bischofswahl im Jahr 1705 den dänischen Kandidaten Carl von Dänemark (1680-1729) gegen den Gottorfer Protagonisten.[81] Dänischer Geheimrat und Ritter des Dannebrog-Ordens war ebenso Joachim Otto Adolph von Bassewitz (1717-1791), der 1729 aufgrund der Ersten Bitte des Fürstbischofs eine Präbende am Lübecker Dom erhielt und 1778 noch Domdekan wurde.[82]

Bassewitz war jedoch auch noch kurfürstlich-sächsischer Rittmeister und Kammerherr.[83] Sein Neffe Bernhard Friedrich (1756-1816) übernahm seine Präbende und war dann Domherr von 1791 bis 1795. Danach machte er Karriere als herzoglich-mecklenburgischer Minister, Regierungsrat und Geheimratspräsident, d.h. Regierungschef des Herzogtums Mecklenburg-Schwerin.[84] Er wurde mit dem russischen Alexander-Newski-Orden und dem St.-Annen-Orden ausgezeichnet.[85] Achtjährig folgte ihm sein Sohn Adolph Christian Ulrich (1787-1821) im Besitz der betreffenden Präbende nach.[86] Er trat nach seiner Schulausbildung in württembergische Dienste und wurde württembergischer Kammerherr und Stallmeister. Nachgehend war er auch noch mecklenburgischer Kammerherr.[87] Freiherr Franz Ludwig von Hoevell (1755-1804), ab 1765 Besitzer einer Lübecker Dompräbende, begegnet im Jahr 1800 als preußischer Kammerherr[88] usw.

Die letztgenannten Beispielfälle, denen man ebenfalls noch weitere hinzufügen könnte, zeigen, dass die Dienste Lübecker Domherren also auch noch weitere Herrscher und Höfe als nur die zuletzt fokussierten dänischen Könige miteinbezogen. Allerdings muss einschränkend hinzugefügt werden, dass solche Fälle spürbar doch erst vermehrt seit der zweiten Hälfte des 18. Jahrhunderts auftraten. Bis dahin kamen hauptsächlich Dienste und Dienstverpflichtungen für die Gottorfer in ihrer älteren herzoglichen Hauptlinie und in ihrer jüngeren fürstbischöflichen Linie bzw. für das mit den Gottorfern eng verwandte, aber auch mit ihnen im Konflikt liegende dänische Königshaus vor. Zwischen den Angehörigen dieser beiden Klientelen wurden die Bischofswahlen von 1701 und

---

79 Siehe zu Ahlefeldt auch v. Zedlitz-Neukirch (1836): 87.

80 Prange (2014): 400, Nr. 296; siehe hierzu Verweise auf Focke (2023).

81 Zum Konflikt vgl. ausführlich v. Kobbe (1834): 42, jedoch ohne Fockes Engagement näher zu erwähnen.

82 Prange (2014): 408, Nr. 347; ebd.:429 (Liste der Dekane). – Auch zum Folgenden.

83 Kemmler (1970): 354.

84 Prange (2014): 420, Nr. 421.

85 Von Bassewitz (1859): 55f.

86 Prange (2014): 421, Nr. 424.

87 Oettinger (1869): 62; Schmidt (1843): 502.

88 Prange (2014): 415, Nr. 389.

1756 konfliktreich ausgetragen, bei denen sich das Domkapitel jeweils zwischen einem Gottorfer und einem Kandidaten des dänischen Königs zu entscheiden hatte.[89] Im Übrigen muss man betonen, dass es bei solchen Wahlen auf Seiten des Domkapitels nicht allein um dienstliche Verbindlichkeiten und das damit verbundene Selbstverständnis der Domherren ging, sondern jeweils auch um das liebe Geld, wie man es konkret z.B. von der Koadjutorenwahl des Jahres 1776 weiß. So versuchte der russische Gesandte am Eutiner Hof, Freiherr Johann oder besser Iwan Iwanowitsch von Mestmacher (1733-1805), die Wahlentscheidung der Domherren zugunsten des Gottorf-Oldenburgers Peter Friedrich Ludwig durch Geldzahlungen an selbige zu beeinflussen. „Zwar seien die Habgier und der Geiz der Domherren außerordentlich, sie gäben jedoch auch eine Handhabe, sich ihrer Stimmen bei der Wahl zu versichern."[90] Selbst die aufwendigen Forderungen der Domherren Graf Adolf Christian Ulrich von Bassewitz,[91] Dietrich von Levetzow (1724-1790, amt. seit 1741)[92] und Detlev Joachim von Brockdorff (1735-1786, amt. seit 1750)[93] nach lebenslangen Pensionen für sich und ihre Ehefrauen versprach der Gesandte in diesem Zusammenhang anzunehmen.[94] Er wolle freilich noch an der Verringerung von deren Forderungen arbeiten, versicherte von Mestmacher. Für ihn, der von 1774 bis 1784 als russischer Gesandter am Eutiner Hof und später, ab 1789/90, in derselben Funktion am sächsischen Hof in Dresden wirkte,[95] zahlte sich sein Engagement bei dieser Wahl übrigens aus. Denn genau er erhielt 1777 die bischöfliche Distinktpräbende, die Peter Friedrich Ludwig wegen seiner Wahl zum Koadjutor resignierte.

VI. Lübecker Domherren in der frühen Neuzeit als herrschaftliche Diener: Resümee und Ausblick

Während der frühen Neuzeit kamen in Lübeck demnach zahlreiche herrschaftliche Diener als Domherren vor, die rein zahlenmäßig ein wichtiges Rückgrat etwa für den Hof und die Verwaltung der Fürstbischöfe bis hinauf in die oberste Führungsebene bildeten. Das Domstift blieb in dieser Hinsicht also, was es im Mittelalter bereits gewesen war: Eine besondere Begegnungsstätte von Kirche und Welt. Und die Begegnung wurde prinzipiell sogar noch intensiviert, wenn man bedenkt, dass ein Großteil der Domherren gar keinen klerikalen Status mehr hatte, sondern sich aus Laien rekrutierte und laikal blieb.

Zur abschließenden Relativierung des hier entwickelten Bildes vom frühneuzeitlichen Lübecker Domkapitel als einem großen Sammelbecken für Diener nicht nur, aber vor allem der Fürstbischöfe und der eng mit ihnen verwandten

---

89 Siehe dazu Auge (2021): 41f.

90 Zitat nach Müller (2015): 177.

91 Prange (2014): 421, Nr. 424.

92 Ebd.: 410, Nr. 359.

93 Ebd.: 412, Nr. 453/370.

94 Müller (2015): 179. – Auch zum Folgenden.

95 Prange (2014): 418, Nr. 406; Leibniz-Institut für Ost- und Südost-Europaforschung (2023).

Gottorfer Herzöge sowie dann auch der Gottorfer in Schweden und Russland muss betont werden, dass schätzungsweise, d.h. anhand einer groben und unbedingt noch weiter zu vertiefenden Sichtung des vorhandenen Materials nur zwölf Prozent (35) aller Domherren dieser Zeit für die diversen Gottorfer in irgendeiner dienenden Funktion tätig waren und dass zugleich je sechs Prozent (17) – also jeweils halb so viele – als Diener der dänischen Könige oder anderer Herrscher (Kaiser, Bremer Erzbischof, Herzöge von Braunschweig, Könige von Preußen usw.) belegt sind.[96] Tendenziell nahmen vom Ausgang des 16. Jahrhunderts bis zum Ende des 18. Jahrhunderts die Dienstverhältnisse allgemein und insbesondere die Dienste für die dänischen Könige und „auswärtige" Mächte merklich zu, wie gesagt. Umgekehrt waren und blieben damit aber anscheinend 76 Prozent der Lübecker Domherren keine herrschaftlichen Diener – weder der diversen Gottorfer inklusive der Fürstbischöfe noch anderer Herrscher. Diese Beobachtung ist sehr wichtig, weil sie nahelegt, dass das Domkapitel keinesfalls nur eine Versorgungsstätte für betreffende herrschaftsnahe Männer war. Natürlich ist der hohe Prozentsatz nach unten zu korrigieren, wenn man nicht nur die aktiv tätigen Diener in den Blick nimmt, sondern auch deren gleichfalls mit Präbenden versehene Verwandtschaft (Söhne, Brüder) oder Freundschaft. Gleichwohl bleibt eine hohe Ziffer quasi dienstloser Domherren. Dieser Befund liegt durchaus in der Tendenz rezenter Forschungen zu anderen Fallbeispielen, die zurecht zu unterstreichen bemüht sind, dass in den frühneuzeitlichen protestantischen Domkapiteln auch noch ganz andere Aufgaben bestanden und womöglich sogar dominanter waren als die Dienste in der Welt und mit der Welt, unter anderem übrigens auch weiterhin der gemeinsame Gottesdienst wie schon im Mittelalter.[97] Für das Lübecker Domkapitel der frühen Neuzeit ist dieser bisher weitgehend unerforscht gebliebene Bereich künftig mit Nachdruck zu erforschen.

96 Bei der Erhebung dieses vorläufigen Zahlenmaterials unterstützte mich meine Hilfskraft Nora Sander, der dafür vielmals gedankt sei.

97 Siehe dazu auch Beckus (2019): 75.

Bibliographie

Auge (1996)
Oliver Auge, Stift und Herrschaft. Eine Studie über die Instrumentalisierung von Weltklerus und Kirchengut für die Interessen der Herrschaft Württemberg anhand der Biographien Sindelfinger Pröpste (Veröffentlichungen des Stadtarchivs Sindelfingen 4), Sindelfingen 1996.

Auge (2002)
Oliver Auge, Stiftsbiographien. Die Kleriker des Stuttgarter Heilig-Kreuz-Stifts (1250-1552) (Schriften zur südwestdeutschen Landeskunde 38), Leinfelden-Echterdingen 2002.

Auge (2003)
Oliver Auge, Südwestdeutsche Stiftskirchen im herrschaftlichen Kontext. Ansätze und Perspektiven der Forschung, in: Oliver Auge/Sönke Lorenz (Hg.), Die Stiftskirche in Südwestdeutschland. Aufgaben und Perspektiven der Forschung (Schriften zur südwestdeutschen Landeskunde 35), Leinfelden-Echterdingen 2003, S. 171-198.

Auge (2005)
Oliver Auge, Aemulatio und Herrschaftssicherung durch sakrale Repräsentation. Zur Symbiose von Burg und Stift bis zur Salierzeit, in: Sönke Lorenz/Thomas Zotz (Hg.), Frühformen von Stiftskirchen in Europa. Funktion und Wandel religiöser Gemeinschaften vom 6. bis zum Ende des 11. Jahrhunderts. Festgabe für Dieter Mertens zum 65. Geburtstag (Schriften zur südwestdeutschen Landeskunde 54), Leinfelden-Echterdingen 2005, S. 207-230.

Auge (2007)
Oliver Auge, Zur Rolle der Stuttgarter Stiftskleriker im Württemberg vorreformatorischer Zeit, in: ZWLG 66, 2007, S. 81-112.

Auge (2009)
Oliver Auge, Geistliche Gemeinschaften, Dynastie und Landesherrschaft im Ostseeraum, in: Ders./Felix Biermann/Christofer Herrmann (Hg.), Glaube, Macht und Pracht. Geistliche Gemeinschaften des Ostseeraums im Zeitalter der Backsteingotik (AGO 6), Rahden/Westf. 2009, S. 305-322.

Auge (2013)
Oliver Auge, Begegnungsstätten von Kirche und Welt. Monastische und klerikale Einrichtungen in Schleswig-Holstein im Wirkungsfeld territorialer oder städtischer Herrschaft, in: Ders./Katja Hillebrand (Hg.), Klöster, Stifte und Konvente nördlich der Elbe. Zum gegenwärtigen Stand der Klosterforschung in Schleswig-Holstein, Nordschleswig und den Hansestädten Lübeck und Hamburg (QuFGSH 120), Neumünster 2013, S. 101-146.

Auge (2018)
Oliver Auge, Landesherrschaft und Kirche in Pommern vor der Reformation, in: Przeglad Zachodniopomorski Rocznik 33/4, 2018, S. 141-159.

Auge (2020)
Oliver Auge, Rezension zu Marian Füssel/Antje Kuhle/Michael Stolz (Hg.), Höfe und Experten. Relationen von Macht und Wissen in Mittelalter und Früher Neuzeit, in: JbRG 38, 2020, S. 124-126.

Auge (2021)
Oliver Auge, Vom Wahlamt zur erblichen Würde. Die Fürstbischöfe von Lübeck aus dem Hause Gottorf im 17. und 18. Jahrhundert, in: Ders./Anke Scharrenberg (Hg.), Eutin im Barock. Kunst und Kultur am fürstbischöflichen Hof des 17. Jahrhunderts (Eutiner Forschungen 16), Kiel/Hamburg 2021, S. 31-47.

Auge (2023)
Oliver Auge, Die Reichsgrafschaft Rantzau im Kräftespiel von Reich und Dänemark, in: Heimatkundliches Jahrbuch für den Kreis Pinneberg (2023), S. 73-96.

Baltische Historische Kommission
Baltische Historische Kommission (Hg.), Art. Mestmacher, Johann, seit 1777 Bar. (1733-1805), in: BBLD (Online-Ressource unter https://bbld.de/GND1153510138 [letzter Zugriff am 07.02.2023]).

Bassewitz, Graf von (1859)
Adolph Graf von Bassewitz, Aus dem Leben des Reichsgrafen Henning Friedrich von Bassewitz mit einigen Nachrichten zu der Familie Bassewitz der wendischen Linie, o. O., 1859.

Baudach (2010)
Frank Baudach (Hg.), Friedrich Leopold Graf zu Stolberg (1750-1819) – Standesherr wider den Zeitgeist. Ausstellung der Eutiner Landesbibliothek und des Gleimhauses Halberstadt, Eutin 2010.

Beckus (2019)
Paul Beckus, Der alte Adel und die protestantischen Stifte. Zur Strategischen Verbindung von Altadel und mitteldeutschen Domstiften im 18. Jahrhundert, in: Thomas Grunewald/Michael Rocher (Hg.), Niederadel im mitteldeutschen Raum (um 1700-1806) (Quellen und Forschungen zur Geschichte Sachsen-Anhalts 17), Halle (Saale) 2019, S. 71-97.

Beckus (2020)
Paul Beckus, Die evangelische Germania sacra im mitteldeutschen Raum. Ein Forschungsüberblick zu den Domkapiteln auf dem Gebiet Sachsen-Anhalts, in: Harz-Zeitschrift 72, 2020, S. 112-127.

Beseler (1974)
Hartwig Beseler, Kunsttopographie Schleswig-Holstein, Neumünster 1974.

Bobé (1895)
Louis Bobé, Art. v. Kønigstein, Johann Ludwig Pincier, in: DBL 9, 1895, S. 636-637.

Bobé (1899)
Louis Bobé, Slægten Ahlefeldts Historie 5. Kopenhagen 1899.

v. Brandt (1964)
Ahasver von Brandt, Art. Gloxin, David, in: NDB 6, 1964, S. 465f.

Buchwald, von (1879)
Gustav von Buchwald, Anna von Buchwald. Priörin des Klosters Preetz 1484-1508 nach den ungedruckten Quellen des Klosterarchivs, in: ZSHG 9, 1879, S. 1-98.

Burke (1844)
John Burke/John Bernard Burke (Hg.), A Genealogical and Heraldic History of the Extinct and Dormant Baronetcies of England, Ireland, and Scotland, London 1844.

Cremer (2018)
Annette C. Cremer, Vom Funktionsuntertanen zum geschätzten Antiquarius. Höfische Kompetenzfelder zwischen Hilfstätigkeit und Spezialistentum, in: Marian Füssel/Antje Kuhle/Michael Stolz (Hg.), Höfe und Experten. Relationen von Macht und Wissen in Mittelalter und Früher Neuzeit, Göttingen 2018, S. 135-164.

Dittmer (1859)
Georg Wilhelm Dittmer, Genealogische und biographische Nachrichten über Lübeckische Familien aus älterer Zeit, Lübeck 1859.

Fabricius (1710)
Johann Albert Fabricius, Memoriae Hamburgenses, sive Hamburgi et virorum de ecclesia, reque publica et scholastica Hamburg, bene meritorum elogia et vitae, Hamburg 1710.

Feilcke (1972)
Kurt Feilcke, Leben und Werk des Ministers Magnus von Wedderkop und der Lübecker Dom, in: ZNF 47, 1972, S. 153-161.

Finnholbek (2023)
https://finnholbek.dk/getperson.php?personID=I67340&tree=2 (letzter Zugriff: 07.02.2023).

Focke (2023)
https://de.wikipedia.org/wiki/Heinrich_von_Focke (letzter Zugriff: 07.02.2023).

Friederici (1988)
Adolf Friederici, Das Lübecker Domkapitel im Mittelalter 1160-1400. Verfassungsrechtliche und personenkundliche Untersuchungen (QuFGSH 91), Neumünster 1988.

Fridericia (1896)
J. A. Fridericia, Art. v. d. Lancken, Ægidius, in: Carl Frederik Bricka (Hg.), DBL 10, 1896, S. 8f.

Fridericia (1899)
J.A. Fridericia, Art. Pentz, Christian Rigsgreve, in: DBL 13, 1899, S. 3-6.

Füssel (2018)
Marian Füssel, Höfe und Experten. Relationen von Macht und Wissen in Mittelalter und Früher Neuzeit, in: Marian Füssel/Antje Kuhle/Michael Stolz (Hg.), Höfe und Experten. Relationen von Macht und Wissen in Mittelalter und Früher Neuzeit, Göttingen 2018, S. 7-18.

Geerkens (1960)
August Wilhelm Geerkens, Jean Henri Graf Desmercieres, Flensburg 1960.

Geerkens (1970)
August Wilhelm Geerkens, Art. Desmercieres, Jean Henri, in: SHBL 1, 1970, S. 124f.

Graßmann (1982a)
Antjekathrin Graßmann, Gloxin, Balthasar, in: SHBL 6, 1982, S. 99f.

Graßmann (1982b)
Antjekathrin Graßmann, Art. Gloxin, David, in: SHBL 6, 1982, S. 102-105.

Graßmann (1993)
Antjekathrin Graßmann, Art. Gloxin-Familie, in: Alken Bruns (Hg.), Lübecker Lebensläufe aus neun Jahrhunderten, Neumünster 1993, S. 160 (erstmalig in: SHBL 6, 1982, S. 98f.).

Graßmann (1998)
Antjekathrin Graßmann, Der Lübecker Syndikus und Bürgermeister Dr. David Gloxin. Aus der täglichen Arbeit eines Diplomaten in der Spätzeit der Hanse, in: Detlef Kattinger/Horst Wernicke (Hg.), Akteure und Gegner der Hanse. Zur Prosopographie der Hansezeit (Hansische Studien 9), Weimar 1998, S. 231-244.

Haag (2018)
Norbert Haag, Dynastie, Region und Konfession. Die Hochstifte des Heiligen Römischen Reiches deutscher Nation zwischen Dynastisierung und Konfessionalisierung (1448-1648) (RST 166/3), Münster 2018.

Handelmann (1888)
Gottfried Heinrich Handelmann, Rantzau, Christian, in: ADB 27, 1888, S. 275f.

Hattendorf (1987)
Mathias Hattendorf, Art. Pentz, Christian (seit 1636: Graf) von, in: SHBL 8, 1987, S. 273-279.

Heiberg (1985)
Steffen Heiberg, Art. Ahlefeldt, Friedrich (seit 1665 Graf) von, in: SHBL 7, 1985, S. 15-19.

Heiberg/Schwarz (2006)
Steffen Heiberg/Hans Wilhelm Schwarz, Rantzau, Christian, in: SHBL 12, 2006, S. 342-347.

Hempel (2013)
Dirk Hempel, Art. Stolberg-Stolberg, Friedrich Leopold Graf zu, in: NDB 25, 2013, S. 407.

Henseling (1976)
Jakob Henseling, Die Pintzier (Pincier) von Biedenkopf, in: HFK 13/4, 1976, S. 177-199.

Hersche (1984)
Peter Hersche, Die deutschen Domkapitel im 17. und 18. Jahrhundert, 3 Bde., Bern 1984.

Hersche (1985)
Peter Hersche, Eine geistlich-weltliche Körperschaft im Alten Reich. Quantitative Annäherung an die deutschen Domkapitel, in: Wilhelm-Heinz Schröder (Hg.), Lebenslauf und Gesellschaft. Zum Einsatz von kollektiven Biographien in der deutschen Sozialforschung (Historisch-Sozialwissenschaftliche Forschungen 18), Stuttgart 1985, S. 28-47.

Holbach (1992a)
Rudolf Holbach, Kanoniker im Dienste von Herrschaft. Beobachtungen am Beispiel des Trierer Domkapitels, in: Hélène Millet (Hg.), I canonici al servizio dello Stato in Europa secoli XIII-XVI/Les chanoines au service de l'Etat en Europe du XIIIe au XVIe siècle, Modena 1992, S. 121-148.

Holbach (1992b)
Rudolf Holbach, Zu Ergebnissen und Perspektiven neuerer Forschung zu spätmittelalterlichen deutschen Domkapiteln, in: RhVjbll 56, 1992, S. 148-180.

Holm (1890)
E. Holm, Art. Desmercières, Johan Henrik, in: DBL 4, 1890, S. 246f.

Jakubowski-Tiessen (1982)
Manfred Jakubowski-Tiessen, Der frühe Pietismus in Schleswig-Holstein. Entstehung, Entwicklung und Struktur (AGP 19), Göttingen 1982.

Jensen (1847)
Hans Nicolai Andreas Jensen, Beiträge zur Adelsgeschichte. Die Familie Rumohr, in: Nordalbingische Studien 4, 1847, S. 289-332.

Juglers (1777)
Johann Friedrich Juglers, Beiträge zur juristischen Biographie oder genauere litterarische und critische Nachrichten von dem Leben und den Schriften verstorbener Rechtsgelehrten auch Staatsmänner: welche sich in Europa Berühmt gemacht haben, Bd. 2, Leipzig 1777.

Kähler (1947)
Otto Kähler, Magnus von Wedderkop. Ein Schleswig-Holsteinischer Jurist und Staatsmann, in: Schleswig-Holsteinische Anzeigen, Teil A. Justizministerialblatt für Schleswig-Holstein 194, 1947, S. 221-224.

Kellenbenz (1971)
Hermann Kellenbenz, Art. Cramer, Andreas, in: SHBL 2, 1971, S. 112.

Kemmler (1970)
Erwin Kemmler, Johann Gottfried Müthel (1728-1788) und das nordostdeutsche Musikleben seiner Zeit (Wissenschaftliche Beiträge zur Geschichte und Landeskunde Ostmitteleuropas 88), Marburg (Lahn) 1970.

Klose (1960)
Olaf Klose, Die Jahrzehnte der Wiedervereinigung 1721-1773, in: Ders./Christian Degn, Die Herzogtümer im Gesamtstaat 1721-1830 (Geschichte Schleswig-Holsteins 6), Neumünster 1960, S. 1-159.

v. Kobbe (1834)
Peter von Kobbe, Schleswig-Holsteinische Geschichte vom Tode des Herzogs Christian Albrecht bis zum Tode Königs Christian VII. (1694 bis 1808), Altona 1834.

v. Kobbe (1837)
Peter von Kobbe, Geschichte und Landesbeschreibung des Herzogthums Lauenburg, Bd. 3, Altona 1837.

Kraack (2015)
Detlev Kraack, Herzog Peter Friedrich Wilhelm von Oldenburg (1754-1823) – armer Irrer oder Opfer einer politischen Intrige?, in: Oliver Auge/Anke Scharrenberg (Hg.), Die Fürsten des Bistums. Die fürstbischöfliche oder jüngere Linie des Hauses Gottorf in Eutin bis zum Ende des Alten Reiches (Eutiner Forschungen 13), Eutin 2015, S. 127-156.

Kramer (1861)
Gustav Kramer, Beiträge zur Geschichte August Hermann Francke's, enthaltend den Briefwechsel Francke's und Spener's, Halle 1861.

Leibniz-Institut für Ost- und Südost-Europaforschung
Leibniz-Institut für Ost- und Südost-Europaforschung, Erik-Amburger-Datenbank, Johann Baron Mestmacher unter https://amburger.ios-regensburg.de/index.php?id=72781 (letzter Zugriff: 07.02.2023).

Lohmeier (2006a)
Dieter Lohmeier, Art. Friedrich IV., Herzog von Schleswig-Holstein-Gottorf, in: SHBL 12, 2006, S. 117-121.

Lohmeier (2006b)
Dieter Lohmeier, Art. Christian Albrecht, in: SHBL 12, 2006, S. 71-79.

Lohmeier (2008)
Dieter Lohmeier, Die Fürstbischöfe von Lübeck aus dem Hause Gottorf, in: Elke Imberger/Dieter Lohmeier/Ingwer E. Momsen/Carsten Porskrog Rasmussen (Hg.), Die Fürsten des Landes. Herzöge und Grafen von Schleswig, Holstein und Lauenburg, Neumünster 2008, S. 186-207.

Lohr (2008)
Axel Lohr, Art. Ahlefeldt, Bendix von, in: Franklin Kopitzsch/Dirk Brietzke (Hg.), Hamburgische Biografie, Personenlexikon, Bd. 4, 2008, S. 15-17.

Millet (1992)
Hélène Millet (Hg.), I canonici al servizio dello Stato in Europa secoli XIII-XVI/ Les chanoines au service de l'Etat en Europe du XIIIe au XVIe siècle, Modena 1992.

Millet/Moraw (1996)
Hélène Millet und Peter Moraw, Clerics in the State, in: Wolfgang Reinhard (Hg.), Power Elites and State Building. The Origins of the Modern State in Europe, 13th to 18th Centuries, Oxford 1996, S. 173-188.

Möller (1771)
Claus Hendrik Möller, Historische, diplomatische und genealogische Nachrichten von dem adeligen Geschlecht der von Ahlefeldt, Serringhausen 1771.

Möller (2017)
Ruth Möller, Christian von Pentz, Das rätselvolle Leben des Glückstädter Gubernators Christian Reichsgraf von Pentz (1600-1651), Norderstedt 2017.

Moller (1687)
Johann Moller, Cimbria Litterata, Bd. 1, Schleswig 1687.

Moraw (1980)
Peter Moraw, Über Typologie, Chronologie und Geographie der Stiftskirche im deutschen Mittelalter, in: Max-Planck-Institut für Geschichte (Hg.), Untersuchungen zu Kloster und Stift (Veröffentlichungen des Max-Planck-Instituts für Geschichte 6; Studien zur Germania Sacra 14), Göttingen 1980, S. 9-37.

Müller (2015)
Bernd Müller, Die Schicksalswende im Leben des jungen Herzogs Peter Friedrich Ludwig von Holstein-Gottorp. Ereignisse und Zusammenhänge während seiner Reise nach Deutschland, Holland und England vom Februar 1775 bis zum Dezember 1776, in: Oliver Auge/Anke Scharrenberg (Hg.), Die Fürsten des Bistums. Die fürstbischöfliche oder jüngere Linie des Hauses Gottorf in Eutin bis zum Ende des Alten Reiches (Eutiner Forschungen 13), Eutin 2015, S. 157-195.

Neuschäffer (1987)
Hubertus Neuschäffer, Art. Wedderkop, Magnus (seit 1683: von), in: SHBL 8, 1987, S. 372-376.

Noss (1995)
Peter Noss, Stolberg-Stolberg, Friedrich Leopold Graf zu, in: BBKL 10, 1995, S. 1527-1550.

Oettinger (1869)
Eduard Maria Oettinger, Moniteur des dates: contenant un million de renseignements biographiques, généalogiques et historiques, Bd. 1, Dresden 1869.

Opitz (1979)
Eckardt Opitz, Art. Ahlefeldt, Detlev von, in: SHBL 5, 1979, S. 15-19.

Opitz (2003)
Eckardt Opitz, Die ‚hannoversche' Zeit. Das Herzogtum Lauenburg im 18. Jahrhundert, in: Ders. (Hg.), Herzogtum Lauenburg: Das Land und seine Geschichte. Ein Handbuch, Neumünster 2003, S. 236-281.

Prange (2007)
Wolfgang Prange, Der Wandel des Bekenntnisses im Lübecker Domkapitel 1530-1600 (Veröffentlichungen zur Geschichte der Hansestadt Lübeck, Reihe B, 44), Lübeck 2007.

Prange (2014)
Wolfgang Prange, Verzeichnis der Domherren 1530-1804, in: Ders., Bischof und Domkapitel zu Lübeck. Hochstift, Fürstentum und Landesteil 1160-1937 (Einzelveröffentlichung des Vereins für Lübeckische Geschichte und Altertumskunde), Lübeck 2014, S. 327-439.

Ratjen (1870)
Henning Ratjen, Geschichte der Universität zu Kiel, Kiel u. a. 1870.

Ritterhoff (1992)
Claus Ritterhoff, Art. Stolberg Stolberg, Friedrich Leopold Graf zu, in: Hans Friedl u. a. im Auftrag der Oldenburgischen Landschaft (Hg.), Biographisches Handbuch zur Geschichte des Landes Oldenburg. Oldenburg 1992, S. 699-705.

Schellenberg (1856)
Wilhelm Schellenberg, Die Gelehrtenfamilie Pincier, in: Allgemeines Nassauisches Schulblatt 7, 1856, S. 321-323.

Schmidt (1843)
Friedrich August Schmidt (Hg.), Neuer Nekrolog der Deutschen, Bd. 19/1, Weimar 1843.

Schmidt (1893)
Erich Schmidt, Art. Stolberg-Stolberg, Friedrich Leopold Graf zu, in: ADB 36, 1893, S. 350-367.

Schneidmüller (1986)
Bernd Schneidmüller, Verfassung und Güterordnung weltlicher Kollegiatstifte im Hochmittelalter, in: ZRG, Kanon. Abt. 103, 1986, S. 115-151.

Stievermann (1986)
Dieter Stievermann, Die gelehrten Juristen der Herrschaft Württemberg im 15. Jahrhundert mit besonderer Berücksichtigung der Kleriker-Juristen in der ersten Jahrhunderthälfte und ihre Bedeutung für das landesherrliche Kirchenregiment, in: Roman Schnur (Hg.), Die Rolle der Juristen bei der Entstehung des modernen Staates, Berlin 1986, S. 229-271.

Voßhall (2016)
Anja Voßhall, Stadtbürgerliche Verwandtschaft und kirchliche Macht. Karrieren und Netzwerke Lübecker Domherren zwischen 1400 und 1530 (Kieler Werkstücke. Reihe E: Beiträge zur Sozial- und Wirtschaftsgeschichte 12), Frankfurt am Main 2016.

Wedderkop, von (1896)
Magnus von Wedderkop, Art. Wedderskop, Magnus von, in: ADB 41, 1896, S. 387-390.

Wehl, von (1856)
Feodor von Wehl, Hamburgs Literaturleben im achtzehnten Jahrhundert, Leipzig 1856.

v. Welck (2015)
Karin von Welck, Oberhofmarschall und Domherr Jakob Levin von Plessen, in: Christian von Plessen (Hg.), Maueranker und Stier. Plesse/Plessen. Tausend Jahre eines norddeutschen Adelsgeschlechts, Bd. 1, Schwerin 2015, S. 404-411.

v. Winterfeld (1863)
Ludwig Gustav von Winterfeld, Geschichte des Geschlechts von Winterfeld, Bd. 2, Damerow 1863.

v. Zedlitz-Neukirch (1836)
Leopold Freiherr von Zedlitz-Neukirch, Neues preussisches Adels-Lexicon oder genealogische und diplomatische Nachrichten, Bd. 1, 1836.

Abkürzungsverzeichnis

ADB	Allgemeine Deutsche Biographie
AGO	Archäologie und Geschichte im Ostseeraum
AGP	Arbeiten zur Geschichte des Pietismus
BBKL	Biographisch Bibliographisches Kirchenlexikon
BBLD	Baltisches Biografisches Lexikon Digital
DBL	Dansk biografisk Leksikon
HFK	Hessische Familienkunde
JbRegG	Jahrbuch für Regionalgeschichte
NDB	Neue Deutsche Biographie
QuFGSH	Quellen und Forschungen zur Geschichte Schleswig-Holsteins
RhVjbll	Rheinische Vierteljahrsblätter
RST	Reformationsgeschichtliche Studien und Texte
SHBL	Biographisches Lexikon für Schleswig-Holstein und Lübeck
ZNF	Zeitschrift für Niederdeutsche Familienkunde
ZRG	Zeitschrift der Savigny-Stiftung für Rechtsgeschichte
ZSHG	Zeitschrift für Schleswig-Holsteinische Geschichte
ZWLG	Zeitschrift für Württembergische Landesgeschichte

Anschrift des Autors:
Prof. Dr. Oliver Auge
Historisches Seminar der Christian-Albrechts-Universität
Abteilung für Regionalgeschichte mit Schwerpunkt Schleswig-Holstein
Leibnizstr. 8
24118 Kiel
E-Mail: oauge@email.uni-kiel.de

„Beynahe Organist in Lübeck geworden“: Matthias Claudius auf Stellensuche

Max Reinhard Jaehn

Matthias Claudius (1740-1815) war nicht nur dichterisch und journalistisch-schriftstellerisch tätig, sondern auch ein fähiger, lebenslang aktiver Hausmusiker. An mehreren Zeitpunkten seines materiell oft instabilen Lebenswegs drängten ihn sogar die äußeren Umstände zu der Frage, ob er nicht sein Können als Klavierspieler zum Broterwerb nutzen und eine feste Organistenstelle suchen sollte. Dieser Gedanke wurde auch von wohlmeinenden Freunden, die ihn beruflich abgesichert sehen wollten, mit Ideen und Einflussnahme unterstützt.

Aus heutiger Sicht können wir nur bestätigen, dass er innerhalb der Maßstäbe seiner Zeit einen Organistenposten auszufüllen in der Lage war. Es fehlt nicht an biografischen Zeugnissen, dass er, beginnend mit frühem Unterricht am Klavier im Reinfelder Pfarrhaus (in diesem Umfeld unvermeidlich auch an der Kirchenorgel[1]), zu einem guten Tastenspieler geworden war. Später im Wandsbeker Haus pflegte er außerdem die Kammermusik und dirigierte gelegentlich ein sich zusammenfindendes Kammerorchester. Ein prominenter Gewährsmann für Claudius' Niveau als Musiker ist Carl Philipp Emanuel Bach (1714-1788): Den seit 1768 amtierenden Hamburger Musikdirektor besuchte er von Wandsbek aus bereits im Juli 1768, im September des Jahres spielte er ihm auf dem Klavier vor, und Bach äußerte, man könne hören, „er spiele mit Leib und Seele“.[2] Noch in den späten Jahren ist von seinem „eigentümlich ausdrucksvollen“ Spiel die Rede.[3] Die Routinearbeit als Organist konnte Claudius also auf jeden Fall leisten; an konzertante Fähigkeiten auf der Orgel brauchen wir nicht zu denken, sie spielten seinerzeit selbst an den großen Kirchen nicht überall eine Rolle.

Reinfeld

Zweimal sah sich Claudius als junger Mann in der Situation, nach dem Auslaufen einer Tätigkeit wieder im Elternhaus in Reinfeld unterkommen zu müssen und auf Stellensuche zu gehen. Zuerst nach dem Abschied vom fachlich schwankenden Universitätsstudium in Jena (genauer: in der Zeit zwischen Ende 1761 und Anfang 1764), zum zweiten Mal nach dem Verlassen der Stelle als Sekretär in Kopenhagen (genauer: zwischen Sommer 1765 und Mai 1768). Über Art und Umfang der beruflichen Umschau in diesen zwei Intervallen haben wir keinerlei Kenntnis. Einen Wunschberuf hatte er damals nicht, vielmehr schrieb er schon 1763, er nähme „inzwischen das Erste Beste, ich wollte gar zu gerne

1 Die Reinfelder Kirche besaß eine zwischen 1636 und 1644 erbaute Orgel, 1688 erweitert, mit zuletzt 17 Registern auf zwei Manualen und Pedal.

2 Briefe an Heinrich Wilhelm v. Gerstenberg vom 5. Juli und Anfang Oktober 1768, in: Claudius Jugendbriefe (1881): 9 f., 13-15.

3 Zitiert nach Stammler (1915): 152 [Quellenangaben in Endnote 179 z. T. unzutreffend].

vom Hause [fort]".[4] Erst 1768 ergab sich mit dem Weggang nach Hamburg und dem Start als Zeitungsredakteur die endgültige Loslösung vom Reinfelder Pastorenhaus.

Die Bewerbung in Lübeck

Wie noch zu zeigen sein wird, fällt Claudius' Anlauf, Organist in Lübeck zu werden, in die zweite der beiden Reinfelder Zeiten des Suchens, also in den Abschnitt zwischen 1765 und 1768. Eine offene Datierung fehlt in den Textquellen, auch erfahren wir dort nicht, welche der Lübecker Kirchen es war, für die er sich interessierte. Erwähnt wird die Sache überhaupt erst Jahre später, zunächst brieflich von Claudius selbst, dann auch aus der Feder eines Besuchers in seinem Haus, der sie nach Claudius' Erzählung wiedergibt. Hier zunächst der kurze eigene Rückblick in einem Brief an Heinrich Wilhelm von Gerstenberg (1737-1823) in Kopenhagen vom Ende Dezember 1774. Da war Claudius noch Redakteur des „Wandsbecker Bothen", aber er sah das Ende der Zeitung kommen, und so enthält der Brieftext Anspielungen auf den Wechsel in andere Beschäftigungen, darunter diese:

„Ich wäre beynahe Organist in Lübeck geworden, aber ich konnte die krummen *Lorenze* nicht herausbringen, und wollte gar nicht einmahl den Versuch deßwegen machen."[5]

Die heute nicht mehr geläufige Bedeutung des niederdeutschen *krummen Lorenz* als „Dienern, Katzenbuckeln" hat Helmut Glagla sprachlich klargestellt, womit sich frühere Umdeutungen dieser Passage in Richtung musikalischer Defizite des sich bewerbenden Claudius erledigt haben.[6] Etwas ausführlicher schreibt über dieselbe Episode der Göttinger Freund Anton Matthias Sprickmann (1749-1833) nach seinem Besuch im März 1776:

„[Er] verließ in Copenhagen die vortheilhaftesten Aussichten, um in Hamburg eine Orgel zu suchen; wie er denn der stärkste Klavierspieler ist, den ich noch gehört habe. Er fand gerade in Lübeck eine Organistenstelle ledig und Freunde wollten sie ihm verschaffen, sagten aber, daß sie des Aufsehens wegen wenigstens pro forma Mehrere müßten darum spielen lassen. Die pro forma's kann er nun nicht leiden. Er ging also zum Magistrat und sagte, er habe seinen Competenten spielen hören, und der verdiene [die] Stelle eher als er. Er bedanke sich also."[7]

Immer vorausgesetzt, dass Sprickmann die Reihenfolge gut im Kopf behalten hat, sehen wir in seinem Bericht die freie Lübecker Stelle unmittelbar hinter dem Verlassen der Kopenhagener Anstellung eingeordnet, was uns ermöglicht,

---

4 Brief an Gerstenberg vom 11. April 1763, in: Claudius Jugendbriefe (1881): 6.

5 Zit. nach der handschriftgetreuen Wiedergabe in: Glagla (1996): 134 f.

6 Glagla (1996): 135 f.

7 Brief Sprickmann an seine Freunde vom 23. April 1776, abgedruckt in: Stammler (1915): 103 [dort Druckfehler auf S. 102: Quellen-Angabe in Endnote 217, nicht 208].

sie in die Zeit ab Sommer 1765 zu verweisen. Auch das Bestreben, „in Hamburg eine Orgel [= eine Organistenstelle] zu suchen", gehört demnach in diesen Abschnitt zwischen 1765 und 1768. Das erinnert uns daran, dass Claudius' Bekanntschaft mit C. Ph. E. Bach in Hamburg eben 1768 begann. In deren brieflichen Niederschlägen ist allerdings keine Rede von einer eigenen Organistentätigkeit. Dennoch könnte Sprickmann, zutreffend oder nicht, die Fühlungnahme mit Bach mit der „Suche nach einer Orgel" gleichgesetzt haben. Jedenfalls lassen sich die Außengrenzen „1765" und „1768" aus seinem Text bestätigen.

Zur weiteren Klärung bietet sich der Versuch an, aus Lübecker Archivalien zu ermitteln, an welcher der Kirchen in genau diesen Jahren eine Organistenstelle zu besetzen war. Ausschließen müssen wir dabei die ehrenamtlichen Stellen und die kombinierten Lehrer-Organisten-Ämter, die beide für Claudius außerhalb des Interesses lagen. Wichtiges Archiv- und Bibliotheksmaterial über die Lübecker Kirchenorganisten des 18. Jahrhunderts finden wir bereits von Wilhelm Stahl (1872-1953) zusammengetragen und ab 1931 publiziert; er hatte dafür auch noch Dokumente zur Verfügung, die heute verloren oder unzugänglich sind. In Stahls Darstellungen stoßen wir auf nur eine einzige für den genannten Abschnitt zeitlich in Frage kommende Vakanz, und diese betrifft eine der Nebenkirchen der Hansestadt: 1767 starb Detlef Johann Kropf, der Organist der Burgkirche, der wohl nebenher auch den Organistendienst am Heiligengeisthospital mitversorgte.[8] An allen anderen Lübecker Kirchen, insbesondere also an den Hauptkirchen, war die Position des Organisten in den genannten vier Kalenderjahren durchgehend besetzt. Davor war zuletzt 1763 am Dom eine Neuernennung erfolgt, nachfolgend gab es die nächsten Wechsel erst 1769 an St. Petri und 1775 an St. Jakobi. Besagte „kleine" Stelle an der Kirche des einstigen Burgklosters war durchaus reizvoll, denn hier standen sogar zwei Orgeln: eine prächtige Hauptorgel, erbaut 1713 von Hans Hantelmann (Abb. 1)[9], und eine erst 1754 renovierte kleine Begleitorgel auf dem Sängerchor, die mit dem Baujahr 1637 Friedrich Stellwagen zugeschrieben wird. Wichtig auch: Die Organistenbesoldung war an diesem Ort dauerhaft per Legat geregelt. Leider bietet das Lübecker Stadtarchiv aktuell keine Akten, die für den betreffenden Zeitabschnitt die Organisten der Burgkirche resp. des Heiligengeisthospitals erfassen und uns damit ein Korreferat zu Stahl ermöglichen würden.[10] So landen wir nur *per exclusionem*, aber doch überzeugend bei der Verknüpfung der Claudius-Bewerbung mit dem Jahr 1767 und mit der Burgkirche.

Anscheinend war es Claudius nicht von Anfang an klar, dass bei der Bewerbung um eine instrumentale Musikerstelle ein Vorspielen der Kandidaten der Normalfall ist; nur äußerst selten wurde und wird jemand auf reine Empfehlung

---

8 Stahl (1931): 157; Stahl (1952): 118.

9 Beschreibung der mit 28 Registern für den Kirchenraum recht großen Orgel in: Jaehn (1985): 26 f.

10 Die Archivrecherche ergab als einzige Spur, dass Stahl eine Organistenakte des Burgklosters im Bestand 1.1-04 Altes Senatsarchiv – Ecclesiastica benutzt haben müsste. Dieser Bestand kehrte mittlerweile aus der Auslagerung von 1942 zurück, ist aber bislang noch nicht geordnet und zur Benutzung erschlossen.

Abb. 1: Die Hauptorgel der früheren Burgkirche, erbaut 1713 von Hans Hantelmann (Lübeck), Tuschezeichnung von A. Nölck, 1850, ehemals in der Stadtbibliothek Lübeck. Orgelbauer Joachim Friedrich Nölck (1773-1819) in Lübeck hatte 1816 die Hantelmann-Orgel in die Klosterkirche Rehna umgesetzt. [© Fotoarchiv der Hansestadt Lübeck, St. Annen-Museum]

ohne Probespiel engagiert. Offensichtlich hat ihn diese Mitteilung unangenehm überrascht und damit den Rückzug ausgelöst. Seine gesichtswahrende Aussage, „er habe seinen Competenten spielen hören, und der verdiene die Stelle eher als er“, entspricht zweifellos der Wahrheit in Bezug auf das organistische Können und ist geeignet, die Einsicht in seine unterwertigen Fertigkeiten positiv zu beleuchten. Die Situation als solche sehen wir aber auch bestätigt durch einen Blick auf den Mitbewerber, der schließlich den Posten erhielt: Über Johann Erich Knöchel (1742-1789) wissen wir, dass er einer Organisten-Dynastie in Güstrow, Wismar und Lübeck entstammte, er hatte also sicher von klein auf eine professionelle Musikschulung erfahren.[11]

Etwas anders hinterlegt ist Claudius' paralleles Ankreiden des Bewerber-Probespiels als ein Katzbuckeln vor dem künftigen Arbeitgeber und ein abzulehnender Pro-Forma-Akt. Das müssen wir bereits einordnen in seine wachsende Lustlosigkeit, sich als „Rad in der Maschine“[12] in klassische Vorgesetzten-Untergebenen-Arbeitsbedingungen einzufügen, was schon 1765 beim Abbruch in Kopenhagen mitgespielt hatte und dann auch 1777 zum Ende der Darmstädter Verwaltungsanstellung beitragen sollte.

Der Blick auf Organistenposten in Kopenhagen, in Weimar und auf dem Lande

Der oben zitierte Brief an Gerstenberg vom Dezember 1774 regte offenbar auch unter den Freunden in Kopenhagen den Gedanken an eine Organistenstelle für Claudius an. Schon am 7. Januar 1775 lesen wir im Tagebuch von Christian Hieronymus Esmarch (1752-1820):

„7ten war ich bey zwey Stunden bey dem Grafen Stolberg. Ich hatte mit ihm zu sprechen, wegen des Project's Claudius hier zum Organisten bei der Petri Kirche zu machen, welches von Gerstenberg herrührte.“[13]

St. Petri war die deutsche lutherische Kirche in Kopenhagen, ihr Organist spielte an einer großen dreimanualigen Orgel.[14] Doch das Claudius-Projekt ging ins Leere: Die Stelle war nicht frei, der Inhaber Lorentz Sönnichsen blieb noch bis 1785 im Amt.[15] Später im Verlauf des Jahres 1775, nachdem Claudius als Redakteur des „Wandsbecker Bothen“ entlassen war, sehen wir aufs Neue den Blick auf den Organistendienst, diesmal aus Claudius' eigener Feder, wenn auch nur noch als eine der wenigen Tätigkeiten, die in seine immer mehr verfestigten

11 Siehe dazu Jaehn (2020): 350, 846. – Johann Erich Knöchel war ein Sohn von Johann Philip K. (1703-1773), Organist an St. Nikolai in Wismar, dieser war ein Sohn des Güstrower Pfarrkirchenorganisten Tobias K. (um 1680-1762). Johann Philips Bruder Johann Friedrich K. (1718-1798) war Organist am Güstrower Dom, Karl Daniel K. (1738-1805), ein weiterer Sohn von Johann Philip, spielte seit 1755 substitutiv am Lübecker Dom und wurde 1763 hier fester Organist.

12 So formuliert im Brief an Minister v. Moser in Darmstadt vom 3. Dezember 1775; zit. nach Stammler (1915): 107.

13 Langguth (1903): 99.

14 Erbaut 1729-1731 von Lambert Daniel Kastens mit 44 Registern.

15 Organistbogen (1979): 412.

Grenzen der (modern ausgedrückt:) *Work-Life-Balance* passen würden. Dazu schrieb er im November 1775, also noch in der Zeit vor dem Wechsel nach Darmstadt, an Johann Wilhelm Ludwig Gleim (1719-1803) in Halberstadt:

„Ich möchte am liebsten auf dem Lande eine Stelle, die mir Zeit übrig ließe, und da wäre, denk ich, Postmeister wohl das Beste. Ich kann auch zur Not Organist werden, aber die Stellen sind gewöhnlich auf dem Lande gar zu armselig, ob ich wohl nicht eben hoch hinaus will.“[16]

Aus dem Rückzug „auf das Land“ meint man die Ernüchterung herauszulesen, die von der Unangepasstheit im Falle Lübeck, einer großstädtischen Personalsache, zurück geblieben war. Zwar war 1775 sogar im heimatlichen Reinfeld die Organistenstelle frei geworden: durch den Tod des Lehrers Hinrich Wolff, der den Posten seit 1736 innehatte. Aber wie so oft war hier das Organistenamt mit dem des Lehrers und Küsters verbunden – dem war nicht näher zu treten. Noch einmal kam Reinfeld ins Spiel, als im August 1775 der dortige Amtsverwalter verstarb. Auf Drängen der noch am Ort lebenden Mutter startete Claudius diesmal eine Bewerbung, sekundiert von den Holsteiner und Kopenhagener Freunden. Doch der Erfolg blieb aus: „Der König [war] so gnädig, mich in der bewußten Sache zu übersehen“.[17]

Im Jahr darauf griff der Freund Johann Gottfried Herder (1744-1803), derzeit in Bückeburg, den Gedanken „Organist“ noch einmal auf, als sich Claudius als nunmehriger *Oberland-Commissarius* in Darmstadt (eine Position, die Herder angebahnt hatte) immer mehr als glücklos erwies. Der Eindruck, den Claudius damals bei einem Besuch hinterließ, brachte Herder in einem Brief an Johann Georg Hamann (1730-1788) in Königsberg zu folgendem Urteil:

„[An]Sonst[en] steckt in ihm [Claudius] noch seine ganze Erbsünde, Läßigkeit und Faulheit, und Moser hat schon sehr über ihn geklaget. [...] Daß mir bei der Nachricht nicht wohl war, können Sie denken. [...] Eine gute Organistenstelle wird für Klaudius endlich das beste seyn, wonach er auch wie nach einem Ruhebette strebt; frühe [= schon in nächster Zukunft] aber muß sie ihm durchaus nicht werden.“[18]

Hamann war nicht geneigt, für Claudius auf Stellenumschau zu gehen, vielmehr sehen wir ihn Herders pädagogische Einschätzung zurückspielen als Aufforderung, nach seinem bevorstehenden Wechsel als Generalsuperintendent in Weimar dort einen Organistenposten für Claudius aufzutun:

„Was Sie mir von dem lieben Claudius schreiben, ist mir eben nicht unerwartet. [...] Ich habe mich [...] darüber gewundert, wie es euch möglich werden würde, einen Wandsbecker Boten in einen Oeconomie-Inspector zu verwandeln.

16 Brief vom 6. November 1775, in: Claudius Briefe (1938): 158.

17 Briefe an Herder vom 1. September und 3. Oktober 1775, in: Herder Nachlass (1856): 397 f. – In der Wiedergabe bei Stammler (1915): 99, ist die zutreffende Quellen-Anmerkung die Nr. 201, nicht Nr. 199.

18 Brief vom 20. Juli 1776, in: Herder Briefe (1978): 282 f. – Die Mitteilung hierüber bei Frahm (1940): 112, ist zu korrigieren.

Wenn er zu einer Organisten-Stelle bestimmt ist, so schieben Sie sein Glück in Weimar nicht auf [...].“[19]

Herder folgte dieser Wegweisung nicht und kam auch brieflich nicht mehr darauf zurück.

Letzter Hinweis auf ein Organistenamt

Nach Claudius’ endgültiger Rückkehr nach Wandsbek 1777 sehen wir ihn weiterhin als fähigen, aktiven Musikliebhaber. Dass er und/oder sein Umfeld weiterhin an den Organistenberuf gedacht hat, taucht nur noch einmal 1778 auf: in einer brieflichen Bezugnahme, die anknüpft an die Anschaffung eines neuen Klaviers nach dem Wiederaufleben der Wandsbeker Hauskonzerte. Hierzu schrieb Claudius an Johann Heinrich Voß (1751-1826) in Otterndorf:

„Ich erwarte alle Tage ein neues Clavier von Friderici[20], um mich, weil ich doch mit Gewalt Organist werden soll, des Berufes würdig zu machen.“[21]

Das ist eine auffallend andere Wortwahl als 1775. War es damals immer noch ein Rest von Kokettieren mit dem Überwechseln zum Organisten, so scheint hier die Empfindung durchzubrechen, dass diese Richtung eigentlich etwas Aufgezwungenes sei und er selbst ihrer nicht würdig. Daher wirkt auf uns die textliche Verknüpfung mit dem neuen Klavier eher als Umgehung der Aussage, dass Claudius nicht mehr überzeugt war, als Organist am richtigen Platz zu sein – anders als er selbst und seine Freunde es noch wenige Jahre zuvor eingeschätzt hatten.

Der weitere Lebensweg hat denn auch spätere Äußerungen zu diesem Thema erübrigt.

19 Brief vom 10. August 1776, in: Hamann (1824): 177.

20 Christian Ernst Friderici (1709-1780), bekannter Klavier- und Orgelbauer in Gera.

21 Brief vom 20. Dezember 1778, in: Claudius Briefe (1938): 246 f.

Literatur

Claudius Briefe (1938)
Matthias Claudius, Briefe an Freunde (= Briefe, Bd. I), hrsg. von Hans Jessen, Berlin 1938.

Claudius Jugendbriefe (1881)
[Matthias Claudius], Ungedruckte Jugendbriefe des Wandsbecker Boten, mitgeteilt von Direktor Redlich, Hamburg 1881.

Frahm (1940)
Walter Frahm, Matthias Claudius und die Musik, in: Alsterverein Jahrbuch 24, 1940, S. 109-117.

Glagla (1996)
Helmut Glagla, Von „krummen Lorenzen" und anderem, in: Auskunft 16, 1996, S. 134-153.

Hamann (1824)
Hamann's Schriften. Fünfter Theil, hrsg. von Friedrich Roth, Berlin/Leipzig 1824.

Herder Briefe (1978)
Johann Gottfried Herder, Briefe. Dritter Band, Mai 1773-September 1776, Weimar 1978.

Herder Nachlass (1856)
Aus Herders Nachlaß, hrsg. von Heinrich Düntzer und Ferdinand Gottfried von Herder, Frankfurt a. M. 1856.

Jaehn (1985)
Max Reinhard Jaehn, Unbekannte Barockorgeln in Mecklenburg – Nachträge zur Arp-Schnitger-Forschung, in: Meckl. Jahrbücher 105, 1985, S. 7-36.

Jaehn (2020)
Max Reinhard Jaehn, Friese – Norddeutsche Orgeln in fünf Generationen, Bd. II, Schwerin 2020.

Langguth (1903)
Adolf Langguth, Christian Hieronymus Esmarch und der Göttinger Dichterbund, Berlin 1903.

Organistbogen (1979)
Dansk Organist- og Kantorsamfund, Organistbogen, København [6]1979.

Stahl (1931)
Wilhelm Stahl, Geschichte der Kirchenmusik in Lübeck bis zum Anfang des 19. Jahrhunderts, Lübeck 1931.

Stahl (1952)
Wilhelm Stahl, Musikgeschichte Lübecks, Bd. II, Kassel 1952.

Stammler (1915)
Wolfgang Stammler, Matthias Claudius der Wandsbecker Bothe, Halle 1915.

Anschrift des Autors:
Dr. Max Reinhard Jaehn
Schürbeker Str. 7
22087 Hamburg
E-Mail: max.jaehn@alice-dsl.net

Wie unser Geschichtsverein seit 1843 Verdienste ausgezeichnet hat

Antjekathrin Graßmann

Ende November 1821 bestimmte die aus dem Geist der Aufklärung 1789 gegründete Gesellschaft zur Beförderung gemeinnütziger Tätigkeit[1] einen Ausschuss zur Erhaltung lübeckischer Denkmäler, zur Sammlung ihrer Quellen aus Vergangenheit und Gegenwart sowie zur Verbreitung dieser Kenntnis durch Vorträge. Damit war der noch heute bestehende Verein für Lübeckische Geschichte und Altertumskunde (VLGA) gegründet, er kann auf über 200 Jahre seines Bestehens zurückblicken.[2]

Hier soll der Blick auf ein typisches, ja konstitutives Element eines Vereins gerichtet werden, nämlich auf die Form, mit der er Verdienste um den Vereinszweck auszeichnete. Da sind natürlich die Verleihung der Ehrenmitgliedschaft sowie Gratulationen und Widmungen zu nennen. Die älteste und für die Existenz des Vereins sehr wichtige Form der Anerkennung von Verdiensten jedoch stellte für den VLGA die Ernennung zum „korrespondierenden Mitglied"[3] des Vereins dar. Damit versicherte er sich der Mitarbeit auswärtiger Fachleute, zog sie enger in den Kreis der tätigen Mitglieder herein, wenn diese nicht oder nicht mehr in Lübeck wohnten. Auf diese Weise wurde der Anspruch auf Qualität erfüllt, wurden die Kenntnisse auswärtiger Fachleute berücksichtigt und Kritik von vornherein entkräftet. In wissenschaftlichen Akademien und Historischen Kommissionen pflegt man diese Sitte noch heute. Auch der Verein für Lübeckische Geschichte und Altertumskunde, der sich einst eine solche Vereinigung zum Vorbild genommen hat, huldigt bis in die Gegenwart dieser seit 1843 geübten Tradition[4].

Das angehängte Verzeichnis[5] weist die Empfänger der Ehrungen und Würdigungen in alphabetischer Reihenfolge nach. Nur kurz sind sie dort stichworthaft charakterisiert; denn ausführlichere biographische Darstellungen würden den Rahmen dieses Aufsatzes sprengen. Erst recht gilt diese Einschränkung in Bezug auf ihre Leistungen und ihr berufliches Wirken. Wer, weswegen und wodurch wurde geehrt? Wann geschah das? Vor welchem historischen Hintergrund? Aus welchen Gebieten Deutschlands und des Auslands stammten die

1 Aus der reichen Literatur sei nur genannt: Kopitzsch (1988): 8-20.

2 Hartwig (1921): 1-26. – Hundt (2020/2021): 15-46. – Ahrens (2009/2010): 461-465. – Graßmann (2021): 5-10.

3 Siehe hierzu beispielhaft: Neitmann (2015): 1-58, hier: 31-33.

4 Archiv der Hansestadt Lübeck (AHL), Bestand „Verein für Lübeckische Geschichte und Altertumskunde" (VLGA) 23-26.

5 Allgemeine Quellenangaben für die Liste: Es wurden die üblichen Nachschlagewerke benutzt: Allgemeine deutsche Biographie, Neue deutsche Biographie, Biographisches Lexikon für Schleswig-Holstein und Lübeck, Biographisches Lexikon für Mecklenburg, die genealogischen Hilfsmittel des AHL (Genealogisches Register Handschrift 864/1, Personenkartei) und Wikipedia. Die betreffenden Nachrufe in ZVLGA und Hansischen Geschichtsblättern.

Geehrten? Welche Fachrichtungen vertraten sie? Wodurch zeichneten sich die Geehrten aus? Welche Ziele verfolgte man mit der Ehrung? Zur Beantwortung dieser Fragen mögen die kurzen Angaben ausreichen.

Erst spät, zwischen 1843 und 1845, also knapp eine Generation nach Gründung des Vereins, begann man mit der Ernennung korrespondierender Mitglieder, und zwar bezeichnenderweise mit der Würdigung des Frankfurter Mediävisten Johann Friedrich Böhmer, dem „Erfinder“ des Urkundenbuches, das man sich für das eigene, heute elf Bände umfassende Lübeckische Urkundenkompendium[6] zum Vorbild nahm. Verständlicherweise waren die um diese Zeit ernannten auswärtigen „Korrespondenten“ Fachleute, d.h. vor allem Archivare, die nun einmal besonders befähigt sind für die Bearbeitung und Herausgabe von Urkundenbüchern. Hier seien sie genannt: Lappenberg (Hamburg), Lisch (Schwerin), Masch (Demern/Meckl., Pastor, mit dem Ehrentitel Archivar), Riedel (Brandenburg), Seibertz (Westfalen). Im Zentrum steht eindeutig der fachliche Austausch über die Edition von Urkunden. Das galt auch für den zweiten „Schub“ von Ernennungen in den Jahren 1845 bis 1849: v. Bunge (Dorpat/Estland), Falck (Kiel), Leverkus (Bistum Lübeck/Eutin), Mooyer (Bibliothekar/Minden), Steiner (Hessen/Seligenstadt/Jurist und Historiker) und Waitz (Kiel, Göttingen/später Vorsitzender der Monumenta Germaniae Historica). Sie alle frönten der Urkundenarbeit, jeder für sein Territorium, d. h. nord- und osteuropäisches, zumeist durch die Hanse geprägtes Gebiet.

Die beim Zeichenlehrer der lübeckischen Lateinschule Katharineum, Carl Julius Milde, in Auftrag gegebene Urkunde (Abb. 1) ist aus nicht bekannten Gründen erst 1849 lithographiert worden. So ist es zu erklären, dass nun 12 Korrespondierende Mitglieder (KM) auf einen Schlag den künstlerisch ansprechenden Beleg für die im Verlauf von sechs Jahren vorgenommenen Ehrungen erhielten.[7]

In der zweiten Hälfte des 19. Jahrhunderts setzte dann so recht die hohe Zeit der Ernennung von KM ein. Zwischen 1850 und 1899 wurden fast jährlich einer, wenn nicht zwei auswärtige Gelehrte als KM des Vereins für Lübeckische Geschichte ernannt. Juristen/Rechtshistoriker, Verwaltungsbeamte, Schulmänner, Historiker. In erster Linie stellten natürlich auch hier Archivare das Gros. Ausnahmen bildeten die beiden Lübecker Förster Claudius aus Behlendorf und Haug aus Waldhusen, die sich mit der Erforschung vorzeitlicher Grabanlagen auf Lübecker Gebiet einen Namen machten, und der Lübecker Hermann Grösser, ein junger Kaufmann auf der deutschen Marshall-Insel Jaluit in der Südsee, dem auf diese Weise Dank für die Übersendung von Objekten für die ethnologische Sammlung der Travestadt abgestattet wurde.

Hier seien die KM der zweiten Hälfte des 19. Jahrhunderts im Einzelnen aufgeführt. Auch sie rekrutierten sich aus den schon genannten Berufen. Enge Verbindungen gab es in traditioneller Weise zu den Archiven in den benachbar-

---

6 Urkundenbuch der Stadt Lübeck. Hrsg. vom VLGA. Theile 1-11. Lübeck 1843-1905. – Techen (1932).

7 Ahrens (2003): 271-278.

Der Verein
für
Lübeckische Geschichte
ernennt
Herrn Förster Claudius-Behlendorf
zu seinem correspondierenden Mitgliede

Lübeck, den 29. November 1882.

Adolph Hach Dr.
Vorsitzender.

A. Hagedorn Dr.
Sekretair.

Abb. 1: Diese Originalurkunde erwarb unser Mitglied, der Verleger Georg Schmidt-Römhild (1888-1952), im freien Handel. Mit seinem Nachlass gelangte sie 2014 in das Archiv der Hansestadt Lübeck, wo sie jetzt unter der Signatur „VLGA 23, vor Blatt 85“ verwahrt wird.

ten Hansestädten Hamburg, Wismar, Greifswald, Bremen. Über den Hochschullehrer Waitz und dessen Schüler Wattenbach wurde die direkte Verbindung zu den Monumenta Germaniae Historica[8] hergestellt:

1850 Bluhme (Oberappellationsgerichtsrat), Lübeck, 1854 Classen (Gymnasiallehrer, Lübeck), 1860 Haug (Förster), 1868 Wattenbach (Prof. Heidelberg), 1873 Koppmann (Stadtarchivar, Rostock), 1873 Usinger (Prof. Kiel), 1876 Holm (Schulmann), 1876 Krieg (Lübecker Baudirektor), 1878 Crull (Stadtarchiv, Wismar), 1881 Gross (Verwaltungsbeamter, Vorgeschichtsforschung), 1882 Claudius (Förster), 1882 Frensdorff (Rechtshistoriker, Prof. Göttingen), 1883 Grösser (Kaufmann), 1884 Höhlbaum (Archivar, Köln), 1884 von der Ropp (Prof. Marburg), 1884 Schäfer (Prof. Berlin), 1886 Hille (Archivar, Schleswig), 1886 Stieda (Prof. Leipzig), 1887 Theodor Hach (Museumsmann, Lübeck), 1889 Hasse[9] (Archivar, Lübeck), 1889 Schrader (Jurist, Hamburg), 1893 von Bippen (Archivar, Bremen), 1893 Hazelius (Museumsmann, Uppsala/Schweden), 1893 Walther (Sprachforscher, Hamburg), 1898 Pyl (Prof. Greifswald), 1899 Hoffmann (Gymnasiallehrer, Lübeck).

Mit der Wende zum 20. Jahrhundert trat eine kurze Pause ein, denn erst 1907 wurde der Wismarer Archivar Techen zum KM ernannt. 1936 stellte die Ernennung des Stadtrats Altvater[10] von Rostock die Beziehungen zu dieser mecklenburgischen Hansestadt her. Es zeigte sich, dass man gern aus Anlass von Jubiläen[11] die Auszeichnung an auswärtige KM vergab: so im Jahr 1921, zum 100. Bestehen des Vereins, als man die Herren Entholt (Archivar, Bremen), Nirrnheim (Archivar, Hamburg) und Rörig (Archivar, Lübeck, ab 1918 Prof. Kiel) zu KM ernannte. Gelegentlich des Lübecker Stadtjubiläums 1143/1943 wurden folgende Herren als KM ausgezeichnet[12]: Koren Wiberg (Museum, Bergen/Norwegen), Pauls (Prof. Kiel)[13], Reincke (Archivar, Hamburg), Stuhr (Archivar, Schwerin) und Luise von Winterfeld (Stadtarchiv Dortmund); sie war übrigens nach genau 100 Jahren die erste ausgezeichnete Frau.

Von Anfang an war die Ernennung der KM, später auch der Ehrenmitglieder (EM), Aufgabe des Vorstandes. Erst 1935, zur Zeit des nationalsozialistischen Regimes, hat die Gesellschaft zur Beförderung gemeinnütziger Tätigkeit eine verbindliche Satzung für ihre „Töchter“ vorgeschrieben. Diese legte nach dem Führerprinzip fest, dass der Vorsitzende mit Zustimmung des Beirats der Gemeinnützigen derartige Auszeichnungen vergeben durfte. Nach Ende des

8 Bresslau (1921/1976).

9 Brenner (2022): 209f.

10 Freundliche Auskunft vom Stadtarchiv Rostock vom 8.5.2023.

11 Dies gilt auch für die EM; siehe im Folgenden.

12 Im Vorstandsprotokoll vom 21.12.1943 werden noch genannt Dr. Möller (Verein für Hamburgische Geschichte), Dr. Hoffmann (Staatsarchiv Kiel). Dr. Prüser (Staatsarchiv Bremen), Prof. Paul Johansen (Univ. Hamburg) mit der Bemerkung: „Einem Vorstandsbeschluss 1946 soll nicht vorgegriffen werden“, zu dem es dann jedoch nicht mehr kam (AHL: VLGA 16).

13 Zu dessen politischer Ausrichtung in der Weimarer Republik und zur Zeit des Nationalsozialismus: siehe Auge (2022): 161.

2. Weltkrieges betraute die Satzung vom 3.12.1945 sodann wieder den Vereinsvorstand mit der Vergabe dieser Ehrentitel. Die Satzung des Lübecker Geschichtsvereins von 1962 fasste den § 2 Absatz 3 dann folgendermaßen: „Personen, die sich um den Verein oder um seine Aufgaben besonders verdient gemacht haben, kann der Vorstand zum Ehrenmitglied oder zu korrespondierenden Mitgliedern ernennen. Ehrenmitglieder und korrespondierende Mitglieder sind von den Vereinslasten befreit“[14]. Diese Bestimmung ist unverändert in die Satzung von 1983 aufgenommen worden. Nur der Passus „seine Aufgaben“ wurde durch „den Vereinszweck“ ersetzt, und die Befreiung von den Vereinslasten, die in den bisherigen Satzungen galt, ist gestrichen worden. In der aktuellen Vereinssatzung von 2019 ist der gesamte Passus unverändert verankert.

Seit 1988 wurde die Tradition der KM nach einer 45 Jahre währenden Unterbrechung neu belebt. Ähnlich wie in der zweiten Hälfte des 19. Jahrhunderts kann dies als eine typische Aktivität in einer Konsolidierungsphase des Vereins interpretiert werden. Die Ausstrahlung des Vereins für Lübeck und über die Stadt hinaus war angesagt. Man vergewisserte sich durch die Ernennung eines KM seiner wissenschaftlichen Kontakte und knüpfte so ein vielseitiges Netzwerk mit Schwerpunkt in Norddeutschland, ja auch in Nordeuropa. So blieben Geschichtsforscher dem Verein verbunden, wenn sie Lübeck verließen oder andere berufliche Schwerpunkte setzten. Einige Beispiele: 1988 Kommer (Museum, Augsburg), 1988 Wilde (Denkmalpflege, Kiel), 2006 Kopitzsch und 2008 Postel (beide Prof. Universität Hamburg), 2008 Prange (Landesarchiv Schleswig-Holstein, Schleswig), 2008 Bei der Wieden (Gymnasiallehrer, Mecklenburg), 2008 Günter Meyer (Gymnasiallehrer, Leiter der Vereinsexkursionen), 2009 Oestmann (Prof. Münster, Rechtsgeschichte), 2019 Dormeier (Prof. Kiel, Lübecker Sozialgeschichte im 16. Jh.) und 2019 Pelus-Kaplan (Professorin an der Université Sorbonne VII, Paris; Lübeck im 17. Jh.). Ausstrahlung und Selbstbewusstsein des Lübecker Geschichtsvereins manifestierten sich durch diese Kontakte, die von den Genannten durch Vorträge, Zeitschriftenaufsätze und Führungen zur Weitung des Gesichtskreises über den Tellerrand hinaus beitrugen. Auf diese Weise erfolgte auch Werbung für den Verein.

Flankiert wurden solche Bemühungen seit 1882 – eigentlich spät und anfangs selten – durch die Verleihung der Ehrenmitgliedschaft an verdiente Mitglieder. Als erste Ehrenmitglieder wurden Wilhelm Wattenbach (1882) und zwei Jahre später Kurd v. Schlözer ernannt, wodurch das wissenschaftliche Renommee des Vereins gefördert wurde.[15] Dabei muss auch immer die besondere rechtliche Form des Vereins für Lübeckische Geschichte (so der Titel seit 1843) im Auge behalten werden. Er ist bis heute kein im Vereinsregister eingetragener Verein. Sein Erbe – einst als Ausschuss der Gemeinnützigen Gesellschaft gegründet worden zu sein – hatte zur Folge, dass seine personelle Ergänzung ursprünglich nur durch Selbstergänzung möglich war. Später konnten sich nur Mitglieder der

---

14 Satzungen siehe AHL: VLGA 1,1; Satzung 1983, zuletzt abgedruckt in: ZVLGA 88 (2008), S. 423-425. – Fassung vom 21.3.2019: https://vlga.de/de/satzung (zuletzt abgerufen am 15.8.2023).

15 Hartwig (1921): 8, irrt, wenn er auch Georg Waitz als EM nennt.

Gemeinnützigen ihm anschließen, und erst seit 1908 war es jedem Interessierten möglich, Mitglied des Geschichtsvereins zu werden.[16]

So wurde die Verleihung der Ehrenmitgliedschaft eigentlich erst im zweiten Jahrzehnt des 20. Jahrhunderts üblich. In einer Art Nachholbedarf verlieh man sie – insgesamt sieben Mal – zuvor schon zu KM Ernannten und unterstellte dieser Auszeichnung damit eine immanente Qualitätssteigerung: so 1882 Wattenbach (Prof. Berlin), 1903 Frensdorff (Prof. Göttingen, Lübisches Recht), 1907 Schäfer (Prof. Berlin, Hansegeschichte), 1912 von Bippen (Staatsarchiv Bremen), 1921 Techen (Lübeckisches Urkundenbuch, dessen Wortregister, Stadtarchiv Wismar), 1929 Rörig (Hanse- und Lübeckgeschichte, Berlin). Auch das KM Reincke (Staatsarchiv Hamburg) sei hier für 1943 genannt. Reincke[17], der dem Zeitgeist durchaus gehuldigt hatte, erhielt 1951 überdies die Ehrenmitgliedschaft und 1956 eine Widmung zum 75. Geburtstag.

Die Ehrenmitgliedschaft wurde außer den Genannten folgenden Personen verliehen: 1914 J. G. Eschenburg (Lübecker Bürgermeister), 1914 Ed. Hach (Lübecker Senatssekretär), 1917 Fehling (Lübecker Bürgermeister), 1921 Collijn (Reichsbibliothekar Stockholm), 1921 Funk (Kirchenrechtler), 1921 Lenz (Prof. Berlin), 1921 Neumann (Lübecker Bürgermeister), 1933 Kretzschmar (Staatsarchivar Lübeck), 1943 Bruns (Lübecker Syndikus).

Nach dem Zweiten Weltkrieg kamen als EM hinzu: 1956 B. Eschenburg (Amtsgerichtsdirektor Lübeck), 1959 Ebel (Prof. Göttingen, Rechtshistoriker), 1963 v. Brandt (Archivdirektor Lübeck), 1970 Stier (Schulrat Lübeck), 1971 Dräger (Lübecker Unternehmer), 1971 Jordan[18] (Prof. Kiel), 1971 Koppe[19] (Prof. Kiel), 1971 Schneider (Senator, Lübeck), 1978 Neugebauer (Archäologe, Lübeck), 2007 Knüppel (Lübecker Bürgermeister). Damit kehrte man nach Kriegs- und NS-Zeit allmählich zur Normalität zurück. Bei der Ernennung von Bürgermeistern, d.h. Persönlichkeiten des öffentlichen Lebens, hat sicher der Gedanke mitgespielt, sich obrigkeitlicher Förderung zu versichern und sich mit diesen Persönlichkeiten zu schmücken. Dies galt hinsichtlich der Lübecker Bürgermeister J.G. Eschenburg, Fehling und Neumann sowie Senator Schneider und dem Rostocker Stadtrat Altvater. Als Letztem wurde Lübecks Bürgermeister Dr. Knüppel die Ehrenmitgliedschaft 2007 verliehen, seitdem niemandem mehr.

Es verstärkt sich andererseits der Eindruck einer gewissen Häufung von Ehrungen, denn außer der Ernennung von KM und EM entstand das Bedürfnis nach weiteren Formen persönlicher Würdigungen, das man durch Widmung eines Zeitschriftenbandes anlässlich von Jubiläen, Geburtstagen und auch Totengedenken befriedigte. Sie fanden ihren Platz nach dem Titelblatt der Zeitschrift. Es wurden (und werden) dabei die Leistung für Lübeck und seine Geschichte oder Wirken und Lebenswerk der betreffenden Personen hervorgehoben. Die persönliche Note spielt hier eine Rolle. Es handelt sich insgesamt um 15 Anlässe, die hier aufge-

---

16 Ebd.: 7.

17 Grolle (1997): 123-149.

18 Brenner (2022): 217.

19 Ebd.: 218f.

führt werden: 1974 v. Brandt zum 65. Geburtstag sowie 1977 zu seinem Andenken, 1978 Dräger zum 80. Geburtstag, Ebel zum 60., 1956 Bernhard Eschenburg zum 80., 1914 Johann Georg Eschenburg zum 70., 1918 Fehling zum 70., 1974 Fink zum 70., 1914 Eduard Hach zum goldenen Doktorjubiläum, 1934 Kretzschmar zum 70. Geburtstag, 1876 Masch zum 50. Dienstjubiläum (Abb. 2), 1988 Neugebauer zum 80. Geburtstag, 1956 (wie schon erwähnt) Reincke zum 75., 1952 und 1982 Rörig[20] zum Gedenken, 1973 Stier zum 80. Geburtstag.

In diesem Zusammenhang ist nicht zuletzt die Bedeutung der in der Vereinszeitschrift[21] abgedruckten Nachrufe[22] zu erwähnen. Auch sie unterstreichen die Bedeutung und die Verdienste von Mitgliedern, die weder zu EM und KM ernannt, noch durch Widmungen und Gratulationen erfreut worden sind.[23]

Insgesamt handelt es sich um etwas über 50 Nachrufe, von denen hier die zehn aus den letzten 40 Jahren aufgezählt werden. Die betreffenden Personen wurden weder zu KM noch zu EM ernannt. 1982 Wolfgang Jürgens (Kunsthistoriker), 1984 Dr. Siegfried Schier (Historiker), 1998 Bernhard Schlippe (Denkmalpfleger), 1997 Dr. Olof Ahlers (Vorsitzender des VLGA), 1999 Dr. Gerhard Gerkens (Museumsdirektor Lübeck), 2006 Otto Wiehmann (Archivamtmann, Schatzmeister des VLGA), 2007 Jürgen Wessel (Zeitungsverleger, Förderer des VLGA), 2013 Gerhard Meyer (Bibliothekar, Lübeck), 2021 Prof. Dr. Rolf Hammel-Kiesow (Forschungsstelle für die Geschichte der Hanse und des Ostseeraums), 2021 Dr. Alken Bruns (Redakteur des Biographischen Lexikons für Schleswig-Holstein und Lübeck).

Endlich mag noch ein kurzer Blick auf die Reaktion der Geehrten folgen, wie sie sich aus ihren Dankesbriefen[24] ablesen lässt. Verständlicherweise nehmen höfliche Floskeln viel Platz ein: die eigene Bescheidenheit, Überraschung über die unerwartete Ehrung, guter Wille zur Mitarbeit (allerdings habe man nur wenig Zeit!), die hohe Ehre, in den Kreis bedeutender Gelehrter aufgenommen zu werden (so z.B. Schlözer). Deutlich wird auch die Vertrautheit miteinander, die enge Verbundenheit dieser Angehörigen der „Gelehrtenrepublik". Besonders eng ist natürlich das Band zwischen den drei Stadtstaaten Lübeck, Bremen und Hamburg. Nicht zu kurz kommt auch das Lob für den Verein, seine Arbeit, seine Funktion als Vorbild, insbesondere für den mecklenburgischen Geschichts-

20 Rörig erhielt als Einziger vier Ehrungen bzw. Würdigungen. Das ist ungewöhnlich und erscheint aus heutiger Sicht für jemanden, der dem Zeitgeist huldigte, übertrieben. Siehe hierzu: Noodt (2007): 155-180. – Selzer (2016): 9-51. – Reich (2019): 231-243.

21 Oder auch in den Frühzeiten des Vereins in den „Mitteilungen des Vereins für Lübeckische Geschichte und Altertumskunde" vermerkt.

22 Es handelt sich teils nur um kürzere Meldungen, teils aber auch um ausführliche Lebensbilder. Sie werden – soweit es sich um KM, EM und W handelt, in dem beigefügten Verzeichnis mit „N" vermerkt.

23 Sie sind für die ältere Zeit zu eruieren im „Systematischen Inhaltsverzeichnis und Register der Periodika und Einzelveröffentlichungen des VLGA 1855-1980", Lübeck 1980.

24 AHL: VLGA 23-26.

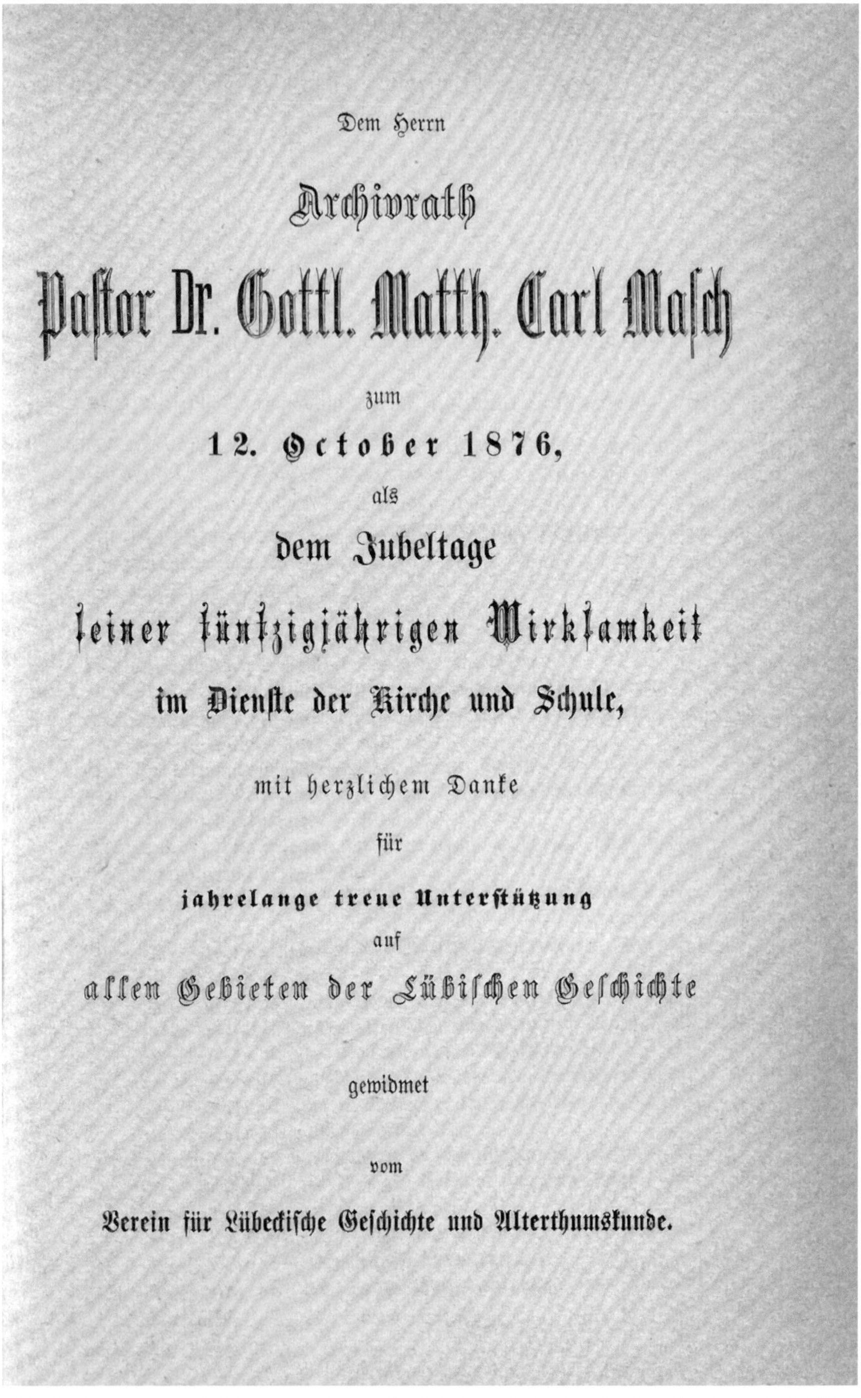

Dem Herrn

Archivrath

Pastor Dr. Gottl. Matth. Carl Masch

zum

12. October 1876,

als

dem Jubeltage

seiner fünfzigjährigen Wirksamkeit

im Dienste der Kirche und Schule,

mit herzlichem Danke

für

jahrelange treue Unterstützung

auf

allen Gebieten der Lübischen Geschichte

gewidmet

vom

Verein für Lübeckische Geschichte und Alterthumskunde.

Abb. 2: Diese erste Widmung eines lübeckischen Zeitschriftenbandes (Band 3/1876) würdigt „die Mitarbeit des freundschaftlich verbundenen“ mecklenburgischen Pastors Masch an Carl Julius Mildes vorbildlichem Siegelwerk, das der VLGA 1865-1875 in zehn Heften herausgab.

verein. Auch das Siegel des Lübecker Geschichtsvereins auf dem Ernennungsdiplom der KM findet berechtigten Beifall. Die Leistungen des Vereins, das Urkundenbuch, die Zeitschrift, ja sogar die Jahresberichte werden lobend erwähnt. Daher wird auch der Tauschverkehr[25] der Publikationen als wichtig und notwendig erachtet, denn vielfach geht es um die Benutzung derselben Quellen, wie etwa die Lübecker Chroniken. Dieser Austausch ist für erfolgreiche Forschung wichtig; und das gilt für die archäologischen Forschungen ebenso wie für die Rechtsgeschichte und die Heimatgeschichte der Travestadt. Die Faszination der geschichtlichen Dimension Lübecks fasst am besten Staatsarchivar Johannes Kretzschmar 1944[26] zusammen: „Für eine solche Stadt wie Lübeck wissenschaftlich tätig zu sein, ist ein Vergnügen".

Zur Schilderung des atmosphärischen Hintergrunds seien zum Schluss auch die kollektiven Widmungen erwähnt, mit denen Anlässe und Einrichtungen ins Gedächtnis gerufen wurden, die mit dem VLGA verbunden waren, mit seiner Geschichte, oder auch einzelne historische Ereignisse, um an sie zu erinnern oder Dank abzustatten: 1908 Gruß an den 1852 vom VLGA mit gegründeten und damals in Lübeck tagenden Gesamtverein der deutschen Geschichts- und Altertumsvereine, 1926 700-Jahrfeier der Reichsfreiheit Lübecks, 1939 zum 150. Stiftungsfest der Muttergesellschaft, der Gemeinnützigen, 1959 800 Jahrfeier Lübecks, 1964 175 Jahre Gemeinnützige, 1969 50 Jahre Possehl-Stiftung (für finanzielle Förderung), 1971 150 Jahre VLGA, 1989 200 Jahre Gemeinnützige und zugleich 150 Jahre Verein für hamburgische Geschichte, 1994 75 Jahre Possehl-Stiftung, 1996 175 Jahre VLGA, 1998 700 Jahre Trese[27] in der Marienkirche, 2005 150 Jahre ZVLGA. 2019 fehlt leider die verdiente Gratulation zum 100. Jubiläum der Possehl-Stiftung, die den Verein jahrzehntelang finanziell gefördert hat. Der 100. Band wurde 2021 als Festschrift zum eigenen 200-jährigen Bestehen konzipiert.

Fazit

Ehrungen, die eine Hervorhebung durch Auszeichnung verdienen, sind aus dem Menschenleben nicht wegzudenken.[28] Im vorliegenden Fall haben wir es zudem mit einem der ältesten deutschen Geschichtsvereine zu tun. Sie sind wichtige Indikatoren für den Zeitgeist. Seit 1843 bzw. 1882 sind die Ehrentitel KM und EM verliehen und seit 1876 persönliche Widmungen ausgesprochen worden. Insgesamt kam es in den 200 Jahren des Lübecker Geschichtsvereins zu insgesamt 100 derartigen Ehrungen: 58 KM, 27 EM, 15 persönlichen Widmungen. Es handelt sich bei den Geehrten in erster Linie um Wissenschaftler: Archivare, Historiker, Rechtshistoriker, Hochschullehrer, aber auch um Kauf-

---

25 Graßmann (2017): 218-235.

26 Dankeskarte Kretzschmars für Gratulation zu seinem 80. Geburtstag (AHL: VLGA 24).

27 Die Schatzkammer des Rates; sie gilt als die Keimzelle des Lübecker Archivs.

28 Klein (2019): IX-XXIII, hier: XIII. – Zunkel (1975): 1-63. – Bohnert (1986/1995): Sp. 52.

leute, Unternehmer, Schulmänner, Pastoren, Bibliothekare, Museumsfachleute, Kunsthistoriker und Archäologen sowie Vorgeschichts- und Sprachforscher.

Es gehört zu den Grundbedürfnissen jedes Zusammenschlusses von Menschen, wie eben auch eines Vereins, herausragende Leistungen und Verdienste einzelner Mitglieder bei der Erreichung seines Ziels zu würdigen und auszuzeichnen. Dies wird durch die Ernennung von KM – mag die Bezeichnung auch altmodisch anmuten – und EM verdeutlicht. Im Laufe der Zeit bildeten sich – in unserem Fall – Abstufungen, d.h. eine Steigerung, heraus: KM – EM – persönliche Würdigung. Sie unterschieden sich aber auch in Nuancen: KM sollten mit ihrer Schaffenskraft auch in der Ferne noch an Lübeck gebunden werden. Die Ehrenmitgliedschaft war denn doch ein etwas mehr ehrender offizieller Ruhmestitel. Der Titel KM wird mehr als eine Generation früher als der Titel EM verwendet.

Nur zwei Frauen sind KM (v. Winterfeld, Pelus-Kaplan), keine ist EM geworden. Für diesen Befund ist die Tatsache verantwortlich, dass Frauen die oben genannten Berufe im Laufe der Zeit erst allmählich auszuüben begannen, dennoch reagierte der VLGA ein wenig spät; das ist nicht grade ein Ruhmesblatt. Inzwischen zeichnet sich hier „Besserung“ ab, ernannte der Vereinsvorstand doch 2012 seine jahrzehntelange Vorsitzende[29] zur „Ehrenvorsitzenden des Vorstands“.

Mit dem Charakter eines Ehrenmitglieds wurde die Leistung für den Verein belohnt oder auch auf Persönlichkeiten des öffentlichen Lebens aufmerksam gemacht, die sich für den Verein eingesetzt hatten oder es tun sollten. Damit wird also eine Art Vorbildcharakter assoziiert. Der Einsatz des Geehrten im Sinne des Vereinsziels wurde als Gegenleistung erhofft und ihm nahegelegt. Höchste Zuwendung durch diese Person sollte also dem Verein zugutekommen, wertete ihn auf. Dessen Ziele sind in einer ihre Historizität betonenden Stadt wie Lübeck für jeden vorrangig und ersichtlich. Das Renommee der KM und EM färbte sozusagen auf den Verein ab. Glückwünsche stellten darüber hinaus die persönliche Note dar, sorgten für kuschelige „Nestwärme“ und vermittelten ein Zusammengehörigkeitsgefühl[30], das die zahlreichen wohlformulierten Dankschreiben[31] deutlich spüren lassen.

Hinweise auf Kriterien, nach denen die KM und EM ausgewählt wurden, sind jedoch kaum überliefert. Vielfach dokumentieren die Vorstandsprotokolle die Entscheidung zur Ehrung nicht einmal. In zwei Fällen sind vorgeschlagene Kandidaten nicht ernannt worden. Es handelte sich um Hermann Grotefend[32] (Landesarchiv Schwerin) und Arnold Oskar Meyer[33] (Prof. Kiel, Schüler von Dietrich Schäfer).

---

29 Prof. Dr. Antjekathrin Graßmann: siehe Verzeichnis.

30 Die Pflege zwischenmenschlicher Beziehungen zwischen den Vereinsmitgliedern ist wichtig. Das betont Hugo Stehkämper (1991): 18 f.

31 AHL: VLGA 23-26.

32 Hermann Grotefend (1845-1931) wurde 1921 – in seinem 76. Lebensjahr – pensioniert und stand deshalb wahrscheinlich für die Ehrung nicht mehr zur Verfügung.

33 Meyer (1877-1944), ein Schüler Dietrich Schäfers, kam wohl nicht infrage, da er 1921 zwar noch in Kiel lehrte, damals aber schon einem Ruf nach Göttingen folgte. Siehe auch: Auge (2022): 154.

Bemerkenswert ist, dass es zu keinen „Aberkennungen“ verliehener Ehrentitel gekommen ist. Georg Fink[34], der Vorsitzende des Vereins während der NS-Zeit, wurde nicht durch eine herausgehobene Mitgliedschaft geehrt, heimste allerdings später zu seinem 70. Geburtstag eine Widmung ein wegen seiner „Verdienste um die Lübeckische Geschichtsforschung und die Bewahrung, Ordnung und Erschließung der archivalischen Schätze Lübecks“. Trotz der Ehrungen und Widmungen Reinckes und Rörigs – der mehrfach Geehrten – scheint gleichwohl eine gewisse Reserve geherrscht zu haben. Eine Zufälligkeit kennzeichnet ohnehin derart subjektive Entscheidungen. Dafür sprechen auch die mehrfachen langen zeitlichen Pausen zwischen den Ernennungen.

Hat sich die Mühe der Ernennungen ausgezahlt? Hatte eine Ernennung ihre erhofften Folgen? Solche Fragen darf man wohl nicht stellen. Sie sind kaum zu beantworten. Grundsätzlich herrscht der Eindruck, dass die Verantwortlichen des Vereins für Lübeckische Geschichte und Altertumskunde über eine gute Personenkenntnis der Vertreter universitärer Wissenschaft verfügten und dass auf verlässliche Informationen über die jeweils aktuelle Lübeck-Forschung zurückgegriffen werden konnte, was auch geschah. Die Geschichte der Lübeck-Forschung ist noch nicht geschrieben. Erst sie würde auch die Frage klären, inwieweit sich der Status einer Stadt wie Lübeck – ohne Voll-Universität – negativ auswirkte und ob der VLGA dem hat entgegenarbeiten können.

Zuletzt noch die Frage, warum nur noch KM, nicht aber seit 16 Jahren EM ernannt worden sind. Bei der erstgenannten Auszeichnung geht es um eigene wissenschaftliche Arbeit, also das Wesentliche des Vereins. Gibt es heute anscheinend keine Vereinsmitglieder mehr, die für Geleistetes geehrt werden können? Hier wirkt sich wohl auch die Veränderung des allgemeinen Geschichtsinteresses aus. Zwar kommt es gegenwärtig weiterhin zu Vereinsbeitritten, aber die Identifizierung mit den Aufgaben des Vereins manifestiert sich nicht mehr durch die Bereitschaft zur Übernahme von Ämtern und persönlichem Einsatz. Die Mitglieder sind zu Konsumenten, d. h. Nutzern der Angebote (Vorträge, Zeitschrift des Vereins), geworden. Das Vereinsziel, das in der ersten Hälfte des 20. Jahrhunderts noch die Mitglieder beseelte und zur Aktivität animierte, ist nicht mehr jedermanns Sache, die der Politiker leider ohnehin nicht. Bürgermeister und Senatoren sind heute nicht mehr Mitglied im Verein für Lübeckische Geschichte. Eigentlich schade!

34 Unter dem 23.11.1945 überliefert das Protokoll: „Die Anwesenden kommen zu der Überzeugung, daß der bisherige Vorsitzende als Mitglied der NSDAP zwar politisch nicht stark belastet ist, aber doch besser jetzt nicht wieder für den Vorsitz vorgeschlagen wird, im Vorstand dagegen tragbar bleibt.“ Nachdem Fink zu den Vorstandssitzungen der nächsten Jahre „zugezogen“ worden ist, arbeitete er ab 1950 als normales Vorstandsmitglied wieder mit (AHL: VLGA 16).

Alphabetisches Verzeichnis der durch den Verein für Lübeckische Geschichte und Altertumskunde ausgezeichneten Personen 1843-2019

Altvater, Heinrich (1878-1940), Dr. iur., Stadtrat in Rostock. „Hat dankenswerte Verbindung zwischen Rostock und Lübeck gehalten". – KM 1936. – N ZLG 93/2013.

Bei der Wieden, Helge (1934-2012), Dr. phil., Oberstudienrat in Bückeburg. Förderte die wissenschaftlichen Kontakte bei der Erforschung der lübeckischen und mecklenburgischen Geschichte vor und nach der Wiedervereinigung Deutschlands. – KM 2008.

Bippen, Wilhelm von (1844-1923), Dr. phil., Historiker und Staatsarchivar in Bremen. – KM 1893. – EM 1912.

Bluhme, Friedrich (1797-1874), Dr. iur., Oberappellationsgerichtsrat in Lübeck, später Geheimer Justizrat und Prof. Univ. Bonn. – KM 1850.

Böhmer, Johann Friedrich (1795-1863), Stadtarchivar und Bibliothekar in Frankfurt. – KM zwischen 1843 und 1845.

Brandt, Ahasver v. (1909-1977), Dr. phil., Archivdirektor in Lübeck; Prof. für mittelalterliche Geschichte und Hilfswissenschaften an der Universität Heidelberg. – EM 1963. – W 54/1974 „Seinem verehrten EM und langjährig verdienten Vorsitzenden, der den Verein zu neuem Ansehen führte" zum 60. Geburtstag, sowie 57/1977 zum Andenken an den „Erforscher und Darsteller lübischer und hansischer Geschichte".

Bruns, Friedrich (1862-1945), Dr. phil., Syndikus der Lübecker Bürgerschaft, Hanse- und Lübeck-Historiker. – EM 1943. – N ZVLGA 31/1949.

Bunge, Friedrich Georg v. (1802-1897), deutschbaltischer Rechtshistoriker, Dr. iur., Prof. in Dorpat. Arbeiten zur baltischen Rechtsgeschichte, Editor livländischer, estnischer und kurländischer Rechtsquellen. – KM zw. 1845 und 1849.

Classen, Johannes (1806-1891), Dr. phil., Oberlehrer am Lübecker Katharineum, später Gymnasialdirektor in Frankfurt und Hamburg. – KM 1854.

Claudius, Friedrich (1824-1899), Dichterenkel und Senatorensohn. Revierförster in Behlendorf. Untersuchte Grabhügel, z. B. in Albsfelde. Beschenkte das Museum für Völkerkunde mit ethnologischen Gegenständen aus Vorderindien. – KM 1882.

Collijn, Isak Gustav Alfred (1875-1949), Dr. phil., Direktor der Reichsbibliothek in Stockholm, Buchhistoriker, Inkunabelfachmann. – EM 1921.

Crull, Friedrich (1822-1911), Dr. med., Arzt, Historiker, verwaltete das Wismarer Stadtarchiv. – KM 1878.

Dormeier, Heinrich (geb. 1947), Dr. phil., Prof. Univ. Kiel; Arbeiten zur frühneuzeitlichen Wirtschafts- und Kulturgeschichte der Hansestadt Lübeck. – KM 2019.

Dräger, Heinrich (1898-1986), Dr. rer. agr. Dr. med. h. c. (der Medizinischen Hochschule Lübeck), Unternehmer. Finanzierte die Festschrift 1226 und das Systematische Inhaltsverzeichnis der Vereinszeitschrift sowie andere Veröffentlichungen des Vereins. – EM 1971. – W 58/1978 nachträglich zum 80. Geburtstag.

Ebel, Wilhelm (1908-1980), Dr. iur., Rechtshistoriker Prof. Univ. Göttingen. – EM 1959. – W 48/1968 zum 60. Geburtstag „dem langjährigen unermüdlichen Erforscher des lübischen Rechts in Dankbarkeit." – N ZVLGA 60/1980.

Entholt, Hermann (1870-1957), Dr. phil., Staatsarchivdirektor, Bremen. – KM 1921.

Eschenburg, Bernhard (1876-1968), Dr. iur., Amtsgerichtsdirektor. – EM 1956. – W 36/1956 zum 80. Geburtstag.

Eschenburg, Johann Georg (1844-1936), Dr. iur., Lübecker Bürgermeister. – EM 1914. – W 16/1914 zum 70. Geburtstag.

Falck, Nicolaus (1784-1850), Dr. iur., Prof. Univ. Kiel, Rechtswissenschaftler, Historiker, Staatsmann. – KM zw. 1845 und 1849.

Fehling, Emil Ferdinand (1847-1927), Dr. iur., Lübecker Bürgermeister. – EM 1917. – W 19/1918.

Fink, Georg (1884-1966), Dr. phil., Lübecker Archivdirektor, Historiker. – W 54/1954 zum 70. Geburtstag gewidmet „in dankbarer Erinnerung seiner Verdienste um die lübeckische Geschichtsforschung und um die Bewahrung, Ordnung und Erschließung der archivalischen Schätze Lübecks". – N ZVLGA 46/1966.

Frensdorff, Ferdinand (1833-1931), Dr. iur., Prof. Rechtshistoriker Univ. Göttingen, Erforscher des Lübischen Rechts. – KM 1882. – EM 1903.

Funk, Martin Samuel (1835-1922), Dr. iur., Lübecker Kirchenrechtler, Heimathistoriker. – EM 1921.

Graßmann, Antjekathrin (geb. 1940), Dr. phil., Archivdirektorin in Lübeck und Honorarprofessorin in Kiel. Ehrenvorsitzende des VLGA 2012. Leitete den Verein 32 Jahre lang, gab 40 Bände der ZVLGA heraus (Bde. 58-97, 1978-2017).

Gross, Jacob (1827-1898), Hauptzollamtsverwalter, studierte Rechtswissenschaft, Heimatforscher, Ausgrabungen in Lübeck, 1881 Fortgang nach Memmingen, gründete dort die Anthropologische Gesellschaft (später in Altertumsverein umbenannt). – KM 1881.

Grösser, Hermann (1857-1907), Kaufmann in der Hamburger Firma Robertson & Hernsheim auf Jaluit (Marshall-Inseln/Südsee). Sohn eines Lübecker Kunstgärtners. Überließ der ethnologischen Sammlung in Lübeck wertvolle Waffen und Gebrauchsgegenstände der Südseeinsulaner. – KM 1883.

Hach, Eduard (1841-1917), Senatssekretär, Historiker. – EM 1914. – W 16/1914 zum Goldenen Doktorjubiläum. – N ZVLGA 19/1918.

Hach, Theodor (1846-1910), Dr. iur., Kulturhistoriker. Ging nach München und Nürnberg, um Museumserfahrungen zu sammeln, wurde später Konservator des Kulturhistorischen Museums in Lübeck. – KM 1887. – N ZVLGA 12/1910/11.

Hasse, Paul Ewald (1845-1907), Dr. phil., Historiker, Prof. Univ. Kiel, später Lübecker Senatssekretär und Staatsarchivar in Lübeck. – KM 1879.

Haug, Johann Christoph Ernst (1842-1902), Oberförster in Waldhusen. – KM 1860 „in Anerkennung der Verdienste desselben um Förderung der Bestrebungen des Vereins, namentlich hinsichtlich der vorgenommenen Ausgrabungen".

Hazelius, Artur (1833-1901), Dr. phil., Philologe und Ethnograph an Univ. Uppsala, Gründer des nordischen Museums in Stockholm (später Skansen-Museum). – KM 1893.

Hille, Georg Heinrich Wilhelm (1841-1911), Dr. phil., Archivrat, Direktor des preußischen Provinzialarchivs in Schleswig. – KM 1886.

Hoffmann, Max (1844-1910), Dr. phil., Verfasser der zweibändigen Geschichte von Lübeck 1899, zog 1899 nach Wiesbaden. – KM 1899. – N ZVLGA 12/1910/11.

Höhlbaum, Konstantin (1849-1904), Dr. phil., Stadtarchivar in Köln, später Prof. Gießen. Hanseforscher. – KM 1884.

Holm, Adolf (1830-1900), Dr. phil., Oberlehrer am Lübecker Katharineum, Althistoriker, später Ordinarius Univ. Palermo und Neapel. – KM 1876.

Jordan, Karl (1907-1987), Dr. phil., Prof. Univ. Kiel, Biograph Heinrichs des Löwen. – EM 1971. – N ZVLGA 64/1984.

Knüppel, Gustav Robert (geb. 1931), Dr. rer. oec., Lübecker Bürgermeister, Kenner der lübeckischen Geschichte. – EM 2007.

Kommer, Björn R. (1942-2022), Dr. phil., Konservator im Lübecker Museum für Kunst und Kulturgeschichte, ab 1990 Direktor der Kunstsammlungen der Stadt Augsburg. – KM 1988.

Kopitzsch, Franklin (geb. 1947), Prof. Dr. phil., 1993-2003 Univ. Bremen, 2003-2013 Universität Hamburg (Sozial- und Wirtschaftsgeschichte). Seit 1997 im Vorstand des Vereins für Hamburgische Geschichte, Vorsitzender 2023. – KM 2006.

Koppe, Wilhelm (1908-1986), Dr. phil., Prof. Univ. Kiel, betrieb seit 1936 lübeckische und hansische Geschichtsforschung. – EM 1971.

Koppmann, Karl (1839-1905), Dr. phil., Hansehistoriker in Hamburg, Stadtarchivar in Rostock. – KM 1873.

Koren Wiberg, Christian (1870-1945), Dr. phil., Direktor des hanseatischen Museums in Bergen, norwegischer Kunsthistoriker, Maler. – KM 1943.

Kretzschmar, Johannes Theodor (1864-1947), Dr. phil., Dr. phil. h. c. der Univ. Uppsala. Direktor des Archivs der Hansestadt Lübeck. 1932 Rücktritt vom Vorsitz des VLGA. – EM 1933. – W 27/1934 „zum 70. Geburtstag“. – N ZVLGA 31/1949. – Liste der Veröffentlichungen: ZVLGA 62/1989.

Krieg, Carl Julius (1831-1884), Baudirektor, Leiter des lübeckischen Bauwesens, seit 1875 preußischer Regierungs- und Baurat, zuletzt in Liegnitz. – KM 1876. – N MVLGA 1/1883/84.

Lappenberg, Johann Martin (1794-1865), Dr. iur., Staatsarchivar in Hamburg. – KM zw. 1843 und 1845.

Lenz, Max (1850-1932), Dr. phil., Prof. Univ. Berlin, Geh. Rat. – EM 1921.

Leverkus, Wilhelm (1808-1870), Dr. phil., Oldenburger Landeshistoriker, Herausgeber des Urkundenbuchs des Bistums Lübeck. – KM zw. 1845 und 1849.

Lisch, Georg Christian Friedrich (1801-1883), Dr. h.c. (Univ. Rostock) und Geheimer Archivrat, Landeshistoriker. – KM zwischen 1843 und 1845. – N MVLGA 1/1883/84.

Masch, Gottlieb Matthias Carl (1794-1878), Pastor, Lehrer, Landeshistoriker. – KM zw. 1845 und 1849. – W 3/1876 zum 50jährigen Dienstjubiläum „mit herzlichem Dank für jahrelange Unterstützung auf allen Gebieten der lübischen Geschichte“ (siehe Abb. 2).

Meyer, Günter (1935-2023), Studiendirektor. Wissenschaftliche Arbeiten zur Lübeckischen Geschichte, Förderer des Exkursionswesens des Lübecker Geschichtsvereins. – KM 2009. – N ZLG 102/2023.

Mooyer, Ernst Friedrich (1798-1861), Geschäftsmann, ehrenamtlicher Archivar, Bibliothekar in Minden, Repräsentant der Westphälischen Gesellschaft für vaterländische Kultur. – KM zw. 1845 und 1849.

Neugebauer, Werner (1908-2002), Dr. phil., Archäologe, leitete Ausgrabungen in Lübeck und Alt Lübeck. – EM 1978. – W 68/1988 zum 80. Geburtstag. – N ZVLGA 82/2002.

Neumann, Johann Martin Andreas (1844-1923), Dr. iur., Lübecker Bürgermeister. – EM 1921.

Nirrnheim, Hans (1865-1945), Dr. phil., Staatsarchivdirektor Hamburg. – KM 1921.

Oestmann, Peter (geb. 1967), Dr. iur., Prof. Univ. Münster für Privatrecht und deutsche Rechtsgeschichte. – KM 2012.

Pauls, Volquart (1884-1954), Dr. phil., Direktor der Schleswig-holsteinischen Landesbibliothek, Prof. Kiel. – KM 1943.

Pelus-Kaplan, Marie-Louise (geb. 1945), Dr. phil., Professorin 1994-2016 an der Université Sorbonne VII, zahlreiche Studien zur Wirtschafts- und Sozialgeschichte Lübecks im 17. Jahrhundert. – KM 2019.

Postel, Rainer (geb. 1941), Dr. phil., Prof. Univ. der Bundeswehr, Hamburg, Forschungen zur lübeckischen und hansischen Geschichte. – KM 2008.

Prange, Wolfgang (1932-2018), Prof. Dr. phil., Archivdirektor am Landesarchiv Schleswig-Holstein. Erforscher der lübeckischen Geschichte, insbesondere der Geschichte des Bistums Lübeck, Editor von dessen Urkundenbüchern. Gründete die Carl Friedrich Wehrmann-Stiftung zur Erforschung der Lübecker Geschichte des Mittelalters. – KM 2008. – N ZLG 98/2018.

Pyl, Theodor (1826-1904), Dr. phil., Prof. für Landesgeschichte, Univ. Greifswald, Erforscher der pommerschen Geschichte, Vorsteher des Akademischen Münzkabinetts. – KM 1898.

Reincke, Heinrich (1881-1960), Prof. Dr. iur., Dr. phil. h. c. (Univ. Hamburg), Direktor des Staatsarchivs Hamburg. – KM 1943. – EM 1951. – W 36/1956 zum 75. Geburtstag. – N ZVLGA 41/1961.

Riedel, Adolph Friedrich (1809-1872), Dr. phil., Archivar, Geheimes Staatsarchiv Berlin, Mitgründer des Vereins für Geschichte der Mark Brandenburg, gab das brandenburgische Urkundenbuch 1838-1869 heraus, apl. Prof. für Staatswissenschaften. – KM zwischen 1843 und 1845.

Ropp, Goswin, Frhr. von der (1850-1919), Dr. phil., Geh. Reg. Rat, Prof. Univ. Marburg. – KM 1884.

Rörig, Fritz (1882-1952), Dr. phil., Prof. Univ. Kiel, dann Berlin. Erforscher der lübeckischen und der hansischen Geschichte. – KM 1921. – EM 1929. – W 33/1952 Dem Andenken an „den großen Erforscher und Darsteller lübischer, hansischer und deutscher Stadtgeschichte.“, sowie 62/1982 zum Andenken an den 100. Geburtstag Rörigs, „dessen Lebenswerk der wissenschaftlichen Erkundung der Geschichte Lübecks galt und hiervon ausgehend der europäischen Stadtgeschichtsforschung starke Impulse gab“. – N ZVLGA 33/1952.

Schäfer, Dietrich (1845-1929), Dr. phil., Prof. in Berlin. Hanseforscher. – KM 1884. – EM 1907.

Schlözer, Kurd v. (1822-1894), Dr. iur., Wirkl. Geheimer Rat, Diplomat und Historiker. – EM 1884.

Schneider, Gerhard (1904-1988), Lübecker Senator. Veröffentlichungen zur Lübecker Geschichte im 20. Jahrhundert. – EM 1971. – N ZVLGA 68/1988.

Schrader, Theodor (1844-1917), Dr. iur., Jurist und Heimatforscher, Landgerichtsdirektor in Hamburg. Stand der Sammlung Hamburgischer Altertümer vor, die später zum Museum für Hamburgische Geschichte wurde. – KM 1889.

Seibertz, Johann Wilhelm Suitbert (1788-1871), Jurist, schuf das Urkundenbuch zur Landes- und Rechtsgeschichte des Herzogtums Westfalen, wurde Ehrenbürger der Städte Brilon und Nieheim. – KM zw. 1843 und 1845.

Steiner, Wilhelm (1785-1870), Dr. iur. et phil. Univ. Gießen, Historiograph, Gründungsmitglied des Historischen Vereins für Hessen. – KM zw. 1845 und 1849.

Stieda, Wilhelm Christian Hermann (1852-1933), Dr. phil., Prof. Univ. Leipzig, Nationalökonom. Edierte die Geschäftsbücher Veckinchusens. – KM 1886.

Stier, Wilhelm (1883-1987), Schulrat in Lübeck. – EM 1970. – W 53/1973 „dem hochverdienten Heimatforscher ... nachträglich zum 80. Geburtstag in Dankbarkeit zugeeignet". – N ZVLGA 68/1988.

Stuhr, Friedrich (1867-1945), Dr. phil., Direktor des Staatsarchivs Schwerin. – KM 1943.

Techen, Christoph Johann Friedrich (1859-1936), Dr. phil., Ratsarchivar in Wismar, Bearbeiter des Wort- und Sachregisters zu Band 1-11 (1139-1470) des Lübeckischen Urkundenbuches. – KM 1907. - EM 1921. – N ZVLGA 28/1936.

Usinger, Rudolf (1835-1874), Dr. phil., Schüler von Waitz in Göttingen, Prof. Univ. Greifswald, später Kiel, Gründer des dortigen Historischen Seminars. – KM 1873.

Waitz, Georg (1813-1886), Dr. phil., Prof. Univ. Kiel, später Göttingen und Berlin, dort Leitung der Monumenta Germaniae Historica (MGH). – KM zw. 1845 und 1849. – N MVLGA 2/1885/86.

Walther, Christoph (1841-1914), Dr. phil., Bibliothekar und Sprachforscher (z. B. Bearbeiter des brandenburgischen und mehrerer mecklenburgischer Wörterbücher. – KM 1893.

Wattenbach, Wilhelm (1810-1897), Dr. phil., Prof. Univ. Heidelberg, später in Berlin. Übernimmt nach Waitzens Tod die MGH. – KM 1868. – EM 1882.

Wilde, Lutz (geb.1933), Dr. phil., Denkmalpfleger in Lübeck bis 1998, Oberkonservator beim Landesamt für Denkmalpflege in Kiel. – KM 1988.

Winterfeld, Luise v. (1882-1967), Dr. phil., 1916-1950 Direktorin des Stadtarchivs Dortmund, erste Leiterin eines großen deutschen Stadtarchivs. – KM 1943.

Literaturverzeichnis

Ahrens (2003)
Gerhard Ahrens, Carl Julius Mildes Wirken für den Lübecker Geschichtsverein, in: ZVLGA 83 (2003), S. 271-278.

Ahrens (2009/2010)
Gerhard Ahrens, Der Lübecker Geschichtsverein 188 Jahre jung!, in: Blätter für deutsche Landesgeschichte 145/146 (2009/2010), S. 461-465.

Auge (2022)
Oliver Auge, Vom Grenzkampf bis zu globalen Bezügen in der Geschichte Schleswig-Holsteins. Landes- und Regionalgeschichte an der CAU, in: Oliver Auge/ Gerald Schwedler (Hrsgg.), Impulse der Kieler Geschichtsforschung einst und heute für die deutschsprachige Geschichtswissenschaft, Kiel 2022, S. 147-181.

Brenner (2022)
Stefan Brenner, Kiel und die Hanse. Zur Hansegeschichtsschreibung am Historischen Seminar der Christian-Albrechts-Universität, in: Oliver Auge/Gerald Schwedler, Impulse der Kieler Geschichtsforschung einst und heute für die deutschsprachige Geschichtswissenschaft, Kiel 2022, S. 201-231.

Bresslau (1921/1976)
Harry Bresslau, Geschichte der Monumenta Germaniae Historica im Auftrage ihrer Zentraldirektion bearbeitet, Hannover 1921 (Nachdruck: Hannover 1976).

Bohnert (1986 und 1995)
Joachim Bohnert, Ehre, Ehrenschutz, in: Staatslexikon, Band 2, Freiburg im Breisgau 1986 und 1995, Sp. 151-153.

Graßmann (2017)
Antjekathrin Graßmann, „eine höchst erwünschte Bereicherung ihres Bücherschatzes“. Überlegungen zum Schriftentausch landesgeschichtlicher Zeitschriften am Beispiel Lübecks, in: ZLG 97 (2017), S. 218-235.

Graßmann (2021)
Antjekathrin Graßmann, Der VLGA, 200 Jahre jung!, in: Lübeckische Blätter 2021, S. 5-10.

Grolle (1997)
Joist Grolle, Von der Verfügbarkeit des Historikers Heinrich Reincke in der NS-Zeit, in: Ders. (Hrsg.), Hamburg und seine Historiker, Hamburg 1997, S. 123-149.

Hartwig (1921)
Julius Hartwig, Hundert Jahre Lübecker Geschichtsverein, in: Lübische Forschungen. Jahrhundertgabe des VLGA 1921, Lübeck 1921, S. 1-26.

Hundt (2020/2021)
Michael Hundt, Alles Geschichte! Zweihundert Jahre VLGA, in: ZLG 100 (2020/2021), S. 15-46.

Klein (2019)
Dorothea Klein, Statt einer Einleitung, in: Dies. (Hrsg.), Ehre, Teilband I: Fallstudien zu einem anthropologischen Phänomen der Vormoderne, Würzburg 2019, S. IX-XXIII.

Kopitzsch (1988)
Franklin Kopitzsch, 200 Jahre Bürgertugend und gemeinnütziges Streben, in: Ders. (Hrsg.), 200 Jahre Beständigkeit und Wandel bürgerlichen Gemeinsinns 1789-1989, Lübeck 1988, S. 8-20.

Neitmann (2015)
Klaus Neitmann, Adolph Friedrich Riedel, Der Codex diplomaticus Brandenburgensis und der Verein für Geschichte der Mark Brandenburg, in: Hans-Christof Kraus/Uwe Schaper (Hrsgg.), Klaus Neitmann, Land und Landeshistoriographie, Berlin/Boston 2015, S. 1-58.

Noodt (2007)
Birgit Noodt, Fritz Rörig (1882-1952): Lübeck, Hanse und Volksgeschichte, in: ZVLGA 87 (2007), S. 155-180.

Reich (2019)
Elisabeth Reich, Der Hansische Geschichtsverein. Entwicklung, Netzwerke, Geschichtsbilder, Bielefeld 2019.

Selzer (2016)
Stephan Selzer, Nachgrabung auf dem Markt von Lübeck: Fritz Rörigs „Gründungsunternehmerthese" in der deutschen Geschichtsforschung in der ersten Hälfte des 20. Jahrhunderts, in: ZLG 96 (2016), S. 9-51.

Stehkämper (1991)
Hugo Stehkämper, Geschichtsvereine im Wandel. Alte und neue Aufgaben in Stadt und Land, in: Hans Eugen Specker (Hrsg.), Aufgaben und Bedeutung geschichtlicher Vereine, Ulm 1991, S. 13-26.

Techen (1932)
Friedrich Techen, Wort- und Sachregister zu Band 1-11 (1139-1470) des Lübeckischen Urkundenbuches, Lübeck 1932.

Zunkel (1975)
Friedrich Zunkel, Ehre, Reputation, in: Otto Brunner u.a., Geschichtliche Grundbegriffe, Band 2, Stuttgart 1975, S. 1-63.

Abkürzungen

AHL	Archiv der Hansestadt Lübeck
EM	Ehrenmitglied
KM	Korrespondierendes Mitglied
MVLGA	Mitteilungen des Vereins für Lübeckische Geschichte und Altertumskunde
N	Nachruf
VLGA	Verein für Lübeckische Geschichte und Altertumskunde
W	Würdigung
ZLG	Zeitschrift für Lübeckische Geschichte
ZVLGA	Zeitschrift des Vereins für Lübeckische Geschichte und Altertumskunde

Anschrift der Autorin:
Prof. Dr. Antjekathrin Graßmann
Archiv der Hansestadt Lübeck
Mühlendamm 1-3
23552 Lübeck

Emanuel Geibel und die Geschichtspolitik König Maximilians II. von Bayern Die Münchner Ereignisse im Juni 1861 und ihr Echo im Gedicht „Deutschlands Beruf“

Manfred Eickhölter

Das Vergangene darf man nicht
am Gegenwärtigen messen, sondern
man muss es aus seiner Zeit heraus,
nach dem mit ihm erloschenen
Zeitgeiste beurteilen.
Goethe[1]

I. Die Münchner Ereignisse 1861 im Zusammenhang

Am 30. Dezember 1851 wandte sich König Maximilian II. an Emanuel Geibel mit der Frage – zugleich Bitte und Offerte –, ob er sich vorstellen könne, dauerhaft in München ansässig zu werden. Ausgestattet mit einem Jahreshonorar von 800 Reichstalern[2] sollte seine einzige Verpflichtung sein, dem König für Gespräche und geselligen Austausch in den Wintermonaten bereit zu stehen. Geibel stimmte am 9. Januar 1852 grundsätzlich zu, gab aber zu bedenken, dass er bereits eine lebenslange Pension des Königs von Preußen in Höhe von 300 Reichstalern empfange.[3] Er bat um ein formales Amt, zum Beispiel eine Honorarprofessur für Poetik, um dem preußischen König gegenüber nicht als unhöflich und undankbar zu erscheinen. Er habe sich in den zurückliegenden Jahren selten in Berlin aufgehalten, was ihm mit Sicherheit von der Presse jetzt zum Vorwurf gemacht werden würde, wenn er sich ohne feste Aufgabe dauerhaft beim König von Bayern ansiedelte.[4] Noch im Januar 1852 erging der offizielle Ruf des Königs an den Dichter.

Schon bei der ersten Zusammenkunft im März 1852 in der Münchner Residenz, vom Hof mit großer Sorgfalt vorbereitet, denn Geibel war der erste Autor, den der König zu gewinnen suchte, bildeten sich wechselseitiges Vertrauen und Zuneigung füreinander. Königin Marie bat Geibel, *Das Geheimnis der Sehnsucht* aus dem Band *Juniuslieder* (1847) vorzulesen.[5] Ob der König bereits bei dieser Begegnung seine Bewunderung für Geibels Gedichtfragment *Frühlings-*

1 Zitiert nach Dirrigl (1984): 8.

2 Geibel akzeptierte die Summe ohne Gegenforderung; als er zwei Jahre später dem König vorschlug, den jungen Paul Heyse nach München zu ziehen, wurden diesem 1.200 Taler angeboten und bezahlt. Einige Jahre darauf wurde die Summe auf 1.500 Taler erhöht, als der König befürchtete, Heyse könnte nach Weimar abwandern.

3 Das Original des Antwortschreibens liegt im Geheimen Hausarchiv (GHA), Nachlass Max II, 78-2-121.

4 Fallbacher (1992): 80 f. (mit Quellenangaben).

5 Goedecke (1877): 392-417, hier 411 ff.

Abb. 1: Franz Hanfstaengl, Emanuel Geibel, 1860 (Foto: © Bayerische Staatsbibliothek München/Bildarchiv).

hymnus zur Sprache brachte, bleibt Spekulation, quellengesichert ist jedoch, dass in dem Briefwechsel über poetologische Fragen zwischen dem König und seinem Dichter, der im Februar 1853 einsetzte und bis Juni andauerte, auch ein Gedicht des Königs vorliegt, in dem dieser den *Frühlingshymnus* und seinen Dichter in höchsten und zartesten Wendungen preist. König Max war zu dieser Zeit auf einer Italienreise, sein Gedicht ist datiert „Palermo, 15. April 1853". Naturreligiosität wurde zum verbindenden Element einer Freundschaft, die bis zum Tod des Königs 1864 stetig sich vertiefte.[6]

Auf politischem Felde lagen Wünsche und Ziele weit voneinander entfernt. Der König strebte für Bayern eine führende Rolle im Kreis der mittleren deutschen Staaten an (Württemberg, Sachsen, Hannover, Baden etc.) gegenüber den

6 Rall (2001): 198-203.

„Großmächten" Preußen und Österreich, bezeichnet als die „Triasidee". Geibel wünschte sich einen Bundesstaat gleichberechtigter Königreiche und Stadtstaaten unter Führung des preußischen Königs als Erbkaiser unter Ausschluss Österreichs, also die Verwirklichung der am 27. März 1849 beschlossenen liberalen Reichsverfassung, die sogenannte „kleindeutsche" Lösung.[7]

In München ist Geibel als politischer Dichter nicht hervorgetreten. In den literarischen Vereinigungen, in die er sich einbrachte, betonte er ästhetische Fragestellungen und solche des poetischen Handwerks. Dass die erfolgreichen „Krokodile" (1856-1882) jedoch eine Art Münchner Dichter*schule* für unpolitisches Dichten gewesen wären, hat deren Initiator und Oberhaupt Paul Heyse nachdrücklich abgestritten.[8] Im Herbst 1852 übersiedelte Geibel nach München.

Ausgehend von seinen persönlichen Interessen, aber auch in Abgrenzung und Erweiterung der Aktivitäten seines Vaters, Ludwig I., hat König Max ab etwa 1850 drei Initiativen mit Nachdruck ergriffen und gegen starke Widerstände durchgesetzt, um Bayern auf kulturellem Felde gegen Preußen und Berlin hervortreten zu lassen, es sind die Bereiche Naturwissenschaften, Geschichtswissenschaften und Literatur[9]. Es gelang, den Chemiker Justus von Liebig nach München zu ziehen. Des Königs Wunsch, Leopold von Ranke zu gewinnen, bei ihm hatte Maximilian in Göttingen Geschichte studiert, ließ sich nicht verwirklichen. Im Verlaufe der sogenannten Berchtesgadener Gespräche 1854, bei denen Ranke 14 Vortragsabende bestritt, schlug der Historiker dem König vor, er solle seinen Schüler Heinrich von Sybel in München etablieren. Sybel, ein Mann von gewinnender Ausstrahlung im persönlichen Kontakt, rhetorischem Schliff in Rede und Diskussion sowie hochbegabt als Wissenschaftsorganisator, gelang es, innerhalb von fünf Jahren (1856 bis 1861), die Grundlagen für eine dauerhaft führende Stellung des Königreichs Bayern im Bereich der Geschichtskultur zu installieren, die bis in die Gegenwart nachwirkt, zu nennen ist dabei an erster Stelle die Gründung der „Historischen Kommission".

Heinrich von Sybel war indes kein politischer Diplomat, sondern ein streitlustiger Geist, der in München für „Preußen" und gegen „Österreich" offen agierte. Weil Sybel das vom König verbürgte Recht eingeräumt worden war, die bayerischen Geschichtsbücher zu redigieren, geriet er schon vor seiner Berufung in heftige Kritik, ebenso der König.[10] Katholische Kreis attackierten Sybel als Protestanten, päpstliche Kreise fürchteten um ihren Einfluss auf die bayerische und die deutsche Politik, und das von Max II. beförderte, sich stark entwickelnde bayerische Nationalbewusstsein rieb sich an Sybels Preußenfreundlichkeit („preußischer Vorposten in München")[11]. Privat fühlte sich der Historiker in München

7 „Kleindeutsche Lösung", in: Revolution und Frankfurter Nationalversammlung 1848/49, hrsg. vom Deutschen Bundestag, online.

8 Paul Heyse (1900): 128-269.

9 Grundlegend, mit Quellenangaben und Literatur: Dirrigl (1984); detailliert Sing (1996); knapper Überblick mit Literaturhinweisen in Haus der Bayerischen Geschichte (1988): 201-293; Leutheusser/Nöth (2011).

10 Grundlegend Dotterweich (1978).

11 Körner (1992): 196 f.

sehr wohl, er verkehrte in vielen Zirkeln und war mit Emanuel Geibel, Paul Heyse und Wilhelm Heinrich Riehl eng verbunden. Aber seine Stellung am Hof, in Behörden, vor allem aber in der bayerischen Presse, wurde zunehmend schwieriger. Als Sybel dann 1860/61 begann, durch Zeitungsgründungen und stille Teilhaberschaften selbst journalistisch aktiv zu werden, wurde er vom König im Frühjahr 1861 gebeten, ein Memorandum zu verfassen, um seine Ziele darzulegen. Sybels Text gipfelt in einer kritischen Analyse der Triasidee des Königs. Wörtlich heißt es in der Konklusion seiner Argumentation, diese sei entweder eine Chimäre (Trugbild) oder die Wiederauflage des „Rheinbundes“, sollte heißen, eine Wiederauflage eines Bundes der Zeit von 1806 bis 1813 nicht in deutschem, sondern in französischem Interesse. Anfang Juni 1861 kam es zu einer Aussprache zwischen dem König und dem Historiker.[12] Der König versuchte, Sybel in München zu halten, wollte ihm aber nicht zusagen, ihn zukünftig vor Intrigen durch öffentliche Stellungnahmen zu beschützen. Daraufhin nahm der Historiker einen Ruf an die Universität Bonn an. „Sybels Entlassung war, wie der Bericht des preußischen Gesandten nach Berlin unterstrich, ein Politikum.“[13]

Von König Max hieß es, er sei durch den Inhalt des Memorandums und durch den Weggang Heinrich von Sybels verstört und niedergeschlagen gewesen. Die ebenfalls „kleindeutsch“ gesonnenen Autoren, wie etwa Geibel und Paul Heyse, fürchteten um ihre Stellung am Hof, sie empfanden Sybels Anwesenheit in München als eine Art Schutzschild. Heyse, der mit Sybel befreundet war, notierte im Tagebuch: „Anfang des Endes.“[14] Die teilweise mehrmals in der Woche arrangierten geselligen Zusammenkünfte des Königs mit Wissenschaftlern und Künstlern (Symposien) in der Grünen Galerie der Residenz, die seit 1854 regelmäßig im Herbst und Winter stattgefunden hatten, schliefen im zweiten Halbjahr 1861 ein, im gesamten Jahr 1862 gab es dann nur noch zwei.

Geibel, der auf dem Höhepunkt der Kontroverse wie in jedem Sommer bereits in Lübeck war, erhielt Nachrichten aus München nur brieflich.[15] Er

---

12 Paul Heyse notierte in seinem Tagebuch am 6. Juni: „Besuch von Sybel. Seine Bonner Vocation. (Audienz und sehr ernstliche Auseinandersetzung mit dem König. Reinen Tisch zu machen versucht.“, am 11. Juni notiert Heyse: „Die ganze Woche in sehr elender Verfassung hingeschleppt, die Novelle so so (sic!) zurechtgeflickt. Sybels Fortgang liegt mir zu alle dem in den Gliedern. Anfang des Endes.“, in: Rall (2001): 742.

13 Dotterweich (1978): 358-374, „Preußischer Vorposten in München“: Auszüge aus dem Memorandum auf Seite 372, das Konzept des Gutachtens liegt im Bundesarchiv Koblenz, Nachlass Sybel (BAK NL Sy), hier auch Hinweise auf gut unterrichtete Artikel in der Tagespresse; siehe auch Droysen (1929), Bd. II: 766; Hinweise auf zeitgenössische Spekulationen um Sybels Fortgang bei Hübinger (1967): 104-110.

14 Ebd.

15 Am 17. Juni 1861 schreibt Geibel in einem Brief an Paul Heyse: „Die Zeitungen melden, daß Sybel einen Ruf nach Bonn erhalten und definitiv angenommen habe. Ist das wahr? Verdenken könnt‘ ich’s ihm nicht, aber für uns wäre der Verlust groß“; am 18. Juni schreibt Heyse an Geibel: „Von Sybels Fortgehen weißt Du durch die Zeitungen. Ich kann nur sagen, wohl ihm, daß er geht, und weh uns, dass wir bleiben müssen. Meine letzten Illusionen sind jämmerlich verscheucht, ich werde mir nie mehr auch nur eine Stunde lang einreden lassen, daß in dieser Luft von einem Zusammenwirken reiner und freier Geister die Rede sein kann. Mediokritäten und Schurken – aber basta!“, in: Petzet (1922): 130 und 133.

begann noch im Juli, Vorkehrungen zu treffen, um nicht selbst in die Schusslinie zu geraten. So bat er Karl Goedecke, teils offen, teils verklausuliert, seine bereits für den Druck vorbereitete und für den Herbst 1861 geplante Biographie Geibels nicht zu veröffentlichen.[16] Das Buch erschien schließlich 1869. Zurück in München, ersuchte Geibel den König um seine Entlassung. Dieser lehnte ab und bat den Dichter im Gegenzug zu verstärkten literarischen Aktivitäten. Er selbst regte an, in Analogie zur Historischen Kommission eine deutsche Akademie für Sprache und Literatur zu gründen.[17] Noch im Herbst des Jahres 1861 begannen Heyse und Geibel, das „Münchner Dichterbuch" zu konzipieren. Es wurde 1862 von Geibel herausgegeben.

Im Jahr 1861 brachte Geibel das Gedicht *Deutschlands Beruf.* (1861.) zu Papier. Er legte es in den Stapel ungedruckter Manuskripte und veröffentlichte es dann 1871 in dem Buch *Heroldsrufe. Ältere und neue Zeitgedichte* erstmals.[18]

---

16 Am 19. August 1861 teilte Karl Goedeke Geibel mit, der Druck seiner Biografie Geibels solle nun beginnen. Geibel antwortete am 22. August: „Über die Biographie schweige ich am liebsten ganz, doch drängt es mich, eine Bitte auszusprechen. Der Gedanke an das Erscheinen des Buches hängt nämlich über mir wie eine Gewitterwolke. Ich bin überzeugt, daß dasselbe mir für den Augenblick mehr schaden als nützen, daß es eine Menge von schlechten Witzen und falschen Beschuldigungen hervorrufen wird. Ich bitte dich daher um unser beider willen auf das dringlichste, in einem kurzen Vorwort ganz einfach zu sagen, daß ich die Schrift weder veranlaßt noch eine Zeile davon gekannt, daß Du sie vielmehr trotz der von mir erhobenen Bedenken vollendet habest, in der Überzeugung, sie werde für sich selbst reden und durch ihre ganze Beschaffenheit am besten darthun, daß es sich hier in der Tat lediglich um eine literarhistorische Aufgabe, und nicht etwa um eine freundschaftliche Reclame handle.", in: Struck (1939): 127 f.

17 Dove (1898): 126 f.: „Über den geistigen Interessen Deutschlands schwebte nun einmal in jenen Tagen wie ein schattendes Gewölk das Vorgefühl der nationalpolitischen Entscheidung. König Max erlebte den Kummer, einen anderen Lieblingsentwurf dadurch vereitelt zu sehen. Er plante die Gründung einer Akademie für deutsche Sprache und Literatur. Das beste wäre ohne Zweifel gewesen, sie nach dem Muster der Historischen Kommission ein für allemal in München zu centralisieren, wo der vom König versammelte Dichterkreis den Kern einer die Nation umfassenden Gesellschaft abgegeben hätte. Aber dazu hätten weitere beträchtliche Geldmittel gehört; auch erschien es dem bescheidenen Sinne des Königs beinahe wie eine Anmaßung. Nach einem Besuch in Berchtesgaden setzte daher Ranke im Herbst 1861 einen Entwurf zu Statuten auf, wonach Berlin und München geleichmäßig an dem Unternehmen betheiligt, die übrigen Bundesstaaten nur zur Aushilfe hinzugezogen werden sollten. König Max aber gelangte nach reiflicher Überlegung, wie er schreibt, zu der Überzeugung, dass auch Österreich von vorneherein beizuziehen sei und der Sitz der Akademie zwischen Wien, Berlin und München wechseln müsse. (…) 1871 richtete Ranke eine Denkschrift darüber an den Fürsten Bismarck – ohne Erfolg. Literatur und Sprache sind dann auch im neuen deutschen Reich ein Gemeindewald mit schlechter Forstwirthschaft geblieben."

18 Im Lübecker St. Annen-Museum hatte sich eine handschriftliche Fassung mit Korrekturen erhalten, sie endet mit den Versen *Und es mag am deutschen Wesen/Froh verjüngt die Welt genesen*. Das Foto des Blattes mit der Fassung ist derzeit nicht auffindbar.

Deutschlands Beruf.
(1861.)

Soll's denn ewig von Gewittern
Am umwölkten Himmel brau'n?
Soll denn stets der Boden zittern
Drauf wir unsre Hütten bau'n?
Oder wollt ihr mit den Waffen
Endlich Rast und Frieden schaffen?

Daß die Welt nicht mehr, in Sorgen
Um ihr leicht erschüttert Glück,
Täglich bebe vor dem Morgen,
Gebt ihr ihren Kern zurück!
Macht Europas Herz gesunden
Und das Heil ist Euch gefunden.

Einen Hort geht aufzurichten,
Einen Hort im deutschen Land!
Sucht zum Lenken und zum Schlichten
Eine schwerterprobte Hand,
Die den güldnen Apfel halte
Und des Reichs in Treuen walte.

Sein gefürstet Banner trage
Jeder Stamm, wie er's erkor,
Aber über alle rage
Stolzentfaltet eins empor,
Hoch, im Schmuck der Eichenreiser
Wall' es vor dem deutschen Kaiser.

Wenn die heil'ge Krone wieder
Eine hohe Scheitel schmückt,
Aus dem Haupt durch alle Glieder
Stark ein ein'ger Wille zückt,
Wird im Völkerrath vor allen
Deutscher Spruch auf neu erschallen.

Dann nicht mehr zum Weltgesetze
Wird die Laun' am Seinestrom,
Dann vergeblich seine Netze
Wirft der Fischer aus in Rom,
Länger nicht mit seinen Horden
Schreckt uns der Koloß im Norden.

Macht und Freiheit, Recht und Sitte,
Klarer Geist und scharfer Hieb
Zügeln dann aus starker Mitte
Jeder Selbstsucht wilden Trieb,
Und es mag am deutschen Wesen
Einmal noch die Welt genesen.

II. „Deutschlands Beruf" in der Zeit seiner Entstehung 1861

1861 ist das Jahr, in dem Prinzregent Wilhelm von Hohenzollern zum preußischen König gekürt wird. Im Januar löst er seinen schwer erkrankten Bruder offiziell von der Herrschaft ab, im Oktober findet in Königsberg die Krönung statt. Gegen den testamentarischen Willen des abgedankten Königs Friedrich Wilhelm IV. leistete Wilhelm einen Eid auf die 1850 beschlossene Verfassung, die Preußen in eine konstitutionelle Monarchie verwandelt hatte. Der neue König, er ist beim Amtsantritt 64 Jahre alt, ein geschulter Militärkenner, strebt eine Heeresreform an. Das Parlament lehnt diese ab, der Streit eskaliert und wird zur Machtprobe. Ein volles Jahr erwägt der König, abzudanken. Im Sommer 1861 entgeht Wilhelm in Baden-Baden nur knapp einem Attentat, ihm wird vom Attentäter vorgeworfen, zu wenig für die deutschen Einheitsbestrebungen getan zu haben.[19]

Schon als Prinzregent wollte Wilhelm mit der Heeresreform die militärische Schlagkraft Preußens bei den in diesen Jahren latent drohenden bewaffneten Konflikten mit Österreich und Frankreich stärken. Dieses Ziel weckte das Misstrauen der mittleren deutschen Königreiche. Zweimal traf Wilhelm 1860 mit König Maximilian II. zu Gesprächen zusammen. Beide fühlten sich freundschaftlich verbunden. Der bayerische König lehnte als Sprecher der Mittelmächte Überlegungen Wilhelms zur Herstellung kleindeutscher Allianzen ab, Wilhelm erteilte der Triasidee eine deutliche Absage.[20] Wilhelm selbst wollte den „Deutschen Bund" aufrechterhalten, die Souveränität der kleinen Königreiche möglichst wenig antasten, und er strebte gleichzeitig an, die bestehenden großdeutschen Ordnungsstrukturen mit Österreich nicht aufzugeben. Seine Biographen schreiben, er scheute einen militärischen Konflikt mit Österreich.[21]

Die Politik Wiens in diesen Jahren durchkreuzte ihrerseits die Interessen Preußens durch außenpolitische Alleingänge. In Italien beflügelte sie dadurch 1859 das Wiederaufleben der 1849 militärisch unterdrückten nationalen Einigungsbewegung. Deren Erfolge, auch zu verstehen als eine Art Befreiungsbewegung norditalienischer Regionen gegen die Vorherrschaft des Habsburger Kaiserreichs, wirkten nördlich der Alpen als Vorbild und stärkten die deutschen Einheitsbestrebungen. Wilhelm I., der aus Sicht eines frühen, zeitgenössischen Biographen unvereinbare Ziele gleichzeitig anstrebte, hatte sein Abdankungsdekret bereits unterzeichnet, aber noch nicht publik gemacht, als er 1862 dem Rat seines Kriegsministers Albrecht von Roon folgte und Otto von Bismarck als preußischen Ministerpräsidenten berief. Bismarck, Vertreter und Sprachrohr des altständischen märkischen Landadels, drückte die Heeresreform gegen den

---

19 Gesättigt mit zeitgenössischem, auch persönlichem Wissen über den König und späteren Kaiser, siehe Marcks (1897): 527-692 (digitale Volltext-Ausgabe in Wikisource); aktuell und mit einem Schwerpunkt im Bereich der „Identitätspolitik": Tarek-Fischer (2020).

20 Marcks (1897): 584 f.; Auszüge aus den Gesprächen im Juni 1860 in Oncken I (1890): 459-462.

21 Marcks (1897): 581 f.

Willen des Parlamentes durch, und er ging auf Konfrontationskurs gegenüber der kaiserlichen Politik in Wien.

Als Geibel sein Gedicht schreibt, sind die territorialen und politischen Umrisse eines geeinigten Deutschlands somit alles andere als entschieden. Als er sein Gedicht 1871 in dem Buch *Heroldsrufe* veröffentlicht, hat sich die politische Landkarte Europas fundamental verändert. Für 1861 konstatiert das Gedicht zweierlei Nöte, erstens, die deutschen Staaten können sich nicht dahingehend einigen, die Aufgabe der Einigung freiwillig einer „schwerterprobten Hand" zu übertragen. Diese aber muss gelingen, denn Geibel sieht „Deutschland" zweitens von aktuell drei Fremdmächten bedroht: durch Frankreich, den Papst und durch Dänemark. 1871 hat der Staat Preußen unter Führung des Ministerpräsidenten Otto von Bismarck drei militärisch erfolgreiche Kriege geführt, gegen Dänemark, gegen den Habsburgischen Vielvölkerstaat Österreich-Ungarn und gegen Frankreich. Damit waren die Voraussetzungen geschaffen für die Gründung eines deutschen Reiches. Es entsteht ein Bundesstaat und ein nationales Parlament, der Reichstag. Diese Entwicklung war 1861 nicht in Ansätzen erkennbar.

Geibels Gedicht ist Klage und Utopie. Schon der Titel war für zeitgenössische Hörer – unterstellt man einmal, dass Geibel sein Gedicht Freunden vortrug – eine Quelle der Verunsicherung. Denn wer oder was war „Deutschland"? Legte man im Rückgriff auf Johann Gottfried Herder, Sprache und Kultur als einigendes Band eines „Volkes" zugrunde, dann gehörte der deutschsprachige Teil der Donaumonarchie zu Deutschland.[22] Die Vokabel vom „Beruf" war allen Zeitgenossen vertraut. Sie hatte in den politischen Reichsreform-Debatten seit den 1830er-Jahren Konjunktur, auch in Preußen war sie verbreitet. Man findet sie beispielsweise in den Reden Friedrich Wilhelms IV. beim Dombaufest in Köln 1842[23] oder in der Rede Heinrich von Gagerns zur Eröffnung der Nationalversammlung in Frankfurt im Mai 1848[24]. Im Briefwechsel Geibels mit seinem engen Freund, dem preußischen Kunsthistoriker Franz Kugler, findet sich in einem Schreiben Kuglers im April 1849 der Gedanke, „Frankfurt" sei gescheitert, jetzt sei es Preußens Aufgabe, Deutschland zu sein. [25]

Der Gedichttitel ist selbst ein Politikum. Was genau „Deutschland" geographisch ein- oder ausschließt, wird 1861 offengelassen. Und es heißt nicht, es sei Preußens Beruf, Deutschland zu einigen. Genau diese Formel aber war vermutlich vielen Zeitgenossen bekannt. Der Gedichttitel nimmt darauf Rücksicht, dass Geibel 1861 in Diensten des bayerischen Königs steht.

Franz Kugler hatte den Dichter seit Mitte der 1840er-Jahre in mehreren Briefen gebeten, sogar beschworen, sich in Berlin anzusiedeln. Von dort aus

---

22 Herder (1784-1791).

23 Mommsen (1996): 72, ohne Quellenangabe.

24 Wigard (1848), Bd. 1: 17.

25 Kugler an Geibel, 26.3.1849, in: Hillenbrand (2001): 186.

sollte er für die deutsche Einigung literarisch werben.[26] Geibel aber ging 1852 nach Bayern und stärkte mit seiner Präsenz in München den bayerischen „Partikularismus“ in politischer, aber auch in kultureller Hinsicht. Eine seinerzeitig anerkannte Leistung war beispielsweise seine Förderung der regionalen Literaturentwicklung mit der Herausgabe der Gedichte von Hermann Lingg.[27] Das Königreich Bayern war seit der Märzrevolution 1848 eine konstitutionelle Monarchie. Der junge König Maximilian II. verfolgte eine Strategie der offensiven kulturellen und wissenschaftlichen Modernisierung, gepaart mit einer Strategie defensiven politischen Wandels. Bayern entsprach somit, wenn sicherlich auch mit Einschränkungen, dem Leitbild evolutionärer Entwicklung, das die Mehrheitsfraktion der Frankfurter Nationalversammlung als eines ihrer Ziele verfolgte: soviel als möglich von denjenigen gewachsenen historischen Strukturen bewahren, die den als notwendig erachteten Reformen nicht im Wege standen.

Eine Mehrheit der Nationalversammlung, zusammengesetzt aus dem „rechten“, liberal-konstitutionell orientierten „Zentrum“ und dem radikaldemokratischen „linken Zentrum“ hatte am 27. März 1849 eine Reichsverfassung beschlossen und Friedrich Wilhelm IV. am 28. März zum „Erbkaiser“ gewählt. Er sollte auf der Grundlage dieser Verfassung Repräsentant der neuen Einheit werden. Preußens König hatte die Wahl abgelehnt und der Nationalversammlung das Recht abgesprochen, die bestehenden dynastischen Ordnungen zu ändern. Auch Bayern und andere deutsche Königreiche verweigerten der Frankfurter Nationalverfassung ihre Anerkennung. Beim Empfang einer Delegation aus Frankfurt beim preußischen König soll das Wort gefallen sein, er, König Wilhelm, wolle, wenn überhaupt, die Kaiserkrone nur aus der Hand eines Fürsten annehmen. Aber auch dies sei, so schreiben Historiker, nur eine diplomatische Formulierung seines Kabinetts gewesen. Der König lehnte ein preußisch-deutsches Kaisertum entschieden ab.[28] Die deutsche Verfassungsreform und die Nationalbewegung waren gescheitert. In anderen Ländern Europas, in Polen, Ungarn, Böhmen und Italien wurden die Nationalbewegungen im selben Jahr 1849 noch mit militärischer Härte und willkürlichen Strafgerichtsprozessen unterdrückt.[29]

Das alte feudalaristokratische Herrschaftssystem, basierend auf Adelsdynastien, ständischer Gesellschaftsgliederung und monarchischer Machtausübung hatte seinen Status mit Unterstützung des loyalen Militärs konserviert. „Konstitutionalismus“ und „Nationalbewegung“ galten, wie seit 1815 schon, als die stärksten Bedrohungen der alten Ordnungen.[30] Man versuchte, sie zurückzudrängen und mundtot zu machen. Aber 1859 erwachte die italienische und in ihrem Gefolge die deutsche Nationalbewegung erneut. Der Funke der überraschend geglückten italienischen Einheit sprang über auf die Feierlichkeiten zum

26 Bspw. Kugler an Geibel, 25.12.1844, ebd.: 79; am eindringlichsten im Brief vom 16.2.1845, ebd.: 81-84.

27 Geibel (1854); dazu Faulbacher (1992): 82 f.

28 Mommsen (1996): 281 f.

29 Ebd.: 285-291.

30 Mommsen (1996): 310-312.

100. Geburtstag Friedrich Schillers am 10. November. Es wurde das größte Fest zu Ehren eines Dichters, das es je in Deutschland gegeben hat mit Zehntausenden von fröhlichen, jubelnden Menschen in Großstädten wie Hamburg, Leipzig, Frankfurt und Berlin.[31] In Lübeck versammelten sich 3.000 Teilnehmer eines Festzuges mit einem Modell der „Glocke" auf dem Kaufberg (heute Koberg), in dessen Mitte eine Büste des Dichters stand. Der Senat beflaggte das Rathaus, trotz zu erwartender dänischer Protestnoten aus Kopenhagen, mit Schwarz-Rot-Gold, den verbotenen Farben der Nationalbewegung.[32] Bayerns König Maximilian versuchte, das Fest zu ignorieren. Auf dringendes Anraten seiner „Krokodile", allen voran Geibel, Paul Heyse und Friedrich Bodenstedt, ließ er dann doch wenigstens eine bescheidene offizielle Feier, an der er persönlich teilnahm, zu. Doch auch in München konnte ein „spontanes" Volksfest nicht verhindert werden.[33] Das, was Geibel in seinem Gedicht am Ende über Deutschlands Beruf als das „deutsche Wesen" anspricht, hatte seit dem 10. November 1859 ein Gesicht und einen Repräsentanten: Friedrich Schiller.[34] Nimmt man den Literaturkreis der Krokodile beispielhaft, dann entfaltete sich dieses „Wesen" an dem, was im 20. Jahrhundert einmal beschrieben worden ist als der „Geist der Goethezeit"[35] und in der Wertschätzung regionaler kultureller Vielfalt.

In Geibels Gedicht spricht eine Stimme, die wir als Stellvertreter des eigentlichen Souveräns, das deutsche Volk, verstehen können und wohl auch sollen. In dieser Stimme des lyrischen Ich spricht ein Geist, den die Herrschenden seit 1848 am stärksten zu diskreditieren suchten, die „alle gleichmachende" „Volkssouveränität". Diese virtuelle Person, weder Stand, Klasse, Bildung oder Besitz kennzeichnen sie, tritt vor die Herrschenden im Land, klagt, fordert, mahnt und weist die Richtung, wohin die Reise der Deutschen gehen soll: Behütet das fragile *Glück* unserer *Hütten*. Schafft dauerhaften *Frieden*, auch mit militärischen Mitteln. Bewahrt und behütet die kulturellen Eigenwerte Eurer *Stämme*. Wählt eine starke, kampferprobte Hand zur Sicherung eines einigen herrschaftlichen deutschen Willens in allen Staaten des neuen Bundes. Stärkt die Stimme Deutschlands im europäischen *Völkerrath* im Hinblick auf *Macht und Recht, Freiheit und Sitte*.

In zwei Versen mahnt die Stimme des Souveräns die Herrschenden zu Besinnung und Einkehr: *Macht Europas Herz gesunden/Und das Heil ist Euch*

---

31 Schätzungen sprechen von bis zu fünf Millionen Personen, die allein im heutigen Deutschland an den Feiern teilnahmen, siehe Eickhölter (2004): 88-113, hier 91.

32 Ebd.: 92.

33 Faulbacher (1992): 129 f.

34 Ebd.

35 Korff (1927-1967); dazu inhaltlich Mann (1966): 156; er beschreibt die Wahrnehmung deutscher Kultur aus französischer Sicht: „Geistig war der deutsche Einfluss in Frankreich nie stärker als seit Napoleons Fall (…) und durch Bücher wie Madame de Staels ‚Über Deutschland' gewaltig gefördert (…). Man warf sich auf die deutsche Philosophie, auf Kant und Hegel, Goethe, Schiller, die Romantiker. Man sah in Deutschland das Land, in dem diese Genien hatten erblühen können; das philosophische, das poetische, musikalische, das unpolitische Land."

gefunden. Das ist eine warnende Aufforderung auch an Bayerns König Maximilian, sich seiner politischen Verantwortung bewusst zu werden. Was mit anklingt, ist die in der Frankfurter Nationalversammlung 1848 ausgesprochene Idee eines friedlichen Europas der Nationalstaaten.[36] Die Aufgabe, die dem geeinten „Deutschland" als dem „Herzen" des Kontinents in der Gedankenwelt des lyrischen Sprechers zufällt, ist es, mit „klarem Geist" und „scharfem Hieb" zu „zügeln" *jeder Selbstsucht wilden Trieb.* [37]

Im Sommer 1861 war der junge Historiker, Schriftsteller und spätere Reichstagsabgeordnete Heinrich von Treitschke für einige Zeit in München. Er war bereits zu dieser Zeit ein scharfer Kritiker der „Triaspolitik" des bayerischen Königs, und er mochte sich mit dem seiner Meinung nach unpolitischen Verhalten des dortigen Literatenkreises nicht anfreunden.[38] Hätte Geibel ihm sein Gedicht vorgetragen, er hätte Spott und Hohn geerntet. Treitschke war ein überzeugter, scharfzüngiger „Unitarier". Er forderte für Deutschland einen Einheitsstaat und die, wenn es sein müsste, mit Gewaltmitteln zu erzwingende Auslöschung aller Fürstentümer und Stadtstaaten. Treitschkes wachsende Popularität endete erst nach 1945. Geibel selbst war im Sommer 1861 wie üblich in Lübeck. Sein königlicher Vertrag band ihn nur in den Wintermonaten an München. Beinahe täglich besuchte er Familie Deecke. Sein väterlicher Freund und einer der prägenden Lehrer in Prima und Oberprima 1834 und 1835, Ernst Deecke, war von Juli 1848 bis Mai 1849 Lübecks Vertreter in der Frankfurter Nationalversammlung gewesen. In der Zeit seiner Abwesenheit vertrat Geibel ihn als Lehrer am Katharineum. Ernst Deecke war Mitglied und überzeugter Vertreter der stärksten Parteiung in Frankfurt, dem liberal-konstitutionellen „rechten Zentrum"[39]. Er wählte am 27. März 1849 König Friedrich Wilhelm IV. zum „Erbkaiser" und gehörte nach dessen Brüskierung der Nationalversammlung zu den 147 von 260 Abgeordneten des rechten Zentrums, die vom 26. bis 29. Juni 1849 in Gotha eine „private Zusammenkunft" veranstalteten. Dort wurde mehrheitlich empfohlen, die Königreiche Preußen, Hannover und Sachsen sollten das Einigungswerk gemeinschaftlich in Deutschland durchsetzen. [40]

Nach seiner Rückkehr aus Frankfurt und Gotha zog sich Ernst Deecke von allen öffentlichen Ehrenämtern zurück, blieb Lehrer und nebenberuflich Bib-

36 Mommsen (1996): 311.

37 Weniger von der Nationalbewegung begeisterte Zeitgenossen könnten bei diesem Vers Geibels an eine Äußerung in Goethes *West-östlichem Divan* im *Buch des Unmutes* sich erinnern, der 1819 zur Skepsis gemahnte: *Und wer franzet oder brittet/ Italiänert oder teutschet/Einer will nur wie der andre/Was die Eigenliebe heischet,* Goethe (1819): 97; aber man muss zugeben, dass der Divan Goethes nicht sehr verbreitet war, noch um 1890 konnte man die Erstausgabe in Buchgeschäften beim Verlag bestellen und erwerben.

38 „Die Leute sind politisch so apathisch und mir zuckt das deutsche Elend in allen Gliedern." In: Hjeltholt (1929): 15.

39 In dieser Gruppierung fanden sich auch vier der „Göttinger Sieben", Christoph Friedrich Dahlmann, Georg Gottfried Gervinus, Wilhelm Eduard Albrecht und Jacob Grimm.

40 Deecke (1849): 231-235, 239-244, 245-251, 255-259, 263-266.

liothekar der Stadtbibliothek.[41] Er wurde zum Förderer und Erforscher der lübeckischen Regionalkultur. Das Scheitern in Frankfurt veranlasste Geibel, für Deecke 1851 ein Trostgedicht zu verfassen[42]. Sollte er ihm im Sommer 1861 *Deutschlands Beruf* vorgetragen haben? Man dürfte wiederholt über die aktuellen Ereignisse in München gesprochen haben, Geibel befürchtete das Ende der Symposien und seiner Stellung am Hof. Der aus München abgereiste Historiker Heinrich von Sybel war ein öffentlicher Verfechter des Geistes von Gotha. Das Stichwort „Gotha" war für den immer stärker werdenden Bayern-Patriotismus gleichbedeutend mit der Aussicht, von den deutschen Staaten im Norden in einen Einheitsstaat hineingezwungen zu werden und wurde deshalb heftig attackiert.

Stellt man sich ein Gespräch zwischen Ernst Deecke und Geibel in diesem Sommer vor, dann dürfte die akute Bedrohung durch Dänemark (*der Koloß im Norden*) und die latente durch Frankreich (*die Laun' an der Seine*[43]) kaum strittig gewesen sein. Wie aber würden die Freunde über die Katholiken Bayerns und deren päpstlichen Hüter diskutieren? Geibels abschätzige Bemerkung im Gedicht über den Papst als den *Fischer in Rom* muss nicht auf unbedingte Zustimmung bei Deecke gestoßen sein. Ernst Deecke war seit Schülertagen aktives Mitglied in der Loge zum Füllhorn und 1861 inzwischen seit mehr als einem Jahrzehnt Meister vom Stuhl. Der Geist der Aufklärung floss durch die Stimmen der Fraktion Deeckes in der Frankfurter Versammlung in den Katalog der Grundwerte ein und sicherte jedem Bürger die volle Freiheit des Glaubens und der Gewissensentscheidung zu. Dieser Grundwert inspirierte seit 1848/49 eine rasch wachsende Bewegung deutscher Katholiken, ihre Ansprüche und Erwartungen an einen zukünftigen deutschen Staat zu formulieren. Man fürchtete, Staatskirche zu werden. Dagegen wurde polemisch die Idee propagiert, jeder Katholik sei zuerst Bürger Roms, Bürger des Vatikanstaates und damit Untertan des Papstes.[44] Die Wortführer der italienischen Nationalbewegung hatten 1848 die völlige Beseitigung aller staatspolitischen Aktivitäten und Rechte des Papstes beabsichtigt.

---

41 Mantels (1877): 18 f.

42 Deecke (1912), Digitalisat Universitäts- und Landesbibliothek Düsseldorf.

43 Ein Beispiel dafür, an welche „Laune" Geibels Zeitgenossen gedacht haben könnten, beschreibt Mann (1966): 153 f.; am Ende eines außenpolitischen Konfliktes Frankreichs mit Russland, England und der Türkei um die Zukunft Ägyptens im Jahre 1840, bei dem Frankreich einen „Rückzieher" machen muss, lenkten französische Nationalisten den Blick ab auf den Rhein, Golo Mann wörtlich: „Im östlichen Mittelmeer zum Nachgeben gezwungen, ließ der französische Nationalismus durch seine Zeitungen wissen, der Rhein sei noch immer Frankreichs natürliche Grenze und ehe er es nicht auch auf der Landkarte sei, sei kein dauernder Friede in Europa. Thiers, der Ministerpräsident, ein Napoleonbewunderer von Beruf, distanzierte sich nicht von dieser Ansicht. Die deutsche Reaktion war überraschend. Es war das Aufwallen eines Gefühls deutscher Gemeinsamkeit, Bedrohtheit, begeisterter Bereitschaft, das Bedrohte zu verteidigen, wie es seit 1815 nicht stattgefunden hatte, und so das ganze Land ergreifend vielleicht nicht einmal damals. (…) Der neue deutsche Stromkult traf zusammen mit der älteren französischen Idee, die sich vernünftig gab, aber um nichts weniger verwunderlich war: der Rhein sei die ‚natürliche Grenze' und die unabdingbare strategische Grenze Frankreichs. (…) Nun war man in Frankreich geschmerzt und verwundert. Man hatte es nicht so gemeint."

44 Buchheim (1963): 114 ff., speziell 119.

Aber Frankreichs neuer Kaiser Napoleon III. schützte den Vatikanstaat seit 1851 mit Truppen. Carl Buchheim, ein katholischer Kirchengeschichtsforscher, vermutet aus innenpolitischen Gründen, um sich die Wählergunst französischer Katholiken zu sichern.[45] In Frankreich kam der Begriff des Ultramontanismus auf. Dem Papst als weltlichem Stellvertreter Gottes auf Erden stehe ein eigener Staat zu, es sei überdies der erste und älteste in Europa. Der Nachfolger auf dem Stuhl Petri (Petrus, der Menschenfischer) sei der natürliche Monarch aller Katholiken.

Im deutschsprachigen Raum lebten damals rund 20 Millionen Katholiken. Für die auch in Bayern sich nach 1848 formierende ultramontane Bewegung war das religionspolitische Verhalten des jungen Königs Maximilian II. eine Quelle der Verunsicherung, der Sorge und des Unmutes. König Max legte großen Wert darauf, in der Öffentlichkeit als guter Katholik zu erscheinen. Er pflegte gewissenhaft Riten und Bräuche, versammelte aber um sich einen von der Öffentlichkeit abgeschotteten Kreis von Künstlern und Wissenschaftlern, die als „Nordlichter“ fast ausschließlich Anhänger reformierter, zumeist protestantischer Glaubensbekenntnisse waren. Wenn sie nicht bereits, wie Geibel, der deutlich naturreligiös sich äußerte, in einer modernen Indifferenz allen positiven Religionen gegenüber ihre geistige Heimat suchten oder wissenschaftsgläubig geworden waren.

Das „Deutschland“, das Geibels Gedicht ausmalt, ist auf die Nationalbewegung fixiert. Aus Sicht der katholischen Ultramontanbewegung jedoch wurde der Nationalgedanke zunehmend infrage gestellt und gelegentlich schon als häretisch, als ketzerisch bezeichnet.[46] Es wäre wünschenswert zu erfahren, ob es Äußerungen von Ernst Deecke zu diesem Themenkomplex gibt.

III. „Deutschlands Beruf“ und andere „Heroldsrufe“ Geibels 1871

Im Oktober 1871 erschien der Gedichtband *Heroldsrufe* auf dem Buchmarkt.[47] Das Werk präsentiert eine Auswahl von 88 politischen Gedichten Geibels in der chronologischen Folge ihrer Entstehung. Gegliedert ist die Sammlung in vier Zeitabschnitte: „Vor 1848“ (20 Gedichte), „Schleswig-Holstein“ (18 Gedichte), „Von 1849-1866“ (26 Gedichte) und „Von 1866-1871“ (24 Gedichte).[48] Der hier interessierende Text steht etwa in der Mitte des 206 Seiten umfassenden Buches, das auf dem Buchrücken den Titel trägt: *Geibels Heroldsrufe*. Der Herold, laut Duden im Mittelalter ein Ausrufer und Bote eines Fürsten, jemand, der eine wichtige Nachricht verkündet, ist in diesem Fall der Dichter Emanuel Geibel aus Lübeck, der sich als Sprachrohr der deutschen Nationalbewegung inszeniert. In seinem ersten Ruf, *Thürmerlied.* (1840.), fordert er als Wachtmann auf einem Turm jeden Deutschen auf, sein „Schwert“ zu

45 Ebd.: 88.

46 Ebd.: 69.

47 Stammler (1918), Bd. 2: 201, Einleitung des Herausgebers.

48 Zwei der Texte sind nicht, zwei nicht jahrgenau datiert, die jeweils angegebene Jahreszahl ist bei ihnen um ein Fragezeichen ergänzt; in einigen Fällen sind Tag und Monat ergänzend zur Jahresangabe hinzugesetzt, in anderen Fällen der taggenaue Anlass der Gedichtentstehung.

schärfen und sich auf sein ab jetzt jederzeit mögliches Sterben rituell vorzubereiten. Das Land sei von Russland und Frankreich bedroht, es müsse verteidigt werden. In seinem finalen Ruf, *Zur Friedensfeier.* (18. Juni 1871), reflektiert er die Festversammlung in einem fünfstrophigen Dank, dessen Eingangsverse samt Refrain lauten:

Flammt auf von allen Spitzen,
Ihr Feuer deutscher Lust,
Und weckt mit Euren Blitzen
Ein Danklied jeder Brust!
Das grause Spiel der Waffen
Mit Gott ists abgethan,
Und, die das Schwert geschaffen,
Die Palmenzeit bricht an.
Preis dem Herrn, dem starken Retter,
Der nach wunderbarem Rath
Aus dem Staub uns hob der Wetter
Und uns heut im Säuseln naht![49]

Dieser Herold ist Zeitzeuge, Berichterstatter, Kommentator und aktiv eingreifender Mahner, Tröster und Antreiber derjenigen Zeitgenossen, deren politisches Ziel die nationale Einheit in einem zu gründenden Bundesstaat als „Haus" mit einem zu findenden Kaiser als „Hüter" ist. Es ist eine Suche für den politischen Spürsinn, als Aufgabe vorgegeben durch den Zeitgeist. Die „Rufe" des Herolds begleiten von 1840 bis 1871 die Fortschritte, Rückschläge[50] und die zuletzt märchenhaft zu nennenden Erfolge der deutschen Nationalbewegung mit persönlich leidenschaftlicher Anteilnahme, sie zielen auf Emotionalisierung und Zustimmung. Seine Funktion als „Herold" interpretiert Geibel als über den politischen Parteien stehend, sie überwölbt und vereinigt und ist genau damit ein hochpolitisches Programm mit einer spezifisch eigenen poetischen Sprache.

---

49 Geibel (1871): 203; am 17. und 18. Juni 1871 wurde in Lübeck die Rückkehr der Kriegsteilnehmer gefeiert; Ehrung der Rückkehrer, Trauer um die Gefallenen, Wunsch nach Rückkehr zum Alltag in Frieden und Hoffnung auf eine lange Friedenszeit prägten die Festbeiträge, in den Lübeckischen Blättern erschienen am 21.6. (281-282) und am 25.6. (285-292) ausführliche Berichte über die volksfestartigen Feierlichkeiten; zum Abschluss der Hauptzeremonie auf dem Markt sangen mehrere tausend Teilnehmer ein dreistrophiges Lied von Emanuel Geibel nach der Melodie von „Heil Dir im Siegerkranz"; er selbst nahm an der Feier teil, seine Tochter Marie schmückte zusammen mit vier „Ehrenjungfrauen" die Fahne des heimgekehrten „Füsilier-Bataillons 2. Hans. Infant.-Regiments No. 76"; die Verse des gesungenen Liedes und des Gedichtes *Zur Friedensfeier* in den Heroldsrufen zeigen keine Übereinstimmung.

50 Wenig beachtet aus Lübecker Perspektive ist die Schilderung der Ereignisse rund um den 27. März 1849, als die Nationalversammlung in Frankfurt König Friedrich Wilhelm IV. zum Kaiser wählte und dieser wenige Tage später die ihm angetragene Kaiserkrone ablehnte. Das episch erzählende, ungereimte Gedicht *Ein Gedenkblatt.* (1851.?) fasst die Ereignisse als einen Tagesablauf in Lübeck zusammen mit morgendlichem Jubel und abendlicher Enttäuschung, in: Geibel (1871): 80.

So modern die europaweite Nationalbewegung ist[51], so zeitgenössisch aktuell ist der Zeitraum, in dem ihre deutsche Ausprägung eingegrenzt wird. Er beginnt mit der Besetzung deutscher Territorien durch französische Truppen und der Niederlage Preußens im Herbst 1806 bei Jena und Auerstädt und er endet mit der Niederlage französischer Truppen 1870 und der Ausrufung eines deutschen Kaiserreichs am 18. Januar 1871 im Spiegelsaal des Schlosses von Versailles. Der sprachliche und geschichtliche Zeitraum, den die Geibelsche Chronik mit Namen und Ereignissen aufruft, umfasst etwa 1.000 Jahre. Die verwendete Sprache der Heroldsrufe ist selten modern im Duktus wie etwa die Heinrich Heines[52] und fast ausschließlich eine hochsprachlich moderne Mischung aus Sprachpartikeln der seinerzeit überaus populären Märchen, Mythen, Lieder und Legenden. Vokabular und Sprachbilder sind im Fundus stark begrenzt und werden regelmäßig wiederholt. Es dominieren typologisierende Generalisierungen (*Der Freund. Das Schwert. Die Nacht*) und Personifikationen. „Deutschland" beispielsweise wird wiederholt vorgestellt mal als „Braut", mal als „Witib", Witwe. „Deutschland" ist auch der Siedlungsraum deutscher „Volksgeschlechter" mit ihren eigenen Kulturen, geographisch begrenzt etwa wie zur Zeit der napoleonischen Okkupation 1806. Die kulturelle Vielfalt der „Volksgeschlechter" wird einmal verglichen mit den Farben des Regenbogens. Ein verbindendes Element der Mehrzahl der 88 Heroldsrufe ist die Verwendung von sprachlichen Repräsentanten politischer Symbolik aus der traditionellen Praxis monarchischer Herrschaftsriten (*Reichsapfel. Purpurmantel. Kaiseraar.*)

Die treibende Kraft des sich ab 1859 mit dem Schillerfest beschleunigenden politischen Einigungsprozesses ist der beflügelnde, begeisternde Auftrieb, den die wachsende Sehnsucht vieler Deutscher in den „Herzen" der einzelnen Zeitgenossen freisetzt. Die Aufgabe umzusetzen, ist eingebunden in moralische Wertsetzungen. Sich als „Volk" im Sinne der Idee des Selbstbestimmungsrechtes aller Völker „frei" eine eigene staatliche Ordnung zu geben, sich selbst zu gestalten und sich gegen „Fremdherrschaft" zu wehren, erlaubt in Geibels politischer Poesie den Gebrauch von Waffengewalt. Eine „Nation" darf eine benachbarte im Falle der Zugehörigkeit von Grenzregionen auch mit militärischer Gewalt in ihre Schranken weisen. Im Falle Deutschlands betrafen die aktuellen Konflikte zum Beispiel die Zugehörigkeit von Schleswig-Holstein sowie von Elsaß und Lothringen. Aber kein Vers des Herolds erlaubt einer Nation, eine fremde zu unterwerfen oder zu unterdrücken, im Gegenteil: „Deutschland" als „Europas Herz" ist nur dann „gesund", wenn es „seinen Platz" im „Völkerrath" einnimmt.

Es gibt ein weiteres moralisches Tabu in der politischen Vorstellungswelt des „Herolds". Geradezu geächtet wird von ihm die Vorstellung, ein gewählter „Kaiser" dürfe das ihm zum Schutz übergebene Reich mit Gewalt sich untertan machen. Im *Gesang der Prätorianer.* (1859.) erweist sich die als Leibwache des „Kaisers" gedachte Schutztruppe als eine „Meute" verwilderter skrupelloser Gesellen, die für „Beute", „Gold und Lorbeerreiser", das „Volk", die „Bürger",

51 Mommsen (1996): 29; Mann (1966): 83-90; Reinalter (2002): 5.

52 Ein Beispiel ist das Gedicht *Tempora mutantur.* (1860.).

entrechtet, quält und erniedrigt.[53] So zu regieren, wird als römisch, als „welsch" verurteilt. Der „Hüter" des Deutschen Reiches darf kein Despot sein, sondern wird imaginiert als ein „Held", der seine „Braut" Deutschland „keusch" „liebt".

Das Vokabular, das Geibel im Heroldsruf *Deutschlands Beruf.* (1861.) verwendet, wird in den folgenden Texten konkretisiert und veranschaulicht. Hier ist nur ein Hinweis hervorzuheben. Im Gefüge des streng geformten Werkganzen erweist sich das „deutsche Wesen", an dem die „Welt" „genesen" möge, als eine Sammlung von Eigenschaften, die im Gesellschaftlichen sich als Volksbräuche der „Sittlichkeit" in deutschen Landen überliefert hat und aktuell praktiziert wird oder werden sollte. Im politischen Bereich definiert sich das deutsche Wesen als verbriefte Unterschiedlichkeit der Landschaften. Kaiser und Deutschland stehen im ausbalancierten Verhältnis von Zentralität und Regionalität zueinander.

IV. „Deutschlands Beruf" 1871 bis 1915

Der Historiker Wolfgang Mommsen hat als Zusammenfassung der Ereignisse von 1848/49 festgehalten, es habe innerhalb der deutschen Nationalbewegung wenig oder kein kritisches Verständnis für die problematischen Seiten dieses Projektes gegeben. Welche bedrohlichen Kräfte in nationaler Emotionalisierung eingeschlossen schon damals steckten, können zwei Beispiele zeigen. Im Sommer 1848 kam es zu militärischen Konflikten in den Herzogtümern Schleswig und Holstein zwischen der „dänischen" und der „deutschen" Partei. Die Nationalversammlung in Frankfurt zeigte sich leidenschaftlich patriotisch. Im September 1848 stimmte die preußische Regierung dem „Waffenstillstand von Malmö" zu. Er wurde in Frankfurt als nationaler Verrat verurteilt. Es kam am 18. September zu gewaltsamen Demonstrationen in Frankfurt. Auf dem Höhepunkt der Eskalation zwischen Militär und aufgebrachter Menge wurden zwei preußische Abgeordnete, die die Entscheidung verteidigten, ermordet.[54] Ein zweites Beispiel: Im Frühjahr 1849 debattierte die Versammlung, ob ein künftiges Deutschland „Deutsch-Österreich"[55] ausschließen dürfte. Nachdem die kaiserliche Regierung in Wien kundgetan hatte, der Habsburger Vielvölkerstaat wolle nur als Ganzes Teil eines geeinten Deutschland werden, argumentierten die Befürworter eines Beitritts, es sei gut so. Das politisch und kulturell dominierende Deutsch-Österreich könne dann weiterhin die „minderwertigen" slavischen Volksgruppen domestizieren und möglicherweise auch assimilieren.[56]

Geibels Heroldsruf *Deutschlands Beruf.* (1861.) ist eingebettet in Gedichte, die Zeugnis dafür sein können, wie unbekümmert die nationale Einheitssehnsucht sich artikulierte. Im Heroldsruf *Geschichte und Gegenwart.* (1861.)

---

53 *Gesang der Prätorianer.* (1859.), in: Geibel (1871): 102.

54 Felix Fürst von Lichnowsky und Hans von Auerswald, dazu Details bei Mann (1966): 218.

55 Die Formulierung „Deutsch-Österreich" war um 1848 noch nicht allgemeingültig.

56 Mommsen (1996): 227-230, 233-237, 313, siehe auch Mann (1966): 239 ff., Die Frage der Nationalitäten.

übermittelt der Bote die Ergebnisse der jüngsten Geschichtsforschung in Bezug auf Deutschlands Zukunft, herausgelesen aus den Wechselfällen geschichtlicher Ereignisse. Hierzu zwei verkürzte Strophen:

Wohl lastet über weiten Räumen
Unsichrer Dämmrung trüber Flor,
Doch wächst in Bildern dort und Träumen
Die Sehnsucht nach dem Licht empor;

(...)

Und ob sich rings Gewitter thürmen
In West und Ost um unsren Pfad,
Uns schwant, dass auch in diesen Stürmen
Ein gottgesandter Frühling naht;

Es wird in diesem Heroldsruf ein Zusammenhang hergestellt zwischen dem geschichtlichen Verlauf von Ereignissen und einem Einwirken Gottes; die angestrebte, ersehnte Einheit wird zum „gottgesandten Frühling". Dieser Gedanke wird vertieft:

Doch nun allmählich aus den Tiefen,
Die nimmermüder Fleiß durchgräbt,
Sich überdeckt mit Hieroglyphen
Des Riesenleibes Umriss hebt;
Nun in untrüglicher Gestaltung
Der Sprache Fußspur vielverzweigt
Uns der Geschlechter frühe Spaltung
Und ihren frühsten Bund uns zeigt:

Nun rollt vor dem betroffenen Blicke
In festgegliedertem Verlauf
Die Kette sich der Weltgeschicke
Wie ein vollendet Kunstwerk auf;
Nun seh'n wir, reisend durch die Zeiten,
Das Antlitz wandelnd Zug um Zug;
Des Gottes Offenbarung schreiten,
Die jeder gab, was sie ertrug.

Die Sehnsucht nach der nationalen Einheit ist hier keine willkürliche Setzung, sondern die Einlösung einer göttlichen Offenbarung, die die Gegenwart zu leisten und zu ertragen hat. (1861 entstanden, in der Schublade wohl verwahrt, könnte dieser Heroldsruf auch Bayern und seinem König gegolten haben: Ihr müsst es mittragen!). Ein anderer Heroldsruf generalisiert den Befund: Die alten Glaubensformen bedürfen der „Reformation", die Kirchen sind leer, Gott spricht in den Nationalbewegungen zu seinen Völkern, es entsteht eine neue Kirche.[57]

57 *Reformation.* (1862.), in: Geibel (1871): 122.

In einem Heroldsruf *Was wir wollen* (April 1867) verkünden zwei Strophen:

Mag jeder, wie's ihm klug
Bedünkt, sein Haus verwalten!
Wir sind uns selbst genug
Und lassen gern ihn schalten.
Uns ist's nicht Gall' im Wein
Wenn andre froh sich laben;
Wir wollen einig sein
Und wollen Frieden haben.

Nur, wie wir ohne Groll
Das Recht des Nachbarn ehren,
So fordern wir, man soll
Auch unsres uns gewähren.
Kein Vormund red' uns drein
Wie willenlosen Knaben
Wir wollen einig sein
Und wollen Frieden haben.

Dieser Ruf ist 1867 entstanden nach dem sogenannten „Mainkrieg“. Die Großherzogtümer Baden und Württemberg sowie die Königreiche Bayern und Sachsen hatten sich im Jahr zuvor an die Seite der Habsburger Monarchie gestellt. In der Schlacht bei Königgrätz kämpften sie für die Erhaltung des „Deutschen Bundes“ von 1815 teilweise mit, während Preußen nun den von der Nationalversammlung 1849 beschlossenen Bundesstaat anstrebte. Preußen gewann. Sächsische Truppen kämpften in Königgrätz an der Seite „Wiens“, die am Main gelegenen deutschen Staaten beschränkten sich darauf, ihre Territorien militärisch zu verteidigen. Sie mussten nahezu kampflos kapitulieren vor den überlegenen preußischen Armeen. Der Aufruf des Herolds zu Einigkeit und Frieden wendet sich direkt an die im Mainkrieg unterlegenen Königreiche:

Wir wollen endlich fest
Ausbauen die deutschen Hallen,
Nicht wie sie Ost und West,
Nein, wie sie uns gefallen.
Reicht uns die Hand am Main,
Ihr Bayern und ihr Schwaben!
Wir wollen einig sein
Und wollen Frieden haben.

Der Herold spricht als Botschafter, als Diplomat der Nationalbewegung, er ist selbst Teil eines „Wir“. Dieses „Wir“ reicht nach dem militärischen Sieg den Unterlegenen „die Hand“. Aus deren Sicht ist der Nationalbewegung Wunsch ein Zwang zur Einigkeit, ein Diktatfrieden. Wobei zu erinnern bleibt, dass auch südlich des Mains die nationalen Sehnsüchte das partikularistische Festhalten am „gewachsenen“ Eigenen sehr deutlich dominierten.

1915, 44 Jahre nach der Ersterscheinung, kommt eine Neuausgabe der Heroldsrufe auf den Buchmarkt. Es ist das Jahr von Geibels 100. Geburtstag. Verantwortlich für die Ausgabe ist Emil Ferdinand Fehling, Geibels Schwiegersohn und Senator der Freien und Hansestadt Lübeck. Er war Inhaber sämtlicher Nachlassrechte. Karl Quenzel (1875-1945), ein in Berlin lebender Verlagslektor, Feuilletonist und Autor, traf eine Auswahl von 44 der 88 Heroldsrufe. Es entstand ein schmales Bändchen im Umfang von 64 Seiten, das Original von 1871 hat einen Umfang von gut 200 Seiten. Weder die Auswahl, noch Umstellungen der Texte werden kenntlich gemacht. Auf der Titelseite heißt es: „Zum hundertjährigen Geburtstag unseres Heimatdichters Emanuel Geibel von dem Senat der freien und Hansestadt Lübeck zum 18. Oktober 1815".

Auch die Einleitung zur Jubiläumsausgabe schrieb Karl Quenzel: „Geibels ‚Heroldsrufe' gehören in den Tornister eines jeden Soldaten und auf den Tisch jeder deutschen Familie." Zur Aktualität der Gedichte und somit als unausgesprochene Begründung der Auswahl lässt Karl Quenzel seine Leser weiterhin wissen: „Am nächsten stehen uns die mächtigen Lieder aus dem Jahre 1870. Obwohl wir von Jugend auf an diese Klänge gewohnt sind, ist es doch, als hörten wir sie zum ersten Male, als gewönnen sie erst heute rechtes Leben, als verstünden wir sie erst jetzt in ihrer ganzen Bedeutung. Die markigen Verse begleiteten schon die Väter: ihrer Anziehung kann sich auch heute niemand entziehen (…)." Aber: War es berechtigt, die Heroldsrufe der Geschichtsperiode von 1840 bis 1871 in die Verantwortung für die Ereignisse von 1914 einzubeziehen?

Quenzel zitiert in seiner Einleitung Verse aus dem Heroldsruf von 1867, dem soeben erwähnten *Was wir wollen*:

Wir hassen's insgesamt,
Um eitlen Ruhm zu fechten,
Doch hoch zur Notwehr flammt
Das Schwert in unsrer Rechten
Dem Störenfried allein
Sei's in die Brust gegraben.

Was Quenzel weglässt, ist der Kehrreim:

Wir wollen einig sein
Und wollen Frieden haben.

Quenzels Verkürzung betont die Vokabel „Notwehr". Das Deutsche Reich begründete 1914 seinen militärischen Erstschlag gegen Frankreich als Präventivmaßnahme aus Notwehr. Die seither anhaltende Debatte um die Kriegsschuld Deutschlands am Ausbruch der „Urkatastrophe" des 20. Jahrhunderts nimmt an dieser Deutung der Ereignisse ihren Anfang. Man musste Geibels Heroldsruf verkürzen und verbiegen, um sich auf ihn berufen zu können. Notwehr ist bei ihm gegeben, wenn die nationale Einheit und der Wunsch nach Frieden gefährdet sind. Das Deutsche Reich von 1914 war jedoch bereit, den seit 1871 herrschenden Frieden aufzugeben und „um eitlen Ruhm zu fechten". Es ging den Regierenden in Berlin um Anteile an der „Weltherrschaft".

Die Verkehrung des nationalen Idealismus Geibels in sein Gegenteil bleibt nicht ohne Konsequenzen auch für die Bedeutung von *Deutschlands Beruf* im Jahr 1914/15. 1861 sollte mit einem sich einigenden friedlichen Deutschland

„Europas Herz gesunden". Und Deutschlands „Stimme" im „Völkerrath" sollte „jeder Selbstsucht wilden Trieb" mit „klarem Geist" und „scharfem Hieb" „aus starker Mitte" „zügeln". 1914/15 war „Europas Herz" erneut „krank". Die Kriegsziele, die 1914 in Berlin formuliert wurden, territoriale Annexionen und die Unterdrückung nationaler Minderheiten, konnten und durften sich nicht auf Geibels Heroldsrufe berufen[58]. Dass man es in Lübeck mit der Herausgabe der Sammlung dennoch tat, hat den Ruf des Dichters im 20. Jahrhundert nicht vermehrt, sondern in ein böses Zwielicht gerückt.[59]

Als zum 200. Geburtstag Emanuel Geibels 2015 eine Ausstellung und ein Katalog im Museum Buddenbrookhaus entstanden[60], wurden Postkarten gezeigt, auf denen deutsche Soldaten in Uniform mit aufgeschnallten Gasmasken über ein Schlachtfeld marschieren, auf dem Rücken ein Kanister mit Gas, in der rechten Hand eine Gaspistole, die Bildunterschrift lautet: „Am deutschen Wesen soll dereinst die Welt genesen, Em. Geibel". Die Schlussverse des Heroldrufs *Deutschlands Beruf*, inhaltlich manipuliert, sind einmontiert in ein Produkt französischer Kriegspropaganda des Jahres 1915/16. Die Postkarten sollten vermutlich von deutschen Soldaten gefunden und gelesen werden und deren Moral infrage stellen: Wenn der Wille, die Welt am deutschen Wesen genesen zu lassen, mit dem Einsatz von Giftgas gegen feindliche Soldaten einhergeht, um deren Heimatland zu erobern, entlarvt sich das angeblich Heilende als zynisch, als Farce.

Deutlich wird, dass der Vers auf der Feldpostkarte nicht von Geibel stammt, auch wenn diese ihn als Zitat von „Em. Geibel" zu beglaubigen sucht. Was bei dem Dichter 1861 als unbestimmter Wunsch, als Utopie in der grammatischen Möglichkeitsform aufs Papier kam, wird auf der Postkarte zum fixen imperativischen Willen. Die Entstellung hatte im Deutschen Reich Tradition. Kaiser Wilhelm II. hatte vorgemacht, wie der Dichter hätte dichten sollen[61], die französische Umdichtung erweist sich somit als glaubwürdiges Zitat einer deutschen Manipulation: „Seht, so geht Euer Kaiser mit den Versen eures Nationaldichters um."

---

58 Müller (1996): 214 f.

59 Mann (1966): 175 ff. hat darauf aufmerksam gemacht, dass Heinrich Heine schon um 1840 Vorahnungen hatte, wohin der Nationalismus ausarten konnte: „Es war damals die Meinung, in Frankreich, in Italien, auch in Deutschland, daß der Nationalismus eine internationale Sache sei, nahe verwandt der republikanischen und demokratischen; daß die Nationen, wenn sie erst im Innern frei und einig wären, sich zu einem großen Völkerbunde vereinen würden. Heine glaubte das nicht. Er hielt den Nationalismus, besonders den deutschen, für einheitssprengend, eine dumme, zerstörende Macht, deren Herz der Hass ist." Traf etwas davon auf Geibel zu? Er schimpft in Versen über die Französische Revolution und die aktuelle französische Politik, verwendet auch die Vokabel vom „Erbfeind" in den Heroldsrufen häufig, gleichzeitig wirbt er im Kreis der Krokodile für ein Verständnis französischer Gegenwartslyrik, zum Beispiel, indem er zusammen mit dem Schweizer Heinrich Leuthold „Fünf Bücher französischer Lyrik vom Zeitalter der Revolution bis auf unsere Tage", in Übersetzungen publiziert (Leuthold/Geibel [1862]); sein Nationalismus ist stark gespeist von Begeisterung für das Eigene, nicht von Hass auf Fremdes, es ist kein antagonistischer Nationalismus.

60 Lipinski/Volkmann/Eickhölter (2015).

61 Es gibt verschiedene Varianten, die Wilhelm II. zugeschrieben werden, z. B. Am deutschen Wesen wird oder soll die Welt genesen, dazu Pätzold/Weißbecker (2002): 279-283.

Abb. 2: Postkarte mit Karikatur über deutsche Soldaten im Gaskrieg, hergestellt im Auftrag der Französischen Armee, Lausanne 1915, Staatsbibliothek zu Berlin – Preußischer Kulturbesitz, Handschriftenabteilung, Einbl. 1914/18, 3415, D1.

Literaturverzeichnis

Buchheim (1963)
Carl Buchheim, Ultramontanismus und Demokratie. Der Weg der deutschen Katholiken im 19. Jahrhundert, München 1963.

Deecke (1849)
Ernst Deecke, Übersichtliche Mittheilungen aus dem Bericht des Abgeordneten zur deutschen Reichsversammlung, in: Lübeckische Blätter, 1849, Heft 29, S. 231-235; Heft 30, S. 239-244; Heft 31, S. 245-251; Heft 32, S. 255-259; Heft 33, S. 263-266.

Deecke (1912)
Georg Deecke, Professor Dr. Ernst Deecke sein Leben und Wirken. Beilage zum Jahresbericht 1912 des Katharineum zu Lübeck, Lübeck 1912 (Digitalisat, Universitäts- und Landesbibliothek Düsseldorf).

Dirrigl (1984)
Michael Dirrigl, Maximilian II., König von Bayern, 1848-1846, Teil I, München 1984.

Dotterweich (1978)
Volker Dotterweich, Heinrich von Sybel, Geschichtswissenschaft in politischer Absicht (1817-1861), Göttingen 1978.

Dove (1898)
Alfred Dove, Ranke und Sybel in ihrem Verhältnis zu König Max, in: ders., Ausgewählte Schriftchen vornehmlich historischen Inhalts, Leipzig 1898, S. 110-128.

Droysen (1967)
Johann Gustav Droysen, Briefwechsel, 2. Bde., hrsg. von Rudolf Hübner, Leipzig/Berlin 1929.

Eickhölter (2004)
Manfred Eickhölter, Das Schillerfest in Lübeck 1859 und seine Folgen, in: Der Wagen. Lübecker Beiträge zur Kultur und Gesellschaft, Lübeck 2004, S. 88-113.

Fallbacher (1992)
Karl-Heinz Fallbacher, Literarische Kultur in München zur Zeit Ludwig I. und Maximilian II., München 1992.

Geibel (1871)
Emanuel Geibel, Heroldsrufe. Aeltere und neuere Zeitgedichte, Stuttgart 1871.

Goedecke (1877)
Karl Goedecke, Emanuel Geibel, in: Nord und Süd. Eine deutsche Monatsschrift, hrsg. von Paul Lindau, Erster Band, Berlin 1877, S. 392-417.

Goethe (1819)
Johann Wolfgang von Goethe, West-östlicher Divan, Stuttgart 1819.

Haus der Bayerischen Geschichte (1988)
König Maximilian II. von Bayern, hrsg. vom Haus der Bayerischen Geschichte, München 1988.

Herder (1784)
Johann Gottfried Herder, Ideen zur Philosophie der Geschichte der Menschheit, 4 Teile, Riga/Leipzig, 1784-1791.

Heyse (1900)
Paul Heyse, Jugenderinnerungen und Bekenntnisse, in: Gesammelte Werke, Dritte Reihe Bd.1, Stuttgart/Berlin 1900, S. 128-269.

Hillenbrand (2001)
Rainer Hillenbrand, Franz Kuglers Briefe an Emanuel Geibel, Frankfurt/Main 2001.

Hjeltholt (1929)
Holger Hjeltholt, Treitschke und Schleswig-Holstein. Der Liberalismus und die Politik Bismarcks in der schleswig-holsteinischen Frage, München/Berlin 1929.

Hübinger (1967)
Paul Egon Hübinger, Heinrich von Sybel, in: W. Fürst (Hrsg.), Rheinisch-Westfälische Rückblende, Köln-Berlin 1967, S. 104-110.

Korff (1927 ff.)
Hermann August Korff, Geist der Goethezeit, 5 Bände, Leipzig 1927-1967.

Körner (1992)
Hans Michael Körner, Staat und Geschichte im Königreich Bayern 1806-1918, München 1992.

Leutheusser/Nöth (2011)
„Dem Geist alle Tore öffnen". König Maximilian II. von Bayern und die Wissenschaft, hrsg. von Ulrike Leutheusser und Heinrich Nöth, München 2011.

Leuthold/Geibel (1862)
Heinrich Leuthold/Emanuel Geibel, Fünf Bücher französischer Lyrik vom Zeitalter der Revolution bis auf unsere Tage, in Übersetzungen publiziert, Stuttgart 1862.

Lingg (1854)
Gedichte von Hermann Lingg, hrsg. von Emanuel Geibel, Stuttgart 1854.

Lipinski/Volkmann/Eickhölter (2015)
Emanuel Geibel. Aufstieg und Fall eines Umstrittenen. Zur Ausstellung im Buddenbrookhaus, hrsg. von Birte Lipinski, Christian Volkmann und Manfred Eickhölter, Lübeck 2015.

Mann (1966)
Golo Mann, Deutsche Geschichte des 19. und 20. Jahrhunderts, Frankfurt/Main 1966.

Mantels (1877)
Wilhelm Mantels, Deecke, Ernst, in: Allgemeine Deutsche Biographie, hrsg. von der Historischen Kommission bei der Bayerischen Akademie der Wissenschaften, Band 5, Leipzig 1877, S. 18 f.

Marcks (1897)
Erich Marcks, Wilhelm I., Deutscher Kaiser, König von Preußen, in: Allgemeine Deutsche Biographie, hrsg. von der Historischen Kommission bei der Bayerischen Akademie der Wissenschaften, Band 42 (1897), S. 527-692.

Mommsen (1996)
Wolfgang Mommsen, 1848. Die ungewollte Revolution. Die revolutionären Bewegungen in Europa (1830-1849), Frankfurt/Main 1996.

Müller (1996)
Helmut M. Müller, Schlaglichter der deutschen Geschichte, 3. Aufl. Bonn 1996.

Oncken I (1890)
Wilhelm Oncken, Das Zeitalter des Kaisers Wilhelm, Erster Band, Berlin 1890.

Pätzold/Weißbecker (2002)
Kurt Pätzold und Manfred Weißbecker, Schlagwörter und Schlachtrufe. Aus zwei Jahrhunderten deutscher Geschichte, Leipzig 2002.

Petzet (1922)
Der Briefwechsel von Emanuel Geibel und Paul Heyse, hrsg. von Erich Petzet, München 1922.

Rall (2001)
Hans Rall, Die Symposien König Max II. von Bayern mit Ausführungen über die Symposien seit Platon. Für die Veröffentlichung posthum ergänzend bearbeitet von Marga Rall, hrsg. von Manfred Pix, München 2001.

Reinalter (2002)
Helmut Reinalter, Die Französische Revolution und das Projekt der Moderne, Wien 2002.

Sing (1996)
Achim Sing, Die Wissenschaftspolitik Maximilian II. von Bayern (1848-1864). Nordlichterstreit und gelehrtes Leben in München, Berlin 1996.

Stammler (1918)
Geibels Werke, hrsg. von Wolfgang Stammler. Kritisch durgesehene und erläuterte Ausgabe, 3 Bände, Leipzig 1918.

Struck (1939)
Briefwechsel Emanuel Geibel und Karl Goedeke, hrsg. von Gustav Struck, Lübeck 1939.

Tarek-Fischer (2020)
Robert Tarek-Fischer, Wilhelm I., Vom König in Preußen zum ersten deutschen Kaiser, Köln 2020.

Wigard (1848)
Franz Wigard, Stenographischer Bericht über die Verhandlungen der deutschen constitutionellen Nationalversammlung zu Frankfurt am Main, Bd. 1, Frankfurt 1848.

Anschrift des Autors:
Dr. Manfred Eickhölter
Grüner Weg 56
23566 Lübeck

Vom Eiskeller zum Kühlhaus
Natureisgewinnung und Kunsteiserzeugung in Lübeck im 19. und 20. Jahrhundert

Hartmut Bickelmann

Im Frühjahr 2018 berichteten die „Lübecker Nachrichten" über den geplanten und später auch vollzogenen Abriss eines ehemaligen Lagerhauses für Natureis in der Yorkstraße. Dem Bericht lag eine von Anwohnerprotesten begleitete öffentliche Debatte über die Neubebauung des Grundstücks zugrunde, und er berührte auch die Frage, inwieweit das von der ehemaligen „Lübecker Eisgenossenschaft" betriebene Gebäude denkmalwürdig sei.[1] Die Beantwortung der letzten Frage setzt nicht nur die Kenntnis des sachlichen und historischen Zusammenhangs, in welchem dieses Eishaus entstanden war, voraus, sondern auch ein Urteil darüber, was von ihm nach mehr als einhundertjähriger anderweitiger Nutzung faktisch noch übriggeblieben war. Beides wird im Verlauf dieses Beitrags näher ausgeführt werden.

Im Vordergrund der öffentlichen Debatte stand damals jedoch nicht ein denkmalpflegerisches Anliegen, sondern die Befürchtung einer Reihe von Anwohnern aus dem Bereich Yorkstraße, Seydlitzstraße und Zietenstraße, dass die vorgesehene Neubebauung am östlichen, an die Wakenitz grenzenden Ende der Yorkstraße die Wohnqualität im Altbaubestand mindern könnte, und so scheint es, dass der Bezug auf den Denkmalschutz hauptsächlich dazu dienen sollte, das Bauvorhaben zu verhindern oder zumindest in seiner Gestalt und seinen Dimensionen so zu verändern, dass es den Initiatoren der Debatte entgegenkam. Tatsächlich haben dann auch die Bauherren auf einen ursprünglich geplanten Querriegel am Wakenitzufer verzichtet, sodass der Blick aus den Wohnungen des beschriebenen Straßenblocks ins Grüne und auf das Wasser weitgehend erhalten blieb.[2] Da die Relikte des im Laufe der Jahre stark veränderten ehemaligen Lagerhauses der „Lübecker Eisgenossenschaft" (Abb. 1) nunmehr verschwunden sind und damit auch das Interesse der Öffentlichkeit an seiner Geschichte sehr schnell erlahmt ist, müssen wir uns heute mit einer historischen Recherche begnügen, die das Gebäude in den größeren Zusammenhang der Natureisversorgung im Raum Lübeck stellt.

Mit dem Eislagerhaus in der Yorkstraße hatten die Protestierenden, ohne es zu wissen, auf ein durchaus bedeutendes und in mancher Hinsicht für das hier behandelte Thema zentrales, bisher kaum erforschtes Objekt aufmerksam gemacht, erfüllte dieses doch, wie sich noch zeigen wird, im späten 19. Jahrhundert und zu Beginn des 20. Jahrhunderts eine wichtige Funktion für die Versorgung Lübecks mit Natureis und zugleich als Scharnier für den Übergang

1 Lübecker Nachrichten, 14.2.2018, S. 10.

2 Ebd., 25./26.2.2018, S. 14; 1.3.2018, S. 14; 3.3.2018, S. 11.

Abb. 1: Zustand des ehemaligen Eishauses Yorkstr. 25 kurz vor dem Abriss, Febr. 2018 (Foto: Verf.).

zu den damals neuen Techniken der Kunsteiserzeugung und der maschinellen Kühlung. Diesen Transformationsprozess vom Eiskeller zum Kühlhaus im Einzelnen zu verfolgen, ist Anliegen der nachfolgenden Studie.

Die Anfänge der Natureisnutzung

Die Haltbarmachung von Lebensmitteln und die Steigerung menschlicher Genüsse durch kühlende Substanzen wie Schnee und Eis zählen zu den frühen zivilisatorischen Errungenschaften, die sich zunächst in den wärmeren Klimazonen der Wertschätzung erfreuten. Wir finden sie in China und Japan ebenso wie im mediterranen Raum, wo Araber, Griechen und Römer sich ihrer bedienten, und wo sie später auch von der islamischen Welt adaptiert wurden. Dabei ging es weniger um die Alltagsversorgung der breiten Bevölkerung, als um die Befriedigung von Luxusbedürfnissen der vermögenden Oberschichten, die sich mit erlesenen Speisen, erfrischenden Getränken oder sogar mit Speiseeis zu verwöhnen suchten.[3] In Mittel- und Nordeuropa hielt die Kenntnis dieser antiken Kühltechniken erst zur Zeit der Renaissance Einzug, als sie in der zweiten Hälfte des 16. Jahrhunderts, ausgehend von Oberitalien, über Frankreich an die europäischen Fürstenhöfe gelangte und sich von dort zunächst auf Adelssitze und städtische Führungseliten ausdehnte, bevor sie seit Anfang des 19. Jahrhunderts eine breitere Anwendung durch private und gewerbliche Nutzungen fand.[4]

3 Reinink (1995), S. 57-79.

4 Hellmann (1990), S. 27-40; Teuteberg (1993), S. 135-137.

Bauliche Grundlage dieser Kulturtechnik war der Eiskeller, der sich über verschiedene Vorstufen und Gestaltungsformen im Laufe der Jahrtausende und dann vor allem im 19. Jahrhundert zu großer Perfektion entwickelt hat. Unter dem üblicherweise und auch in dem vorliegenden Beitrag für diesen Bautypus häufig verwendeten allgemeinen Begriff „Eiskeller" können sich unterschiedliche historische Erscheinungsformen verbergen, die sich als „Eisgrube", „Eiskuhle", „Eishütte", „Eishaus" oder Eiskeller im engeren Sinne, d.h. einer unterirdischen Anlage, fassen, aber nicht immer eindeutig in ihrem Charakter identifizieren lassen. Grundprinzip dieses Bautypus war es, das gespeicherte Eis vor Wärmeeinwirkung zu schützen, indem man es an von Natur aus kühlen und schattigen Stellen platzierte und mit isolierenden Materialien umgab. Voraussetzung für dessen Funktionsfähigkeit war, dass das Bauwerk auf trockenem Untergrund stand, dass es eine gewisse Luftzirkulation ermöglichte, dass es einen Ablauf für das sich notwendigerweise bildende Schmelzwasser besaß und dass die Eingänge so gestaltet waren, dass beim Betreten des Gebäudes geringe Kühlverluste entstanden. Die Isolierung gegen Boden- und Umweltwärme bestand ursprünglich aus starkem Mauerwerk, später in der Regel aus doppelwandigen Konstruktionen, deren Zwischenräume mit Torf, Sägespänen oder anderem wärmeabweisendem Material gefüllt waren, sowie aus einer Überdachung aus Reet, Stroh oder Torfmull bzw. aus gedämmten oder mit Erdreich überhügelten Gewölben. Dabei sind zwei Typen zu unterscheiden: der reine Eiskeller, dem das Eis zur Verwendung an anderer Stelle nur entnommen wurde, und der kombinierte Eiskeller, der auch Kühlfunktionen für eingelagerte Waren umfasste.[5]

Allein der beschriebene bauliche Aufwand verdeutlicht, dass die frühen Kühltechniken nur für Vermögende erschwinglich waren, zumal in wärmeren Klimazonen, wo die Gewinnung und der Transport von Eis aus teilweise entfernten Bergregionen selbst einen großen Kostenfaktor bildete. So waren Eiskeller gerade in alter Zeit nicht nur Luxusgut, sondern auch Statussymbol und Medium gesellschaftlicher Repräsentation, mit dem sich Vermögende und Herrscher gerne schmückten. In den Niederlanden sollen noch im 18. Jahrhundert die Besitzer von Landgütern darum gewetteifert haben, wer von ihnen den größten Eiskeller besaß.[6] Um diese Zeit mutierten Eiskeller verschiedentlich sogar zu pittoresken Elementen der Gartengestaltung, indem sie, meist versehen mit einem zeittypischen Überbau in Gestalt von Pavillons, Teehäusern oder Grotten, Eingang in herrschaftliche Landschaftsparks fanden. Solche landschaftsgärtnerischen Inszenierungen adelten sozusagen den verborgenen Unterbau. Eiskeller dieser Art waren außer in England in mehreren europäischen Ländern anzutreffen, in Deutschland u.a. im Wörlitzer Park bei Dessau und bei mehreren adeligen Gütern in Schleswig-Holstein.[7]

Die Eiskeller unserer engeren Region waren von eher profanem Charakter und blieben meist auf ihren wirtschaftlichen und gesellschaftlichen Nutzen beschränkt. Sie entstanden im 17. Jahrhundert zunächst in den Schlössern der

---

5 Menzel/Schubert (1903), S. 5-15.

6 Reinink (1995), S. 213.

7 Reinink (1995), S. 100-103, 129-130, 200-210; Lütgert (2000), S. 198-199, 210.

Landesherrschaft, wie etwa in Reinbek, Plön, Kiel, Schleswig oder Eutin,[8] und breiteten sich dann in den Adelssitzen und Gutsherrschaften aus, wobei verschiedentlich auch eine gewisse Rolle spielte, dass seit dem 17. Jahrhundert die Milchwirtschaft der Güter vielfach an aus den Niederlanden stammende Fachkräfte, sog. Holländer, verpachtet wurde. Man kann davon ausgehen, dass zumindest die größeren schleswig-holsteinischen Herrenhäuser über eigene Eiskeller verfügten; der jeweilige Nachweis ist allerdings oft schwer zu führen.[9]

Zu ihnen gehört in der Umgebung Lübecks der besonders gut erhaltene und erforschte sowie unter Denkmalschutz stehende Eiskeller des Gutes Jersbek bei Bargteheide. Bei dem 1736/37 errichteten Bauwerk, das möglicherweise ein älteres ersetzte, handelt es sich um eine unter einem Erdhügel verborgene, aus Findlingen gemauerte trichterförmige Eisgrube, der ein aus zweischaligem Mauerwerk mit Isolierfüllung bestehender Kühlraum für Fleisch, Wild und Milchprodukte vorgelagert ist. Das Erdreich sowie das alles überspannende Reetdach und ein Baumkranz bieten einen doppelten Schutz vor Sonneneinstrahlung. Der Eingang ist wie üblich nach Norden ausgerichtet. Das Eis wurde im Winter aus dem nahegelegenen Gutsteich gewonnen.[10] Mit dieser zweifachen Funktion der Eislagerung und Kühlung verfügte das Gut Jersbek über eine fortschrittlichere Form der Natureisnutzung als die meisten anderen herrschaftlichen Anlagen dieser Zeit, was insbesondere auch auf den im selben Jahr errichteten ersten Eiskeller des Eutiner Schlosses zutrifft, welcher lediglich aus einem vollständig in den Boden eingelassenen Feldsteinzylinder mit zeltförmigem Reetdach bestand, somit einer Kühlfunktion entbehrte, aber insofern einen bis ins frühe 19. Jahrhundert hinein weitverbreiteten Bautypus verkörperte (Abb. 2).

Weitere gutsherrliche Eiskelleranlagen in der näheren Umgebung Lübecks sind für Blumenthal und Nütschau bei Bad Oldesloe nachgewiesen, und vor wenigen Jahren wurde auch der Eiskeller des Schlosses Bothmer im Klützer Winkel, ein vom üblichen Schema abweichendes, in einem künstlich aufgeworfenen Erdhügel verborgenes Gewölbe mit vorgesetztem Schaugiebel aus Ziegelmauerwerk, wiederentdeckt und der Öffentlichkeit zugänglich gemacht.[11] Für die im Holsteinischen gelegenen, in den Besitz von Lübecker Bürgern übergegangenen sog. Lübschen Güter, bei denen eine Natureisversorgung vorstellbar wäre, haben sich bisher nur wenige vage Hinweise – so für die Güter Mönkhof und Strecknitz – erbringen lassen, während in Bezug auf das seit 1970 zur Hansestadt gehörige Gut Mori etwas präziser von einem in den Grundmauern des ehemaligen Bergfrieds zu späterer Zeit eingelassenen Eisdepot ausgegan-

---

8 Lütgert (2000), S. 53-58, 169, 174-175, 191, 204, 212; zu Eutin vgl. jetzt Bickelmann (2023a), in Druckvorbereitung.

9 Lütgert (1995), S. 8, 10-11.

10 Hennigs (1985).

11 Lütgert (2000), S. 164 (Blumendorf); Rickert (2017), S. 282-283. Zu Schloss Bothmer: persönliche äußere Inaugenscheinnahme durch den Verf. im Mai 2023; in der einschlägigen Literatur (u.a. Bock, 2022) waren keine näheren Informationen zum Eiskeller zu finden.

Abb. 2: Eiskeller des Eutiner Schlosses, Bauzeichnung Querschnitt, ca. 1735 (Landesarchiv Schleswig-Holstein, Abt. 260 Nr. 16817, fol. 5).

gen wird.[12] Ebenso gibt es für die lübeckischen Stadtgüter nur wenige Anhaltspunkte für eine Eisversorgung; immerhin war das Herrenhaus des Gesamtgutes Weißenrode in Niendorf noch zu Beginn des 20. Jahrhunderts mit einem Eisschrank im Vorratskeller und einem Eiskübel im Speiseraum versehen.[13] Hingegen besaß der Lübecker Stadtkommandant des späten 18. Jahrhunderts, Graf Egmont v. Chasot, der einen ausgesprochen luxuriösen Lebensstil mit regem gesellschaftlichem Verkehr pflegte, auf seinem vor den Toren der Stadt gelegenen Gut Marly definitiv „ein(en) schöne(n) Eis-Keller". Dieser kann zusammen mit den großzügig gestalteten Gartenanlagen als ideeller Teil der schleswig-holsteinischen Adelslandschaft und Adelskultur angesehen werden, auch wenn wir nicht wissen, ob er – was jedoch zu vermuten ist – dem für Eutin beschriebenen, damals vorherrschenden Bautypus der „Eisgrube" oder „Eiskuhle" entsprach.[14]

12 Lütgert (2000), S. 186; dort irrtümlicherweise als Mönk*holz* bezeichnet. Bei Rumohr (1982) und Neuschäffer (1988) ließen sich keinerlei Informationen über etwaige Eiskeller finden.

13 Archiv der Hansestadt Lübeck (künftig AHL): Hochbauamt, 379, Inventarliste vom 11.7.1907, erstellt anlässlich des Verkaufs des Gutes an die Stadt Lübeck.

14 Kommer (1980), S. 123, dort auch das Zitat; Lütgert (2000), S. 185-186. Zur Person Chasots vgl. Bruns (1993).

Wenn wir nun den Blick auf den urbanen Raum der Freien und Hansestadt Lübeck, die Altstadtinsel, richten, dann steht auch dort am Anfang die Verwendung von Natureis im Zusammenhang mit der Verfolgung von Luxusbedürfnissen. Im August 1798 bat ein gewisser Johann Gerhard Maret den Senat um Überlassung eines Gewölbes im Wall, um dieses als Eiskeller nutzen zu können. Er verwies dabei auf Hamburg, wo ein Teil der Wallanlagen für Kühlzwecke vermietet werde. Nach Rücksprache mit dem Bauhof lehnte der Lübecker Senat das Gesuch zwar ab, da sich die ins Auge gefassten Räume – vor allem wegen eines fehlenden Wasserabflusses – nicht für den beabsichtigten Zweck eigneten, doch ist hier erstmals für Lübeck die gewerbliche Nutzung von Natureis belegt.[15] Konditoren wie Maret oder dessen Nachfolger Johann Georg Niederegger werden in Lübeck üblicherweise mit der Herstellung von Marzipan in Verbindung gebracht.[16] Hierzu benötigte man jedoch kein Eis, sondern dieses diente hauptsächlich zur Herstellung von Speiseeis, was ebenfalls zu den erlernten Fertigkeiten von Zuckerbäckern gehörte. Speiseeis gab es schon in der Antike. Im Rahmen fürstlicher Hofhaltungen war die Kenntnis seiner Herstellung im 16. Jahrhundert von Italien über Frankreich nach England sowie Nord-, Mittel- und Osteuropa gelangt und dann unter Verbreiterung auf weitere Gesellschaftsschichten im 18. Jahrhundert auch in den urbanen Raum vorgedrungen, wo es, zusammen mit gekühlten Getränken, in Kaffeehäusern, Hotels und Gärten vor allem im Sommer öffentlich angeboten wurde.[17]

In Paris soll dies schon 1664 gewesen sein, Wien folgte um 1700, später auch größere deutsche Städte; in Hamburg gehörten Speiseeis und gekühlte Getränke spätestens seit der Eröffnung des Alsterpavillons im Jahre 1799 zu den öffentlich erlebbaren kulinarischen Genüssen.[18] Lübeck reiht sich in diese Entwicklung würdig ein. Denn schon 1795, also drei Jahre vor Marets Gesuch, hatte sein Berufskollege Johann Georg Maquinet in den „Lübeckischen Anzeigen" ein Inserat für sein Unternehmen platziert (Abb. 3), in dem er neben

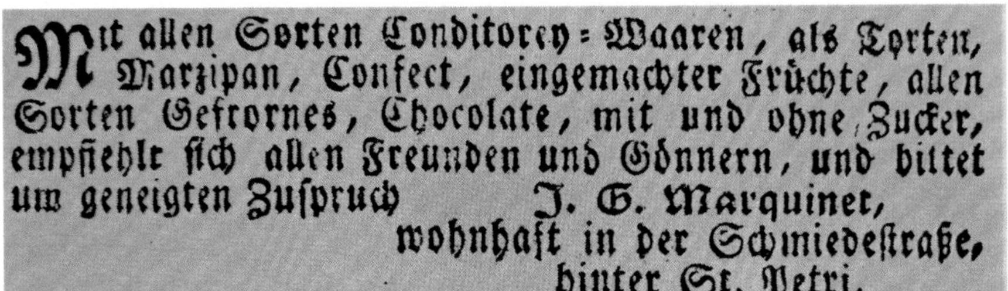

Mit allen Sorten Conditorey=Waaren, als Torten, Marzipan, Confect, eingemachter Früchte, allen Sorten Gefrornes, Chocolate, mit und ohne Zucker, empfiehlt sich allen Freunden und Gönnern, und bittet um geneigten Zuspruch J. G. Marquinet, wohnhaft in der Schmiedestraße, hinter St. Petri.

Abb. 3: Zeitungsannonce des Konditors Maquinet (Lüb. Anzeigen, 28.11.1795).

15 AHL: Altes Senatsarchiv (ASA) Interna, 33474. Zu Eiskellern in der Hamburger Stadtbefestigung, die sich teilweise bis weit ins 18. Jahrhundert zurückverfolgen lassen, vgl. Lütgert (2000), S. 224.

16 Pieske (1997), S. 42-46; Wiehmann/Graßmann (1999), S. 222-223.

17 Luther (1991), S. 293-296; Paulsen (2013), S. 123-126.

18 Vom Gipfelschnee (1987), S. 20-23.

anderen einschlägigen Erzeugnissen ausdrücklich „Gefrorenes“ aufführt, eine Wortwahl, die noch lange den Sprachgebrauch beherrschte, bevor sie durch den Begriff „Speiseeis“ abgelöst wurde.[19] Auch Maquinet muss also über ein wie auch immer geartetes Eisdepot verfügt haben. Und wie aus der Antwort des Senats auf das Gesuch Marets, nämlich dass sich weitere Konditoren in „gleicher Verlegenheit wegen Aufbewahrung des Eises“ befänden,[20] zu schließen ist, scheint sich das Lübecker Konditorhandwerk generell schon zu dieser Zeit der Speiseeisherstellung gewidmet zu haben.

Anfang 1803 wandte sich erneut ein Konditor an den Senat. Diesmal ging es um die Überlassung eines Gewölbes in der Travemünder Schanze. Im Jahr zuvor war nämlich die Seebadeanstalt eröffnet worden, und sogleich in der ersten Saison hatte der aus Hamburg kommende Konditor Philipp Raber dort eine Konditorei eingerichtet, die auch mit Speiseeis aufwarten konnte. Da dies – wie die Seebadeanstalt insgesamt – offensichtlich bei den illustren Gästen eingeschlagen hatte, suchte Raber nun durch die Anlage eines Eiskellers seinen Erfolg zu verstetigen, was ihm auch gelang. Der Senat stellte tatsächlich das Gewölbe zur Verfügung, und Raber konnte damit nicht nur dauerhaft das Konditorhandwerk in Travemünde etablieren, sondern dort auch den Konsum von Speiseeis und gekühlten Getränken populär machen.[21] Die „Konditorei“, wie das 1835 errichtete, mehreren Zwecken dienende „Arkadenhaus“ der etwas entfernt vom Ort gelegenen Seebadeanstalt später genannt wurde, war jedoch nicht die eigentliche Betriebsstätte Rabers und seiner Nachfolger, sondern ein Haus am Ende der Vorderreihe nahe dem Eiskeller, von wo aus zugleich die örtliche Bevölkerung und die dort logierenden Badegäste versorgt wurden.[22]

Knapp zwei Jahrzehnte später als die Travemünder Seebadeanstalt erhielt auch die 1813 eröffnete Badeanstalt (später Kurhaus) im Kurpark von Oldesloe einen Eiskeller, der ebenfalls gastronomischen Zwecken, vor allem der Kühlung von Lebensmitteln und der Herstellung von Speiseeis diente.[23] Es handelte sich um eine sechseckige Konstruktion, die südlich des Restaurationshauses nahe der Windmühle in einem schattigen Bereich gelegen war; sie war vermutlich bis 1900 in Gebrauch und wurde, so wie es scheint, im Rahmen des damaligen Um- und Neubaus des Kurhauses durch eine in dessen Keller integrierte Eiskammer

19 Lübeckische Anzeigen, 28.11.1795. Speiseeis ist unter dem Begriff „Gefrornes“ noch in Lexika des späten 19. Jahrhunderts zu finden; vgl. Meyers Konversations-Lexikon, 5. Aufl., 7. Band, Leipzig/Wien 1894, S. 193. Die Anzeige Maquinets ist auch bei Pieske (1997), S. 44, abgebildet, dient dort jedoch als Beispiel für Marzipanwerbung.

20 AHL: ASA Interna, 33474, Promemoria vom 12.10.1798.

21 AHL: ASA Interna, 31366; Wehrmann (1898), S. 114.

22 Saß (1828), S. 128; Lieboldt (1841), S. 97, 105, 114 (Vorderreihe 51).

23 Lütgert (2000), S. 168; Zander (2019), S. 16-17, 23, 59, 122, 140-141. Der Bau des Eiskellers erfolgte 1821.

ersetzt.[24] In Seebädern wie Travemünde und Kurorten wie Oldesloe beruhte die Natureisnutzung auf der Versorgung einer ausgesprochen anspruchsvollen Klientel gesellschaftlicher Eliten des In- und Auslandes, für die neben luxuriöser Unterbringung und ausgedehntem gesellschaftlichem Verkehr Erfrischungen und Kühlung zur Sommerzeit – der Kurbetrieb war saisonal begrenzt – eine Selbstverständlichkeit darstellten.[25]

Das zu Beginn des 19. Jahrhunderts produzierte Eis besaß allerdings eine andere Konsistenz als in späteren Jahren, es handelte sich nicht um Milchspeiseeis, sondern um eine Art Sorbet, wie es schon in der Antike hergestellt wurde, woher auch der Begriff stammt. Darüber hinaus gehörte das Eis in allerlei Kreationen, etwa als Eistorte, Eisbombe oder in Form kunstvoll gestalteter Figuren, in Cafés, Hotels und Restaurants forthin zum ständigen Angebot der Konditoreien für eine herrschaftliche wie auch bürgerliche Klientel. Namentlich für gehobene Privathaushalte stand „Gefrorenes“ schon weitaus länger auf dem Speiseplan, insbesondere bei festlichen Gelegenheiten, wobei man sich, wenn man sich nicht der Lieferung durch Konditoren bediente, die Kenntnis seiner Herstellung bereits seit dem 18. Jahrhundert anhand einschlägiger Kochbücher aneignen und diese unter Einsatz spezieller Gerätschaften anwenden konnte.[26]

Gegen Ende des 19. Jahrhunderts erreichte das Speiseeis durch eingewanderte italienische Händler im Straßenverkauf dann auch breitere Bevölkerungsschichten.[27] In Lübeck tauchten erstmalig um 1891 Eishändler mit ihren typischen eisgekühlten Karren auf, und bis zum Ersten Weltkrieg beherrschten etwa drei bis vier *gelatieri* das Feld des mobilen Eisverzehrs.[28] Es ist davon auszugehen, dass sie sich das zur Herstellung und zum Verkauf erforderliche Kühlmittel im damals fest etablierten Roheishandel, auf den später eingehender zurückzukommen sein wird, besorgten. Damit hatte das Speiseeis im beginnenden 20. Jahrhundert viel von seinem Luxuscharakter verloren.

Die Ausweitung der Natureisnutzung im 19. und frühen 20. Jahrhundert

Konditoren waren anfänglich sicherlich die prominentesten, wenn auch später nicht mehr die häufigsten Nutzer von Natureis. Das Bedürfnis gehobener städtischer Haushalte nach gesellschaftlicher Repräsentation machte sich bald auch in anderen Bereichen bemerkbar. Und ebenso verstärkten die beginnende

24 Zander (2019), S. 23-25, Plan des Badegartens von 1822/23 auf S. 24-25. Zum Umbau des 1901 eröffneten neuen Kurhauses ebd., S. 121-123, 140-141, 158 (1916 Renovierung des „Eiskellers im Kurhaus“). Lütgert (2000), S. 168, geht davon aus, dass der 1899 errichtete Aussichtsturm auf den ehemaligen Eiskeller gesetzt wurde. Das bei Zander, S. 124, abgebildete Bauwerk lässt tatsächlich einen sechseckigen Grundriss erkennen.

25 Lieboldt (1841), passim; Brandt (1952/53), S. 114-115; Zander (2019), S. 23-28.

26 Vom Gipfelschnee (1987), S. 34-70; Spiekermann (2007), S. 31-33.

27 Luther (1991), S. 296-299.

28 AHL: Polizeiamt, 3449.

Urbanisierung, verbunden mit Bevölkerungswachstum und steigenden Ansprüchen an die Qualität von Lebensmitteln und hygienische Standards, die Nachfrage an Natureis. Eiskeller wurden daher zunehmend auch von verschiedenen anderen Berufsgruppen unterhalten, für die die Kühlung von Lebensmitteln essentiell war. Damit begann sich um die Mitte des 19. Jahrhunderts der Charakter der Natureisnutzung vom Luxusanspruch gesellschaftlicher Eliten zur Alltagsversorgung breiterer Bevölkerungsschichten zu wandeln.[29]

In welchem Umfang dies in Bezug auf Lübeck geschah, entzieht sich zunächst unserer Kenntnis, da es bis weit ins 19. Jahrhundert hinein an diesbezüglichen Informationen fehlt. Immerhin finden wir gelegentlich Hinweise auf vorhandene Anlagen, doch ein großes Informationsdefizit besteht darin, dass die Eisgewinnung behördlicherseits zwar seit 1857 offiziell geregelt war, konkrete Nachweise über Zahl und Identität der Beteiligten jedoch zunächst nicht überliefert sind. So heißt es in einer diesbezüglichen Bekanntmachung lediglich: „Niemand darf auf den öffentlichen Gewässern in und bei der Stadt Eis zum Füllen der Eiskeller hauen, ohne dazu die Erlaubnis des Polizeiamts erhalten zu haben“, und 1860 findet sich ein ähnlicher Passus in der Lübeckischen Hafenordnung.[30] Dass eine solche Regelung erforderlich war, setzt voraus, dass um diese Zeit eine Eisentnahme durchaus nicht unüblich war. Bisher hatte eine mehrfach wiederholte Bekanntmachung von 1805 gegolten, der zufolge das Betreten des Eises nur dann gestattet war, wenn die Festigkeit des Eises amtlicherseits festgestellt und durch aufgestellte Warnzeichen öffentlich sichtbar war.[31] Somit kann – über das Konditorhandwerk hinaus – eigentlich schon von Beginn des 19. Jahrhunderts an und verstärkt in den 1850er Jahren von einem gewissen Natureisbedarf und von der Existenz von Eiskellern ausgegangen werden.

Bedauerlicherweise sind individuelle Erlaubnisse zur Eisentnahme jedoch erst seit 1881 dokumentiert; zu dieser Zeit wurde der Genehmigungsvorgang im Hinblick auf die Sicherheit noch einmal präzisiert. So waren die Entnahmestellen, die städtischerseits zugeteilt wurden, mit Absperrungen zu sichern. Diese lagen überwiegend im Bereich der Obertrave, des Stadtgrabens und der Wakenitz mit Krähen- und Mühlenteich. Die Einhaltung der Vorschriften überwachte ein Aufseher. Nebenbei hatte man auch die Stadtkasse im Auge. Doch blieben die erzielten Einnahmen recht bescheiden, wie man aus dem Betrag von 684,70 Mark ersehen kann, der in der Saison 1894/95 in den städtischen Haushalt floss.[32]

---

29 Hellmann (1990), S. 67-73; Teuteberg (1993), passim.

30 Bekanntmachung zur Vorbeugung von Unglücksfällen auf dem Eise vom 24.1.1857, § 1, in: Sammlung der Lübeckischen Verordnungen und Bekanntmachungen, 24. Band (1857), S. 107; sowie Ordnung für den Hafen zu Lübeck, 11.4.1860, § 46, in: ebd., 27. Band (1860), S. 27.

31 Bekanntmachung zur Verhütung der Gefahr auf unhaltbarem Eise vom 17.1.1855, § 1, in: Sammlung (wie Anm. 30), 22. Band (1855), S. 58; hierbei Bezug auf eine Verfügung des Senats vom 12.7.1805.

32 Verordnung, betr. die Entnahme von Eis aus den öffentlichen Gewässern vom 16.10.1883, in: Sammlung (wie Anm. 30), 50. Band (1883), S. 106. AHL: Polizeiamt, 1853, Eisentnahmen 1894/95.

Die Überlieferungslücke lässt sich erfreulicherweise zum Teil durch die seit 1854 geführten Bauregister ausgleichen, in denen die Baugenehmigungen für den Staat Lübeck protokolliert sind. Diesen zufolge wurden von 1854 bis 1882 im Bereich der Altstadt 14, in den Vorstädten 9 und im Landgebiet 4, mithin 27 Eiskeller bzw. Eishäuser errichtet, wobei ein größerer Schub nach der Einführung der Gewerbefreiheit, also nach 1865, einsetzte; er bezog sich vor allem auf Brauereien und Schlachtereien.[33] Somit lässt sich seit Mitte der 1860er Jahre von einer verstärkten Eisnutzung ausgehen, was auch der Entwicklung in anderen Städten entspricht. Im anschließenden Zeitraum von 1883 bis 1895 folgten noch einmal 4 Eiskeller im Bereich der Altstadt, 4 in den Vorstädten und 2 im Landgebiet.[34]

Was den Umfang des Eiskellerbaus und der Natureisnutzung in Lübeck darüber hinaus und überhaupt anbetrifft, so müssen wir mit der Tatsache leben, dass für eine zuverlässige Statistik die Quellengrundlage recht schmal ist, was vor allem mit kriegsbedingten Archivalienverlusten zusammenhängt. Bauregister, die wesentlichste Quelle für den Nachweis von Baugenehmigungen, sind nach 1895 nicht mehr überliefert, und Hausakten der Bauaufsicht, die tiefere Einblicke auch in einzelne frühere Bauvorhaben hätten geben können, haben ebenfalls den Zweiten Weltkrieg überwiegend nicht überstanden. Dies ist umso bedauerlicher, als – wie sich etwa für den Bereich des Fürstentums Lübeck feststellen lässt – der Eiskellerbau gerade im Zeitraum von 1890 bis 1914 einen erheblichen Schub erfahren hat.[35] Diese Dynamik wird auch an Lübeck nicht vorübergegangen sein, auch wenn, wie die erhaltenen Bauregister nahelegen, mit der 1889 registrierten letzten Baumaßnahme im Bereich der Lübecker Altstadt der dortige Eiskellerbau als abgeschlossen gelten kann;[36] dass dieser Bau dem Eishandel und nicht spezifischen gewerblichen Zwecken gewidmet war, kann insofern als charakteristisch für die weitere Entwicklung angesehen werden. Umso mehr dürfte sich die Quellenlücke für die Vorstädte, Travemünde und das lübeckische Landgebiet bemerkbar machen, wo am ehesten mit einer verstärkten diesbezüglichen Bautätigkeit bis zum Ersten Weltkrieg gerechnet werden kann. Dieses Defizit lässt sich durch vereinzelte andere Quellen, wie sie sich etwa im Bereich der Schlachtereien, der Gastronomie und des Braugewerbes finden, nur unzureichend beheben. Dies ist nicht nur ein statistisches Problem, sondern auch ein qualitatives, indem das weitgehende Fehlen von Detailinformationen zu einzelnen Bauten tiefere und systematische Einblicke in die architektonische Gestalt und den Charakter einzelner Bauten in Lübeck erschwert. Und nicht zuletzt ist zu bedauern, dass schon 1902 die Quelle der bis dahin aufgezeichneten individuellen Eisentnahmen aus den öffentlichen Gewässern versiegt.[37]

---

33 Zur Gewerbefreiheit, die am 1.1.1867 vollständig, für das Brauwesen jedoch schon am 1.1.1866 in Kraft trat, vgl. Lübeck-Lexikon (2006), S. 55 (Brauwesen) u. 128 (Gewerbefreiheit).

34 Alle Zahlenangaben zusammengestellt nach den im AHL verwahrten Bauregistern 1854-1895.

35 Bickelmann (2023a), in Druckvorbereitung.

36 AHL: Baupolizei, Erw. 18/1912, Bauregister 31, Lübeck, 1889, Nr. 412, 455, 465.

37 AHL: Polizeiamt, 1853: letzte Übersicht für 1901/1902.

Angesichts dieser Einschränkungen wäre es vermessen, den Gesamtumfang des Eiskellerbaus im Bereich der Freien und Hansestadt Lübeck ermitteln zu wollen. Vielmehr kann es sich nur darum handeln, plausible, durch eine Reihe von Mosaiksteinen gestützte Annahmen zu einem einigermaßen stimmigen Gesamtbild zusammenzufügen. Hierbei lassen auch Vergleiche mit anderen Regionen sowie mit generellen Entwicklungen des Eiskellerbaus und der Natureisnutzung Rückschlüsse auf die Situation in Lübeck zu.

Was vor 1854 im Hinblick auf die Eisversorgung geschah, dürfte sich auf die eingangs erwähnten Konditoren sowie auf vereinzelte Betriebe der Gastronomie und des Schlachterhandwerks beschränkt haben, wofür es jedoch nur wenige Anhaltspunkte gibt. So wurde 1838 den Knochenhauern der unterhalb der Stadtwaage gelegene Teil des Ratsweinkellers zur Aufbewahrung von Fleisch überlassen, wobei zunächst an einen Eiskeller gedacht war, auf den die Knochenhauer allerdings verzichteten, weil die in den Gewölben vorherrschenden Temperaturen zur Kühlung des Fleisches genügten. Immerhin bezeugt dieser Vorgang, bei dem Anlage und Funktionsweise einer Natureiskühlung aus verschiedener fachlicher Perspektive diskutiert wurden, dass die Beteiligten mit dem Bautypus Eiskeller damals wohlvertraut waren.[38]

Die im innerstädtischen Bereich gelegenen Eiskeller waren meist anders gestaltet als auf dem Lande oder in den Vorstädten, wo freistehende hölzerne oder massive Eishäuser vorherrschten.[39] Hier waren es vermutlich sog. integrierte Eiskeller, bei denen vorhandene Gewölbe durch den Einbau von Eiskästen umfunktioniert wurden, wobei offenbleiben muss, auf welche Weise das Schmelzwasser abgeleitet wurde. So wie in Abb. 4 könnte man es sich wohl auch beim Ratsweinkeller vorstellen, der 1875 anlässlich der Neuverpachtung einen Eiskeller erhielt, der jedoch wegen Baufälligkeit der Holzkonstruktion schon 1888 mit Ziegelmauerwerk erneuert werden musste.[40] Wenn es der Zuschnitt des Grundstücks erlaubte, wählte man gelegentlich auch oberirdische Eishäuser, so bei einer Gastwirtschaft an der Mühlenbrücke und einem Wild- und Delikatessenhändler in der Großen Burgstraße; in beiden Fällen waren ausreichend große Garten- bzw. Hofflächen vorhanden.[41]

Eine erste Vorstellung darüber, welche Personen und Gewerbe sich an der Eisversorgung beteiligten, vermitteln die von 1882 bis 1902 erhaltenen, jährlich geführten Aufzeichnungen über die Eisentnahme aus den öffentlichen Gewässern. Sie geben zugleich Auskunft über Umfang, Standort und Transportwege des jeweiligen Eisschnitts.[42] Ihnen lässt sich entnehmen, dass in den 1880er Jahren bis zu 24 Parteien involviert waren, eine Zahl, die sich gegen Ende des

38 AHL: Stadt- und Landamt, 843; ferner Finanzdep., 6555.

39 In Bezug auf das Fürstentum Lübeck hierzu ausführlich Bickelmann (2023a), in Druckvorbereitung.

40 AHL: ASA Interna, 33971 u. 33973. Zeichnungen sind in der Akte nicht enthalten, doch eine Beschreibung lässt Details erkennen.

41 AHL: Baupolizei Erw. 18/1912, Bauregister 22, Stadt, 1879 Nr. 523; dgl. Bauregister 31, Lübeck u. Travemünde, 1886 Nr. 471.

42 AHL: Polizeiamt, 1852 u. 1853.

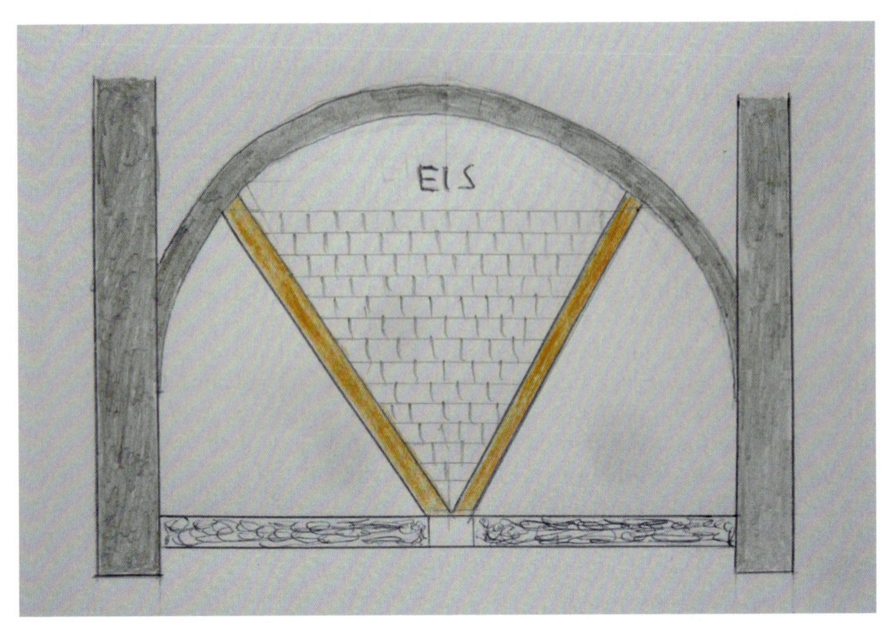

Abb. 4: Einbau eines hölzernen Eiskastens in ein Gewölbe nach Karl Heimpel; Handskizze nach Vorlagen aus Reinink (1995), S. 33-34 (Zeichnung: Verf.).

genannten Zeitraums auf acht bis zehn verminderte. Bei der Mehrzahl von ihnen handelte es sich um Schlachter, von denen drei in Travemünde ansässig waren, ferner Brauer, Gastwirte und Hoteliers sowie Natureishändler; auch ein Konditor, ein Fischhändler und eine Konservenfabrik waren dabei. Eine weitere Gruppe bildeten drei Stecknitzfahrer, ein Stauer, sowie mehrere Fuhrleute und Gärtner. Diese arbeiteten im Auftrag eisnutzender Gewerbebetriebe. So waren die Stecknitzfahrer, die das Eis dem Stadtgraben bei der Wielandbrücke entnahmen, für die an der Lachswehralle gelegene Lübecker Aktienbrauerei unterwegs, die Fuhrwerksbesitzer – unter ihnen auch der in Thomas Manns Roman „Buddenbrooks“ mehrfach erwähnte „Fuhrmann Longuet“[43] – brachten das Eis u. a. vom Mühlenteich zum „Hotel Stadt Hamburg“, zum Ratsweinkeller und zum Städtischen Krankenhaus, während die Gärtner, deren Aktivitäten sich überwiegend auf das östliche Ufer der Außenwakenitz richteten, in der Mehrzahl die in der Arnimstraße gelegene Adler-Brauerei versorgten. Diese Liefertätigkeiten bedeuteten für die Betreffenden einen willkommenen Zuverdienst in auftragsarmen Zeiten. Allerdings fehlt häufig ein Hinweis darauf, in wessen Auftrag sie tätig waren. Außerhalb Lübecks gingen verschiedene Gärtnereien später sogar dazu über, eigene Eishäuser zu errichten und sich somit – neben dem Eigenbedarf – selbst am regulären Eishandel zu beteiligen.[44]

43 Zu ihm vgl. Longuet (1931), S. 5-7 (Johann Carl Theodor Longuet).

44 AHL: Polizeiamt, 1852 u. 1853; zu auswärtigen Gärtnereien vgl. Lütgert (2000), S. 76-77, 152.

Dieser etwas summarische Einstieg in das örtliche Geschehen bietet nun die Gelegenheit, sich einzelnen Gewerbe und Interessenten zu nähern, die typischerweise mit der Nutzung von Eis in Verbindung gebracht werden können.[45]

Schlachter und Wildhändler gehörten zu denjenigen Gewerbetreibenden, denen ein quasi naturgegebener Kühlbedarf und damit eine Affinität zur Eisversorgung unterstellt werden kann. Bereits adelige Eisgruben dienten – neben der Kühlung von Getränken und Speisen sowie der Herstellung von Speiseeis – zuweilen auch der Aufbewahrung des erlegten Wildes und waren daher verschiedentlich in den fürstlichen Tiergärten platziert.[46] Nachdem im 19. Jahrhundert der Fleischverbrauch mit wachsender Bevölkerung, höheren Qualitätsansprüchen und hygienischen Erfordernissen gerade im urbanen Raum zugenommen hatte, wuchs auch die Zahl der Schlachtereien und mit ihnen der Kühlbedarf.[47] Ließ sich dieser, wie das erwähnte Beispiel der Knochenhauer illustriert, anfänglich noch durch die in den Gewölben herrschenden Temperaturen befriedigen, so bedurfte es doch bald des Einsatzes von Eis. Dabei ging es weniger um die Schlachträume als um die längerfristige Aufbewahrung in den Kellern, um die Bereitstellung der Ware in den Verkaufsläden sowie bei Landschlachtereien, die verschiedentlich einen größeren Bezirk versorgten, auch um die Kühlung der Lieferwagen. Mit der Errichtung des städtischen Schlachthofes und dem zugleich eingeführten Schlachtzwang für die Stadt und die Vorstädte im Jahre 1884 veränderte und verlagerte sich jedoch der Kühlbedarf.[48] Jedenfalls bedurfte es hinfort meist keiner eigenen Eiskeller, wenn solche überhaupt im engen städtischen Umfeld möglich gewesen waren und man stattdessen mit schlichten Einbauten in die vorhandene Bausubstanz, wie sie für den Ratskeller beschrieben wurden, vorliebgenommen hatte.[49] Inzwischen wurden Kühlräume von verschiedener Seite geschäftsmäßig zur längerfristigen Aufbewahrung des Schlachtguts angeboten, worauf noch zurückzukommen sein wird, und für die Frischhaltung des Tagesbedarfs in den Läden genügten meist Eisschränke, die sich über den örtlichen Eishandel auffüllen ließen. Größere Eisvorräte wurden nur dort benötigt, wo der Schlachtbetrieb fabrikmäßig erfolgte, wie etwa in der 1845 gegründeten und seit 1874 in der Hüxtertorallee ansässigen „Lübecker Conserven-Fabrik vorm. D. H. Carstens“; diese entnahm ihr Eis dem angrenzenden Krähenteich.[50]

---

45 Genereller Überblick bei Lütgert (2000), S. 51-78.

46 Lütgert (2000), S. 54-55.

47 1901 waren im Staat Lübeck 95 Schlachtereibetriebe ansässig, davon 79 in der Stadt und den Vorstädten, 4 im Travemünder Winkel und 12 im übrigen Landgebiet. Vgl. AHL: Polizeiamt, 2790.

48 Gesetz, das öffentliche Schlachthaus betr. vom 23.6.1884, in: Sammlung der lübeckischen Gesetze und Verordnungen, Bd. 51 (1884) S. 16-20, § 1. Generell zum Schlachthof Scheidtmann (1953), S. 35-36.

49 Lütgert (2000), S. 71.

50 AHL: Polizeiamt, 1853, Eisentnahmen 1894/95; Carstens (1906), o. S.; Sengebusch (1993), S. 201-204.

In Travemünde und im übrigen Landgebiet jedoch, wo der Schlachthauszwang nicht galt, gehörte eine wie immer geartete Eisversorgung zum Schlachtereibetrieb. Von insgesamt 18 Betrieben, für die nähere Angaben über die Baulichkeiten für den Zeitraum 1885-1908 vorliegen, lassen jedoch nur fünf das Vorhandensein eines Eiskellers erkennen; bei den anderen könnte man eventuell von separaten, von den Hauptgebäuden abgesetzten Eisdepots, von Eismieten oder von später vorgenommenen Baumaßnahmen ausgehen. Die Mehrzahl wies die für Landschlachtereien typische Kombination von Wohnhaus, Schlachtraum, Verkaufsladen, Wagenremise, Räucherkammer und Pferdestall auf, zu denen sich in mehreren Fällen ein Eishaus hinzugesellte.[51] Letzteres ist definitiv nachgewiesen für Nusse[52], Schlutup[53] und drei der fünf Travemünder Schlachtereien. Ein anschauliches Beispiel hierfür – wie auch generell für die Bauweise von Eiskellern im ländlichen Raum – bietet die Schlachterei Freund in Travemünde, die 1899 einen Neubau errichtete (Abb. 5). Der aus dreischaligem Mauerwerk bestehende und beachtliche 162 cbm fassende Eisraum, der mit 50 cm ein wenig in den Erdboden eingetieft war, bildete zusammen mit dem Schlachtraum, über den der Zugang erfolgte, eine bauliche Einheit; das Eis konnte über eine seitliche, unterhalb der Dachtraufe angeordnete Luke eingebracht werden. Von außen gab sich das Gebäude wie ein Wohn- oder Lagerhaus, doch bestand die einzige Öffnung aus der Eingangstür zum Schlachtraum, während die aus kältetechnischen Gründen geschlossene Giebelwand durch Blindfenster kaschiert wurde. Eine räumliche Anordnung ähnlicher Art, diesmal in zusätzlicher Kombination mit einer Räucherkammer und zwei Ställen, hatte schon 1886 der Schlachterei Matthusen zugrunde gelegen.[54] Seit spätestens 1893 besaß auch die heute noch florierende Großschlachterei und Wurstfabrik W. Lohff einen Eiskeller, der in die verschiedenen, sich auf dem Grundstück zwischen Vorderreihe und Kurgartenstraße erstreckenden Funktionsgebäude integriert war. Dieser wurde bereits 1908 in zwei Kühlräume mit Durchgang zum Schlachtraum umgewandelt; die Energie hierfür speiste sich aus einem benzingetriebenen Stromgenerator. Der große Umfang der Produktion und des bis in das Fürstentum Lübeck reichenden Liefergeschäfts lassen sich daraus erschließen, dass die Remisen Platz für vier

---

51 AHL: Polizeiamt, 2791-2808. Bei diesen Archivalien handelt es sich um Konzessionen für den Schlachtbetrieb, für die Bauunterlagen eingereicht wurden, nicht jedoch um Baugenehmigungen. Die Akten sind damit abgeschlossen. Insofern könnten zu einem späteren Zeitpunkt (von der Bauaufsicht) doch noch Baugenehmigungen für Eiskeller erteilt worden sein. – Zu Landschlachtereien im Fürstentum Lübeck vgl. Bickelmann (2023a), in Druckvorbereitung.

52 AHL: Polizeiamt, 2797. Dort kein Eiskeller erkennbar, aber Nachweis im Bauregister; AHL: Baupolizei, Erw. 18/1912, Bauregister 27, Land, 1889 Nr. 140.

53 AHL: Polizeiamt, 2801, Schlachterei Franz Winkler (1908). 1911 diente der mit einem Kühlraum versehene Eiskeller der Schlachterei Winkler als Referenzobjekt eines Herstellers für den geplanten Eiskeller der Heilanstalt Strecknitz; vgl. AHL: Hochbauamt, 1053, Referenz für realisierte Kühlanlagen, Winkler, eingebaut Nov. 1910.

54 AHL: Polizeiamt, 2804 (Freund) u. 2806 (Matthusen).

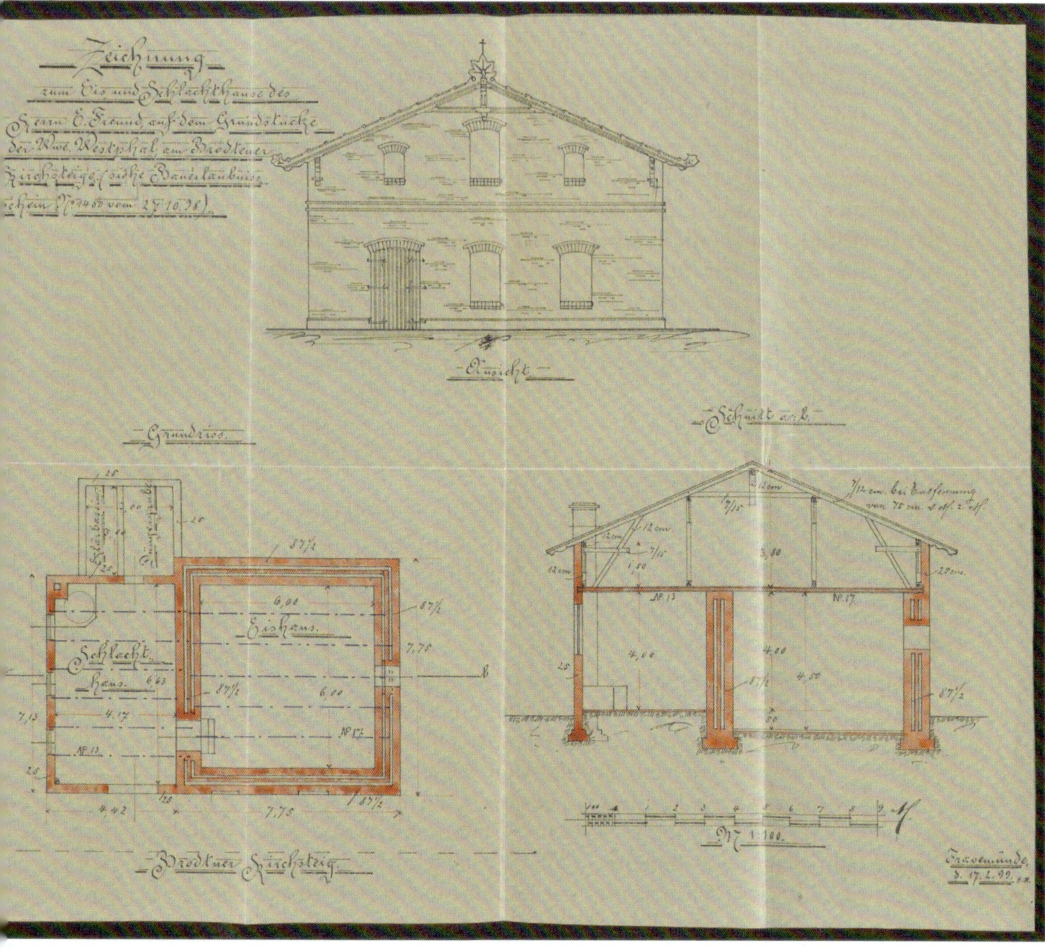

Abb. 5: Neubau des Schlachthauses der Schlachterei Freund in Travemünde, Bauzeichnungen Ansicht, Schnitt und Grundriss, 1899 (AHL, Polizeiamt, 2804).

Schlachterwagen boten; einer von ihnen hat als Museumsexponat überlebt.[55] Insgesamt vermitteln die hier beschriebenen Baulichkeiten eine zuverlässige Vorstellung von Anlage, Geschäftsumfang und Kühlbedarf – bei den beiden letztgenannten mit je 121 cbm Eisvorrat – einer Landschlachterei.

Ähnlich wie bei Schlachtereien bestand bei Wild- und Delikatessengeschäften ein gewisser Kühlbedarf. Hierfür war jedoch meist nicht das Volumen eines eigenen Eiskellers erforderlich, stattdessen genügten oft kleinere Behältnisse wie Eisschränke oder Eiskisten. Insofern darf es nicht verwundern, dass diese

55 AHL: Polizeiamt, 2805. – Zum Schlachterwagen vgl. Mehl (1996), S. 62-63. Der Wagen gehört zur volkskundlichen Sammlung des Landesmuseums in Schleswig. Ein Eisfach ist bei ihm nicht enthalten; ein solches gehörte aber, zumindest später, meist dazu.

Berufsgruppe nur selten unter den Eishausbesitzern zu finden ist. Das einzige bisher nachgewiesene derartige Objekt befand sich „auf dem Hofe“ des Wildhändlers Carl Heinrich Beerkart in der Großen Burgstraße 38.[56] Die Natureisbeschickung wurde 1906 von einer maschinellen Kühlanlage abgelöst.

Die 1866 sprunghaft zunehmende Beteiligung des Braugewerbes an der Eisversorgung scheint darauf hinzudeuten, dass auch diese Berufsgruppe zu den natürlichen Eisinteressenten zählte. Dies traf jedoch anfänglich nicht zu. Denn das in Norddeutschland üblicherweise hergestellte obergärige Bier (Braunbier) ließ sich unter Temperaturbedingungen brauen, die in normalen Kellergewölben erzielbar waren, und so hat sich in den aus dem Mittelalter und der frühen Neuzeit stammenden Lübecker Brauhäusern bis 1866 kein einziger Eiskeller finden lassen.[57] Gleichwohl hat die Brauerzunft 1863, zwei Jahre vor ihrer Auflösung, am Hüxterdamm noch ein großes freistehendes Eishaus errichten lassen, vermutlich zur Kühlung von Exportbier, das bei den jeweiligen Mitgliedern gelagert wurde. Es ist das bisher älteste derartige Objekt in Lübeck, dessen bauliche Gestalt im Detail überliefert ist. Die Abb. 6 lässt einen zweischaligen Massivbau mit Torfmullisolierung erkennen, der ein bemerkenswertes Volumen von nahezu 200 cbm aufnehmen konnte; eine Kühlfunktion besaß er nicht. Diese Gestalt hatte er allerdings erst 1871 angenommen, nachdem die ursprüngliche hölzerne, mittlerweile verfaulte innere Schale durch Ziegelmauerwerk ersetzt worden war.[58]

Tiefere Temperaturen als beim Braunbier erforderte hingegen der Gärungsprozess für das in Süddeutschland übliche untergärige, meist als „Lagerbier“ oder „bayrisches Bier“ bezeichnete Bier, was nur unter winterlichen Bedingungen möglich war. Aus diesem Grund galt in Bayern noch lange ein Sommerbrauverbot. Für eine sommerliche Produktion bedurfte es daher einer zusätzlichen Kühlung, die sich anfänglich nur durch Natureis erzielen ließ. Da dieses Bier länger haltbar und von höherer Qualität war, hatte es sich in Norddeutschland seit etwa 1840 auszubreiten und die heimischen Sorten zu verdrängen begonnen. Erst im Zuge dieser Entwicklung hielten Eiskeller Einzug in die Brauereien des untergärigen Bieres.[59]

---

56 AHL: Baupolizei, Erw. 18/1912, Bauregister 31, Lübeck u. Travemünde, 1886 Nr. 471. Generell hierzu Lütgert (2000), S. 72, 170-171 (mit detaillierter Beschreibung der Nutzung eines Eishauses durch einen Reinbeker Delikatessenhändler).

57 Frontzek (1996), insbes. S. 88 u. 124, Anm. 33, mit Hinweis auf zwei Eiskeller in Einbeck, deren Verwendungszweck unklar ist; Sengebusch (1993), S. 226-235.

58 AHL: Baupolizei, Erw. 1931, Karton 26, Nr. 97. Das Depot war zu dieser Zeit von einer 1870 gegründeten, in der Beckergrube ansässigen „Aktien-Bier-Brauerei“ übernommen worden, deren Anlagen 1873 abbrannten. Sie scheint den Eiskeller zur Lagerung von Bier genutzt zu haben, was sich daraus schließen lässt, dass sie mehrere Monate zuvor beim Senat vergeblich um ein Grundstück zur Errichtung eines Lagerkellers bei der nicht weit entfernten Bastion Schwansort nachgesucht hatte; vgl. AHL: ASA Interna, 33484, u. Untergericht, 1, Protokoll vom 23.2.1883.

59 Hirschfelder/Trummer (2016), S. 170-178; Meußdoerffer/Zarnkow (2016), S. 113-121.

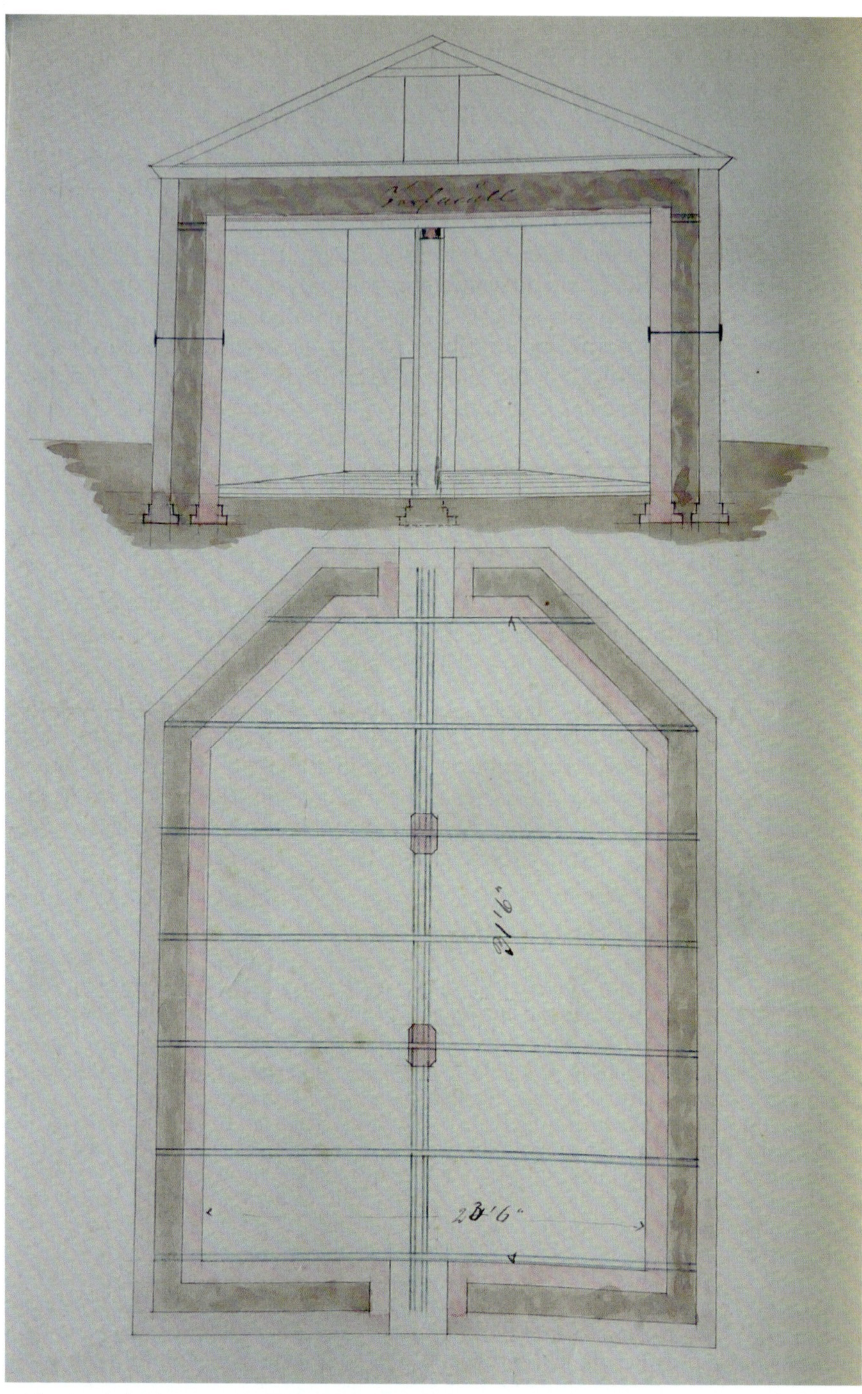

Abb. 6: Eiskeller der Lübecker Brauerzunft, Bauzeichnung, 1871 (AHL, Baupolizei, Erw. 1931, Nr. 497). Später Eislager der Fa. P. Cordes Wwe.

Im Gegensatz zu den umliegenden Territorien, etwa dem Fürstentum Lübeck, wo bereits seit 1838 in Eutin und Umgebung bayrisches Bier produziert wurde,[60] hielt Lübeck unter dem Einfluss der Brauerzunft noch bis zu deren Auflösung an den traditionellen Brauverfahren fest, sodass sich das untergärige Bier hier erst seit 1866 durchsetzen konnte. Die Auflösung des Zunftzwangs hatte sogleich und in den folgenden 15 Jahren eine Reihe von Neugründungen zur Folge, von denen jedoch nur wenige überlebten.

Auf der Verliererseite fanden sich mehrere Kleinbetriebe in der Altstadt, wo nur wenig Platz für räumliche Erweiterungen oder geschäftliche Expansion bestand und wo auch die Feuersicherheit Baugenehmigungen erschwerte. Drei von ihnen – darunter zwei, für die sich Eiskeller nachweisen lassen – warben gleich zu Beginn ausdrücklich mit „bayrischem" Bier.[61] Zwei weitere Brauereigründungen auf Aktienbasis scheiterten schon nach kurzer Zeit.[62] Immerhin hat in diesem Zusammenhang tatsächlich noch eines der älteren und typischen Lübecker Brauhäuser 1866 in der Wahmstraße einen, wie es im Bauregister heißt, „Eisraum" erhalten, der bis etwa 1880 in Gebrauch blieb und 1870 durch ein vermutlich für die Kundenversorgung gedachtes „Eishaus" außerhalb der Innenstadt ergänzt worden war.[63]

Erfolgreicher hingegen waren Unternehmen, die sich unter großem Kapitaleinsatz und mithilfe von Dampfkraft auf großen Freiflächen in den Vorstädten entfalten und sich bald zu Mittel- und Großbrauereien fortentwickelten konnten.

Zwar schwenkte die bereits seit 1846 in der Geniner Straße bestehende „Brauerei zur Walkmühle H. Lück" 1866 sofort auf untergäriges Bier um, doch scheint sie sich damals noch nicht dem Sommerbrauen gewidmet zu haben. Dafür spricht – abgesehen davon, dass sich für diesen Zeitpunkt ein diesbezüglicher Eiskeller in den Bauregistern nicht nachweisen lässt –, dass sie zunächst noch ohne Dampfkraft arbeitete und der Tag des ersten Ausschanks mit

60 Bickelmann (2023a), in Druckvorbereitung.

61 Zur Werbung vgl. Annoncen in Lübeckische Anzeigen, 3.1.1866, 4.4.1866, 14.4.1866. Nachweis für Eiskeller bei diesen sowie bei zwei weitere Brauereien in AHL: Baupolizei, Erw. 18/1912, Bauregister 20, Stadt 1866, Nr. 26 u. 222, sowie Bauregister 21, Stadt, 1873 Nr. 243, und Bauregister 22, Stadt, 1879 Nr. 368.

62 Es handelt sich um die „Vereinsbrauerei" und die „Aktien-Bier-Brauerei", die ihren Sitz in der Altstadt hatten. Erstere wurde 1868 von dem Brauer J. H. Böcken ins Leben gerufen und 1881 aufgelöst, während die letztere, 1870 gegründet, schon 1873 einem Brand zum Opfer fiel; sie war im Besitz des Eishauses der ehemaligen Brauerzunft am Hüxterdamm (vgl. Anm. 58). Beide sind nicht zu verwechseln mit den gleichnamigen Gründungen aus späterer Zeit, auf die weiter unten eingegangen wird (Vereinsbrauerei von 1907 und Lübecker Aktienbrauerei von 1881). Vgl. hierzu AHL: Untergericht, 1 u. 1664.

63 AHL: Baupolizei, Erw. 18/1912, Bauregister 20, Stadt, 1866 Nr. 222; Bauregister 24, Vorstädte, 1870 Nr. 124 (Cochius, St. Gertrud); Lüb. Anzeigen, 14.4.1866 (J. H. Böcken). Ferner Frontzek (1986), S. 10-13; dort allerdings kein Hinweis auf den Eisraum oder die Brautätigkeit nach 1865 (Wahmstr. 54/56); Groth (1999), S. 404-406. Das Gebäude war von 1866 bis ca.1870 im Besitz des Brauers J. H. Böcken und danach bis 1880 des Brauers Otto Cochius; vgl. Lüb. Adreßbuch 1868-1880, jeweils Straßenteil, Wahmstr. 483/484 (heute 54/56). Zu Cochius vgl. auch AHL: Untergericht, 288.

dem in Süddeutschland üblichen Ende der Winterbrauperiode zusammenfiel; dieses „Märzenbier“ musste dann den ganzen Sommer lang gelagert werden, bis im Herbst die neue Brausaison begann. Interessanterweise hatten die Söhne Lücks das Brauen untergärigen Bieres in Bayern erlernt und somit wohl auch die dortigen Gepflogenheiten mitgebracht.[64] Zur ganzjährigen Brautätigkeit ist Lück wahrscheinlich erst mit dem grundlegenden Ausbau zur Dampfbrauerei im Jahre 1872 übergegangen. Zu dieser Zeit muss auch ein erster Eiskeller entstanden sein, dem 1875 ein zweiter folgte, welcher wiederum 1902 durch einen modernen, heute noch existierenden Neubau ersetzt wurde (Abb. 7);[65] dieser ist Gegenstand späterer Erörterungen. Noch vor Lück hatte sich der Kaufmann Friedrich Roeper um eine Genehmigung zur Anlage einer Brauerei in der Arnimstraße bemüht, die im Herbst 1865 erteilt wurde. Sie war zunächst mit einem Pferdegöpel verbunden und wurde erst 1873 auf Dampfbetrieb umgestellt.

Abb. 7: Das 1902 erbaute Eishaus der Brauerei zur Walkmühle H. Lück an der Geniner Straße im heutigen Zustand, 2020 (Foto: Verf.).

64 Lübeckische Anzeigen, 4.4.1866. Zur Firmengeschichte vgl. Lück (1966); hier wird bestätigt, dass obergäriges Bier seit dem 31.3.1866 „gebraut“ wurde. Die Formulierung dürfte insofern unscharf sein, als die Winterbrautradition erforderte, dass das Bier bis Ende März hergestellt sein musste und zu diesem Zeitpunkt der Anstich erfolgte; vgl. hierzu auch Sengebusch (1993), S. 228. Generell zu diesem Aspekt: Hirschfelder/Trummer (2016), S. 167-168; Meußdoerffer/Zarnkow (2016), S 115-116. Zu einer ähnlichen Sachlage in Eutin vgl. Bickelmann (2013a), in Druckvorbereitung.

65 AHL: Baupolizei, Erw. 18/1912, Bauregister 24, Land, 1875 Nr. 102. Dass dort für 1872 kein Eiskeller ausgewiesen ist, dürfte damit zusammenhängen, dass dieser Teil des gesamten Neubauprojekts war; zu diesem vgl. Bauregister 24, Vorstädte, 1872 Nr. 4 u. 60.

Gleichwohl muss das unter Roepers Nachfolgern als „Adlerbrauerei“ firmierende Unternehmen bereits seit 1867 mit dem Bau des ersten von insgesamt drei zeitlich aufeinanderfolgenden Eiskellern untergäriges Bier ganzjährig produziert haben.[66]

1881 bzw. 1882 etablierten sich dann in der Lachswehrallee die „Actienbierbrauerei Lübeck“ (seit 1899 „Lübecker Aktien Brauerei“) und in der Fackenburger Allee die „Hansa-Brauerei“ mit je zwei Eisdepots.[67] Recht spät, 1907, gesellte sich noch die dem Verein der Gastwirte nahestehende, genossenschaftlich organisierte „Vereinsbrauerei“ in der Moislinger Allee hinzu.[68] All diese späteren Brauereien verfügten von Anfang an über Eiskeller. Eine Besonderheit der Brauereien untergärigen Biers bestand darin, dass sich bei ihnen einbürgerte, auch ihre Kunden, also die gastronomischen Betriebe, mit Natureis zur Kühlung der Getränke zu beliefern. So waren hinfort auf dem Betriebsgelände jeweils mindestens zwei Eiskeller zu finden, einer zur Unterstützung des Gärprozesses und zur Kühlung des Bierlagers und ein anderer zur Kundenversorgung. Erstere waren notwendigerweise in das Brauhaus integriert, letztere, zuweilen mit gewisser Verzögerung folgend, standen meist frei auf dem Grundstück, was den Abtransport erleichterte.[69] Während die Adlerbrauerei und die Vereinsbrauerei lediglich im lokalen Rahmen agierten, gelang es den drei Großbrauereien, weit in die Region auszugreifen, wo sie über Niederlagen und selbstständige Bierhändler mit eigener Eisversorgung für die Verteilung ihrer Produkte sorgten.[70]

Fischer waren, anders als heute, damals auf Eis eigentlich nicht angewiesen. Die Trave- und Wakenitzfischer verkauften ihre Ware normalerweise selbst am gleichen Tag, und für länger vorzuhaltende Ware unterhielten sie sog. Fischkästen, in denen Fische lebend im Flusswasser frisch gehalten wurden, so etwa auch im Mühlen- und Krähenteich.[71] Lediglich die wenigen später in Erscheinung tretenden Fischhändler benötigten Eis zur Frischhaltung und Präsentation der Ware, und zumindest einer von ihnen gehörte zu den registrierten Eisinteressenten: der 1872 gegründete Fischgroßhandel J. F. Jäger, der sein Geschäft fabrikmäßig betrieb und neben der Kühlung zugleich Lebendkonservierung der

---

66 Sengebusch (1993), S. 227. AHL: Baupolizei, Erw. 18/1912, Bauregister 24, Vorstädte, 1867 Nr. 26; dgl. 1873 Nr. 80 u. 103; Bauregister 25, Vorstädte, 1881 Nr. 194; Bauregister 27, Vorstädte, 1889 Nr. 461 (Durchbau).

67 Hansa-Brauerei (1906), o. S.; Sengebusch (1993), S. 229-230. AHL: HRB 36 (Aktienbrauerei), Geschäftsbericht 1887 u. 1888; HRB 687 (Hansa-Brauerei), Taxe des Grundstücks Fackenburger Allee 100-114, 1899, dabei zwei Eiskeller; Baupolizei, Erw.18/1912, Bauregister 25, Vorstädte, 1881 Nr. 194 u. 1882 Nr. 282 (Aktienbrauerei); sowie Bauregister 25, Vorstädte, 1882 Nr. 292 u. 1883 Nr. 230 u. 292 (Hansa-Brauerei).

68 AHL: Genossenschaftsregister 47. Die anfänglich 465 Genossenschafter rekrutierten sich überwiegend aus Gastwirten sowie Restaurant- und Hotelbesitzern.

69 Generell hierzu: Reinink (1995), S. 34-37.

70 Bickelmann (2023a), in Druckvorbereitung (mit Beispielen aus dem Fürstentum Lübeck).

71 AHL: Finanzdep, 562, 566-567, 574-575, 606, 634, 661, 6054. Zur Funktionsweise von Fischkästen vgl. Lühning (1972), S. 157. Zum Fischverkauf vgl. Vollert (1960), S. 30.

Ware praktizierte.[72] Die sich seit Mitte des 19. Jahrhunderts entwickelnde Schlutuper Fischindustrie benötigte zu dieser Zeit im Prinzip kein Eis, da sie die bei ihnen angelandeten Fänge sogleich zu Räucherware verarbeitete. Hier waren es umgekehrt die auswärtigen, namentlich schwedischen Lieferanten, die für den Schiffstransport Eis in ihren Heimathäfen aufnahmen.[73] Erst im Zusammenhang mit der 1919 gegründeten „Fischergenossenschaft Travemünde-Niendorf", der auch die Schlutuper Fischer angehörten, entwickelte sich nach 1945 in Travemünde und Schlutup ein spezifischer Eisbedarf, worauf noch einzugehen ist.

Angesichts der Tatsache, dass die Erzeugung und Verteilung von Milch und Milchprodukten mit Kühlung in Verbindung zu bringen ist, erstaunt es, in Lübeck nur wenige Eisinteressenten aus diesem Bereich vorzufinden. Dies hängt damit zusammen, dass in den Meiereien zur Kühlung im Sommer vielfach spezifische bauliche Vorkehrungen wie Tieferlegung von Milchkellern und eine sonnenabgewandte Lage genügten. Dies dürfte vor allem auf die etwa 20 im Lübecker Landgebiet ansässigen Holländereien zutreffen, bei denen eine Eisversorgung nicht erkennbar ist.[74] Zwar hatten verbesserte Produktionsverfahren, insbesondere die Einführung von Zentrifugen, seit den 1860er Jahren den Kühlbedarf in der Milchwirtschaft weiter erhöht und eine Gründungswelle von Genossenschaftsmeiereien ausgelöst, für die ein Eiskeller gemeinhin als essenziell angesehen wird. Doch verfügten, wie insbesondere für das Fürstentum Lübeck nachgewiesen werden konnte, bei weitem nicht alle Betriebe dieser Kategorie über eine Eisversorgung.[75] Insofern bleibt offen, inwieweit die im Gebiet der Hansestadt Lübeck ansässigen Genossenschaftsmeiereien – hierzu zählen Curau, Düchelsdorf, Malkendorf, Nusse, Tramm und Travemünde – mit Eiskellern ausgestattet waren. Lediglich für die 1879 gegründete Genossenschaftsmeierei Lübeck an der Parade, die später dem Katholischen Gesellenhaus weichen musste, ist sicher, dass sie, wie es im Bauprotokoll heißt, eine „hölzerne Eismiete" besaß.[76] Dies könnte darauf hindeuten, dass auch die anderen genannten Genossenschaftsmeiereien über ähnliche oder noch einfachere Eisaufbewahrungsmöglichkeiten jenseits fester baulicher Strukturen verfügten.[77] In diesem Zusammenhang ist auch die Margarineherstellung zu erwähnen, die seit 1894 durch einen kleinen Betrieb in der Nebenhofstraße, die Lübecker Margarine-Fabrik „Hansa", vertreten war. Nach Angaben des Inhabers

72 AHL: Polizeiamt, 1852, Eisentnahmen 1882; 1853, Eisentnahmen 1894/95 (alle Jäger). Kurzes Firmenporträt in Lüb. Adreßbuch 1912, Firmenporträts zw. S. 386 und 387, S. 21-22, ferner umfangreiches Inserat S. 386. Zur Produktionspalette gehörten Fischkonserven. Zur Lebendkonservierung unterhielt Jäger in seinem Haus größere Wasserbassins.

73 Sengebusch (1993), S. 212-220; Bade (1928), S. 7-13; Bade (1936), S. 5-10.

74 Behrens (1829), 2. Abschnitt (Topographische Beiträge), S. 1-112; Lübeck (1890), S. 244-345 (Topographie des Landgebiets); jeweils Durchsicht der einzelnen Ortschaften u. Wohnplätze.

75 Bickelmann (2023a), in Druckvorbereitung.

76 AHL: Baupolizei, Erw. 18/1912, Bauregister 22, Stadt, 1879 Nr. 26. Zur Genossenschaft generell Müller (1984), S. 14-22.

77 Zu Eismieten, die in der Regel nicht der Genehmigungspflicht unterliegen und daher selten nachzuweisen sind, vgl. Bickelmann (2023a), in Druckvorbereitung.

wurde das Eis zur Kühlung des Brunnenwassers benötigt; hierfür wurde ein Lagerschuppen zu einem hölzernen Eishaus ausgebaut.[78]

Ebenso vermisst man unter den Nutzern des Natureises Milchhändler. Dies erklärt sich daraus, dass die Bauern und Holländer aus dem Lübecker Landgebiet und des Umlandes – wie in anderen Städten auch – ihre Milch traditionellerweise selbst täglich im Straßenverkauf zu den Kunden brachten.[79] Im Jahre 1900 führte dann die Gründung der Hansa-Meierei GmbH, in der sich anfänglich 39 Lübecker Landwirte zusammengeschlossen hatten, erstmals zur Eröffnung von stationären Milchläden, die dann ebenso wie die Lieferwagen einer Kühlung bedurften. Bereits die Genossenschaftsmeierei Lübeck, die 1901 ihren Betrieb einstellte und in der Hansa-Meierei aufging, hatte seit dem Sommer 1895 ihre Lieferwagen mit Kühlfächern ausgerüstet. Nachdem der Anteil der Hansa-Meierei an der Milchversorgung in Lübeck von 15 Prozent (1901) auf beherrschende 70 Prozent (1926) gewachsen war, vergrößerte sich der Kühlbedarf für die Auslieferung und die Verkaufsläden, der vermutlich anfänglich mit Natureis, später mit Kunsteis gedeckt wurde. Für die Produktion selbst setzte das Unternehmen von vornherein auf eine maschinelle Kühlung. Zudem griff es bald auf das Umland aus.[80]

Eis benötigten ferner Krankenhäuser, Ärzte und Apotheken, zunächst zu medizinischen Zwecken, nämlich zur Kühlung von Arzneien und zur Anwendung bei bestimmten Symptomen. Sie gehörten im 19. Jahrhundert sogar zu den frühesten Nutzern von Natureis.[81] Insofern verfügte schon das 1847 eröffnete Allgemeine Krankenhaus beim Domkloster am Mühlendamm seit 1864 über einen Eiskeller, der sich etwa an der Stelle befand, wo heute das Archiv der Hansestadt Lübeck und das Naturkundemuseum stehen. Der etwa 95 cbm fassende massive Kubus bestand aus einem Doppelschalen-Mauerwerk mit Luftraum und war über eine Eingangsschleuse mit mehreren Türen zugänglich; die Größe war dazu gedacht, Eis auch an Außenstehende, vor allem an Hauspatienten, Ärzte und Apotheker abzugeben.[82] Die Nachfolgeinstitution, das 1887 in Betrieb genommene städtische Krankenhaus an der Kronsforder Allee (später Krankenhaus-Süd), setzte diese Tradition fort. Dessen Eiskeller, der nach den Plänen des namhaften Berliner Architekturbüros Gropius & Schmieden entstand, gehört zu den wenigen Gebäuden der Eisversorgung in Lübeck, die sich heute noch rekonstruieren lassen. Zwar liegen Bauunterlagen nicht mehr vor, doch sind die Pläne für ein nahezu baugleiches Gebäude derselben Architekten für das Zentral-Militärkrankenhaus in Tempelhof bei Berlin überliefert (Abb. 8). Dieses präsentiert

---

78 AHL: Baupolizei, Erw. 18/1912, Bauregister 28, Vorstädte, 1894 Nr. 8; Polizeiamt, 615. Das Fassungsvermögen betrug ca. 50 cbm, in einem Anbau zum Fabrikgebäude arbeitete eine bei Meiereien übliche Zentrifuge.

79 Müller (1984), S. 17-18; Spiekermann (1996), S. 93-95.

80 Müller (1984), S. 23-28; Hansa-Meierei (1926), S. 2-6. Die Zahl der Milchläden vermehrte sich von 16 (1905) auf 100 (1926), die der Lieferwagen von 22 (1905) auf 34 (1926). – Zu Eisfächern in den Lieferwagen der Genossenschaftsmeierei vgl. Lübeckische Anzeigen, 11.6. u. 13.6.1895. Zur Ausstattung und zum Kühlbetrieb von Milchläden generell vgl. Spiekermann (1996), S. 101-106.

81 Lütgert (2000), S. 73-76; Reinink (1995), S. 122-123, 200.

82 Lütgert (2000), S. 183. AHL: Baudeputation, 209, Qudr. 50-53.

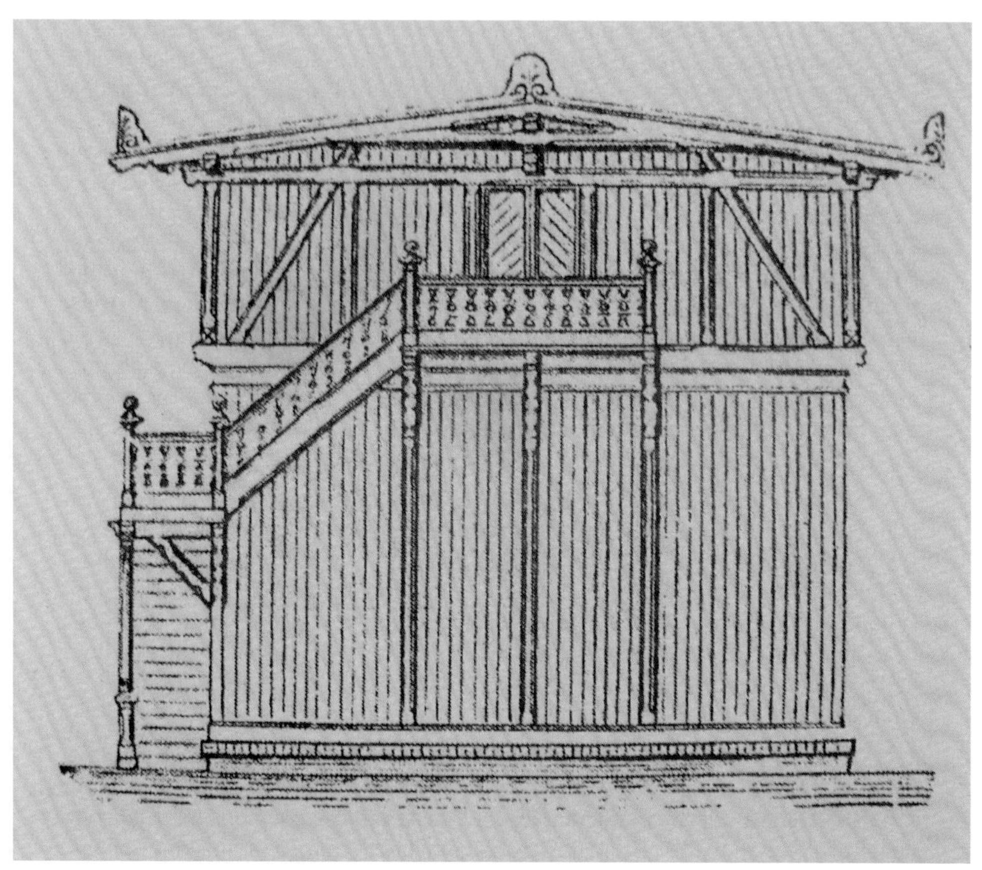

Abb. 8: Eishaus des Zentral-Militärhospitals Tempelhof, Architekten Gropius & Schmieden, 1885. Oben: Ansicht (aus: Aterini, 2020, S. 37), unten Grundriss und Schnitt (aus: Nöthling, 1896, S. 95).

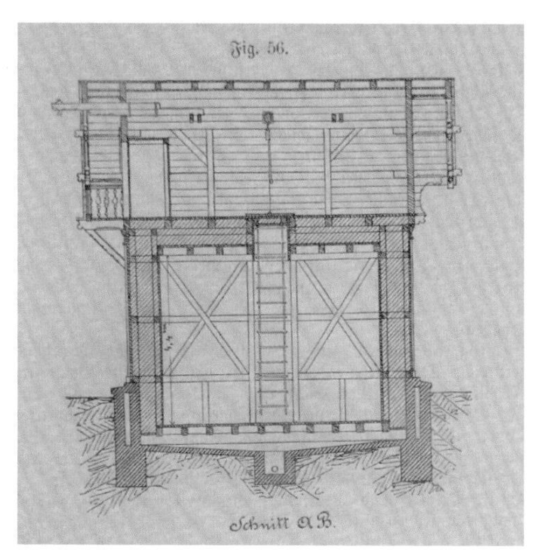

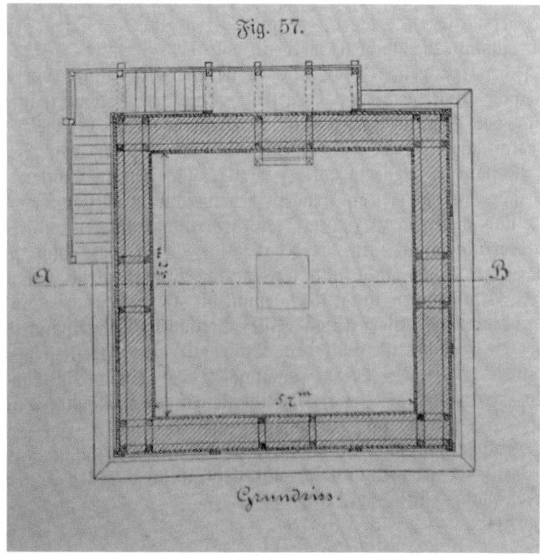

sich als ein freistehendes doppeltes, rundum verbrettertes Holzständerwerk mit Zwischenraumisolierung, dessen quadratische Eiskammer für ein beachtliches Fassungsvermögen von ca. 140 cbm ausgelegt war. Eine Besonderheit bildete ein das Gebäude bekrönender, gestalterisch abgesetzter Oberbau, von dem aus das Eis mittels einer im Gebälk verankerten Winde durch eine Dachluke eingebracht und entnommen werden konnte; ungewöhnlicherweise erfolgte auch der Zugang für Personen nur von oben und wurde durch eine Leiter ermöglicht. Das Dachgeschoss war über eine um die Ecke laufende Außentreppe, die in einer Art Balkon auslief, erreichbar.[83] Insofern wies das Eishaus ein Gestaltungselement auf, welches ein wenig an die oben erwähnten, den Bestimmungszweck verdeckenden Pavillons in herrschaftlichen Landschaftsgärten erinnert – eine durchaus geschickte Verbindung von notwendiger medizinischer Versorgung, abwechslungsreicher Gestaltung und herausgehobener Platzierung, bildete das dem Frauengarten benachbarte gartenhausähnliche Gebäude doch den optischen Zielpunkt der das Gelände erschließenden Hauptverkehrsachse.[84]

Das zum Krankenhaus gehörige Leichenhaus, welches einer Kühlung entbehrte, sollte 1915 anlässlich einer Vergrößerung einen Eisraum mit mehreren Kühlzellen erhalten, doch wurde das bereits genehmigte Projekt kriegsbedingt nicht weiterverfolgt und erst 1925 wiederaufgegriffen, als eine völlig neue Leichenhalle errichtet wurde. Für diese wurde nun eine kleine maschinelle Anlage bewilligt, die – insbesondere im Rahmen gerichtsmedizinischer Untersuchungen – lediglich dazu gedacht war, die Kühlung länger aufzubewahrender Leichen sicherzustellen.[85]

1894 wurde die Irrenanstalt an der Wakenitzstraße, die ihr Eis dem nahegelegenen Fluss entnahm, nachträglich mit einem Eishaus ausgestattet.[86] Als ihr 1911 die Heilanstalt Strecknitz nachfolgte, bekam diese ebenfalls ein Eisdepot, welches außer zu medizinischen Zwecken auch der Konservierung von Lebensmitteln für die Patienten diente. Dementsprechend war die mit einem Kühlraum verbundene Anlage in Küchennähe platziert. Sie wurde 1931 durch eine maschinelle Kühlung ersetzt.[87] Medizinische Eiskeller sind auch außerhalb Lübecks regelmäßig anzutreffen, in den Krankenhäusern von Eutin und Neustadt ebenso wie am Universitätsklinikum in Kiel.[88] Ob ein 1876 in Nusse von dem dortigen Apotheker errichteter Eiskeller ebenfalls für die medizinische Versorgung vorgesehen war, ist strittig; er wird bisher eher mit der Mineralwasserproduktion

83 Lütgert (2000), S. 185. Ferner Nöthling (1898), S. 94-95, u. Aterini (2016), S. 37-38 (bei beiden auch Abb.).

84 Krankenhaus Süd (1987), S. 25, dort Lageplan.

85 AHL: Hochbauamt, 522 und 528.

86 Reger/Dilling (1984), S. 38. Zur Entnahme vgl. AHL: Polizeiamt, 1853, Eisentnahmen 1899.

87 AHL: Hochbauamt, 1053. Die Kapazität der Eiskammer betrug 80 cbm.

88 Lütgert (2000), S. 73-76, 178, 205-206; Bickelmann (2023a), in Druckvorbereitung.

in Verbindung gebracht, was jedoch anderweitige Verwendungszwecke nicht ausschließt.[89]

Ein großer Eisbedarf bildete sich im letzten Viertel des 19. Jahrhunderts in der Gastronomie heraus. Er steht in unmittelbarem Zusammenhang mit der Expansion des untergärigen Bieres, dem zunehmenden Bedarf von Hotels, Gaststätten und Restaurants an der Kühlung von Speisen und Getränken sowie der Ausprägung einer spezifischen Biergartenkultur. Der Ratskeller und das legendäre „Hotel Stadt Hamburg“ am Klingenberg gehörten zu den wenigen, die ihr Eis regelmäßig den öffentlichen Gewässern entnahmen und somit über einen, wenn auch im zweiten Fall nicht konkret nachweisbaren, Eiskeller verfügt haben. Beide wie auch zwei weitere – das „Hotel du Nord“ (1858) in der Breiten Straße und das Bahnhofsrestaurant (1876) –[90] verzeichneten vermutlich einen regen Zuspruch und bedienten wohl eine eher anspruchsvolle Klientel auswärtiger Gäste. Damit, dass auch der damalige „Hauptvergnügungsort“ Lübecks, das an der Binnenwakenitz hinter der Stadtmauer beim Burgtor gelegene und von einem idyllischen Garten umgebene „Tivoli“ über eine eigene Eisversorgung verfügen würde, war von vornherein zu rechnen. Das 1837 auf dem Gelände der ehemaligen Schafferei errichtete Sommertheater, das mit regelmäßigen Aufführungen und Veranstaltungen verschiedenster Art aufwartete und später bis zu 1.800 Gäste beherbergen konnte,[91] besaß seit 1846 eine Schankerlaubnis. Der Eiskeller dürfte im Zusammenhang mit dem in den Jahren 1866-1869 erfolgten umfangreichen Ausbau der Baulichkeiten angelegt worden sein, wofür das Kellergewölbe des östlichen Endes der Burgtorbefestigung, des sog. Schafferturms, genutzt wurde; dieser besaß mit einem Innendurchmesser von etwa 4,5 m ein dem Zweck adäquates Fassungsvermögen.[92] Bis 1903 musste die gesamte Anlage dem Bau des Elbe-Trave-Kanals weichen; die Reste des Schafferturms wurden in den 1908 errichteten Neubau des noch bestehenden, an die Stadtmauer angelehnten Wohnhauses integriert.[93]

Verglichen mit der großen Zahl der gastronomischen Betriebe hielt sich die diesbezügliche Bautätigkeit jedoch in äußerst engen Grenzen, denn die Baure-

89 AHL: Baupolizei, Erw. 18/1912, Bauregister 24, Land, 1876 Nr. 7; Lütgert (2000), S. 76-77.

90 AHL: Baupolizei, Erw. 18/1912, Bauregister 20, Stadt, 1858 Nr. 241; Bauregister 22, Stadt, 1876 Nr. 600. Ferner Adreßbuch Lübeck 1858, Straßenteil Breite Str. 776; dgl. 1876, alphabet. Teil (Mladeck).

91 Dräger/Budde (2009), S. 242-245 (S. 244: „Hauptvergnügungsort“); Lütgendorff (1933), S. 22-32.

92 AHL: Ordnungsamt-Krugakten, Erw. 19/1939, Karton 38, Wakenitzmauer 1-9; dort Aufnahme des Grundrisses vom 9.4.1886, der den kreisförmigen Eiskeller zusammen mit dem Bierkeller und einer Waschkammer an der Innenseite der Burgtorbefestigung zeigt. In den Bauregistern ist ein „Eiskeller“ nicht ausgewiesen, vermutlich, weil er Teil der größeren Baumaßnahme war. Vgl. auch AHL: Polizeiamt, 1853, Eisentnahmen 1894/95 u. 1895/96: Gastwirt C. W. Muuß (Inhaber des „Tivoli“). – Zum Schafferturm vgl. Andresen (o.J.), S. 58-59, 66-67, sowie Rahtgens (1939), S. 98-99.

93 Dräger/Budde (2009), S. 242.

gister weisen für den Zeitraum von 1854 bis 1895 lediglich fünf gastronomische Eisreservoirs aus. Umso erstaunlicher ist es, unter ihnen eine nicht sonderlich luxusaffine Einrichtung wie die Prahl'sche Badeanstalt in der Roeckstraße zu finden. Ihr Besitzer errichtete 1882 eine Eismiete, wofür das an die Wakenitz grenzende Grundstück ausreichend Platz bot. Das damit verbundene Kühlangebot könnte allerdings weniger den Badegästen und dem Biergartenbetrieb gegolten haben als dem Erfrischungsbedürfnis der den Sommer über vor dem Burgtor in ihren „Landhäusern" residierenden Patrizierfamilien.[94] Dies würde im Umkehrschluss nahelegen, dass der überwiegend saisonale Kühlbedarf gutsituierter bürgerlicher Haushalte in der kalten Jahreszeit keine speziellen Vorkehrungen für die „Stadtwohnungen" erfordert hätte.

Für die vor den Toren der Stadt sich etablierenden Biergärten und Stätten der Geselligkeit an den Gewässern und Ausfallstraßen ließen sich bisher nur wenige Hinweise auf die Existenz von Eiskellern finden, obwohl Etablissements wie das „Kolosseum" oder die noch weit ältere „Lachswehr" hierzu geradezu prädestiniert zu sein schienen. Vielmehr stechen zunächst verkehrsgünstig gelegene Brauereien mit eigenem Ausschank wie Lück und die Hansa-Brauerei hervor, auf die später noch zurückzukommen sein wird. Der Mitte der 1890er Jahre einsetzende Ausbau der Verkehrsverbindungen durch Straßenbahn und Schifffahrtslinien entlang von Trave und Wakenitz beschleunigte den Aufschwung der sommerlichen Ausflugsgastronomie.[95] Eine besondere Häufung attraktiver Nahziele verzeichnete Israelsdorf. Dort verfügte zumindest die nach dem Ausbau der Straßenbahn 1896 errichtete, in städtischem Besitz stehende „Forsthalle" über ein Eishaus, das, nachdem zwischenzeitlich eine Eismiete zur Erweiterung der Kapazität beigetragen hatte, 1910 noch einmal vergrößert wurde.[96] Generell haben sich für die Außenbezirke Lübecks bisher erstaunlich wenige Eiskeller finden lassen. Doch angesichts der Tatsache, dass Stadtbewohner jenseits der lübeckischen Grenzen – in Stockelsdorf, Bad Schwartau und den Badeorten der Lübecker Bucht – durchaus auf eine eisaffine Gastronomie trafen,[97] ist kaum vorstellbar, dass dies für in Lübeck selbst gelegene Ausflugsziele nur mit Einschränkungen gegolten haben sollte.

Von noch größerem Eisbedarf muss man in Travemünde ausgehen, das seinen Charakter als Luxusbad gegen Ende des 19. Jahrhunderts weiter ausbauen konnte. In diese Zeit fallen mehrere anspruchsvolle Neubauten der Gastrono-

---

94 AHL: Baupolizei, Erw. 18/1912, Bauregister 25, Vorstädte, 1882 Nr. 25; Polizeiamt, 1662. Allgemein zur Badeanstalt vgl. Graßmann (1982), S. 145; Zimmermann (2006), S. 56/57. Zu den Patrizierfamilien vgl. Plaß (1975), S. 42, Zimmermann (2006), S. 48-69.

95 Generell dazu Scherreiks (2004); Saager (1981), S. 18-33; Blunck (1994), insbes. S. 46-48, 68-70, 117-128.

96 AHL: Finanzdep., 7506; die Kapazität erhöhte sich durch den Umbau von 37 auf 57 cbm. Müller (1986), S. 47. Zu Israelsdorf allgemein vgl. Scherreicks (2004), S. 8-12.

97 Bickelmann (2023a), in Druckvorbereitung. Hier sind insbesondere die Fackenburger Brauerei in Stockelsdorf sowie Geertz´ Hotel und die Waldhalle in Bad Schwartau zu nennen; sie alle lagen unmittelbar hinter der Stadt- und Landesgrenze.

mie.[98] Gerade hier machen sich die oben angesprochenen Quellenverluste bemerkbar, denn Hinweise auf Eiskeller waren nur in wenigen Fällen zu finden. So richtete der Hotelier Friedrich Brügmann in seinem Kurhaus 1906 einen neuen Eiskeller ein, welcher seinerseits ein älteres Eisdepot ablöste, zu dessen Versorgung der Inhaber schon 1896 eine Genehmigung zum Eisschnitt erhalten hatte. Somit dürfte erst recht der 1913 errichtete luxuriöse Neubau des Kurhauses auf angemessene Kühlvorrichtungen nicht verzichtet haben.[99] Sicher ist, dass Brügmann, wie auch der Inhaber eines weiteren, mit einem Eiskeller ausgestatteten Hotels, später einen beim Kurgarten gelegenen Teich sowie die beiden in dem seit 1904 heranwachsenden Villenviertel „Neu-Travemünde" angelegten Teiche (Godewind-Park) bis 1916 zur Eisentnahme nutzten.[100] 1904, sechs Jahre vor einem großzügigen Umbau, hatte schon das alteingesessene, renommierte „Hotel de Russie" (seit 1914 „Deutscher Kaiser") an der Vorderreihe einen Eiskeller erhalten, dem ein Kühlraum zugeordnet war. Dieser war zu ebener Erde im hinteren Teil des Grundstücks an den Saal angebaut.[101] In ähnlicher Weise hatte der Hotelier Carl Schultz, als er 1911 zwischen Strandbahnhof und Godewindpark mit dem „Parkhotel" einen völligen Hotelneubau in Nachbarschaft zur Villenkolonie „Neu-Travemünde" realisierte, Eiskeller und Kühlraum im Erdgeschoß unter dem rückwärtigen Balkon untergebracht, was einen unmittelbaren Zugang zu den Wirtschaftsräumen gestattete. In beiden Fällen waren die Eiskammern auf ein relativ geringes, aber wohl ausreichendes Volumen von ca. 30 cbm ausgelegt.[102] Angesichts dieser Größenordnung muss es verwundern, dass der Wirt des 1883 schräg gegenüber dem Stadtbahnhof errichteten „Bahnhofshotels", eines eher bescheidenen Etablissements mit nur 8 Fremdenzimmern, auf dem rückwärtigen Teil seines Grundstücks zugleich ein Eishaus hatte anlegen lassen, welches mit 60 bis 70 cbm Fassungsvermögen völlig überdimensioniert erscheint, auch wenn man berücksichtigt, dass kurz zuvor die Bahnlinie Lübeck-Travemünde eröffnet worden war und sich mit ihr

98 Albrecht (2006), S. 185-208.

99 AHL: Finanzdep., 5078. Allgemein zu beiden Einrichtungen vgl. Albrecht (2005), S. 203-207, zum neuen Kurhaus außerdem Vaterstädtische Blätter 1912/13, S. 51-52. Zum Eisschnitt vgl. AHL: Polizeiamt, 1853, Eisentnahmen 1895/96.

100 AHL: Finanzdep., 5098. Für die andere Einrichtung, das am Ende der Kurgartenstraße gelegene Kurgarten-Hotel (Inh. Joseph Goldschmidt), vgl. AHL: Ordnungsamt-Krugakten, Erw. 17/1968, Nr. 226. Zur Villenkolonie Neu-Travemünde vgl. Albrecht (2005), S. 192-195.

101 AHL: Ordnungsamt-Krugakten, Erw. 17/1968, Nr. 227. Zum Hotel generell vgl. Albrecht (2005), S. 130, 201.

102 AHL: Ordnungsamt-Krugakten, Erw. 17/1968, Nr. 120, Bauzeichnungen. Zum Hotel vgl. Vaterstädtische Blätter 1911, S. 83, sowie Albrecht (2005), S. 201. In beiden Fällen fehlte das übliche Doppelschalenmauerwerk; möglicherweise erfolgte die Isolierung durch Korkplatten, wie sie damals zunehmend Verwendung fanden; vgl. hierzu Bickelmann (2023a), in Druckvorbereitung.

große Erwartungen hinsichtlich der Tourismusentwicklung verbanden.[103] Nicht auszuschließen ist daher, dass der Besitzer weitere Nutzungsmöglichkeiten, etwa einen Eishandel, im Auge hatte.

Wie die Eisversorgung größerer Hotels und gastronomischer Betriebe in Travemünde ausgesehen haben könnte, mag das in städtischem Besitz befindliche „Konversationshaus“ illustrieren, welches zusammen mit dem dazugehörigen repräsentativen „Städtischen Kursaal“ als zentrale touristische und gesellschaftliche Einrichtung des Seebades 1914 am Eingang der Kaiserallee eröffnet wurde (später Spielcasino, heute „Atlantic Grand Hotel“). Das Vorhaben umfasste die Erweiterung des „Strandhotels“, wofür die Bauzeichnungen im Keller des Altbaus einen schon vorhandenen Eisraum von ca. 80 cbm Kapazität ausweisen, der von der Straßenseite aus beladen werden konnte.[104] Solche in das Kellergeschoss integrierten, den Blicken der Öffentlichkeit entzogenen und verwendungsnahen Räume gehörten damals zum Standard des gehobenen gastronomischen Eiskellerbaus.[105] Dass auch für weitere Travemünder Einrichtungen Eisbedarf bestand, geht daraus hervor, dass 1904 ein Fuhrwerksbesitzer um die Genehmigung zum Eisschnitt auf dem von dem Hotelier Brügmann genutzten Teich beim Kurgarten nachsuchte.[106]

Zu den Eisinteressenten gehörten im späten 19. und beginnenden 20. Jahrhundert verschiedentlich auch vermögende Privathaushalte, für die der Luxus eines eigenen Eiskellers zugleich ein Statussymbol und ein Medium gesellschaftlicher Repräsentation darstellen konnte. Bauten dieser Provenienz – für die sich mehrere Beispiele im Fürstentum Lübeck finden – fallen gewöhnlich in die Zeit zwischen 1890 und dem Ersten Weltkrieg, konnten vereinzelt aber auch noch späteren Datums sein.[107] Insofern erschwert das Fehlen der Lübecker Bauregister für diesen Zeitraum auch in solchen Fällen einen konkreten Nachweis. Dementsprechend haben sich für das Lübecker Staatsgebiet Eiskeller von Privathaushalten bisher nicht finden lassen. Dabei hätte es an geeigneten Kandidaten durchaus nicht gefehlt: etwa die 1904 an der Travemünder Kaiserallee errichtete luxuriöse Sommervilla des Senators Emil Possehl, Inhaber des vor

---

103 AHL: Baupolizei, Erw. 18/1912, Bauregister 30, Travemünde 1882, Nr. 46 (Bauantrag 24.11.1882). Des Weiteren AHL: Ordnungsamt-Krugakten, Erw. 19/1939, Karton 49, Rose 9; dort Bauzeichnungen mit Lageplan, auf dem das Eishaus in den Umrissen und mit äußeren Maßangaben (7,3 x 4,3 m) zu erkennen ist. Ferner Lüb. Adreßbuch 1884-1888, Travemünde-Teil, Joh. Joachim Heinr. Clasen. Zur Bahnlinie Lübeck-Travemünde, die am 1.8.1882 eröffnet wurde, vgl. Albrecht (2005), S. 175; die Straße Rose war zu dieser Zeit als Querverbindung vom Bahnhof zu den Schiffsanlegern an der Vorderreihe angelegt worden.

104 AHL: Ordnungsamt-Krugakten, Erw. 17/1968, Nr. 169; zweischaliges Mauerwerk ohne Vorraum. Zu den Hotels und der Fortentwicklung der Kureinrichtungen vgl. Albrecht (2005), S. 204-208.

105 Bickelmann (2023a), in Druckvorbereitung. Dort Beispiele aus der Holsteinischen Schweiz und den oldenburgischen Seebädern in der Lübecker Bucht. So auch beim Kurgarten-Hotel (wie Anm. 100).

106 AHL: Finanzdep., 5098, Schreiben an Fuhrwerksbesitzer Hillmer, 8.1.1904 (Ablehnung, da bereits an Brügmann verpachtet).

107 Bickelmann (2023a), in Druckvorbereitung.

allem im Eisenhandel tätigen Possehl-Konzerns und damals reichster Bürger der Hansestadt,[108] oder die 1915 fertiggestellte repräsentative, von einer großzügig gestalteten Gartenanlage umrahmte „Dräger-Villa“ am Finkenberg, welche sich der Industrielle Bernhard Dräger von dem Architekten Carl Mühlenpfordt hatte entwerfen lassen. Bei ihm, der als innovativer Ingenieur und Fabrikant mit modernster Technik vertraut war, hätte man zu dieser Zeit aber doch schon eher eine maschinelle Kühlanlage und einen Eisgenerator erwarten können; sein Biograph bezeichnet Drägers Wohnauffassung als „technisch-modern“ bei „bestmögliche(m) Komfort“.[109] Darüber hinaus wäre an weitere Villen in den Lübecker Vorstädten, etwa in der Umgebung des Stadtparks, auf den ausgedehnten Ufergrundstücken von Trave und Wakenitz oder im Villenviertel „Neu-Travemünde“ zu denken.[110] In der seit 1906 im Aufbau begriffenen, überwiegend von Lübeckern besiedelten, auf eine obere Mittelschicht zugeschnittenen Villenkolonie Cleverbrück in Bad Schwartau, für die im Gegensatz zu Lübeck eine gute Quellenüberlieferung vorliegt, scheinen Eiskeller allerdings von vornherein nicht zur Ausstattung gehört zu haben.[111]

Die Etablierung eines Lübecker Eishandels

Während die bisher angesprochenen Eiskeller im Dienste spezieller Gewerbe standen, erscheinen unter den für 1883 registrierten Interessenten des Eisschnittes auf der Wakenitz zwei Unternehmen, die man dem professionellen Eishandel zuordnen kann: die Firma P. Cordes Wwe. und die Firma Weidmann.[112] Beide verkörpern einen neuen Abschnitt in der Eisversorgung Lübecks, dessen Beginn sich ziemlich genau auf den Sommer 1872 datieren lässt, denn mit ihnen treten zu dieser Zeit Natureishandlungen erstmals an die Öffentlichkeit (vgl. Abb. 9).[113]

Um diese Entwicklung verstehen zu können, bedarf es einer historischen Rückblende. Im Zusammenhang mit Bevölkerungswachstum und Urbanisierung hatten in den Vereinigten Staaten die Gewinnung sowie der Groß- und Einzelhandel mit Eis seit etwa 1800 einen großen Aufschwung genommen.

---

108 Zu ihm vgl. Albrecht (2005), S. 190, 257, sowie Graßmann (2009). AHL: Finanzdep., 2217; dort kein Hinweis auf einen Eiskeller.

109 Kamp (2017), S. 276-282, 312-314, 327-331, 340-353 (Zitate S. 282); dort keine Hinweise auf eine Eis- oder Kühlanlage, jedoch auf eine generell hochwertige technische Ausstattung.

110 Zahlreiche Beispiele für die zu dieser Zeit sich in Lübeck ausbildende Villenarchitektur bei Matthias (1986). Zu Travemünde vgl. Albrecht (2005), S. 192-195.

111 Steen (1973), S. 109-112. Für die Bebauung steht im Landesarchiv Schleswig-Holstein der Bestand Abt. 260 (Regierung zu Eutin) mit Baugenehmigungen von 1879 bis 1937 zur Verfügung. Darin ließen sich für Cleverbrück bisher keine Eiskeller ermitteln.

112 AHL: Polizeiamt, 1852, Eisschnitt 1883/84.

113 Annoncen in Lüb. Anzeigen, 20.7.1872. Dementsprechend taucht im Lübeckischen Adreßbuch des Folgejahres erstmals die Kategorie „Eishandlungen“ auf, vgl. Lüb. Adreßbuch 1873, Branchenteil, S. 9.

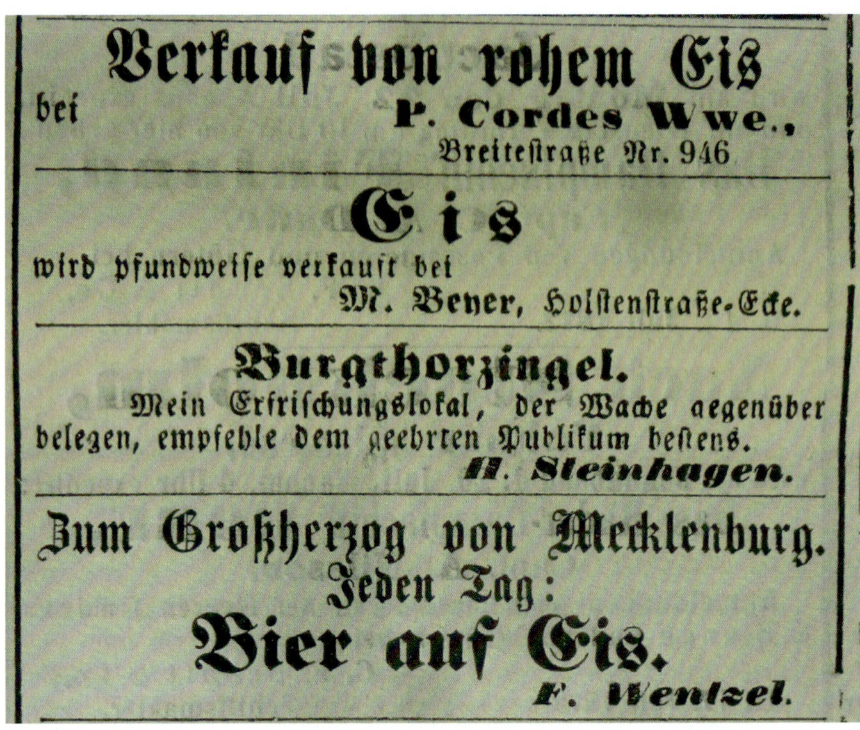

Verkauf von rohem Eis
bei P. Cordes Wwe.,
Breitestraße Nr. 946

Eis
wird pfundweise verkauft bei
M. Beyer, Holstenstraße-Ecke.

Burgthorzingel.
Mein Erfrischungslokal, der Wache gegenüber belegen, empfehle dem geehrten Publikum bestens.
H. Steinhagen.

Zum Großherzog von Mecklenburg.
Jeden Tag:
Bier auf Eis.
F. Wentzel.

Abb. 9: Zeitungsannoncen für Roheis (Lüb. Anzeigen, 20.7.1872, Beilage).

Hierbei waren insbesondere an den Gewässern der Ostküste riesige Lagerhäuser entstanden, mit denen die amerikanischen Städte und auch die Herrenhäuser der ländlichen Regionen mit Natureis von hoher Qualität versorgt wurden. Diese Rohstoffproduktion verband sich bald mit einem nach Übersee ausgreifenden Eishandel, der nicht nur England mit seinem Zentrum London erreichte, sondern schon früh bis nach Südamerika und in den pazifischen Raum, namentlich nach Indien vordrang. Dass bei solchen Reisen die Schmelzverluste hoch waren, lässt sich denken. Doch selbst, wenn nur zehn Prozent des Eises am Bestimmungsort eintraf, lohnte sich das Geschäft, weil die Kunden die entsprechenden Preise zu zahlen bereit waren.[114]

Die amerikanischen Eislagerhäuser arbeiteten mit industriellen Methoden und in industriellem Maßstab sowie mit zeitgemäßem Technik- und großem Kapitaleinsatz. Parallel dazu entwickelte sich ein Eishandel von Norwegen aus, der sich auf die Nordseeanrainerstaaten richtete, wobei England der Hauptabnehmer war, aber auch norddeutsche Häfen wie Hamburg, Bremerhaven, Kiel und Lübeck angelaufen wurden, was vor allem nach milden Wintern, wenn die heimische Eisernte ausfiel, der Fall war.[115]

---

114 Reinink (1995), S. 177-192; Hellmann (1990), S. 46-57.

115 Reinink (1995), S. 149-163; Täubrich (1991), S. 62-67.

Dieser globale Handel berührte – mit Ausnahme Norwegens – natürlich nicht Lübeck. Aber die amerikanischen Eishäuser und Eisgewinnungsmethoden bildeten ein Vorbild, dem europäische Länder, allen voran England, bald folgten, allerdings in kleinerem Maßstab. So entstanden seit den 1860er und dann verstärkt in den 1880er und 1890er Jahren in deutschen Großstädten wie München, Berlin und Hamburg sowie an den Standorten der Ende der 1880er Jahre entstehenden Dampfhochseefischerei wie Bremerhaven und Geestemünde Eishäuser des amerikanischen Typs. Dabei wurden nicht nur die am Orte vorhandenen Gewässer genutzt, sondern bei Bedarf auch große künstliche Eisteiche angelegt.[116] Spätestens 1870 waren auch in Lübeck und anderen schleswig-holsteinischen Städten, wie vor allem Kiel, dieser Eishandel und die mit ihm verbundenen Arbeitsmethoden bekannt.[117]

Wie diese aussahen, vermittelt eine Darstellung der Biller Eiswerke in Hamburg (Abb. 10). Die „amerikanischen" Eislagerhäuser bestehen aus einfachen, in Holzfachwerkweise errichteten Lagerhallen, mit zweischaligen Wänden, deren breite Zwischenräume mit Sägemehl, Torf oder anderem Isoliermaterial ausgefüllt sind. Die Eisflächen werden zunächst von Schnee oder Laub gereinigt und geglättet, anschließend durch Anreißen der Oberfläche in Form genormter Rechtecke markiert und dann per Hand oder Maschinenkraft vorgesägt. Sodann werden ganze Flöße ausgeschnitten, vor die Schuppen bugsiert, dort in Einzelplatten zerlegt und in den sog. Eiskanal geschoben, von wo aus diese mit dampfbetriebenen, in der Höhe verstellbaren Förderbändern, sog. Elevatoren, hinaufbefördert und schließlich im Eishaus Lage für Lage aufgeschichtet werden. Die Zeichnung erscheint ein wenig idealisiert, aber informativ, indem sie gleich drei unterschiedliche, damals übliche Einbringungsmethoden darstellt: links per Elevator, in der Mitte mittels einer Kranwinde, die durch ein Lokomobil angetrieben wird, und rechts durch eine schiefe Ebene, auf der die einzelnen Elemente per Muskelkraft in die Ladeluken geschoben werden.[118] Welche Werkzeuge bei der Eisernte verwendet wurden, ist aus Abb. 11 zu ersehen.

An diese Vorbilder konnten Eisinteressenten in Lübeck anknüpfen. Die seit etwa 1854 nachweisbare, in der Breiten Straße gegenüber dem Rathaus residierende Wein- und Bierhandlung mit angeschlossener Restauration H. J. P. Cordes (seit 1859 P. Cordes Wwe.) war 1872 in den Eishandel einstiegen und hatte 1880 das ehemalige Eishaus der Brauerzunft auf dem Hüxterdamm von dem in Konkurs geratenen Bierbrauer Otto Cochius erworben (Abb. 6), welches sich für diesen Zweck aufgrund seiner wassernahen Lage und seiner Größe gut eignete; das am südlichen Ende der Binnenwakenitz gelegene Grundstück war vom Staat gepachtet. Verschiedene Anhaltspunkte legen jedoch nahe, dass das Gebäude der Fa. Cordes bereits seit etwa 1872 im Pachtwege als Eislager

116 Täubrich (1991), S. 54-61; Lütgert (2000), S. 82-88.

117 Zu Kiel vgl. Lütgert (2000), S. 86-87; Heide (2012), S. 56-61.

118 Lütgert (2000), S. 230.

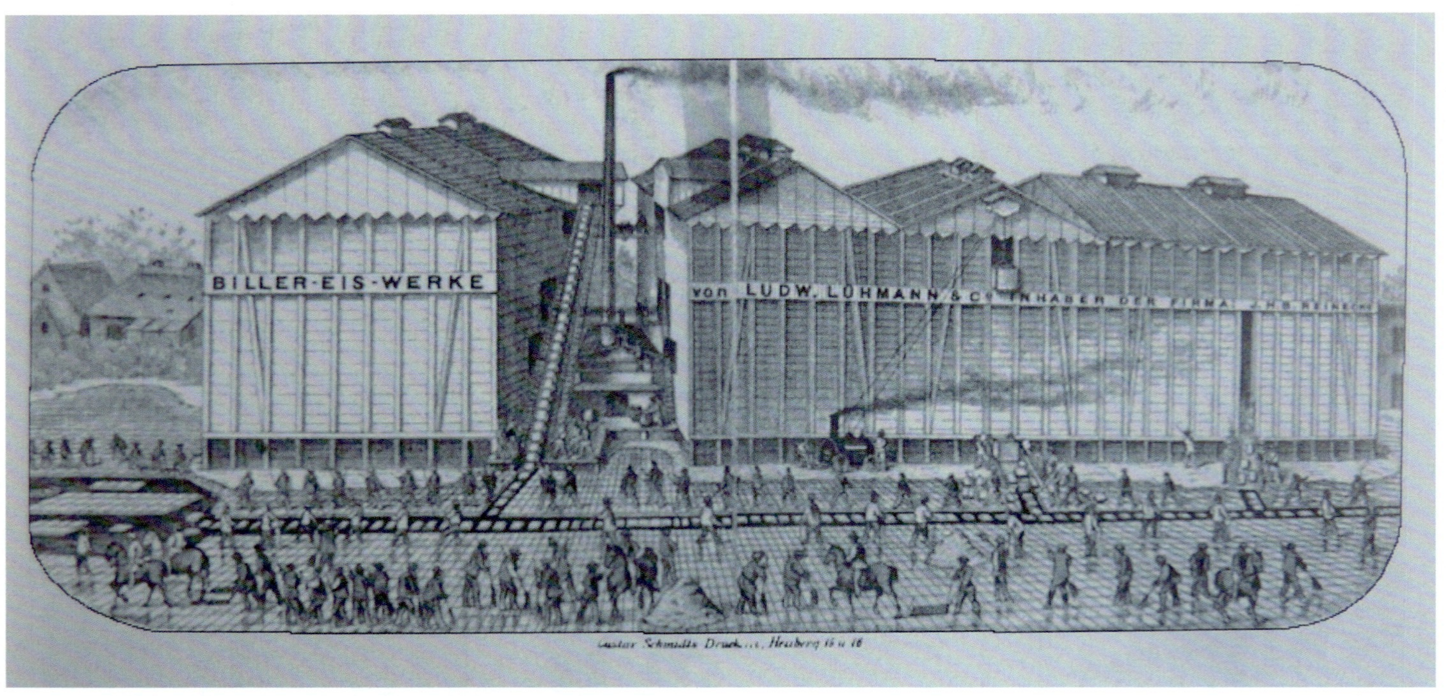

Abb. 10: Ansicht der Biller Eiswerke von Ludw. Lühmann & Co. (aus: Lütgert, 2000, S. 291).

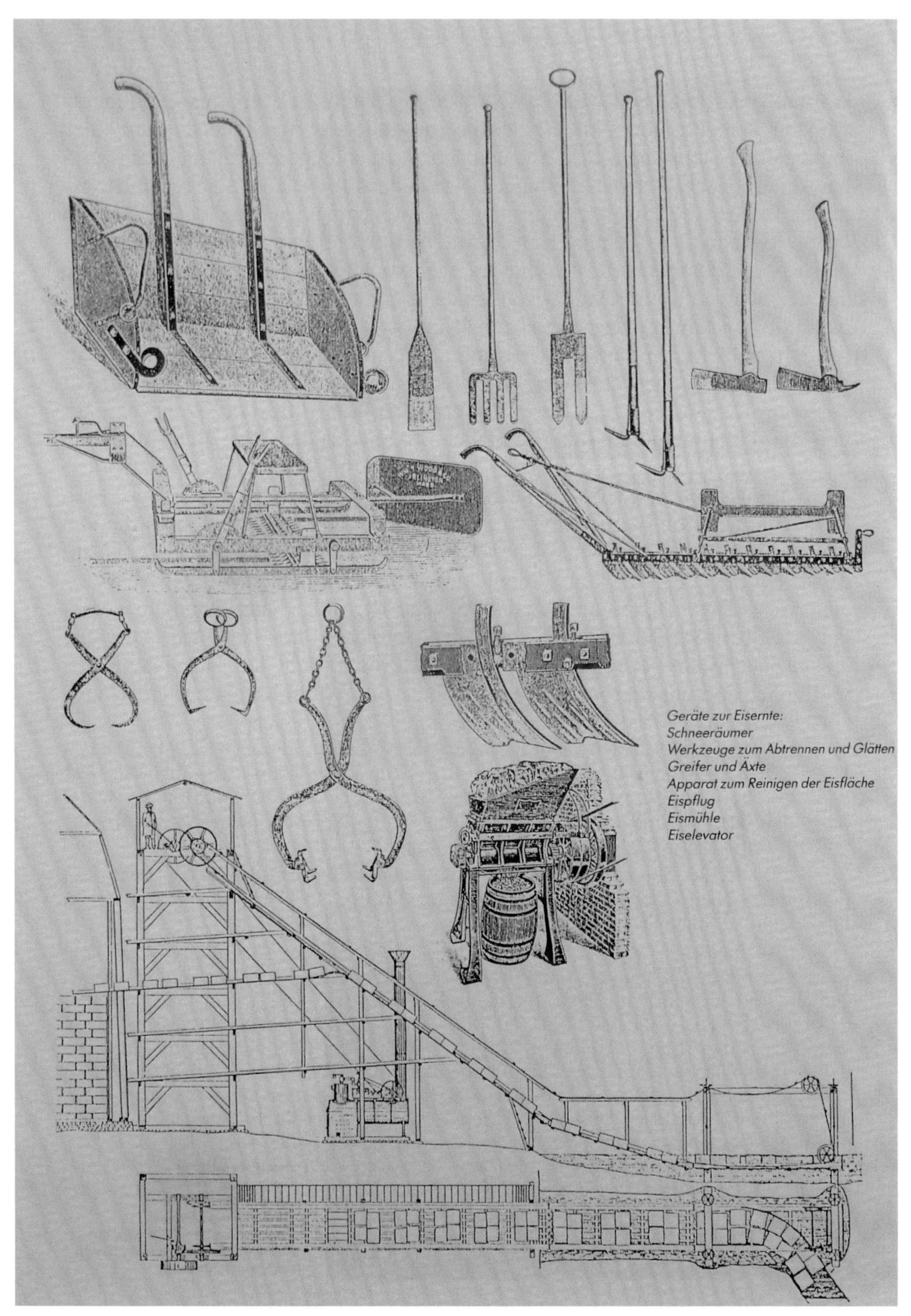

Abb. 11: Werkzeuge zur Eisernte und Schema eines Elevators (aus: Hellmann, 1990, S. 54).

gedient hatte,[119] sodass von Anbeginn eine Kontinuität der Nutzung an diesem Standort gegeben war.

Bereits Anfang 1872 war auf dem Nachbargrundstück am Hüxterdamm ein weiterer Eiskeller von ähnlicher Größe entstanden. Es handelte sich um einen nicht näher beschriebenen, aber in den Umrissen erkennbaren Ständerfachwerkbau mit angeschlossenen Stallungen.[120] Bauherrin war eine Marie Beyer, die in der Holstenstraße seit 1863 einen Delikatessenwarenladen, verbunden mit einem Restaurant und einem Hotel garni, betrieb und ihre Aktivitäten nunmehr verstärkt auf den Eishandel verlagerte. Nachdem die geschiedene Frau 1874 den aus der Schweiz stammenden Kunstmaler Conrad Weidmann geheiratet hatte, nahm sie den Nachnamen ihres neuen Mannes an; das Eishandelsgeschäft selbst firmierte später unter dem Namen Friedrich Wentzel.[121] Das Geschäft war offenbar so erfolgreich, dass sich Marie Weidmann auf dem gleichen Grundstück1883 ein neues Eishaus errichten lassen konnte, über dessen Gestaltung wir in Form von Bauzeichnungen gut unterrichtet sind (Abb. 12). Bei dem Neubau, der an die Stelle des älteren Schuppens trat, handelte es sich, wie bei dem von Cordes, um ein massives zweischaliges Gebäude, welches das damals außergewöhnliche Volumen von ca. 1.300 cbm Eis aufnehmen konnte. Das Eis wurde von einem in die Wakenitz hineinreichenden Steg aus vermutlich über Rutschen auf der Rückseite eingebracht und konnte dann an der Vorderseite ausgeliefert werden. Angesichts der Raumhöhe von 9 m wäre allerdings kaum vorstellbar, dass die Aufschichtung der Eistafeln oberhalb einer bestimmten Höhe ohne spezielle technische Hilfsmittel vonstattenging; in der Frontansicht der Bauzeichnung ist im Bereich der rückwärtigen Ladeluken eine in das Walmdach integrierte Gaube

119 AHL: Finanzdep., 255; Untergericht, 289. Lüb. Adreßbuch 1854, 1868 und 1873ff.; ferner Annonce in Lüb. Anzeigen, 17.7.1872. Das Gebäude hatte sich seit 1871 im Besitz der Actien-Bier-Brauerei befunden, deren Betrieb 1873 einem Brand zu Opfer fiel; vgl. hierzu Anm. 58 u. 62. Vermutlich hatte der Vorbesitzer Cochius es damals oder schon früher erworben und an die Fa. Cordes weiterverpachtet.

120 AHL: Baupolizei, Erw. 18/1912, Bauregister 21, Stadt, 1871 Nr. 420; Finanzdep., 222 (Lageplan 1872), sowie Baupolizei, Erw. 1931, 223, Weidmann an Polizeiamt, 14.8.1883 (mit Lageskizze).

121 Marie Beyer, geb. Lange, Tochter eines Schiffers, war seit 1858 mit dem Kaufmann Georg Wilhelm Heinrich Beyer verheiratet, hatte sich 1863 von ihrem Mann getrennt und geschäftlich selbständig gemacht. Zu ihr vgl. AHL: Stadt- und Landamt, 5248 (Proclamationsregister 1874), Nr. 70, sowie 5232 (Proclamationsregister 1858), Nr. 307. Ferner Lüb. Adreßbuch, 1862, 1866, 1870-1877 (Holstenstr. 296). Die unterschiedliche Namensführung führt bei der Konsultation der herangezogenen Quellen verschiedentlich zu Irritationen, welche sich erst durch die Kenntnis der hier beschriebenen Lebenssituation auflösen lassen. Friedrich Wentzel scheint ihr Schwiegersohn (verh. mit Tochter aus erster Ehe) gewesen zu sein; vgl. AHL: Baupolizei, Erw. 1931, 223, Notiz Polizeihauptmeister Peters, 6.11.1886. – Zu Conrad Weidmann (1847-1904), der als Maler, Illustrator, Kunst- und Kolonialschriftsteller bezeichnet wird und finanziell vermutlich von seiner 26 Jahre älteren Frau abhängig war, vgl. Thieme/Becker (1942), S. 272-273; ferner Vaterstädtische Blätter 1904, S. 140, sowie Lübeckische Blätter 1904, S. 497-498. Zu Lübeck ist folgendes Werk überliefert: Conrad Weidmann´s Historische Ansichten von Lübeck (10 Bll.), Lübeck 1882. Ferner schrieb Weidmann für die Lüb. Blätter Kritiken über Kunstausstellungen. Über sein Familienleben war nichts in Erfahrung zu bringen.

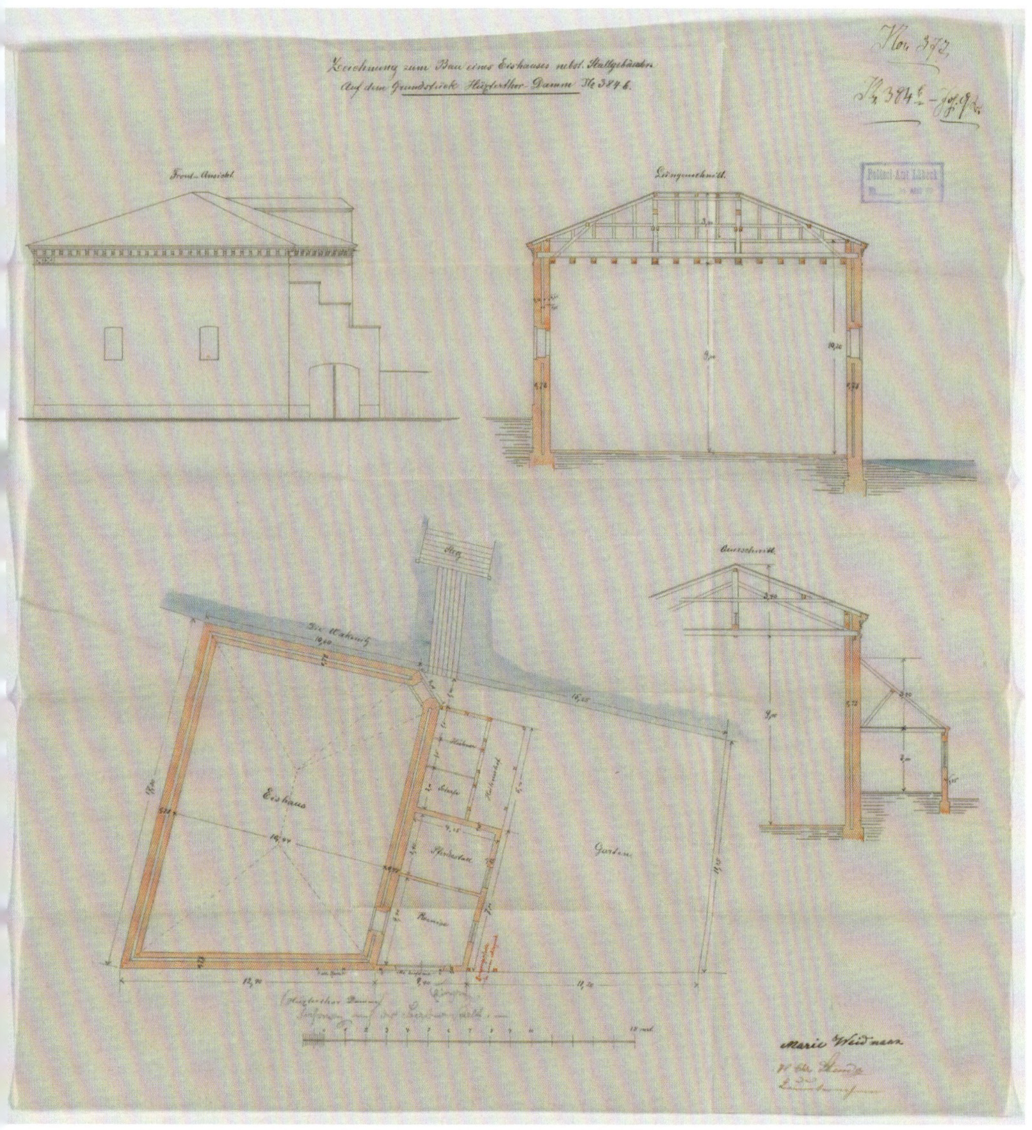

Abb. 12: Eishaus der Fa. Weidmann am Hüxterdamm, Bauzeichnung Grundriss, Schnitt und Ansicht, 1883 (AHL, Baupolizei, Erw. 1931, Nr. 223).

zu erkennen, die darauf hindeuten könnte, dass zur Einlagerung zusätzlich eine Seilwinde bereit stand. Dem Gebäude angegliedert waren Pferdeställe und eine Wagenremise.[122]

Es handelte sich somit um eine reine Eislagerhalle, bei der Lagerung, Verkauf und Auslieferung an die Kunden in einer Hand lagen. Das war auch bei dem sehr viel kleineren Cordesschen Eishaus der Fall. Drei Jahre später folgte, nachdem die Firma Weidmann dazu übergangen war, auf dem Grundstück Schafe, Hühner und Enten zu halten, ein massiver Erweiterungsbau, welchem

122 AHL: Baupolizei, Erw. 18/1912, Bauregister 30, Lübeck/Travemünde, 1883 Nr. 105 u. 377; Baupolizei, Erw. 1931, Karton 12, 223.

eine Kühlfunktion für eingelagerte Waren zugedacht war. Das Spezifikum der Konstruktion lag darin, dass die drei relativ niedrigen Kühlräume etwa zur Hälfte in die mit ca. 400 cbm Fassungsvermögen wiederum beachtliche Eiskammer hineinragten, sodass sie sowohl von der Stirnseite als auch von oben Kühlung erfuhren. Damit hatte die Firma das Prinzip des kombinierten Eishauses, wie es für das Gut Jersbek beschrieben wurde, auf den städtischen Bereich übertragen und zugleich perfektioniert. Das war neu in Lübeck. Ob diese Lagerräume nur dem Eigenbedarf dienten oder ob sie auch an Kunden vermietet wurden, war nicht zu klären.[123]

Die Fa. Cordes hingegen blieb beim reinen Eishandel und erweiterte diesen noch, nachdem sie 1889 am Ende des Hüxterdamms jenseits der Kreidemannschen Badeanstalt – etwa im Bereich der Hüxwiese gegenüber der späteren Schule am Falkendamm (heute Volkshochschule) – einen „Eisschuppen" errichtet hatte, der mit ca. 900 cbm Fassungsvermögen die Kapazitäten des bisherigen Speichers weit übertraf. Ursprünglich war eine massive Ausführung vorgesehen, welches die Bauaufsicht jedoch aus stadtplanerischen Gründen ablehnte. Erst gegen die Zusicherung von Cordes, das Gebäude auf Anforderung jederzeit entfernen zu lassen, hatte sich der Senat schließlich auf eine Holzkonstruktion eingelassen.[124] Zu Beginn der 1890er Jahre müssen dann auch die Anlagen der Fa. Weidmann/Wentzel auf die Fa. Cordes übergegangen sein, sodass es zu dieser Zeit nur noch ein Unternehmen gab, welches mit selbstgeschnittenem Natureis handelte.[125]

Es lässt sich somit festhalten, dass mit den Bauten am Hüxterdamm der Lübecker Eishandel eine feste Grundlage gefunden hatte. Es wird aber auch deutlich, dass in Lübeck von Anfang an Natureisproduktion und Eishandel in ein und derselben Hand lagen. Das unterschied Lübeck vom amerikanischen System und von größeren Berliner und Hamburger Unternehmen der Eisbranche, denn dort waren Eisproduktion, d. h. der Betrieb der Eishäuser, und der Vertrieb der Ware, der durch eigenständige Fuhrunternehmen erfolgte, geschäftlich meist voneinander getrennt.[126]

Dem Standort Hüxterdamm fehlte allerdings eine dauerhafte Zukunftsperspektive. Er stand nämlich dem geplanten Elbe-Lübeck-Kanal im Wege und musste diesem daher mit Beginn der Bauarbeiten 1895 weichen. Die Fa. Cordes

---

123 AHL: Baupolizei, Erw. 1931, Karton 12, 223; Baupolizei, Erw. 18/1912, Bauregister 31, Lübeck/Travemünde, 1886, Nr. 446 u. 462. Ein erstes Baugesuch, das eine hölzerne Konstruktion vorsah, hatte das Polizeiamt abschlägig beschieden.

124 AHL: Baupolizei, Erw. 18/1912, Bauregister 31, Lübeck-Travemünde, 1889 Nr. 412, 455, 465 (Hüxterdamm 13); Baupolizei, Erw. 1931, 227, Hüxterdamm 13 (mit Bauzeichnungen 1889), sowie 224, Hüxterdamm 7-9 (mit Lageplan 1891). Zur Hüxwiese vgl. Lange (2022), S. 37.

125 Für 1894 ist auf einem Situationsplan als Pächter des Grundstücks und Eigentümer der Eishäuser die Fa. Cordes eingetragen; vgl. AHL, Finanzdep., 255, Lageplan 1894. Die Fa. Weidmann/Wetzel taucht seit 1891 Im Lübecker Adreßbuch nicht mehr als Eishändler auf; vgl. Lüb. Adreßbuch 1890-1894, Personenteil (Weidmann u. Wentzel), sowie Firmenteil (Eishandel) und Straßenteil (Hüxterdamm 3).

126 Hellmann (1990), S. 57.

verlegte nunmehr ihren Standort zur Außenwakenitz, indem sie noch im selben Jahr am östlichen Ende der Yorkstraße ein neues massives und wesentlich größeres Eishaus errichten ließ,[127] eben jenes, welches eingangs dieses Beitrages angesprochen wurde. Parallel dazu hatten sich zahlreiche der gewerblichen Eisinteressenten in Form einer Genossenschaft neu organisiert und 1896 am Ende der Dorotheenstraße, bei der Einmündung des im Zuge des Kanalbaus entstehenden Zweigkanals in die Außenwakenitz, ein eigenes Eishaus nach amerikanischer Art, also in Form eines Holzständerwerks, errichtet, dieses aber von Anfang an als kombiniertes Eishaus mit Kühlfunktion ausgestaltet (Abb. 13). Als die Fa. Cordes 1899 ihren Betrieb aufgab, übernahm die „Lübecker Eisgenossenschaft" auch das Gebäude an der Yorkstraße, sodass der gewerbliche Eishandel fortan in einer einzigen Hand lag.[128]

Abb. 13: Eishaus der Lübecker Eisgenossenschaft an der Dorotheenstraße, Ansichtskarte (Ausschnitt), ca. 1900 (Slg. Jürgen Schaluschke, Lübeck). Der bei oberirdischen Eishäusern häufig anzutreffende weiße Anstrich diente der Reflexion des Sonnenlichts.

Bevor auf dieses neue Kapitel der Eisversorgung eingegangen wird, sei hier angedeutet, dass sich neben den beiden Großbetrieben möglicherweise ein örtlicher Eishandel im Kleinen entwickelt hatte, der allerdings schwer greifbar ist. Es ist denkbar, dass aus den Eiskellern der erwähnten Kleinbrauereien sowie denjenigen von Schlachtern, Wildhandlungen, Delikatessengeschäften, Fischhandlungen und vielleicht auch Konditoreien regelmäßig oder gelegentlich Natureis in geringem Umfang an Privathaushalte im städtischen Bereich verkauft wurde. Auch die Eismiete der Prahl'schen Badeanstalt an der Roeckstraße ließe sich in diese Kategorie einordnen. Die Fa. Cordes und ihre Nachfolger behielten, wie sich aus Zeitungs- und Adressbuchannoncen ersehen lässt, auch nach

---

127 AHL: Baupolizei, Erw. 18/1912, Bauregister 29, Vorstädte-Land, 1895, Nr. 301, 395, 402, 411.

128 Lütgert (2000), S. 183-184.

der Aufgabe des Eishauses in der Yorkstraße, einen Klein- und Großhandel bei, wobei offenbleibt, an welchem Standort das Eis gelagert wurde. Als sicher kann gelten, dass das Unternehmen als Mitglied der Eisgenossenschaft weiterhin von dort zumindest einen Teil seiner Vorräte bezogen hat.[129]

Angesichts der Tatsache, dass sich der Bau von Eiskellern auf wenige Interessenten beschränkte, kam dem örtlichen Eishandel zunehmend eine tragende Funktion für die gewerbliche und private Eisversorgung zu. Denn erst das Angebot, Natureis in kleineren Mengen und nach individuellen Bedürfnissen beziehen und verwendungsnah einsetzen zu können, ermöglichte eine in die Breite gehende Alltagsnutzung der in den Eiskellern und Eislagerhäusern gespeicherten Bestände. Das hierfür taugliche Medium war der Eisschrank, ein dem Stand der damaligen Technik entsprechender Vorläufer des heutigen Kühlschranks. Schon in den 1850er Jahren wurden in größeren Städten solche Möbel in unterschiedlichen Größen und Ausführungen angeboten; in Lübeck waren sie – wohl in unmittelbarem Zusammenhang mit dem Beginn des professionellen Roheishandels – spätestens seit 1872 anzutreffen.[130] Die Palette reichte von der transportablen Eiskiste und der einfachen tischhohen Truhe bis hin zu kleiderschrankgroßen Modellen, in den ganze Schweinehälften aufbewahrt werden konnten. Üblicherweise waren es hölzerne Konstruktionen, die mit Zinkblech ausgeschlagen und mit Sägemehl oder Kork isoliert waren. Sie enthielten neben dem Eisfach, welches mit einem Schmelzwasserabfluss versehen war, meist mehrere variable Kühlfächer (vgl. Abb. 14) sowie bei Bedarf auch geschlossene Behälter mit Zapfhahn zum Kühlhalten von Flüssigkeiten.[131] Ihren Platz fanden sie meist im Keller, in Ladenlokalen, in der Küche oder im Flur, zuweilen sogar, da sie sich von normalen Möbeln äußerlich kaum unterschieden, in Wohnräumen. Solche und andere mit der Eisnutzung in Verbindung stehenden Geräte waren in der Regel bei Eisen- und Haushaltswarengeschäften erhältlich, in Lübeck – verschiedentlich sogar „in großer Auswahl“ – etwa bei den Firmen E. Glaessner, Adolf Wegner, A. Maass, Heinrich Pagels und Suhr & Heick.[132] Für die Bewohner der Hansestadt und des Umlandes bot sich auf der 1895 im Umkreis des späteren Moltkeplatzes stattfindenden Deutsch-Nordischen Handels- und Industrieausstellung außerdem die Gelegenheit, sich über einschlägige Produkte mehrerer Hersteller zu orientieren. Zugleich präsentierte sich dort eine Reihe von eisaffinen örtlichen Gewerben – u.a. Brauereien, gastronomische Betriebe, Hersteller von Bierdruckapparaten, Meiereien und Konditoreien –, im letzten Falle sogar in Gestalt praktischer Vorführungen fachspezifischer

129 Die Fa. Cordes stellte 1899 ihren Betrieb ein; vgl. AHL: Untergericht, 289. Die Nachfolger firmierten unter „Krause & Roterberg“; vgl. Lüb. Adreßbuch 1903, S. 289 (Anzeige).

130 Annoncen der Firma Heinrich Pagels, Lüb. Anzeigen, 29.7.1872, und der Fa. C. Benthien, ebd., 31.7.1872.

131 Hellmann (1990), S. 74-86; Nöthling (1896), S. 103-128, 135-136; Menzel/Schubert (1903), S. 60-66.

132 Annoncen in Lüb. Anzeigen, 9.5.1890 (Glaessner), 12.5.1890 (Wegner), 13.5.1890 (Maass) u. 12.5.1895 (Pagels sowie Suhr & Heick).

Abb. 14: Großer Eisschrank für Schlachtereien, Gasthöfe und vergleichbare gewerbliche Nutzungen, Zeichnung (aus: Menzel/Schubert, 1903, S. 64).

Arbeitsweisen durch den Konditor Carl Braune, wozu dieser einen eigenen Pavillon mit angeschlossenem Eisraum unterhielt.[133]

Die große Vielfalt der Modelle und Ausstattungen erlaubte Eisschränken ein breites Spektrum an Anwendungen. Im gewerblichen Bereich dienten sie der Frischhaltung von Lebensmitteln und eigneten sich daher vorzugsweise für die Aufbewahrung fachspezifischer Waren in den Verkaufsläden von Schlachtereien, Wild- und Geflügelhandlungen, Delikatessengeschäften und des Milchhandels, wobei neben freistehenden Standardfabrikaten auch maßgefertigte Einbauten in die Ladentheken oder Regalwände vorstellbar waren. Sie bildeten auch dort eine sinnvolle Ergänzung des Kühlangebots, wo die Betreiber über eigene Eiskeller, aber keine vorgeschalteten Kühlräume verfügten. Für die Gas-

133 Offizieller Hauptkatalog der Deutsch-Nordischen Handels- und Industrie-Ausstellung zu Lübeck vom 21. Juni bis 30. September 1895, Lübeck 1895, insbes. S. 60, 75 (Nr. 492), 76 (Nr. 517) u. 156 (Nr. 1594, Braune). Zum Pavillon Braunes ferner AHL: Ordnungsamt-Krugakten, Erw. 19/1939, Karton 40, Konditor Braune; aufgrund der Raumbeschreibung ist davon auszugehen, dass die Vorführungen auch die Herstellung von Speiseeis einschlossen. Generell zur Ausstellung Müller (1986), S. 47-48, und Korn (1999), S. 155-174.

tronomie, namentlich Hotels, Pensionen und Restaurants galt das gleiche. In Konditoreien, Cafés und anderen Speiselokalen waren zusätzlich Vitrinen anzutreffen.

In der Gastronomie spielte noch eine andere Variante des Eishandels eine wichtige Rolle. Denn die Tatsache, dass sich der Bierausschank in Gast- und Schankwirtschaften, Biergärten und Restaurants zunehmend auf untergärige Sorten ausrichtete, hatte zur Folge, dass die „bayrischen" Brauereien ihren Kunden stets ein gewisses Eiskontingent mitlieferten. Hierfür standen, wie bereits im Zusammenhang mit dem Brauwesen angedeutet, den in Lübeck ansässigen Unternehmen – Brauerei zur Walkmühle (Lück), Adlerbrauerei, Hansa-Brauerei, Lübecker Aktien-Brauerei und Vereinsbrauerei – separate, der Kundenversorgung dienende Eiskeller und Eishäuser zur Verfügung. Solche Gratislieferungen waren allerdings dem konkurrierenden professionellen Eishandel ein Dorn im Auge.[134] Es ist nicht auszuschließen, dass aus diesen Speichern auch Eis an andere gewerbliche Interessenten oder Privatpersonen, in diesen Fällen gegen Bezahlung, gelangte. In welchem Umfang dies geschah, muss offenbleiben. In Bezug auf die Gastronomie jedenfalls dürfte die Lieferung von Kundeneis durch die örtlichen Großbrauereien dazu beigetragen haben, eigene Eisdepots weitgehend entbehrlich zu machen, zumal die geringe räumliche Distanz zwischen den Produktionsstätten und den Verbrauchsstellen einen schnellen Nachschub gewährleistete. Für den Bierausschank selbst waren eisgekühlte Zapfanlagen üblich, in denen die von zerkleinertem Eis umgebenen Zuleitungen vom Fass im Keller direkt zum Schanktresen hinaufführten (vgl. Abb. 15).

Privathaushalte nutzten Eisschränke zur Frischhaltung von Fleisch, Milch, Butter und anderen leicht verderblichen Lebensmitteln. Anders als heute bezog sich die Kühlung jedoch auf ein relativ schmales Warensegment und auf einen begrenzten Zeitraum. Selbst wohlhabende Haushalte hielten, auch wenn sie sich einen eigenen Eisschrank zulegten, noch lange an ausgedehnter Vorratshaltung, für die meist Personal zur Verfügung stand, und traditionellen Methoden der Lebensmittelkonservierung fest, wozu namentlich Räuchern, Trocknen, Einkochen, Zuckern oder Einsalzen gehörte.[135] Zudem kamen Eisschränke eigentlich nur im Sommer zum Einsatz, während in der kalten Jahreszeit einfachere Möglichkeiten der Kühlung, etwa außerhalb der Wohnung oder in unbeheizten Räumen, genügten, wie sie auch in weniger gut ausgestatteten Haushalten genutzt wurden.

Über die Logistik des Lübecker Eishandels ist – außer in Bezug auf die im folgenden Abschnitt eingehender zu würdigende Eisgenossenschaft – bisher wenig bekannt. Die Anlieferung der kühlen Ware erfolgte in größeren Städten in der Regel durch eigenständige Fuhrunternehmen oder durch Lieferwagen der Eisfabrikanten und Roheishändler.[136] In Lübeck werden die beiden Eisdepot-

134 Zeitschrift für Eis-Handel und -Fabrikation; dort finden sich häufig Klagen über die Gratisabgaben der Brauereien und über die Konkurrenz durch kommunale Eiserzeugungsanlagen, u.a. Jg. 1898/99, Nr. 24, S. 227-229, Jg. 1901, Nr. 5, S. 33-34, Nr. 21, S. 142-143, u. Nr. 24, S. 169-171.

135 Stille (1992).

136 Hellmann (1990), S. 56.

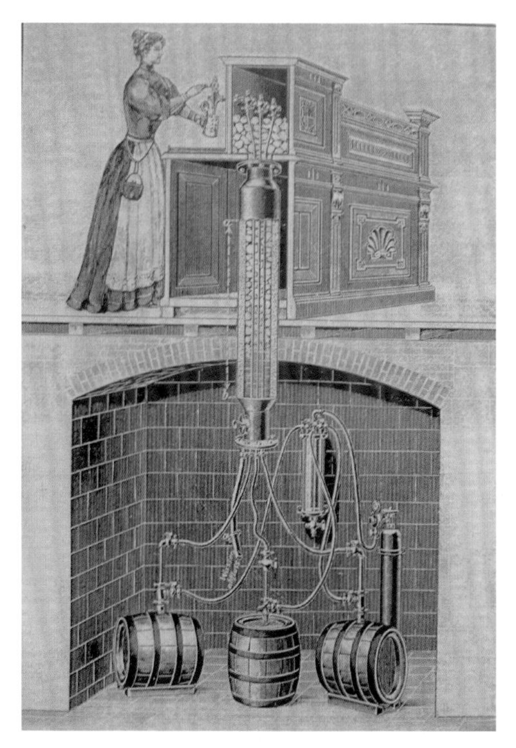

Abb. 15: Schnitt durch eine Bierzapfanlage (aus: Hellmann, 1990, S. 80).

betreiber auch den Lieferservice bewältigt haben, was zumindest für die Fa. Weidmann angenommen werden kann, da sie auf ihrem Grundstück Pferdeställe und Wagenremisen unterhielt. Die Fa. Cordes könnte sich eventuell derjenigen Fuhrunternehmen bedient haben, die im Winter für den Eisschnitt und die Einlagerung des Eises unterwegs waren. Auch ist denkbar, dass Roheis in kleineren Mengen in den Verkaufslokalen der beiden Unternehmen in der Holstenstraße und der Breiten Straße erhältlich war.[137] Sicher ist, dass es für den regelmäßigen Bezug in Lübeck verschiedentlich Pauschalangebote gab. So lieferte die Firma P. Cordes Wwe. von Anfang Mai bis Ende September Mengen von 5 oder 10 Pfund täglich zu einem für vier Monate geltenden Festpreis, was eine Vorstellung vom durchschnittlichen Verbrauch eines Eisschranks vermittelt und zugleich erneut darauf hindeutet, dass ein Kühlbedarf eigentlich nur während des Sommers bestand.[138] Neben der Anlieferung durch die Eishändler, die einem festen zeitlichen Rhythmus folgte, war, wie Beispiele aus Eutin nahelegen, wohl auch eine Selbstabholung durch die Kunden bei den Eisspeichern möglich, die sich zur Vermeidung von Wärmeeinwirkung meist auf die frühen Morgen- oder späten Nachmittagsstunden beschränkte.[139]

137 Marie Beyer (Weidmann) warb damit, dass sie Roheis pfundweise verkaufte; vgl. Lüb. Anzeigen, 17.7.1873.

138 Annonce in Lüb. Anzeigen, 15.5.1895.

139 Annonce in Anzeiger für das Fürstentum Lübeck, 21.6.1890 (Kohlmorgen).

Außer zur Konservierung von Lebensmitteln durch Eisschränke und zur Kühlung von Getränken durch spezielle Eiskühler oder durch die unmittelbare Verwendung von Eiswürfeln diente Roheis auch zur Herstellung von Speiseeis. Hierfür war eine handbetriebene Kurbeleismaschine beliebt, wie sie auch von italienischen Eisverkäufern und Konditoren genutzt wurde, bevor letztere zum Einsatz von elektrisch oder mit Gas betriebenen Eismaschinen übergingen. Diese konnte man u.a. über das damals bekannte Versandhaus August Stukenbrok in Einbeck sogar per Katalog beziehen; sie erleichterte den zuvor zeitaufwendigen Vorgang.[140] Rezepturen und Bedienungshinweise lieferten bereits seit dem 18. Jahrhundert einschlägige Kochbücher, unter denen das von Henriette Davidis 1845 begründete und bis 1951 in 60 Auflagen erschienene Kochbuch „für die gewöhnliche und feinere Küche" das verbreitetste war.[141]

So offensichtlich es ist, dass Natureis für vielerlei Zwecke eingesetzt wurde und dass Eisschränke zum Inventar von Gewerbebetrieben und privaten Haushalten gehörten, so schwierig ist es, dies im Einzelfall anhand schriftlicher Quellen zu belegen. Zwar finden sich gelegentlich Zeitungsannoncen, in denen Eisschränke anlässlich von Betriebsauflösungen zum Verkauf oder zur Versteigerung angeboten werden. Doch fehlt es generell an authentischen Berichten über die Eisverwendung in privaten Haushalten, und dies, obwohl Speiseeis seit Mitte des 18. Jahrhunderts an der Trave durchaus bekannt war und seine Herstellung 1765 sogar in einem Lübecker Kochbuch festgehalten wurde.[142] In Thomas Manns Roman „Buddenbrooks" ist von Natureis als Begleiter luxuriöser Alltagsgestaltung und Medium gesellschaftlicher Repräsentation erstaunlicherweise nirgendwo die Rede, und auch bei der Schilderung von häuslichen Mahlzeiten oder Café-Besuchen in Travemünde sucht man – mit einer Ausnahme, den zum Abschluss eines opulenten Mahls gereichten Eisbaisers – vergebens nach Speiseeis oder eisgekühlten Getränken. Vielleicht war dies für den Autor zu selbstverständlich oder zu untypisch, fokussieren sich seine Schilderungen kulinarischer Genüsse doch auf lübeckische und familiäre Spezialitäten, was auf Eiskreationen – anders als auf Marzipan, „Russischen Topf" oder „Plettenpudding" – natürlich nicht zutraf.[143] Schon eher fördern archivalische Quellen zuweilen einen Hinweis auf einen Eisschrank zutage, wie etwa für das oben erwähnte Herrenhaus Niendorf oder eine Villa in der Jürgen-Wullenwever-Straße.[144] Und als Glücksfall kann gelten, wenn ein privat geführtes Haushaltsbuch einen Blick in den Alltag der Natureisnutzung gewährt. Ein solches hat die Pianistin und Kaufmannsgattin Lilly Dieckmann hinterlassen, die in Lübeck eine Art Salon unterhielt. Ihre detaillierten Aufzeichnungen über die Ausgaben für die von ihr veranstalteten geselligen Veranstaltungen lassen tatsächlich aus-

140 Stukenbrok (1912), S. 120. Generell zur Speiseeisherstellung vgl. Vom Gipfelschnee (1987), S. 42-70.

141 Davidis (1872), S. 308-311.

142 Pietsch (1985), S. 125-129.

143 Höpfner (1995), insbes. S. 7, 12, 24, 77. Auch bei Plaß (1975) findet sich in Bezug auf Familienfeiern (S. 46-48) keine Erwähnung von Eis.

144 AHL: Finanzdep., 2103 (Jürgen-Wullenwever-Str. 8), Notiz vom 14.5.1943.

schnittsweise erkennen, in welcher Weise Natureis Teil einer großbürgerlichen Haushaltsführung sein konnte.[145]

Die Existenz eines regulären Natureishandels in Lübeck dürfte auch erklären, warum der Bau von Eiskellern zumindest im engeren Raum der Altstadtinsel so relativ begrenzt blieb. Wenn man weiß, dass ein Eisschrank mittlerer Größe in der Saison von Mai bis September ca. 1.300 kg Roheis verbrauchte,[146] dann genügte es für kleinere Gewerbebetriebe insbesondere des Einzelhandels, der Hotellerie und der Gastronomie ebenso wie für Privathaushalte völlig, diesen täglich oder nach Bedarf mit frischem Nachschub zu versehen.

Die Lübecker Eisgenossenschaft

Die Zusammenführung der beiden Eislagerhäuser am Ende der Yorkstraße und der Dorotheenstraße unter der Regie der „Lübecker Eisgenossenschaft eGmbH" ermöglichte eine Konsolidierung des Eisgeschäfts, namentlich der Produktion und des Vertriebs. In der Yorkstraße erfuhr das Gebäude bald einige Veränderungen: 1898 fand der Einbau eines dampfbetriebenen Elevators statt, und im Jahr darauf wurden Kühlboxen wie in der Dorotheenstraße installiert. Damit kam man den Bedürfnissen mancher Genossenschafter entgegen, die fortan auf eine eigene Eisversorgung verzichten konnten. Auch erfolgte auf dem später erworbenen Nachbargrundstück der Anbau neuer Pferdeställe und Wagenremisen, die die recht schlichten Nebengebäude in der Dorotheenstraße ersetzten.[147]

Über die Arbeitsweise in den beiden neuen Eishäusern sind wir insofern gut unterrichtet, als 1902 die Vaterstädtischen Blätter über die Eisgenossenschaft und die Natureisgewinnung in Wort und Bild berichteten.[148] Dabei lässt sich das oben beschriebene Muster der Eisernte und des Einlagerungsprozesses (vgl. Abb. 10 u. 11) leicht wiedererkennen. Zum Einsatz kommen, wie Abb. 16 zeigt, links ein Eispflug, mit dem die Eisschicht markiert und vorgesägt wird, sowie mehrere Arbeiter mit Eissägen und Stangen, mit denen die ausgeschnittenen Blöcke später zum Ufer bugsiert werden. Im Gegensatz zu den amerikanischen und Hamburger Vorbildern, wo Pferde oder sogar Dampfsägen eingesetzt wurden, geschah dies hier per Muskelkraft. Abb. 17 gibt den Blick auf den Eisspeicher in der Yorkstraße frei, der über drei Beladetürme verfügt, deren mittlerer gerade durch den dampfbetriebenen Elevator versorgt wird, während die offenen Luken in den seitlichen Türmen das Beladen des Speichers über eine

145 AHL: Familienarchive, Lilly Dieckmann, Nr. 62 (Haushaltsbuch über Gästebewirtung 1906-1925). Das Eis diente u.a. zur eigenen Herstellung von Speiseeis, wobei eine Menge von 30 Pfund das übliche Maß für einen Gästeabend darstellte. Daneben dürfte die Hausherrin regelmäßig Eis für einen Eisschrank bezogen haben, was sich allerdings in einem allgemeinen Haushaltsbuch hätte niederschlagen müssen; ein solches ist aber nicht überliefert.

146 Nöthling (1896), S. 105; Menzel/Schubert (1903), S. 63.

147 Jahresbericht 1898/99, 1899/1900, 1900/1901, in: AHL: Firmenarchive, Kühlhaus Lübeck, 14.

148 Eisernte in Lübeck, in: Vaterstädtische Blätter, Jg. 1902, Sp. 395-396.

Abb. 16: Eisernte auf der Wakenitz (aus: Vaterstädtische Blätter 1902, Sp. 395/396).

Abb. 17: Das Eishaus der Lübecker Eisgenossenschaft an der Yorkstraße mit in Betrieb befindlichem Elevator (aus: Vaterstädtische Blätter 1902, Sp. 396).

Abb. 19: Yorkstr. 25, Blick auf die Reste der rückwärtigen Außenwand nach dem Abbruch des Gebäudes, März 2018 (Foto: Verf.). Deutlich ist die Vierschalenbauweise zu erkennen.

einfache Rutsche per Hand ermöglichten, so wie es generell vor dem Einsatz des Elevators gehandhabt wurde. Der Eiskanal im Vordergrund war bis vor wenigen Jahren noch als Vertiefung im Gelände sichtbar, er ist mittlerweile jedoch eingeebnet. Einer im Stadtarchiv verwahrten Grundrisszeichnung lässt sich entnehmen, dass sich an der Yorkstraße, links vom Betrachter, die Auslieferung befand, die über eine Laderampe erfolgte. Relativ selten, doch beeindruckend ist das vierschalige, nur mit Luftisolierung ausgestattete Mauerwerk von etwa einem Meter Stärke,[149] welches nach dem Abriss des Gebäudes für die Öffentlichkeit kurzzeitig sichtbar wurde (Abb. 19).

Die Genossenschaft umfasste im Gründungsjahr 103 Mitglieder, deren Zahl sich, bedingt durch Fluktuation, in den Folgejahren bei 120-130 einpendelte und insgesamt 198 Personen und Betriebe erreichte. Wie aus der diesbezüglichen Tabelle (siehe S. 202) hervorgeht, bestätigt und präzisiert das berufliche Spektrum im Prinzip den im Zusammenhang mit den Eisentnahmegenehmigungen getroffenen Befund, doch lassen sich in der Gewichtung doch aufschlussreiche Merkmale feststellen. Absolut dominierend waren die Schlachter, die schon zu Beginn etwa ein Drittel der Mitglieder stellten, danach aber einen noch weitaus größeren Zuwachs erfuhren, sodass sie letztlich fast 50 Prozent der Gesamtzahl umfassten. Es folgte der Bereich der Gastronomie mit Hotels, Gaststätten und

149 AHL: Tiefbauamt, 1223, Vorgänge von 1893 bis 1902, u.a. Bauzeichnung von 1895 mit Grundriss (Vierschalenmauerwerk) sowie Lagepläne.

Tabelle: Eisgenossenschaft Lübeck, Mitgliederstruktur 1896-1911

Gewerbe	**Mitglieder 1896**	**Beitritte bis 1911**	**Bemerkungen**
Schlachterei	38	50	
Viehhandel	-	2	
Gastronomie	22	14	Hotel, Gaststätten, Restaurants
Brauerei	1	1	
Bierhandel	8	4	
Konditorei	5	4	
Fischhandel	5	2	1 Fischindustrie
Eishandel	1	2	Insbes. Cordes Wwe.
Wildhandel/ Delikatessen	2	2	
Kolonialwaren	-	2	
Weinhandel	2	2	
Butterhandel	1	-	
Fabrikanten	4	-	Konserven, Mineralwasser, Bierdruckapparate
Flussschiffer	2	-	
Fuhrwerksbesitzer	-	1	
Fuhrlogistik	4	3	Wagenbauer, Sattler, Hufschmiede
Baugewerbe	2	3	Bauunternehmer, Maurer, Zimmerleute
Sonstige	4	6	
Summe	103	95	

Quelle: AHL, Genossenschaftsregister 2, Liste der Genossen, 1896 (bis Nr. 103), u. 1896-1911 (Nr. 104-198).

Restaurants sowie, in deutlichem Abstand, der Bierhandel. Die anderen oben angesprochenen eisaffinen Gewerbe sind in etwa entsprechend dem Umfang der jeweiligen Berufsgruppe vertreten. Es fällt auf, dass Brauereien so gut wie nicht vorkommen, was seine Erklärung darin findet, dass Braunbierbrauereien auf Eis nicht angewiesen waren und die Produzenten des untergärigen Bieres entweder – wie vor allem die Adlerbrauerei, die Lübecker Aktienbrauerei und die Brauerei zur Walkmühle – ihr Natureis weiterhin durch eigenen Eisschnitt gewannen oder ihren Kühlbedarf zum Teil durch maschinelle Kühlung und Eiserzeugung deckten. Fünf auswärtige Brauereien, die in der Liste der Genossen erscheinen, wurden dem Bierhandel zugerechnet, weil das Eis sicherlich für ihre Lübecker Niederlagen bestimmt war. Auch in der Gastronomie hätte man vordergründig eine höhere Beteiligung erwartet; hierbei ist jedoch zu bedenken, dass, sofern untergäriges Bier ausgeschenkt wurde, die dazugehörigen Eiskontingente durch die jeweiligen Brauereien aus deren Kundendepots geliefert wurden.

Bei den beiden in der Tabelle zuletzt aufgeführten Kategorien, für die ein Bezug zum Eis zunächst nicht auf der Hand liegt, könnte es sich um Gewerbe handeln, die an Aufträgen der Eisgenossenschaft zur Bauunterhaltung der eigenen Gebäude und der Vertriebslogistik partizipierten. Was letztere anbetrifft, so unterhielt die Genossenschaft einen Fuhrpark von bis zu neun pferdebespannten, für den Eistransport ausgestatteten, wärmeisolierten Lieferwagen (Abb. 18). Diese Wagen selbst werden wohl nicht in Lübeck hergestellt worden sein, sondern eher aus Hamburger Großwerkstätten stammen, welche angesichts der

Abb. 18: Eisfuhrwerk der Lübecker Eisgenossenschaft auf der Dankwartsbrücke, Ansichtskarte (Ausschnitt), ca. 1908 (Slg. Jan Zimmermann, Lübeck).

zahlreichen dort ansässigen Natureiswerke, Eisfabriken und Kühlhäuser solche Spezialanfertigungen in großen Stückzahlen produziert haben dürften.[150]

Neugier weckt die Nennung mehrerer Fabrikanten. Zwei von ihnen, Paul Wachsmuth und Johann Heinrich Dräger, beide in Lübeck nicht unbekannt, waren anfänglich Mitglieder des fünfköpfigen Vorstandes. Wachsmuth leitete die „Lübecker Konservenfabrik vorm. D. H. Carstens", zu deren Fertigungsprogramm Fleischkonserven gehörten und die daher über eine eigene Schlachterei verfügte. In die seit 1874 an der Hüxtertorallee gelegene Fabrik muss eine bisher nicht näher identifizierbare Eis- und Kühlkammer integriert gewesen sein, die bis zum Bau des Elbe-Trave-Kanals aus dem angrenzenden Krähenteich versorgt wurde.[151] Die bisher wenig bekannte Affinität des Gründers der Lübecker Drägerwerke zum Eis bestand zunächst darin, dass er mit Bierreduzierventilen und alltagstauglichen, mit Eis bestückbaren Siphons seinen geschäftlichen Einstieg gefunden hatte, mehr aber noch in der Tatsache, dass sich das von ihm und seinem Sohn Bernhard geführte Unternehmen von 1896 bis 1903 zugleich im Bierhandel engagierte, wodurch sich beide Sparten gegenseitig ergänzten. Die gut laufende „Bierverlagsgesellschaft GmbH", an der sich auch Wachsmuth beteiligte, hatte ihr Geschäftslokal interessanterweise später im Haus Mengstr. 4, dem „Buddenbrook-Haus".[152] Dass Dräger bzw. die Bierverlagsgesellschaft auf der Liste der Genossen unter Nr. 1 und Wachsmuth bzw. die Konservenfabrik unter Nr. 5 und 6 geführt werden, lässt den Schluss zu, dass man beide zu den Initiatoren des Unternehmens rechnen kann, was auch durch das Aufnahmeprotokoll des Amtsgerichts bestätigt wird. Mit der Aufgabe dieses Geschäftsfeldes endete im November 1903 zumindest für Dräger der Ausflug in die Welt der Natureisversorgung, während Wachsmuth zunächst nur die Zahl seiner Anteile an der Genossenschaft reduzierte.[153] Unter der Kategorie „Fabrikanten" finden sich ferner zwei Mineralwasserfabriken sowie die kurzlebige „Hanseatische Fisch-Industrie AG" in Schlutup, deren Beziehung zum Eis sich allerdings nicht ganz erschließt.[154]

Insgesamt waren ständig zwischen 500 und 600 Geschäftsanteile zu je 100 Mark belegt, woraus sich ein Durchschnitt von vier Anteilen pro Mitglied

150 Zu den im Raum Hamburg ansässigen Eisproduzenten vgl. Lütgert (2000), S. 82-88, 97-115, 242-255; zum Fuhrpark der Eisgenossenschaft ebd., S. 86.

151 Carstens (1906), o. S., Sengebusch (1993), S. 201-204. AHL: Polizeiamt, 1853, Eisentnahmen 1894/95 u. 1895/96.

152 Sengebusch (1993), S. 174-178; Kamp (2017), S. 102-124; Dräger (1914), S. 120-135, 153-155; das Engagement bei der Eisgenossenschaft wird von Dräger in seinen Erinnerungen ebenso wenig wie von seinen Biographen erwähnt.

153 Kamp (2017), S. 259. AHL: Genossenschaftsregister 2, Liste der Genossen, Nr. 1, 5, 103. Dräger beendete damals seine Mitgliedschaft. Ferner Genossenschaftsregister 1, Protokoll vom 9.11.1896; dort erscheinen Dräger und Wachsmuth zusammen mit drei weiteren Interessenten als Antragsteller, die alle dann den ersten Vorstand bildeten.

154 Zu letzterer vgl. Sengebusch (1993), S. 212, 216-217; AHL: Genossenschaftsregister 2, Liste der Genossen, Nr. 116. Möglicherweise wurde das Eis zu Kühlzwecken in der Fischmehlverarbeitung eingesetzt, die in der mit dem Unternehmen verbundenen Fischguanofabrik stattfand.

errechnet. Allerdings war die Spannbreite recht groß. So befand sich etwa die Hälfte der Anteile in der Hand von 30, allerdings durch Fluktuation des Öfteren einander ablösenden, Genossen, die mehr als zehn Anteile gezeichnet hatten, unter ihnen die Fa. Cordes (25), die Drägersche Bierverlagsgesellschaft (20) und die Konservenfabrik Carstens (34). Etwa 60 Prozent der Anteile wurden, auf den Gesamtzeitraum gesehen, von Schlachtern gehalten.[155]

Einige Details aus den Jahresberichten der Eisgenossenschaft mögen die Arbeitsweise und den Umfang des Geschäfts illustrieren. Die Genossenschaft bildete mit ihren beiden Eishäusern, die 8.000 bzw. 2.500 cbm Eis aufnehmen konnten, nunmehr den Hauptträger der jährlichen Eisernte in Lübeck, während sich die Zahl der anderen am Eisschnitt Beteiligten erheblich reduzierte. Umfangsmäßig kamen der Eisgenossenschaft bis zu 70 Prozent der Eisgewinnung auf den öffentlichen Gewässern zu, größere Mengen entnahm daneben nur die in St. Gertrud ansässige Adlerbrauerei.[156]

Wie schon bei Weidmann und Cordes lagen Eisgewinnung und Vertrieb in einer Hand, was ja auch der Rechtsform der Genossenschaft entsprach, die die Leistungen überwiegend für ihre Mitglieder erbrachte. Und aus dieser Konstruktion erklärt sich auch die Tatsache, dass die Genossenschaft sich weitestgehend auf Lübeck beschränkte und nicht expandierte, während die größeren privatwirtschaftlich organisierten Unternehmen in Hamburg und Berlin, ja teilweise auch in Kiel, in das Umland ausgriffen.[157] Die Tätigkeiten waren, bedingt durch die Kombination von Produktion und Vertrieb, saisonal unterschiedlich. Während zwischen Januar und März wie üblich das Eis gewonnen wurde, begann im Mai die Hauptsaison, in der das Eis an Mitglieder und andere Kunden ausgeliefert wurde. Wenn im Oktober die Saison endete, wurde ein Teil der Pferde verkauft und dann im Mai wieder durch neue ersetzt; auf diese Weise ließen sich die Kosten in Grenzen halten. Geschäftlich war die Genossenschaft bis zuletzt erfolgreich, allerdings erheblichen Schwankungen ausgesetzt, die sich aus dem Charakter des witterungsabhängigen Eisgeschäfts ergaben. Nach milden Wintern, so u.a. 1897-98, 1904-1905 und 1908-10, musste Natureis aus Norwegen, teilweise auch preisgünstigeres Kunsteis aus Hamburg, hinzugekauft werden, was die Kosten erheblich steigerte und zugleich die Schmelzverluste in die Höhe trieb. Üblicherweise betrugen diese etwa 20 bis 30 Prozent, die Genossenschaft hatte aber zeitweise mit bis zu 50 Prozent zu rechnen.[158] Man suchte sich davor finanziell abzusichern, indem man in solchen Jahren schon frühzeitig norwegisches Eis zu günstigen Preisen orderte, was problematisch war, da es sich um Warentermingeschäfte handelte. In einem Fall ging dies schief, weil das Schiff auf der Reise verunglückte, so dass die schon bezahlte Ware verlo-

155 AHL, Genossenschaftsregister 2, Liste der Genossen.

156 AHL: Polizeiamt, 1853, Eisentnahmen 1899/1900,1901/02.

157 Lütgert (2000), S. 207-208, 230-231, 234, 236.

158 Lütgert (2000), S. 183-184; Übersicht über Eiseinnahme, Eisimporte aus Norwegen und Schmelzverluste, ebd. S. 90. Zu normalen Schmelzverlusten vgl. Meyers Konversationslexikon, 5. Aufl., Bd. 5, 1894, S. 484 (Art. „Eis“).

ren ging.[159] Im ersten Geschäftsjahr war an der Dorotheenstraße versuchsweise zusätzlich noch eine Eismiete aufgeschichtet worden, welche sich aber nicht bewährte.

Das Geschäft mit Nichtmitgliedern pendelte sich bei 30-40 Prozent des Volumens und 40-50 Prozent der Einnahmen ein, überschritt in den späteren Jahren aber die 40- bzw. 50-Prozentmarke. Die Diskrepanz ergibt sich daraus, dass Nichtmitgliedern ein höherer Preis berechnet wurde als den Genossen. Die Kühlfächer erfreuten sich reger Inanspruchnahme.[160]

Wenige Jahre vor Beginn des Ersten Weltkriegs kündigte sich dann eine neue kühltechnische Entwicklung an, welche das Ende der Eisgenossenschaft einläuten sollte. Denn 1910 hatte sich in Lübecker Wirtschaftskreisen in Verbindung mit Hamburger Investoren ein Syndikat zur Gründung eines Kühlhauses gebildet, dem es innerhalb von drei Jahren gelang, die Kühl- und Eisversorgung Lübecks und des Umlandes auf eine neue Basis zu stellen. Bereits am 2. Juni 1913 konnte das Unternehmen unter dem Namen „Kühlhaus Lübeck AG" den Betrieb aufnehmen.[161] Dem fünfköpfigen Gremium, das nach der offiziellen Konstituierung der AG am 14. Juni 1912 auch den Aufsichtsrat bildete, gehörten zwei namhafte Hamburger Investoren an, hinter denen das kurz zuvor in der Nähe des Hamburger Hauptbahnhofs errichtete „Kühlhaus Zentrum" stand und die mehr als 50 Prozent des Gründungskapitals von 500.000 Mark zeichneten. Dementsprechend scheinen auch konzeptionelle und technische Entscheidungen von der Fachkenntnis und den Erfahrungen der Hamburger Beteiligten geprägt gewesen zu sein, unter ihnen auch des renommierten Kälteingenieurs Richard Stetefeld.[162] Den Vorsitz des Syndikats und zunächst des Aufsichtsrats führte Konsul James (Jakob) Bertling, Mitinhaber der im Reederei-, Speditions- und Versicherungsgeschäft tätigen Firma F. H. Bertling. Er sowie der zeitweilige Präses der Handelskammer und spätere Senator Carl Dimpker, der ihm von 1916 bis 1923 im Aufsichtsrat nachfolgte, und der Obermeister der Schlachterinnung, Johannes Fust, vertraten das Lübeckische Kapital. Alle drei verfügten in Gesellschaft, Wirtschaft und Verwaltung über enge Verbindungen.[163]

Am Zustandekommen des Kühlhaus-Projekts war die Eisgenossenschaft nicht ganz unbeteiligt. Denn inzwischen hatte sich die Mitgliederstruktur weiter

159 Jahresbericht der Eisgenossenschaft 1909/10, in: AHL: Firmenarchive, Kühlhaus Lübeck, 14.

160 Zusammenstellung des Verf. für das Nichtmitgliedergeschäft nach den Jahresberichten der Genossenschaft 1896/97-1910/11, in: AHL: Firmenarchive, Kühlhaus Lübeck, 14. Weitere Angaben aus einzelnen Jahresberichten sowie nach Lütgert (2000), S. 183.

161 Kühlhaus Lübeck (1984), S. 5.

162 Lütgert (2000), S. 139-241, 244-245. AHL: Firmenarchive, Kühlhaus Lübeck, 1. Das Hamburger Kapital mit Aktien in Höhe 130.000 bzw. 129.000 Mark wurde von dem Rechtsanwalt Dr. Guido Möring und dem Versicherungskaufmann H. Rodatz Jr., Aufsichtsratsmitglied des Kühlhauses Zentrum, vertreten.

163 Zu Bertling vgl. 150 Years of Bertling 1865-2015, Lübeck 2015, S. 30-43; zu Dimpker Vaterstädtische Blätter 1918/19, S. 28, u. 1923/24, S. 1; zu Fust ebd. 1919/20, S. 29-30. Bertling vertrat 81.000, die beiden anderen je 80.000 Mark.

verändert. Ein Teil der Genossen hatte sich zugunsten von Schlachtern zurückgezogen, die deren Anteile übernahmen, und seit 1910 waren nur noch Schlachter der Genossenschaft beigetreten. Dies hatte zur Folge, dass Schlachter zuletzt mit einem Geschäftsanteil von mehr als 60 Prozent vertreten waren. Die starke Stellung der Schlachter spiegelte sich auch darin wider, dass seit 1903 der Obermeister der Schlachterinnung, Johannes Fust, den Vorsitz im Vorstand der Eisgenossenschaft bekleidete. Fust selbst, der als langjähriges Mitglied zahlreicher politischer und öffentlicher Gremien offenbar gut vernetzt war, hatte als Repräsentant des Gründungskomitees 80 der insgesamt 500 Aktien übernommen, die er dann nach Gründung des Unternehmens innerhalb der Schlachterinnung weiterreichte. Zudem wurde der Schlachterinnung vertraglich ein Sitz im Aufsichtsrat der Kühlhaus AG zugesichert, welchen Fust bis zu seinem Tode im Dezember 1919 persönlich wahrnahm. Dementsprechend verlief auch die im November 1912 beschlossene Liquidation der geschäftlich gesunden Eisgenossenschaft in geordneten Bahnen. Die Kühlhaus AG fand die Genossenschaft mit einer Ablösesumme von 20.000 Mark ab, welche diese wiederum unter den verbliebenen Mitgliedern aufteilte. Diesen wurden zudem für die Dauer von sechs Jahren Vorzugspreise für den Bezug von Kunsteis eingeräumt. Die Gebäude und Liegenschaften sowie die noch vorhandenen Eisvorräte der Genossenschaft gingen zunächst in das Eigentum des Kühlhauses über.[164] Somit stellte sich der Übergang von der Natureisgewinnung zur Kunsteiserzeugung als ein vonseiten der Eisgenossenschaft zwar wegen befürchteter Konkurrenz anfänglich kritisch gesehener Prozess dar,[165] den man jedoch frühzeitig durch aktive Beteiligung und Verhandlungen in ein positives Ergebnis umzuwandeln verstanden hatte.

Bevor das Kühlhaus mit der Produktion von Kunsteis begann, wurden die in den Speichern an der Yorkstraße und Dorotheenstraße noch eingelagerten Eisbestände verkauft. Das Grundstück in der Dorotheenstraße fand schon 1916 einen Käufer, der das Lagerhaus vermutlich schon bald abreißen ließ, während das dazugehörige kleine Funktionsgebäude mit dem Kontor der Genossenschaft und der Dienstwohnung des Betriebsleiters seither anderweitigen Wohn- und Gewerbezwecken diente.[166]

Das Eishaus an der Yorkstraße hingegen wurde, nachdem es im Ersten Weltkrieg als Kartoffellager genutzt worden war,[167] 1919 an den im gleichen Jahr

---

164 AHL: Firmenarchive, Kühlhaus Lübeck, Nr. 3 Aktienzeichnung, Nr. 4 Aktienbuch, Nr. 16 Vertrag vom 18.12.1911. – Zu Fust (1840-1919) vgl. Vaterstädtische Blätter 1919/20, S. 29-30; er gehörte von 1883 bis 1915 der Bürgerschaft, und von 1885 bis 1909 dem Bürgerausschuss an, war Mitglied der Betriebsbehörde für den Schlachthof, der Gewerbekammer und des Ausschusses für die städtische Assekuranzkasse.

165 Jahresbericht der Eisgenossenschaft 1910/11, in: AHL: Firmenarchive, Kühlhaus Lübeck, 14.

166 Lüb. Adreßbuch, 1916-1980, jeweils Straßenteil, Dorotheenstr. 38. Betriebsleiter war der Schlachtermeister Büttner gewesen.

167 AHL: Bauverwaltungsamt, 131, Schreiben der städt. Kartoffelstelle, 17.4.1918.

gegründeten „Fischgroßhandel „Lübeck" Vollert & Potlitz" veräußert.[168] Der zu den Wakenitzfischern gehörende Teilhaber Johannes Vollert hatte am unteren Ende der Seydlitzstraße seit längerem ein seinem Gewerbe dienendes Ufergrundstück besessen, das er 1914 durch Erwerb des mit einem Wohnhaus bebauten Nachbargrundstückes erweitert hatte. Die unmittelbare Nähe zum Eishaus der Genossenschaft, das nunmehr als Kühllager diente, ermöglichte ihm, die geschäftlichen Aktivitäten an diesem Standort zu bündeln.[169] Auf diese Weise blieb das Eishaus noch über den Zweiten Weltkrieg hinaus in seiner Funktion und Gestalt erhalten, obschon im Laufe der Jahre verschiedene bauliche Änderungen und Nutzungserweiterungen stattfanden. In diesem Zuge wurde das Gebäude aufgeteilt und teilweise an andere Gewerbe vermietet. Vollert selbst schied später aus der Firma aus und zog sich auf sein Ufergrundstück zurück.[170]

Der Vergleich des ursprünglichen Zustandes (Abb. 17) mit dem vor dem Abriss aufgenommenen Foto (Abb. 1) lässt bereits äußerlich erhebliche Veränderungen erkennen, denen eine noch gravierendere Umgestaltung des Innern entsprochen haben dürfte. So ist der ehemals kompakte, ursprünglich etwa acht bis neun Meter hohe quaderförmige Baukörper etwa zur Hälfte vollständig abgetragen. Übrig geblieben ist ein zweigeschossiger winkelförmiger Werkstatt- und Lagertrakt mit Satteldach, der – was auf dem Foto nicht zu sehen ist – einen Innenhof umschließt, auf dem sich ein einstöckiges Lagergebäude erstreckt. Der Innenhof wird von einer durch zwei Zufahrten unterbrochenen Mauer begrenzt, einem Rest der ehemaligen Außenwand des Eisspeichers. Wiederzuerkennen sind zur Wakenitz hin noch der verkürzte Rest eines Beladeturms und der Teil eines Gesimses sowie an der Yorkstraße eine funktionslose Türöffnung, die ursprünglich zu der nicht mehr vorhandenen Laderampe geführt hat. Insgesamt wies die Anlage keine charakteristischen Merkmale eines kommerziellen Eislagerhauses mehr auf. Von all den soeben beschriebenen Baulichkeiten ist nach dem Abriss lediglich die in der Höhe reduzierte Rückwand zur Seydlitzstraße erhalten geblieben, der nunmehr die Aufgabe einer Grundstücksmauer zukommt. Was jedoch den historischen Zustand dieses Gebäudes am deutlichsten illustriert, ist die während der Abrissarbeiten kurzzeitig sichtbar gewordene Konstruktionsweise des vierschaligen Mauerwerks (Abb. 19).

Heute, nach dem Verschwinden des Eisspeichers, bildet – außer der Grundstücksmauer an der Seydlitzstraße – das Ufergrundstück der Wakenitzfischerei mit seinem malerischen Ensemble aus Wohnkate, reetgedecktem Bootshaus und geteertem Lagerschuppen die letzte Reminiszenz an die Natureisnutzung am Ende der Yorkstraße.

---

168 AHL: Firmenarchive, Kühlhaus Lübeck, 9, Jahresbericht 1919/20. Im Lüb. Adreßbuch ist das Kühlhaus allerdings noch bis 1924 als Eigentümer des Gebäudes Yorkstr. 25 aufgeführt.

169 AHL: HRA 3975. Lüb. Adreßbuch, 1909-1925, jeweils Straßenteil, Seydlitzstr. 37 u. 41 sowie Yorkstr. 23-25. Ferner Vollert (1960), S. 31.

170 Lüb. Adreßbuch, 1914-1982, jeweils Straßenteil, Yorkstr. 23-25, Seydlitzstr. 39-41. Vollert (1960), S. 31.

Nebeneinander von Natureis, Kunsteis und maschineller Kühlung

Technisch gesehen, hatte mit der Eröffnung des Kühlhauses Lübeck am 2. Juni 1913 allerdings kein neues Zeitalter begonnen. Denn funktionsfähige Anlagen zur Erzeugung von Kunsteis und maschineller Kühlung waren, nach vorherigen unzureichenden Versuchen anderer Hersteller, schon 1875 mit der von Carl Linde erfundenen Kühlmaschine auf den Markt gekommen, zu einem Zeitpunkt, zu dem sich die Natureisgewinnung selbst gerade erst im Aufschwung befand. Zwar wurde die neue Technik schon bald angenommen, wozu u.a. der milde Winter 1883/84 beitrug, der eine Reihe von auswärtigen Großbrauereien dazu veranlasste, sich auf die künstliche Kühlung und Eiserzeugung umzustellen bzw. sie zusätzlich zur Natureisverwendung einzusetzen.[171] Doch befand man sich damals noch in einer Experimentier- und Übergangsphase, und viele Unternehmen übten daher Vorsicht hinsichtlich der Anschaffung kostspieliger Anlagen. Andererseits bot die neue Technik den entstehenden Großunternehmen Perspektiven rationellen und effizienten Wirtschaftens sowie Unabhängigkeit von Witterungseinflüssen, so etwa den vorzugsweise im großstädtischen Raum errichteten und oft von Kommunen betriebenen Schlachthöfen, Markthallen, Kunsteisfabriken und Kühlhäusern, die in der Lage waren, eine Vielzahl größerer und kleinerer Nutzer zu versorgen.[172]

Während im Großraum Hamburg bereits seit 1883 mehrere derartige Projekte auf den Weg kamen, u.a. 1892 das erste Mehrzweck-Kühlhaus Deutschlands,[173] waren in Lübeck Wirtschaft und Politik noch länger von Zurückhaltung gegenüber technischen Innovationen geprägt. Dass der 1884 in Betrieb genommene städtische Schlachthof ohne jegliche Kühlanlage auskommen musste, entsprach allerdings dem damaligen Standard, hatte sich doch erst zwei Jahre zuvor mit dem Bremer Schlachthof erstmals eine deutsche Kommune auf künstliche Kühlung eingestellt. Allerdings versäumte man an der Trave in den folgenden Jahren, in denen sich zahlreiche Städte, u.a. Kiel und Hamburg, der schnell voranschreitenden technischen Entwicklung öffneten, sich zu einer Nachrüstung zu entschließen.[174]

Zwar hatte die Verwaltungsbehörde für städtische Gemeindeanstalten im Auftrag des Senats 1888/89 bei verschiedenen Stadtverwaltungen Informationen über deren Schlachthöfe und Kühleinrichtungen eingezogen, ja sogar Ortsbesichtigungen in mehreren Städten veranlasst und konkrete Angebote von einschlägigen Herstellern eingeholt, doch scheiterte das Vorhaben am Widerstand der Schlachter, die auf ihre betriebsnahen individuellen Kühleinrichtungen

---

171 Hellmann (1990), S. 60; Teuteberg (1993), S. 138-140.

172 Reinink (1995), S. 20-21; für Hamburg vgl. Lütgert (2000), S. 242-255.

173 Lütgert (2000), S. 244, 253.

174 Scheidtmann (1953), S. 35-36. Zur allgemeinen Entwicklung bei den Schlachthöfen vgl. Hellmann (1990), S. 61-63, Faust/Longerich (2000), S. 17-48; Lütgert (2000), S. 103-110. In Kiel wurde der nach Lübecker Vorbild 1886/87 errichtete Schlachthof 1902 um ein Kühlhaus mit Eisfabrik erweitert; vgl. Kiel-Lexikon (2011), S. 318. In Hamburg war schon 1892 ein moderner Zentralschlachthof entstanden, dem ein zur gleichen Zeit errichtetes Kühlhaus mit angegliederter Eisfabrik zugeordnet war; vgl. Lütgert (2000), S. 253-254, sowie Schilling/Uppenkamp (2017), S. 39.

nicht verzichten wollten.[175] Dies lässt wiederum auf einen gut funktionierenden Natureishandel in Lübeck schließen.

Gleichwohl wagte die Stadt 1895 den Versuch, die in der Beckergrube eröffnete Markthalle mit einer maschinellen, mit Gasmotoren betriebenen Kühlanlage auszustatten, wofür es seit wenigen Jahren Vorbilder gab. Diese umfasste insgesamt 67 Kühlzellen, in denen die Marktbeschicker ihre Waren wie Fleisch, Eier und Milchprodukte lagern können sollten. Leider wurde dieses Angebot so gut wie gar nicht angenommen, sodass die Anlage bereits nach zwei Monaten stillgelegt und zehn Jahre später verschrottet werden musste, nachdem eine Wiederinbetriebnahme erwogen, dann aber doch verworfen worden war. Auch hatte man von der zwischenzeitlich aufgekommenen Idee Abstand genommen, einen Eisgenerator zu installieren.[176] Anscheinend fühlten sich die Schlachter, auf die dieses Angebot hauptsächlich zielte, immer noch mit ihren eigenen Kühlmöglichkeiten und dem Natureisangebot der Eisgenossenschaft ausreichend versorgt.

Differenzierter stellte sich die Lage bei den Brauereien dar, die nach der Aufhebung des Zunftzwanges entstanden waren. Zumindest drei der fünf Lübecker Großbrauereien gehörten zu den ersten Lübecker Unternehmen, die die Linde'sche Technik einführten, sich zugleich aber weiterhin der Natureisversorgung bedienten. Da sie alle untergäriges Bier herstellten, verfügten sie von Anfang über Eiskeller, die einen doppelten Zweck erfüllten: einerseits die Kühlung für den Gärungsprozess zu gewährleisten und andererseits als Speicher für das Eis zu dienen, mit dem die Fässer kühlgehalten wurden und das an die Kunden zur Kühlung an den Verwendungsstellen geliefert wurde. Wie erwähnt wurde es damals üblich, Bierlieferungen stets mit der Bereitstellung eines bestimmten Kontingents von Eis zu verbinden; zu diesem Zweck waren u. a. die Bierwagen mit einem meist am hinteren Teil der Ladefläche angebrachten Eisfach versehen.[177] Gastwirtschaften und Restaurants, die Bier ausschenkten, waren daher immer gut mit Eis versorgt, und wohl deshalb war die Zahl der Gastwirte unter den Mitgliedern der Lübecker Eisgenossenschaft nicht so hoch, wie man vielleicht hätte vermuten können. Zu den in der Altstadt gelegenen Gaststätten kamen seit den 1880er Jahren zahlreiche Ausflugslokale hinzu, die im Zuge geänderten Freizeitverhaltens an den Ausfallstraßen, in den Vorstädten, auf dem Lande und an den Gewässern entstanden. Diese wurden meist als Vertragswirtschaften von den Großbrauereien versorgt oder sogar von diesen verpachtet bzw. selbst betrieben. Hierfür bedurfte es eigener Eiskeller, und diese wurden bis weit ins 20. Jahrhundert hinein mit Natureis, später mit Kunsteis bestückt. Hierzu zählen auch

---

175 AHL: Verwaltungsbehörde für öffentliche Einrichtungen, 210, 213, 240, 241; zu den Schlachtern vgl. insbes. 213, Eingabe der Schlachterinnung an den Senat, 13.3.1890. – In diesen Akten finden sich Verzeichnisse der Linde'schen Kälteanlagen (Stand 1888), aus denen hervorgeht, wie weit die Kältetechnik in den verschiedenen Anwendungsbereichen bereits verbreitet war.

176 Kühlhaus Lübeck (1987), S. 4; AHL: Neues Senatsarchiv (NSA), 3683. Immerhin hatten die beiden Gasmotoren 1901 an die Gasanstalt verkauft werden können. – Erste kommunale Markthallen mit Kühlanlagen gab es seit 1891/92, u.a. in Leipzig und Chemnitz.

177 Mehl (1996), S. 73; dort Abbildung eines solchen Wagens.

die sog. Niederlagen der Brauereien, welche die Bier- und Eisversorgung für einen bestimmten Bezirk wahrnahmen und daher mit großen Lagerkapazitäten ausgestattet waren; hierfür wurde das Natureis überwiegend örtlichen Gewässern entnommen. So errichtete die Aktienbrauerei noch 1908 eine Niederlage in Travemünde; 1910 folgte die Hansa-Brauerei am gleichen Ort sowie 1914 mit zwei weiteren Vertretungen in Pansdorf und Schönberg im Mecklenburgischen.[178] Brauereien des untergärigen Bieres benötigten also immer mindestens zwei Eiskeller am Produktionsort und weitere an ihren auswärtigen Verteilungsstationen.

Anders war es bei der Kühlung für den Gärungsprozess. Hier kam es darauf an, eine bestimmte Raumtemperatur zu halten, und das ließ sich am effizientesten mit einer maschinellen Kühlanlage erreichen. Die Lübecker Aktienbrauerei und die Hansa-Brauerei hatten daher schon 1887 bzw. 1889 einen Teil ihrer Anlagen auf künstliche Kühlung umgestellt. Bei der Lübecker Aktienbrauerei handelte es sich um eine Kühlmaschine des Systems Linde, die einem zweiten Gär- und Lagerkeller zugeordnet war, woraus sich schließen lässt, dass der andere weiterhin mit Natureis auskam; zugleich waren die Eiskeller tiefergelegt worden. Später kam offenbar noch eine Eisfabrikationsanlage hinzu, die wohl nur bei größerem Bedarf im Sommer eingesetzt wurde.[179] Als die Hansa-Brauerei 1899 in eine Aktiengesellschaft umgewandelt wurde, verzeichnete das Bestandsaufnahmeprotokoll u.a. folgende Anlagen: einen massiven Eiskeller mit Vorbau, ein weiteres massives Eishaus, einen Lagerkeller mit Kühlraum, eine kurz zuvor erheblich vergrößerte „Eis- und Kühlmaschinenanlage", eine zentrale Kraftanlage, ein Kesselhaus und elektrische Beleuchtung.[180] Die Brauerei Lück ließ sich mit einer Umstellung bis zum nächsten Generationswechsel im Jahre 1896 Zeit. Zusammen mit einem neuen Maschinenhaus und einer eigenen Stromversorgungsanlage wurde damals eine Kältemaschine für die erweiterten Gär- und Lagerkeller installiert (Abb. 23), während die Kundenversorgung weiterhin komplett durch aus dem angrenzenden Mühlenteich gewonnenes Natureis sichergestellt blieb.[181]

Vergleicht man die beschriebenen Maßnahmen der drei Brauereien miteinander, so ergibt sich eine durchaus unterschiedliche Gewichtung des Maschineneinsatzes. Während die Hansa-Brauerei bald vollständig auf die künstliche Kühlung und für die Lieferungen an die Kunden weitgehend auf eigene Kunsteisproduktion zurückgriff,[182] beruhte die Kundenversorgung der Lübecker Aktienbrauerei überwiegend und die der Brauerei Lück vollständig auf Natureis. Diese unterschiedlichen Vorgehensweisen dürften damit zusammenhängen, dass den beiden letzteren mit der aufgestauten Rothebek bzw. dem Stadtgraben bei der Lachswehrallee unmittelbar benachbarte Natureisreserven zur Verfü-

---

178 AHL: HRB 37, Bericht 1908; HRB 687, 12. Geschäftsbericht 1910/11, 15. Geschäftsbericht 1913/14.

179 AHL: HRB 36 (Lüb. Aktienbrauerei), 6.-8. Bericht, 1887-1889, sowie HRB 37, 18. Bericht 1899, 21. Bericht 1902, 23. Bericht 1904, 25. Bericht 1906.

180 AHL: HRB 687 (Hansa-Brauerei), Gesellschaftsvertrag vom 15.12.1899 mit Anlagen und Taxen über Gebäude und Maschinenlagen sowie Lageplänen.

181 Lück (1941) u. Lück (1966).

182 Hansa-Brauerei (1906), o. S.

gung standen; die Aktienbrauerei bezog in milden Wintern sogar Eis aus Norwegen.[183] Insgesamt wird deutlich, dass seit etwa 1880 zwei Stränge der Kühltechnik nebeneinanderher laufen, und dass die Einführung einer neuen Technik die alte nicht obsolet werden lässt, sondern dass auch angesichts künstlicher Kühlung die Natureisverwendung im Bereich der Brauereien noch über lange Jahre praktikabel blieb und sogar Zuwächse zu verzeichnen hatte.

Während die kühltechnischen Anlagen der genannten Brauereien verschwunden sind und sich auch visuell nur mit Einschränkung rekonstruieren lassen, hat sich eine Reihe von Zeugnissen erhalten, die deren äußeren Baulichkeiten und die der Natureisversorgung der Kunden dienenden Einrichtungen dokumentieren.

Wie sich die bauliche Situation der Brauerei Lück an der Geniner Straße im Jahre 1903 darstellte, vermittelt Abb. 20. Links oben sind die Brauereianlagen und rechts davon der gastronomische Bereich mit Restaurant, Bierhalle, Konzertsaal und Biergarten zu erkennen. Das Ganze formiert sich zu einem geradezu idealtypischen Ausflugslokal mit Straßenanbindung und einem Bootssteg, an dem Fahrgastschiffe die aus der Stadt kommenden Gäste anlanden konnten. Der Anleger wurde nicht nur im normalen Fahrplan der Personenschifffahrt auf der Trave angelaufen, sondern auch für Sonderfahrten genutzt.[184] Und schließlich erscheint ganz links unten das Eishaus, welches der Lagerung des für die Gastronomie bestimmten Eises und somit auch dem eigenen Ausschank diente. Das Eis wurde auf dem dahinter liegenden Mühlenteich der aufgestauten Rothebek gewonnen und von der Seite her in das Eishaus eingebracht. Ob hierfür ein Elevator eingesetzt wurde, ist nicht ganz sicher. Dieses Eishaus (Abb. 7) wurde 1902 errichtet und ersetzte ein älteres aus dem Jahr 1875, das vermutlich aus einer sechseckigen Holzkonstruktion bestanden hatte.[185] Das massive neue Gebäude, dessen Kapazität mit 600-800 cbm angenommen werden kann, verfügt wie üblich über einen Vorraum, der den Wärmeverlust beim Betreten minimieren sollte. Der vom eigentlichen Betrieb getrennte Standort erleichterte den Abtransport des Inhalts und bestätigt die Funktion als Eislagerraum für die Gastronomie, welche dieser noch bis in die 1950er Jahre erfüllte. Seine aufwendige architektonische Gestaltung und seine schiere Größe versinnbildlichen die Bedeutung, die Natureis für das Unternehmen bis weit ins 20. Jahrhundert hinein besessen hat. Das Gebäude, das einzige erhaltene Objekt dieser Art in Lübeck und letztes Originalzeugnis der 1988 geschlossenen Lück-Brauerei, steht heute unter Denkmalschutz und beherbergt, nachdem eine Zwischendecke eingezogen worden war, seit 1995 unter der Bezeichnung „Eishaus“ eine Diskothek.[186]

In ähnlicher Weise wie Lück hatte sich die Hansa-Brauerei neben der Bierproduktion ein zweites Standbein als Ausflugslokal an der nach Stockelsdorf

183 AHL: HRB 37 (Aktienbrauerei), 25. Bericht 1906.

184 Blunck (1987), S. 46-48. Der gastronomische Teil des Ensembles wurde lange Zeit selbst bewirtschaftet, aber nach dem Tod des Firmengründers seit 1907 verpachtet; vgl. Lück (1941), o. S.

185 AHL: Baupolizei, Erw. 18/1912, Bauregister 24, Land, 1875 Nr. 102.

186 Sengebusch (1993), S. 229; Lütgert (2000), S. 183; Prietzel (2009), S. XXVII, 24, 238-239, 353, 30.

Abb. 20: Brauerei zur Walkmühle H. Lück, Gesamtansicht an der Geniner Straße, ca. 1903 (aus: Lück, 1941, Bildteil o. S.). Links unten der Eiskeller von 1902.

Abb. 21: Die Gastronomieanlagen der ehemaligen Hansa-Brauerei an der Fackenburger Allee im heutigen Zustand, 2023 (Foto: Verf.). Links Wohn- und Restaurationsgebäude des Pächters, rechts Konzertsaal mit vorgelagerter Terrasse, ganz rechts im Hintergrund das Brauereigebäude.

Abb. 22: Das Eishaus der Vereinsbrauerei Lübeck an der Moislinger Allee, Briefkopf (Ausschnitt), 1910 (aus: AHL, Genossenschaftsregister 47).

führenden Fackenburger Allee zugelegt, wozu die Geländekuppe, auf dem die Brauereigebäude stehen, einen herausgehobenen Platz für den rückwärtigen Biergarten und die zur Straße hin ausgerichtete, einen Fernblick ermöglichende Terrasse sowie einen Speise-, Konzert- und Festsaal bot. Das als „Hansa-Halle“ firmierende Etablissement wurde allerdings nicht in Eigenregie betrieben, sondern war von Anfang an verpachtet.[187] Das der Kundenversorgung dienende Eishaus der Brauerei, eine achteckige Konstruktion, das somit ebenfalls der „Hansa-Halle“ zugutekam, befand sich an der Rückseite des Biergartens auf dem Betriebsgelände und wurde später sinnvollerweise mit einem Packraum, einem Flaschenlager und einer Laderampe verbunden.[188] Da es, anders als das Lück‘sche Eishaus, mit Kunsteis aus eigener Produktion auch im Sommer jederzeit bestückt werden konnte, benötigte es nur eine vergleichsweise geringe Lagerkapazität und trat insofern visuell kaum in Erscheinung. Der größte Teil der Bauten einschließlich des hochaufragenden Brauhauses ist noch erhalten, wobei der Saal, der nach Schließung des Betriebes zunächst Domizil der „Hansa-Lichtspiele“ war und seit 1986 ein Fitnessstudio beherbergt, zusammen mit dem ehemaligen Wohn- und Gasthaus des Pächters noch einen gewissen Eindruck seiner früheren Funktion vermittelt (Abb. 21).[189]

Als jüngstes Beispiel für ein der Kundenversorgung dienendes Depot ist schließlich das Eishaus der Vereinsbrauerei an der Moislinger Allee anzuführen, welches auf dem in Abb. 22 wiedergegebenen Briefkopf zu erkennen ist.[190] Es lässt sich leicht als ein amerikanisches Eishaus mit Elevator identifizieren, dessen Fassungsvermögen nach grober Schätzung etwa 400 cbm betragen haben könnte. Der Zeichnung nach wurde das Eis einem danebenliegenden Gewässer entnommen, was jedoch zweifelhaft erscheint. Bei diesem handelt es sich um den vom ehemaligen Hof Buntekuh um das höhergelegene Brauereigelände herum zur Trave führenden Flutgraben, den man, wie die Abbildung suggeriert, im Winter aufgestaut hat. Zwar wäre dies in dem heute als Parkanlage mit einem kleinen Teich gestalteten Tal (Stadtteilpark Wiesental) theoretisch möglich gewesen, doch hätte dies Staurechte und entsprechende bauliche Vorkehrungen vorausgesetzt, für die sich bisher keinerlei Anhaltspunkte haben ermitteln lassen. Das Gebäude, dessen Existenz lediglich durch diesen Briefkopf und einen Situationsplan belegt ist, verschwand wahrscheinlich, nachdem die Brauerei 1920 von Lück übernommen worden war.[191]

---

187 AHL: Ordnungsamt-Krugakten, Erw. 19/1939, Karton 12, Fackenburger Allee 96-104. Das Ensemble war 1883 auf den heutigen Umfang erweitert worden.

188 AHL: Baupolizei, Erw. 18/1912, Bauregister 27, Vorstädte, 1889 Nr. 387 u. 443; HRB 687, Lageplan 1899.

189 Schaper (1987), S. 107-108, 149, 174.

190 AHL: Genossenschaftsregister 47; der Briefkopf mit dem Eishaus erscheint in der Akte erstmalig 1910.

191 AHL: Genossenschaftsregister 47; Finanzdep., 7304, mit Beschreibung des Geländes von 1907; Tiefbauamt, 119, mit Situationsplan, auf dem die Umrisse des Eishauses zu erkennen sind. Zur Übernahme vgl. Lück (1941), o. S. Zum Stadtteilpark Wiesental vgl. Lange (2022), S. 87-90.

Relativ früh hatte sich auch die Milchwirtschaft auf maschinelle Kühltechniken eingestellt. Dies hatte mit verstärkten hygienischen und technischen Anforderungen an den Produktionsprozess zu tun. Die in der Fackenburger Allee gelegene Hansa-Meierei spielte insofern eine regionale Vorreiterrolle, als sie mit ihrer Gründung im Jahr 1900 die Genossenschaftsmeierei Lübeck in sich aufnahm, sehr schnell eine marktbeherrschende Stellung im Raum Lübeck einnahm und später durch Übernahme weiterer Genossenschaftsmeiereien ins lübeckische Landgebiet und ins Umland ausgriff; so wurde u.a. die Genossenschaftsmeierei Travemünde schon 1920 eingegliedert und mit einer Kühlanlage ausgestattet.[192] Auch unabhängig davon waren im Fürstentum Lübeck schon zu Beginn des 20 Jahrhunderts mehrere Genossenschaftsmeiereien zur künstlichen Kühlung übergegangen.[193]

Außer den Großbrauereien und der Hansa-Meierei gab es in Lübeck nur wenige Unternehmen, die in die maschinelle Kühlung einstiegen. Diese Technik setzte in der Regel in Kesselhäusern und Maschinenhallen aufgestellte dampfbetriebene Eigenanlagen voraus, die sich nur bei größeren Unternehmen rentierten (vgl. Abb. 23). Für kleinere Betriebe oder Privathaushalte kamen Eigenanlagen nur dann in Frage, wenn sie auf handlichere und leichter zu bedienende Geräte zurückgreifen konnten, wie es etwa bei der erwähnten Schlachterei Lohff in Travemünde der Fall war, die einen Benzinmotor zum Antrieb eines kleinen Stromgenerators einsetzte. Ansonsten war man auf eine elektrische Grundversorgung angewiesen. Hierfür fehlte es jedoch noch längere Zeit an den technischen Voraussetzungen. Die 1887 in der Mengstraße in Betrieb genommene „Centralstation für elektrische Versorgung“ – die erste in kommunaler Regie betriebene Einrichtung dieser Art – lieferte zunächst nur Strom für Beleuchtungszwecke und war in ihrer Reichweite anfänglich auf den mittleren Teil der Altstadtinsel begrenzt. Innerhalb eines Jahrzehnt erweiterte sich jedoch der Einzugsradius, während zugleich der Anteil der Kraftstromnutzung für gewerbliche Anlagen wuchs.[194] Inwieweit auch für Kühlaggregate davon Gebrauch gemacht wurde, lässt sich nur in Einzelfällen belegen. Möglicherweise ließ sich der eine oder andere gastronomische Betrieb auf die neue Technik ein, was auf das dem Elektrizitätswerk benachbarte „Central-Hotel“ zutreffen könnte, welches 1907 im Zuge eines Erweiterungsbaus einen neben Küche, Vorratsräumen und Bierkeller angeordneten Kühlraum erhielt.[195] Definitiv hatte schon 1906 der erwähnte Wildhändler Beerkart in der Großen Burgstraße einen elektrisch betriebenen Kühlraum errichtet, nachdem auf seine Initiative hin die Bürgerschaft eine Änderung des Jagdgesetzes beschlossen hatte, die es im Falle von Kühlvorrichtungen erlaubte, Wild auch nach Eintreten der Schonzeit in den Handel zu bringen.[196]

---

192 Müller (1984), S. 20-28; Hansa-Meierei (1937), S. 6. Im Jahr 1925 waren 11 Genossenschaftsbetriebe des Umlandes in die Hansa-Meierei eingegliedert.

193 Bickelmann (2023a), in Druckvorbereitung.

194 Elektrizitätsversorgung (1962), S. 10, 17-20.

195 AHL: Ordnungsamt-Krugakten, Erw. 17/1968, Nr. 353 (Schüsselbuden 12-18).

196 Vaterstädtische Blätter 1906, S. 19-20 (mit Abb.).

Abb. 23: Maschinensaal mit Kühlmaschine der Brauerei zur Walkmühle H. Lück (aus: Lück, 1941, Bildteil o. S.).

In den Vorstädten, die zwischen 1903 und 1907 in die lübeckische Stromversorgung einbezogen wurden, mussten die Bewohner noch weitaus länger auf eine Stromversorgung warten. Dort könnte der am Anfang der Moislinger Allee ansässige Christian Gipp, dessen Geschäft als „Schlachterei und Wurstmacherei mit elektrischem Betrieb" firmierte, eine der frühen maschinellen Kühlanlagen besessen haben.[197] Zu dieser Zeit existierte mit der Fa. Carl Osterloh bereits ein in der Herstellung, im Handel und in der Wartung von Maschinen tätiges Unternehmen, das auch in der Kühltechnik zuhause war.[198] In Travemünde wurden die ersten Anschlüsse zwar 1905 verlegt, die flächendeckende Stromversorgung aber erst 1913 abgeschlossen. Schlutup erhielt 1912 Anschluss an die Überlandzentrale. 1920 schließlich hatte das Stromnetz auch die Landgebiete erreicht.[199] Potentielle Interessenten für Kühlanlagen kamen insofern lange Zeit um eine Natureisversorgung nicht herum.

Prohibitiv wirkten anfangs auch die hohen Kosten, die nicht nur für die Einrichtung der Anlagen, sondern auch für ihren laufenden Betrieb, also Energie, Wartung und Reparaturen, anfielen. Die nicht in Anspruch genommene Kühleinrichtung der Markthalle beispielsweise hatte 60.000 Mark gekostet und innerhalb von acht Monaten Betriebskosten in Höhe von 9.000 Mark verursacht,

197 Lüb. Adreßbuch 1911, Personenteil.

198 AHL: HRA 4315; das in der Hundestraße ansässige Unternehmen wurde 1906 ins Handelsregister eingetragen. Ferner Lüb. Adreßbuch 1921, S. 317 u. 851.

199 Elektrizitätsversorgung (1962), S. 20-35.

denen Mietertrage von 1.048 Mark entgegenstanden.[200] Einen solchen Aufwand konnten sich nur größere Unternehmen leisten und schon gar nicht Privathaushalte. Und auch Unternehmen, die Kühlmaschinen und Eisgeneratoren besaßen, wie die Lübecker Aktienbrauerei und die Hansa-Brauerei, griffen verschiedentlich auf Natureis zurück, um Energiekosten zu sparen und die Anlagen zu schonen.

Generell war es auch eine Frage der Gewohnheit, bei einem bewährten und kostengünstigen Verfahren zu bleiben. Das wurde den Interessenten auch dadurch erleichtert, dass die Hersteller von herkömmlichen Eiskellern und Eisschränken ihre Produkte ständig verbesserten, was sich in geringerem Eisverbrauch sowie in der Optimierung von Isolierung, Luftzirkulation und Temperaturregelung niederschlug.[201] Auch hierfür stehen wieder zwei Schlachtereien, die kurz vor dem Ersten Weltkrieg ihre Eiskeller modernisierten, indem sie sich für sparsame Modelle entschieden. Die Schlachterei Ludwig Gipp in der Kronsforder Allee konnte nach Angaben des Herstellers dabei eine Eisersparnis von 50 Prozent gegenüber der vorherigen Anlage erzielen.[202] Bereits 1898 hatte sich ein weiterer Schlachter, der damalige Vorsitzende der Fleischerei-Berufsgenossenschaft, Joh. Chr. Ed. Stein, eine patentierte Trockenluft-Kühlanlage installieren lassen, die auf der Grundlage von Natureis eine selbsttätige ununterbrochene Luftzirkulation und -reinigung zwischen Eiskammer und Kühlraum ermöglichte.[203] Selbst dort, wo Eis in großem Umfang benötigt wurde, nämlich in der Hochseefischerei, setzte man noch lange auf Natureis.[204] Und im Raum Hamburg waren neben der wachsenden Zahl von Kühlhäusern und Eisfabriken weiterhin Natureiswerke zu finden.[205] So standen Natureisverwendung und künstliche Kühlung bis zum Ersten Weltkrieg und teilweise darüber hinaus in einem regelrechten Wettbewerb.

Das Nebeneinander von Natureis, Kunsteisfabrikation und maschineller Kühlung spiegelte sich nicht nur in lebhafter Konkurrenz zwischen den einzelnen Bereichen, sondern auch darin wider, dass es Thema fachlicher Diskussionen war. In diesem Zusammenhang ist erwähnenswert, dass sich 1898 mit der „Zeitschrift für Eis-Handel und -Fabrikation“ für wenige Jahre ein Fachorgan etablieren konnte, das interessanterweise in Lübeck seinen Sitz fand. Es erschien zunächst im Verlag für Fachzeitschriften Karl Martiny und wechselte

---

200 AHL: NSA, 3683, Bericht vom 24.1.1910.

201 Reinink (1995), S. 197-211. Dementsprechend wurden einschlägige Handbücher immer wieder aktualisiert.

202 AHL: Hochbauamt, 1053. Beide dienten einem Hersteller, der der Heilanstalt Strecknitz ein Angebot unterbreitete, als Referenzobjekte. Die Anlagen wurden 1910 bzw. 1911 geliefert. Der andere Schlachter war Franz Winkler in Schlutup.

203 Zeitschrift für Eis-Handel und -Fabrikation, Nr. 11/1898/99, S. 102-103. Stein hatte sein Geschäft in der Kupferschmiedestraße; vgl. Lüb. Adreßbuch 1899, Branchenteil, S. 739.

204 Dittrich (2012), S. 9-36.

205 Lütgert (2000), S. 242, 24, 251, 256-257. Auch in Kiel arbeiteten Natureiswerke noch bis ca. 1930; vgl. ebd., S. 207-208; Heide (2012), S. 61-62.

noch im Gründungsjahr zu dem Verleger Charles Coleman (Abb. 24).[206] Als sich um die Jahreswende 1898/99 ein Verband deutscher Eishändler und -Fabrikanten gründete, wählte er die Zeitschrift zu seinem Vereinsorgan.[207] Was Lübeck zum Verlagsstandort prädestinierte, ist unklar.

In Bezug auf moderne Standards der Technik und insbesondere der Hygiene wurde in Lübeck als größtes Defizit empfunden, dass dem Schlachthof nach wie vor weder eine natürliche noch eine maschinelle Kühlung zur Verfügung stand, was an heißen Sommertagen verschiedentlich dazu geführt haben soll, dass Schlachtfleisch noch am gleichen Tage verdarb. Da der Schlachthof in großem Umfang importiertes Schlachtvieh aus Skandinavien verarbeitete, bestand sogar die Befürchtung, dass dieses Geschäft an andere Städte mit Kühleinrichtungen verloren gehen könnte. Als sich 1912 endlich die langersehnte Fertigstellung eines Lübecker Kühlhauses abzeichnete, verfehlten die Lübeckischen Blätter daher nicht, in einer Mischung aus Kritik und Lob darauf hinzuweisen, dass „der Zustand, dass der städtische Schlachthof … jeglicher Kühleinrichtung ermangelte, allmählich immer unhaltbarer wurde“, um dann ein wenig später an anderer Stelle zu ergänzen, dass Lübeck „die letzte nennenswerte Stadt“ sei, „die sich anschickt, diesen Mangel abzustellen“.[208] In der Tat hat dann die Eröffnung des Kühlhauses, welches mit einer eigenen Kunsteisproduktion verbunden

Zeitschrift für
EIS
-Handel und -Fabrikation
und verwandte Berufszweige.
Verlag von Charles Coleman in Lübeck.

Erscheint am 10. und 25. jeden Monats.

Abonnementspreis für Deutschland: vierteljährlich 1 Mk. Amerika: pro Jahr 2,50 Dollar.

Postzeitungsliste (Deutschland) 8176a.

Manuskripte werden nicht zurückgesandt.

Prämiiert Hamburg 1898 Silberne Medaille.

Inserate für die einspaltige Petitzeile 40 Pfg., zahlbar in Lübeck. Bei Wiederholungen entsprechender Rabatt.

Beilagen nach Uebereinkunft.

General-Vertreter für Amerika und Weltpost-Verein: Ph. Heinsberger, Internat. Bureau, New-York, 15 First Avenue.

Prämiiert Stettin Silberne Medaille

Wechselweiser Versandt an Eishandlungen, Eisfabriken, Bierbrauereien, Wirte-Vereinigungen Schlachter-Innungen, Schlacht- und Kühlhäuser, Meiereien etc. etc.

No. 11. Lübeck, 25. Januar 1899. II. Jahrgang.

Abb. 24: Titel der „Zeitschrift für Eis-Handel und -Fabrikation“, Nr. 11 (25.1. 1899) (Stadtbibliothek Lübeck, ZC 210).

206 „Zeitschrift für Eis-Handel und -Fabrikation“, Nr. 1 (Juli 1898) bis Nr. 24/1901 (25.12.1901); sie erschien in 14tägigem Rhythmus. Eine vollständige Serie liegt in der Stadtbibliothek Lübeck, Sign. ZC 210, vor. Zu Martiny vgl. Lüb. Adreßbuch 1899, S. 283. Zur Fa. Charles Coleman, die u.a. den „Lübecker Generalanzeiger“ herausgab, vgl. Coleman (1928), insbes. S. 51-55; dort erschienen weitere mit Eis in Verbindung stehende Fachzeitschriften, wie „Der Mineralwasserfabrikant“ und „Der Bier-Verleger“; die Zeitschrift für Eis selbst wird aber nicht erwähnt.

207 Zeitschrift für Eis-Handel und -Fabrikation, 1898/99, S. 154-156 u. 163-166.

208 Lüb. Blätter, 1912/13, S. 109-110 u. 166-167, Zitate S. 109 u. 167.

war, nicht nur für die Fleischverarbeitung neue Standards gesetzt, sondern auch dazu beigetragen, den Kühlsektor und namentlich die gewerbliche und private Eisnutzung in Lübeck nachhaltig zu verändern.

Vor allem aber ist es der Hansestadt mit dieser wirtschaftlichen und technischen Innovation gelungen, über ihre Grenzen hinaus in die Region auszustrahlen. Dass man sich in Lübeck nunmehr rühmte, mit dem Kühlhaus „das einzige derartige Unternehmen in deutschen Ostseehafenstädten von Flensburg bis zum polnischen Korridor“ zu beherbergen,[209] ignorierte allerdings, dass es in dem Bezugsraum durchaus ähnliche, wenn auch kleinere und etwas anders strukturierte Kühl- und Eisproduzenten gab, etwa in Kiel, und das reklamierte Alleinstellungsmerkmal erwies sich bald insofern von begrenzter Dauer, als wenige Jahre später die pommersche Küste mit der 1927 gegründeten Stettiner Kühl- und Gefrierhaus GmbH einen gleichgewichtigen Kühl- und Eisversorger erhielt.[210] Gleichwohl war es damals die modernste Anlage im Ostseeraum, wodurch Lübeck nunmehr zu einem gewichtigen Standort der Kühlwirtschaft und des Kunsteishandels avancierte, dies vor allem auch dadurch, dass die Kühlhaus AG sich den Marktzugang für bestimmte Regionen in Absprachen mit anderen Großkühlstandorten wie Hamburg und Bremen sichern konnte. Wie weit sich der Einflussbereich des Unternehmens – über die skandinavischen Viehimporte hinaus – tatsächlich erstreckte, lässt sich mangels aussagekräftiger Quellen jedoch nur schwer rekonstruieren.[211] Zumindest dürfte er Ostholstein, Nordwestmecklenburg sowie Teile der Kreise Plön, Stormarn, Segeberg und Herzogtum Lauenburg umfasst haben.

Neue Perspektiven und allmählicher Ausklang einer Epoche

Mit der Eröffnung des Kühlhauses hatte sich das Kühlangebot der Hansestadt grundlegend und schlagartig verändert. Die 1.200.000 Mark teure Anlage, die durch das Gründungskapital von 500.000 Mark und einen staatlicherseits gewährten Kredit in Höhe von 700.000 Mark finanziert wurde, war auf einem Pachtgrundstück der Stadt Lübeck errichtet worden, dessen Lage unmittelbar dem Hauptzweck entsprach, nämlich direkt neben dem städtischen Schlachthof an der Schwartauer Allee.[212] Mit diesem war es durch einen Gleisanschluss und andere Transportvorrichtungen verbunden. Damit war, nachdem auch der Schlachthof selbst 1912 und 1913 substanzielle Erweiterungen und Modernisierungen erfahren hatte, das Hauptanliegen eines effizienten und hygienischen Standards entsprechenden Schlachthausbetriebs zunächst erfüllt. 1927 wurde auf dem Schlachthofgelände durch die Kühlhaus AG zusätzlich eine Fleisch-

---

209 Dari (1925), S. 152; Kühlhaus Lübeck (1987), S. 7.

210 Lütgert (2000), S. 238; Heide (2012), S. 61-62; Kiel-Lexikon (2011), S. 318-319 (Art. Schlachthof). In Kiel bestand seit der Jahrhundertwende die „Kieler Kristalleisfabrik“, und das dem städtischen Schlachthof nachträglich angegliederte kleine Kühlhaus verfügte ebenfalls über eine Eisfabrikation. Zu Stettin vgl. Ostseehandel, 11. Jg. (1931), Nr. 6 (Werbeanzeige).

211 AHL: Firmenarchive, Kühlhaus Lübeck, 20. Leider fehlt in den Unterlagen die zu den Absprachen gehörige Karte, die die jeweiligen Einflussgebiete im Detail hätte erkennen lassen. Vgl. auch Lütgert (2000), S. 91.

212 Lütgert (2000), S. 239.

kühlhalle errichtet und an diesen verpachtet. Als 1929 für die skandinavischen Viehimporte aufgrund reichsgesetzlicher Vorgaben eine strikte Trennung von den einheimischen Schlachtungen erforderlich wurde, entstand nördlich des öffentlichen Schlachthofes ein separater Seegrenzschlachthof. Die Kühlversorgung für beide Schlachthöfe erfolgte durch die zentrale Maschinenanlage des Kühlhauses über Rohrleitungen.[213]

Die Kühlhaus Lübeck AG war insgesamt in drei Sparten gegliedert. Neben der beschriebenen Versorgung der beiden Schlachthöfe gehörten die Vermietung von Kühlräumen für leicht verderbliche Waren und die Herstellung von Kunsteis zum Aufgabenbereich. Dementsprechend bestand der Gebäudekomplex aus einem Kessel- und Maschinenhaus, einem Verwaltungsgebäude, einer Eisfabrik mit Vorratsraum und dem eigentlichen Kühlhaus, einem kompakten fünfstöckigen Eisenbetonbau mit Korkplattenisolierung, der 4.150 qm gekühlter Fläche umfasste und später die Bezeichnung Kühlhaus I erhielt (Abb. 25). Innerhalb dieser in technischer wie auch in architektonischer Hinsicht durchaus typischen Mehrzweckanlage, die sozusagen als Landmarke den Beginn eines neuen Zeitalters der Kühltechnik symbolisierte,[214] bildete eine mit dem Schlachthaus über einen Gleisanschluss in Verbindung stehende Vorkühlhalle eine Besonderheit. Die verschiedenen Etagen waren für bestimmte Waren in Kühlräume unterschiedlicher Größe unterteilt. Zu ihnen gehörte ein im Kellergeschoss gelegener, für die Vermietung an örtliche Schlachter gedachter Raum, der durch Metallgitter in 92 verschließbare Kühlzellen unterteilt war.[215] Der Komplex sollte schon 1926 eine Erweiterung durch ein in zeittypischen expressionistischen Formen gestaltetes zweites Kühlhaus erfahren, welches mit seinen umlaufenden Horizontalbändern und dem bekrönenden Zackenfries Reminiszenzen an das in denselben Jahren entstandene „Kühlhaus Union" in Altona-Neumühlen weckt, ja von diesem geradezu inspiriert scheint.[216] Der damals projektierte Zustand ist in Abb. 25, die 1928 erstmals im Briefkopf des Unternehmens und 1931 in einer städtebaulich orientierten Publikation über Lübeck erscheint,[217] wiedergegeben. Diese Darstellung hat insofern die bisherige Vorstellung vom Erscheinungsbild des Kühlhaus-Komplexes geprägt.

---

213 Scheidtmann (1953), S. 41-43; Kühlhaus Lübeck (1987), S. 10. Zum Bau des Seegrenzschlachthofs vgl. Vaterstädtische Blätter 1928/29, S. 5-7, 101-108; ferner: Lübeck arbeitet (1956), S. 209-210.

214 Tschoeke (1991), insbes. S. 114; dort Bezug auch auf Lübeck mit Grundriss und Querschnittszeichnungen. Der Vergleich mit den anderen dort behandelten Bauten bezeugt, wie gut sich das Lübecker Kühlhaus in die Entwicklung der Kühlhausarchitektur einfügt.

215 Lütgert (2000), S. 239-240; Vaterstädtische Blätter 1912/13, S. 109-110. Bei beiden detaillierte Funktionsbeschreibung der Räume und Anlagen.

216 Lütgert (2000), S. 239-240, 252-253, sowie Kühlhaus Lübeck (1987), S. 11-16. Zum „Kühlhaus Union", das schon bald als Ikone eingestuft wurde, und zu expressionistischen Gestaltungselementen vgl. Tschoeke (1991), S. 122-126.

217 AHL: Tiefbauamt 1368; Dari (1931), S. 48; abgebildet auch in Kühlhaus Lübeck (1987), S. 11. Bei dem dort als Kühlhaus III bezeichneten Gebäude handelt es sich um die Fleischkühlhalle von 1927 (nicht zu verwechseln mit dem 1939-41 an anderer Stelle erbauten Kühlhaus III).

Abb. 25: Kühlhaus Lübeck, Gesamtanlage, Zeichnung, 1931 (aus: Kühlhaus Lübeck, 1987, S. 8). Von rechts nach links: Verwaltungsgebäude, Maschinenhaus mit dahinter gelegenem Kesselhaus, Eisfabrik, Kühlhaus I, Fleischkühlhalle (missverständlicherweise als Kühlhaus III bezeichnet) mit Doppelkühlfenstern für Tageslicht. Ganz rechts hinter dem Verwaltungsgebäude das projektierte Kühlhaus II, von dem allerdings nur das dunkler gehaltene Sockelgeschoss mit der dritten Eisfabrik ausgeführt wurde. Die Eisfabrik verfügt über eine glasüberdachte Ausgabevorrichtung für Stangeneis (mit Lieferwagen davor); eine gleichartige ist beim Kühlhaus II zu erkennen.

Abb. 26: Das Kühlhaus II nach der 1937/38 erfolgten Aufstockung, Foto, ca. 1939 (AHL, Nachlass Hans Pieper, Nr. 26). Im Vordergrund das Verwaltungsgebäude.

Abb. 27: Blick von der Wallhalbinsel über den Wallhafen in Richtung Schwartauer Allee. Dort ragt das seit 1941 bestehende Doppelkühlhaus II/III hervor. Rechts davon das Maschinenhaus mit Schornstein und das Kühlhaus I (aus: Lübeck arbeitet, 1961, S. 27, Ausschnitt; das Foto trägt den Originaltitel: „Umschlag von finnischem Grubenholz“).

In Wirklichkeit jedoch hat man sich damals auf die Errichtung des zweistöckigen Sockelgeschosses, welches eine große Eisfabrik und einen zusätzlichen Kühlraum aufnahm, sowie auf die Erweiterung des danebengelegenen Verwaltungsgebäudes beschränkt. Die übrigen vier Geschosse und das abschließende Staffelgeschoss des als Kühlhaus II bezeichneten Gebäudes blieben zunächst unausgeführt.[218] Die Darstellung irritiert umso mehr, als die übrigen Teile des Komplexes detailgenau wiedergeben sind und somit Zweifel an ihrer generellen Zuverlässigkeit zunächst nicht bestanden. Der Vorgang lässt sich eigentlich nur dadurch erklären, dass man vermutlich an einen baldigen Weiterbau dachte, diesen aber immer wieder hinausschob. Vor diesem Hintergrund wird verständlich, warum dieses Gebäude trotz seiner bemerkenswerten zeittypischen architektonischen Gestaltung niemals Gegenstand einer fotografischen Abbildung gewesen ist. Die Aufstockung des Kühlhauses II wurde erst 1937/38 vorgenommen, als im Rahmen der Autarkiebestrebungen der Nationalsozialisten reichsweit ein Ausbau der Kühl- und Lagerfunktionen forciert wurde. Die Maßnahmen fanden unter Federführung der Stadt Lübeck, die damals 87 Prozent der Anteile an der Kühlhaus AG besaß, und unter Beteiligung des Reichs statt. Bei dieser Aktion wurden dem Gebäude fünf Kühlgeschosse hinzugefügt und eine schlichtere Architektursprache gewählt, wobei der charakteristische pfeilerartige Abschluss nicht nur eine Dachterrasse umschloss, sondern auch das Maschinenhaus für den Aufzug verdeckte (vgl. Abb. 26).[219] Zusätzlicher Kühlbedarf wurde mit dem von 1939 bis 1941 errichteten Kühlhaus III gedeckt, welches, im gleichen Stil und auf gleichem Geschossniveau direkt an das Kühlhaus II zur Hafenseite hin angebaut, eine Verdoppelung des Volumens nach sich zog.[220] Die Silhouette dieses Zwillingsblocks hat bis zu seinem Abriss 1974 das Bild des Hafens und in der Umgebung der Schwartauer Allee mitgeprägt (Abb. 27); an seine Stelle trat ein wenig beeindruckender Flachbau (Kühlhaus VI).[221]

Die Inanspruchnahme des Kühlangebots entwickelte sich unterschiedlich. Während sich Wild- und Geflügelhändler schon bald damit anfreundeten und auch die Einlagerung anderer Lebensmittel wie Butter, Käse und Eier, namentlich aus dem Ausland, dem erwarteten Umfang entsprach, hielten sich die ein-

---

218 Kühlhaus Lübeck (1987), S. 10 (Eisfabrik). Bereits Lütgert (2000), S. 239-241, war die Diskrepanz zwischen zeichnerischer Darstellung und Archivalienbefund aufgefallen und zu dem sich als richtig erwiesenen Schluss gekommen, dass das Kühlhaus II erst 1937/38 realisiert wurde. Er hatte jedoch noch keine visuelle Vorstellung vom endgültigen Erscheinungsbild des Gebäudes; vgl. hierzu AHL: NSA, 3710. Letzte Klarheit erbrachte jetzt die Akte AHL: Hochbauamt, 1442, insbes. Besprechung über den Erweiterungsbau vom 4.6.1937, Baubeschreibung vom 3.11.1937 und Baupläne vom 18.11.1937; dort auch Bauzeichnungen (Schnitt und Grundriss) von 1926.

219 AHL: Hochbauamt, 1442; NSA, 3710, Vorgänge von 1937.

220 Kühlhaus Lübeck (1987), S. 12. AHL: Kämmereiamt, 2155; Hochbauamt, 1443, u.a. Bauzeichnungen und Baubeschreibung vom 30.3.1939. Welche Gebäudehöhe für das Kühlhaus III zu wählen sei, war zunächst umstritten. Nach Vorlage mehrerer Simulationen, die sich auf die optische Fernwirkung des Komplexes bezogen, entschied man sich schließlich für die Variante „gleiche Bauhöhe“. Ferner erhielt das Gebäude eine eigene Maschinenanlage.

221 Kühlhaus Lübeck (1987), S. 13-14.

heimischen Schlachter erneut stark zurück, sodass die Kühlzellenvorrichtung bereits 1915/16 wieder entfernt wurde; damals bestand großer kriegsbedingter Kühlbedarf für die Fleischversorgung der Marine und des Heeres, wofür jeder Platz benötigt wurde.[222] Dass man, wie schon 1896 bei der Markthalle, die Lage bei den Schlachtern falsch eingeschätzt hatte, dürfte auch diesmal wieder damit zu tun gehabt haben, dass diesen individuelle Kühlmöglichkeiten zur Verfügung standen, die auf der Verwendung von Natureis oder Kunsteis basierten. Immerhin waren wie erwähnt den Schlachtern anfänglich Vorzugspreise für den Bezug von Kunsteis vertraglich eingeräumt worden, sodass dies für sie möglicherweise günstiger und praktikabler erschien als die Anmietung von weiter entfernt gelegenen Kühlräumen. Ersatz für die Räume im Kühlhaus I wurde erst wieder 1927 in Gestalt der erwähnten, vermutlich leichter zugänglichen Fleischkühlhalle geschaffen, die in Abb. 25 verwirrenderweise als Kühlhaus III erscheint; diese bot im Erdgeschoss Lagerfläche für den Großhandel und war im Kellergeschoss in etwa 40 Zellen für den Einzelhandel unterteilt.[223]

Das Eiswerk hatte seine Produktion 1913 mit einer Tageskapazität von 20 t begonnen, die sich durch den Bau eines 1920 im Hinblick auf den erhofften Bedarf der Fischerei installierten zweiten Eisgenerators auf 50 t erweiterte und sich 1926 mit der dritten Anlage im Kühlhaus II noch einmal auf 100 t verdoppelte. 1951 schließlich wurden diese Einrichtungen durch eine neue Eisfabrik ersetzt, die dann wieder im Kühlhaus I ihren Standort fand.[224]

Wie sich aus der Baugeschichte des Kühlhauses ablesen lässt, war das Geschäftsfeld „Eisproduktion“ in den 1920er Jahren durch einen starken Zuwachs gekennzeichnet, während die Einlagerung von Kühlgut stagnierte und erst durch die nationalsozialistische Autarkiepolitik im Vorfeld des Zweiten Weltkriegs seit Mitte der 1930er Jahre einen erheblichen Aufschwung erfuhr.

Nach außen hin verband sich mit dem Kühlhaus vor allem der Eisverkauf. Denn in der Hansestadt und ihrem näheren Umkreis prägte nunmehr das Stangeneis – 25 kg schwere Blöcke von ca. 80 cm Länge –, das mit den Lieferwagen des Kühlhauses zu den gewerblichen Kunden und zu den Haushalten gelangte, zunehmend das öffentliche Erscheinungsbild des Eishandels (Abb. 28). Es verfügte als aus destilliertem Wasser gewonnenes keimfreies „Kristalleis“ über sehr viel bessere Eigenschaften als das aus heimischen Gewässern gewonnene Natureis, vor allem über eine gleichbleibende Qualität. Anders als zuvor die Eisgenossenschaft suchte man das Eisgeschäft über den städtischen Raum hinaus in die Region auszudehnen, wo vor allem die Gastronomie in den Seebädern der Lübecker Bucht und der Holsteinischen Schweiz günstige Expansionsaussichten verhieß.

---

222 Lütgert (2000), S. 239; Kühlhaus Lübeck (1987), S. 6.

223 Kühlhaus Lübeck (1987), S. 10. AHL: Tiefbauamt, 1268; dort detaillierte Bauzeichnungen, die u.a. erkennen lassen, dass im Erdgeschoss eine Tageslichtbeleuchtung durch Doppelkühlfenster vorgesehen war (vgl. Abb. 25).

224 Lütgert (2000), S. 239-240; AHL: Firmenarchive, Kühlhaus Lübeck, 9, Geschäftsbericht 1919/20; Fahl (1935), S. 269.

Abb. 28: Auslieferung von Stangeneis in der Lübecker Altstadt, Foto, 1950 (Lübecker Nachrichten, Foto: Hans Kripgans). Zur Berufskleidung der Stangeneisträger gehörten eine gepolsterte Lederjacke und eine Lederschürze.

Eis wurde auch zur Kühlung von Eisenbahnwaggons benötigt. In größerem Umfang war dies für den überregionalen Versand des Importfleisches erforderlich, das im Lübecker Schlachthof und später im Seegrenzschlachthof verarbeitet wurde. Ende der 1920er Jahre wurden in diesem Zusammenhang täglich bis zu 30 Waggons abgefertigt, die zuvor im Kühlhaus Eis aufgenommen hatten.[225] Welches Kühlsystem dabei Verwendung fand, ist nicht bekannt; üblich war eine

225 Fahl (1935), S. 239; Vaterstädtische Blätter 1928/29, S. 6, 102 (die dort genannte Zahl von 60 bezieht sich auf Zu- und Abfuhr von Waggons, ist also zu halbieren); ferner Lübeck arbeitet (1956), S. 210: 1936 wurden 4930 Kühlwaggons abgefertigt.

Bauart, bei dem die Eisbehälter auf ganzer Länge im Wagendach untergebracht waren (System Brainard).[226] Inwieweit auch der Transport von Bier und Eis für die Region in solchen Kühlwagen erfolgte, ist schwer zu beantworten. Zumindest in Bezug auf Travemünde und Niendorf, worauf im Folgenden eingegangen wird, wäre dies vorstellbar.

Als neuer Markt für den Eishandel war Anfang der 1920er Jahre die Eisversorgung für die Fischerei ins Blickfeld des Kühlhauses geraten, nämlich in Gestalt der bisher von Nordseehäfen aus erfolgreich betriebenen Hochseefischerei. 1918 hatten Lübecker Investoren eine Hochseefischerei-Aktiengesellschaft „Trave“ gegründet, die mit acht Fischdampfern an dieser Wirtschaftssparte zu partizipieren versuchte. Da die Fanggebiete in der Nordsee und vor Island lagen, ergab es sich zwangsläufig, dass die Schiffe zunehmend, statt den langen Weg von und nach Lübeck zu nehmen, ihre Ladung in den dortigen Häfen löschten, wo auch das Eis für weitere Fangreisen übernommen wurde, sehr zum Leidwesen der Kühlhaus Lübeck AG, die mit beständigen größeren Lieferungen gerechnet und im Hinblick darauf ihre Produktionskapazitäten durch Errichtung der zweiten Eisfabrik ausgeweitet hatte. Ein gravierendes grundsätzliches Problem bestand jedoch darin, dass Lübeck, anders als die Fischereihäfen im Bereich der Nordsee, über keinerlei Infrastruktur zur Versorgung der Fischdampfer und zur Verarbeitung der Fänge verfügte. Die Folge war, dass bald auch das Aktienkapital nach Cuxhaven und schließlich nach Wesermünde wanderte und die Gesellschaft aus dem Gesichtskreis Lübecks verschwand, bevor sie sich 1932 auflöste. Letzter Mehrheitsaktionär war sinnigerweise Friedrich Busse, der Inhaber der Geestemünder Eiswerke in Wesermünde. Einer weiteren Reederei, der Lübecker Hochseefischerei AG, die Motorkutter in die Nordsee schickte, gelang es nicht einmal, richtig Fuß zu fassen; sie musste bereits 1922, zwei Jahre nach ihrer Gründung, den Betrieb einstellen.[227] Nach diesen Fehlschlägen wandte sich die Kühlhaus Lübeck AG der Eisversorgung der Fischerei – unter veränderten Voraussetzungen und mit neuen Partnern – erst wieder nach 1945 zu.

Erfindungsreich, wenn auch nicht ganz originell, war das Kühlhaus bei seinen Bemühungen, die Eisversorgung von Privathaushalten zu fördern. Hierzu stellte sie, wie vergleichbare Anbieter in anderen Städten, potenziellen Kunden bei Abnahme einer wöchentlichen Mindestmenge Eisschränke kostenlos zur Verfügung. In welchem Umfang dieses Angebot angenommen wurde, bleibt offen, doch wurde diese Einrichtung bis Mitte der 1940er Jahre beibehalten.[228] Gut situierte Haushalte wären hierfür in Frage gekommen, etwa in den Vorstädten oder in der mehrheitlich von Lübeckern bewohnten, zu Bad Schwartau gehörigen Villenkolonie Cleverbrück. Daneben konnte das Kühlhaus selbstverständlich auch von denjenigen profitieren, die schon selbst einen Eisschrank besaßen und bisher

226 Menzel/Schubert (1903), S. 59-60; Planck (1962), S. 268-269; Lütgert (2000), S. 91-92.

227 Bickelmann (2023b); Kühlhaus Lübeck (1987), S. 5-9. AHL: HRB 184, 185, 236; Firmenarchive, Kühlhaus Lübeck, 9, Geschäftsbericht 1919/20 (2. Eisfabrik).

228 Kühlhaus Lübeck (1987), S. 9; Kühlhaus Lübeck AG, Geschäftsbericht 1934/35 u. weitere, zuletzt 1945/46, in: AHL: Kämmereiamt, 738 u. 2154. Zu anderen Städten, etwa Berlin, vgl. Hellmann (1990), S. 87.

mit Natureis gearbeitet hatten. Doch dieser Umstellungsprozess, der das Aufgeben langjähriger Gewohnheiten erforderte, bedurfte einer gewissen Zeit.[229]

Das Kühlhaus Lübeck war zwar der bedeutendste örtliche Anbieter von Kunsteis, doch nicht der einzige. Nach wie vor stellten nämlich die Großbrauereien mit ihren eigenen Eisgeneratoren eine gewisse Konkurrenz im Geschäft mit der Gastronomie dar, andererseits konnten sie sich bei Bedarf, etwa in heißen Sommern, der Kapazitäten des Kühlhauses bedienen. Dies galt vor allem für ihre im Umland gelegenen Dependancen. So hatten die Großbrauereien schon vor dem Ersten Weltkrieg damit begonnen, Niederlassungen im Lübecker Umland einzurichten und Gaststätten unter Vertrag zu nehmen, was sie in den 1920er Jahren, als sich der Tourismus nach dem durch den Ersten Weltkrieg hervorgerufenen Niedergang wieder belebte, fortsetzten. Dabei ging es auch darum, die jeweilige Wettbewerbssituation zu verbessern. Neben dem Lauenburgischen, der holsteinischen Schweiz und dem westlichen Mecklenburg lagen vor allem die Seebäder der Lübecker Bucht im Blick. Hierbei griffen die Brauereien je nach Lage sowohl weiterhin auf Natureis oder ihre eigenen Erzeugnisse als auch auf Kristalleis des Kühlhauses Lübeck zurück.

Die Hansa-Brauerei besaß seit 1910 eine Niederlage in Travemünde, der 1914 zwei weitere in Pansdorf und Schönberg (Mecklenburg) folgten. Die zeitlich nicht genau einzuordnende Vertretung in Timmendorfer Strand wurde samt dem Eiskeller 1929 käuflich erworben und in eigene Regie überführt.[230] Die Brauerei Lück unterhielt in Ahrensbök ein eigenes Eishaus für den Raum Eutin, das noch bis weit in die 1950er Jahre mit Natureis aus einem nahegelegenen See bestückt wurde.[231] Ähnliche Baulichkeiten sind im Mecklenburgischen anzunehmen, wo Lück mit Niederlagen in Dassow, Klütz und Boltenhagen vertreten war.

Am besten sind wir in dieser Hinsicht über die Lübecker Aktienbrauerei orientiert, die für die 1920er Jahre aussagekräftige Unterlagen hinterlassen hat. Hatte sie schon 1908 eine Dependance mit Eiskeller in Travemünde besessen, so erfolgte in den 1920er Jahren ein weiterer Ausbau des Vertretungsnetzes und der dazugehörigen Anlagen. 1921 wurde eine Niederlassung in Ahrensbök mit zunächst gepachtetem Eiskeller eingerichtet. 1922 bekam die Niederlage Klütz ein zweites, im Seebad Boltenhagen stationiertes Depot. Im ostholsteinischen Grube, das die umliegenden Badeorte versorgte und drei Jahr zuvor mit einem Eiskeller ausgestattet worden war, musste die Brauerei 1924 wegen Verschuldung des Betreibers das Objekt erwerben. Grevesmühlen erfuhr 1926 eine Erweiterung durch einen Neubau, an dessen Kosten sich der dortige Vertreter beteiligte. 1929 wurde das Travemünder Depot umgebaut, 1930 ein Eiskeller in Schönberg gepachtet und ein anderer in Grevesmühlen erworben. All diese Speicher wurden mit Natureis örtlicher Herkunft gefüllt. Ferner liegen Informationen über Niederlagen in Neustadt (Holstein), Dassow, Bad Oldesloe und Ratzeburg vor; letzteres hatte zum Revier der Ratzeburger Actienbrauerei ge-

229 Kühlhaus Lübeck (1987), S. 6.

230 AHL: Firmenarchive, Hansa-Brauerei, Nr. 2, Aufsichtsratsprotokolle, 1914, S. 2-3; HRB 687, Geschäftsbericht 1919/11; HRB 688, Geschäftsbericht 1929/30.

231 Lütgert (2000), S. 173, Abb. S. 313.

hört, die 1919 in der Lübecker Aktienbrauerei aufgegangen war. In den internen Berichten über den Bierhandel scheinen auch immer wieder Konkurrenzsituationen zwischen der Aktienbrauerei, der Hansa-Brauerei und Lück auf.[232]

Eine für den Eishandel neuartige Situation entwickelte sich im Ostseebad Niendorf. 1925 war beim dortigen Bahnhof, der Endstation der 1913 eröffneten Verlängerung der durch die Lübeck-Büchener Eisenbahn betriebenen Linie Lübeck-Travemünde, von privater Seite ein Eishaus vermittels einer Hypothek der Aktienbrauerei Lübeck errichtet worden, womit diese die Eisversorgung ihrer Niederlagen und Vertragsgaststätten in Travemünde und den oldenburgischen Ostseebädern zu vereinfachen suchte. Die Lieferungen für dieses Verteilungsdepot oblagen im Auftrag der Brauerei dem Kühlhaus Lübeck, das hierfür die direkte Bahnanbindung nutzen konnte. Nachdem der Eigentümer in finanzielle Schwierigkeiten geraten war, übernahm das Kühlhaus 1926 selbst Eigentum und Betrieb des Eishauses und führte es, mit zwangsweiser Unterbrechung durch den Zweiten Weltkrieg, bis in die 1950er Jahre fort. Das heute noch in stark veränderter Gestalt von einer Schreinerei genutzte, aber im Prinzip noch erkennbare Gebäude ist architektonisch insofern ungewöhnlich, als es neben zwei Garagen für die motorisierten Lieferwagen nur über eine relativ kleine Eiskammer verfügte, was sich aus der Tatsache erklärt, dass – anders als bei Natureis – Nachlieferungen jederzeit möglich waren (Abb. 29).[233]

Abb. 29: Das ehemalige Eishaus der Kühlhaus Lübeck AG in Niendorf/Ostsee, Foto, ca. 1960 (Gemeindearchiv Timmendorfer Strand, Fo019Nd).

232 AHL: Firmenarchive, Aktienbrauerei Lübeck, 1, Berichte an den Aufsichtsrat zu den im Text genannten Daten. – Zur Ratzeburger Aktienbrauerei, die ursprünglich auch im Fürstentum Lübeck mit Niederlagen vertreten war, vgl. Kaack (1987), S. 253-254.

233 Lütgert (2000), S. 178; Bickelmann (2023a), in Druckvorbereitung; Kühlhaus Lübeck (1984), S. 9. AHL: Firmenarchive, Aktienbrauerei Lübeck, 1, Erklärung über Darlehen und Hypotheken, 5.5.1926.

Zu der Zeit, als sie das Niendorfer Eishaus übernahm, hatte sich die Kühlhaus AG zumindest in Travemünde schon so weit etabliert, dass ihr sämtliche dort vertretenen Lübecker Brauereien die Eisversorgung übertragen hatten, was für diese in logistischer Hinsicht eine erhebliche Entlastung bedeutete.[234] Auch generell bemühte sich das Kühlhaus um Expansion im Lübecker Umland. So hielt man etwa nach stillgelegten Eiskellern Ausschau, die man als Verteilungsstationen für Kunsteis nutzen zu können hoffte, was aber anscheinend nicht sehr erfolgversprechend war, da in kleineren Städten und auf dem Lande die Natureisnutzung noch lange üblich blieb und nur ganz selten Eiskeller aufgegeben wurden.[235] Immerhin scheint das Kühlhaus mit seinem Kristalleis in der Lübecker Bucht bis Neustadt, sowie im Norden des Kreises Stormarn und im Lauenburgischen bis Ratzeburg und Mölln um 1930 schon recht gut vertreten gewesen zu sein, wie daraus zu ersehen ist, dass in diesem Bereich zehn mit Isolierung versehene Lieferwagen unterwegs waren.[236]

Die auf die Erweiterung des Kundenkreises zielenden Aktivitäten des Kühlhauses lassen durchaus Erfolge erkennen, belegen jedoch zugleich, dass sich trotz des großen Angebots von Kunsteis in verschiedenen Bereichen Natureis noch bis weit in die 1930er Jahre behaupten konnte, was nicht nur in der Werbung für Mieteisschränke, sondern u.a. auch darin zum Ausdruck kam, dass sich die Geschäftsführung darüber freute, wenn milde Temperaturen wie im Winter 1924/25 „wenig Gelegenheit zur Natureisernte" boten.[237] Dies dürfte sich weniger auf den urbanen Raum der Hansestadt als auf das lübeckische Landgebiet und das Umland bezogen haben, wo die geschilderte Expansion der lübeckischen Großbrauereien über ihre Niederlagen die traditionelle Eisversorgung voraussetzte und sie geradezu stabilisierte. Für den engeren Bereich der Stadt selbst wie auch für Travemünde ist, nachdem die Adlerbrauerei um 1916 und die Vereinsbrauerei 1920 ihren Betrieb eingestellt hatten,[238] und eigentlich nur noch die Brauerei Lück auf Natureis aus der Rothebek zurückgriff, nicht zu ersehen, wo, von wem und für wen Natureis noch in größerem Umfang geerntet worden sein sollte.

Parallel zu Natur- und Kunsteis war, nachdem eine flächendeckende Elektrizitätsversorgung zur Verfügung stand, im gewerblichen Bereich eine verstärkte Nutzung maschineller Kühlverfahren zu erwarten, worüber jedoch nur wenige Informationen vorliegen. Hierfür kämen, neben dem Lebensmittelhandel, vor allem Unternehmen der Lebensmittelherstellung in Frage, wozu in Lübeck

234 AHL: Firmenarchive, Aktienbrauerei Lübeck, 1, Erklärung zur Aufsichtsratssitzung vom 5.5.1926.

235 Anzeiger für das Fürstentum Lübeck, 7.6.1933 (Anzeige: „Wer hat großen Eiskeller?").

236 Dari (1931), S. 48.

237 Kühlhaus Lübeck (1987), S. 7 u. 9.

238 Zur Adlerbrauerei vgl. Lüb. Adreßbuch; diese ist dort für 1916 nicht mehr erwähnt. Das Grundstück in der Arnimstraße wurde um 1928 dem Wohnungsbau zugeführt, nachdem sich in den ehemaligen Brauereigebäuden unter dem Namen „Demetriawerke" kurzzeitig ein Kunsteisproduzent eingerichtet hatte, vgl. Lüb. Adreßbuch 1928.

mehrere Konservenfabriken und, unmittelbar hinter der Landesgrenze, die Schwartauer Werke zu rechnen sind; letztere hatten von Anbeginn (1900) über ein mit einem Eiskeller verbundenes Lagerhaus verfügt.[239]

In der Gastronomie ergab sich vor allem anlässlich von Neubauten die Gelegenheit, von vornherein eine zeitgemäße Technik einzuführen. Dies trifft auf zwei beliebte und gut frequentierte Travemünder Einrichtungen zu, zunächst auf die am Ende der Kaiserallee 1926 errichtete neue „Strandhalle", ein auch ansonsten modernes und großzügig ausgestattetes Etablissement, das von dem Besitzer des Parkhotels, Carl Schultz, geführt wurde.[240] 1930 folgte der Neubau des zu Beginn des Jahres abgebrannten, auf dem Steilufer oberhalb des Möwenstein-Bades gelegenen Ausflugslokals „Seetempel", dessen geschickt gegliederte Architektur den Stil der neuen Sachlichkeit verkörperte; die Kühlanlage lieferte die bereits erwähnte Fa. Carl Osterloh.[241] Dass 1931 die Heilanstalt Strecknitz für ihren Küchenbetrieb, insofern einem gastronomischen Betrieb vergleichbar, zu maschineller Kühlung überging, wurde bereits erwähnt. Sie folgte damit dem städtischen Krankenhaus, das schon 1912 für den gleichen Zweck eine ähnliche Anlage erhalten hatte. Der dort 1925 erwogene Einbau eines Eisgenerators für die Bevorratung von Eis zu medizinischen Zwecken fiel jedoch der angespannten Haushaltslage zum Opfer. So blieb das inzwischen reparaturbedürftige Eishaus in Betrieb; immerhin wurde mittlerweile hygienisch einwandfreies Kristalleis vom Kühlhaus Lübeck bezogen. Für den Tagesbedarf verfügte das Krankenhaus über einen Eisschrank.[242]

Maschinelle Kühlung wurde zunehmend auch bei der Speiseeisproduktion eingesetzt, wofür hauptsächlich Konditoreien und fabrikmäßig arbeitende Eishersteller in Frage kamen.[243] Wie weit der Technisierungsgrad in diesem Bereich nach dem Ersten Weltkrieg fortgeschritten war, lässt sich nach gegenwärtigem Kenntnisstand jedoch nicht beantworten. Zumindest ist hierfür die 1924 zunächst als Versuchsprojekt in Betrieb genommene „Lübecker Eiskremfabrik" des Konditors Bruno Soltmann zu erwähnen, die sich auf amerikanisches Rahmeis spezialisiert hatte. Deren Produktion fand in für diesen Zweck adaptierten und mit Spezialgeräten ausgestatteten Mieträumen des Kühlhauses Lübeck statt, welches insofern an dem Unternehmen beteiligt war.

Ein weiterer Beteiligter war die in der Luisenstraße ansässige Gießerei, Kupferschmiede und Armaturenfabrik Wilhelm G. Schröder, die die technische Ausrüstung lieferte. Neben Kühlleistungen bezog die Fa. Soltmann vom Kühlhaus auch Roheis für die Kühlmischung und für den Versand der Ware. Das in Fachkreisen beachtete und durch die Preußische Versuchs- und Forschungsanstalt

---

239 Bickelmann (2023a), in Druckvorbereitung; zu Konservenfabriken vgl. Sengebusch (1993), S. 204-211.

240 Albrecht (2005), S. 221; Vaterstädtische Blätter 1926/27, S. 88-90; AHL: Hochbauamt, 1228, u.a. Schultz an Baubehörde, 7.9.1927, dort Hinweis auf Heizungs- und Kühlanlagen im Wert von 75.000 RM.

241 Albrecht (2005), S. 225-226; Vaterstädtische Blätter 1929/30, S. 39-40, 97.

242 AHL: Hochbauamt, 1274.

243 Spiekermann (2007), insbes. S. 33-38.

für Milchwirtschaft in Kiel begleitete Projekt konnte in Lübeck und Umgebung eine Reihe von Kunden gewinnen, musste aber Ende 1927 seinen Betrieb einstellen. Die Gründe hierfür sind hauptsächlich in mangelnder Akzeptanz des Rahmeises, unzureichender Vertriebsorganisation, Konkurrenz durch die traditionelle Eissorten bevorzugenden Konditoren und Straßenhändler sowie in zwei kühlen Sommern zu suchen. Die Firma Schröder hatte sich auf Molkerei- und Kühlaggregate spezialisiert und profilierte sich in diesem Zusammenhang, seit 1928 unter dem Namen Schröder & Co., bis in die Nachkriegszeit als Hersteller von Rahmeisanlagen.[244]

Im privaten Bereich konnte sich, wie zu dieser Zeit überall im deutschen und europäischen Raum, maschinelle Kühlung in Gestalt des elektrisch betriebenen Kühlschrankes, noch nicht durchsetzen. Die Eisschrankbesitzer mussten sich erst einmal an die Verwendung von Kunsteis gewöhnen. Zudem waren, im Gegensatz zu den Vereinigten Staaten, die Geräte nicht nur sehr teuer, sondern auch in technischer, praktischer und ästhetischer Hinsicht noch nicht ausgereift. Vor allem aber fehlte es an den energietechnischen Voraussetzungen, denn gegen Ende der 1920er Jahre verfügten selbst in Berlin nur etwa 50 Prozent der Haushalte über einen Stromanschluss. Letztlich verwehrte auch die Wirtschaftskrise Anschaffungen dieser Art. Insofern verwundert es nicht, wenn 1930 in Deutschland nur etwa 30.000 Geräte im Einsatz waren. [245] Wer also einen Eisschrank besaß, blieb auch bei dieser Technik, wie die das fortbestehende Angebot des Kühlhauses für Mietschränke bis in den Zweiten Weltkrieg hinein nahelegt.

Nach dem Ende des Zweiten Weltkriegs setzte sich angesichts fehlender, für den Wiederaufbau benötigter Ressourcen Eisnutzung und Kühlversorgung in den verschiedenen Bereichen zunächst überwiegend in gewohnter Weise fort, doch zeichneten sich verschiedentlich sogleich auch neue Perspektiven ab. Für das Kühlhaus Lübeck gewann, da das mit dem Import verbundene Kühl- und Lagergeschäft noch darniederlag, die Eisfabrikation wieder größere Bedeutung. In diesem Zusammenhang bot sich die in der Lübecker Bucht beheimatete, nun in einer Neuformierung begriffene Küstenfischerei als weiterer Markt an. Diese hatte bisher mit traditionellen Kühlmethoden gearbeitet. So hatten sich die Travemünder und Schlutuper Fischer, als sie sich mit ihren Kollegen der oldenburgischen Badeorte Niendorf, Timmendorfer Strand, Scharbeutz und Haffkrug 1919 zur „Lübecker Fischereigenossenschaft Travemünde-Niendorf“ zusammengeschlossen hatten, im Niendorfer Hafen zunächst mit einem 1912 errichteten Eishaus üblicher Art begnügt, welches sich aus dem Hemmelsdorfer See speiste. Dieses wurde nun 1949 durch einen modernen Kühlraum mit maschinellem Betrieb ersetzt. Hingegen legte sich die Genossenschaft im Travemünder Fischereihafen noch 1947 einen traditionellen Eiskeller zu, der erst zehn Jahre

---

244 AHL: HRB 470, insbes. Gesellschaftsvertrag vom 28.2.1926; Handelskammer, 1547 (Vergleich mit Kühlhaus über Mietschulden). Ferner Lichtenberger (1924); Spiekermann (2007), S. 34-35. – Zur Fa. Schröder, die sich 1928 in zwei Unternehmen aufspaltete, vgl. AHL: HRB 219, 220, 612; ferner Lübeck arbeitet (1951), S. 34-35 (Wilhelm G. Schröder Nachf.) und S. 36-37 (Schröder & Co.); Lübeck arbeitet (1956), S. 167.

245 Hellmann (1990), S. 176-181; Teuteberg (1993), S. 142.

später durch ein größeres Kühlhaus abgelöst wurde. Zugleich kam eine Kooperation mit einer privaten Eisfabrik zustande, deren Produktionskapazität auf 25 Tonnen täglich ausgelegt war; dies dürfte die auf dem Baggersand gelegene „Kristalleisfabrik“ Johannes Flatow gewesen sein. Damit wurden nicht nur die Kutter, sondern auch Kühllastwagen und wahrscheinlich auch das Eisdepot bestückt.[246] Insofern ist davon auszugehen, dass im Bereich der Travemündung seit etwa 1949 kein Natureis mehr zum Einsatz kam.

Hintergrund dieser Entwicklung war, dass die Eisversorgung zwischen Schlutup, Travemünde und Niendorf nach dem Niedergang der Fischerei und des Tourismus durch den Zweiten Weltkrieg eines grundlegenden Neuaufbaus bedurfte. Dabei spielte eine Rolle, dass die Fischerei durch die Zuwanderung von Vertriebenen sowohl in Bezug auf qualifizierte Arbeitskräfte als auch in unternehmerischer Hinsicht eine Stärkung erfahren hatte. Dies hatte bereits 1945 verschiedenen Kräften Gelegenheit zu eigenen Initiativen gegeben, aus denen u.a. die zuletzt geschilderten Projekte hervorgegangen waren. Insgesamt waren in dieser Zeit Eisproduktion und Eishandel durch Konkurrenz gekennzeichnet, wobei über die Beteiligten und deren Aktivitäten nicht immer Klarheit besteht. Die Kühlhaus Lübeck AG sah in dieser Situation die Chance, ihr Eisgeschäft im Bereich der Fischerei und der Bädergastronomie neu zu etablieren. Eine für 1947/48 in Aussicht genommene eigene Eisfabrik in Travemünde, für die die Anlage des Kühlhauses I transloziert werden sollte, scheiterte jedoch am ablehnenden Votum der Stadt Lübeck, die damals noch eine Beeinträchtigung des Tourismus befürchtete. Stattdessen ließ das Kühlhaus ihr während des Krieges zweckentfremdetes Eishaus am Niendorfer Bahnhof – unter Einbau einer maschinellen Kühlanlage – 1949 wiederaufleben und beteiligte sich etwa um dieselbe Zeit im Schlutuper Fischereihafen möglicherweise an einem Eisdepot der Fischergenossenschaft.[247] Dieser schlichte und relativ flache Quader, ein massiver Putzbau, dessen Fassungsvermögen auf etwa 200 cbm geschätzt werden kann, hat als eines der wenigen Zeugnisse einer vergangenen Kühltechnik – sozusagen als „lost place“ – bis heute überlebt. Ein quadratischer turmartiger

---

246 Bickelmann (2023a), in Druckvorbereitung; Albrecht (2005), S. 244; AHL: Genossenschaftsregister 557 u. 558, Polizeiamt, 1403. Zu Flatow vgl. AHL: HRA 2829 u. 2830, sowie Lüb. Adreßbuch, Teil Travemünde1953-1973. Die Fa. wurde (zumindest die Fischindustrie) 1947 gegründet und ist 1972 erloschen. Flatow gehörte zu den Vertriebenen; er war zuvor Leiter der Stettiner Kühl- und Gefrierhaus GmbH gewesen, der auch eine Eisfabrik angegliedert war; vgl. AHL: Kämmereiamt, 788, Unterakte Bewerbungen für Leitung der Kühlhaus Lübeck AG, 13.7.1945.

247 Lütgert (2000), S. 72; AHL: Kämmereiamt, 2154 (Kühlhaus AG), Geschäftsbericht 1952/53; dgl. 2155, Bericht des Vorstandes, 3.8.1948, Dez. 1949, 5.6.1950; dgl. 2156, Sitzung des Aufsichtsrats, 19.8.1947, 3.8.1948, 24.6.1950. – Nach Angaben Lütgerts befand sich der Eiskeller der Fischereigenossenschaft „unter dem Küsterberg“. Dies könnte zu der irrigen Annahme verleiten, dass es sich um eine in den oberhalb des Hafens gelegenen Küsterberg hineingebaute Anlage gehandelt habe. Die Aussage ist jedoch so zu interpretieren, dass sich der Standort des Eisdepots *unterhalb* des Küsterbergs am Hafenkai befunden hat, was dem tatsächlichen örtlichen Befund entspricht. Diese Interpretation verdankt der Verf. Christian Finzel, Lübeck, der sich wiederum auf Auskünfte durch Ernst-Otto Reimann vom Gemeinnützigen Verein Schlutup bezieht.

Aufsatz, der vermutlich die Maschinenanlage beherbergte, ist mit einem farbigen Relief geschmückt, das einen Fischermann mit einem Fisch in den Händen darstellt, und bezeugt somit eindeutig die Funktion des Gebäudes (Abb. 30).[248]

Zu den Konkurrenten der Kühlhaus Lübeck AG gehörten neben Flatow, der sich in Schlutup zugleich in der Fischindustrie engagierte, mit der Fa. Witte & Co. ein weiteres Schlutuper Fischunternehmen, welches eine eigene Eisfabrik in Travemünde betrieben haben soll. Das zuvor in Stettin beheimatete Unternehmen, zu dem ein eigenes Kühlhaus gehört hatte, war 1945 nach Lübeck verlagert worden. Auch für Schlutup war ein Eiswerk im Gespräch, und für Timmendorfer Strand wird von einer kleinen Eisfabrikation neben dem Wasserwerk berichtet, welche offenbar schon bald stillgelegt wurde; ebenso soll in Eutin kurzzeitig eine kleine Eisfabrik bestanden haben.[249] Zumindest im Schlutuper Fischereihafen scheint sich die Lage in technischer wie auch in geschäftlicher Hinsicht dadurch geklärt zu haben, dass die Kühlhaus Lübeck AG dort 1951 definitiv ein maschinell gekühltes Eislager eröffnete und 1969 ein kleines

Abb. 30: Das Eishaus der Fischergenossenschaft Schlutup im Schlutuper Fischereihafen, 2023 (Foto: Verf.).

248 Ortsbesichtigung durch den Verfasser im Juni 2023. Das Gebäude befindet sich in der Nähe einer Bootswerft am Eingang des Fischereihafens.

249 AHL: Kämmereiamt, 2155 (Kühlhaus AG), Bericht des Vorstandes, Dez. 1949, 7.3.1950, 8.4.1950, 5.6.1950. Möglicherweise ist die Eisfabrik Witte & Co. später von Flatow übernommen worden, denn ein weiteres Travemünder Eiswerk ist nicht bekannt. Zu Witte & Co. („Meerkrone“) vgl. Lübeck arbeitet (1956), S. 198-199. Zu Eutin vgl. auch StadtA Eutin, Gewerberegister, Bd. 2, Nr. R 11, 28.2.1949 (Gustav Reese).

modernes Kühlhaus in Flachbauweise (Kühlhaus V) in Betrieb nahm.[250] Ob das erstere eventuell identisch mit dem der Fischergenossenschaft ist, ließ sich nicht klären. Interessanterweise hatte sich 1952 in Schlutup eine Lübecker Kältemaschinen GmbH niedergelassen, die sich auf die Fabrikation von nach eigenem Patent entwickelten Kühlanlagen spezialisierte.[251]

Außerhalb der Fischerei, deren Situation, wie die vorstehende Ausführungen verdeutlichen, durch ein Nebeneinander von Kunsteisfabrikation für die Ausrüstung der Fangschiffe und Transportfahrzeuge einerseits und maschineller Kühllagerung für die Ware andererseits gekennzeichnet war, blieb – mit schnell abnehmender Tendenz – eine Eisversorgung für Gewerbe und Privathaushalte durchaus noch für einige Jahre aktuell, was insbesondere für den kleingewerblichen Bereich, namentlich für Gastronomie, Schlachtereien und den Bierhandel galt.[252] Während sich im urbanen Raum Stangeneis als jederzeit verfügbares Kühlmedium bewährte, war auf dem Lande weiterhin auch Natureis anzutreffen. Noch 1960 konnte man dörflichen Gemeinschaftsaktionen, wie etwa der Eisabfuhr von einem Teich in Bargteheide, zuschauen.[253]

Parallel dazu hatte aber schon Anfang der 1950er Jahre, im Gefolge wachsender Massenkaufkraft und flächendeckender Stromversorgung sowie angesichts erschwinglicher Preise und verbesserter Qualität der Geräte, der unaufhaltsame Aufstieg des Kühlschranks begonnen, der mit einer Quote von 90 Prozent 1970 nahezu die Vollversorgungsstufe erreichte.[254] Die Ausstattung mit Tiefkühltruhen setzte im allgemeinen mit etwa 20 Jahren Verzögerung ein,[255] wobei sich interessanterweise auf dem Lande schon in den 1950er und 1960 Jahren ein diesbezüglicher Bedarf geltend gemacht hatte, nämlich in Gestalt von meist auf genossenschaftlicher Grundlage organisierten Gemeinschaftsgefrieranlagen. Dort benötigte man in der Regel mehr Platz als ein städtischer Haushalt, weil zu dieser Zeit vielfach noch Hausschlachtungen stattfanden und Jäger ihr Wild adäquat einlagern mussten. Für solche, oft auch als „Kalthäuser" bezeichneten Bauten gibt es eine Reihe von Beispielen aus dem Lübecker Umland, u.a. in Bargteheide und in dem bis 1937 zu Lübeck gehörenden Malkendorf.[256] Doch mittlerweile existieren solche Gemeinschaftseinrichtungen kaum mehr, nachdem nahezu jeder Haushalt neben einem Kühlschrank auch über eine eigene Tiefkühltruhe verfügt.

---

250 Kühlhaus Lübeck (1987), S. 14. Zum Eislager vgl. AHL: HRB 2464 (Kühlhaus Lübeck AG), Bericht 1951-52, 1952/53.

251 AHL: HRB 853; die Firma, die ihren Sitz 1956 nach Berlin verlegte, ist um 1960 erloschen.

252 Lütgert (2000), S. 167, 173, 189, 193, kann mehrere Schlachtereien und Bierhändler nennen, die noch bis ca. 1960 ihre Eiskeller mit Natureis füllten.

253 Eisernte am Schweinemarkt in Bargteheide, Foto 1960, Kreisarchiv Stormarn, Bad Oldesloe, I 1: 8632.

254 Teuteberg (1993), S. 144.

255 Ebd.

256 Planck (1962), S. 119-121; Hellmann (1990), S. 172; Bickelmann (2023a), in Druckvorbereitung. Kreisarchiv Stormarn, Bad Oldesloe, V 100, 16377 u. 17939.

Mitte der 1950er Jahre zeichnete sich ab, dass sich Natureis wie Kunsteis tendenziell auf dem Rückzug befanden. Konnte die Geschäftsführung des Kühlhauses 1954 noch von einem – „trotz erhöhter Propaganda für Elektro-Eisschränke" – stabilen Eisabsatz berichten, so musste sie sechs Jahre später das „weitere Vordringen der maschinellen Kühlung" und den mit ihm einhergehenden Rückgang der Nachfrage registrieren.[257] Und so verschwanden im städtischen Raum seit etwa 1970 die Eislieferwagen und Stangeneisträger zunehmend aus dem Straßenbild. Das Kühlhaus Lübeck stellte 1976 seine Eisproduktion ein, setzte den Handel mit Eis anderer Produzenten aber noch bis 1985 fort; ein Jahr später wurde mit dem Kühlhaus I die letzte Reminiszenz an die Anfänge der Kühlhausära beseitigt.[258] Kunsteiswürfel zu Haushaltszwecken, wie sie heute in Supermarkten und Tankstellen zu finden sind, werden in Lübeck nicht mehr hergestellt, gehören aber zur Produktpalette des Unternehmens „Nordfrost", in dem die Kühlhaus Lübeck AG 1998 aufgegangen ist.[259]

Inzwischen wird vereinzelt sogar wieder auf Natureis zurückgegriffen. So hat eine Brauerei in Ulm vor wenigen Jahren eine alte Eisgewinnungstechnik wiederbelebt: den Eisgalgen. Ein Holz- oder Metallgerüst wird mit Trinkwasser berieselt, sodass bei Frost Eiszapfen entstehen, die sich leicht abschlagen lassen. Wenn das Gerüst über dem Eingang des Eiskellers angebracht ist, kann das Eis mit geringem Aufwand eingebracht werden. Es wird dann zerkleinert und zwischen die Biertanks gepackt.[260] Damit ist sicherlich kein Paradigmenwechsel verbunden, aber vielleicht ein kleiner und eher symbolischer Beitrag zur Begrenzung des Klimawandels.

---

257 AHL: Kämmereiamt, 2154, Bericht der Kühlhaus Lübeck AG, 1953-54, 1960-61, 1962/63; dort auch die Zitate.

258 Kühlhaus Lübeck (1987), S. 15-17.

259 Pressemitteilung der Hansestadt Lübeck, 20.3.1998; das Unternehmen befand sich zuvor im Besitz der Stadt Lübeck und der Deutschen Bank. Ferner Website von „Nordfrost", abgerufen am 30.5.2023. Das Unternehmen ist an 40 Standorten bundesweit vertreten, Firmensitz ist Schortens bei Wilhelmshaven.

260 Brauindustrie 12/2010, S. 14-15; Frankfurter Allgemeine, 28.2.2018 (www.faz.net/aktuell/wirtschaft/agenda/brauerei-pflegt-tradition-des-eisgalgens, abgerufen 23.9.2018). Im vorliegenden Fall können jährlich 400 cbm Eis eingebracht werden. Andere Brauereien nutzen Eisgalgen zur Demonstration historischer Techniken.

Literaturverzeichnis

Albrecht (2005)

Thorsten Albrecht, Travemünde. Vom Fischerort zum See- und Kurbad, Lübeck 2005.

Andresen (o. J.)

Rainer Andresen, Lübeck. Geschichte – Kirchen – Befestigungen, Bd. 1, Lübeck o. J.

Aterini (2018)

Barbara Aterini, Ghiacciaie. Eiskellern, Ijskelders, Glacières, Ice-Houses. Architetture Dimenticate, 2. Aufl. Firenze 2018.

Behrens (1829)

H. L. und C. G. Behrens, Topographie und Statistik von Lübeck und dem mit Hamburg gemeinschaftlichen Amte Bergedorf, Erster Teil, Lübeck 1829.

Bickelmann (2023a)

Hartmut Bickelmann, Zwischen Luxusanspruch und Alltagsversorgung. Natureisnutzung und Eiskellerbau im Gebiet des ehemaligen Kreises Eutin, in Druckvorbereitung.

Bickelmann (2023b)

Hartmut Bickelmann, Von Lübeck nach Cuxhaven und Wesermünde. Die wechselvolle Geschichte der Hochfischerei-Aktiengesellschaft „Trave", in: Niederdeutsches Heimatblatt, Beilage zur Nordsee-Zeitung Bremerhaven, Nr. 879, März 2023, S. 1-2.

Blunck (1994)

Jürgen Blunck, Leinen los an Trave und Wakenitz!, Lübeck 1994.

Bock (2022)

Sabine Bock, Bothmer. Geschichte und Gegenwart eines mecklenburgischen Schlosses, Schwerin 2022.

Brandt (1953)

Ahasver von Brandt, Wie das Seebad Travemünde entstand, in: Der Wagen 1952/53, S. 107-118.

Bruns (1993)

Alken Bruns, Chasot, Isaac *Francois* Egmond Vicomte de, in: Lübecker Lebensläufe aus neun Jahrhunderten, Neumünster 1993, S. 72-73.

Carstens (1906)

Lübecker Conservenfabrik vorm. D. H. Carstens Aktiengesellschaft Lübeck, in: Der Staat Lübeck, historisch-Geographische Blätter, 5. Lieferung, Berlin 1906-1910 [o. S.].

Coleman (1928)

50 Jahre Buchdruckerei Charles Coleman Lübeck 1878-1928, Lübeck 1928.

Davidis (1872)

Henriette Davidis, Praktisches Kochbuch für die gewöhnliche und feinere Küche, 17. Aufl. Bielefeld 1872.

Dari (1925)
Deutschlands Städtebau. Lübeck Travemünde, unter Mitwirkung der Behörden bearb. v. F. W. Virck, 2. Aufl. Berlin-Halensee 1925.

Dari (1931)
Deutschlands Städtebau. Lübeck Travemünde. Die städtebauliche Entwicklung seit Kriegsende, 3. Aufl. Berlin-Halensee 1931.

Dittrich (2012)
Peter Dittrich, Eiswerke und Kühlhäuser in den Bremerhavener Fischereihäfen, Bremerhaven 2012.

Dräger/Budde (2009)
Lisa Dräger, Michael Budde, Lübeck und Travemünde. Ansichten aus fünf Jahrhunderten, Lübeck 2009.

Elektrizitätsversorgung (1962)
75 Jahre Lübecker Elektrizitätsversorgung 1887-1962, Lübeck 1962.

Fahl (1935)
J. Fahl, Lübecks Wirtschaftsleben in der Gegenwart. Eine wirtschaftsstatistische Untersuchung zur Geschichte einer Handels- und Industriestadt, Lübeck 1935.

Faust/Longerich (2000)
Wolfdieter Faust u. Thomas Longerich, Schlachthäuser. Zur Entstehung kommunaler Vieh- und Schlachthöfe in der 2. Hälfte des 19. Jahrhunderts, Weimar 2000.

Frontzek (1986)
Wolfgang Frontzek, Geschichte der Brauhäuser Wahmstraße 54 und 56 in Lübeck, Lübeck (Privatdruck) 1986.

Frontzek (2005)
Wolfgang Frontzek, Das städtische Braugewerbe und seine Bauten vom Mittelalter bis zur frühen Neuzeit. Untersuchungen zur Entwicklung, Ausstattung und Topographie der Brauhäuser in der Hansestadt Lübeck, Neumünster 2005.

Graßmann (1982)
Antjekathrin Graßmann, Lübecks Flußbadeanstalten, in: Der Wagen 1982, S. 131-140.

Graßmann (2009)
Antjekathrin Graßmann, Possehl, Johannes Ludwig Emil, in: Neue Lübecker Lebensläufe, Lübeck 2009, S. 405-500.

Groth (1999)
Klaus J. Groth, Weltkulturerbe Lübeck. Denkmalgeschützte Häuser. Über 1000 Porträts der Bauten unter Denkmalschutz in der Altstadt, Lübeck 1999.

Hansa-Brauerei (1906)
Hansa-Brauerei Actiengesellschaft Lübeck, in: Der Staat Lübeck. Historisch-Biographische Blätter, 5. Lieferung, Berlin 1906-1910 [o. S.].

Hansa-Meierei (1926)
25 Jahre Hansa-Meierei GmbH 1901-1926, Lübeck 1926.

Hansa-Meierei (1937)
Hansa-Meierei e.G.m.b.H. Lübeck, Lübeck 1937.

Heide (2012)
Karen Heide, Wiederentdeckt! Vergessene Orte in Schleswig-Holstein. Eiswerke am Schreventeich in Kiel, in: TOP 44. Berichte der Gesellschaft für Volkskunde in Schleswig-Holstein, 22. Jg. (Dez. 2012), S. 48-63.

Hellmann (1990)
Ulrich Hellmann, Künstliche Kälte. Die Geschichte der Kühlung im Haushalt, Gießen 1990.

Hennigs (1985)
Burkhard von Hennigs, Der Eiskeller des Gutes Jersbek, in: Die Heimat 92 (1985), S. 206-214.

Hirschfelder/Trummer (2016)
Gunther Hirschfelder u. Manuel Trummer, Bier. Eine Geschichte von der Eiszeit bis heute, Darmstadt 2016.

Höpfner (1995)
Taube & Franzbrot. Das Lübecker Hauskochbuch der Familie Mann. Mit einem Vorwort hrsg. von Felix Höpfner, Heidelberg 1995.

Kaack (1987)
Hans-Georg Kaack, Ratzeburg. Geschichte einer Inselstadt. Regierungssitz – Geistliches Zentrum – Bürgerliches Gemeinwesen, Neumünster 1987.

Kamp (2017)
Michael Kamp, Bernhard Dräger. Erfinder, Unternehmer, Bürger. 1870-1928, Kiel/Hamburg 2017.

Kiel-Lexikon (2011)
Kiel-Lexikon. Hrsg. von Doris Tillmann und Johannes Rosenplänter, unter Mitwirkung von Hans-F. Rothert und Nils Hansen, 2. Aufl. Kiel 2011.

Kommer (1980)
Björn R. Kommer, Gartenhaus und Garten. Zur Lübecker Kulturgeschichte im 18. und frühen 19. Jahrhundert, in: Der Wagen 1980, S. 113-126.

Korn (1999)
Oliver Korn, Hanseatische Gewerbeausstellungen im 19. Jahrhundert. Republikanische Selbstdarstellung, regionale Wirtschaftsförderung und bürgerliches Vergnügen, Opladen 1999.

Kühlhaus Lübeck (1987)
Kühlhaus Lübeck 75 Jahre 1912-1987, Lübeck 1987.

Lange (2022)
Eckhard Lange, Lübeck ganz in Grün. Ein Wegbegleiter durch 50 Parks und Grünanlagen, Lübeck 2022.

Lichtenberger (1924)
B(erthold) Lichtenberger, Ein Besuch in der Rahmeisanlage des Herrn Konditors Soltmann in Lübeck, in: Zeitschrift für Rahmeis 1924, S. 6-7.

Lieboldt (1841)
F. Lieboldt, Travemünde und die Seebade-Anstalt, daselbst topographisch und geschichtlich dargestellt, Lübeck 1841.

Longuet (1931)
75 Jahre Fuhrunternehmen Longuet Lübeck 1856-1931, Lübeck 1931.

Lübeck (1890)
Die Freie und Hansestadt Lübeck. Ein Beitrag zur deutschen Landeskunde. Hrsg. von einem Ausschusse der Geographischen Gesellschaft in Lübeck, Lübeck 1890.

Lübeck arbeitet (1951)
Lübeck arbeitet für die Welt. Hrsg. von der Verwaltung für Handel, Schiffahrt und Gewerbe der Hansestadt Lübeck, der Industrie- und Handelskammer zu Lübeck und der Geographischen Gesellschaft zu Lübeck, Lübeck 1951.

Lübeck arbeitet (1956)
Lübeck arbeitet für die Welt, 2. Aufl. Lübeck 1956.

Lübeck arbeitet (1961)
Lübeck arbeitet für die Welt, 3. Aufl. Lübeck 1961.

Lübeck-Lexikon (2006)
Lübeck-Lexikon. Die Hansestadt von A bis Z. Hrsg. von Antjekathrin Graßmann, Lübeck 2006.

Lück (1906)
Brauerei zur Walkmühle H. Lück Lübeck, in: Der Staat Lübeck. Historisch-Biographische Blätter, 5. Lieferung, Berlin 1906-1910 [o. S.].

Lück (1941)
Aktienbrauerei H. Lück AG Lübeck (75 Jahre), Lübeck 1941 [o. S.].

Lück (1966)
Hundert Jahre Lück-Bier 1866-1966, Lübeck 1966 [o. S.].

Lühning (1972)
Arnold Lühning, Die volkskundliche Gerätesammlung des Schleswig-Holsteinischen Landesmuseums in Schleswig, Schloß Gottorf, Schleswig 1972.

Lütgendorff (1933)
W. L. von Lütgendorff, Lübeck zur Zeit unserer Großeltern, Teil II, Lübeck 1933.

Lütgert (1995)
Stephan A. Lütgert, „Is för de Iskeller". Natureisgewinnung und -lagerung in Schleswig-Holstein als volkskundliches Forschungsproblem, in: TOP 12, Berichte der Gesellschaft für Volkskunde in Schleswig-Holstein, 5. Jg. (1995), S. 4-12.

Lütgert (2000)
Stephan A. Lütgert, Eiskeller, Eiswerke und Kühlhäuser in Schleswig-Holstein und Hamburg. Ein Beitrag zur Kulturlandschaftsforschung und Industriearchäologie, Husum 2000.

Luther (1991)
Edith Luther, Die Wahl der Waffeln. Eisbomben, Eisdielen und Cadore, in: Unter Null. Kunsteis, Kälte und Kultur, München 1991, S. 292-307.

Matthias (1986)
Klaus Matthias, Neue Klassizität und Übergänge zum Jugendstil in der Lübecker Villen- und Wohnhausarchitektur nach 1900, in: Der Wagen 1986, S. 197-210.

Mehl (1996)
Heinrich Mehl (Hrsg.), Acker-, Markt- und Reisewagen. Unterwegs in Schleswig-Holsteins Vergangenheit, Heide 1996.

Menzel/Schubert (1903)
C. A. Menzel und A. Schubert, Der Bau der Eiskeller, Eishäuser, Lagerkeller und Eisschränke, 6. vollst. neubearb. u. bedeut. verm. Aufl. v. A. Schubert, Neudamm 1903.

Meußdoerffer/Zarnkow (2016)
Franz Meußdoerffer u. Martin Zarnkow, Das Bier. Eine Geschichte von Hopfen und Malz, 2. Aufl. München 2016.

Müller (1984)
Fritz Müller, Die Versorgung der Hansestadt Lübeck mit Milch. 50 Jahre Hansa-Milch Ostholstein eG mit Darstellung der Entwicklung von der ersten Lübecker Genossenschaftsmeierei von 1879 bis zur Gegenwart, Lübeck 1984.

Müller (1986)
Uwe Müller, St. Gertrud. Chronik eines vorstädtischen Wohn- und Erholungsgebietes, Lübeck 1986.

Neuschäffer (1988)
Hubertus Neuschäffer, Gutshäuser und Herrenhäuser in und um Lübeck, Neumünster 1988.

Niederegger (1977)
Niederegger Lübeck Marzipan, Lübeck 1977.

Nöthling (1896)
Ernst Nöthling, Die Eiskeller, Eishäuser, Eisschränke, ihre Konstruktion und Benutzung für Bautechniker, Brauereibesitzer, Landwirte, Schlächter, Konditoren, Gastwirte etc., 5. umgearb. u. verm. Aufl. Weimar 1896.

Paulsen (2007)
Astrid Paulsen, Von Konditorei-Künsten und einer süßen Adresse, in: Süße Verlockung. Von Zucker, Schokolade und anderen Genüssen, Molfsee 2007, S. 123-132.

Pieske (1997)
Christa Pieske, Marzipan aus Lübeck. Der süße Genuß einer alten Hansestadt, Lübeck 1997.

Pietsch (1985)
Ulrich Pietsch, Die Speisen der Lübecker Küche, in: Die Lübecker Küche, Lübeck 1985, S. 107-146.

Planck (1962)
Handbuch der Kältetechnik, unter Mitarbeit zahlreicher Fachleute hrsg. von Rudolf Planck, 11. Band: Der gekühlte Raum, der Transport gekühlter Lebensmittel und die Eiserzeugung, Berlin/Göttingen/Heidelberg 1962.

Plaß (1975)
Maria Plaß, geb. Müller, Eine Lübecker Familie, in: Der Wagen 1975, S. 35-48.

Prietzel (2009)
Cathrin Prietzel, Nutzungsdruck – Konversionsmaßnahmen. Bewahren, Erneuern, Gestalten. Die Umnutzung von industriellen Kulturdenkmalen in Schleswig-Holstein, Diss. Universität Kiel 2009.

Rahtgens (1939)
Die Bau- und Kunstdenkmäler der Hansestadt Lübeck. Band I, 1. Teil: Stadtpläne und -ansichten, Stadtbefestigung, Wasserkünste und Mühlen. In Verbindung mit Friedrich Bruns bearbeitet von Hugo Rahtgens, Lübeck 1939, unveränderter Nachdruck Neustadt a. d. Aisch 2000.

Reger/Dilling (1984)
Karl-Heinz Reger und Horst Dilling, Psychiatrie in Lübeck: Das 19. Jahrhundert, Lübeck 1984.

Reinink (1995)
Wessel Reinink, Eiskeller. Kulturgeschichte aller Kühltechniken, Wien/Köln/Weimar 1995.

Rickert (2017)
Hans-Werner Rickert, Gut Nütschau. Vom Rittersitz zum Benediktinerkloster. Eine Chronik, Kiel/Hamburg 2. Aufl. 2017.

Rumohr (1982)
Henning von Rumohr, Schlösser und Herrnhäuser in Ostholstein, 2. Aufl. Neumünster 1982.

Saager (1981)
Wolf-Rüdiger Saager, 100 Jahre Nahverkehr in Lübeck, Lübeck 1981.

Saß (1828)
Die Seebade-Anstalt bey Travemünde in ihrem gegenwärtigen Zustand. Ein Handbuch zur richtigen Kenntniß und Benutzung derselben, von Dr. Wilhelm Saß, Arzt zu Travemünde, Lübeck 1828.

Schaper (1987)
Petra Schaper, Die Geschichte der Lübecker Lichtspieltheater und ihrer unmittelbaren Vorläufer 1896 bis heute, Lübeck 1987.

Scheidtmann (1953)
A. Scheidtmann, Die Schlachthöfe zu Lübeck, in: 75 Jahre Fleischer-Innung Lübeck. 730jähriges Bestehen des Fleischerhandwerks in Lübeck, Lübeck 1953, S. 35-47.

Scherreiks (2004)
Sandra Scherreiks, „… überall ist Wonne, Lust, Vergnügen." Gartenwirtschaften und Ausflugslokale in der Lübecker Umgebung, Neumünster 2004.

Schilling/Uppenkamp (2017)
Jörg Schilling u. Barbara Uppenkamp, Der Zentralschlachthof 1892 bis heute (Hamburger Bauhefte 19), Hamburg 2017.

Sengebusch (1993)
Rüdiger Sengebusch, Zeitenwende – Fabriken in Lübeck. Entwicklungsmerkmale moderner Fabrikarbeit im Stadtstaat Lübeck 1828-1914, Lübeck 1993.

Spiekermann (1996)
Uwe Spiekermann, Zur Geschichte des Milch-Kleinhandels in Deutschland im 19. Jahrhundert, in: Die Milch. Geschichte und Zukunft eines Lebensmittels, hrsg. von Helmut Ottenjann und Karl-Heinz-Ziessow, Cloppenburg 1996, S. 91-109.

Spiekermann (2007)
Uwe Spiekermann, Die verfehlte Amerikanisierung. Speiseeis und Speiseeisindustrie in Deutschland in der Zwischenkriegszeit, in: Süße Verlockung. Von Zucker, Schokolade und anderen Genüssen, hrsg. von Hermann Heidrich und Sigune Kussek, Molfsee 2007, S. 31-38.

Steen (1973)
Max Steen, Bad Schwartau. Aus Vorzeit und Gegenwart, Lübeck 1973.

Stille (1992)
Eva Stille, In Keller und Kammer. Vorratswirtschaft früher, in: OIKOS. Von der Feuerstelle zur Mikrowelle. Haushalt und Wohnen im Wandel, Gießen 1992, S. 214-226.

Stukenbrok (1912)
August Stukenbrok Einbeck, Illustrierter Hauptkatalog 1912 (Nachdruck), Hildesheim/Zürich/New York 1972.

Täubrich (1991)
Eisbericht. Vom Handel mit dem natürlichen Eis, in: Unter Null. Kunsteis, Kälte und Kultur, München 1991, S. 50-67.

Teuteberg (1993)
Hans Jürgen Teuteberg, Die Geschichte der Kühl- und Gefriertechnik und ihr Einfluss auf die Ernährung in Deutschland seit dem 19. Jahrhundert, in: Ernährungsforschung 38 (1993), S. 133-147.

Tschoeke (1991)
Jutta Tschoeke, Kälteburgen für Eier und Kaviar. Zur Ikonographie des Kühlhauses, in: Unter Null. Kunsteis, Kälte und Kultur, München 1991, S. 112-127.

Vollert (1960)
Johannes Vollert, 100 Jahre Wakenitzfischerei, in: Lauenburgische Heimat N. F., H. 31 (1960), S. 29-32.

Vom Gipfelschnee (1987)
Vom Gipfelschnee … zur fröhlichen Eiszeit. Siegeszug der faszinierenden Köstlichkeit Speiseeis. Vom Genuß- zum Nahrungsmittel, Nürnberg 1987.

Wehrmann (1998)
C. Wehrmann, Die Seebadeanstalt in Travemünde, in: ZVLGA 7 (1898), S. 108-129.

Wiehmann/Graßmann (1999)
Otto Wiehmann u. Antjekathrin Graßmann, Niederegger, Johann Georg, in: NDB 19 (1999), S. 222-223.

Zander (2013)
Sylvina Zander, Oldesloe und sein Bad 1813-1938, Husum 2013.

Zimmermann (2007)
Jan Zimmermann, St. Gertrud 1860-1945. Ein Photographischer Streifzug, Bremen 2007.

Anschrift des Autors:
Dr. Hartmut Bickelmann
Gartenstr. 7
23564 Lübeck

Johannes Kretzschmar (1864-1947) – ein Sachse kommt aus dem preußischen Archivdienst nach Lübeck (1907)*

Hans-Bernd Spies

Meinem Archivschulnachbarn Gerhard Menk (1946-2019)
zum Gedächtnis

Gut eine Woche nach dem Tod des seit 1892 tätigen Staatsarchivars Paul Hasse (1845-1907)[1] am 30. April 1907 beschloß der Lübecker Senat[2] auf Antrag des Direktors des Staatsarchivs[3], das war damals Bürgermeister Ernst Christian Johannes Schön (1843-1908)[4], bereits am 8. Mai, die freigewordene Stelle aus-

* Auf ausdrücklichen Wunsch des Autors wird dieser Aufsatz nicht in der neuen Rechtschreibung, sondern in jener der 1991 in Mannheim erschienenen 20. Auflage des Duden Rechtschreibung der deutschen Sprache gedruckt.

1 Paul Ewald Hasse, am 7. Juni 1845 in Lübeck geboren, hatte 1865-1872 an den Universitäten Bonn und Göttingen studiert und war an letzterer 1872 zum Dr. phil. promoviert worden; im selben Jahr wurde er Stadtarchivar in Kiel, was er bis 1880 blieb. Während dieser Zeit habilitierte er sich 1876 an der dortigen Universität, wurde zunächst Privatdozent und 1880 außerordentlicher Professor für mittlere und neuere Geschichte. 1889 wurde Hasse von Kiel nach Lübeck berufen, wo er bis 1892 Senatssekretär war und ab 1892 als Staatsarchivar das Staatsarchiv bis zu seinem Tod leitete. Zu Hasse vgl. Hach (1907): 239-241, Hoffmann (1908): 369-376, Brandt (1952): 73 f., Spies (1981): 10 f., 13, 17, Leesch (1985): 135, 138, Leesch (1992): 227.

2 Seit 1848 führte der Lübecker Rat die bereits seit 1814 gebräuchliche Bezeichnung Senat auch offiziell, und seine einzelnen Mitglieder hießen fortan Senatoren, deren Zahl durch die 1851 erfolgte Verfassungsänderung von 20 auf 14 herabgesetzt wurde; dazu und zu den Verfassungsänderungen von 1848 und 1851 vgl. Krabbenhöft (1969): 25-31, Ahrens (2008): 624-626, 887.

3 Während der Staatsarchivar die eigentlichen Archivgeschäfte führte, war ein Senator, zumeist der Bürgermeister selbst, Direktor des Staatsarchivs, ab 1913 wurde diese Stelle aufgrund der weiteren Verselbständigung des Staatsarchivs nicht mehr besetzt; vgl. Brandt (1952): 39 f., Spies (1981): 10, 16.

4 Zu Schön, Dr. iur., 1895 zum Senator gewählt, 1907-1908 Bürgermeister sowie Direktor des Staatsarchivs, vgl. Fehling (1908): 617-621, Fehling (1915): 55 f., 80-82, Fehling (1925): 168. Die Mitglieder des Senats wählten jeweils für zwei Jahre aus ihrer Mitte einen Vorsitzenden, der die Amtsbezeichnung Bürgermeister trug; vgl. Krabbenhöft (1969): 30 f., Ahrens (2008): 625.

zuschreiben[5], worauf am 18. Mai folgende Anzeige in dem in Leipzig verlegten ‚Literarischen Zentralblatt' veröffentlicht wurde:[6]

„Die Stelle des

Staatsarchivars in Lübeck

ist durch den Tod ihres bisherigen Inhabers, Dr. Paul Hasse, erledigt. Das Gehalt des Staatsarchivars beträgt ℳ 5000, steigend durch 6 Alterszulagen von ℳ 550 in 20 Jahren bis ℳ 8300. Die Pensions-, sowie die Witwen- und Waisenverhältnisse sind gesetzlich geregelt. Bewerbungen sind bis zum 15. Juni d. J. unter der Adresse: ‚S e n a t s k a n z l e i L ü b e c k' einzureichen.

L ü b e c k, 10. Mai 1907.

Der Direktor des Staatsarchivs.

Bürgermeister Dr. **Schön.**"

Schon vor Erscheinen im Zentralblatt hatte sich die Ausschreibung aufgrund ihrer am 12. Mai, einem Sonntag, erfolgten Veröffentlichung in der Lübecker Presse[7] zumindest bei einigen Interessenten herumgesprochen, denn auf der 36. Jahrestagung des 1870 gegründeten Hansischen Geschichtsvereins[8] vom 17. bis zum 19. Mai in Hildesheim[9] unterhielten sich – neben Senator Emil Ferdinand Fehling (1847-1927)[10] einziges Mitglied des Lübecker Se-

---

5 Senatsprotokoll (Lübeck, 8. Mai 1907), beglaubigter, an den Direktor des Staatsarchivs gerichteter maschinenschriftlicher Auszug – AHL, NSA, Nr. 731 –: „Der Direktor des Staatsarchivs erbat die Zustimmung des Senates dazu, dass die durch den Tod des Archivars Dr. Hasse freigewordene Stelle eines Staatsarchivars ausgeschrieben werde. Beschl. Der Senat erklärt sich hiermit einverstanden." – Bei allen Quellenzitaten diplomatische Wiedergabe der jeweiligen Vorlage; Fettdruck, Sperrungen und Unterstreichungen werden der Vorlage entsprechend übernommen; Verdoppelungsstriche über m hier aufgelöst als m(m); lateinische Buchstaben bei Texten in deutscher Schreibschrift hier kursiv, gleiches gilt für lateinische Texte; der in Fraktur für I und J stehende Großbuchstabe J wird hier dem Lautstand entsprechend wiedergegeben; Ergänzungen in eckigen Klammern.

6 Anzeige in: Literarisches Zentralblatt für Deutschland 58, 1907, Nr. 20 (18. Mai), Sp. 654, Nr. 21 (25. Mai), Sp. 686, Nr. 22 (1. Juni), Sp. 718; Belegxemplare: AHL, NSA, Nr. 731 u. 740.

7 Gleichlautender Druck: Lübeckische Anzeigen. Lübecker Zeitung 1907, Nr. 236 (12. Mai), S. [3].

8 Zu dessen Geschichte vgl. Brandt (1970): 3-67, Reich (2019): bes. 35-160.

9 Sie war nach jener vom 18. bis 20. Mai 1880 die zweite, welche in Hildesheim stattfand; vgl. Weczerka (1970a): 69f.; zu den Tagungen vgl. auch Reich (2019): 168-173, 432.

10 Zu Fehling, Dr. iur., 1896 in den Senat und 1917 zum Bürgermeister gewählt, was er bis 1920, als er auf eigenen Wunsch in den Ruhestand versetzt wurde, blieb, vgl. Fehling (1915): 56, 80-83, Fehling (1921): 5 f., 14 f., Fehling (1925): 168, Fehling (1929): 1-128, Brandt (1954): 80-82, 206 f., Brandt (1961): 46 f., Ahrens (1993): 118-121, Sinner (2008): 17, 81 f., Meyer (2008): 692-697, 891 f.

nats Teilnehmer dieser Veranstaltung[11] – Senator Johann Martin Andreas Neumann (1865-1928)[12] und der Hanseforscher Dietrich Schäfer (1845-1929)[13], seit 1903 Vorstandsmitglied des Vereins[14] sowie ordentlicher Professor für mittelalterliche Geschichte an der Friedrich-Wilhelms-Universität in Berlin[15], über drei Kandidaten für die Stelle, wie aus dessen Schreiben vom 30. Juni an jenen[16] hervorgeht. Demnach hatten sie in Hildesheim ihre Ansichten über

---

11 In der gedruckten „Teilnehmerliste für die 36. Jahresversammlung des Hansischen Geschichtsvereins und 32. Jahresversammlung des Vereins für niederdeutsche Sprachforschung in Hildesheim am 21. und 22. Mai 1907." – AHL, 5.4.-Hansischer Geschichtsverein, Nr. 410 – sind die beiden Senatoren und Schäfer so aufgeführt: „F e h l i n g, Senator *Dr.*, Lübeck.", „N e u m a n n, Senator, *Dr.*, Lübeck." bzw. „S c h ä f e r, Geheimrat, Prof. *Dr.*, Steglitz."

12 Zu Neumann, Dr. iur., 1904 in den Senat und 1920 zum Bürgermeister gewählt, der als solcher von 1921 bis 1926 amtierte, vgl. Fehling (1915): 59, 82f., Fehling (1921): 7, 14 f., Fehling (1925): 170, Sinner (2008): 17, 178 f., Meyer (2008): 701-703, 893, Steiner (2022): 149-165. Neumann amtierte ab 1919 – gewählt allerdings erst 1921 – als Vorsitzender des Hansischen Geschichtsvereins, was er bis zu seinem Tod blieb; vgl. Fehling (1925): 170, Reich (2019): 49, 422.

13 Zu Schäfer, 1871 Dr. phil. in Göttingen, vgl. Hübinger (1963): 183-185, Pitz (1996): 141-166, Ay (2005): 504 f., Reich (2019): 291-297, Kloft (2021): 120-137.

14 Schäfer blieb dies bis 1925 und wurde damals Ehrenmitglied, außerdem war er von 1919 bis zu seinem Tod Mitglied des Redaktionsausschusses der Hansischen Geschichtsblätter; vgl. Weczerka (1970b): 79. Zu seiner Aufnahme in den Vorstand vgl. Fehling (1929): 111 f. („Ich setzte mich dafür ein, daß endlich Dietrich Schäfer, der unermüdliche und fruchtbare, zum Eintritt in den Vorstand eingeladen wurde. Er sträubte sich nicht und hat dem Vereine bis heute durch seine Anregungen und Vorträge, ganz besonders auch durch Zuführung jugendfrischer Kräfte […] überaus wertvolle Dienste geleistet."). Zu seiner Tätigkeit als Hanseforscher und zu seiner Mitwirkung im Hansischen Geschichtsverein vgl. Reich (2019): 40-47, 186-190, 221-231, 291-297, 322-324, 332 f., 357-359 und passim.

15 Nachdem Schäfer zuvor ab 1877 als außerordentlicher und seit 1883 als ordentlicher Professor an mehreren Universitäten gewirkt hatte, wurde er 1903 an die Friedrich-Wilhelms-Universität Berlin berufen, wo er 1921 emeritiert wurde, aber seine Lehrtätigkeit fortsetzte; vgl. u. a. Ay (2005): 504. Schäfer, bereits Mitglied der Akademien in Göttingen (1894), Berlin (1903) und München (1908), wurde 1925 Ehrenmitglied der Akademie gemeinnütziger Wissenschaften in Erfurt; vgl. Kiefer (2004): 44, 495 f., 666.

16 Dietrich Schäfer (Steglitz [jetzt: Berlin-Steglitz], 30. Juni 1907; Ausfertigung nach Diktat in deutscher Schreibschrift) an Senator Neumann – Name des Empfängers wurde erschlossen, da das Schreiben keine Innenanschrift hat und außerdem der dazugehörige Briefumschlag nicht überliefert ist –: AHL, NSA, Nr. 740. Laut Teilnehmerliste (Anm. 11) nahmen an der Tagung lediglich zwei Lübecker Senatoren teil, nämlich Fehling und Neumann; da jener in dem Schreiben erwähnt ist, ergibt sich als *„Sehr geehrter Herr Senator!"* Neumann als Empfänger.

Friedrich Lau (1867-1947)[17] und Johannes Kretzschmar (1864-1947)[18], beide im preußischen Archivdienst, sowie über den mecklenburgischen Archivar Hans Witte (1867-1945)[19] ausgetauscht[20].

Abb. 1: Johannes Kretzschmar, Foto aus dem Jahr seiner Bewerbung in Lübeck (A17512 © Fotoarchiv HL).

17 Zu Lau, Nr. 2 im Bewerberverzeichnis (Anm. 22), in Lübeck geboren, 1891 Dr. phil. in Bonn, bei seiner Bewerbung seit 1902 bis zu seiner Pensionierung 1932 Archivar am Staatsarchiv Düsseldorf, damals Königlicher Archivar, zuletzt seit 1920 Staatsarchivrat, vgl. Leesch (1985): 30, 47, 103, 136, Leesch (1992): 358 f.

18 Zu Kretzschmar, Nr. 17 im Bewerberverzeichnis (Anm. 22), vgl. Brulin (1947): 182-184, Fink (1949): 257 f., Fink (1950): 90-92, Brandt (1952): 38, 69 f., 73, Henning u. Wegeleben (1978): 50, Spies (1981): 11, 13, 17, Leesch (1985): 30, 53, 68, 93, 138, Leesch (1992): 340, Bickelmann (1993): 208-214.

19 Zu Witte, 1890 Dr. phil. in Straßburg (jetzt frz.: Strasbourg), bei seiner Bewerbung seit 1898 Archivar am Geheimen und Hauptarchiv in Schwerin, 1909 Archivrat, von 1913 bis zu seiner Pensionierung 1932 Leiter des Haupt- bzw. ab 1920 Geheimen und Hauptarchivs Neustrelitz, 1920 Direktor, vgl. Leesch (1985): 89, 98, Leesch (1992): 676. Im Bewerberverzeichnis (Anm. 22), dort als Nr. 5 aufgeführt, steht über ihn in der letzten Spalte: „Kennt auch das durch einheitliche Ordnungsweise ausgezeichnete französische Archivsystem und hat genauen Einblick in die Fragen des Archivbaus."

20 Laut Teilnehmerliste (Anm. 11) hatte keiner dieser drei Bewerber die Jahresversammlung des Hansischen Geschichtsvereins in Hildesheim besucht.

Bis zum Ende der in der Stellenanzeige genannten Frist (15. Juni) meldeten sich mit mehr oder weniger aussagekräftigen Unterlagen[21] insgesamt 53 Bewerber[22]; außer den drei genannten wurden daraus zunächst 19 weitere ausgewählt[23], von denen zu jener Zeit 13 eine Stelle in einem Archiv hatten. Es waren dies Isaac Bernays (1861-1925)[24] vom Stadtarchiv Straßburg (frz.: Strasbourg), Adolf Brenne(c)ke (1875-1946)[25] vom Staatsarchiv Danzig (poln.: Gdańsk), Kunz von Brunn genannt von Kauffungen (1875-1939)[26] vom Stadtarchiv Mühlhausen in Thüringen, Franz Gundlach (1871-1941)[27] vom Stadtarchiv Kiel, Hermann Joachim (1868-1931)[28] vom Staatsarchiv Hamburg, Hans Kiewning (1864-1939)[29] vom Landesarchiv Detmold, Reinhard Lüdicke (1878-

---

21 Als Extremfall im Bewerberverzeichnis (Anm. 22) Nr. 44, „Rechtsanwalt in? (Karlsruhe?)", zu dem es in der letzten Spalte heißt: „Die Bewerbung trägt neben dem Datum keine Ortsangabe und bewegt sich mehr in allgemeinen Ausdrücken, als daß sie ein Bild von der Qualifikation des Bewerbers zu geben sucht."

22 In lateinischer Schrift geschriebenes Bewerberverzeichnis – „Wiederbesetzung der Stelle des Staatsarchivars. 1907. – Verzeichnis der Bewerber.": AHL, NSA, Nr. 740.

23 Im Bewerberverzeichnis (Anm. 22) ist in der Spalte vor den jeweiligen Namen, welche die laufende Nummer enthält, ein + gesetzt.

24 Zu Bernays, Nr. 6 im Bewerberverzeichnis (Anm. 22), 1882 Dr. phil. in Straßburg, von 1898 bis zu seiner Entlassung und Ausweisung 1919 stellvertretender Stadtarchivar in Straßburg, vgl. Leesch (1992): 61.

25 Zu Brennecke (später: Brenneke), Nr. 46 im Bewerberverzeichnis (Anm. 22), 1898 Dr. phil. in Marburg, bei seiner Bewerbung seit 1905 Archivassistent am Staatsarchiv Danzig, ab 1908 am Staatsarchiv Hannover, dort 1910 Archivar und 1923 als Leiter Staatsarchivdirektor, von 1930 bis zu seiner Pensionierung 1943 am Geheimen Staatsarchivs Berlin, zunächst als Zweiter Direktor, ab 1936 Direktor des Geheimen Staatsarchivs, vgl. Leesch (1955): 586, Leesch (1985): 29, 41, 52, 86, Leesch (1992): 80 f.

26 Zu Brunn gen. von Kauffungen, 1902 Dr. phil. Leipzig, bei seiner Bewerbung seit 1903 Stadtarchivar in Mühlhausen, 1907-1918 Leiter des Stadtarchivs Metz, 1921-1923 Oberarchivrat am Reichsarchiv Potsdam, vgl. Leesch (1985): 141, 156, Leesch (1992): 86 f. In der letzten Spalte des Bewerberverzeichnisses (Anm. 22), dort als Nr. 22 aufgeführt, steht: „Gibt 22 Herren als Referenzen auf. Geht zum 1. Juli 07 auf Probejahr als Leiter des Stadtarchivs und der Stadtbibliothek nach Metz." Er starb als Reichsoberarchivrat a. D. am 29. Mai 1939 in Potsdam: StAP, Sterbebuch des Standesamtes Potsdam 1939, Nr. 639.

27 Zu Gundlach, Nr. 10 im Bewerberverzeichnis (Anm. 22), 1898 Dr. phil. in Marburg, von 1907 bis zu seinem Ruhestand 1933 Leiter des Stadtarchivs Kiel, vgl. Leesch (1985): 61, 68, 135, Leesch (1995): 208.

28 Zu Joachim, Nr. 50 im Bewerberverzeichnis (Anm. 22), 1892 Dr. phil. in Bonn, von 1893 bis zu seinem Tod am Staatsarchiv Hamburg, zunächst Hilfsarbeiter, 1899 wissenschaftlicher Assistent, 1920 Archivrat und 1926 Oberarchivrat, vgl. Leesch (1985): 132, Leesch (1992): 287. Joachim hatte Klassische Philologie studiert und ist deshalb nicht aufgeführt im „Verzeichnis der Dissertationen im Fach Geschichte" bei Hübinger (1963): 313-417.

29 Zu Kiewning, Nr. 29 im Bewerberverzeichnis (Anm. 22), 1889 Dr. phil. in Königsberg (heute russ.: Kaliningrad), bei seiner Bewerbung seit 1899 bis zu seiner Pensionierung 1933 Leiter des Lippischen Landesarchivs Detmold, damals Geheimer Archivrat, zuletzt ab 1917 Archivdirektor, vgl. Leesch (1985): 29, 44, 64, 94, Leesch (1992): 307.

1947)[30] vom Geheimen Staatsarchiv Berlin, Ernst Neubauer (1865-1934)[31] vom Stadtarchiv Magdeburg, Alfred Overmann (1866-1946)[32] vom Stadtarchiv Erfurt, Paul Richter (1866-1939)[33] vom Staatsarchiv Koblenz, Ernst Salzer (1876-1915)[34] vom Geheimen Staatsarchiv Berlin, Kurt Schottmüller (1871-1919)[35] vom Staatsarchiv Danzig und Paul Wentzcke (1879-1960)[36] vom Bezirksarchiv Straßburg.

Zusätzlich zu diesen waren in Lübeck noch sechs weitere Bewerber aus der Liste ausgesucht worden, welche entweder praktische Erfahrungen in der Archivarbeit oder besondere Kenntnisse auf dem Gebiet der Historischen Hilfs-

---

30 Zu Lüdicke, Nr. 27 im Bewerberverzeichnis (Anm. 22), 1901 Dr. phil. in Göttingen, von 1907 bis zu seinem Tod am Geheimen Staatsarchiv Berlin, zunächst Hilfsarbeiter, 1908 Archivassistent, 1913 königlicher Archivar, 1919 Staatsarchivrat, 1931 Abteilungsleiter, 1943-1944 kommissarischer Direktor, 1945-1947 als wissenschaftlicher Angestellter wieder Abteilungsleiter, vgl. Leesch (1985): 30, 86, Leesch (1992): 378 f.

31 Zu Neubauer, Nr. 32 im Bewerberverzeichnis (Anm. 22), 1889 Dr. phil. in Halle, von 1898 bis zu seinem Ruhestand 1930 Stadtarchivar in Magdeburg, vgl. Leesch (1985): 68, 122, 140, 143, Leesch (1992): 431.

32 Zu Overmann, 1892 Dr. phil in Berlin, bei seiner Bewerbung seit 1901 Leiter des Stadtarchivs Erfurt, 1902 Stadtarchivar, 1919 Archivdirektor, 1932 pensioniert, aber noch bis Ende 1933 als Angestellter Leiter des Archivs, vgl. Leesch (1985): 30, 86, 128, 136, 156, Leesch (1992): 442 f. Zu diesem und zu seiner Bewerbung vgl. mit weiterer Literatur Spies (2022): 201 f., 204-209. Im Bewerberverzeichnis (Anm. 22), dort als Nr. 9 aufgeführt, steht über ihn in der letzten Spalte: „Bezieht sich wegen seiner Persönlichkeit auf Baudirektor Baltzer." Daraus läßt sich schließen, daß Overmann und der fast vier Jahre ältere, seit 1898, zunächst als Bauinspektor, ab 1903 als Baudirektor, von 1923 bis zu seiner Pensionierung 1929 als Oberbaudirektor im lübeckischen Staatsdienst wirkende Johannes Baltzer (1862-1940) sich näher kannten; zu letzterem vgl. Ryll (1993): 31-34.

33 Zu Richter, Nr. 38 im Bewerberverzeichnis (Anm. 22), 1889 Dr. phil. in Berlin, bei seiner Bewerbung seit 1906 königlicher Archivrat in Koblenz, zuletzt von 1918 bis zu seiner Pensionierung 1931 als Archivdirektor Leiter des 1868 errichteten Staatsarchivs Schleswig, welches 1923 nach Kiel verlegt wurde und 1945 nach Schleswig zurückkehrte, vgl. Leesch (1985): 61, 62, 115, 117, Leesch (1992): 487 f.

34 Zu Salzer, 1899 Dr. phil. in Berlin, bei seiner Bewerbung seit 1904 Archivassistent am Geheimen Staatsarchiv Berlin, nach Rückkehr von Versetzung dort von 1911 bis zu seinem Tod Geheimer Staatsarchivar, vgl. Leesch (1985): 30, 41, 103, 137, Leesch (1992): 513. In der letzten Spalte des Bewerberverzeichnisses (Anm. 22), dort als Nr. 34 aufgeführt, steht: „Bezieht sich u. a. auf Senator Fehling."

35 Zu Schottmüller, 1896 Dr. phil. in Marburg, bei seiner Bewerbung seit 1906 königlicher Archivar am Staatsarchiv Danzig, dort 1913 bis zu seinem Tod Archivrat, vgl. Leesch (1985): 30, 41, 95, Leesch (1992): 548. In der letzten Spalte des Bewerberverzeichnisses (Anm. 22), dort als Nr. 40 aufgeführt, heißt es: „Hat seine Bewerbung am 1. Juli zurückgezogen."

36 Zu Wentzcke, Nr. 33 im Bewerberverzeichnis (Anm. 22), 1904 Dr. phil. in Straßburg, bei seiner Bewerbung seit 1907 Wissenschaftlicher Hilfsarbeiter am Bezirksarchiv Straßburg, 1911 Kaiserlicher Archivar, 1912-1935 Leiter des Stadtarchivs Düsseldorf (Stadtarchivar), 1935-1945 ordentlicher Professor und Leiter des Wissenschaftlichen Instituts der Elsaß-Lothringer im Reich an der Universität Frankfurt am Main, vgl. Weidenhaupt (1960): 226 f., Klötzer (1961): 791 f., Leesch (1985): 127, 156, Leesch (1992): 660 f.

wissenschaften vorweisen konnten; zu diesen gehörten u. a. Ludwig Schmitz-Kallenberg (1867-1937)[37], Privatdozent für Geschichte und Historische Hilfswissenschaften in Münster, Armin Tille (1870-1941)[38], Privatgelehrter in Leipzig, sowie Ernst Vogt (1877-1918)[39], Privatdozent für Geschichte in Gießen.

Auch zwei in Lübeck geborene, wie Lau, und weiter dort lebende Männer mit Universitätsabschluß, welche allerdings nicht in die Auswahlliste aufgenommen wurden, hatten sich beworben, nämlich der Privatgelehrte Friedrich Bruns (1862-1945)[40] und der Assessor Julius Hartwig (1876-1945)[41], beide hat-

---

37 Zu Schmitz-Kallenberg, Nr. 31 im Bewerberverzeichnis (Anm. 22), 1891 Dr. phil. in Leipzig, 1899-1921 an der Akademie, dann Universität Münster, zunächst Privatdozent, 1907 außerordentlicher und 1918 ordentlicher Honorarprofessor, von 1921 bis zur Pensionierung 1932 als Staatsarchivdirektor Leiter des Staatsarchivs Münster, vgl. Leesch (1985): 85, Leesch (1992): 539 f.

38 Zu Tille, 1894 Dr. phil. in Leipzig, 1895-1899 Volontär am Stadtarchiv Köln, der zugleich Ordnung und Verzeichnung kleinerer Stadtarchive des Rheinlandes durchführte, 1899-1907 freier Wissenschaftler in Leipzig, schließlich von 1913 bis zu seiner Pensionierung 1934 als Archivdirektor Leiter des Geheimen Haupt- und Stadtarchivs Weimar, außerdem ab 1926 Leiter der thüringischen Archivverwaltung, seit 1928 mit der Bezeichnung Direktor der thüringischen Staatsarchive; vgl. Leesch (1985): 109, 136, Leesch (1992): 618 f. Zu seiner Qualifikation auf dem Gebiet des Archivwesens steht im Bewerberverzeichnis (Anm. 22), dort als Nr. 1 aufgeführt: Nach der Promotion „wissenschaftliche Betätigung auf dem Gebiete der Geschichtsforschung und des Archivwesens. […] Archivalische Forschungsreisen. Gründung des Stadtarchivs in Bonn, Neuordnung des Stadtarchivs in Grimma."

39 Zu Vogt, Nr. 43 im Bewerberverzeichnis (Anm. 22), 1900 Dr. phil. in Gießen, bei seiner Bewerbung Privatdozent in Gießen. Zu seiner Qualifikation auf dem Gebiet des Archivwesens ebd.: „Jura und Geschichte. 1901 Staatsexamen für Geschichte, Germanistik und Geographie mit ‚ausgezeichnet'. Durchforschung zahlreicher Archive zur Sammlung von Material für die ‚Regesten der Mainzer Erzbischöfe von 1289-1353.' Beginn der wissenschaftl. Neuordnung des Stadtarchivs Oppenheim [a]/Rh. Seit 1905 Privatdozent." Die erwähnte Materialsammlung führte einige Jahre später zu folgender Publikation: Regesten der Erzbischöfe von Mainz von 1289-1396, Abt. 1: 1289-1353, Bd. 1: 1289-1328, bearb. v. Ernst Vogt, Leipzig 1913. Zu Vogt, 1917 außerordentlicher Professor in Gießen, vgl. auch Weschenfelder (2006): 138.

40 Zu Bruns, Nr. 3 im Bewerberverzeichnis (Anm. 22), 1889 Dr. phil. in Marburg, von 1894 bis zu seinem Ruhestand 1928 Schriftführer der Lübecker Bürgerschaft und ab 1897 auch des Bürgerausschusses, 1921 Verleihung des Titels Syndikus der Bürgerschaft, beschäftigte sich seit den 1890er Jahren bis zu seinem Tod mit der Geschichte Lübecks und der Hanse, vgl. Bruns (2009b): 119-121.

41 Zu Hartwig, Nr. 4 im Bewerberverzeichnis (Anm. 22), dort fälschlicherweise als Dr. iur. bezeichnet, 1902 Dr. phil. in Göttingen, 1905 Assessor im lübeckischen Verwaltungswesen, 1908-1934 Direktor des Statistischen Amtes der Freien und Hansestadt Lübeck, als solcher zum 31. März 1934 in den Ruhestand versetzt und dann ab 1. April 1934 Hilfsarbeiter im Staatsarchiv der Freien und Hansestadt Lübeck bzw. ab 1937 im Archiv der Hansestadt Lübeck, 1945 erneut Direktor des Statistischen Amts der Hansestadt Lübeck, vgl. Aubel u. Mewes (1949): IV, B. Hartwig (2002): 14-16, 18 f., 21 f., 28, 39, 44 f., 54, 60, 83, 186 f., 195 f., 207 f. Hartwig hatte seine ein Thema der Finanzgeschichte Lübeck behandelnde Dissertation Hasse gewidmet; vgl. J. Hartwig (1903): III („Herrn **Staatsarchivar Professor Dr. Hasse** in Lübeck g e w i d m e t.").

ten als einzige der 53 Bewerber die Jahreshauptversammlung des Hansischen Geschichtsvereins in Hildesheim besucht[42].

Bereits am 22. Mai hatte Carl Schuchhardt (1859-1843)[43], Direktor des Kestner-Museums in Hannover, der an der Tagung in Hildesheim teilgenommen hatte[44], mit einem eigenhändigen Schreiben an den Senat der freien und Hansestadt Lübeck[45] Kretzschmar für die Stelle des Staatsarchivars empfohlen[46]. Nach Schilderung von dessen von 1898 bis 1906 währender erfolgreicher Tätigkeit in Hannover schrieb er:

„Herrn Dr K. konnte alles dies gelingen, weil er, wie wir alle mit wachsender Freude sahen, mit einem feinen wissenschaftlichen Kopfe einmal eine zähe Ausdauer und eine bewundernswert gleichmäßige Arbeitskraft verbindet und zum andern weit über sein Amt oder überhaupt einen einzelnen Beruf hinaus auf verschiedenen wissenschaftlichen und künstlerischen Gebieten zu Hause ist. So hat er hier eine Geschichte der hannoverschen Münze geschrieben[47] und dabei die Prägungen auch in ihrer künstlerischen Bedeutung gewürdigt; 1902-4 hat er im Kestner-Museum die Münzen des Mittelalters und der Renaissance wissenschaftlich katalogisiert; 1905 bei der ersten Tagung des Nordwestdeutschen Verbandes für Altertumsforschung[48] wurde er in dessen Vorstand und zum Schriftführer gewählt.

Zum Schluß darf ich hervorheben, daß Herr Dr K. sich hier auch persönlich der größten Wertschätzung erfreute als ein Mann von vornehmer Gesinnung, ein liebenswürdiger Gesellschafter und ein treuer Freund."

Genau eine Woche später bewarb Kretzschmar sich am 29. Mai um die Stelle des Staatsarchivars in Lübeck[49] und führte nach Darstellung seines Bildungswegs und seiner bisherigen beruflichen Laufbahn aus:

---

42 In der Teilnehmerliste (Anm. 11) sind sie aufgeführt als „B r u n s, Fr., *Dr. phil.*, Lübeck." bzw. „H a r t w i g, *Dr. phil.*, Lübeck."

43 Zu Schuchhardt, 1882 Dr. phil. in Göttingen, 1888-1908 Direktor des Kestner-Museums in Hannover, anschließend bis zu seiner Pensionierung 1925 Direktor der Vorgeschichtlichen Abteilung des Museums für Völkerkunde in Berlin, vgl. Menghin (2007): 624-626.

44 In der Teilnehmerliste (Anm. 11) ist er aufgeführt als „S c h u ch h a r d t, Prof., Hannover."

45 Carl Schuchhardt (Hannover, 22. Mai 1907, eigenhändig unter dem Briefkopf des Nordwestdeutschen Verbandes für Altertumsforschung) an den Senat der freien und Hansestadt Lübeck: AHL, NSA, Nr. 731. Schuchhardt war bis 1934 Vorsitzender des von ihm 1904 durch Zusammenschluß der nordwestdeutschen Geschichts- und Altertumsvereine gebildeten Verbands; vgl. Menghin (2007), S. 625.

46 Im Bewerberverzeichnis (Anm. 22) ist zu Kretzschmar in der letzten Spalte vermerkt: „Warm empfohlen von Prof. D[r]. Schuchhardt, Direktor des Kestner-Museums in Hannover."

47 Vgl. Bickelmann (1989): 328 (Die königliche Münze zu Hannover, in: Zeitschrift des historischen Vereins für Niedersachsen 1902, 4-63).

48 Zu diesem 1904 entstandenen Verband siehe den Schluß von Anm. 45.

49 Johannes Kretzschmar (Steglitz bei Berlin, 29. Mai 1907; eigenhändig) an den Senat der freien und Hansestadt Lübeck (Eingangsstempel der Senatskanzlei vom 31. Mai 1907): AHL, NSA, Nr. 731.

„Über meine amtliche Tätigkeit hat mir Herr Geheimrat Dr. Koser, Generaldirektor der Königlich preußischen Staatsarchive, zugesagt, eine Empfehlung an einen Hohen Senat[50] direkt zu senden. Dagegen beehre ich mich über meine außeramtliche Tätigkeit in Hannover eine Empfehlung des Herrn Professors Dr. Schuchhardt[51], Direktors des Kestner-Museums in Hannover, hier beizulegen. Falls der Senat noch weitere Nachrichten über mich einzuziehen beabsichtigen sollte, darf ich vielleicht anheimgeben sich an die Herren Professor Dr. Edward Schröder in Göttingen[52] u. Professor Dr. Philippi in Münster i/Wf.[53] zu wenden, die gewiß gern bereit sein werden über mich Auskunft zu erteilen. Herr Archivdirektor Dr. Philippi war Vorstand des Staatsarchivs in Osnabrück zu der Zeit, als ich an demselben beschäftigt war.

Als Ausweis über meine wissenschaftliche Tätigkeit erlaube ich mir meine größeren Abhandlungen u. eine Reihe von Zeitschriftenaufsätzen[54] zu übersenden, denen ich zur leichteren Orientierung einige Besprechungen[55] beigefügt habe; bei ihrer Auswahl ist es mir in erster Linie um solche von sachverständiger Seite zu tun gewesen."

Die in dieser Bewerbung angekündigte Empfehlung schrieb Reinhold Koser (1852-1914)[56], Generaldirektor der Königlich Preußischen Staatsarchive, am 31. Mai gleichsam als amtliche Beurteilung Kretzschmars[57] und legte sie seinem Brief vom gleichen Tag nach Lübeck bei:

„Herr Archivrat Dr. Kretzschmar, Archivar am Königlichen Geheimen Staatsarchiv, gehört der diesseitigen Verwaltung seit dem 2. März 1891 an und hat sich

50 Das in Anm. 57 angeführte Schreiben.

51 Das in Anm. 45 angeführte Schreiben.

52 Zu Edward Schröder (1858-1942), 1880 Dr. phil. in Straßburg, 1883 Habilitation in Göttingen, nach verschiedenen Stationen seit 1902 ordentlicher Professor für Deutsche Philologie in Göttingen, 1926 emeritiert, vgl. Ruprecht (2007): 559 f.

53 Zu Friedrich Philippi (1853-1930), 1876 Dr. phil. in Bonn, 1888-1897 Leiter des Staatsarchivs Osnabrück und von 1897 bis zu seiner Pensionierung 1921 des Staatsarchivs Münster, zunächst Staatsarchivar, 1899 Archivdirektor, 1905 Geheimer Archivrat, 1900 Honorarprofessor an der damaligen Akademie (1902 Universität) Münster, vgl. Leesch (1985): 29, 68, 85, 93, 102, Leesch (1992): 453, Reininghaus (2014).

54 Zu den bis zu jener Zeit erschienenen wissenschaftlichen Arbeiten Kretzschmars vgl. Bickelmann (1989): 326-328.

55 Aufgeführt bei Bickelmann (1989): 326.

56 Zu Koser, 1874 Dr. phil. in Halle, 1913 geadelt, 1882-1884 als Geheimer Staatsarchivar Direktor des Geheimen Staatsarchivs Berlin, 1884 außerordentlicher Professor für neuere Geschichte in Berlin, ab 1891 ordentlicher Professor in Bonn, schließlich ab 1896 bis zu seinem Tod Direktor bzw. ab 1899 Generaldirektor der Preußischen Staatsarchive, vgl. Levison (1963): 20, 22, Hübinger (1963): 182-185, 304, 329 f., Skalweit (1968): 272-277, E. Henning (1979): 259-293, Brocke (1980): 613-615, Leesch (1985): 28, Leesch (1992): 331.

57 Beurteilung Kretzschmars durch den Generaldirektor der Preußischen Staatsarchive (Berlin, 31. Mai 1907; maschinenschriftlich, eigenhändig unterschrieben mit „*Koser*") an Fehling: AHL, NSA, Nr. 731. Konzept dazu mit Absendevermerk vom 1. Juni: GStAPK, I. HA Rep. 178, Nr. 1531.

während seiner Wirksamkeit an den Staatsarchiven zu Marburg, Osnabrück, Hannover in allen Zweigen des Dienstes so bewährt, daß ihm in Anerkennung seiner Leistungen am 1. Oktober v. J. eine am hiesigen Geheimen Staatsarchiv freigewordene Archivarstelle übertragen wurde. Auf wissenschaftlichem Gebiet hat er, von früheren Arbeiten abgesehen, vor zwei Jahren als erste Frucht langjähriger Studien zur Geschichte des dreißigjährigen Krieges eine von weitem und sicherem historischen Blick zeugende größere Studie über die deutsche Politik Gustav Adolfs[58] veröffentlicht. Auch hat er zu Hannover im Vorstand des Vereins für die Geschichte Niedersachsens nach allgemeinem Urteil ein beachtenswertes organisatorisches Talent bewiesen. Für die selbständige Leitung eines Archivs erscheint er in jeder Beziehung geeignet."

Kosers an Senator Fehling, den er wahrscheinlich in dessen Eigenschaft als stellvertretender Bevollmächtigter Lübecks zum Bundesrat[59], ein mit teils mehrwöchigen Aufenthalten in Berlin verbundenes Amt[60], kennengelernt hatte – eigentlicher Stelleninhaber war damals noch Karl Peter Klügmann (1835-1915)[61] –, gerichteter eigenhändiger Brief[62] ergänzte die beigefügte Beurteilung:

„Sehr verehrter Herr Senator,

die beiliegende Empfehlung, um die mich Archivrat *Kretzschmar* behufs der von ihm beabsichtigten Bewerbung um die Lübecker Stadtarchivarstelle gebeten hat, erlaube ich mir an Sie direkt zu adressieren, da ich aus Hildesheim

---

58 Kretzschmar (1904a).

59 Fehling war seit 1905 stellvertretender und nach Klügmanns Rücktritt von 1913 bis 1920 wirklicher Bevollmächtigter zum Bundesrat; vgl. Fehling (1915): 56, Fehling (1925): 168. Die Vertreter der freien Städte Lübeck, Bremen und Hamburg bildeten die Hanseatische Gesandtschaft, wobei der Bevollmächtigte Lübeck zugleich stellvertretender Bevollmächtigter der beiden anderen Hansestädte war; vgl. Fehling (1929): 106-117, Brandt (1979): 100-105. Zu Lübecks Politik im Bundesrat vgl. H. Dahl (1969).

60 Vgl. Fehling (1929): 110 f.: „In den ersten zehn Jahren meiner Berliner Tätigkeit […] bin ich durchschnittlich fünfzehnmal im Jahre in der Reichshauptstadt gewesen, oft zu längerem Aufenthalt, d. h. für mehrere Wochen. Die mir gelegentlich auch von befreundeter Seite geäußerte Ansicht, Berlin ersetze mir die Badereise, war gar nicht so ganz unberechtigt, insofern als mir das dortige Leben manche geistige Auffrischung brachte."

61 Zu Klügmann, 1880 zum Senator gewählt, 1886 stellvertretender Bevollmächtigter zum Bundesrat, 1896 von den drei freien Städten zum Hanseatischen Gesandten ernannt, worauf er aus dem Senat austrat, vgl. Fehling (1915): 50 f., 77-80, Fehling (1925): 165, Seebacher (1985): 113 f. Zur Charakterisierung seiner Persönlichkeit vgl. auch Fehling (1929): 107 („Auch ich bin nie in ein herzliches Verhältnis zu unserem Gesandten gekommen; doch habe ich manches von ihm gelernt, und ich hatte Respekt vor der vornehmen Art, wie unser Vertreter in seiner guten Zeit die Geschäfte führte. Als das zunehmende Alter ihm den Rücktritt nahelegen mußte, fiel mir die Aufgabe zu, die Liquidation zu besorgen, eine nicht gerade angenehme Pflicht, deren Ausübung bei Klügmann, den sonst ein starkes Gerechtigkeitsgefühl auszeichnete, leider eine ungerechte Bitterkeit gegen den Beauftragten der Senate erzeugte, die er nicht überwunden hat.").

62 Reinhold Koser (Berlin, 31. Mai 1907; eigenhändige Ausfertigung) an Senator Fehling: AHL, NSA, Nr. 731. Fehling als Empfänger ergibt sich eindeutig durch die Adresse auf dem in Anm. 57 genannten Konzept.

höre, daß dieser Bewerber bereits in Ihren Gesichtskreis getreten ist. Ich würde sowohl *Kretzschmar* wie den gleichfalls als Bewerber erscheinenden *Dr Lau* sehr ungern missen, kann aber natürlich dem Glück meiner Schutzbefohlenen nicht entgegen sein wollen.

Mit bestem Gruße
Ihr verehrungsvoll ergebener
RKoser".

Kosers Bemerkung „da ich aus Hildesheim höre" deutet darauf hin, daß er bereits über das auf der Jahrestagung des Hansischen Geschichtsvereins zwischen Senator Neumann und Professor Schäfer geführte Gespräch über die drei Bewerber Kretzschmar, Lau und Witte unterrichtet war. Schäfer selbst, den er seit vielen Jahren kannte – Koser hatte 1896 beim Wechsel von seinem Lehrstuhl in Bonn auf die Stelle des Direktors der Preußischen Staatsarchive den damals in Tübingen lehrenden Schäfer erfolglos als seinen Nachfolger empfohlen[63] –, dürfte ihm davon erzählt haben. Koser wiederum kann zumindest für die fünf weiteren Bewerber aus dem preußischen Archivdienst – Brennecke, Lüdicke, Richter, Salzer und Schottmüller – als Quelle für Schäfers fachliche Beurteilung angesehen werden. In seiner ausführlichen Stellungnahme vom 30. Juni gegenüber Senator Neumann[64] zu den ihm von diesem mitgeteilten 22, davon 19 erstmals genannten Bewerbern schloß Schäfer von letzteren mit unterschiedlichen Begründungen 17 aus[65] und fuhr dann fort:

„So bleiben von den neunzehn zwei, die nun mit den früher genannten[66] in Konkurrenz treten. *Alfred Overmann*[67] kann auf eine Reihe von tüchtigen Publikationen hinweisen, ist auch fortgesetzt tätig gewesen[68]. Er konkurrierte seiner Zeit bei der Besetzung der neu errichteten Erfurter Archivarstelle[69] mit

---

63 Vgl. dazu Hübinger (1963): 183-185; Schäfer, auf Platz zwei der Berufungsliste gesetzt, wurde nicht berufen.

64 Siehe oben Anm. 16.

65 Tille, den er zunächst übersehen hatte, schloß Schäfer in der Nachschrift mit folgenden Sätzen aus: „Seine litterarischen Verdienste könnten ihn allenfalls mit den besprochenen fünf in eine Linie stellen; aber der wertvolle Nachweis von Erfahrungen in der Archivverwaltung fehlt. Zudem hat *Tille* zwar eine gewandte, aber doch auch wieder wechselreiche Art. Ich möchte daher nicht glauben, daß man gut tut, ihn ernstlich in Aussicht zu nehmen."

66 Kretzschmar, Lau und Witte.

67 „*Overmann*" von Schäfer korrigiert aus „*Ouermann*".

68 Vor seinem Dienstantritt in Erfurt war Overmann seit 1893 ununterbrochen als Archivar tätig gewesen; vgl. Leesch (1992): 442 f.

69 Dies trifft nicht zu, denn nachdem das Stadtarchiv Erfurt ab 1882 zunächst nebenamtlich von Carl Beyer (1848-1900), 1881 Dr. phil. in Halle, geleitet worden war, wurde dieser 1898 hauptamtlicher Stadtarchivar, dem nach dessen Tod Overmann am 1. April 1901 nachfolgte; vgl. dazu Benl (2008): 131 f. Zu Beyer, 1892 Mitglied der Akademie gemeinnütziger Wissenschaften in Erfurt, vgl. Leesch (1985): 128, Leesch (1992): 64, Blaha (2001): 19-23, Kiefer (2004): 92 f.

unserem Doktor Kunze[70] und wurde ihm vorgezogen, nach meiner Meinung allerdings nicht mit genügendem Grunde. Nicht weniger tüchtig, ihm noch überlegen ist der Lippe'sche Archivar Dr. *Kiewning* (10)[71]. […] Beide *Overmann*[72] und *Kiewning* stehen im Anfang der 40er Jahre, also im besten Mannesalter. Wenn ich nicht irre in demselben Alter, in dem auch *Lau*, *Witte* und *Kretzschmar*[73] stehen.

Die Sache stellt sich demnach jetzt etwas anders [dar], als da wir sie in Hildesheim besprachen. Ich halte noch an der Meinung fest, daß Dr. *Hartwig* unter allen Umständen in Lübeck eine Stellung finden sollte. Die Wahl unter den andern fünf Herren ist aber nicht so leicht. Sie sind alle bewährte Archivmänner, auch alle wissenschaftlich tüchtig, tätig und regsam, so daß von ihnen zu erwarten ist, daß sie die lübische und hansische Geschichtsforschung und auch das geistige Leben Lübecks fördern werden. *Lau* und *Witte* haben vor den anderen drei Herren insofern einen nicht zu übersehenden Vorsprung, als sie bewährte Bearbeiter städtischer Urkundenbücher sind, was ja für die Fortführung des Lübeckischen Urkundenbuchs[74] wichtig ist. *Lau* hat am Frankfurter[75], *Witte* am Straßburger Urkundenbuch[76] umfassend und mit anerkanntem Erfolg gearbeitet. Es wird viel auf die Persönlichkeiten der Herren ankommen, da Lübeck selbstverständlich einen Staatsarchivar haben muß, der auch gesellig und sonst[77] die Stellung zu wahren vermag. Von *Kretzschmar* kann ich sagen, daß das bei ihm der Fall sein wird. Die andern Herren kenne ich nicht. Senator Fehling, der etwa vor 14 Tagen in Berlin war und nach einer Vorlesung, in der er hospitierte, über die Sache mit mir sprach, meinte, daß *Lau* in dieser Beziehung zu wün-

70 Karl Kunze (1863-1927), 1886 Dr. phil. in Göttingen, von 1907 bis zu seinem Tod Direktor der Provinzialbibliothek in Hannover; zu diesem vgl. Lülfing (1982): 309 f. Die Wendung „unserem Doktor Kunze" bezieht sich darauf, daß dieser seit 1890 im Auftrag des Hansischen Geschichtsvereins die Fortsetzung des Hansischen Urkundenbuchs bearbeitete, von dem 1896-1905 die Bände 4-6 für den Zeitraum 1361-1433 erschienen – Band 7 konnte er nicht vollenden –, wofür ihm 1905 der Professorentitel verliehen wurde; vgl. dazu Lülfing (1982): 309, Reich (2019): 176, 211.

71 Diese Zahl gibt die Numerierung in der Schäfer übersandten Liste an, die von jener (Nr. 29) im Bewerberverzeichnis (Anm. 21) abweicht.

72 Vorlage „*Ouermann*".

73 Alle fünf Bewerber wurden im Zeitraum 1864-1867 geboren.

74 Es war 1843-1905 in elf Bänden erschienen, zu denen 1932 lediglich noch der Registerband hinzukam; vgl. Meyer u. Graßmann (1976): 88.

75 Codex Diplomaticus Mœnofrancofurtanus. Urkundenbuch der Reichsstadt Frankfurt, hrsg. v. Johann Friedrich Böhmer. Neubearbeitung. Bd. 1: 794-1314, bearb. v. Friedrich Lau, Frankfurt am Main 1901, Bd. 2: 1314-1340, bearb. v. Friedrich Lau, Frankfurt am Main 1905.

76 Urkunden und Akten der Stadt Strassburg, Abt. 1: Urkundenbuch der Stadt Strassburg, Bd. 5: Politische Urkunden von 1332-1380, bearb. v. Hans Witte u. Georg Wolfram, Straßburg 1896, Bd. 7: Privatrechtliche Urkunden und Rathslisten von 1332-1400, bearb. v. Hans Witte, Straßburg 1900.

77 Von Schäfer „und sonst" eigenhändig mit Einfügungszeichen über der Zeile hinzugesetzt.

schen übrig lasse. Von *Witte* weiß ich, daß er Reserveoffizier ist[78]; es ist also anzunehmen, daß er diesen Anforderungen auch genügt. Wissenschaftlich ist er außerordentlich rührig, hat leider in Schwerin, da er noch einen Vordermann[79] hat, keinerlei Aussicht auf eine selbständige Stellung. Er verdiente wohl, in eine solche einzurücken, und würde sich als Mecklenburger in Lübeck ja leicht zurechtfinden. [...] Es würde wohl das Richtige sein, wenn die entscheidenden Herren im Senat mit den fünf Kandidaten, die allein ernstlich in Frage kommen können, in persönliche Berührung träten, um sich selbst ein Urteil zu bilden."

Zwischenzeitlich hatte Museumsdirektor Schuchhardt am 6. Juni in einem wahrscheinlich an Senator Fehling gerichteten Brief[80] noch einmal nachdrücklich die Bewerbung Kretzschmars unterstützt und in diesem Zusammenhang dessen Persönlichkeit unter einem anderen Gesichtspunkt als am 22. Mai genauer beschrieben:

„*Kretzschmar* ist eine Persönlichkeit von ganz ungewöhnlicher Uebersicht und Jnitiative und hat dabei eine sehr kluge und feine Art seine Sachen zu betreiben. Er ist ein Enkel von *Ludwig Richter*[81]; seine in Dresden noch lebende Mutter[82] ist dessen Tochter. Man wird durch die vornehme, harmonische und dabei humorvolle Art seines Wesens oft an diese Abstam(m)ung erinnert, und auch durch die Neigung zur Kunst, die sich mehr noch als auf die bildende Kunst auf die Musik erstreckt; K. spielt Cello, und sein Liebling ist Mozart[83].

Grade diese so seltene Verbindung von kritischem Verstande und modernem rüstigen Vorwärtsstreben in seinem Fache mit einem leis altertümlichen Hauch universeller Bildung, künstlerischer Neigung und anmutig geselligen Wesens führt mich im(m)er wieder zu der Vorstellung, daß grade K. besonders gut in Jhr schönes altes Lübeck passen würde, in dem ja auch eine frische moderne Betätigung mit der Pflege würdiger Traditionen so wo[h]ltuend verbunden ist.

[...]

---

78 Witte war, wie aus dem Bewerberverzeichnis (Anm. 21) hervorgeht, Oberleutnant der Reserve.

79 Wittes „Vordermann" war Hermann Grotefend (1845-1931), 1870 Dr. phil. in Göttingen, welcher das Geheime und Hauptarchiv Schwerin von 1887 bis zu seiner Pensionierung 1921 leitete, 1899 Geheimer Archivrat, 1920 Archivdirektor; zu diesem vgl. Ulrich (1966): 165 f., Leesch (1985): 24, 35, 98, 130, Leesch (1992): 201.

80 Schuchhardt (Hannover, 6. Juni 1907; eigenhändig, ohne gedruckten Briefkopf) an Fehling (?): AHL, NSA, Nr. 731. Der als „Hochgeehrter Herr Senator!" angesprochene ist nicht eindeutig zu identifizieren, doch da der Stil des Briefes eine längere Bekanntschaft und Vertrautheit voraussetzt – in der Nachschrift heißt es: „Der Gruß, den Sie mir vor einem Jahre [...] auftrugen, habe ich bestellt und damit sehr freundliche und lebhafte Erinnerungen [...] wachgerufen". –, dürfte einer der beiden Senatoren gewesen sein, welche an der Tagung in Hildesheim teilgenommen hatten.

81 Zu dem Maler, Kupferstecher und Holzschnittzeichner Ludwig Richter (1803-1884) vgl. Börsch-Supan (2003): 535-537, Ehling (2018): 455 f.

82 Zu dieser siehe Anm. 131.

83 Zu dem Komponisten Wolfgang Amadeus Mozart (1756-1791) vgl. Henze-Döhring (1997): 240-246, Konrad (2004): 591-758.

Deshalb, hochverehrter Herr Senator, möchte ich Sie ganz ergebenst und freundlichst bitten, die Kandidatur *Kretzschmars* besonders ernsthaft in Erwägung zu ziehen und, wenn irgend möglich, ihn zu persönlicher Aussprache nach Lübeck zu rufen. Jch bin überzeugt, daß Sie dann rasch denselben Eindruck gewinnen würden, den ich hier aus der Erfahrung von einer Reihe von Jahren wiedergegeben habe."

Aus den fünf von Schäfer für das Amt des Staatsarchivars als geeignet angesehenen Bewerbern – Kiewning, Kretzschmar, Lau, Overmann und Witte – wurden schließlich am 13. Juli für „Anfang nächster Woche" nur zwei zum Vorstellungsgespräch nach Lübeck gebeten, nämlich Kretzschmar und Witte[84]. Ersterer, der damals seinen Urlaub in einer Pension bei Koserow auf der Insel Usedom verbrachte[85], erhielt die Einladung am 15. und kündigte in der umgehenden Antwort[86] seine Ankunft für den 18. an, indem er schrieb, „daß ich mir die Ehre geben werde mich nächsten Donnerstag[87] gegen 11 Uhr dort einzufinden. Sollte eine andere Zeit erwünscht sein, so bitte ich ergebenst mir Nachricht nach dem Hotel Stadt Hamburg[88] zu geben, wo ich abzusteigen gedenke." Um 11 Uhr wurde Kretzschmar von Bürgermeister Schön[89] und anschließend, wie aus einer Liste mit Zeitangaben[90] hervorgeht, bis 14 Uhr von den Senatoren Johann Hermann Eschenburg (1844-1920)[91], Johann Heinrich Evers (1855-1926)[92], Eduard Fried-

---

84 Senatssekretär (Lübeck, 13. Juli 1907; maschinenschriftliches Konzept mit Ausfertigungs- und Absendevermerk vom selben Tag) an Witte bzw. Kretzschmar: AHL, NSA, Nr. 731. Aus diesem Konzept geht hervor, daß Witte bereits am 18. Mai, also elf Tage vor Kretzschmar, seine Bewerbung abgeschickt hatte.

85 Kretzschmar hatte vom 8. Juli bis zum 10. August 1907 Urlaub, wie aus einem Vermerk auf seinem in Anm. 116 genannten Schreiben hervorgeht.

86 Kretzschmar (Pension Wald und See bei Koserow, 15. Juli 1907; eigenhändig) an die Senatskanzlei: AHL, NSA, Nr. 731.

87 Zum Kalender des Jahres 1907 vgl. Grotefend (2007): 162 f.

88 Das Hotel Stadt Hamburg stand auf dem Anwesen Klingenberg Nr. 1, das Gebäude hatte 1444-1808 der Stadt Hamburg gehört und den Hamburger Ratsherren bei ihren Lübeck-Besuchen als Quartier gedient; vgl. Brehmer (1887-1888): 155 f.

89 Zu diesem s. Anm. 4.

90 Diese vom 17. Juli 1907 stammende undatierte maschinenschriftliche Liste – AHL, NSA, Nr. 731 – ist folgendermaßen überschrieben: „Herr Archivrat Dr. Kretzschmar aus Steglitz wird morgen (Donnerstag) den 18. d. M. vormittags hier eintreffen, um sich den Herren Mitgliedern des Senates vorzustellen. Es wird um gefällige Angabe hierunter gebeten, um welche Zeit – nach 11 Uhr – und wo der Besuch des Herrn Dr. Kretzschmar gewünscht wird. Der Herr Bürgermeister wird Herrn Dr. Kretzschmar zuerst, und zwar um 11 Uhr, empfangen."

91 Zu Eschenburg, Kaufmann, 1885-1918 Senator, 1911-1912 und 1915-1916 Bürgermeister, vgl. Fehling (1915): 51 f., 78, Fehling (1921): 5, 14, Fehling (1925): 165f., Sinner (2008): 17, 74.

92 Zu Evers, Kaufmann, 1903-1926 Senator, vgl. Fehling (1915): 58 f., 81-83, Fehling (1921): 7, 14 f., Fehling (1925): 170, Sinner (2008): 17, 77. Gut 16 Jahre später hatte Kretzschmar Ende 1923 eine Auseinandersetzung mit Evers wegen von diesem angeordneter Aktenvernichtung ohne Hinzuziehung des Staatsarchivs; vgl. Spies (1990): 230-235.

rich Ewers (1862-1936)[93], Fehling[94], Heinrich Klug (1837-1912)[95], Eugen Emil Arthur Kulenkamp (1860-1933)[96], Neumann[97], Eduard Friedrich Wilhelm Rabe (1844-1920)[98], Johann Peter Leberecht Strack (1863-1930)[99] und Julius Vermehren (1855-1928)[100] empfangen. Diese Vorstellungsgespräche verliefen für Kretzschmar günstig, so daß der Senat am 20. Juli beschloß[101], ihn „für die Wahl in Aussicht" zu nehmen „mit dem Amtsantritt zum 1. Oktober d. J. sowie unter Berechnung des Pensionsdienstalters vom 1. März 1891 und des Dienstalters für die Alterszulagen vom 1. Oktober 1895 ab[102], sofern ein von ihm sofort durch das Sekretariat noch einzuforderndes Gesundheitsattest günstig lauten sollte". Noch am selben Tag wurde Kretzschmar die Entscheidung des Senats mitgeteilt[103].

Vier Tage darauf ließ Kretzschmar sich in Swinemünde (heute poln.: Świnoujście) amtsärztlich untersuchen und sandte das angeforderte Gesundheitsattest, das außer „Etwas Kurzsichtigkeit" keine körperlichen Beeinträchtigungen aufführte[104], am 25. Juli mit einem Begleitbrief nach Lübeck[105]. Daraufhin beschloß der Senat am 31. Juli[106]: „Archivrat Dr. Kretzschmar wird nunmehr zum Staatsarchivar ernannt. Das Anstellungsdekret ist gemäss dem Beschlusse

93 Zu Ewers, Kaufmann, 1899-1919 Senator, vgl. Fehling (1915): 57, 81-83, Fehling (1921): 6, 14, Fehling (1925): 169, Sinner (2008): 17, 78, Kohlmorgen (2009): 195-198.

94 Zu diesem s. Anm. 10.

95 Zu Klug, Dr. iur., 1879-1907 Senator, 1899-1900 und 1903-1904 Bürgermeister, vgl. Fehling (1915): 47 f., 77-82, Fehling (1925): 164, Graßmann (2009): 326-328.

96 Zu Kulenkamp, Rechtsanwalt und Notar, 1902-1925 Senator, vgl. Fehling (1915): 58, 81-83, Fehling (1921): 7, 14 f., Fehling (1925): 169 f., Sinner (2008): 17, 156.

97 Zu diesem s. Anm. 12.

98 Zu Rabe, Kaufmann, 1906-1918 Senator, vgl. Fehling (1915): 60, 82 f., Fehling (1921): 8, 14, Fehling (1925): 171, Sinner (2008): 17, 200.

99 Zu Strack, Kaufmann, 1906-1930 Senator, vgl. Fehling (1915): 60, 82 f., Fehling (1921): 8, 14 f., Fehling (1925): 171, Sinner (2008): 17, 234.

100 Zu Vermehren, Dr. iur., 1904-1928 Senator, vgl. Fehling (1915): 59 f., 80 f., Fehling (1921): 8, 14 f., Fehling (1925): 170 f., Sinner (2008), 17, 243.

101 Senatsprotokoll (Lübeck, 20. Juli 1907; beglaubigter Auszug): AHL, NSA, Nr. 731.

102 Knapp vier Jahre später wurde Kretzschmars Besoldungs- und Pensionsdienstalter rückwirkend ab 1. April 1910 auf den 1. März 1890 festgesetzt; Beschluß des Senats (Lübeck, 12. Juli 1911; maschinenschriftliches Formular mit handschriftlichen Einträgen und Unterschrift), u. a. für Kretzschmar: AHL, NSA, Nr. 731.

103 Sekretariat des Senats (Lübeck, 20. Juli 1907; Konzept mit Absendevermerk vom gleichen Tag) an Kretzschmar: AHL, NSA, Nr. 731.

104 „Gesundheits-Attest" (Swinemünde, 24. Juli 1907; gedrucktes Formular mit handschriftlichen Einträgen, in Vertretung des Sanitätsrats ausgestellt von Dr. Ohrloff, Kreisassistenzarzt) für Kretzschmar: AHL, NSA, Nr. 731.

105 Kretzschmar (Koserow, 25. Juli 1907; eigenhändig, mit Eingangsstempel vom 26. Juli) an die Senatskanzlei: AHL, NSA, Nr. 731.

106 Senatsprotokoll (31. Juli 1907; beglaubigter maschinenschriftlicher Auszug): AHL, NSA, Nr. 731; in dieser Sitzung des Senats lagen die in Anm. 104 und 105 genannten Schriftstücke vor, wie jeweils aus einem Stempel mit handschriftlicher Datierung darauf hervorgeht.

vom 20. d. M. auszufertigen". Seitens der Senatskanzlei wurde Kretzschmar noch am Nachmittag des 31. Juli telegraphisch benachrichtigt[107]; dieser antwortete am folgenden Morgen, die Wahl zu den genannten Bedingungen annehmend, auf gleiche Weise[108] und schrieb außerdem einen Brief an Bürgermeister Schön[109], in dem er sich für die Wahl bedankte und anschließend bemerkte:

„Es ist mir eine große Ehre lübischer Staatsarchivar zu werden u. ich würde mich freuen, wenn es mir gelänge für die weitere Erforschung der Vergangenheit Lübecks auch einige Anregung geben zu können, nachdem ich mich in die mir bisher fremden Verhältnisse werde eingearbeitet haben. Ich darf aber heute schon mir die gehorsamste Bitte erlauben, daß Euer Magnificenz mir auch weiterhin Ihre tatkräftige Hülfe möchten zu teil werden lassen, da meiner eine ganze Reihe wichtiger u. interessanter Aufgaben harren, wie ich aus allem entnehmen konnte, was ich bei meinem Aufenthalt neulich in Lübeck gehört habe."

Am gleichen Tag zeigte Kretzschmar seine Wahl Generaldirektor Koser an[110] und dankte diesem für die Unterstützung seiner Bewerbung:

„Euer Hochwohlgeboren[111] beehre ich mich zu benachrichtigen, daß der Senat in Lübeck mir die Stelle eines Staatsarchivars übertragen hat u. wünscht, daß ich das Amt am 1. October antrete. Ich möchte heute nicht noch einmal darauf zurückkommen[112], wie schmerzlich es mir ist, aus dem preußischen Archivdienst scheiden zu müssen, es liegt mir vielmehr ob, Ihnen meinen gehorsamsten Dank auszusprechen für die gütige u. tatkräftige Unterstützung, die Sie meiner Bewerbung haben angedeihen lassen, ihr verdanke ich ja in erster Linie, daß mir die Stelle übertragen worden ist."

Den Eingang seiner am 31. Juli ausgestellten Ernennungsurkunde[113] bestätigte Kretzschmar am 6. August[114] und zeigte zugleich die Sendung „der Gebühren im Betrage von 25 Mk." an die Kasse der Senatskanzlei an. Am 16. August

---

107 Senatskanzlei (Lübeck, [31. Juli 1907], „Aufgegeben um 3^{45} Uhr" [= 15.45 Uhr]; gedrucktes Telegrammformular mit handschriftlichem Text) an Kretzschmar: AHL, NSA, Nr. 731.

108 Kretzschmar (Koserow, 1. August 1907, aufgegeben um 8.30 Uhr, aufgenommen in Lübeck um 10.59 Uhr; gedrucktes Telegrammformular mit handschriftlichem Text) an die Senatskanzlei: AHL, NSA, Nr. 731.

109 Kretzschmar (Koserow, 1. August 1907; eigenhändig, vorgelegt im Senat am 3. August) an Bürgermeister Schön: AHL, NSA, Nr. 731.

110 Kretzschmar (Koserow, 1. August 1907; eigenhändig, handschriftlicher Eingangsvermerk vom 3. August) an Koser: GStAPK, I. HA, Rep. 178, Nr. 1531.

111 „Hochwohlgeboren" war die Anrede für Ritter, Edle und nichttitulierte Adelige, außerdem in Preußen für bürgerliche Räte bis zur vierten Rangklasse sowie für alle Offiziere, schließlich wurde jeder, der zur guten Gesellschaft gerechnet wurde, so angeredet; vgl. E. Henning (2015): 152.

112 Vorlage: „zurückzukommen".

113 Ernennungsurkunde des Senats (Lübeck, 31. Juli 1907; maschinenschriftlicher Durchschlag) an den Direktor des Staatsarchivs (Bürgermeister Schön): AHL, NSA, Nr. 731.

114 Kretzschmar (Koserow, 6. August 1907; eigenhändig, mit Eingangsstempel vom 8. August) an die Senatskanzlei: AHL, NSA, Nr. 731.

beantragte er seine Entlassung aus dem preußischen Archivdienst[115], und am 10. September bat er um Urlaub[116] vom 23. September an „zur Bewerkstelligung meines Umzuges nach Lübeck". Ende September traf er in Lübeck ein, bezog am 1. Oktober eine Wohnung in der Uhlandstraße Nr. 4[117] und begann am folgenden Tag, einem Mittwoch, nach erfolgter Vereidigung seinen Dienst; im Senatsprotokoll heißt es dazu[118]: „Der zum Staatsarchivar ernannte Archivrat Dr. Johannes Kretzschmar erscheint vor dem Senate, leistet den allgemeinen Beamteneid[119] und nimmt nach einer begrüssenden Ansprache des Vorsitzenden am Sekretariatstische[120] Platz."

Laut Stellenausschreibung[121] begann das Gehalt des Staatsarchivars mit 5000 Mark (M) und sollte innerhalb von 20 Jahren durch sechs Alterszulagen von 550 M auf 8300 M steigen; mithin erhöhte sich das Gehalt alle 40 Monate bzw. nach drei Jahren und vier Monaten um 550 M. Bei Kretzschmars Vorstellungsgespräch war festgehalten worden[122]: „Gegenwärtiges Gehalt M 5400. soll

---

115 Kretzschmar (Berlin, 16. August 1907; eigenhändig, handschriftlicher Eingangsvermerk vom gleichen Tag) an das Direktorium der Königlichen Staatsarchive: GStAPK, I. HA, Rep. 178, Nr. 1531. Die nachgesuchte Entlassung wurde zum gewünschten Termin (30. September) gewährt durch Schreiben des Vizepräsidenten des Staatsministeriums (Berlin, 23. August 1907; Konzept, Ausfertigung laut Vermerk am 26. August abgesandt) an Kretzschmar: ebd. Vizepräsident des preußischen Staatsministeriums, also stellvertretender Ministerpräsident, war vom 24. Juni 1907 bis zum 14. Juli 1909 Theobald von Bethmann Hollweg (1856-1921), der anschließend bis zum 13. Juli 1917 preußischer Ministerpräsident und deutscher Reichskanzler war; vgl. Frauendienst (1955): 188-193, Born (2001): 133-137, 145 f.

116 Kretzschmar (Berlin, 10. September 1907; eigenhändig, handschriftlicher Eingangsvermerk vom gleichen Tag) an das Direktorium der Königlichen Staatsarchive: GStAPK, I. HA, Rep. 178, Nr. 1531. Die Genehmigung des Urlaubs erfolgte durch Randverfügung auf diesem Schreiben namens des Vizepräsidenten des Staatsministeriums am folgenden Tag.

117 Kretzschmar hatte sich am 25. September 1907 in Steglitz ab- und am 1. Oktober in Lübeck angemeldet: AHL, Ordnungsamt, Einwohnermeldekartei, Johannes Kretzschmar. Am 27. November machte er 929,95 Mark Umzugskosten geltend, deren Erstattung ihm am 30. November genehmigt wurde; Senatsprotokoll (Lübeck, 30. November 1907; beglaubigter maschinenschriftlicher Auszug mit handschriftlicher Ergänzung des Betrags in Zahlen und Worten): AHL, NSA, Nr. 731.

118 Senatsprotokoll (Lübeck, 2. Oktober 1907; beglaubigter maschinenschriftlicher Auszug): AHL, NSA, Nr. 731.

119 Eid der Beamten der freien und Hansestadt Lübeck, gedrucktes Formular mit handschriftlicher Ergänzung von Kretzschmars Namen und dem Datum der Vereidigung (2. Oktober 1907): AHL, NSA, 731.

120 In seiner Eigenschaft als Staatsarchivar vertrat Kretzschmar bis 1919 die Senatssekretäre (ab 1919 Senatssyndiker) vornehmlich bei der Protokollführung des Senats sowie seiner Kommissionen, 1919 wurde die Verbindung zwischen Archiv und Senat wieder enger, so daß Kretzschmar auch formell in die Reihe der Senatssyndiker aufgenommen wurde und 1922 wie diese den Titel Staatsrat erhielt; vgl. Brandt (1952): 36, Spies (1981): 11, 17.

121 Siehe oben bei Anm. 6.

122 Undatierter Vergleich der Bewerber Kretzschmar und Witte, vorgelegt im Senat laut handschriftlicher Datierung am 20. Juli 1907: AHL, NSA, Nr. 731.

zum 1. 4. 08 auf M 6300 steigen." In diesem Gehalt waren 900 M Wohnungsgeldzuschuß enthalten, so daß das eigentliche Gehalt 4500 M betrug[123] und im folgenden Jahr auf 5400 M steigen sollte. Da der Senat Kretzschmars Dienstalter ab 1. Oktober 1895 rechnete[124], erhielt er beim Beginn seiner Tätigkeit in Lübeck drei Alterszulagen[125] und somit ein Jahresgehalt von 6650 M (5000 M und drei Zulagen à 550 M). Die Kaufkraft dieses Betrages läßt sich annähernd durch einen Vergleich mit den Preisen von verschiedenen Lebensmitteln und Gütern erkennen: Um 1900 kosteten je ein Kilogramm Butter 1,86 M, Kaffee 4,15 M, Pferdefleisch 0,50 M, Roggenbrot 0,23 M, Schweinefleisch 1,50 M, Tee 5,00 M und Zucker 0,65 M, ein Ei 0,05 M, je ein Liter Bier 0,24 M und Milch 0,20 M, je 50 Kilogramm Kartoffeln 2,63 M und Kohlen 1,20 M, ein Stuhl 3,75 M, ein Tisch 8,75 M, ein Fahrrad 80 bis 120 M[126] sowie das Abonnement der 13mal wöchentlich zugestellten Lübeckischen Anzeigen vierteljährlich 3,30 M[127].

Die väterlichen Vorfahren des neuen Lübecker Staatsarchivars stammten aus der Oberlausitz. Sein Urgroßvater Carl Gottfried Kretzschmar (1735-1803)[128] war aus dem nun zu Großdubra gehörenden Ort Klix (sorb.: Klukš) bei Bautzen nach Dresden gezogen und dort 1764 als Kaufmann Bürger geworden. 1769 heiratete er Johanna Charlotte Herklotz (1751-1828) aus Dresden und hatte mit ihr acht Kinder, sechs Söhne und zwei Töchter. Dritter Sohn und zugleich drittes Kind war August Heinrich Kretzschmar (1776-1848)[129], wie sein Vater Kaufmann, 1801 in Dresden Bürger, der im gleichen Jahr Henriette Amalie Etzler (1777-1834) ehelichte. Das Paar bekam sechs Kinder, darunter als letztes den einzigen Sohn Eduard Theodor Kretzschmar (1817-1900)[130]. Dieser war zunächst Mitarbeiter einer später von ihm übernommenen Buntpapierfabrik in

---

123 Dieses Gehalt erhielt Kretzschmar seit 1. April 1906 und den genannten „Wohnungsgeldzuschuß" seit 1. Oktober 1906, wie aus seinem von ihm am 2. März 1891 in Marburg ausgefüllten und später von anderer Hand ergänzten Personalbogen hervorgeht: GStAPK, I. HA, Rep. 178, Nr. 1531. Zur Entwicklung seiner Vergütung seit 1891 bzw. Besoldung seit 1898 bis dahin siehe Anm. 196 u. 216.

124 Siehe oben bei Anm, 102. In Preußen war sein „Besoldungsdienstalter" auf den 1. März 1897 festgesetzt worden; vgl. Personalbogen (Anm. 123).

125 Da Kretzschmar in Lübeck rechnerisch ab 1. Oktober 1895 alle 40 Monate eine neue Dienstaltersstufe erreichte, erfolgte die erste Zulage am 1. Februar 1899, die zweite am 1. Juni 1902, die dritte am 1. Oktober 1905 und die vierte sollte am 1. Februar 1909 kommen.

126 Vgl. Pies (2008): 80. Damals verdiente ein Hafenarbeiter in Bremerhaven 3,00 M und ein solcher in Kiel 2,70 M am Tag sowie ein Hafenarbeiter in Hamburg 61,00 M im Monat; vgl. ebd.

127 Vgl. auf der Titelseite der in Anm. 7 genannten Ausgabe: „Wöchentlich 13mal (Wochentags morgens und abends, Sonntags morgens) erscheinend. Bezugspreis für das Vierteljahr 3,30 Mark einschließlich Bringgeld in Lübeck. [...] Einzelnummer 10 Pfg."

128 Zu Carl Gottfried Kretzschmar und seiner Familie vgl. Schroeder (1985): 152.

129 Zu August Heinrich Kretzschmar und seiner Familie vgl. Schroeder (1985): 149, 151-153 (153 Einzelportraits von ihm und seiner Frau).

130 Zu Eduard Theodor Kretzschmar und seiner Familie vgl. Schroeder (1985): 149-151, 153 (Portrait), Bickelmann (1993): 208.

Dresden und seit 1856 verheiratet mit Helene Richter (1837-1927)[131]. Beide hatten sieben Kinder, und zwar zunächst fünf Töchter und anschließend zwei Söhne, von denen der spätere Staatsarchivar der ältere war.

Der am 7. November 1864 in Dresden geborene Johannes Theodor Kretzschmar[132] besuchte in seiner Heimatstadt 1871-1876 eine Privatschule[133] und anschließend vom 26. April 1876 an das dortige Gymnasium zum heiligen Kreuz, welches er mit dem Zeugnis der Reife vom 22. März 1884[134] und der Gesamtnote „gut"[135] in der „Absicht, Geschichte studieren zu wollen", verließ. Zunächst leistete er ab 1. April 1884 seinen Militärdienst[136] als Einjährig-Freiwilliger[137],

---

131 Zu Clara Helene Kretzschmar, geborene Richter, vgl. Schroeder (1985): 145, 149, 153 (Portrait), Bickelmann (1993): 208 (fälschlicherweise unrichtiger erster Vorname: Anna).

132 Sein Rufname war Johannes; unterschiedliche Vornamenform bzw. -folge bei Schroeder (1985): 151 („J o h a n n Theodor") bzw. Bickelmann (1993): 208 („Theodor *Johannes*"). Kretzschmar selbst schrieb auf seinem Personalbogen (Anm. 123), in seinem Lebenslauf von 1891 (Anm. 133) und auf dem Protokoll seiner Vereidigung von 1891 (Anm. 197) „Johannes Theodor", in seinem lateinischen Lebenslauf von 1888 (Anm. 157) „*Ioannes Theodor*", wohingegen in seinem Reifezeugnis von 1884 (Anm. 134), in seinem Abgangszeugnis der Universität Leipzig von 1886 (Anm. 138) sowie in seinem Oberlehrerzeugnis von 1889 (Anm. 169) „Theodor Johannes" steht.

133 Eigenhändiger, am 2. März 1891 in Marburg geschriebener Lebenslauf Kretzschmars: GStAPK, I. HA, Rep. 178, Nr. 1531.

134 Reifezeugnis des Gymnasiums zum heiligen Kreuz (Dresden, 22. März 1884; von Kretzschmar angefertigte und in Marburg von Bezirksfeldwebel Kniese als Hilfskanzleisekretär am 2. März 1891 beglaubigte Abschrift) für Kretzschmar: GStAPK, I. HA, Rep. 178, Nr. 1531.

135 Kretzschmar wurde in den Fächern Religion, deutsche Sprache und Literatur, lateinische, griechische und französische Sprache, Physik und Mathematik jeweils mit „gut" und in Geschichte mit „vorzüglich" beurteilt, „während seine sittliche Aufführung als völlig befriedigend (I)" bezeichnet wurde.

136 Am 3. Oktober 1884 wurde Kretzschmar zum überzähligen Gefreiten, am 1. April 1885 zum überzähligen Unteroffizier, am 3. Februar 1886 zum überzähligen Vizefeldwebel befördert, und bei seiner Entlassung am 1. April 1885 erhielt er „das Qualifikations-Attest zum Reserve-Offizier". Vom 1. März bis 29. April 1886 nahm er an der ersten, vom 26. Juli bis 19. September 1890 an der zweiten und vom 26. April bis 8. Mai 1894 an der dritten Übung teil. Diese Angaben nach Kretzschmars eigenhändigem Auszug aus seinem Militärpaß, beglaubigt wie das Reifezeugnis (Anm. 134): GStAPK, I. HA, Rep. 178, Nr. 1531. Die Zeit der letztgenannten Übung ergibt sich aus seinem Urlaubsantrag vom 9. April 1894; siehe Text bei Anm. 203 Die Bezeichnung ‚überzählig' bei Kretzschmars Dienstgraden bedeutete über eine bestimmte Anzahl hinausgehend', also außerplanmäßig; vgl. Deutsches Wörterbuch (1936): 671.

137 Zu diesem Begriff vgl. Meyers Konversations-Lexikon (1907): 860: „Die allgemeine Wehrpflicht macht aus Billigkeitsrücksichten notwendig, denjenigen jungen Männern, die sich eine höhere wissenschaftliche Bildung erworben, sich selbst ausrüsten, bekleiden und verpflegen und doch nicht Berufssoldat werden wollen, eine kürzere aktive Dienstzeit als die für Ausgehobene geltende zu gestatten. In Deutschland bilden die Einjährig-Freiwilligen den Ersatz für die Offiziere der Reserve und der Landwehr. Man verlangt von ihnen die Reife für die Obersekunda der Gymnasien und Realgymnasien, die durch ein Schulzeugnis der betreffenden Lehranstalt [...] nach Ablegung einer Prüfung [...] nachzuweisen ist."

danach begann er am 29. April 1885 sein Studium an der Universität Leipzig, die er nach zwei Semestern am 15. März 1886 verließ[138], um im folgenden Sommersemester die Albert-Ludwigs-Universität Freiburg im Breisgau zu besuchen[139]. Schließlich immatrikulierte er sich am 3. November 1886 an der Friedrich-Wilhelms-Universität Berlin, wo er in den vier Semestern bis zum Ende des Sommersemesters 1888 insgesamt 39 Lehrveranstaltungen besuchte[140], davon allein 25 der vier Professoren Harry Bresslau (1848-1926)[141], Emil Hübner (1834-1901)[142], Wilhelm Wattenbach (1819-1897)[143] und Julius Weizsäcker (1828-1889)[144].

Während der Studienzeit in Berlin verfaßte Kretzschmar seine von Bresslau betreute, ein quellenkundliches Thema der spätmittelalterlichen Geschichte behandelnde Dissertation[145] und meldete sich nach deren Abschluß am 19. Juni

---

138 Zeugnis des Universitäts-Gerichts (Leipzig, 11. Mai 1886; von Kretzschmar angefertigte Abschrift, beglaubigt wie das Reifezeugnis in Anm. 134) für Kretzschmar: GStAPK, I. HA, Rep. 178, Nr. 1531.

139 Studien- und Sittenzeugnis der Albert-Ludwigs-Universität (Freiburg, 29. September 1886; von Kretzschmar angefertigte Abschrift, beglaubigt wie das Reifezeugnis in Anm. 134) für Kretzschmar: GStAPK, I. HA, Rep. 178, Nr. 1531.

140 Abgangszeugnis der Friedrich-Wilhelms-Universität (Berlin, 4. Oktober 1888; von Kretzschmar angefertigte Abschrift, beglaubigt wie das Reifezeugnis in Anm. 134) für Kretzschmar: GStAPK, I. HA, Rep. 178, Nr. 1531.

141 Zu Bresslau, 1869 Dr. phil. in Göttingen, 1872 Habilitation in Berlin, dort seit 1877 außerordentlicher Professor für Geschichte, ab 1890 ordentlicher Professor in Straßburg, vgl. Opitz (1955): 600 f., Raabe (1996): 49-83, bes. 53, 55 u. 64. Kretzschmar besuchte in den ersten beiden Semestern jeweils drei und in den beiden letzten Semestern jeweils zwei Lehrveranstaltungen Bresslaus.

142 Zu Hübner, seit 1870 ordentlicher Professor für Klassische Philologie in Berlin, vgl. Heid (2012): 663 f. Kretzschmar besuchte im Wintersemester 1887/88 und im Sommersemester 1888 jeweils zwei Lehrveranstaltungen Hübners.

143 Zu Wattenbach, 1842 Dr. phil. in Göttingen, seit 1873 ordentlicher Professor für Historische Hilfswissenschaften in Berlin, vgl. Schieffer (2020): 452-454. Kretzschmar besuchte insgesamt drei Lehrveranstaltungen Wattenbachs, nämlich zwei im Sommersemester 1887 und eine im Wintersemester 1887/88.

144 Zu Weizsäcker, seit 1881 ordentlicher Professor für Geschichte in Berlin, vgl. Bernheim (1896): 637-645. Kretzschmar besuchte im Wintersemester 1886/87 eine und in den drei folgenden Semestern je zwei Lehrveranstaltungen Weizsäckers.

145 Thema: Die Formularbücher aus der Canzlei Rudolfs von Habsburg; unter diesem Titel wurde die vollständige Arbeit 1889 veröffentlicht: Kretzschmar (1889). Zur Betreuung der Arbeit durch Bresslau vgl. ebd., S. 2 („Entstanden ist vorliegende Arbeit im historischen Seminar des Herrn Prof. Bresslau, dem ich auch an dieser Stelle für die Anregung und gütige Unterstützung meinen ergebensten Dank abstatte."), sowie Gutachten Bresslaus (Berlin, 19. Juli 1888; eigenhändig in lateinischer Schreibschrift) zur Bewerbung Kretzschmars für den preußischen Archivdienst – GStAPK, I. HA, Rep. 178, Nr. 1531 –: Kretzschmar „hat während dreier Semester an den Übungen meiner historisch-diplomatischen Gesellschaft Theil genommen und sich während dieser Zeit als ein ebenso fleißiger wie zuverlässiger Arbeiter bewährt. Seine in meinem Seminar ausgearbeitete Dissertation über die Entstehung der Rudolfinischen Formelbücher und Briefsammlung zeugt ebenso sehr von seinem Fleiße wie von seinem Geschick auch verwickelte und schwierige Fragen, die sich bisher der Lösung entzogen haben, in durchaus gelungener Weise aufzuklären. Indem sie wesentlich auf handschriftlichen Studien beruht, beweist sie zugleich, daß ihr Verfasser die nöthigen Vorkenntnisse zu Arbeiten mit handschriftlichem Material besitzt."

1888 mit einem in lateinischer Sprache geschriebenen Antrag zur Promotionsprüfung[146] an. Der Dekan der Philosophischen Fakultät, Adolph Wagner (1835-1917)[147], nahm die erforderlichen Unterlagen entgegen und ersuchte Wattenbach sowie Weizsäcker – als außerordentlicher Professor war Bresslau nicht am Promotionsverfahren beteiligt[148] – um Beurteilung der Dissertation, und zwar „baldmöglichst"[149]. Bereits am 27. Juni erstattete Wattenbach sein Gutachten und beantragte Kretzschmars „Zulassung zur mündlichen Prüfung und als Prädicat der Dissertation: *diligentiae et acuminis documentum eximium*"[150], also als ausgezeichnetes Beispiel von Sorgfalt und Scharfsinn; zwei Tage darauf schloß Weizsäcker sich dieser Beurteilung an[151]. Daraufhin bat Dekan Wagner am 2. Juli die ordentlichen Professoren der Fakultät um Abstimmung über den Antrag von Wattenbach und Weizsäcker auf Zulassung Kretzschmars zur Promotionsprüfung[152], was im Umlaufverfahren durch alle Anwesenden erfolgte[153]. Zwei Wochen später erfolgte am 16. Juli die Prüfung nacheinander durch die Professoren Weizsäcker und Wattenbach im Hauptfach Geschichte, Eduard Zeller (1814-1908)[154] in Phi-

---

146 Kretzschmars undatierter Antrag – das Datum ergibt sich aus den in Anm. 149 u. 153 genannten Schriftstücken – enthielt auch die Versicherung, die Arbeit selbst verfaßt zu haben („*quam ipsum me scripsisse confirmo*"): UAHU, Philosophische Fakultät, Nr. 186.

147 Zu Wagner, seit 1870 ordentlicher Professor der Staatswissenschaften in Berlin, vgl. Hellmann (2020): 209-211.

148 Mehrere Versuche der Fakultät, Bresslau ein Ordinariat zu verschaffen, scheiterten an der preußischen Ministerialbürokratie, die keinen Juden als ordentlichen Professor wollte, erst durch seine Berufung nach Straßburg wurde Bresslau 1890 ordentlicher Professor; vgl. Raabe (1996): 61-64.

149 „Meldung zur Promotionsprüfung" (Formular) mit Einträgen von Dekan Wagner zu den Prüfungsfächern („Hauptfach Geschichte, Nebenf. Latein,") und über die von Kretzschmar vorgelegten Unterlagen (Reifezeugnis, Studiennachweis, Dissertation, schriftliche Versicherung, „dass er die bezeichnete Dissertation selbst und ohne fremde Hülfe verfertigt hat", lateinischer Lebenslauf), Berlin, 19. Juni 1888: UAHU, Philosophische Fakultät, Nr. 286.

150 Beurteilung der Arbeit durch Wattenbach (Berlin, 27. Juni 1888; eigenhändig) auf der Rückseite der Meldung zur Promotionsprüfung (Anm. 149).

151 Unter Wattenbachs Beurteilung der Arbeit (Anm. 150) schrieb Weizsäcker (Berlin, 29. Juni 1888; eigenhändig): „Einverstanden."

152 Auf der Meldung zur Promotionsprüfung (Anm. 149) bat Dekan Wagner, indem er unten auf dem Formular das Datum einfügte (Berlin, 2. Juli 1888), um Abstimmung über den Antrag auf „Zulassung".

153 Undatiertes Abstimmungsformular mit gedruckten Namen – zwei handschriftlich ergänzt – der stimmberechtigten 44 Fakultätsmitglieder, von denen bis auf die vier verreisten bzw. beurlaubten und die Antragsteller Wattenbach und Weizsäcker für die Zulassung Kretzschmars zur Promotionsprüfung auf dessen Gesuch vom 18. Juni 1888 stimmten: UAHU, Philosophische Fakultät, Nr. 286.

154 Zu Zeller, seit 1872 ordentlicher Professor für Philosophie in Berlin, vgl. Gatzemeier (1996): 834 f., Wesseling (1998): 388-402. Kretzschmar besuchte lediglich im Sommersemester 1888 eine Vorlesung Zellers.

losophie und Hübner „im Lateinischen als Nebenfach“ [155], welche Kretzschmar *cum laude* (befriedigend) bestand; für seine Dissertation erhielt er die zuvor von Wattenbach vorgeschlagene Benotung[156]. Zum Abschluß seines Promotionsverfahrens verteidigte er am 10. Oktober öffentlich vier im Zusammenhang mit seiner Dissertation[157] stehende Thesen – darunter als letzte eine für die zeitliche Vorverlegung der Grenze zwischen Mittelalter und Neuzeit[158] –, womit alle Promotionsbedingungen erfüllt waren, so daß er fortan den Titel Dr. phil.[159] führen durfte.

Kretzschmar, der die Archivlaufbahn einschlagen wollte, wandte sich am 17. Oktober an den Direktor der preußischen Staatsarchive[160], Heinrich von Sybel (1817-1895)[161], und bat diesen, ihn „bei einer Vakanz berücksichtigen zu

---

155 Formular „Promotionsprüfung des Candidaten“ Kretzschmar ([Berlin], 16. Juli 1888) mit handschriftlichen Protokollen der vier Prüfungen: UAHU, Philosophische Fakultät, Nr. 286.

156 Auf der Rückseite des Formulars der Promotionsprüfung (Anm. 155) schrieb Dekan Wagner folgenden Beschluß: „Candidat hat die Prüfung *cum laude* bestanden“ und wiederholte anschließend die von Wattenbach vorgeschlagene Benotung der Dissertation.

157 In Innsbruck 1888 gedruckte Kurzfassung von Kretzschmars Dissertation – Titel wie in Anm. 145 – mit Zusatz „Inaugural-Dissertation zur Erlangung der Doctorwürde von der Philosophischen Facultät der Friedrich-Wilhelms-Universität zu Berlin genehmigt, nebst beigefügten Thesen öffentlich vertheidigt am X. October 1888 von Joh. Kretzschmar“ und Nennung der drei Opponenten sowie lateinischem Lebenslauf und den vier Thesen: UAHU, Philosophische Fakultät, Nr. 286.

158 „4) Die Anfänge der Neuzeit liegen in der Zeit nach dem Untergang der Hohenstaufen.“ Damit verlegte Kretzschmar die Wende zwischen Mittelalter und Neuzeit von der Zeit um 1500 in die zweite Hälfte des 13. Jahrhunderts und nahm damit annähernd vorweg, was 1974 im Vorwort zu einer neuen Zeitschrift so formuliert wurde – Kunisch u. a. (1974): 1 –: „In der wissenschaftlichen Diskussion der letzten Jahre ist die Trennung von Mittelalter und Neuzeit zunehmend in Frage gestellt worden. Es zeichnet sich statt dessen die Unterscheidung von drei Zeitaltern nachantiker Geschichte ab: ein ‚archaisches‘ Zeitalter (bis zum 11./12. Jahrhundert); 2. Das ‚alteuropäische‘ Zeitalter (etwa 12. bis 18. oder frühes 19. Jahrhundert); 3. Das industrielle Zeitalter (18./19. Jahrhundert bis zur Gegenwart).“

159 Gedrucktes Exemplar der Promotionsurkunde vom 10. Oktober 1888, wonach Kretzschmar „PHILOSOPHIAE DOCTORIS ET ARTIVM LIBERALIVM MAGISTRI ORNAMENTA ET HONORES“ an diesem Tag verliehen wurden: GStAPK, I. HA, Rep. 178, Nr. 1531.

160 Kretzschmar (Berlin, 17. Oktober 1888; eigenhändig. mit handschriftlichem Eingangsvermerk vom folgenden Tag) an die Direktion der königlich preußischen Staatsarchive: GStAPK, I. HA, Rep. 178, Nr. 1531.

161 Zu Sybel, 1838 Dr. phil. in Berlin, nach seiner Universitätslaufbahn – zuletzt seit 1861 ordentlicher Professor für Geschichte in Bonn – von 1875 bis zu seinem Tod Direktor der preußischen Staatsarchive, 1894 Wirklicher Geheimrat, vgl. Levison (1963): 4-6, 8-15, 23, Hübinger (1963): 39, 41-48, 50-88, 90-105, 112-114, 120-127, 130-135, 145-156, 158-168, 170-183, 185-191, 218-222, 226-228, 233-247, 254-260, 267-281, 286-290, 292-294, 311, 319-323, Bußmann (1968): 93-103, Seier (1973): 132-146, Leesch (1985): 28, Leesch (1992): 608 f., Dotterweich (2013): 733-735.

wollen". Neben verschiedenen Zeugnissen[162], seiner Dissertation[163] und seinem gedruckten „Diplom der Doktorpromotion" fügte er Stellungnahmen Wattenbachs vom 17.[164] und Bresslaus vom 19. Juli[165] bei. Sybel antwortete Kretzschmar am 20. Oktober[166], „daß eine Gelegenheit zu Ihrer Beschäftigung im Staatsarchivdienste z. Z. nicht vorhanden und, bei der großen Anzahl der bereits angenommenen Hülfsarbeiter[167] und der schon notirten Anwärter, vorläufig auch nicht zu erwarten ist. Ich habe mich deshalb darauf beschränken müssen, von Ihrer Meldung Notiz nehmen zu lassen." Nicht einmal drei Wochen nach dieser für ihn ungünstigen Nachricht zog Kretzschmar von Berlin nach Leipzig[168], wo er sich auf das Oberlehrerexamen vorbereitete, welches er am 29. Oktober 1889 bestand[169] und dadurch die Befähigung zum Unterricht in den Fächern Deutsch,

162 Das waren sein Reifezeugnis (Anm. 134) sowie die Exmatrikulationszeugnisse der Universitäten Leipzig, Freiburg im Breisgau und Berlin (Anm. 138-140).

163 Dabei handelte es sich um die gedruckte Kurzfassung von Kretzschmars Dissertation (Anm. 157). Zur vollständigen Fassung vgl. Kretzschmar (Leipzig, 29. März 1889; eigenhändig, mit handschriftlichem Eingangsvermerk vom 1. April) an das Direktorium der königlich preußischen Staatsarchive – GStAPK, I. HA, Rep. 178, Nr. 1531 –: Kretzschmar übersendet „seine nunmehr im Druck vollendete Dissertation [...], von welcher er bei seiner Vorstellung vom 17. Oct. 1888 nur den ersten Teil einzusenden im Stande war. Der Druck hat sich in Folge der durch das Brandunglück, welches die *Wagner*'sche Universitätsbuchdruckerei in *Innsbruck* betroffen hat, hervorgerufenen Verhältnisse sehr in die Länge gezogen; deshalb bittet der Unterzeichnete ergebenst die lange Verzögerung der Einsendung zu entschuldigen."

164 Wilhelm Wattenbach (Berlin, 17. Juli 1888; eigenhändig) an Sybel: GStAPK, I. HA, Rep. 178, Nr. 1531. Im Gegensatz zur neutral formulierten Stellungnahme Bresslaus (Anm. 145) ist die Wattenbachs persönlich gehalten: „Verehrtester Herr und Freund! Herr *Stud. Kretzschmar*, welcher gestern sein Examen in Geschichte *cum laude* bestanden hat, wünscht ein Zeugniß über seine Dissertation [...]. Ich kann ihm mit gutem Gewissen bezeugen, daß es eine ungewöhnlich gute Arbeit ist, auf handschriftlichen Studien umfassender Art beruhend, mit vortrefflicher Methode verfaßt, und daß sie zu den besten Erwartungen für die Zukunft berechtigt. Ihr ergebenster *W. Wattenbach*".

165 Siehe Anm. 145.

166 Heinrich von Sybel (Berlin, 20. Oktober 1888; Konzept von Schreiberhand mit Ausfertigungs- und Absendevermerk vom 22. Oktober) an Kretzschmar auf dessen Schreiben vom 17. Oktober (Anm. 160); zuvor hatte Sybel darauf eigenhändig notiert: „Antwort, er sei notirt. Die hier verzeichneten Beilagen gehen zurück. S. $^{19}/_{10}$". In Sybels Schreiben heißt es am Schluß: „Die Anlagen erfolgen – mit Ausnahmen der Atteste der Herren Universitäts-Professoren *Dr. Wattenbach* und *Dr. Bresslau* – anbei zurück."

167 „Hülfsarbeiter" = Hilfsarbeiter war in Preußen die Bezeichnung für einen probeweise beschäftigten Beamten des Höheren Dienstes; siehe dazu unten Text bei Anm. 187, 192 u. 196.

168 Kretzschmar (Leipzig, 10. November 1888; eigenhändig, mit handschriftlichem Eingangsvermerk vom folgenden Tag) an das Direktorium der königlich preußischen Staatsarchive – GStAPK, I. HA, Rep. 178, Nr. 1531 –: Er zeigt an, „daß er seinen Aufenthalt bis auf weiteres in Leipzig [...] genommen hat".

169 Oberlehrer-Zeugnis der Königlichen Wissenschaftlichen Prüfungs-Commission (Leipzig, 29. Oktober 1889; von Kretzschmar angefertigte und in Marburg von Bezirksfeldwebel Kniese als Hilfskanzleisekretär am 16. März 1891 beglaubigte Abschrift) für Kretzschmar: GStAPK, I. HA, Rep. 178, Nr. 1531.

Geographie und Geschichte in allen sowie in Griechisch und Latein in den mittleren Klassen eines Gymnasiums erhielt.

Sybels Bemerkung, von Kretzschmars „Meldung Notiz nehmen zu lassen", war keine unverbindliche Floskel, denn er hatte ihn an den Leiter der 1888 gegründeten Preußischen Historischen Station in Rom (italien.: Roma)[170], Konrad Schottmüller (1841-1893)[171], vermittelt. Diesem schrieb Kretzschmar am 2. September 1889[172], daß er dessen Wunsch, „früher als am 9ten Nov. nach Rom zu kommen", wegen des Termins seines Oberlehrerexamens nicht erfüllen könne, und fügte hinzu:

„Ich brauche wohl nicht zu versichern, wie viel lieber ich Examen Examen sein ließe u. mich jetzt schon auf meine Thätigkeit in Rom vorbereitete, als mich mit gotischen und anderen Grammatiken herumzuplagen; aber ich bin leider nun gezwungen es bis zu Ende zu führen und muß alle Brandenburgica jetzt unter die Allotria u. die verbotenen Früchte zählen. Mit um so größerer Freude werde ich aber dann meine Freiheit benutzen, mich ganz meinem Studium widmen zu können, und seien Sie versichert, hochverehrter Herr Professor, daß ich recht wohl das Vertrauen zu würdigen weiß, welches man in mich setzt u. daß ich alle meine Kräfte aufbieten werde, es nur einigermaßen zu rechtfertigen."

Gut sechs Wochen später teilte Kretzschmar dem inzwischen in Rom weilenden Institutsleiter mit[173]: „Ich werde mich aber nach Beendigung des Examens so sehr wie möglich beeilen meine Besuche in Berlin zu erledigen und hoffe ich am 2ten Nov. bereits abreisen zu können, so daß ich noch einige Tage früher in Rom werde sein können, als ich früher annahm." Da er „unter Umständen einen photographischen Apparat" mitbringen könne, fragte er an, „ob ein solcher Apparat bei unserer Thätigkeit zu gebrauchen ist und es sich verlohnte ihn

---

170 Zu dieser Einrichtung, ab 1890 Preußisches Historisches Institut, heute Deutsches Historisches Institut in Rom (Istituto Storico Germanico di Roma), und seiner Geschichte vgl. Elze (1990): 1-32.

171 Zu Schottmüller, 1868 Dr. phil. in Berlin, 1878-1888 Professor an der Hauptkadettenanstalt Berlin, 1888-1890 erster Sekretär der Preußischen Historischen Station, ab 1889 zugleich Bibliothekar der Königlichen Bibliothek in Berlin, aber nach Rom beurlaubt, zuletzt seit 1891 Vortragender Rat im preußischen Kultusministerium, vgl. Faber (1893): 3-13, Bader (1925): 235, Elze (1990): 5.

172 Kretzschmar (Leipzig, 2. September 1889; eigenhändig) an Schottmüller: DHI, Archiv, R 3, Nr. 37.

173 Kretzschmar (Leipzig, 17. Oktober 1889; eigenhändig mit Eingangs- und Beantwortungsvermerken vom 22. bzw. 23. Oktober) an Schottmüller: DHI, Archiv, R 3, Nr. 37. Die Zeit zwischen Datum und Eingangsvermerk spricht dafür, daß Schottmüller den Brief in Rom erhielt. In seinem Brief vom 2. September (Anm. 172) hatte Kretzschmar im Hinblick auf dessen bevorstehende Reise dorthin geschrieben: „Sollte es Ihnen erwünscht sein noch einiges persönlich mit mir zu erledigen, so erlaube ich mir in Anbetracht Ihrer so beschränkten Zeit folgenden Vorschlag. Falls Sie über Leipzig reisen sollten, bitte ich Sie ergebenst, mich von Ihrer Durchreise zu benachrichtigen; dann könnte ich Sie auf dem Bahnhof aufsuchen, eventuell eine Strecke Wegs begleiten, vorausgesetzt daß Sie nicht nachts fahren, wo Ihnen eine solche Unterbrechung zu störend sein würde. Auch bin ich selbstverständlich gern bereit gegebenenfalls nach Halle zu kommen."

mitzubringen". Im vorherigen Brief hatte Kretzschmar geschrieben, er brauche noch einige Tage, um „in Berlin verschiedene Besuche zu machen – wobei ich nicht versäumen werde Herrn Präsident *v. Levetzow* meine Aufwartung zu machen". Albert Freiherr von Levetzov (1827-1903)[174] war damals Präsident des Reichstages sowie, was in diesem Fall wichtig ist, Landesdirektor des Provinzialverbandes Brandenburg und damit dessen höchster gewählter Beamter. Seine Erwähnung ist ein Hinweis auf Kretzschmars Tätigkeit im Auftrag der Provinz Brandenburg, über die allerdings keine genauen Angaben zu ermitteln sind[175]; lediglich aus Kretzschmars kurz nach der Rückkehr aus Italien geschriebenem Lebenslauf[176] geht hervor, daß er für diese Provinz Urkunden zu deren Geschichte in Rom und anderen italienischen Archiven suchen sollte.

Man kann davon ausgehen, daß Kretzschmar im ersten Novemberdrittel 1889 in der italienischen Hauptstadt eintraf, um seine Arbeit in Verbindung mit der Preußischen Historischen Station aufzunehmen. Von dort schrieb er am 18. Februar 1890 an Schottmüller[177], der damals wieder in Berlin war und dessen Abwesenheit von Rom, wie Kretzschmar von seinem fast gleichaltrigen und seit Oktober des Vorjahres vom Staatsarchiv Münster beurlaubten Institutskollegen Joseph Hansen (1862-1943)[178] erfahren hatte, sich „noch einige Zeit verlängern wird". Kretzschmar, kurz zuvor zu einer Militärübung für Mai und Juni einberufen, welche während dieser Zeit für seine Arbeit „störend u. nachtheilig" wäre, bat den Empfänger, sein beigefügtes Gesuch um Verschiebung durch ein amtliches Zeugnis zu unterstützen. Schottmüllers daraufhin erfolgender Einsatz für Kretzschmar war erfolgreich, denn dieser mußte erst vom 26. Juli bis zum 19. September an der Übung teilnehmen[179].

Abgesehen von dieser Militärübung verbrachte Kretzschmar die Zeit von November 1889 bis Ende Februar 1891 in Italien, hauptsächlich in Rom, und zwar – wenigstens offiziell – bis Ende 1890 für die Provinz Brandenburg arbeitend. Die ersten beiden Monate des Jahres 1891 war er in der inzwischen in

---

174 Zu Levetzow, 1876-1896 Landesdirektor des Provinzialverbandes Brandenburg sowie 1881-1884 und 1888-1895 Präsident des Reichstages, vgl. Hübener (2002): 255 f.

175 Im Brandenburgischen Landeshauptarchiv Potsdam ließen sich laut dortigem elektronischen Schreiben vom 10. September 2020 keine Quellen zu diesem Sachverhalt ermitteln.

176 In Kretzschmars Lebenslauf vom 2. März 1891 (Anm. 133) heißt es: „Von Nov. 1889 - Ende 1890 bin ich im Auftrage der Provinz *Brandenburg* beschäftigt gewesen in Rom u. anderen italien. Archiven Urkunden zur Geschichte derselben zu suchen." In seinem vom gleichen Tag stammenden Personalbogen (Anm. 123) trug Kretzschmar dazu lediglich ein: „arbeitete in Rom im Auftrage der Provinz *Brandenburg*".

177 Kretzschmar (Rom, 18. Februar 1890; eigenhändig) an Schottmüller: DHI, Archiv, R 3, Nr. 37.

178 Zu Hansen, 1883 Dr. phil. an der Akademie in Münster, 1886-1887 Archivaspirant am Staatsarchiv Koblenz und 1887-1891 am Staatsarchiv Münster, von dort im Oktober 1889 nach Rom beurlaubt, anschließend ab Juli 1891 bis zu seiner Pensionierung 1927 Leiter des Stadtarchivs Köln, vgl. Leesch (1985): 86, 136, Leesch (1992): 220, Kleinertz (1993): 249-276.

179 Siehe Anm. 136.

Preußisches Historisches Institut umbenannten und von Ludwig Quidde (1858-1941)[180] geleiteten Einrichtung tätig. Dort erreichte Kretzschmar am 1. Januar 1891 ein ihm durch Hansen übermitteltes, vom 26. des Vormonats stammendes Schreiben Sybels[181] – in seiner Eigenschaft als Direktor der Preußischen Staatsarchive unterstand ihm auch das Institut in Rom –, mit dem dieser ihm nun eine Stelle im preußischen Archivdienst anbot. In seiner umgehenden Antwort[182] teilte Kretzschmar mit, was Sybel bereits durch Quidde erfahren hatte, daß er möglicherweise eine Stelle an der Universitätsbibliothek Leipzig bekomme[183], und bat wegen laufender Verhandlungen um 10-14 Tage Zeit, „innerhalb welcher ich auf eine diesbezügliche Anfrage von Leipzig Nachricht zu erhalten hoffe".

Nachdem er diese erhalten hatte, wandte er sich am 12. Januar erneut an Sybel[184], dankte für das Angebot und bat, als seinen Dienstbeginn am Staatsarchiv Marburg den 1. März zu bestimmen, und erklärte, in der Zeit bis dahin wegen einer noch abzuschließenden Arbeit nicht für das Preußische Historische Institut tätig sein zu können:

„Ich würde es mir zur großen Ehre anrechnen in die Reihe der preuß. Archivbeamten aufgenommen zu werden, und gestatten Sie den Ausdruck meines ehrerbietigsten Dankes für das Wohlwollen, welches Sie mir auch bei dieser Gelegenheit bewiesen haben.

In Betreff der Zeit der eventuellen Einberufung als Hülfsarbeiter nach Marburg möchte ich mir die ergebenste Bitte erlauben den Termin auf den 1. März festzusetzen, da ich eine jetzt begonnene Arbeit hier noch zu Ende führen möchte. Unter diesen Umständen ist es mir aber leider nicht möglich während dieser Zeit noch für das Institut zu arbeiten, so sehr ich bedaure Ew. Hochwohlgeboren liebenswürdiges Anerbieten nicht annehmen zu können. Dazu bestimmt mich auch die Überzeugung, daß ich bei der Kürze der Zeit doch kaum im Stande sein würde für das Institut etwas ersprießliches zu leisten."

Den letzten beiden Sätzen läßt sich entnehmen, daß Sybel Kretzschmar als Übergangslösung eine befristete Stelle am Preußischen Historischen Institut angeboten hatte. Bei der von Kretzschmar als begonnen erwähnten Arbeit dürfte es sich um seine im folgenden Jahr veröffentlichte und mit einem Quellen-

---

180 Zu Quidde, 1881 Dr. phil. in Göttingen, 1890 unter Ernennung zum Professor Leitender Sekretär des Preußischen Historischen Instituts, was er bis 1892 blieb, aktiv in verschiedenen Friedensgesellschaften, erhielt 1927 den Friedensnobelpreis, vgl. Rürup (1973): 358-381, Holl (2003): 45-47.

181 Das ergibt sich aus Kretzschmars Antwort (Anm. 182): „Soeben erhalte ich durch Herrn *Dr. Hansen* Ew. Hochwohlgeboren sehr geehrtes Schreiben vom 26. *Dec.* 1890 und beeile mich dasselbe ergebenst umgehend zu beantworten."

182 Kretzschmar (Rom, 1. Januar 1891; eigenhändig) an Sybel: GStAPK, I. HA, Rep. 178, Nr. 1531.

183 Vgl. ebd.: „Herr Professor *Quidde* hat Ihnen, wie ich gehört habe, mitgeteilt, daß ich Aussichten auf eine Anstellung an der Universitäts-Bibliothek zu Leipzig habe."

184 Kretzschmar (Rom, 12. Januar 1891; eigenhändig, handschriftlicher Eingangsvermerk vom 14. Januar und mit Sybels eigenhändigem Vermerk: „Einberufung nach Marburg zum 1. März. *S.* $^{16}/_{1}$") an Sybel: GStAPK, I. HA, Rep. 178, Nr. 1531.

anhang („Mit Akten aus dem vatikanischen Archiv") versehende Studie über geplante Maßnahmen der katholischer Mächte gegen England im 16. Jahrhundert[185] gehandelt haben. Es ist allerdings nicht bekannt, welches Ergebnis Kretzschmar bei der Suche nach Urkunden zur Geschichte der Provinz Brandenburg[186] erreicht hatte. Sein Dank für erneutes Wohlwollen Sybels läßt es als wahrscheinlich erscheinen, daß dieser ihm den Auftrag für die Provinz Brandenburg gleichsam als Versorgung ohne allzugroße Verpflichtung vermittelt hatte.

In seiner Antwort vom 15. Januar teilte Sybel Kretzschmar mit[187], daß ihm gestattet sei, beim Staatsarchiv in Marburg „am 2. März d. J. probeweise als Hülfsarbeiter einzutreten. Sie wollen Sich daher zu jenem Tage nach Marburg begeben und im dortigen Archivlokale dem Herrn Staatsarchivar vorstellen, um in Ihre – vorläufig unentgeltliche – Dienstleistung eingeführt zu werden." Am gleichen Tag benachrichtigte Sybel den Leiter des Staatsarchivs Marburg[188], Gustav Könnecke (1845-1920)[189], daß als Ersatz für den zum 1. März an das Staatsarchiv Düsseldorf versetzten Archivassistenten Otto Reinhard Redlich (1864-1939)[190] Kretzschmar „vom 2. März d. J. ab zur Ableistung des Probedienstes nach Marburg überwiesen werden" soll. Am besagten Tag, einem Montag[191], wurde Kretzschmar als Hilfsarbeiter von Könnecke[192] in dessen Dienstzimmer „durch Handschlag an Eides statt [...] verpflichtet und in seine amtliche Beschäftigung eingeführt", was anschließend nach Berlin berichtet wurde[193].

---

185 Kretzschmar (1892): 1-118 (Darstellung), 119-215 (Anhang mit 48 Quellen „aus dem vatikanischen Archiv"); vgl. außerdem VI: „Es ist mir eine angenehme Pflicht, den Herren Beamten des vatikanischen Archivs und des kgl. preussischen historischen Instituts zu Rom auch an dieser Stelle meinen Dank auszusprechen, ohne deren liebenswürdiges Entgegenkommen mir es in der kurzen Zeit, die mir zur Verfügung stand, nicht möglich gewesen wäre, mein Ziel zu erreichen."

186 Siehe das erste Zitat in Anm. 176.

187 Sybel (Berlin, 15. Januar 1891; Reinkonzept mit Ausfertigungs- und Absendevermerk vom 16. Januar) an Kretzschmar: GStAPK, I. HA, Rep. 178, Nr. 1531.

188 Sybel (Berlin, 15. Januar 1891; Reinkonzept mit Ausfertigungs- und Absendevermerk vom 16. Januar) an Könnecke: GStAPK, I. HA, Rep. 178, Nr. 1531.

189 Zu Könnecke, 1870 Dr. phil. in Halle, von 1872 bis zu seiner Pensionierung 1912 Leiter des Staatsarchivs Marburg, 1877 Staatsarchivar, 1884 Archivrat, 1897 Geheimer Archivrat, 1899 Archivdirektor, vgl. Leesch (1985): 38, 67, Leesch (1992): 326, Menk (2004): 4-82 u. 110-120.

190 Zu Redlich, 1887 Dr. phil. in Leipzig, 1889-1891 am Staatsarchiv Marburg, 1891-1929 am Staatsarchiv Düsseldorf, zuletzt von 1921 bis zur Pensionierung als Archivdirektor dessen Leiter, vgl. Leesch (1985): 47, 68, Leesch (1992): 479 f.

191 Zum Kalender des Jahres 1891 vgl. Grotefend (2007): 158 f.

192 Protokoll über die Verpflichtung Kretzschmars (Marburg, 2. März 1891), unterschrieben von „Joh. Kretzschmar" und Könnecke, Anlage zu dem in der folgenden Anmerkung genannten Schreiben.

193 Gustav Könnecke (Marburg, 2. März 1891; Kanzleiausfertigung mit eigenhändiger Unterschrift und Eingangsvermerk vom 5. März) mit neun Anlagen an Sybel: GStAPK, I. HA, Rep. 178, Nr. 1531.

Da Kretzschmar sich in seiner dreimonatigen Probezeit bewährt hatte[194] – „hat die ihm aufgetragenen Arbeiten mit Eifer und Genauigkeit ausgeführt, er hat Fleiß und Pünktlichkeit im Dienste bewiesen, auch außerhalb des Dienstes sich durchaus wohlanständig geführt und sich überhaupt durch verträgliches bescheidenes und liebenswürdiges Verhalten ausgezeichnet“ –, beschloß Sybel[195], ihn zum 1. Juni als Hilfsarbeiter beim Staatsarchiv Marburg einzustellen und eine Vergütung von jährlich 900 M[196] zu bewilligen. Daraufhin wurde Kretzschmar am 10. Juni von Könnecke[197] der „Diensteid als Preußischer Staatsbeamter“[198] abgenommen. Knapp drei Monate darauf heiratete Kretzschmar am 4. September in Dresden Margarethe Heyn (1865-1935)[199], und gut ein Jahr nach seiner Eheschließung wurde ihm zum 1. Oktober 1892[200] „der Amtstitel ‚Archiv-Assistent‘ beigelegt“. In den Jahren 1892-1894 ließ er sich dreimal von Oberpräsident Eduard Magdeburg (1844-1932)[201] Urlaub für

194 Könnecke (Marburg, 1. Juni 1891; Kanzleiausfertigung mit eigenhändiger Unterschrift und Eingangsvermerk vom 3. Juni) an Sybel: GStAPK, I. HA, Rep. 178, Nr. 1531.

195 Sybel (Berlin, 4. Juni 1891; Reinkonzept mit Ausfertigungs- und Absendevermerk vom 5. Juni) an Kretzschmar: GStAPK, I. HA, Rep. 178, Nr. 1531; Abschrift dieses Schreibens: StAMr, Bestand 150, Nr. 1007.

196 Kretzschmars jährliche Vergütung wurde ab 1. März 1892 sowie ab 1. Juli 1894 jeweils um 300 M erhöht; vgl. Sybel (Berlin, 3. Februar 1892; Reinkonzept mit Ausfertigungs- und Absendevermerk vom 4. Februar) an die General-Staatskasse sowie ders. (Berlin, 5. Juni 1894; Reinkonzept mit Ausfertigungs- und Abendevermerk vom 6. Juni) an dies.: GStAPK, I. HA, Rep. 178, Nr. 1531; Abschrift beider Stücke: StAMr, Bestand 150, Nr. 1007. Am 1. April 1897 erfolgte eine weitere Erhöhung um 600 M auf nun 2100 M: Personalbogen (Anm. 123).

197 Protokoll über die Vereidigung Kretzschmars (Marburg, 10. Juni 1891), unterschrieben von „Johannes Theodor Kretzschmar“ und Könnecke als Anlage zum Schreiben Könneckes (Marburg, 10. Juni 1891; Kanzleiausfertigung mit eigenhändiger Unterschrift und Eingangsvermerk vom 12. Juni) an Sybel: GStAPK, I. HA, Rep. 178, Nr. 1531.

198 Zitat aus dem Schreiben Sybels vom 4. Juni 1891 (Anm. 195).

199 Vgl. Schroeder (1985): 151, Bickelmann (1993): 208. Das Ehepaar bekam drei Kinder, die in Osnabrück (1896 Tochter, 1898 Sohn, der nach gut fünf Monaten starb) und Hannover (1902 Sohn) geboren wurden; vgl. Schroeder (1985): 151. Für seine Heirat erhielt Kretzschmar antragsgemäß Urlaub vom 28. August bis 13. September; Kretzschmar (Marburg, 20. August 1891; eigenhändig, mit Eingangsvermerk und unterschriebenem Antwortkonzept, beide vom 21. August) an Oberpräsident Eulenburg in Kassel: GStAPK, I. HA, Rep. 178, Nr. 1531. Zu Botho Graf zu Eulenburg (1831-1912), 1881-1892 Oberpräsident der Provinz Hessen-Nassau in Kassel, zuvor 1873-1876 Oberpräsident der Provinz Hannover sowie 1878-1881 preußischer Innenminister, 1892-1894 preußischer Ministerpräsident, vgl. Born (1959): 680 f., Barmeyer (1985a): 146-149, Schütz (1985): 296, 299, Barmeyer (1985b): 323, Klein (1988): 118 f., Born (2001): 25, 29, 95-98, 120 f., 143 f.

200 Sybel (Berlin, 7. September 1892; Reinkonzept mit Ausfertigungs- und Absendevermerk vom 8. September) an die General-Staatskasse: GStAPK, I. HA, Rep. 178, Nr. 1531.

201 Zu Magdeburg, 1892-1898 Oberpräsident der Provinz Hessen-Nassau in Kassel, 1904 geadelt, vgl. Schütz (1985): 296, 301, Klein (1988): 168 f.

Forschungszwecke[202] bewilligen. In seinem letzten an diesen gerichteten Antrag vom 9. April 1894[203] zeigte er an, „daß ich den Befehl zu einer 13tägigen Übung“ vom 26. April bis zum 8. Mai beim sächsischen Militär „erhalten habe, mit der Bitte mich vom 23.-25. April und nach Schluß der Übung bis zum 12. Mai hochgeneigtest beurlauben zu wollen. Ich bedarf dieser Zeit teils zu Vorbereitungen zu der Übung, teils möchte ich sie für Studien im Dresdner Archiv verwenden.“ Die Genehmigung dieses Antrag durch den Oberpräsidenten erfolgte am 11. April[204].

Nach mehr als vierjähriger Tätigkeit Kretzschmars am Staatsarchiv Marburg wurde am 11. April 1895[205] seine Versetzung an das Staatsarchiv Osnabrück zum 1. Mai verfügt. Da er gerne noch in Marburg geblieben wäre, bat er Sybel am 22. April persönlich in Berlin sowie am 25. April[206] schriftlich, ihn an seinem bisherigen Dienstort zu belassen, worauf Sybel noch am gleichen

202 Die ersten beiden Anträge: Kretzschmar (Marburg, 13. August 1892; eigenhändig, mit Eingangsstempel vom 14. August) an Magdeburg (Bittet, Urlaub vom 28. August bis 25. September „zu bewilligen, den ich für wissenschaftliche Studien, teils auch zur Erholung zu verwenden beabsichtige“.): GStAPK, I. HA, Rep. 178, Nr. 1531; ders. (21. August 1893; eigenhändig, mit Eingangsstempel vom 22. August) an Magdeburg (Bittet, Urlaub vom 4.-30. September „gewähren zu wollen, den ich zu einer Studienreise, teils auch zur Erholung zu verwenden beabsichtige“.): ebd. Die Gesuche wurden in Kassel am 15. August 1892 bzw. 22. August 1893 vom Vertreter Magdeburgs bzw. diesem selbst genehmigt.

203 Kretzschmar (9. April 1894; eigenhändig, mit Eingangsstempel vom 10. April) an Magdeburg: GStAPK, I. HA, Rep. 178, Nr. 1531.

204 Genehmigungsverfügung des Oberpräsidenten (Kassel, 11. April 1894; unterschrieben von Magdeburg) auf dem in Anm. 203 angeführten Antrag Kretzschmars. Wegen seines durch einen Militärarzt bestätigten Magenleidens beantragte er Nachurlaub bis 9. Juni, der ihm gewährt wurde; vgl. Kretzschmar (Dresden, 29. April 1894; eigenhändig, mit Eingangsstempel vom 1. Mai) mit generalärztlichem Attest (Dresden, 25. April 1894) an den Oberpräsidenten und dessen Verfügung (Kassel, 1. Mai 1894; unterschrieben von Magdeburg): GStAPK, I. HA, Rep. 178, Nr. 1531.

205 Sybel (Berlin, 11. April 1895; Reinkonzept, das nach fünf weiteren in dieser Angelegenheit – an Könnecke, Oberpräsident Magdeburg, Staatsarchivar Philippi in Osnabrück, Oberpräsident Bennigsen in Hannover und Generalstaatskasse – paraphiert mit „*S.* $^{8}/_{4}$“, Ausfertigungsvermerk vom 8. und Absendevermerk vom 15. April) an Kretzschmar: GStAPK, I. HA, Rep. 178, Nr. 1531. Zu Philippi s. Anm. 53, zu Rudolf von Bennigsen (1824-1902), nationalliberaler Politiker, 1888-1897 Oberpräsident der Provinz Hannover vgl. Herzfeld (1955): 50-52, Barmeyer (1985a): 152-159, Barmeyer (1985b): 323, Born (2001): 94 f.

206 Vgl. Kretzschmar (Marburg, 25. April 1895; eigenhändig, mit Lesevermerk vom gleichen Tag) an Sybel – GStAPK, I. HA, Rep. 178, Nr. 1531 –: „Euer Excellenz hatten die Güte gehabt mir bei meiner Anwesenheit in Berlin am 18. d. M. meine Bitte wegen Verbleibens in Marburg in Erwägung zu ziehen geneigtest in Aussicht zu stellen. Da mir nur noch wenige Tage bis zu dem mir als Termin für die Übersiedelung nach Osnabrück vorgeschriebenen 1. Mai verbleiben, nehme ich mir die Freiheit, Euer Excellenz ganz gehorsamst um eine kurze Nachricht zu bitten, ob ich wohl auf einen geneigten Bescheid hoffen darf.“

Tag[207] antwortete: „Dem am 22. d. M.[208] mir mündlich vorgetragenen Gesuche um Zurücknahme Ihrer am 11. d. M. angeordneten Versetzung an das K[öni]gl[iche] Staatsarchiv in Osnabrück kann zu meinem Bedauern zur Zeit[209] keine Folge gegeben werden.“ Die von Sybel nachgetragenen Wörter „zur Zeit“ gaben Kretzschmar Hoffnung auf eine Versetzung von Osnabrück an ein anderes Archiv, die sich allerdings erst nach fast dreieinhalb Jahren erfüllen sollte.

Zweimal, nämlich 1896 und 1897, wurde Kretzschmar auch von Osnabrück aus „zur Ausführung von Studien“[210] beurlaubt. In der Zwischenzeit war seine Versetzung „zwecks Hilfeleistung bei der Herausgabe eines Jnventars der Kunstdenkmäler des Reg. Bez. *Cassel*“ erwogen worden, doch den mit einem Schreiben des Kultusministers Robert Bosse (1832-1901)[211] vom 13. November 1896 unterbreiteten Vorschlag lehnte der Vizepräsident des Staatsministeriums, Carl Heinrich von Boetticher (1833-1907)[212], zwei Wochen später (27. November)[213] ab. Nicht ganz drei Jahre nach seiner Versetzung an das Staatsarchiv Osnabrück wurde Kretzschmar rückwirkend zum 1. April 1898 als Archivar dort angestellt, wie ihm der neue Vizepräsident des

---

207 Sybel (Berlin, 25. April 1895; von Sybel mit „*S* $^{25}/_{4}$“ paraphiertes Reinkonzept mit Ausfertigungs- und Absendevermerk vom 26. April): GStAPK, I. HA, Rep. 178, Nr. 1531.

208 Kretzschmars Datierung seines mündlichen Gesuches (18. April) ist im Gegensatz zu der Sybels (22. April) weniger wahrscheinlich, denn da Kretzschmars mit „Marburg, den 25. April 1895.“ datiertes Schreiben (Anm. 206) bereits am gleichen Tag von Sybel beantwortet wurde, dürfte er es persönlich in Berlin abgegeben haben und auch nicht eine Woche bis zu dessen Niederschrift gewartet haben.

209 Von Sybel „zur Zeit“ über der Zeile hinzugefügt. Aus dieser Ergänzung kann man schließen, daß Kretzschmar möglicherweise weniger die Versetzung selbst als der künftige Dienstort mißfiel.

210 Vertreter des Oberpräsidenten der Provinz Hannover (Hannover, 13. Mai 1896; Ausfertigung) an den Direktor der Staatsarchive Koser (bewilligt Kretzschmar „den zur Ausführung von Studien in den bairischen Archiven und zur Erholung für die Zeit vom 28. d. Mts. bis zum 2. Juli erbetenen Urlaub“) sowie ders. (Hannover, 21. Mai 1897; Ausfertigung) an das Direktorium der Staatsarchive (Kretzschmar „für die Zeit vom 9. Juni bis 14. Juli d. Js. zwecks Ausführung von Studien, nach *München* beurlaubt“.): GStAPK, I. HA, Rep. 178, Nr. 1531.

211 Zu Bosse, 1892-1899 preußischer Kultusminister, vgl. Bußmann (1955): 484, Born (2001): 50, 109, 144 f.

212 Zu Boetticher, 1888-1897 Vizepräsident des preußischen Staatsministeriums, vgl. Meisner (1955): 413 f., Schütz (1985): 298, H. Henning (1985): 308, Born (2001): 109, 116, 124, 143-145.

213 Aktenvermerk über diese Schreiben – GStAPK, I. HA, Rep. 178, Nr. 1531 –: „Das Schreiben des Herrn Ministers […] vom 13. November 1896 […] betr. die Versetzung des Archiv-Assistenten *Dr. Kretzschmar* […] und die darauf ergangene ablehnende Antwort des Herrn V. Präs. d. Staats-Min. vom 27. November 1896 […] befindet sich in den Acten“.

Staatsministerium, Finanzminister Johannes von Miquel (1828-1901)[214], erst am 3. Mai[215] mitteilte:

> „Jn Berücksichtigung Jhrer seitherigen Leistungen habe ich beschlossen, Sie als Archivar bei dem dortigen Staatsarchive, unter […] Bewilligung einer pensionsfähigen Besoldung von jährlich 2700 *M.*[216] […], vom 1. April d. J. ab anzustellen.
>
> Demgemäß ernenne ich Sie von dem erwähnten Zeitpunkte ab hiermit zum
>
> ‚Archivar'
>
> in dem Vertrauen, daß Sie auch künftig […] den an Sie zu richtenden Anforderungen gewissenhaft genügen werden."

Einige Monate nach dieser Ernennung wurde Kretzschmar, was ihm schon am 9. Juli angekündigt[217] worden war, zum 1. Oktober 1898 an das Staatsarchiv Hannover versetzt, wo er die nächsten acht Jahre tätig sein sollte. Wie an seinen früheren Dienstorten veröffentlichte er auch aus den Beständen dieses Archivs regionalgeschichtliche Arbeiten[218]. Seine Forschungen wurden von seinen Vorgesetzten gefördert, denn Oberpräsident Constantin Graf zu Stolberg-Wernigerode (1843-1905)[219] gewährte ihm 1899 Urlaub vom 17. Juli bis 9. September – letztendlich auf Anweisung Miquels von fast acht auf sechs Wochen gekürzt[220]

---

214 Zu Miquel, 1890-1901 preußischer Finanzminister und 1897-1901 Vizepräsident des Staatsministeriums, vgl. Klein (1988): 173, Aldenhoff (1994): 553 f., Born (2001): 64, 111, 116-118, 125, 144 f.

215 Johannes von Miquel (Berlin, 3. Mai 1898; Reinkonzept, nach einem weiteren in dieser Sache an den Oberpräsidenten in Hannover paraphiert mit „M $^{1}/_{5}$", mit Ausfertigungs- und Absendevermerk vom 5. Mai. Die ursprüngliche Monatsangabe April wurde in Mai geändert, da das Schreiben laut Randvermerk erst nach Veröffentlichung des Haushalts „zu datiren und abzusenden".) an Kretzschmar: GStAPK, I. HA, Rep. 178, Nr. 1531.

216 Gegenüber seiner bisherigen Vergütung – zu deren Entwicklung siehe Anm. 196 – von 2100 M war das eine Erhöhung um 600 M. Weitere Gehaltszulagen erhielt Kretzschmar ab 1. April 1900 und ab 1. April 1903, nämlich jeweils 300 M, ab 1. April 1905 900 M und ab 1. April 1906 wieder 300 M, mithin zuletzt im preußischen Archivdienst 4500 M; vgl. Personalbogen (Anm. 123).

217 Miquel (Berlin, 9. Juli 1898; Reinkonzept, nach einem weiteren in dieser Sache an den Oberpräsidenten in Hannover paraphiert mit „M $^{9}/_{7}$") an Kretzschmar: GStAPK, I. HA, Rep. 178, Nr. 1531.

218 Zusammenstellung der Archivalien der Staatsarchive Marburg, Osnabrück und Hannover auswertenden landesgeschichtlichen Aufsätze Kretzschmars bei Bickelmann (1989): 327 f.

219 Zu Stolberg, 1898-1902 Oberpräsident der Provinz Hannover, vgl. Barmeyer (1985a): 157-160, Barmeyer (1985b): 324.

220 Miquel (Berlin, 5. Juni 1899; Reinkonzept, paraphiert mit „M $^{6}/_{6}$", mit Ausfertigungs- und Absendevermerk vom 7. Juni) an den Oberpräsidenten in Hannover – GStAPK, I. HA, Rep. 178, Nr. 1531 –: Unter Hinweis auf verschiedene Vorschriften „ersuche ich Ew. Exc. ergebenst den dem Archivar *Dr. Kretzschmar* daselbst für die Zeit vom 17. Juli bis 9. September d. J. ertheilten Urlaub gefälligst auf die Dauer von 6 Wochen zu beschränken".

– „zu Studien in den Bibliotheken und Archiven zu *München*“[221] und 1902 vom 3. Juni bis 1. Juli „nach *Stockholm*“[222].

Bereits kurze Zeit nach Arbeitsaufnahme in Hannover hatte Kretzschmar sich an die Königlich Sächsische Kommission für Geschichte in Leipzig gewandt und, wie aus deren Protokoll vom 7. Dezember 1898[223] hervorgeht, als Projekt eine Veröffentlichung zum Thema „Heilbronner Bund und Prager Friede“ vorgeschlagen und „für den ersten Gegenstand einen Band Darstellung, für den zweiten 2 Bände Akten“ veranschlagt. Auf Empfehlung des Vorsitzenden Karl Lamprecht (1856-1915)[224], ordentlicher Professor für mittelalterliche und neuere Geschichte an der Universität Leipzig, der die Kommission 1895 gegründet hatte, wurde beschlossen, „Herrn Kretzschmar die Bereitwilligkeit der Kommission mitzuteilen, daß im Dezember 1899 auf den Plan näher zurückgekommen werde“. In der Tat wurde Kretzschmars Vorhaben in der nächsten Sitzung der Kommission am 16. Dezember 1899[225] in deren Programm aufgenommen und zugleich „600 Mk. für Reisen eingestellt“. Entgegen der damaligen optimistischen Planung – Manuskriptabgabe 1900 – zog sich die Fertigstellung der Arbeit rund zwei Jahrzehnte hin[226]. Als

---

221 Auf dem Schreiben Stolbergs (Hannover, 29. März 1899; Ausfertigung mit Unterschrift Stolbergs und Eingangsvermerk vom 31. März) an das Direktorium der Staatsarchive – GStAPK, I. HA, Rep. 178, Nr. 1531 – befindet sich unten der am 30. Mai 1899 datierte Vermerk mit der Beurlaubung Kretzschmars für seine „Geschichte des Heilbronner Bundes und zur Erholung“.

222 Stolberg (Hannover, 16. Mai 1902; Ausfertigung mit Unterschrift Stolbergs und Eingangsvermerk vom 21. Mai) an das Direktorium der Staatsarchive: GStAPK, I. HA, Rep. 178, Nr. 1531. Die Reise nach Stockholm wurde von der Sächsischen Kommission für Geschichte durch einen Zuschuß gefördert; vgl. deren Protokolle (Anm. 226) vom 14. Dezember 1901 u. 11. Dezember 1902.

223 Protokoll der 3. Jahresversammlung am 7. Dezember 1898, Abschrift: SAdW, Ordner HK Jubiläum.

224 Zu Lamprecht, jeweils bis zu seinem Tod seit 1891 ordentlicher Professor in Leipzig und seit 1895 Vorsitzender der Kommission, vgl. Steinberg (1973): 58-68, Brocke (1982): 467-472, Wesseling (1999): 891-932.

225 Protokoll der 4. Jahresversammlung am 16. Dezember 1899 – Abschrift: SAdW, Ordner HK Jubiläum –: „Herr Kretzschmar bietet für 1900 die Fertigstellung des Ms. an; dasjenige über den Prager Frieden bittet er erst eine Weile später liefern zu müssen. […] Es wird auf Anfrage festgestellt, daß Herr Kretzschmar die Akten des Dresdner Archivs benutzt habe.“

226 Vgl. Protokolle der Jahresversammlungen der Königlich Sächsischen Kommission für Geschichte vom 12. Dezember 1900 („Herr Dr. Kretzschmar hat den Plan erweitert u. weitausgreifende Vorbereitungen getroffen; Bd. I wird 1901 druckfertig.“), 14. Dezember 1901 („das Ms. ist 1902 in Aussicht. Der Bearbeiter Dr. Kretzschmar wünscht Reisezuschuss (Reise nach Stockholm)“; für 1902 500 M bewilligt), 11. Dezember 1902 („Dr. Kretzschmar hat vorbereitende Arbeiten (Reise nach Stockholm) unternommen“.), 12. Dezember 1903 (Kretzschmar „wünscht eine Studienreise nach Paris zu machen. In den Voranschlag wird indessen ein Betrag nicht eingesetzt.“), 8. Dezember 1904 („Kretzschmar will das Manuscript Ende 1906 abliefern“.), 9. Dezember 1905 (wie 1904), 9. Februar 1907 („Das Manuscript wird 1907 noch nicht abgeliefert werden“.), 14. Dezember 1907 („Die Arbeiten schreiten fort“.), 27. Februar 1909 („Der Bearbeiter Dr. Kretzschmar ist mit weiteren Vorbereitungen beschäftigt“.) und 21. Dezember 1911 („Archivar Dr. Kretzschmar ist mit der Fortsetzung der Arbeit beschäftigt“.), Abschriften: SAdW, Ordner HK Jubiläum.

Zwischenergebnis bzw. Vorarbeit veröffentlichte Kretzschmar 1904 seine Studie über die Pläne und Ziele des schwedischen Königs Gustav Adolf (1594-1632)[227] in Deutschland[228], für das er Quellenmaterial aus den staatlichen Archiven in Hannover, Wolfenbüttel, Berlin, Schwerin und Stockholm herangezogen hatte. In seiner Einleitung schrieb er über die Entstehung dieses Buches[229]:

„Vorliegende Studie ist eine Vorarbeit zu einer demnächst erscheinenden Darstellung des Heilbronner Bundes; sie war erforderlich, da die bisherigen Arbeiten keine genügende Auskunft über die Grundfragen gaben, warum die deutschen Stände so rasch sich von den Schweden abwandten, ja zum Teil ihre Gegner wurden, obwohl sie doch eben erst von ihnen vor dem drohenden papistischen Joche gerettet worden waren."

Die genannte „Darstellung des Heilbronner Bundes", Kretzschmars mehr als 1600 Seiten umfassendes historiographisches Hauptwerk[230], das sich aufgrund von Quellen aus rund 40 Archiven[231] mit der schwedischen Politik in Deutschland nach dem Tod Gustav Adolfs unter Reichskanzler Axel Oxenstierna (1583-1654)[232] bis 1635 befaßt, sollte erst im Sommer 1918 abgeschlossen[233] sein. Da die Sächsische Kommission für Geschichte aus finanziellen Gründen damals nicht in der Lage war, das umfangreiche Werk zu veröffentlichen[234], konnte es erst 1922, vor allem dank in Schweden durch Vermittlung von Reichsarchivar

227 Zu Gustav II. Adolf, 1611-1632 König von Schweden, vgl. Tham (1946): 155-159, Roberts (1953-1958).

228 Kretzschmar (1904a): 1-219 (Darstellung), 221-515 (Anhang mit 124 Quellen).

229 Kretzschmar (1904a): [V].

230 Kretzschmar (1922), Bd. 1-3, Bd. 1: XXIII, 486 Seiten, Bd. 2: 626 Seiten, Bd. 3: 503 Seiten.

231 Vgl. Kretzschmar (1922), Bd. 1, Vorwort: III-VIII, dies V f. (Aufstellung der benutzten Archive); VII: „Sehr bedauert habe ich, daß ich die Archive in Paris und Kopenhagen nicht habe besuchen können; beides hat der Krieg verhindert."

232 Zu Oxenstierna, von 1612 bis zu seinem Tod schwedischer Reichskanzler, ursprünglich Freiherr, 1645 in den Grafenstand erhoben, vgl. Tham (1949): 681-684, Wetterberg (2002).

233 Vgl. Kretzschmar (1922), Band 1, VII: „23. August 1918." (Vorwortdatierung).

234 Vgl. Kretzschmar (1922), Bd. 1, VII: „Die sächsische Kommission für Geschichte in Leipzig, in deren Auftrag die Arbeit unternommen worden ist, war bei der allgemeinen Geldentwertung und den immer höher steigenden Preisen für Druck und Papier nicht in der Lage, die ins Uferlose sich verlierenden Kosten aufzubringen". Zu letzten Erwähnungen dieses Projekts in den Berichten der Sächsischen Kommission für Geschichte vgl. Neues Archiv für Sächsische Geschichte 40 (1919), Nachrichten 230-240 (darin 230-233 solche der Kommission, hier 231: „Abgeschlossen liegt das umfangreiche Manuskript der Akten zur Geschichte des Heilbronner Bundes (Staatsarchivar Dr. Kretzschmar-Lübeck) vor."), u. 43 (1922), Nachrichten 304-309 (darin 304 f. solche der Kommission, hier 305: Das Werk „wird nicht als Publikation der Kommission erscheinen, sondern hat einen andern Verleger gefunden".).

Samuel Clason (1867-1925)[235] aufgebrachter Mittel[236], in einem Lübecker Verlag erscheinen.

Von Hannover, wo sich sein Forschungsinteresse an den Beziehungen zwischen Deutschland und Schweden in der ersten Hälfte des 17. Jahrhunderts[237] entfaltet hatte, wurde Kretzschmar, was ihm bereits Mitte August 1906 Generaldirektor Koser[238] angekündigt hatte, zum 1. Oktober an das Geheime Staatsarchiv in Berlin versetzt[239] und dort von diesem[240] „in sein neues Amt eingeführt und mit den Pflichten desselben bekannt gemacht". Da Kretzschmar sich auch auf seiner Stelle im Geheimen Staatsarchiv bewährte – er wurde als „pflichtbewußter, zuverlässiger Beamter von ehrenhaftem Charakter"[241] bezeichnet –, sorgte Koser nach nicht einmal acht Monaten dafür, daß Ministerpräsident Bernhard Fürst von Bülow (1848-1929)[242] am 23. Mai 1907 bei Kaiser Wilhelm II. (1859-1941)[243]

---

235 Zu Clason, 1895 fil. dr. (Dr. phil.) Uppsala, nach Universitätslaufbahn von 1916 bis zu seinem Tod Reichsarchivar in Stockholm, vgl. Höjer (1944): 108 f.

236 Vgl. Kretzschmar (1922): Bd. 1, VII f. – dieser Nachtrag zum Vorwort ist in Lübeck am 31. Oktober 1922 datiert –: „der Druck hätte auch jetzt unterbleiben müssen, wenn nicht interessierte Kreise in Schweden die Mittel aufgebracht hätten. Dem Reichsarchivar Dr. Clason in Stockholm habe ich in erster Linie das Zustandekommen zu danken: auf seine Anregung hin hat die Kgl. Vitterhets, Historie och Antiquitets Akademie in Stockholm einen Teil der erforderlichen Mittel bewilligt; ihr haben sich eine Reihe privater Interessenten, Freunde vaterländischer Geschichte, angeschlossen. Die anderen Kosten hat der Karl X. Gustavsfonds in Lund [...] beigesteuert".

237 In diesem Zusammenhang ist auch sein Aufsatz über die Bündnisverhandlungen Gustav Adolfs mit Brandenburg zu nennen: Kretzschmar (1904b).

238 Vgl. Kretzschmar (Hannover, 18. August 1906; eigenhändig, mit Eingangsvermerk vom 20. August) an Koser: GStAPK, I. HA, Rep. 178, Nr. 1531 („Hochzuverehrender Herr Generaldirektor. Für das gütige Anerbieten, zum 1. October an das Geheime Staatsarchiv überzusiedeln, bitte ich meinen ehrerbietigsten Dank aussprechen zu dürfen. Es wird mir eine besondere Ehre sein unter Euer Hochwohlgeboren unmittelbaren Direktion tätig sein zu dürfen".). Zu Koser, seit 1896 als Sybels Nachfolger Leiter der preußischen Archivverwaltung, siehe Anm. 56.

239 Vizepräsident des Staatsministeriums (Berlin, 1. September 1906; Konzept mit Ausfertigungs- und Absendevermerk vom 6. September) an Kretzschmar mit Versetzungsverfügung: GStAPK, I. HA, Rep. 178, Nr. 1531. Nachfolger Miquels als Vizepräsident war 1901-1907 Arthur Graf von Posadowsky-Wehner (1845-1932); zu diesem vgl. Born (2001): 34 f., 48, 124 f., 130 f., 145, H. Henning (2001): 646 f.

240 Protokoll über Kretzschmars Amtseinführung (Berlin, 1. Oktober 1906; Abschrift der von Kretzschmar und Koser unterzeichneten Ausfertigung): GStAPK, I. HA, Rep. 178, Nr. 1531.

241 So in der wahrscheinlich von Koser stammenden „Begründung des Antrags" auf dem in Anm. 244 angeführten Schriftstück.

242 Zu Bülow, 1900-1909 deutscher Reichskanzler und preußischer Ministerpräsident, vgl. Zimmermann (1955): 729-732, Born (2001): 125-133, 145.

243 Zu Wilhelm II., 1888-1918 Deutscher Kaiser und König von Preußen, vgl. Röhl (1990): 419-442, Neugebauer (2003): 172-196, Kroll (2009): 290-310.

die „Verleihung des Charakters als Archivrath“[244] an Kretzschmar beantragte. Die entsprechende Urkunde wurde vom Kaiser in seiner Eigenschaft als König von Preußen[245] am 27. Mai im Neuen Palais in Potsdam unterzeichnet[246] und am 1. Juni durch den Zweiten Direktor der Staatsarchive, Paul Bailleu (1853-1922)[247], Kretzschmar, der sich drei Tage zuvor um die Stelle des Staatsarchivars in Lübeck[248] beworben hatte, ausgehändigt[249].

Dieser als Historiker bestens ausgewiesene Mann mit mehr als 16jähriger Erfahrung im preußischen Archivdienst wurde am 31. Juli 1907 zum Lübecker Staatsarchivar[250] ernannt. Diese Entscheidung sollte sich als Glücksfall für Lübeck erweisen, denn Kretzschmar, dem ersten Lübecker Stelleninhaber mit Archivausbildung, gelang es, das Staatsarchiv Lübeck – auch wenn der von ihm als erforderlich angesehene Archivneubau[251] während seiner Amtszeit nicht verwirklicht wurde – sowohl zu einer modernen Verwaltungseinrichtung zu machen, dessen Rechte er bei Bedarf energisch zu verteidigen wußte[252], als auch zu einer überregional bedeutenden und im Ostseeraum geschätzten Forschungs-

---

244 „Antrag des Präsidenten des Staatsministeriums“ = Ministerpräsident Bülow (Berlin, 23. Mai 1907; von der Generaldirektion erstelltes Reinkonzept mit Vermerk, daß am 23. Mai abgesandte Ausfertigung mit „Fürst v. Bülow“ unterzeichnet wurde) an „Seine Majestät den Kaiser und König“: GStAPK, I. HA, Rep. 178, Nr. 1531.

245 Die Urkunde für Kretzschmar – Konzept mit Eintragungen in Textformular als Anlage zum Antrag (Anm. 244) – beginnt folgendermaßen: „Wir Wilhelm, von Gottes Gnaden König von Preußen pp. thun kund und fügen hiermit zu wissen, daß Wir Allergnädigst geruht haben, dem Archivar *Dr. phil.* Johannes *Krezschmar* in Berlin den Charakter als ‚Archivrath‘ zu verleihen.“

246 Umschlagblatt mit Inhaltsangabe „Allerhöchst vollzogenes Patent für den nunmehrigen Archivrat *Dr. Kretzschmar* in *Berlin*. Gegeben *Neues Palais*, den 27. Mai 1907.“, darüber Eingangsvermerk des Staatsministeriums vom 28. Mai: GStAPK, I. HA, Rep. 178, Nr. 1531.

247 Zu Bailleu, 1874 Dr. phil. Göttingen, 1876-1921 im preußischen Archivdienst, zuletzt seit 1906 Zweiter Direktor der preußischen Staatsarchive und zugleich Direktor des Geheimen Staatsarchivs, vgl. Bellée (1953): 545, Leesch (1985): 28, Leesch (1992): 44 f.

248 Siehe Anm. 49.

249 Vgl. Vermerk auf dem Umschlagblatt (Anm. 246): „Die Aushändigung des Patents ist am 1. d. M. durch den 2. Dir. der St. A. erfolgt.“

250 Siehe Text bei Anm. 106.

251 Vgl. Kretzschmar (Lübeck, 28. November 1907; Ausfertigung mit Unterschrift, vorgelegt im Senat am 30. November) an Bürgermeister Schön sowie Kretzschmar (Lübeck, 25. Juni 1909, Ausfertigung mit Unterschrift, Eingangsvermerk der Senatskanzlei vom 26. Juni, vorgelegt im Senat am 30. Juni) an den Senat; beide Schriftstücke: AHL, NSA, Nr. 739.

252 Vgl. Spies (1990): 229-235; andererseits begegnete er politisch motivierten Angriffen auf das Staatsarchiv mit Gelassenheit; vgl. Spies (1992): 287-289.

stätte auszubauen[253]. In diesem Zusammenhang war es folgerichtig, daß er 1912 mit den „Veröffentlichungen zur Geschichte der Freien und Hansestadt Lübeck" eine archiveigene Schriftenreihe begründete, die bis zum Ende seiner Amtszeit (1932) auf elf Bände mit insgesamt 15 Titeln[254] anwuchs.

Kretzschmars Arbeiten zur schwedischen Geschichte[255] und seine persönlichen Verbindungen zu schwedischen Historikern, so beispielsweise seit 1908[256] zum Archivarskollegen Herman Brulin (1875-1960)[257], führten 1909 zu seiner Wahl zum ausländischen Mitglied der Königlichen Gesellschaft für die Herausgabe von Handschriften zur Geschichte Skandinaviens (Kungliga Samfundet för utgivande av handskrifter rörande Skandinaviens historia)[258] sowie 1929 der Königlichen Akademie für schöne Literatur, Geschichte und Altertümer (Kungliga Vitterhets Historie och Antikvitets Akademien)[259], beide in Stockholm. Über die Wahl in letztere unterrichtete er den Senat am 18. November 1929 mit folgendem, von seiner bescheidenen und zurückhaltenden Art zeugendem Schreiben[260]:

„Hohem Senate beehre ich mich mitzuteilen, daß die Kungl. Vitterhets Historie och Antikvitets Akademien in Stockholm mich zu ihrem ausländischen Mitgliede erwählt hat. Wenn ich in dieser Ehrung auch eine Anerkennung meiner wissenschaftlichen Arbeiten sehen darf, die auch der schwedischen Geschichte gewidmet gewesen ist, so gewährt es mir doch eine besondere Genugtuung, daß damit zugleich meine amtlichen Bemühungen Zustimmung finden, die Verbindungen zwischen Lübeck und Schweden auf unserem Gebiete zu pflegen und zu fördern."

---

253 Zur Würdigung von Kretzschmars Tätigkeit als Lübecker Staatsarchivar nach innen und außen vgl. Bickelmann (1993): 209-212. In diesem Zusammenhang ist ebenfalls zu erwähnen, daß er 1911-1933 Vorsitzender des Vereins für Lübeckische Geschichte und Altertumskunde sowie 1910-1934 Vorstandsmitglied, ab 1928 Vorsitzender, des Hansischen Geschichtsvereins war; vgl. Bickelmann (1993): 211 f., Reich (2019): 57, 60-71, 77 f., 196 f., 206 f., 212 f., 232, 234, 422, Hundt (2021): 30, 38. Zu Kretzschmars Veröffentlichungen zur lübeckischen Geschichte vgl. Bickelmann (1989): 327-329.

254 Vgl. Meyer u. Graßmann (1976): 84.

255 Außer den bereits erwähnten drei Arbeiten – Kretzschmar (1904a, 1904b und 1922) – ist auch sein Aufsatz über schwedische Handelskompanien im 16./17. Jahrhundert zu nennen: Kretzschmar (1911).

256 Vgl. Spies (1989): 342-349. Die Korrespondenz zwischen Kretzschmar und Brulin 1908-1947: RA, Herman Brulins arkiv, vol. E 9121.

257 Zu Brulin, 1905 fil. dr (Dr. phil.) Uppsala, 1905-1941 Archivar am Reichsarchiv (Riksarkivet) Stockholm, vgl. T. Dahl (1942): 486, Boëthius (1960): 62 f.

258 Vgl. Brulin (1947): 184.

259 Es handelt sich dabei nicht, wie mehrfach behauptet – so Fink (1932): 625, Fink (1949): 257, Fink (1950): 90 –, um die Königlich Schwedische Akademie der Wissenschaften (Kungliga Vetenskapsakademien), sondern um eine Einrichtung, die in etwa mit Historischen Kommissionen in Deutschland vergleichbar ist.

260 Kretzschmar (Lübeck, 18. Oktober 1929; maschinenschriftliche Ausfertigung mit Unterschrift) an den Senat sowie eigenhändiges Konzept vom Vortag: AHL, Personalamt, Bestand III, Nr. 737 bzw. AHL, Altregistratur des Archivs, Nr. 131. Erstdruck nach der Ausfertigung: Spies (1989): 341.

Abb. 2: Johannes Kretzschmar, Ölgemälde von Georg Behrens-Ramberg (1875-1955) 1938 (AHL, Inv.-Nr. 1008897/2009).

Eine weitere schwedische Auszeichnung Kretzschmars folgte fast drei Jahre später: Am 20. September 1932 teilte ihm der Dekan der Philosophischen Fakultät der Universität Uppsala[261] mit, daß die Fakultät beschlossen habe, ihm anläßlich des 300. Jahrestages der Schlacht bei Lützen, in der König Gustav Adolf am 6./16. November 1632[262] gefallen war, die Ehrendoktorwürde zu verleihen. Die Humanistische Sektion hatte in ihrer Sitzung am 8. September sechs schwedische und sieben ausländische Wissenschaftler, darunter als einzigen Deutschen Kretzschmar, für diese Auszeichnung ausgewählt und dies der Philosophischen Fakultät am gleichen Tag[263] vorgeschlagen. Nur wenige Wochen nach der Entscheidung der Universität wurde Staatsrat[264] Kretzschmar am 31. Oktober 1932[265] nach 25jähriger Tätigkeit als Leiter des Staatsarchivs Lübeck pensioniert.

Auch nach seinem Eintritt in den Ruhestand beobachtete Kretzschmar weiterhin die schwedische Geschichtsforschung, vor allem den Fortgang der 1888 begonnenen Edition der Schriften und Briefe des Reichskanzlers Oxenstierna. Bereits 1908 hatte er seinem Kollegen Brulin[266] Unterstützung bei diesem Vorhaben angeboten[267]; später geschah dies durch Auskünfte und durch Lesen der

---

261 Das nicht überlieferte Schreiben des Dekans an Kretzschmar wurde von diesem dem Senat vorgelegt, der „mit Interesse von der Ernennung Kenntnis" nahm; Auszug aus dem Senatsprotokoll (Lübeck, 19. Oktober 1932): AHL, Personalamt, Bestand III, Nr. 737.

262 Da in Schweden zum Zeitpunkt der Schlacht bei Lützen noch der damals gegenüber dem Gregorianischen um zehn Tage zurücklegende Julianische Kalender galt – vgl. Grotefend (2007): 27 f. –, wurde auch 300 Jahre später der 6. November als Todesdatum begangen.

263 Im Protokoll der Sitzung vom 8. September 1932 unter § 6 behandelt: UU, Filosofiska fakultetens arkiv, A Ib:39 Humanistiska sektionens protokoll 1932. Das Schreiben vom gleichen Tag an die Fakultät: UU, Filosofiska fakultetens arkiv, A Ia:73 Fakultetens protokoll 1932, Bil. 15/9 32 § 22 A.

264 Als Staatsarchivar führte Kretzschmar seit 1907 den Titel Archivrat, am 7. Juni 1919 wurde ihm der Titel Senatssyndikus verliehen und am 30. Dezember 1921 wurde dieser Titel in Staatsrat geändert; vgl. Spies (1981): 11, 17, Spies (1989): 339 f., Bickelmann (1993): 210.

265 Eigentlich hätte Kretzschmar Ende Februar 1930 in den Ruhestand treten müssen, doch der Senat verschob die Pensionierung zunächst bis auf weiteres, sah dann den 31. März 1933 dafür vor, schließlich wurde Kretzschmar zum 31. Oktober 1932 pensioniert; vgl. Spies (1989): 340.

266 Brulin edierte im Laufe von 45 Jahren (1909-1954) sieben Bände, welche Oxenstiernas Briefe aus den Jahren 1628-1633 enthalten; genaue Angaben bei Spies (1989): 342.

267 Vgl. Kretzschmar (Lübeck, 27. Februar 1908; eigenhändig) an Herman Brulin – RA, Herman Brulins arkiv, vol. E 9121 –: „da ich mit Freuden gehört habe, dass Sie jetzt die Herausgabe der Korrespondenz übernommen haben, so dass auf eine Fortsetzung dieser grossen Veröffentlichung zu rechnen ist, stehe ich ganz zu Ihrer Verfügung. Als ich in Stockholm war, übergab ich […] mein Verzeichnis der A[xel] O[xenstierna]-Briefe, die ich aus den verschiedensten Archiven gesammelt hatte. Inzwischen habe ich eine ganze Anzahl weiterer Archive durchgearbeitet, augenblicklich bin ich bei Augsburg u. Ulm angelangt; auch jetzt noch notiere ich mir alle AO-Briefe; ich stelle Ihnen gerne diese Verzeichnisse zur Verfügung".

ihm zugesandten Korrekturbögen[268]. Schließlich bot Kretzschmar Brulin am 1. März 1943 die Übernahme seiner Exzerpte zum ‚Heilbronner Bund' an, was dieser hocherfreut annahm, worauf die Kiste mit den Unterlagen als diplomatisches Kuriergepäck am 27. Mai nach Stockholm gelangte, die von Brulin nach Durchsicht am 8. September dem Reichsarchiv übergeben wurden[269]. Im folgenden Jahr fertigte er von diesem wissenschaftlichen Nachlaß[270] ein Verzeichnis[271] an, dessen Empfang Kretzschmar ihm am 19. Juni 1946[272] bestätigte.

Damals lebte Kretzschmar schon nicht mehr in dem von ihm seit 1912 bewohnten Haus in der Jürgen-Wullenwever-Straße Nr. 11[273], denn gegen Ende des Zweiten Weltkriegs war dieses vier Tage nach dem Einmarsch britischer Soldaten am Nachmittag des 2. Mai 1945[274] beschlagnahmt worden, worauf er es hatte verlassen und zunächst in einem Zimmer in der Gneisenaustraße Nr. 14 unterkommen müssen, ehe er am 21. Februar 1946 mit seiner Haushälterin Johanna Muhl (1892-1969)[275], die seit 1936 bei dem Witwer wohnte, wieder eine eigene Wohnung in der Krögerlandsiedlung (Im Musennest Nr. 22)[276] beziehen konnte. Am 11. Mai 1946[277] drückte Kretzschmar gegenüber Brulin, der die fast drei Jahre unterbrochene Korrespondenz am 28. April mit einer Postkarte[278] wieder aufgenommen hatte, seine Freude darüber aus, „daß meine Exzerptensammlung Ihnen für Ihre wissenschaftlichen Arbeit so nützlich ist", und bemerkte über seine Lage seit Kriegsende:

„Sonst geht es mir gesundheitlich soweit gut[279], nur ist mein größter Kummer, daß mein Haus in der J. Wullenweverstr. 11 seit dem 6. Mai 45 von den Engl[ändern] beschlagnahmt worden ist, mit meinen 81 Jahren trage ich sehr schwer daran. Wir hatten dann 10 Monate lang ein Zimmer in der Gneisenaustr. 14, aber seit dem 21. Februar Gottlob wieder eine eigene kleine Siedlungs-

---

268 Vgl. Spies (1989): 343 f.

269 Vgl. mit Wiedergabe der entsprechenden Korrespondenz Spies (1989): 344-347.

270 RA, J. Kretzschmars excerptsamling.

271 Kurzfassung des Verzeichnisses bei Spies (1989): 350.

272 Vgl. Spies (1989): 350 f.

273 Bei seinem Einzug am 16. März 1912 hieß sie noch Kaiser-Wilhelm-Straße und hatte die Hausnummer 13, welche 1914 in 11 umnumeriert wurde, die Änderung des Straßennamens erfolgte 1922: AHL, Ordnungsamt, Einwohnermeldekartei, Johannes Kretzschmar.

274 Zu Lübeck im Zweiten Weltkrieg (1939-1945) und in der unmittelbaren Nachkriegszeit vgl. Meyer (2008): 732-754 u. 897-899, zum Einmarsch der britischen Soldaten am 2. Mai ab 14 Uhr: 740 f.

275 Johanna Agnes Amalie Muhl kehrte später in das Haus in der Jürgen-Wullenwever-Straße zurück, wo sie auch starb: AHL, Ordnungsamt, Einwohnermeldekartei, Johanna Muhl.

276 AHL, Ordnungsamt, Einwohnermeldekartei, Johannes Kretzschmar.

277 Kretzschmar (Lübeck, 11. Mai 1946; geschrieben von Johanna Muhl mit eigenhändiger Unterschrift) an Brulin: RA, Herman Brulins arkiv, vol. E 9212.

278 Vgl. Spies (1989): 347.

279 Vorlage: „geht".

wohnung. Sie ist allerdings eine halbe St[unde] Wegs von Lübeck entfernt, aber auch daran gewöhnt man sich mit der Zeit allmählich, die Hauptsache ist, man hat wieder sein Reich für sich, und braucht nicht mehr mit so vielen anderen Leuten zusammen wohnen."

Als Kretzschmar sich am 19. Juni bei Brulin für das von diesem erhaltene Lebensmittelpaket[280] bedankte, äußerte er sich am Schluß seines Briefs erleichtert darüber, daß das Gebäude des Lübecker Archivs[281] den Krieg überstanden hatte:

„Gottlob ist unser Lübecker Archiv unbeschädigt geblieben. Wie froh ich darüber bin können Sie sich wohl vorstellen, wenn auch unser schönes Lübeck mit all seinen schönen wertvollen Kulturstätten sehr gelitten hat, so ist uns doch diese Hütte der Wissenschaft erhalten geblieben."

Brulin fragte am 21. November[282] bei Kretzschmar an, ob er ihm „einige Exzerptzettel, wo recht viele Verkürzungen vorkommen", zur Erläuterung schicken dürfe, worauf Kretzschmar am 3. Dezember mit schon etwas zitteriger Hand auf einer Postkarte[283] um deren Zusendung bat. Am 17. Januar 1947 brachte Brulin[284] vier Exzerptzettel auf den Postweg. Nachdem ein weiteres Lebensmittelpaket eingetroffen war, bedankte sich Kretzschmars Haushälterin, da er gestürzt war und ihm deshalb das Schreiben schwerfiel, am 26. Januar in seinem Auftrag bei Brulin. Gut drei Wochen später, am 18. Februar um 19 Uhr, starb Kretzschmar an Altersschwäche[285], wovon seine Haushälterin Muhl am 22. März[286] Brulin mit folgenden Zeilen unterrichtete:

„Es tut mir außerordentlich leid, Ihnen die einliegenden Zettel ungelöst wieder zurückschicken zu müssen. Herr Dr. Kretzschmar war leider nicht mehr fähig dazu. Er hatte Anfang Januar einen leichten Schlaganfall, der sich einige

---

280 Kretzschmar (Lübeck, 19. Juni 1946, geschrieben von Johanna Muhl, eigenhändig: „Ihr Johs. Kretzschmar") an Brulin – RA, Herman Brulins arkiv, vol. E 9212 –: „Das war eine freudige Überraschung als Frl. Muhl dieses nahrhafte Paket mit glückstrahlendem Gesicht auspackte. So etwas Gutes haben wir lange nicht gehabt! Aber ganz gewiß bezog sich diese Freude nicht allein auf den nahrhaften Teil der Sendung, obwohl wir diese ganz gewiß nicht unterschätzen, ebensosehr erfreute mich Ihre Gesinnung und die unserer teilnehmenden Freunde in Schweden."

281 Das Staatsarchiv Lübeck, das sich 1879-1936, also während Kretzschmars Amtszeit, im Gebäude Königstraße Nr. 21 befunden hatte, hatte damals (1936-1961), seit 1937 als Archiv der Hansestadt Lübeck, seinen Sitz in der St.-Annen-Straße Nr. 2; vgl. Graßmann (1981b): 7, Spies (1992): 284.

282 Brulin (o. O. [Stockholm], 21. November 1946; eigenhändiges Konzept) an Kretzschmar: RA, Herman Brulins arkiv, vol. E 9212.

283 Kretzschmar (Lübeck, 3. Dezember 1946; eigenhändige Postkarte) an Brulin: RA, Herman Brulins arkiv, vol. E 9212.

284 Entsprechender Vermerk Brulins auf der in Anm. 283 genannten Postkarte.

285 Vgl. Sterbeurkunde (Sterberegister Nr. 1947/795) des Standesamts Lübeck vom 3. März 1947: AHL, Personalamt, Bestand III, Nr. 737; Altersschwäche war laut Totenschein, ausgestellt am 19. Februar 1947 vom praktischen Arzt Dr. med. Hellmuth Lücker, Lübeck, die Todesursache: AHL, Gesundheitsamt, Totenscheine 1947/795.

286 Johanna Muhl (Lübeck, 22. März 1947; eigenhändig) an Brulin: RA, Herman Brulins arkiv, vol. E 9121.

Wochen später wiederholte und an deren Folgen mein lieber Herr Staatsrat am 18. 2. verstorben ist. Ich bin sehr traurig darüber, wir haben uns so gut verstanden und ich habe[287] den alten Herrn in den 12 Jahren wo ich ihn betreute, wie einen gütigen Vater verehrt und zu lieben gelernt."

Im Vorwort zum letzten noch zu Kretzschmars Lebzeiten erschienenen Band des Oxenstierna-Briefwechsels, der den Zeitraum Juni-September 1633 behandelt, hatte Brulin die Übergabe von dessen Exzerptsammlung dankbar erwähnt und diese als „Denkmal für das Werk dieses vornehmen Forschers und Zeugnis seiner Sympathie für unser Land" („ett minnesmärke över denne förnämlige forskares verk och ett vittnesbörd om hans sympati för vårt land")[288] bezeichnet. Von Brulin stammt auch der erste Nachruf eines Wissenschaftlers auf Kretzschmar, in dem er diesen einen „ungewöhnlich sorgfältigen Forscher und treuen Freund unseres Landes" („en sällsynt gedigen forskare och trofast vän till vårt land")[289] nennt. Diese Äußerungen und die Kretzschmar zuteil gewordenen Ehrungen zeigen, welch große Wertschätzung er in Schweden erfuhr.[290]

---

287 Vorlage: „haben".

288 Brulin (1946): VI. Auch im Vorwort zum vorhergehenden Band hatte Brulin Kretzschmars Unterstützung bei diesem Editionsprojekt erwähnt; Brulin (1942): VI („Även genom personligen meddelade upplysningar ur sin rika kunskapsförråd har d:r Kretzschmar givit editionsarbetet sin bistånd.").

289 Brulin (1947): 182-184, Zitat 182.

290 Zur durchaus positiven Bewertung von Kretzschmars erster Arbeit zur schwedischen Geschichte zur Zeit Gustav Adolfs – Kretzschmar (1904a) – fast 90 Jahre nach deren Veröffentlichung vgl. Oredsson (1993): 78-80, 86, 115 f., 151, 246, 258.

Quellen und Literatur

a. Ungedruckte Quellen (gegliedert nach Archivorten)

Geheimes Staatsarchiv Preußischer Kulturbesitz Berlin (GStAPK)
I. HA, Rep. 178 (Generaldirektion der Staatsarchive), Nr. 1531

Universitätsarchiv der Humboldt-Universität Berlin (UAHU)
Philosophische Fakultät, Nr. 286

Sächsische Akademie der Wissenschaften Leipzig (SAdW)
Ordner HK Jubiläum

Archiv der Hansestadt Lübeck (AHL)
Altregistratur des Archivs, Nr. 131
Gesundheitsamt, Totenscheine
5.4.-Hansischer Geschichtsverein, Nr. 410
NSA, Nr. 731, 739 und 740
Ordnungsamt, Einwohnermeldekartei
Personalamt, Bestand III, Nr. 737

Hessisches Landesarchiv, Abt. Hessisches Staatsarchiv Marburg (StAMr)
Bestand 150, Nr. 1007

Stadtarchiv Potsdam (StAP)
Sterbebuch des Standesamtes Potsdam 1939

Deutsches Historisches Institut Rom (DHI)
Archiv R 3 (Personal), Nr. 37

Riksarkivet Stockholm (RA)
Herman Brulins arkiv, vol. E 9121
J. Kretzschmars excerptsamling

Uppsala universitetsarkiv (UU)
Filosofiska fakultetens arkiv, A Ib:39 Humanistiska sektionens protokoll 1932
Filosofiska fakultetens arkiv, A Ia:73 Fakultetens protokoll 1932, Bil. 15/9 32 § 22 A

b. Gedruckte Quellen und Literatur

Ahrens (1993)
Gerhard Ahrens, Emil Ferdinand Fehling, in: Bruns (1993), S. 118-121.

Ahrens (2008)
Gerhard Ahrens, Von der Franzosenzeit bis zum Ersten Weltkrieg 1806-1914: Anpassungen an Forderungen der neuen Zeit, in: Graßmann (2008), S. 539-685, 879-891.

Aldenhoff (1994)
Rita Aldenhoff, Johannes v. (preuß. Adel 1897) Miquel, Politiker, in: NDB 17, Berlin 1994, S. 553-554.

Aubel u. Mewes (1949)
[Peter] van Aubel u. Bernhard Mewes, Vorwort, in: Statistisches Jahrbuch Deutscher Gemeinden 37, 1949, S. III-IV.

Ay (2005)
Karl-Ludwig Ay, Johann Heinrich Dietrich Schäfer, Historiker, politischer Publizist, in: NDB, Bd. 22, Berlin 2005, S. 504-505.

Bader (1925)
Karl Bader, Lexikon deutscher Bibliothekare im Haupt- und Nebenamt bei Fürsten, Staaten und Städten (35. Beiheft zum Zentralblatt für Bibliothekswesen), Leipzig 1925.

Barmeyer (1985a)
Hilde Barmeyer, Die hannoverschen Oberpräsidenten 1867-1933, in: Schwabe (1985), S. 137-181.

Barmeyer (1985b)
Hilde Barmeyer, Die Oberpräsidenten der Provinz Hannover, in: Schwabe (1985), S. 323-325.

Bellée (1953)
Hans Bellée, Paul Bailleu, Direktor der preußischen Staatsarchive, in: NDB, Bd. 1, Berlin 1953, S. 545.

Benl (2008)
Rudolf Benl, Die Geschichte der Archive der Stadt und des Stadtarchivs Erfurt, in: ders. (Hrsg.), Das Stadtarchiv Erfurt. Seine Geschichte, seine Bestände (Veröffentlichungen des Stadtarchivs Erfurt, Bd. 2). Erfurt 2008, S. 89-143.

Bernheim (1896)
Ernst Bernheim, Julius Ludwig Friedrich Weizsäcker, in: Allgemeine Deutsche Biographie, Leipzig 1896, S. 637-645.

Bickelmann (1989)
Hartmut Bickelmann, Verzeichnis der Schriften Johannes Kretzschmars, in: ZVLGA 69, 1989, S. 325-333.

Bickelmann (1993)
Hartmut Bickelmann, Theodor Johannes Kretzschmar, in: Bruns (1993), S. 208-214.

Blaha (2001)
Walter Blaha, Carl Beyer (1848-1900). Leiter des Stadtarchivs Erfurt 1882-1900, in: Lebensbilder Thüringer Archivare, hrsg. vom Vorstand des Thüringer Archivarsverbandes, o. O. [Rudolstadt] 2001, S. 19-23.

Börsch-Supan (2003)
Helmut Börsch-Supan, Adrian Ludwig Richter, Maler, Zeichner und Graphiker, in: NDB, Bd. 21, Berlin 2003, S. 535-537.

Boëthius (1960)
Bertil Boëthius, Herman Brulin †, in: HT 70, 1960, S. 62-63.

Born (1959)
Karl Erich Born, Botho Wend August Graf zu Eulenburg, preuß. Staatsmann, in: NDB, Bd. 4, Berlin 1959, S. 680-681.

Born (2001)
Karl Erich Born, Preußen im deutschen Kaiserreich 1871-1918. Führungsmacht des Reiches und Aufgehen im Reich, in: Handbuch der Preußischen Geschichte, Bd. III: Vom Kaiserreich zum 20. Jahrhundert und Große Themen der Geschichte Preußens, hrsg. v. Wolfgang Neugebauer, Berlin, New York 2001, S. 15-148.

Brandt (1952)
Ahasver von Brandt, Das Lübecker Archiv in den letzten hundert Jahren. Wandlungen, Bestände, Aufgaben, in: ZVLGA 33, 1952, S. 33-80.

Brandt (1954)
A[hasver] von Brandt, Geist und Politik in der lübeckischen Geschichte. Acht Kapitel von den Grundlagen historischer Größe, Lübeck 1954.

Brandt (1961)
Ahasver von Brandt, Emil Ferdinand Fehling, hanseatischer Staatsmann, in: NDB, Bd. 5, Berlin 1961, S. 46-47.

Brandt (1970)
Ahasver von Brandt, Hundert Jahre Hansischer Geschichtsverein. Ein Stück Sozial- und Wirtschaftsgeschichte, in: HGbll 88 Teil I, 1970, S. 3-67.

Brandt (1979)
Ahasver von Brandt, Das Ende der Hanseatischen Gemeinschaft. Ein Beitrag zur neuesten Geschichte der Hansestädte, in: Klaus Friedland u. Rolf Sprandel (Hrsg.), Lübeck, Hanse, Nordeuropa. Gedächtnisschrift für Ahasver von Brandt, Köln, Wien 1979, S. 97-125.

Brehmer (1887-1888)
W[ilhelm] Brehmer, Lübeckische Häusernamen nebst Beiträgen zur Geschichte einzelner Häuser, in: Mittheilungen des Vereins für Lübeckische Geschichte und Alterthumskunde 3, 1887-1888, S. 17-34, 64-84, 105-116, 132-167, u. 4, 1889-1890, S. 10-16, 27-32, 36-48, 55-61, 77-79, 86-93, 103-112, 127-144, 154-160.

Brocke (1980)
Bernhard vom Brocke, Reinhold Koser, Historiker, Archivar, in: NDB, Bd. 12, Berlin 1980, S. 613-615.

Brocke (1982)
Bernhard vom Brocke, Karl Lamprecht, Historiker, in: NDB, Bd. 13, Berlin 1982, S. 467-472.

Brulin (1942)
Herman Brulin, Förord, in: AOSB, Abt. 1, Bd. 8, Stockholm 1942, S. III-VIII.

Brulin (1946)
Herman Brulin, Förord, in: AOSB, Abt. 1, Bd. 9, Stockholm 1946, S. III-VI.

Brulin (1947)
H. B-n [Herman Brulin], Johannes Kretzschmar †, in: HT 67, 1947, S. 182-184.

Bruns (1993)
Alken Bruns (Hrsg.), Lübecker Lebensläufe aus neun Jahrhunderten, Neumünster 1993.

Bruns (2009a)
Alken Bruns (Hrsg.), Neue Lübecker Lebensläufe, Neumünster 2009.

Bruns (2009b)
Alken Bruns, Friedrich Christian Heinrich Bruns, in: ders. (2009a), S. 119-121.

Bußmann (1955)
Walter Bußmann, Julius Robert Bosse, Staatsmann, in: NDB, Bd. 2, Berlin 1955, S. 484.

Bußmann (1968)
Walter Bußmann, Heinrich von Sybel, in: BG, S. 93-103.

H. Dahl (1969)
Helmut P[aul] Dahl, Lübeck im Bundesrat 1871-1914. Möglichkeiten und Grenzen einzelstaatlicher Politik im Deutschen Reich (VGHL, Bd. 23), Lübeck 1969.

T. Dahl (1942)
Torsten Dahl, Johann Olaf Herman Brulin, arkivman, historiker, in: SMK, Bd. 1, Stockholm 1942, S. 486.

Deutsches Wörterbuch (1936)
Deutsches Wörterbuch von Jacob und Wilhelm Grimm, Bd. 11, Abt. II, bearb. v. Victor Dollmayr und der Arbeitsstelle des Deutschen Wörterbuchs, Leipzig 1936.

Dotterweich (2013)
Volker Dotterweich, Heinrich Ludolf Karl (Ludolf Carl) v. (preuß. Adel 1831) Sybel, Historiker, in: NDB, Bd. 25, Berlin 2013, S. 733-735.

Ehling (2018)
Kay Ehling, Ludwig (Adrian Ludwig) Richter, dt. Maler, Kupferstecher, Holzschnittzeichner, in: Allgemeines Künstlerlexikon. Die Bildenden Künstler aller Zeiten und Völker, Bd. 98, hrsg. v. Andreas Beyer, Bénédicte Savoy u. Wolf Tegethoff, Berlin, Boston 2018, S. 455-456.

Elze (1990)
Reinhard Elze, Das Deutsche Historische Institut in Rom 1888-1988, in: ders. u. Arnold Esch (Hrsg.), Das Deutsche Historische Institut in Rom 1888-1988 (Bibliothek des Deutschen Historischen Instituts in Rom, Bd. 70), Tübingen 1990, S. 1-32.

Faber (1893)
Wilhelm Faber, Gedächtnisrede am Sarge des verewigten Herrn Dr. Konrad Schottmüller, Geheimen Regierungsrates und vortragenden Rates im Kultusministerium, Berlin 1893.

Fehling (1908)
1340 [= Emil Ferdinand Fehling], Bürgermeister Dr. Schön †, in: LBll 50, 1908, Nr. 42 (18. Oktober), S. 617-621.

Fehling (1915)
E[mil] F[erdinand] Fehling, Zur Lübeckischen Ratslinie 1814-1914 (VGFHL, Bd. 4, Heft 1), Lübeck 1915.

Fehling (1921)
E[mil] F[erdinand] Fehling, Zur Lübeckischen Ratslinie 1915-1921, Lübeck 1921.

Fehling (1925)
E[mil] F[erdinand, Lübeckische Ratslinie von den Anfängen der Stadt bis auf die Gegenwart. I. Die Ratslinie Nr. 1-1041 – II. Anmerkungen – Register (VGFHL, Bd. 7, Heft 1), Lübeck 1925.

Fehling (1929)
[Emil] Ferdinand Fehling, Aus meinem Leben. Erinnerungen und Aktenstücke, Lübeck, Berlin, Leipzig 1929.

Fink (1932)
Georg Fink, Staatsrat Dr. Kretzschmar und seine schwedische Ehrenpromotion, in: LBll 74, 1932, Nr. 45 (6. November), S. 625-626.

Fink (1949)
Georg Fink, Johannes Kretzschmar †, in: ZVLGA 31, 1949, S. 257-258.

Fink (1950)
Georg Fink, Johannes Kretzschmar (1864-1947), in: HGbll 69, 1950, S. 90-92.

Frauendienst (1955)
Werner Frauendienst, Theobald Theodor Friedrich Alfred v. Bethmann Hollweg, Reichskanzler, in: NDB, Bd. 2, Berlin 1955, S. 188-193.

Gatzemeier (1996)
Matthias Gatzemeier, Eduard Zeller, in: Jürgen Mittelstraß (Hrsg.), Enzyklopädie Philosophie und Wissenschaftstheorie, Bd. 4, Stuttgart, Weimar 1996, S. 834-835.

Graßmann (1981a)
Antjekathrin Graßmann (Hrsg.), Das Archiv der Hansestadt Lübeck (Senat der Hansestadt Lübeck, Amt für Kultur, Veröffentlichung XVI), Lübeck 1981.

Graßmann (1981b)
Antjekathrin Graßmann, Kurzer Abriß der Geschichte des Archivs der Hansestadt Lübeck, in: Graßmann (1981a), S. 7-9.

Graßmann (2008)
Antjekathrin Graßmann (Hrsg.), Lübeckische Geschichte, 4. verbesserte und ergänzte Auflage Lübeck 2008.

Graßmann (2009)
Antjekathrin Graßman[n], Heinrich Klug, in: Bruns (2009a), S. 326-328.

Grotefend (2007)
Hermann Grotefend, Taschenbuch der Zeitrechnung des deutschen Mittelalters und der Neuzeit, 14. Auflage Hannover 2007.

Hach (1907)
Th[eodor] Hach, Staatsarchivar Prof. Dr. P. E. Hasse †, in: LBll 49, 1907, Nr. 18 (5. Mai), S. 239-241.

B. Hartwig (2002)
Bernd Hartwig, Die Dinge lagen damals anders. Ein Bericht über die Hitler-Zeit (1933-1945), Aachen 2002.

J. Hartwig (1903)
J[ulius] Hartwig, Der Lübecker Schoß bis zur Reformationszeit (Staats- und socialwissenschaftliche Forschungen, Bd. 21, Heft 6), Leipzig 1903.

Heid (2012)
Stefan Heid, Emil Hübner, in: ders. u. Martin Dennert (Hrsg.), Personenlexikon zur Christlichen Archäologie. Forscher und Persönlichkeiten vom 16. bis zum 21. Jahrhundert, Bd. 1, Regensburg 2012, S. 663-664.

Hellmann (2020)
Martin Hellmann, Adolph (Adolf) Heinrich Gotthilf Wagner, Nationalökonom, in: NDB, Bd. 27, Berlin 2020, S. 209-211.

E. Henning (1979)
Eckart Henning, Der erste Generaldirektor der Preußischen Staatsarchive Reinhold Koser, in: Friedrich Benninghoven u. Cécile Lowenthal-Hensel (Hrsg.), Neue Forschungen zur Brandenburg-Preußischen Geschichte, Bd. 1 (Veröffentlichungen aus den Archiven Preußischer Kulturbesitz, 14). Köln, Wien 1979, S. 259-293.

E. Henning (2015)
Eckart Henning, Titulaturenkunde. Prolegomena einer „neuen" Hilfswissenschaft für den Historiker, in: ders., Auxilia historica. Beiträge zu den Historischen Hilfswissenschaften und ihren Wechselbeziehungen, 3. Auflage Köln, Weimar, Wien 2015, S. 144-167.

Henning u. Wegeleben (1978)
Eckart Henning u. Christel Wegeleben, Archivare beim Geheimen Staatsarchiv in der Berliner Kloster- und Neuen Friedrichstraße 1874-1924, in: Jahrbuch für brandenburgische Landesgeschichte 29, 1978, S. 25-61.

H. Henning (1985)
Hansjoachim Henning, Die Oberpräsidenten der Provinzen Brandenburg, Pommern und Sachsen 1871-1918, in: Schwabe (1985), S. 307-314.

H. Henning (2001)
Hansjoachim Henning, Arthur Adolf Graf v. Posadowsky-Wehner, Frhr. v. Postelwitz, Verwaltungsjurist, Staatssekretär des Reichsschatzamts und des Reichsamts des Innern, in: NDB, Bd. 20, Berlin 2001, S. 646-647.

Henze-Döhring (1997)
Sabine Henze-Döhring, Wolfgang Amadeus (Amadé, eigtl. Joannes Chrysostomus Wolfgangus Theophilus) Mozart, in: NDB, Bd. 18, Berlin 1997, S. 240-246.

Herzfeld (1955)
Hans Herzfeld, Karl Wilhelm Rudolf von Bennigsen, Parlamentarier, in: NDB, Bd. 2, Berlin 1955, S. 50-52.

Höjer (1944)
Torgny Höjer, Samuel (Sam.) Clason, historiker, politiker, in: SMK, Bd. 2, Stockholm 1944, S. 108-109.

Hoffmann (1908)
Max Hoffmann, Staatsarchivar Dr. Paul Hasse †, in: ZVLGA 9, 1908, S. 369-376.

Holl (2003)
Karl Holl, Ludwig Quidde, Historiker, Pazifist, in: NDB, Bd. 21, Berlin 2003, S. 45-47.

Hübener (2002)
Kristina Hübener, Albert Frh. v. Levetzow, Jurist, Landesdirektor der Provinz Brandenburg, in: Friedrich Beck u. Eckart Henning (Hrsg.), Brandenburgisches Biographisches Lexikon (Einzelveröffentlichungen der Brandenburgischen Historischen Kommission, Bd. 5, Potsdam 2002, S. 255-256.

Hübinger (1963)
Paul Egon Hübinger, Das Historische Seminar der Rheinischen Friedrich-Wilhelms-Universität zu Bonn. Vorläufer – Gründung – Entwicklung. Ein Stück deutscher Universitätsgeschichte. Mit einem Beitrag von Wilhelm Levison (Bonner Historische Forschungen, Bd. 20), Bonn 1963.

Hundt (2021)
Michael Hundt, Alles Geschichte! Zweihundert Jahre Verein für Lübeckische Geschichte und Altertumskunde, in: ZLG 100, 2020/2021, S. 15-46.

Kiefer (2004)
Jürgen D[ietrich] K[urt] Kiefer, Bio-Bibliographisches Handbuch der Akademie gemeinnütziger Wissenschaften zu Erfurt 1754-2004 aus Anlaß der 250. Jahrfeier im Auftrag des Senats erarbeitet. Bio-Bibliographisches Handbuch der Protektoren und Spezialprotektoren, der Träger von Ehrentiteln und Inhaber von Ehrenämtern, der Preisträger sowie der Ehren-, Ordentlichen und Auswärtigen Mitglieder, einschließlich einer Chronologischen Übersicht aller Aufnahmen, der Mitglieder der Erziehungswissenschaftlichen Gesellschaft an der Akademie (eröffnet 1927) und einer Auswahl von Vortragenden, die nicht Mitglieder der Akademie waren. Erfurt 2004 [recte: 2005].

Klein (1988)
Thomas Klein, Leitende Beamte der allgemeinen Verwaltung in der preußischen Provinz Hessen-Nassau und Waldeck (Quellen und Forschungen zur hessischen Geschichte, Bd. 70), Darmstadt u. Marburg 1988.

Kleinertz (1993)
Everhard Kleinertz, Joseph Hansen (1862-1943), in: Rheinische Lebensbilder, Bd. 13, hrsg. v. Franz-Josef Heyen, Köln 1993, S. 249-276.

Klötzer (1961)
Wolfgang Klötzer, Paul Wentzcke †, in: Historische Zeitschrift 192 (1961), S. 791-792.

Kloft (2001)
Hans Kloft, Dietrich Schäfer (1845-1929) – ein Historiker aus Bremen, in: Bremisches Jahrbuch 100, 2021, S. 120-137.

Kohlmorgen (2009)
Günter Kohlmorgen, Eduard Friedrich Ewers, in: Bruns (2009a), S. 195-198.

Konrad (2004)
Ulrich Konrad, (Joannes Chrysostomus) Wolfgang, Wolfgangus, Theophilus, Amadeus Mozart, in: Die Musik in Geschichte und Gegenwart. Allgemeine Enzyklopädie der Musik, begr. v. Friedrich Blume, hrsg. v. Ludwig Finscher, Personenteil, Bd. 12, 2. Auflage Kassel, Basel, London, New York, Prag, Stuttgart, Weimar 2004, Sp. 591-758.

Krabbenhöft (1969)
Günter Krabbenhöft, Verfassungsgeschichte der Hansestadt Lübeck. Ein Überblick, Lübeck 1969.

Kretzschmar (1889)
Joh[annes] Kretzschmar, Die Formularbücher aus der Canzlei Rudolfs von Habsburg, Innsbruck 1889.

Kretzschmar (1892)
Johannes Kretzschmar, Die Invasionsprojekte der katholischen Mächte gegen England zur Zeit Elisabeths. Mit Akten aus dem vatikanischen Archiv, Leipzig 1892.

Kretzschmar (1904a)
Joh[annes] Kretzschmar, Gustav Adolfs Pläne und Ziele in Deutschland und die Herzöge zu Braunschweig und Lüneburg (Quellen und Darstellungen zur Geschichte Niedersachsens, hrsg. v. d. Historischen Kommission für Niedersachsen, Bd. XVIII), Hannover u. Leipzig 1904.

Kretzschmar (1904b)
Johannes Kretzschmar, Die Allianzverhandlungen Gustav Adolfs mit Kurbrandenburg im Mai und Juni 1631, in: Forschungen zur Brandenburgischen und Preußischen Geschichte 17 (1904), S. 341-382.

Kretzschmar (1911)
Johannes Kretzschmar, Schwedische Handelskompanien und Koalitionsversuche im 16. und 17. Jahrhundert, in: HGbll 17, 1911, S. 215-246.

Kretzschmar (1922)
Johannes Kretzschmar, Der Heilbronner Bund 1632-1635, Bd. 1-3, Lübeck 1922.

Kroll (2009)
Frank-Lothar Kroll, Wilhelm II. (1888-1918), in: ders. (Hrsg.), Preußens Herrscher. Von den ersten Hohenzollern bis Wilhelm II., München 2. Auflage 2009, S. 290-310, 340-343.

Kunisch u. a. (1974)
Johannes Kunisch, Klaus Luig, Peter Moraw, Volker Press u. Horst Stuke, Vorwort, in: Zeitschrift für historische Forschung 1, 1974, S. 1-2.

Leesch (1955)
Wolfgang Leesch, Johann Friedrich Robert Adolf Brenneke, Staatsarchivar, in: NDB, Bd. 2, Berlin 1955, S. 586.

Leesch (1985)
Wolfgang Leesch, Die deutschen Archivare 1500-1945, Bd. 1: Verzeichnis nach ihren Wirkungsstätten, München, New York, London, Paris 1985.

Leesch (1992)
Wolfgang Leesch, Die deutschen Archivare 1500-1945, Bd. 2: Biographisches Lexikon, München, London, New York, Paris 1992.

Levison (1963)
Wilhelm Levison, Das Historische Seminar, in: Hübinger (1963), S. 1-31.

Lülfing (1982)
Hans Lülfing, Karl Kunze, Bibliothekar, Historiker, in: NDB, Bd. 13, Berlin 1982, S. 309-310.

Meisner (1955)
Heinrich Otto Meisner, Karl Heinrich von Boetticher, Staatsmann, in: NDB, Bd. 2, Berlin 1955, S. 413-414.

Menghin (2007)
Wilfried Menghin, Carl Schuchhardt, Philologe, Klassischer Archäologe, Prähistoriker, in: NDB, Bd. 23, Berlin 2007, S. 624-626.

Menk (2004)
Gerhard Menk, Gustav Könnecke (1845-1920). Ein Leben für das Archivwesen und die Kulturgeschichte (Schriften des Hessischen Staatsarchivs Marburg, Bd. 13; Hessische Forschungen zur geschichtlichen Landes- und Volkskunde, Bd. 42), Marburg 2004.

Meyer (2008)
Gerhard Meyer, Vom Ersten Weltkrieg bis zum Anfang des 21. Jahrhunderts: Lübeck im Kräftefeld rasch wechselnder Verhältnisse, in: Graßmann (2008), S. 687-778, 891-902.

Meyer u. Graßmann (1976)
Gerhard Meyer u. Antjekathrin Graßmann (Bearb.), Lübeck-Schrifttum 1900-1975, München 1976.

Meyers Konversations-Lexikon (1897)
Meyers Konversations-Lexikon. Ein Nachschlagewerk des allgemeinen Wissens. Fünfte, gänzlich neubearbeitete Auflage, Bd. 6, Leipzig, Wien 1897.

Neugebauer (2003)
Wolfgang Neugebauer, Die Hohenzollern, Bd. 2: Dynastie im säkularen Wandel. Von 1740 bis in das 20. Jahrhundert, Stuttgart 2003.

Opitz (1955)
Gottfried Opitz, Harry Breßlau, Historiker, in: NDB, Bd. 2, Berlin 1955, S. 600-601.

Oredsson (1993)
Sverker Oredsson, Gustav Adolf, Sverige och Trettioåriga kriget. Historieskrivning och kult (Bibliotheca Historica Lundensis, 70), Lund 1993.

Pies (2008)
Eike Pies, Löhne und Preise von 1300 bis 2000. Abhängigkeit und Entwicklung über 7 Jahrhunderte (Schriftenreihe Quellen zur Familienforschung, Bd. 3), 7. Auflage, Wuppertal 2008.

Pitz (1996)
Ernst Pitz, Dietrich Schäfer als Hanseforscher, in: HGbll 114, 1996, S. 141-166.

Raabe (1996)
Bettina Raabe, Harry Bresslau (1848-1926) – Wegebereiter der Historischen Hilfswissenschaften in Berlin und Straßburg, in: Herold-Jahrbuch Neue Folge 1, 1996, S. 49-83.

Reich (2019)
Elisabeth Reich, Der Hansische Geschichtsverein. Entwicklung, Netzwerke, Geschichtsbilder (Göttinger Forschungen zur Landesgeschichte, Bd. 98), Bielefeld 2019.

Reininghaus (2014)
Wilfried Reininghaus, Friedrich Philippi. Historiker und Archivar in wilhelminischer Zeit – eine Biographie (Veröffentlichungen der Historischen Kommission für Westfalen, Neue Folge, Bd. 15; Veröffentlichungen des Landesarchivs Nordrhein-Westfalen, Bd. 47), Münster 2014.

Roberts (1953-1958)
Michael Roberts, Gustavus Adolphus. A History of Sweden 1611-1632, Bd. 1-2, Londen, New York, Toronto 1953-1958.

Röhl (1990)
John C[harles] G[erald] Röhl, Wilhelm II. Deutscher Kaiser 1888-1918, in: Anton Schindling u. Walter Ziegler (Hrsg.), Die Kaiser der Neuzeit 1519-1918. Heiliges Römisches Reich, Österreich, Deutschland, München 1990, S. 419-442, 502-503.

Rürup (1973)
Reinhard Rürup, Ludwig Quidde, in: Wehler (1973), S. 358-381.

Ruprecht (2007)
Dorothea Ruprecht, Edward Karl W. Schröder, Germanist, in: NDB, Bd. 23, Berlin 2007, S. 559-560.

Ryll (1993)
Monika Ryll, Johannes Richard Baltzer, in: Bruns (1993), S. 31-34.

Schieffer (2020)
Rudolf Schieffer, Ernst Christian Wilhelm Wattenbach, Historiker, in: NDB, Bd. 27, Berlin 2020, S. 452-454.

Schroeder (1985)
Felix von Schroeder, Aus dem Familienkreis Ludwig Richters. Kretzschmar – Hantzsch, in: Mitteldeutsche Familienkunde, Bd. VIII, Jahrgang 26-28, hier Jg. 26, Heft 4 (Oktober-Dezember 1985), S. 145-161.

Schütz (1985)
Die Oberpräsidenten der Provinzen Posen, Schlesien, Schleswig-Holstein, Hessen-Nassau, Westfalen und der Rheinprovinz in tabellarischer Übersicht 1867-1918, in: Schwabe (1985), S. 295-306.

Schwabe (1985)
Klaus Schwabe (Hrsg.), Die preußischen Oberpräsidenten 1815-1945. Büdinger Forschungen zur Sozialgeschichte 1981 (Deutsche Führungsschichten in der Neuzeit, Bd. 15), Boppard am Rhein 1985.

Seebacher (1985)
Hedwig Seebacher, Karl Peter Klügmann, in: Biographisches Lexikon für Schleswig-Holstein und Lübeck, Bd. 7, Neumünster 1985, S. 113-114.

Seier (1973)
Hellmut Seier, Heinrich von Sybel, in: Wehler (1973), S. 132-146.

Sinner (2008)
Karl-Ernst Sinner, Tradition und Fortschritt. Senat und Bürgermeister der Hansestadt Lübeck 1918-2007 (VGHL, Reihe B, Bd. 46), Lübeck 2008.

Skalweit (1968)
Stephan Skalweit, Reinhold Koser 1852-1914, in: BG, S. 272-277.

Spies (1981)
Hans-Bernd Spies, Die hauptamtlichen wissenschaftlichen Beamten des Lübecker Archivs, in: Graßmann (1981), S. 10-17.

Spies (1989)
Hans-Bernd Spies, Der Nachlaß des Lübecker Archivars Kretzschmar im Reichsarchiv Stockholm. Ein Beitrag zu den deutsch-schwedischen Wissenschaftsbeziehungen, in: Der Archivar. Mitteilungsblatt für deutsches Archivwesen 42, 1989, S. 337-352.

Spies (1990)
Hans-Bernd Spies, Das Staatsarchiv Lübeck und die Vernichtung von Akten des dortigen Landesversorgungsamtes im Jahre 1923. Zur Erinnerung an Lübecks bedeutendsten Archivar: Johannes Kretzschmar (1864-1947), in: ZVLGA 70, 1990, S. 229-235.

Spies (1992)
Hans-Bernd Spies, Die Nicht-Beflaggung des Staatsarchivs Lübeck am Verfassungstag 1922, in: ZVLGA 72, 1992, S. 283-289.

Spies (2022)
Hans-Bernd Spies, Die Bewerbung von Stadtarchivar Alfred Overmann um das Amt des Staatsarchivars in Lübeck (1907), in: Jahrbuch für Erfurter Geschichte 17, 2022, S. 195-209.

Steinberg (1973)
Hans-Josef Steinberg, Karl Lamprecht, in: Wehler (1973), S. 58-68.

Steiner (2022)
Benjamin Steiner, Ein Bürgermeister der Alldeutschen? Johann Martin Andreas Neumann und sein Sturz als Lübecker Bürgermeister 1926, in: ZLG 101, 2022, S. 148-169.

Tham (1946)
Wilhelm Tham, Gustav II Adolf, konung, in: SMK, Bd. 3, Stockholm 1946, S. 155-159.

Tham (1949)
Wilhelm Tham, Axel Gustafsson Oxenstierna, greve (från 1645), rikskansler, in: SMK, Bd. 5, Stockholm 1949, S. 681-684.

Ulrich (1966)
Theodor Ulrich, Ernst Heinrich Hermann Grotefend, Archivar und Historiker, in: NDB, Bd. 7, Berlin 1966, S. 165-166.

Weczerka (1970a)
Hugo Weczerka, Die Tagungen des Hansischen Geschichtsvereins 1871-1969, in: HGbll 88, I, 1970, S. 68-71.

Weczerka (1970b)
Hugo Weczerka, Die Vorstandsmitglieder des Hansischen Geschichtsvereins 1871-1969, in: HGbll 88, I, S. 72-80.

Wehler (1973)
Hans-Ulrich Wehler (Hrsg.), Deutsche Historiker, Göttingen 1973.

Weidenhaupt (1960)
Hugo Weidenhaupt, In Memorian Paul Wentzcke, in: Düsseldorfer Jahrbuch. Beiträge zur Geschichte des Niederrheins 50, 1960, S. 226-227.

Weschenfelder (2006)
Anke Weschenfelder, Ernst Vogt, in: Deutsches Literatur-Lexikon. Biographisch-bibliographisches Handbuch, begr. v. Wilhelm Kosch, fortgef. v. Carl Ludwig Lang, Bd. 26, hrsg. v. Hubert Herkommer u. Konrad Feilchenfeldt, 3. Auflage Zürich, München 2006, Sp. 138.

Wesseling (1998)
Klaus-Gunther Wesseling, Eduard Gottlob Zeller, Geheimrat, evangelischer Theologe und neukantianischer Philosoph, Philosophiehistoriker, Hof- (1868), Geheimer Hof- (1872) und Wirklich Geheimer Hofrat, in: BBKL, Bd. 14, Herzberg 1998, Sp. 388-402.

Wesseling (1999)
Klaus-Gunther Wesseling, Karl Gotthard [Gotthart] Lamprecht, deutscher evangelisch-lutherischer Kultur- und Universalhistoriker, in: BBKL, Bd. 16, Herzberg 1999, Sp. 891-932.

Wetterberg (2002)
Gunnar Wetterberg, Kanslern Axel Oxenstierna i sin tid, Tl. 1-2, Stockholm 2002.

Zimmermann (1955)
Ludwig Zimmermann, Bernhard Heinrich Martin Graf (seit 1899) Fürst (seit 1905) von Bülow, deutscher Reichskanzler, in: NDB, Bd. 2, Berlin 1955, S. 729-732.

Abkürzungsverzeichnis

AHL	Archiv der Hansestadt Lübeck
AOSB	Rikskansleren Axel Oxenstiernas skrifter och brevväxling, utgivna av Kungl. Vitterhets-, Historie- och Antikvitets-Akademien
BBKL	Biographisch-Bibliographisches Kirchen-Lexikon, begr. v. Friedrich Wilhelm Bautz, fortgef. v. Traugott Bautz
BG	Bonner Gelehrte. Beiträge zur Geschichte der Wissenschaften in Bonn. Geschichtswissenschaften (150 Jahre Rheinische Friedrich-Wilhelms-Universität zu Bonn 1818-1968, Bd. [5]). Bonn 1968.
DHI	Deutsches Historisches Institut Rom
GStAPK	Geheimes Staatsarchiv Preußischer Kulturbesitz Berlin
HGbll	Hansische Geschichtsblätter
HT	Historisk tidskrift (Stockholm)
LBll	Lübeckische Blätter. Organ der Gesellschaft zur Beförderung gemeinnütziger Tätigkeit
NDB	Neue Deutsche Biographie
NSA	Neues Senatsarchiv
RA	Riksarkivet Stockholm
SAdW	Sächsische Akademie der Wissenschaften
SMK	Svenska män och kvinnor. Biografisk uppslagsbok
StAMr	Hessisches Landesarchiv, Abt. Staatsarchiv Marburg
StAP	Stadtarchiv Potsdam
UAHU	Universitätsarchiv der Humboldt-Universität Berlin
UU	Uppsala universitetsarkiv
VG(F)HL	Veröffentlichungen zur Geschichte der (Freien und) Hansestadt Lübeck
ZLG	Zeitschrift für Lübeckische Geschichte
ZVLGA	Zeitschrift des Vereins für Lübeckische Geschichte und Altertumskunde

Anschrift des Autors:
Dr. phil. Hans-Bernd Spies, M. A.
Archivdirektor a. D.
Neubaustr. 27
63814 Mainaschaff
E-Mail: hastatius@t-online.de

Der Schuppen F auf der Nördlichen Wallhalbinsel
Eine Baustelle im Krieg

Heiner Freiesleben und Antje Freiesleben

Einleitung

Unterhalb der Marienkirche gründeten weitblickende Kaufleute im Mittelalter auf 200 Metern Traveufer den Hafen, das war einer der baulichen Ausgangspunkte, damit Lübeck später zum „Haupt der Hanse" („caput hanze")[1] werden konnte. In mehreren Schritten und zielstrebig wurde er bis gegen Ende des 19. Jahrhunderts traveabwärts weiter entwickelt bis unterhalb des Burghügels. Es gab Anschluss an alle Verkehrssysteme, ab 1900 mit dem Elbe-Trave-Kanal auch an das Netz der europäischen Binnenschifffahrt. Die Hafenschuppen mit den Kränen standen funktional im Mittelpunkt der Abläufe, als Herzstück des auch im Weltmaßstab modernen und auch für Hamburg beispielgebenden Seehafens. Dieser funktionierte gut bis in die 1960er Jahre, aber in den folgenden Jahrzehnten musste der Güterumschlag nach und nach in andere Hafenteile verlegt werden.

So begann die Suche nach neuen Konzepten für die Nördliche Wallhalbinsel. In einem Gutachten[2] von 1993 war von Weitsicht keine Spur, Kalkulationen und eine Passantenbefragung beherrschten die Diskussion; über die Bausubstanz hieß es: „Die Schuppen sind in Holzkonstruktion errichtet und stammen teilweise aus der Gründerzeit" – die Besonderheit der Betonkonstruktion des Schuppen F wurde nicht erwähnt. Über seine Entstehung war bis zum geplanten Abriss 1994 nur wenig bekannt; in einer Übersichtsarbeit über die Geschichte des Lübecker Hafens heißt es nur: „[…] wurde […] 1941 Schuppen F gebaut".[3] Wie kam es zum Bau des Betonschuppens?[4]

In der politischen und wirtschaftlichen Krisensituation von 1929 bis 1932 gelangten die Nationalsozialisten schließlich 1933 an die Macht; Hitler sorgte durch die Kriegsvorbereitungen für wirtschaftlichen Aufschwung: Mit dem Lübecker Hafen ging es aufwärts. „Zwischen 1934 und 1937 stieg die Anzahl der in Lübeck eingelaufenen Dampfschiffe um fast 70 %."[5] Der Hafen war ausgelastet, die Lübecker Hafen-Gesellschaft (LHG) musste reagieren. Gegründet 1934 von der Stadt, der Kaufmannschaft und der Lübeck-Büchener Eisenbahn-Gesellschaft, überwand sie die schon lange beklagte Schwerfälligkeit der Verfahrensabläufe, löste den Investitionsstau und legte ein „Sofortprogramm 1937" zur Modernisierung vor. An den Häfen entstanden neue Schuppen, Kräne und Gleisanschlüsse, und der anhaltende Aufschwung erforderte den Bau eines weiteren Lagerschuppens auf der Nördlichen Wallhalbinsel. Diese war seit 1886 nach Plänen von Baudirektor Peter Rehder[6] zum neuen Stadthafen ausgebaut worden. Im „Übersichts-Plan […]" von Rehder

---

1 Hammel-Kiesow (2011): 162.

2 Nutzungsperspektiven (1993): 30.

3 Wiese (1995a): 110.

4 Dem Autor, naturwissenschaftlich spezialisierter Mediziner, ist der Denkmalschutz wichtig. Die Co-Autorin, seine Tochter, ist Architektin, auch ihr sind der Denkmalschutz, das Bauen im Bestand wichtig. Die Autoren recherchierten für die Bürgerinitiative Rettet Lübeck (BIRL).

5 AK Hafen (1996): 84 und 99 f.

6 Kastorff (2008): 22-29.

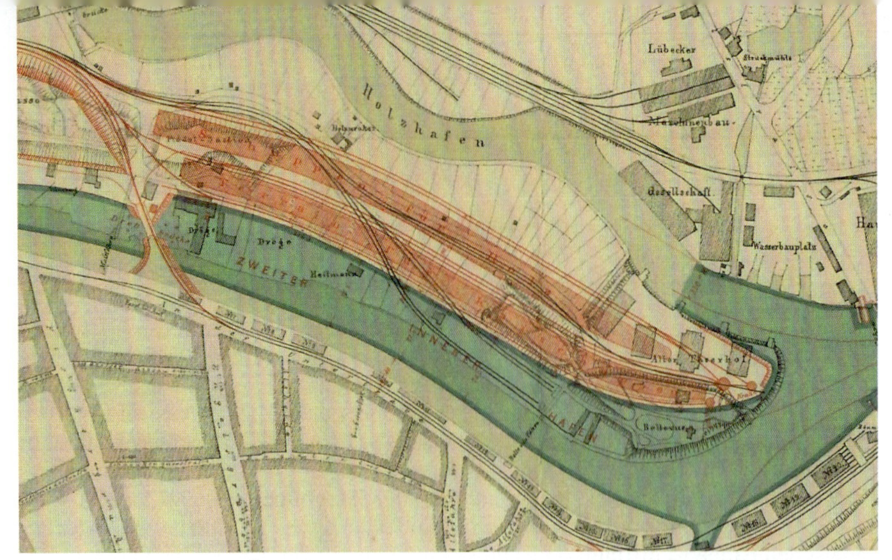

Abb. 1: Ausschnitt aus „Übersichts-Plan über denjenigen Theil der im General-Plan festgestellten Hafenbauten, welche im ersten Bauabschnitt auszuführen sind. Zeichnung Blatt 2 zum Bericht vom 30. December 1884. Der Bau-Inspektor Rehder". – Stadtbibliothek Lübeck, Kartenschrank 7/15.

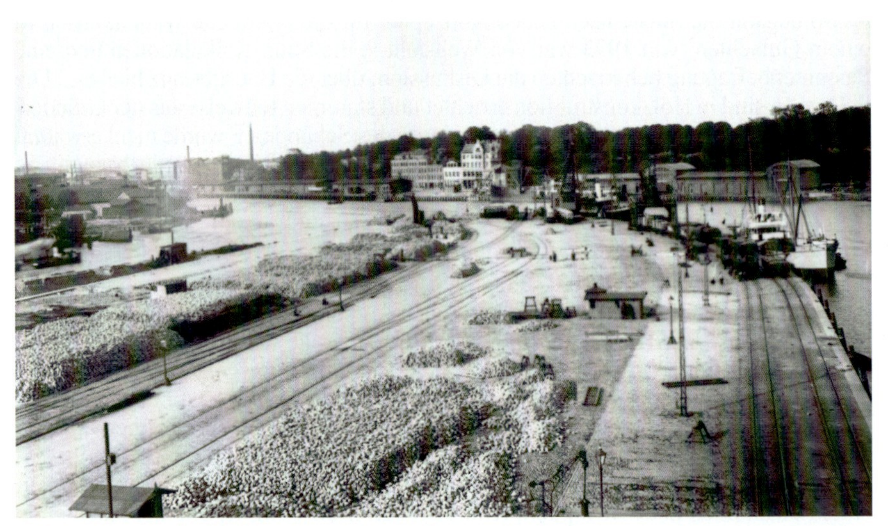

Abb. 2: Foto der Wallhalbinsel nach Durchführung der Planungen in Abb.1 und vor der Bebauung mit Lagerschuppen, undatiert (vor 1901). – Foto: Krause, Fotoarchiv der Hansestadt Lübeck, St. Annen-Museum.

war 1884 ein „Terrain für Kaischuppen" vorgesehen (Abb. 1); der „Zweite Innere Hafen" wurde nach Schleifen der Bastionen aus dem 17. Jahrhundert verbreitert. Dieser Planungsstand war 1894 erreicht und das Lagerhaus war gebaut, als von dessen Dach die Nordspitze der Wallhalbinsel fotografiert wurde (Abb. 2). Auf der freien Fläche wurden links die Schuppen C (1901) und D (1907) nach dem Plan von Rehder[7] gebaut, rechts erst ab 1939 der Schuppen F (Abb. 3), verzögert durch den Ersten Weltkrieg und die Folgen. Der Schuppen F ist also der letzte Baustein zur Vollendung der Rehder-Planungen auf der Wallhalbinsel.

7 Rehder (1906): Anlage II

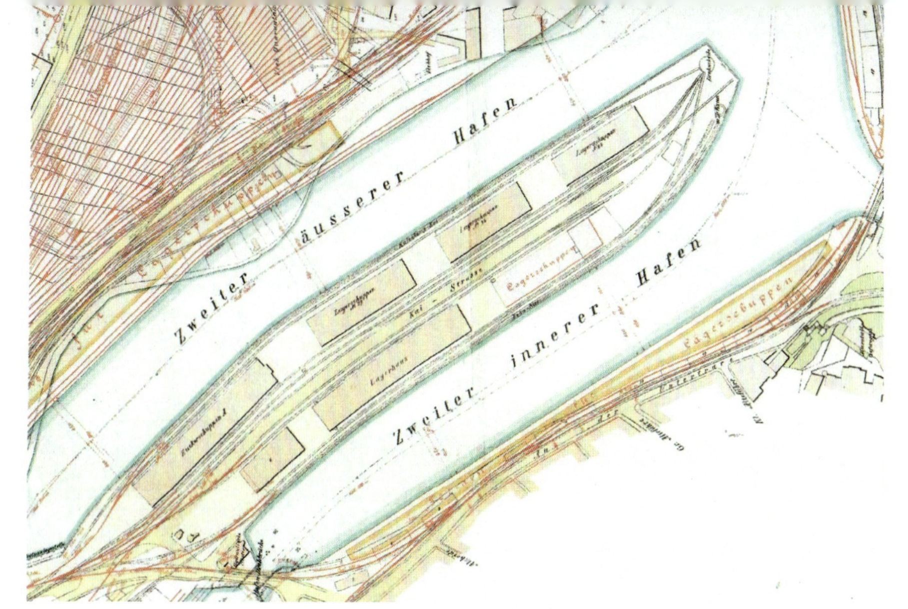

Abb. 3: Ausschnitt aus Blatt II in: P. Rehder, „Die bauliche und wirtschaftliche Ausgestaltung und Nutzbarmachung der lübeckischen Hauptschiffahrts-Straßen […]“, Lübeck 1906. – AHL Dienstbibliothek L VII 347. Der Plan ist genordet.

Die Planungen

Die Hafenbetriebsordnung von 1939 legte fest, was bei Neubauten zu beachten war: Danach verblieben die Einrichtungen des Hafens im Eigentum der Hansestadt, sie sollten von der LHG unterhalten und ausgebaut werden, hierzu bediente sich die LHG der städtischen Bauverwaltung.[8] Der LHG-Prokurator Siebenhaar schrieb am 26. April 1938 an das Tiefbauamt: „Wie wir Ihnen bereits in mündlicher Verhandlung mitteilten, soll auf der Wallhalbinsel ein neuer Lagerschuppen am Behnkai errichtet werden“. Er bat um Bohrergebnisse und eine Querschnittszeichnung von der Kaimauer, aus der die Gründung ersichtlich ist.[9]

Ein Teil der ehemaligen Wallanlagen zwischen den Bastionen Teerhof und Düvelsort kreuzte spitzwinklig den vorgesehenen Bauplatz (Abb. 4),[10] so dass von sehr unterschiedlicher Setzung des Untergrundes auszugehen war. Das Tiefbauamt (Oberbaurat Dr. Weise) stellte im März 1939 fest, dass die Untergrundverhältnisse sehr ungünstig seien; die Bohrungen von 1884 zeigten in einer Tiefe von 4 bis 11 Metern eine Moorschicht. Drei Bohrungen im März 1938 ergaben ebenfalls einen „sehr mäßigen Baugrund. Torf tritt in verschiedener Tiefe bis 12,60 Meter auf, darunter tragfähiger Kies und Ton“. In den letzten Jahren sei wiederholt schweres Massengut (Schotter, Split) gelagert worden, so dass der Boden wohl gut verdichtet sei. Der hohe Grundwasserstand erfordere, dass der Keller garantiert rissfrei sein müsse; zu erwartende ungleiche Setzungen verlangten eine Pfahlgründung und zwei Dehnungsfugen.[11] Weitere Probebohrungen wurden vom Tiefbauamt im April 1939 sowie von der Fa. Lorenz im August 1939 veranlasst und zeigten grundsätzlich das gleiche Bild. Während der Pfahlgründungsarbeiten wurden im Oktober

8 Schneider (1941): 77f.

9 Archiv der Hansestadt Lübeck (AHL), Wasser- und Hafenbauamt 1362.

10 Kalimedia (2008).

11 AHL, Wasser- und Hafenbauamt 1362.

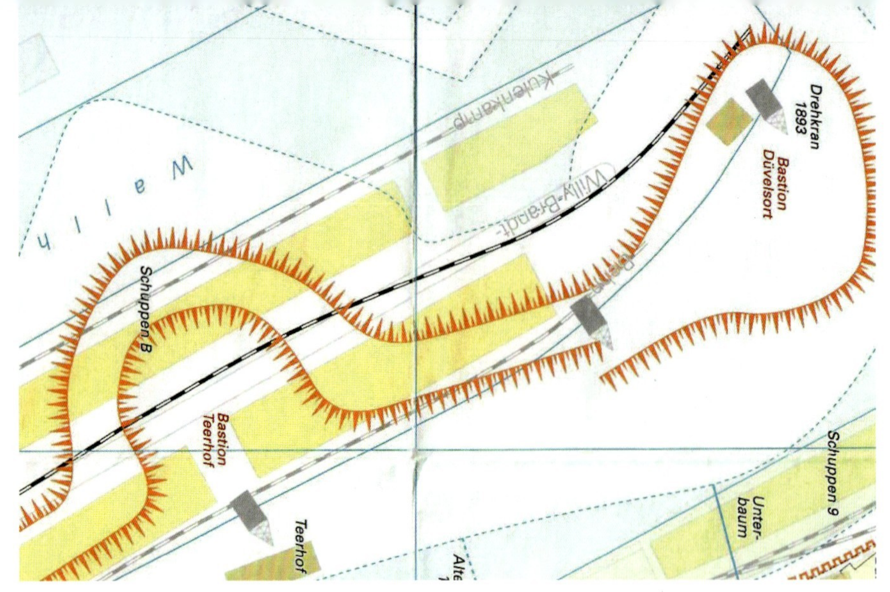

Abb. 4: Ausschnitt aus: Kalimedia (2008). Der Plan ist genordet.

1940 Erdproben aus sechs verschiedenen Tiefen im Labor des Städtischen Untersuchungsamtes analysiert mit dem Ergebnis, dass „die größten Feinde des Betons und des Eisens“ (Sulfide und Sulfite) nicht anzutreffen seien.

Im Sommer 1938 plante die LHG ein dreigeschossiges Lagerhaus[12] und sechs Firmen waren zu Angeboten aufgefordert worden. „Die Firma Blunck & Sohn war die billigste“ im Angebot von September 1938. Mit ihr allein wurde weiterverhandelt und auf der Basis der angebotenen Einheitspreise wurde ein eingeschossiger Schuppen mit $^1/_3$-Unterkellerung (ob im mittleren oder südlichen[13] Drittel blieb zunächst offen) für die Lagerung von „500 Tonnen Butter wöchentlich“ beschlossen. Es „kam nur Eisenbetonausführung in Frage“,[14] weil für eine Holz- und Eisen-Konstruktion mehr Eisen gebraucht würde. Für diese Behauptung findet sich kein Beleg; sie erscheint aber zweifelhaft, auch nach den späteren Berechnungen des „Sparingenieurs“ Klee.[15] Die LHG wünschte wohl doch einen zeitgemäßen und feuersicheren Schuppen, zumal damals noch – und bis in die 60er Jahre – die Meinung vorherrschte, Beton sei ein Werkstoff für die Ewigkeit. Bis April 1939 waren die Planungen zwar nicht fertig, aber doch reif für die Auftragsvergabe. Baudirektor Pieper bestimmte: „Das Tiefbauamt übernimmt die Federführung trotz außerordentlicher Personalknappheit“. Oberbaurat Dr. Weise, der Leiter des Tiefbauamtes, legte eine Akte an, die schließlich drei Bände füllte: „betr. Neubau eines Lagerhauses auf der Wallhalbinsel (Behnkai)“.[16]

---

12 Obwohl schon früh die Planung vom mehrgeschossigen Lagerhaus auf den eingeschossigen Schuppen umgestellt wurde, blieb es in den folgenden Vorgängen häufig bei der Bezeichnung Lagerhaus.

13 Eigentlich: südwestlich. Der Schuppen erstreckt sich von Südwest nach Nordost; vereinfachend werden die damals wie heute für die Wallhalbinsel üblichen Bezeichnungen Süd und Nord beibehalten. Die Abb. 3 und Abb. 4 sind genordet.

14 Hier ist zweifellos Stahlbeton gemeint. Der längst erreichte Stand der Technik hatte im damaligen Sprachgebrauch noch nicht Eingang gefunden; sogar in den gedruckten Formularen heißt es „Eisen“.

15 Unter dem Generalbevollmächtigten für die Regelung der Bauwirtschaft Fritz Todt (1891-1942) sorgten sogenannte „Sparingenieure“ für die Verteilung von Rohstoffen.

16 AHL, Wasser- und Hafenbauamt 1716. Soweit nicht anders vermerkt, sind alle folgenden Angaben dieser Akte entnommen.

Das Baugeschäft Blunck & Sohn erhielt am 5. Juni 1939 den mündlichen Auftrag. Der Firmeninhaber Ernst Blunck, Architekt und Maurermeister, übernahm auch die Planungen des Lagerschuppens.[17] Der schriftliche Vertrag[18] wurde am 23. August 1939 geschlossen, eine Woche vor Kriegsbeginn. In diesem Vertrag zwischen der Hansestadt Lübeck (Senator Schröder, Oberbaurat Dr. Weise) und der Firma Blunck & Sohn (ppa. Meyer) wird für den Bau des „Lagerhauses auf der Wallhalbinsel" die Bausumme von 370.421,50 RM (einschließlich rund 78.000 RM für die Pfahlgründung) vereinbart, auf der Grundlage eines Angebots vom 7.11.1938 und mehrerer Ergänzungsschreiben zwischen April und Juli 1939. Die Pfahlgründung sollte durch die Firma Lorenz & Co. in Berlin-Wilmersdorf als Subunternehmen durchgeführt werden, sie war in Lübeck durch eine Niederlassung Beim Retteich 10-12 vertreten.[19]

Es sollte schnell gehen, denn der Eroberungs- und Vernichtungskrieg im Osten war längst geplant, er lag sozusagen „in der Luft". – Die Baufirma hatte in den Verhandlungen einen Arbeitsplan über 26 Wochen mit täglich 76 Arbeitskräften vorgelegt, darauf wurde sie nun vertraglich festgelegt: Der Schuppen sollte im Dezember fertig werden, „Frost und Regentage verlängern die Frist entsprechend." Auf statische Berechnungen und Baugenehmigung ist offenbar zunächst verzichtet worden, denn „zu den Leistungen [...] gehört auch die Lieferung sämtlicher Bauvorlagen für die Baupolizeibehörde, die Aufstellung der statischen Berechnungen, die jeweils 4 Wochen vor Ausführung der einzelnen Tragkonstruktionen [...] einzureichen" sind. Die Baufirma sicherte zu, mindestens zehn Stammarbeiter zu stellen, das Tiefbauamt sicherte zu, „bei der Materialbeschaffung und der Beschaffung von Arbeitskräften [...] den Unternehmer in jeder erdenklichen Weise zu unterstützen."

---

17 Die 1874 gegründete Firma in der Nebenhofstraße 1b war schon 1899 von der Kanalbaubehörde unter Leitung von Peter Rehder mit Betonarbeiten der „neuen Thorstrassenbrücken am Burgthor und Mühlenthor" beauftragt worden (AHL, Kanalbaubehörde 54). Als ausführende Baufirma hat sie u.a. das im Krieg abgebrannte Karstadthaus, das Theater, den Bahnhof, das Gerichtsgebäude in der Großen Burgstraße und das Travemünder Kurhaus gebaut, am Hafen den Brückenturm der Hubbrücke und die Hafenschuppen 10 und 11 (persönliche Mitteilung, Ernst-Jürgen Blunck, Dezember 2011). Der Firmeninhaber in der Zeit des Lagerschuppenbaus Ernst Blunck (1870-1958) hat für zahlreiche Bauten in St. Gertrud, St. Jürgen und St. Lorenz auch die Architektenleistungen erbracht („Architekten-Kartei" in der Dokumentation „Bau- und Architekturgeschichte, Stadtentwicklung in Lübeck – BASt, G.01, https://bekanntmachungen.luebeck.de/dokumente/d/829/inline [31.07.2023]). Sein Sohn, der Maurermeister Karl Blunck (1897-1965), erhielt die Prokura im Januar 1942 und wurde im Januar 1944 Geschäftsinhaber und persönlich haftender Gesellschafter; der Vater blieb in der Firma als Kommanditist. Prokurist war Ing. Erich Meyer, der auch alle Verhandlungen und den Schriftwechsel vor und während der Bauarbeiten am Schuppen F führte. Die Firma ging im Mai 1952 in Konkurs und ist im Mai 1956 erloschen (AHL, Amtsgericht, Handelsregister A 1118).

18 AHL, Wasser- und Hafenbauamt 1717.

19 Ernst Lorenz hatte den ABA-Lorenz-Bohrpfahl 1931 patentieren lassen und dann zum Lorenz-Beton-Bohrpfahl verbessert. Das eiserne Mantelrohr wurde bis auf den tragfähigen Baugrund eingebohrt, mit einem sich ausdehnenden Bohrer wurde unterhalb des Rohres ein breiterer Raum mit festen Abmessungen ausgeschnitten; der zwiebelförmige Hohlraum und das Mantelrohr wurden dann im Unterwasser-Gussverfahren ausbetoniert.

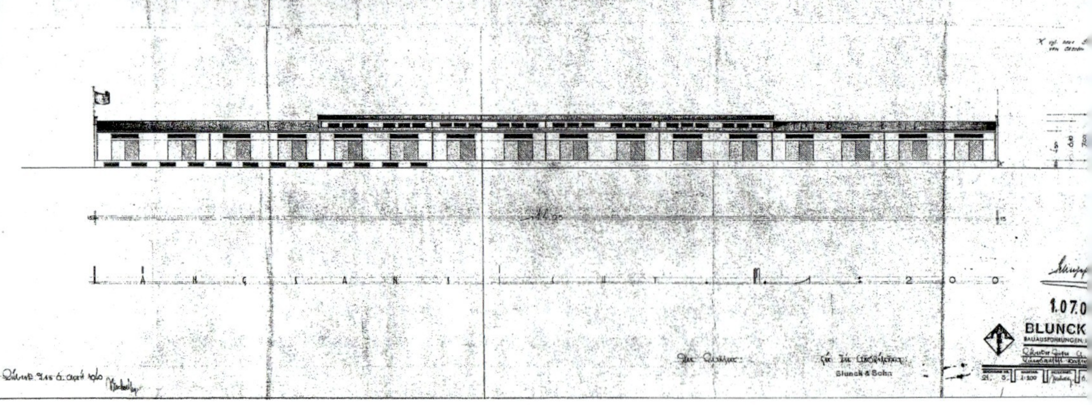

Abb. 5: Schuppen F, Längsansicht von der Wasserseite, Blunck & Sohn, 6. April 1940. – AHL, Wasser- und Hafenbauamt 1716.

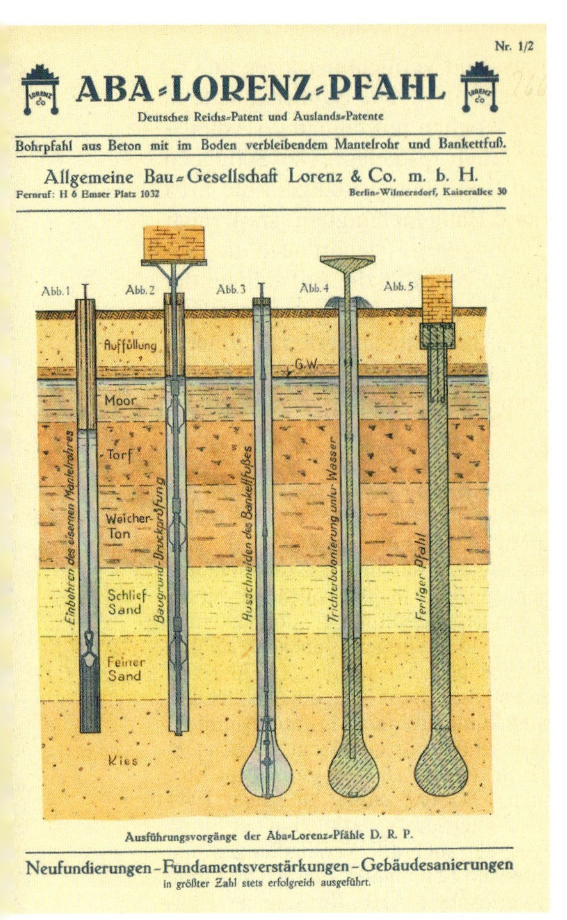

Abb. 6: ABA-Lorenz-Pfahl, Produktblatt, Allgemeine Bau-Gesellschaft Lorenz & Co mbH, Berlin-Wilmersdorf, undatiert. – Foto: im Besitz des Autors.

Eine im Juli 1939 erstellte Baubeschreibung war Bestandteil des Vertrags. Sie sah im Einzelnen vor: Länge 144,40 m, Breite 31,50 m, eingeschossiger Bau in Eisenbetonrahmenkonstruktion. Aufteilung in drei Abschnitte, dazwischen Dehnungsfugen; der südliche Abschnitt von 54,40 Metern Länge wird unterkellert, der mittlere von 45 Metern Länge erhält eine Laterne[20] zur besseren Beleuchtung (Abb. 5). Gründung mit Lorenzpfählen (Abb. 6) nur für den unterkellerten Teil, in den übrigen Teilen Flachgründung. Kellerfußboden für eine Nutzlast von 1200 kg/m², Kellerdecke als Pilzdecke konstruiert und für eine Nutzlast von 2000 kg/m² armiert; Isolierung des Kellers gegen Grundwasser; Hartestrich für sämtliche Fußböden; Eisenbetonhohlstein- oder Bimsdecke zwischen Eisenbetonpfetten auf Eisenbetonrahmenbindern (Abb. 7), diese als Mittelrahmen mit zwei seitlichen einhüftigen Rahmen zur Vorbeugung von Schäden durch ungleiche Setzungen. Mauerwerk außen in roten Ziegeln, innen Kalksandsteine, geputzt und geweißt – kostbarer Backstein nur für die Wetterseite und die Binder (Abb. 8); Treppen in Eisenbeton, Geländer aus Gasrohren; Eisenbetonkragdach an der dem Wasser abgekehrten Seite (Abb. 9). Die Nutzfläche wurde in einem späteren Schreiben mit 4.500 m² angegeben.

20 Dachaufbau mit umlaufendem Fensterband.

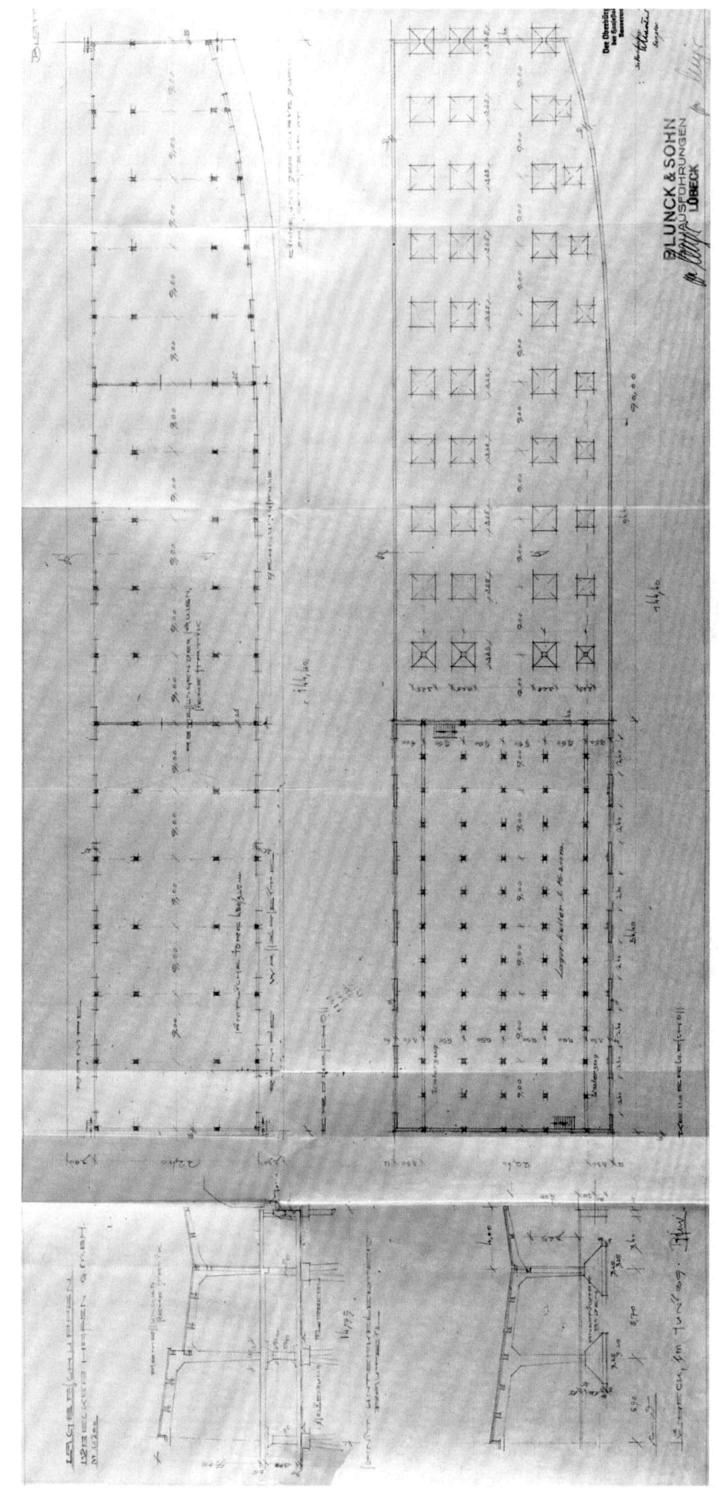

Abb. 7: Schuppen F, Schnitte und Grundrisse von Erdgeschoss und Keller. – AHL Wasser- und Hafenbauamt 1717.

Der Baufortschrittsplan über nur sechs Monate wäre nach den jahrzehntelangen Erfahrungen der Baufirma in normalen Zeiten sicher zu schaffen gewesen, aber der Krieg machte die Pläne immer wieder zunichte – es dauerte schließlich fünf Jahre bis zur Inbetriebnahme und zehn Jahre bis zur Fertigstellung!

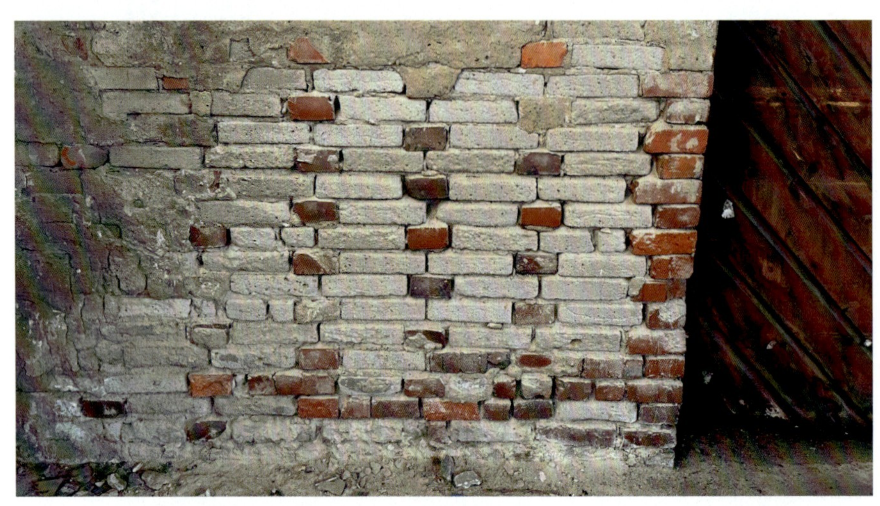

Abb. 8: Wandaufbau aus Backstein und Kalksandstein, sichtbar durch Nässeschaden, Innenseite der Außenwand. – Foto: Johannes Modersohn, 2022.

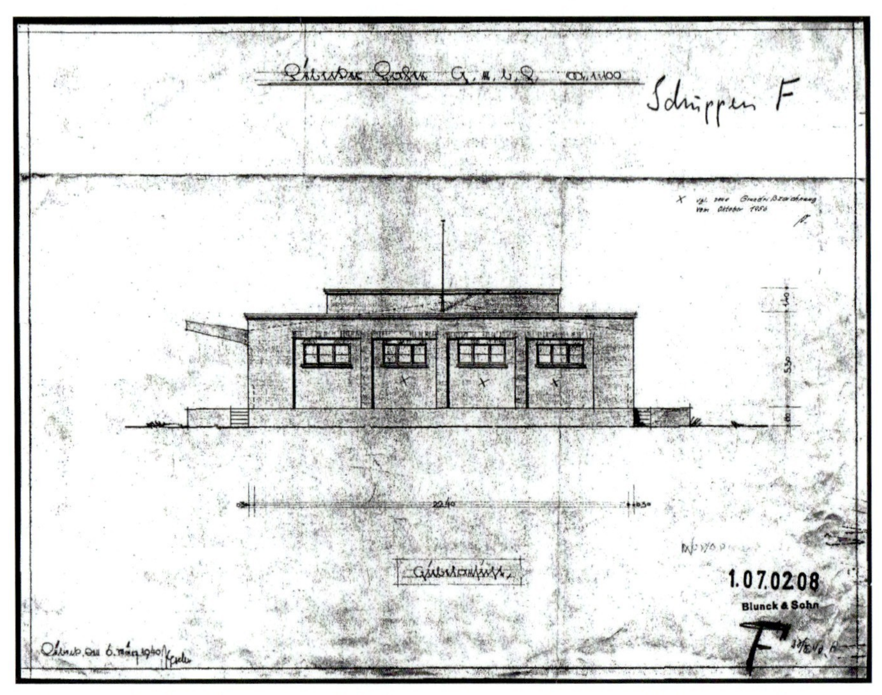

Abb. 9: Lübecker Hafen GmbH, Schuppen F, Ansicht des südlichen Giebels, Firma Blunck & Sohn, 6. März 1940. – AHL Wasser- und Hafenbauamt 1716.

Die erste Bauphase vom 7. Juni bis 1. September 1939

Während die LHG das Grundstück freiräumte, erfolgte am Mittwoch, den 7. Juni 1939, der erste Spatenstich, der wahrscheinlich als firmeninterne Feier stattfand; die Tagespresse berichtet nichts darüber.[21] Vor der Baustelle am Behnkai hatte das dänische Motorschiff Odin leer von Aarhus kommend angelegt; am Tag des Baubeginns steuerten von insgesamt 17 ankommenden Schiffen sieben die Stadthäfen an, davon vier die Kais an der Wallhalbinsel; „erfreulicherweise ist der Verkehr im Hafen derart rege, daß kürzlich auch die Volksgenossen aus dem Sudetengau, die in dem Umschulungslager in der Ratzeburger Allee untergebracht sind, zur Beladung der Dampfer im Hafen mit herangezogen werden mußten."

In Fragebögen wurde ab 1940 immer der 19. April 1939 als Baubeginn angegeben. Das war sicher nicht richtig, denn in einem Besprechungsprotokoll vom 13. April 1939 hielt man einen Baubeginn Mitte Mai für möglich. Vielleicht versprach man sich vom früheren Baubeginn einen Vorteil im Wettbewerb um Baustoffe und Arbeitskräfte, noch dazu an diesem markanten Datum: ein Tag vor dem 50. Geburtstag des Führers – dieses Datum kannte jeder.

Bis in den August hinein verlief alles reibungslos: Zunächst der Erdaushub im Kellerbereich (Abb. 10), danach wurden die Stützenfundamente im nicht unterkellerten Teil betoniert, und die Umfassungswand der Rampenstrecke wurde fast fertig. Allerdings zeichnete sich schon für den weiteren Verlauf des Jahres ein Engpass bei der Eisenbeschaffung ab. Der Fertigstellungstermin Dezember 1939 war nicht zu halten, aber Ende August waren seit dem ersten Spatenstich zwölf von den vertraglich vereinbarten 26 Wochen geschafft – die Halbzeit war in Sichtweite.

Am Freitag, den 1. September 1939, bei Kriegsbeginn, kam es zum ersten Mal zum Stillstand auf der Baustelle: Viele Arbeitskräfte erhielten ihren Einberufungsbefehl zur Wehrmacht und standen nicht mehr zur Verfügung. Nun schaltete sich

Abb. 10: Schuppen F, Baustelle im Mai 1940. – Foto: Wiese (1995a): 110.

21 „Lübecker Generalanzeiger" vom 6. bis 13. Juni 1939.

Oberbürgermeister Dr. (med. dent.) Drechsler ein. Am 6. September schrieb er, es müsse „mit einer stärkeren Belebung der Hafeneinfuhr über Lübeck“ gerechnet werden (am 24. August 1939 war der deutsch-sowjetische Nichtangriffsvertrag unterzeichnet worden) und ordnete an, dass die Bauverwaltung Arbeiter zur Verfügung stelle, „unter Zurückstellung anderer Arbeiten – (mit Ausnahme der Luftschutzarbeiten)“. Doch sogar er erreichte damit nichts. Als am 11. Januar 1940 noch nichts Entscheidendes passiert war, schrieb das Tiefbauamt, Oberbaurat Dr. Weise, an den „Generalbevollmächtigten für die Regelung der Bauwirtschaft, Generalinspektor Dr. Todt“ in Berlin: „Aufgrund des Abschlusses des Nichtangriffspaktes sind die Handelsbeziehungen Deutschlands mit Rußland in stetem Ausbau begriffen [...] Lübeck [wird] als größter Umschlaghafen [...] wieder das Ein- und Ausfalltor im Überseehandel mit Rußland für große Teile des Großdeutschen Reiches“. Weise ergänzte: „Die Hansestadt knüpft damit an eine Entwicklung an, die auf die Blütezeit der geschichtlichen Hanse zurückgeht“. 75 Arbeiter und Facharbeiter seien erforderlich, während inzwischen das Material teilweise geliefert werde. Ein Mehrbedarf an Eisen von 24,3 Tonnen habe sich allerdings inzwischen aufgrund der ausgewerteten Bodenuntersuchungen herausgestellt. Die Beschaffung von 164 m^3 Holz für Schalung und Schiebetore sei auch noch nicht vollständig geregelt. Die sofortige Vollendung des Bauwerkes sei im kriegswirtschaftlichen Interesse geboten; das Bezirkswirtschaftsamt Hamburg möge das Arbeitsamt Lübeck anweisen, die Arbeitskräfte gegebenenfalls auf dem Wege der Dienstverpflichtung bereitzustellen.

Dr. Weise reiste nach Berlin und „übergab das Originalschreiben dort an die zuständige Stelle persönlich“ am 13. Januar1940 und besuchte alle in Berlin damit befassten Dienststellen. Die Aktion schien zunächst erfolgreich, aber statt des Materials und der Arbeitskräfte kamen die Einwände: Aus Berlin meldete sich das Reichsverkehrsministerium und bot an, als Ersatz für Stahl könne zusätzliches Holz angefordert werden. In Lübeck meldete sich Oberbaurat Dr. Hespeler, Leiter der Baupolizei, die dem Baudirektor Pieper unterstand und über die Arbeitskräfte verfügte. Hespeler verwies auf die vom Reich bestimmten Sparingenieure und all die Schwierigkeiten und Möglichkeiten, von denen die Leute im Tiefbauamt übergenug gehört hatten. Eine Antwort auf diesen Brief findet sich nicht in der Akte. – Zwischen Stadtbaudirektor Hans Pieper und Oberbaurat Dr.-Ing. Otto Hespeler gab es Differenzen in grundsätzlichen Dingen,[22] die auch in den folgenden Darstellungen wiederholt deutlich werden.

Der hamburgische Senatsdirektor Tegeler, der „Gebietsbeauftragte des Generalbevollmächtigten für die Deutsche Bauwirtschaft im Wehrkreis X“, erfuhr von seiner vorgesetzten Dienststelle in Berlin von den Lübecker Nöten und bat, die Baupläne dem Sparingenieur Dipl.-Ing. Klee in Kiel vorzulegen, dieser sollte die Möglichkeiten der Eiseneinsparung überprüfen. Im Geflecht der Zuständigkeiten übernahm keiner die Verantwortung. Unrealistischen Vorschlägen des Sparingenieurs folgte nun wieder Tegeler, der meinte, die Lübecker Baubehörde solle selbst einen Sparingenieur bestimmen – das richtete sich gegen den Kieler Kollegen. „Ferner führte er aus, dass bei der Baupolizei eine irrtümliche Auffassung über

22 Heine (2018).

die Zuständigkeit [...] betr. Einsparungen bestünde" – das wiederrum richtete sich gegen Dr. Hespeler; da augenblicklich noch Arbeitskräfte frei gemacht werden könnten, sollten die Bauarbeiten so bald wie möglich wieder beginnen.

Der Durchbruch kam mit einem Brief der Dienststelle des Generalbevollmächtigten Todt in Berlin an den Reichsverkehrsminister in Berlin vom 16. Februar 1940: „Ich erkenne die Kriegswichtigkeit des Bauvorhabens: Neubau eines Verteilungsschuppens auf der Wallhalbinsel in Lübeck [...] hiermit an. Das Bauvorhaben wird in Dringlichkeitsstufe 3 [...] in die Liste über anerkannte W-Bauvorhaben aufgenommen." Der Baustoff- und der Arbeiterbedarf wurden anerkannt. Abschriften des Briefes gingen an das Reichsarbeitsministerium in Berlin, an das Bezirkswirtschaftsamt, an Tegeler in Hamburg und an den Lübecker Gesandten in Berlin Werner Daitz in der Verbindungsstelle der Provinz Schleswig-Holstein.[23] Daitz hatte Dr. Weise auf seiner Dienstreise empfangen, sich für den Hafenschuppen eingesetzt und schickte nun Abschriften des positiven Bescheides an das Lübecker Tiefbauamt und an Senator Schröder; Abschriften kursierten auch in der Lübecker Verwaltung.

Die zweite Bauphase vom 14. März 1940 bis 10. Juli 1941

Während der Stilllegung der Baustelle waren die gesamte Einfriedung und sämtliche Winkelböcke abhandengekommen, die LHG brauchte das Material an anderen Baustellen auf der Wallhalbinsel. Nun erklärte sich die LHG bereit, das Tagwasser aus der Baustelle zu entfernen. Der Baufortschrittsplan sah die Fertigstellung des Rohbaus bis Ende Juli 1940 vor. Am 14. März 1940 ging es weiter mit dem Bodenaushub.

Der Arbeitskräftemangel wurde in der Folgezeit niemals überwunden, die notwendigen 75 Arbeiter wurden nie erreicht. Anfangs konnte ein Subunternehmer zehn Mann zur Verfügung stellen, die Bauverwaltung 15 Mann ihres Eigenbetriebes; weitere Arbeitskräfte wurden durch die LHG beim Arbeitsamt (Leitung: Dr. Hespeler) angefordert. Eine vollständige Übersicht über die jeweils vorhandenen Arbeitskräfte liegt nicht vor, die Aktenvermerke zeigen immer nur niedrige und stark schwankende Zahlen.

Die Pfahlgründung durch die Firma Lorenz & Co. sollte am 26. März 1940 beginnen und innerhalb von 3 Wochen erledigt sein. Für den Transport der Eisenrohre aus Düsseldorf reichten, wie damals üblich, die Frachtbriefe nicht aus, es mussten zusätzlich Speer-Vermerke, sog. Speerscheine, beschafft werden, wobei die Bauverwaltung und die Industrie- und Handelskammer sich hilfreich einschalten wollten. Der vom späteren Rüstungsminister Albert Speer geleitete „Baustab Speer" verwaltete die Transportkapazitäten; Eisenbahnwaggons gab es nur gegen Speerschein. Nach mehrfachen schriftlichen und telefonischen An-

---

23 Werner Daitz (1884-1945), geboren in Lübeck, war Befürworter einer völkischen Großraumwirtschaft in Europa. Lübeck hatte zwar 1937 seine Eigenstaatlichkeit verloren, es wurde Teil von Schleswig-Holstein, aber den lübeckischen Gesandten in der Reichshauptstadt gab es noch. Er war nicht ohne Einfluss, wie sich im weiteren Verlauf zeigen sollte.

fragen wurden die Speerscheine endlich am 10. Juni 1940 in Berlin abgeschickt. Als sie am 21. Juni immer noch nicht da waren, rief Weise in Hamburg bei Tegeler an, der umgehend zwei Scheine schickte. Die mangelnde Transportkapazität war immer wieder Grund für Verzögerungen.

So verwundert es nicht, dass die Firma Lorenz erst im Mai 1940 für die Lagerung von Kies und das Aufstellen einer Mischmaschine Platz brauchte und forderte, dass ein Gleis „für jeden Rangier- und Zugverkehr baldmöglichst gesperrt wird". Die Deutsche Reichsbahn entgegnete prompt, dass es wegen des außergewöhnlich starken Hafenverkehrs nicht möglich sei, dem Wunsch zu entsprechen. Irgendwie wurde auch dieses Hindernis überwunden. – Die Anfuhr von Materialien und die Abfuhr des für den Keller ausgehobenen Bodens drohte zum Erliegen zu kommen, weil die benötigten Mengen von Kraftstoffen fehlten. Aus Berlin kam die Nachricht, „daß eine weitere Zuteilung [...] mit Rücksicht auf die allgemeine Kraftstofflage nicht möglich ist." Vorgeschlagen wurde, LKW mit Treibgasantrieb einzusetzen.

Arbeitskräfte wurden zeitweise von der Straßenreinigung und von der LHG abgestellt. Am 25. April 1940 wurden erstmals acht internierte Norweger eingesetzt, sie wohnten auf einem Schiff (die Wehrmacht hatte seit dem 9. April 1940 Dänemark und Norwegen besetzt). Die Baufirma sollte umgehend genügend Loren und Gleise einsetzen, „damit die Männer auf der Baustelle voll ausgenutzt werden können."

Polizeipräsident Senator Schröder besichtigte am 29. April 1940 die Baustelle und fragte an, ob den Norwegern für die Arbeit eine kleine Entschädigung gezahlt werden könne. Sie erhielten schließlich 0,50 RM Taschengeld pro Tag, zusätzlich zur regulären Entlohnung; das reichte für Kinokarten am Wochenende. – Im Mai sorgte Senator Schröder dafür, dass acht Norweger für drei Tage von der Baustelle abgezogen wurden „für die Ausmottung (Reinigung) des Teiches auf dem Grundstück am Burgfeld." Es kann sich nur um den Teich im Park der Eschenburg-Villa[24] gehandelt haben, die von Schröder bewohnt wurde. Der Schachtmeister der Fa. Blunck machte „seiner Unlust in sehr unpassenden Worten Luft", als Dr. Weise vom Tiefbauamt am 21. Mai 1940 die Baustelle besuchte. Die Norweger von der Arbeitsstelle beim Burgfeld würden besser auf der Baustelle auf der Wallhalbinsel eingesetzt. In „Schimpfreden" äußerte er sich auch über die geringe Arbeiterzahl, den schwierigen Untergrund und die schlechte Ausrüstung mit Maschinen. Nach Rücksprache mit Senator Schröder fertigte Weise ein Protokoll an: der Schachtmeister habe offenbar ganz und gar nicht „die großen Zusammenhänge erfasst, für die eigentlich jeder Volksgenosse heute Verständnis aufbringen" sollte; er passe nicht in die heutige Zeit und vor allen Dingen nicht als Aufsicht auf einer derartigen Baustelle. Der Schachtmeister wurde abgelöst.

Nur 25 Arbeiter waren Anfang Juni 1940 auf der Baustelle beschäftigt. Aus Mangel an Arbeitskräften war der Baufortschritt so stark verzögert, dass erst Ende Juni mit den Betonarbeiten begonnen werden könne, stellte das Tiefbauamt im Schreiben an den Reichsverkehrsminister am 11. Juni fest; zu diesem Termin wurden die Scheine für das nötige Vorhalteholz und Zement bestellt,

---

24 Gehrke (2002): Abb. des Teiches auf S. 107.

worin es hieß, dass im August 31 m^3 Bauholz für die Schiebetore gebraucht würden. Bezugsscheine für das Vorhalteholz und 200 Tonnen Zement kamen umgehend. Obwohl noch 620 Tonnen Zement fehlten, wurde nun Ende Oktober 1940 als voraussichtlicher Fertigstellungstermin angegeben.

Eisen musste eingespart werden, das hatte Folgen: Der Hallenfußboden musste von 14 cm mit auf 20 cm ohne Baustahlgewebe verstärkt werden, mehr Zement wurde gebraucht und die Menge des abzufahrenden Bodens erhöhte sich entsprechend, mehr Treibstoff für zusätzliche LKW-Fahrten, und die Firma Lorenz musste nach erneuten Probebohrungen und -belastungen die Beton-Bohrpfähle neu berechnen.[25] Das Eisen wurde für die Rüstungsindustrie gebraucht.

Als Ende Juli 1940 abzusehen war, dass mit dem Betonieren der Bodenplatten des Kellers und dem Einschalen der Binder im übrigen Teil demnächst begonnen werden konnte, wollte Dr. Weise vom Tiefbauamt alle noch offenen Fragen klären. Es ging auch um noch heute sichtbare Details: Fünf Luken in den Rampen zur Beförderung von Gütern in und aus dem Keller, „auf der Wasserseite werden die Lasten direkt mit den Wippkranen durch die Luken gegeben", Holzdübel für die Anbringung der Deckenisolierung im Keller, in dem eine lichte Höhe von 2,00 Metern gewahrt bleiben sollte. Im Südgiebel wurden statt Schiebetoren Rolltore ohne vorgelagerte Rampe vorgesehen zur direkten Übergabe von Gütern in Lastwagen. Die beiden Trennwände in der Halle sollten fortfallen und die vorhersehbaren Beanstandungen durch die Feuerwehr durch den Einbau zusätzlicher Feuerlöscheinrichtungen entkräftet werden. Ein Anbau am Nordende sollte einen unterteilbaren Aufenthaltsraum für „60 - 100 Gefolgschaftsmitglieder" erhalten, Ankleideraum und Toiletten jeweils für Arbeiter und Angestellte voneinander getrennt, Büroräume für die LHG und für den Zoll mit Toiletten und Handwaschgelegenheiten. Durch den Anbau könne im Schuppen selbst auf jegliche Wasser- und Sielversorgung verzichtet werden. Für die Beleuchtung sollen Angebote eingeholt werden. So wurden die noch offenen Fragen beantwortet und Lösungen vereinbart. Firma Blunck sollte die Zeichnungen anfertigen.

Über den Luftschutz findet sich ein kurzer Vermerk vom 2.9.1940: Der „Luftschutzkeller ist in die Pläne einzutragen". Im August 1940 hatte die Royal Air Force mehrfach Bomben auf Berlin abgeworfen, die Machthaber waren schockiert, der Reichsminister der Luftfahrt Göring war blamiert und Hitler diktierte am 10. Oktober 1940 einen Befehl „Zur <u>sofortigen</u> Durchführung auf dem Gebiete des Luftschutzbauwesens", und unter 5.) „Bei allen Neubauten [...] sind von vornherein bombensichere Luftschutzräume auszuführen"[26] – das galt auch für den Schuppen F.

Ende September 1940 wurde auch die noch schwebende Frage betreffs Anlage eines Lastenfahrstuhls mit einer Tragfähigkeit von 1200 kg angesprochen. Der Bau sei so weit fortgeschritten, dass mit der Inbetriebnahme des Gebäudes etwa im Frühjahr 1941 gerechnet werden könne, meinte Dr. Weise in einer Besprechung. – Im Oktober 1940 gab es weitere Festlegungen: Die Kellertreppe am Südgiebel sollte durch

---

25 Unterschiedliche Belastbarkeit wurde durch Wahl des Rohrdurchmessers, des Zementanteils im Beton, Art und Menge der Eisenbewehrung und vor allem unterschiedliche Durchmesser des Pfahlfußes erreicht.

26 Foedrowitz (1989): 9-11.

eine Wendeltreppe in der Südwestecke ersetzt werden, „der Hauptzugang zum Keller erfolgt über die vorgesehene Treppe zum Luftschutzkeller". – Im selben Monat drängte sich der Materialmangel wieder in den Vordergrund. 45 Tonnen Baueisen, die noch nicht verbaut waren, wurden vom „Beauftragten des Generalbevollmächtigten für die Regelung der Bauwirtschaft der Reichsautobahnen" beschlagnahmt. Die Baufirma bat um Freigabe der Eisenmenge, und Oberbaurat Dr. Weise versuchte im Oktober 1940 in vielen Gesprächen in Berlin, eine grundsätzliche Klärung für diese und andere Fragen im Verkehrsministerium und im Reichsministerium für Ernährung sowie verschiedenen anderen übergeordneten Stellen zu erreichen. Was er bekam, war wenig, vage Zusagen und unter anderem das Trostpflaster einer Liste von Bauvorhaben in Lübeck nach dem „Endsieg".

Immerhin, der schnelle Sieg über Frankreich[27] stimmte zuversichtlich und sollte nun auch die Bautätigkeit in Lübeck beflügeln – doch es kam anders. Weise hatte ja nichts Schriftliches in der Hand, er rief wiederholt im Ernährungsministerium an und fragte nach. Trotz aller Bemühungen war im Dezember 1940 die weitere Bauausführung in Frage gestellt, obwohl so viel schon erreicht war: Der unterkellerte Teil war vollständig ausgehoben, die Pfahlgründung weitestgehend abgeschlossen (der Rest von acht Bohrpfählen wurde nach der Frostperiode im März 1941 erledigt), der übrige Teil des Schuppens war fertig fundiert und der Fußboden auf $^2/_3$ seiner Länge eingebracht. Binder und Dachhaut waren fertig eingeschalt und armiert, so dass nunmehr mit dem Betonieren der eigentlichen Hochbaukonstruktion begonnen werden konnte. Die Schalung wurde vollständig aus Holz hergestellt (Abb. 11), eine wagemutige Konstruktion angesichts der enormen Last des frischen Betons; Unfälle wurden nicht registriert. Der langwierigste Teil war also vollendet.

Abb. 11: Schuppen F, Baustelle 1941, Schalung aus Holz für die Rahmen-Binder. – Foto: Fotoarchiv der LHG, Stadthafen.

27 Hitler triumphierte am 23. Juni 1940 in Paris.

Diese Zwischenbilanz hatte Tegeler nicht überzeugt, sie wurde jetzt noch einmal aufgegriffen in einem Brief an den „lieben Parteigenossen Daitz“, den Dr. Weise von Senator Schröder unterschreiben ließ; kurz vor Weihnachten 1940 wurde die vierseitige Darstellung der schwierigen Situation an den Gesandten von Schleswig-Holstein in Berlin abgeschickt. Als eine Antwort ausblieb, wurde im Protokoll einer Dienstbesprechung am 10. Februar 1941 resignierend notiert, die Bauten sollten aufgegeben werden, weil sie in Dringlichkeitsgruppe III seien, das habe der „Gebietsbeauftragte Bau in Berlin“ schon lange gewollt; die Bauten könnten wieder in Angriff genommen werden, wenn 250 Dänen kämen, die vom Arbeitsamt beim Gebietsbeauftragen für Lübeck angefordert worden seien, davon vielleicht einige für die Wallhalbinsel. – Die Bemühungen der Lübecker Dienststellen um die Zuteilung von Arbeitern und Material gingen 1941 weiter. Mitte Februar 1941 wurden sechs französische Kriegsgefangene herangezogen, die Baufirma konnte nur einen Vorarbeiter und zwei Stammarbeiter einsetzen und forderte 30 bis 35 französische Gefangene an, die sie sicher nicht bekam, in keiner „Beschäftigtenmeldung“ kamen Zahlen in dieser Größenordnung vor. Es wurde hier wie überall viel gefordert, um wenigstens etwas zu bekommen.

Anfang März 1941 kam aus Berlin die Nachricht, dass nur noch wehrwirtschaftlich ganz erstrangige Bauten fortgeführt werden dürften, sämtliche Dringlichkeitsstufen wurden aufgehoben. Dies muss vor dem Hintergrund des Einsatzes der Wehrmacht in Afrika und dem geplanten Überfall auf die UdSSR gesehen werden. So lange wie irgend möglich solle verstärkt weitergearbeitet werden, lautete die telefonische Aussage von Daitz, der auch die Drohkulisse aufbaute, man müsse auf die Wichtigkeit des Russlandverkehrs hinweisen und „im Falle der Stillegung den Stab Göring in Kenntnis setzen“. Auch den Admiral Anker von der Rüstungsinspektion Hamburg werde Daitz ansprechen, um ihn „für die Angelegenheit erneut zu gewinnen“, was auch gelang.

Im April 1941 beklagt die Baufirma, dass von der LHG an einem Tage vier und am anderen Tage gar keine Arbeitskräfte gestellt würden; die vom Arbeitsamt zugewiesenen Leute waren während einer Frostperiode für Luftschutzarbeiten abgezogen und nicht wieder zurückgegeben worden. – Die Antwort auf einem Fragebogen aus Berlin zum Baufortschritt von Anfang Mai besagte, dass das nördliche Drittel einschließlich der Dachhaut fertig sei, im mittleren Drittel der Hallenfußboden eingebracht werde, im unterkellerten Teil die Pfahlgründung fertiggestellt sei und die Kellersohle eingegossen werde; voraussichtliche Beendigung: Herbst 1941. Der restliche Eisenbedarf wurde nur noch mit 14,56 Tonnen angegeben, was dem noch nicht gebogenen Anteil des beschlagnahmten Eisens entsprach. Das bei Beschlagnahme bereits gebogene Eisen war offenbar freigegeben worden.

Am 8. Mai 1941 wurde verfügt, dass die Baustelle stillzulegen sei; dagegen legte das Tiefbauamt Widerspruch ein. Die Baustelle müsse wenigstens gesichert werden, d.h. die Kellerumfassungswände zum Schutz der Dichtung müssten fertiggestellt werden, und auch der Luftschutzraum erfordere noch Restarbeiten. Tegeler in Hamburg stimmte zu, bis zur Entscheidung seiner vorgesetzten Stelle in Berlin. – Mit der Luftschutz-Begründung bat Weise um „vorschußweise Zurverfügungstellung“ von 200 Tonnen Zement: Hespeler willigte ein. – Eine von Daitz schon angekündigte Prüfungskommission besichtigte die Baustelle im Juni

1941 und war mit den Vorschlägen zur Sicherung der Baustelle einverstanden. Das müsste aber bis zum 1. Juli erledigt sein, dann würden die Arbeitskräfte für den Einsatz bei kriegsentscheidenden Bauvorhaben abgezogen. Es gab noch eine Verlängerung bis zum 10. Juli, danach herrschte Stillstand für mehr als ein Jahr.

Am 22. Juni 1941 überfiel das Deutsche Reich die UdSSR, die Wehrmacht kämpfte im „Unternehmen Barbarossa“ gegen die Rote Armee. Im August 1941 wurde das Baltikum von der Wehrmacht besetzt. Der für das Baugeschehen zuständige Lübecker Senator Walther Schröder wurde nach Riga in das Reichskommissariat Ostland versetzt, wo er als SS-Polizeiführer zum Generalmajor befördert wurde.[28]

Die dritte Bauphase vom 15. Juli 1942 bis Ende Januar 1943

Beim britischen Luftangriff auf Lübeck am 28./29. März 1942 wurde auch der Hafen getroffen (Abb. 12). Der Schuppen A und der westlich an die Baustelle angrenzende Schuppen C brannten aus, wurden aber durch Sofortmaßnahmen schnell wieder benutzbar gemacht. Das südlich benachbarte dreistöckige Lagerhaus war ebenfalls wie auch einige Kräne schwer beschädigt, die Schuppen 4 und 5 an der Untertrave vollständig zerstört. Die Lagerflächen für Stückgut reduzierten sich erheblich, allein durch die nun fehlenden Schuppen an der Untertrave und das teilzerstörte Lagerhaus sank die Kapazität um 4.275 m².

Der Blick richtete sich wieder auf den Schuppen F. Der Rohbau war von Bomben nicht getroffen worden und die Fertigstellung war der einfachste und schnellste Weg, um wieder eine Lagerfläche von 4.500 m² zu gewinnen. Dies teilte die LHG dem Verkehrsministerium in Berlin mit und fügte hinzu: „Der neue Lagerschuppen würde das Umschlagsgeschäft außerordentlich beschleunigen und vereinfachen, [...] und [...] daß die Beanspruchung des Lübecker Hafens [...] besonders stark sein wird durch die in diesem Jahr neu auftretenden Transporte nach dem Ostland und die zu erwartenden, großen Umfang annehmenden Heeresnachschubtransporte.“ – Die Baupolizei verlor durch Bombenschaden die Akten und ihre Unterkunft am Kleinen Bauhof; ihr Leiter Dr. Hespeler wurde nun zusätzlich Leiter des neu geschaffenen „Amts für kriegswichtigen Einsatz“, das in der Geibelschule in der Glockengießer-

Abb. 12: Lübeck – Nördliche Wallhalbinsel. Luftbild vom 29.03.1942, dem Tag nach dem Bombenangriff. – Foto: Julius Appel SHN12713 00, Fotoarchiv der Hansestadt Lübeck, St. Annen-Museum.

28 Stockhorst (1967): 397.

straße eingerichtet wurde und später in die Schule am Langen Lohberg 24 umziehen musste. Er teilte dem Tiefbauamt mit, dass Generalmajor Schröder, der aus Riga zurückbeordert war, die Fertigstellung des Lagerhauses wünsche, es solle in das Aufbauprogramm eingestellt werden. Das Bauvorhaben hieß nun „Ersatzbau für durch Bomben zerstörte Schuppen".

Wieder gab es Fragebögen, Auflistungen des Material- und Arbeitskräftebedarfs. Das Kontingentamt in Kiel erfuhr am 19. Mai 1942 von Baudirektor Pieper, dass der Neubau ohne eine erneute Zuteilung von Eisen oder Holz fortgeführt werden könne; es liege ja noch einiges fertig zum Einbau auf der Baustelle, noch fehlendes Eisen könne vom Bauunternehmen gegen spätere Rückvergütung bevorschusst werden. „Einer sofortigen Weiterführung des Baues steht somit nichts entgegen". Damit setzte sich Pieper über die schon eine Woche zuvor von Hespeler festgehaltenen Einwände hinweg, denn wegen der Arbeitskräfte gab es die üblichen Schwierigkeiten. Das Arbeitsamt habe den Anweisungen des „Amts für kriegswichtigen Einsatz" (Leitung: Dr. Hespeler) zu folgen und Hespeler könne „erst nach der Fertigbetonierung des Bunkers Fischergrube" Kräfte zur Verfügung stellen; beim Schuppen solle geprüft werden, „ob nicht dann, wenn der Schuppen überhaupt erbaut werden muß, eine einfachere Konstruktion in Behelfsbauausführung möglich ist."

Am 15. Juli 1942, 15 Wochen nach der Bombardierung, ging es weiter auf der Baustelle. Die Betonkellerdecke und die noch fehlenden 22 Meter Betonfußboden wurden in Angriff genommen. Bürgermeister Dr. Böhmcker und der Beigeordnete Stadtrat Dr. Pupke legten fest, dass der Lagerschuppen mit größter Beschleunigung bis zum Jahresschluss in seiner ursprünglich geplanten Ausführung fertiggestellt werden solle. Die Restmengen an benötigtem Baumaterial seien nur noch gering, wie auch der Kraftstoffbedarf, weil fast alle Baustoffe auf dem Wasserweg herbeigeschafft werden könnten und die Baumaschinen elektrisch liefen; die Zahl der benötigten Arbeitskräfte sei niedrig, die Baufirma könne Kriegsgefangene hinzuziehen und die LHG Bauhilfskräfte aus ihrem Kontingent zur Verfügung stellen. Die LHG verfügte immer noch über Reserven, auch an Material und Handwerkern, wie sich im weiteren Verlauf herausstellte.

Sehr hilfreich für den Fortgang der Bauarbeiten war auch eine Entscheidung des Kontingentamts in Kiel vom 11. April 1942, dass der Bau von der Dringlichkeitsstufe 3 nunmehr in die Dringlichkeitsstufe 0 eingestuft wurde. Die „kriegsentscheidende Bedeutung" des Schuppenbaus wurde also bestätigt. Eine für die Bauwirtschaft im Wehrkreis X zuständige Kommission hatte im Oktober 1942 die Baustelle geprüft und war mit der Weiterführung der Arbeiten einverstanden.

Anfang November 1942 war die Kellerdecke fertig; im Keller wurde ein „Eßraum für Gefolgschaftsmitglieder" eingerichtet. Die LHG beschaffte die Einrichtungsgegenstände, stellte Öfen auf und erklärte sich bereit, die Verglasung der Kellerfenster zu übernehmen, „sollte die Verglasung auf Schwierigkeiten stoßen". – In einem Nachtragsangebot vom 1. September 1942 hatte die Baufirma für 147,5 m², also für die Luftschutzräume, eine um 15 cm verstärkte Kellerdecke angeboten. Im November 1942 wurde vermerkt, dass der innere Ausbau der Luftschutzräume von der LHG durchgeführt würde, und dass die Trennwand zwischen Luftschutzraum und anschließendem Keller um einen Stein verstärkt werden soll.

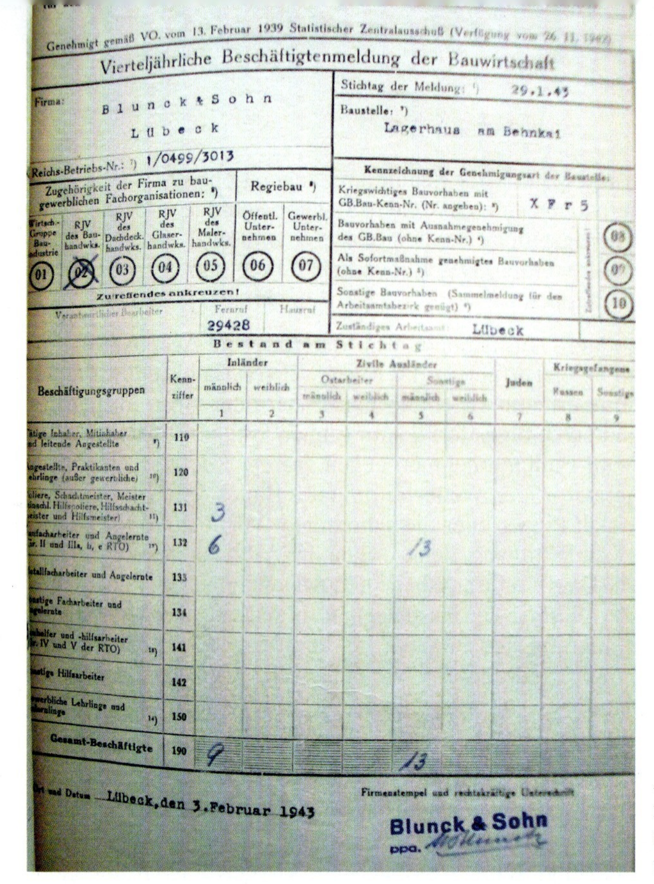

Genehmigt gemäß VO. vom 13. Februar 1939 Statistischer Zentralausschuß (Verfügung vom 26. 11. 1942)

Vierteljährliche Beschäftigtenmeldung der Bauwirtschaft

Firma: Blunck & Sohn Lübeck

Reichs-Betriebs-Nr.: 1/0499/3013

Stichtag der Meldung: 29.1.43

Baustelle: Lagerhaus am Behnkai

Zugehörigkeit der Firma zu baugewerblichen Fachorganisationen: Wirtsch.-Gruppe Bauindustrie (01) – RJV des Bauhandwks. (02, angekreuzt) – RJV des Dachdeck. handwks. (03) – RJV des Glaserhandwks. (04) – RJV des Malerhandwks. (05)

Regiebau: Öffentl. Unternehmen (06) – Gewerbl. Unternehmen (07)

Zutreffendes ankreuzen!

Kennzeichnung der Genehmigungsart der Baustelle:
Kriegswichtiges Bauvorhaben mit GB.Bau-Kenn-Nr. (Nr. angeben): X F r 5
Bauvorhaben mit Ausnahmegenehmigung des GB.Bau (ohne Kenn-Nr.) (08)
Als Sofortmaßnahme genehmigtes Bauvorhaben (ohne Kenn-Nr.) (09)
Sonstige Bauvorhaben (Sammelmeldung für den Arbeitsamtsbezirk genügt) (10)

Verantwortlicher Bearbeiter – Fernruf: 29428 – Hausruf

Zuständiges Arbeitsamt: Lübeck

Bestand am Stichtag

Beschäftigungsgruppen	Kennziffer	Inländer männlich (1)	Inländer weiblich (2)	Zivile Ausländer: Ostarbeiter männlich (3)	Ostarbeiter weiblich (4)	Sonstige männlich (5)	Sonstige weiblich (6)	Juden (7)	Kriegsgefangene: Russen (8)	Sonstige (9)
Tätige Inhaber, Mitinhaber und leitende Angestellte	110									
Angestellte, Praktikanten und Lehrlinge (außer gewerbliche)	120									
Poliere, Schachtmeister, Meister einschl. Hilfspoliere, Hilfsschachtmeister und Hilfsmeister)	131	3								
Baufacharbeiter und Angelernte (Gr. II und IIIa, b, c RTO)	132	6				13				
Metallfacharbeiter und Angelernte	133									
Sonstige Facharbeiter und Angelernte	134									
Bauhelfer und -hilfsarbeiter (Gr. IV und V der RTO)	141									
Sonstige Hilfsarbeiter	142									
Gewerbliche Lehrlinge und Anlernlinge	150									
Gesamt-Beschäftigte	190	9				13				

Ort und Datum: Lübeck, den 3. Februar 1943

Firmenstempel und rechtskräftige Unterschrift: Blunck & Sohn ppa.

Abb. 13: Beschäftigtenmeldung vom 3. Februar 1943. – AHL Wasser- und Hafenbauamt 1716.

Weiterbau im „totalen Krieg" von Februar 1943 bis Kriegsende

Ende Januar 1943 war mit der Kapitulation der 6. Armee in Stalingrad unverkennbar die Wende im Krieg eingetreten, die deutsche Bevölkerung war besorgt und deprimiert, die Ausländer in Deutschland, besonders die Zwangsarbeiter und Kriegsgefangenen, die in allen Bereichen die Wirtschaft in Gang halten mussten, schöpften Hoffnung. Im Februar 1943 rief Joseph Goebbels den „totalen Krieg" aus, für ihn wurde aus dem Glauben an den Sieg der fanatische Glauben an den Endsieg.

Die Schwierigkeiten auf der Baustelle blieben bestehen. Im Fragebogen aus Berlin zur „Vierteljährlichen Beschäftigtenmeldung der Bauwirtschaft" Berlin (Abb. 13), meldete die Firma Blunck & Sohn für den Stichtag 29. Januar 1943 als Arbeitskräfte: neun Inländer, keine Ostarbeiter, 13 sonstige zivile Ausländer, keine Juden und keine Kriegsgefangenen.[29] Am nächsten Stichtag im April hatte die Baufirma acht dänische Maurer verpflichtet, im Juli kamen vier Holländer dazu, (die aber bald „beschlagnahmt und für Bombenschadensangelegenheiten angesetzt" wurden), im September sieben Inländer, keine zivilen Ausländer, keine Juden und fünf Kriegsgefangene.

---

29 Dänen, Niederländer, Norweger, Schweden und belgische Flamen wurden vor dem Hintergrund der nationalsozialistischen Rassenlehre als Angehörige der germanisch-arischen Rasse unter der Rubrik „zivile Ausländer" erfasst und damit von romanischen Franzosen und belgischen Wallonen abgegrenzt. Unter letzteren standen gemäß dieser Lehre noch die slawischen Ostarbeiter, die nach der geltenden Rassenhierarchie als minderwertig angesehen wurden.

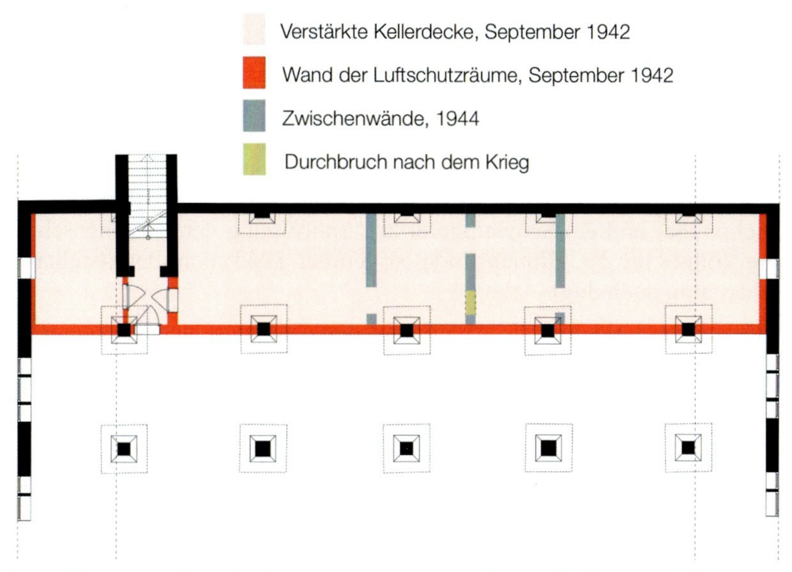

Abb. 14: Schuppen F, Luftschutzräume am Nordende des Kellers. – Zeichnung: Antje Freiesleben, 2022.

Im April 1943 ging es um die Außenwände des Luftschutzkellers, die von 40 auf 90 cm verstärkt wurden; die Wände und die Decke wurden entsprechend verstärkt, so dass die lichte Höhe im Luftschutzraum nur 2,10 Meter betrug (im übrigen Keller 2,25 m.) (Abb. 14).

Die Kontingentbewirtschaftungsstelle Hamburg musste sich in Kiel neu einrichten, sie wurde im Juli 1943 bei den schweren Bombenangriffen auf Hamburg, der „Operation Gomorrha", vernichtet. „Da die Akten durch Feindeinwirkung vernichtet sind, [...] sind die gemachten Bedarfsanmeldungen umgehend zu wiederholen", schrieb die Behörde aus Kiel und teilte die neue Adresse mit. Auch die Ausschaltung des Hamburger Hafens forcierte die Bautätigkeit im Lübecker Hafen, die LHG forderte vom Tiefbauamt: Der Schuppenbau ist beschleunigt zu Ende zu führen. Die Firma Blunck sei zu beauftragen, „neben der täglichen Arbeitszeit von 10 Stunden auch an den Sonntagen zu arbeiten". Die Antwort der Baufirma: „Ein Teil der ausländischen Arbeiter wird Sonntags arbeiten, dagegen möchten die deutschen Gefolgschaftsmitglieder Ruhe haben. Als Grund wird angegeben, täglich 10 Stunden Arbeitszeit, nachts Heimatflack resp. Luftschutz, und längere Anfahrt zur Arbeitsstelle. Ausserdem haben die meisten Gemüseland, das sie Sonntags zu bearbeiten haben." Übermäßig lange Arbeitszeiten von 60 bis 70 Stunden in der Woche konnten den Arbeitskräftemangel nicht ausgleichen. Die LHG und die Baufirma konnten nicht verhindern, dass Arbeitskräfte von den Baustellen auf der Wallhalbinsel abgezogen und zur Beseitigung von Bombenschäden eingesetzt wurden. Der abgefragte Fertigstellungstermin rückte immer weiter nach hinten.

Ab Mai 1943 kamen auch andere Gewerke auf die Baustelle. Das Elektro-Installationsgeschäft musste nun ebenfalls Materialbedarf anmelden. Der Anforderungsschein war überschrieben: „Spare Metalle, du hilfst sonst dem Feind!" Das in der Rüstung besonders wichtige Kupfer (nur 8,2 kg wurden angefordert) wurde für Elektroleitungen weitgehend ersetzt durch Aluminium (128,5 kg). Die Elektro-Arbeiten zogen sich hin bis in den Januar 1945. Vom Arbeitskräftemangel zeugt die Meldung, dass ein Tischler zur Anfertigung der 64 Schiebetore (16 Doppeltore auf jeder Längsseite) nicht zu finden war; die Firma Blunck wollte sich bemühen, die Tore bis Ende des Jahres selbst anzufertigen. Auch einen Schweißer und ein Schweißgerät zur Anbringung der Führungsschienen der Tore konnte die Fa. Blunck Ende November 1943 nicht bereitstellen; die LHG übernahm auch diese Arbeit.

Im Dezember 1943 löst die Anordnung der Ausstiegsklappe aus dem Luftschutzkeller heftigen Protest bei Siebenhaar (LHG) aus: die Klappe müsse außen angeschlagen sein; innen angeschlagen würde sie bei starker Explosion in nächster Nähe aus ihren Hängen gerissen und in den Raum hineingeschleudert werden mit katastrophalen Folgen für die Bunkerinsassen; die Ausstiegsöffnung müsse so groß sein, „daß eine Tragbahre mit einem Verletzten herausgereicht werden kann". Die LHG sei bereit, eine entsprechend starke Klappe im eigenen Betrieb anzufertigen. Im Januar 1944 erinnerte Siebenhaar daran, empört darüber, dass noch nichts geschehen sei, denn „bei der heutigen Luftlage" seien sie gezwungen, „jederzeit den Luftschutzkeller in Benutzung zu nehmen [...] wir machen Sie für alle Folgen [...] voll verantwortlich". Wie heute zu sehen ist, blieb es bei der beanstandeten Klappe; Zwischenwände (nach Befund: ohne Eisenbewehrung) mit kulissenartig versetzten Türöffnungen sollten die hineingeschleuderte Klappe abfangen.

Anfang Dezember 1943 konnten die ersten Schiebetore eingehängt werden. Als das rohe Holz nach sechs Wochen schon anfing blau zu werden, mahnte die LHG verärgert die Malerarbeiten an. Die Malermeister Carl Meyer und Ferdinand Geyer erhielten den Auftrag im Februar 1944, hier gab es keine Komplikationen. Anders verlief die Zusammenarbeit mit Glasermeister Hermann Hagen. Mit der Verglasung wurde er im November 1943 beauftragt, nachdem er vom Innungsmeister freigegeben worden war. Hagen hat auch das Glas am Bau angeliefert, „mit den Arbeiten jedoch fing er gar nicht erst an". Er verglaste stattdessen auf Anordnung aus Berlin die Umfassungswände einer Autoreparaturwerkstatt. Gegen den Protest von Stadtbaudirektor Pieper nahm ihn die Kreishandwerkerschaft in Schutz: „weil die dort beschäftigten Handwerker hätten wegen Erkältungsgefahr die Arbeiten einstellen müssen. Fast sämtliche Lübecker Glaser waren in Wandsbek, im Anschluß daran in Elmshorn und sind jetzt in Kiel zur Beseitigung von Bombenschäden eingesetzt; der Glasermeister Hagen hat als einzigster den Bezirk, zu dem auch die Wallhalbinsel gehört, zu betreuen. Er ist schon 60 Jahre alt, die übrigen noch in Lübeck anwesenden Glasermeister sind erheblich älter [...]". Die Verglasung begann dann schließlich doch im Februar 1944.

Im letzten langwierigen und mühseligen Kapitel vor der Fertigstellung des Schuppens ging es um den Estrich, der aus Zement und Härtemittel hergestellt wurde. Als Subunternehmen verpflichtete die Firma Blunck die Firma Graffitti, diese suchte seit August 1943 eine Firma, die das Härtemittel produzieren konnte. Nach wochenlanger Verzögerung wurde ein Hersteller im Taunus gefunden. Von dort konnte die für Lübeck bestimmte Ware „wegen der Waggonsperre für nicht ernährungswichtiges Gut" nicht angeliefert werden. Überraschend tauchte im Januar 1944 ein Waggon auf, ungenügend deklariert, ein Telefonat bestätigte seine Bestimmung für den Hafenschuppen, er war „[n]ach Anweisung des Reichsverkehrsministeriums bevorzugt befördert" worden. Als auch endlich etwas Zement vorhanden war, verhinderte eine Frostperiode jede Arbeit. Bei besserem Wetter hätte es zügig weitergehen können, wenn jetzt nicht die 1000 Sack Zement, die für den Estrich schon bereitstanden, anderweitig verarbeitet worden wären; die LHG mit ihrer Verantwortung für alle Baustellen am Hafen hat wahrscheinlich darüber verfügt. Das Kontingentamt teilte mit, „daß die Aussichten für die Zuteilung von Zement außerordentlich gering sind“. Im nächsten Fragebogen wurde als Fertigstellungstermin angegeben: „Mai 1944 sofern Zement rechtzeitig zugeteilt wird.“ Schließlich, Ende Februar 1944, half das Hochofenwerk in Herrenwyk aus und lieferte den benötigten Baustoff, unbürokratisch und wahrscheinlich ordnungswidrig.

Im Mai 1944 forderte die Wasserstraßendirektion dringend die Fertigstellung, „da sonst die Baustelle wahrscheinlich ganz stillgelegt würde“. Die Baufirma sicherte zu, dass die Restarbeiten am Härte-Estrich bis zum 1. Juni 1944 fertiggestellt seien. Für Restarbeiten wurden noch 20 Tonnen Zement für Maurerarbeiten angefordert. Auch Elektroarbeiten wurden bis zum Kriegsende durchgeführt.

Während der letzten Kriegsmonate ab Herbst 1944 wurde die Nördliche Wallhalbinsel zum Sperrgebiet erklärt für Zwecke des Internationalen Komitees des Roten Kreuzes.[30] Somit erfolgte die erste Nutzung des Schuppens F durch das IKRK:[31] Der Umschlagplatz Marseille für Liebesgaben und Post an Kriegsgefangene auf beiden Seiten war ausgefallen, als Ersatz konnten Eric M. Warburg und Dr. Carl Jacob Burckhardt aus einflussreichen Positionen heraus erwirken, dass nachts beleuchtete weiße Versorgungsschiffe aus dem neutralen Hafen Göteborg den Hafen von Lübeck ansteuern durften, mit dem Nebeneffekt, dass Lübeck von weiteren Bombenangriffen verschont blieb.[32]

Graf Folke Bernadotte vom schwedischen Roten Kreuz verhandelte mit Reichsinnenminister und Reichsführer SS Heinrich Himmler nicht nur über Pakete und Post, sondern auch über die Freilassung von internierten Skandinaviern. Zur Vorbereitung der Aktion wurde im Lübecker Hafen der Versorgungsstützpunkt für Treibstoffe[33] eingerichtet. Der Schuppen F war dafür bestens geeignet. Die „Lillie Matthiessen“ (Abb. 15) war das erste „Weiße Schiff“, mit „Rotem Kreuz“ und schwedischer Flagge gekennzeichnet, das an der Wallhalbinsel anlegte, und zwar am 29. Oktober 1944 vor Schuppen C. Weitere IKRK-Schiffe trafen vor anderen Schuppen ein, aber vor Schuppen F erst sechs Wochen später am 12. Dezember die „Jamaica“ unter Kapitän Olson. Ob der Estrich vorher noch nicht genügend ausgehärtet war? Bis in den Juni 1945 hinein war der Schuppen F noch siebenmal Ziel der weißen Schiffe „Magdalena“, „Jamaica“, „Lillie Matthiessen“ und „Finn“; die ganze IKRK-Aktion umfasste schließlich mindestens 21 Schiffsankünfte im Lübecker Hafen.[34]

---

30 Informationen über die Schiffsbewegungen und Abb. 15 vom ehemaligen Hafenkapitän Henning Redlich aus den Sammlungen des Museumshafens.

31 Das Jahr der Inbetriebnahme sollte künftig als Baudatum von Schuppen F genannt werden: 1944.

32 Meyer (2008): 738.

33 Niet (2017).

34 Informationen über die Schiffsbewegungen vom ehemaligen Hafenkapitän Henning Redlich aus den Sammlungen des Museumshafens.

Abb. 15: Das schwedische Schiff „Lillie Matthiessen“ im Hafen von Göteborg, beladen mit LKW und Treibstofffässern. – Foto: Sammlungen des Museumshafens Lübeck, Henning Redlich.

Am 12. März 1945 begann die Rettungsaktion: Weiße Busse, Lastkraftwagen und Motorräder, ebenso wie die Schiffe mit Kreuz und Flagge gekennzeichnet, fuhren in mehreren Kolonnen über die dänisch-deutsche Grenze zu Konzentrationslagern und Zuchthäusern im ganzen Reich, im Süden bis nach Schömberg, Dachau und Linz, sie brachten Pakete („Liebesgaben“) und nahmen auf der Rückfahrt Häftlinge mit, vorwiegend Skandinavier, aber auch Niederländer, Polen, Franzosen, Frauen gleich welcher Nationalität; sogar Juden konnten Himmler abgehandelt werden. Insgesamt mehr als 20.000 von Todesmärschen bedrohte Häftlinge wurden befreit[35] und im Konzentrationslager Neuengamme für den Weitertransport über Dänemark und Schweden gesammelt.

In Lübeck trafen sich in der Nacht vom 23. zum 24. April Himmler und Bernadotte noch einmal, nun hatte Himmler ein Anliegen, von dem Hitler nichts wissen durfte. Bernadotte zitiert Himmler: „Um möglichst große Teile Deutschlands vor der russischen Invasion zu bewahren, bin ich bereit, an der Westfront zu kapitulieren, damit die Truppen der Westmächte so schnell wie möglich nach Osten vorrücken können. Dagegen bin ich nicht bereit, an der Ostfront zu kapitulieren. [...] Sind Sie bereit, eine Mitteilung dieser Art an den schwedischen Außenminister weiterzuleiten, damit er die Westmächte über meinen Vorschlag orientieren kann?“[36]

35 Korte (1987).

36 Bernadotte (1945): 82 f.

Nach Auflösung des Lagers Neuengamme brachte eine letzte Kolonne Weißer Busse am 29. April 1945 befreite Häftlinge nach Lübeck zur Weiterfahrt mit der „Lillie Matthiessen“ nach Trelleborg.[37] Am selben Tag erfuhr Hitler von Himmlers Verhandlungen und verstieß seinen treuesten Gefolgsmann aus der Partei und entband ihn aller seiner Ämter. Einen Tag später nahm Hitler sich das Leben; Himmler versuchte unter dem Namen Hitzinger unterzutauchen, geriet aber in britische Gefangenschaft und starb ebenfalls durch Suizid am 23. Mai 1945 in Lüneburg.[38]

Am 2. Mai 1945 hatten Britische Panzer Lübeck erreicht.[39] Alle Bauarbeiten kamen zum Erliegen, denn die ausländischen Zwangsarbeiter waren befreit worden und den im Hafen gegen Lohn arbeitenden Dänen und Norweger fehlte das Baumaterial; sie wurden mit Lade- und Löscharbeiten auch nach Kriegsende weiter beschäftigt.

Die vierte Bauphase, Restarbeiten bis 1949

Erst ab 1946 wurden die dringendsten Restarbeiten durchgeführt. Vom Lastenaufzug und der Kühlmaschine für den Keller und die dort geplante Lagerung von Lebensmitteln war nicht mehr die Rede und auch der 1940 von der LHG gewünschte Anbau für Büros und Sozialräume wurde nie verwirklicht. Das Tiefbauamt vergab Aufträge an einzelne Firmen, die Baufirma Blunck war nicht mehr dabei. Elektroinstallationsarbeiten und Reparaturen an den Rampen wurden abgerechnet. Die provisorische Abdichtung der Dehnungsfugen im Dach wurde für 109 Reichsmark angeboten.

Als drei Jahre nach Kriegsende am 18. März 1948 der neue Stadtbaudirektor Dr. Münter mit seinen Fachleuten den Schuppen F besichtigte, wies der Estrich auf den Rampen bereits erhebliche Zerstörungen auf. Weiter umfasste die Mängelliste Punkte, die noch zur Fertigstellung des Schuppens gehörten: Neben kleineren Maurerarbeiten mussten die Außenflächen noch mit Zementmörtel gefugt werden, provisorische Kellerluken aus Holz sollten in Eisen gefertigt und die Dehnungsfugen im Dach mit Asphalt vergossen und mit Zinkblech abgedeckt werden. – Die Materialbeschaffung erfolgte weiter über Bezugscheine, etwas leichter als zuvor, denn die Berliner Behörden waren nicht mehr dabei. Eine Zwischenbilanz kurz nach der Währungsreform (20. Juni 1948) ergab, dass fast alle Arbeiten in Angriff genommen waren – Streit entstand über Rechnungen in DM für Arbeiten aus der RM-Zeit. Bei der Reparatur des Estrichs auf den Rampen wurden auch die Führungsschienen für die Schiebetore eingesetzt und die übrigen Arbeiten bis auf die Abdichtung der Dehnungsfugen im Dach noch 1948 erledigt. Das dafür notwendige Zinkblech konnte erst 1949 beschafft werden. Der Auftrag ging nach Ausschreibung an die einzige Firma, die in der Lage war, 1.300 Löcher in den Beton zur Befestigung des Zinkblechs zu bohren. Damit waren die Restarbeiten erledigt. Ende März 1949 war der Schuppen F tatsächlich fertiggestellt.

---

37 Niet (2015): 130.

38 Klee (2009)

39 Meyer (2008): 740.

Der fertiggestellte Lagerschuppen und aktuelle Entwicklungen

Später gab es bauliche Veränderungen, die jetzt anhand der Befunde festzustellen sind: – Von den Aluminium-Elektroleitungen ist heute nichts mehr zu erkennen; die elektrischen Anlagen wurden sicher mehrfach modernisiert. – Die Luftschutzräume wurden durch einen Wanddurchbruch besser nutzbar gemacht. – Für den Zoll wurden in den späten 50er Jahren Büros eingebaut; ein ganzer Riegel von 9 Metern am Südende einschließlich Keller wurde abgetrennt; die vier Rolltore im Südgiebel, ein Schiebetor wasserseitig und zwei Schiebetore landseitig wurden zugemauert und durch Türen und Fenster ersetzt, zentralgeheizte Büros und Sanitärräume entstanden. – Die Treppenstufen zur wasserseitigen Rampe verschwanden unter einer Auffahrt. – Das 7. Tor auf der Landseite (Zählung von Süd nach Nord) wurde zugemauert, weil es wegen der benachbarten Kellertreppe nicht genutzt werden konnte (Abb. 16). – Auch das 16. Schiebetor auf der Wasserseite wurde zugemauert und wahrscheinlich ist es dieses Tor, das in Zweitverwendung im Nordgiebel innen mittig angebracht wurde. – Drei von fünf Kellerluken in den Rampen wurden mit Beton verschlossen, die beiden übrigen erhielten Eisenluken. – Passend zur Luke in der landseitigen Rampe wurde 1953 (Jahr der Herstellung) eine fahrbare Hebebühne beschafft, die wegen ihrer Größe im Keller montiert werden musste. – Zum Öffnen der landseitigen Eisenluke wurde 1963 ein handbetriebener Seilzug eingebaut. – Eine Waage für eine Höchstlast von 2.000 kg wurde 1955 (Jahr der Herstellung) eingebaut. – Nach 1995 wurden die Giebel statt einer Reparatur achtlos und billig gestutzt, wodurch die Symmetrie des Nordgiebels verloren ging (Abb. 17).

In der Nachkriegszeit und zu Zeiten des Wirtschaftswunders wurde die Nördliche Wallhalbinsel mit dem Schuppen F zunehmend gebraucht; der Höhepunkt wurde in den 1960er Jahren erreicht (Abb. 18 und 19). In der LHG-Broschüre „Ostseehafen Lübeck" von 1960 wird der Schuppen F werbewirksam herausgestellt.[40] 1962 war es zu mehreren Grundbrüchen gekommen und der Hafenbetrieb auf der Nördlichen Wallhalbinsel mit den sechs Schuppen A bis F, dem dreigeschossigen Lagerhaus und 21 Kränen war gefährdet. Daher wurden von 1963 bis 1968 die Kaimauern instandgesetzt, zuletzt 1968 für 400.000 DM (Antragssumme) der Abschnitt vor Schuppen F.[41]

Das Löschen und Laden der Schiffe von Stückgut mit Hilfe von Kränen, die Zwischenlagerung in Schuppen vor oder nach dem Weitertransport per Eisenbahn oder LKW waren jedoch umständlich, es wurde nun als Lift-on/Lift-off-Verfahren bezeichnet und war nicht mehr konkurrenzfähig gegenüber dem Roll-on/Roll-off-Verfahren.[42] Mit dem Ausbau neuer Hafenanlagen traveabwärts und der Zunahme des Fährverkehrs über Nordlandkai und Skandinavienkai ging die Bedeutung der Stadthäfen zurück; als zusätzlichen Grund sah die LHG 1977 die „Veralterung der Anlagen, es seien Ersatz- und Erweiterungsinvestitionen dringend erforderlich." 1976 betrug der Anteil der Wallhalbinsel nur noch 5 %

40 LHG (1960).

41 AHL, Amt für Wirtschaft, Verkehr und Hafen 1303.

42 Voss (1975).

Abb. 16: Schuppen F, Innenansicht mit Treppe zum Keller und zum Luftschutzraum. – Foto: Johannes Modersohn, 2018.

Abb. 17: Schuppen F, Ansicht des Nordgiebels, nachdem er „repariert“ wurde. – Foto: Johannes Modersohn, 2019.

am Gesamtumschlag der Lübecker Häfen, hauptsächlich Zellulose aus Schweden.[43] In der Bestandsaufnahme der Lübecker Hafenanlagen von 1995 wird die Nördliche Wallhalbinsel noch aufgeführt, sie stand noch für die Abfertigung von Stückgut und Massenstückgut zur Verfügung.[44] Nach und nach wurden die verbliebenen Funktionen in andere Hafenteile verlegt, die ganze Nördliche

43 LHG (1977): 31.

44 Wiese (1995b): 10-12.

Abb. 18: Schuppen F, 1951. Ford Taunus vor der Verladung auf ein Schiff. – Foto: Söhnke. Fotoarchiv der LHG, Stadthafen.

Abb. 19: Schuppen F, 1962. Stückgut vor Weitertransport per Schiff, Eisenbahn oder LKW. – Foto: Schilling. Fotoarchiv der LHG, Stadthafen.

Wallhalbinsel bald nach 2000 von der Lübecker Hafen Gesellschaft aufgegeben und in späteren Darstellungen nicht mehr erwähnt.[45]

Die Abwärtsentwicklung des Hafenbetriebs auf der Wallhalbinsel wurde auch durch die Wiedervereinigung nicht aufgehalten – im Gegenteil: Der Einzugsbereich Lübecks hatte sich durch den Wegfall der „Zonengrenze" wesentlich erweitert, und der Altstadtrand wurde auf „nutzungsstrukturelle Entwicklungsmöglichkeiten" untersucht.[46] Im Gutachten von 1993 heißt es über die Nördliche Wallhalbinsel: „Die Schuppen sind in Holzkonstruktion errichtet und stammen teilweise aus der Gründerzeit." Die Besonderheit der Betonkonstruktion des Schuppen F wurde nicht erwähnt, stattdessen wurde die „Werbesichtanbindung" der Wallhalbinsel als hervorragend eingestuft, und das Wohnen, neben Hotel, Büros, Gastronomie und Einzelhandel als dominierende Nutzung vorgeschlagen.

Der 1994 anschließende Ideenwettbewerb[47] war der erste Versuch einer Vermarktung durch die für diesen Zweck gegründete „Wallhafen Compagnie Entwicklung", zusammen mit dem Senat der Hansestadt Lübeck. Es ging um ein „neues Stadtquartier am Rand der Altstadt; das gesamte Areal strahlt heute den zwar liebenswerten, aber gleichwohl maroden Charme einer Industriebrache aus". Unter anderem wurden 700 Wohnungen vorgeschlagen, der „Hafenbetrieb sollte vollends aufgegeben werden", damit natürlich auch alle Hafenschuppen. Eine Mehrheit in der Bürgerschaft unterstützte ab 2011 die Vermarktung von Baugrundstücken, zwei weitere sehr aufwändige Anläufe unter dem Schlagwort „KaiLine" scheiterten.

Die Lübecker Denkmalpflege stellte Folgendes unter Schutz: 1988 den ortsfesten Drehkran von 1893 an der Nordspitze der Nördlichen Wallhalbinsel, 1993 den gesamten umlaufenden Kaimauerring und das Lagerhaus der Kaufmannschaft von 1898 (heute unter der Bezeichnung „Media Docks" bekannt) einschließlich des Halbportal-Wipp-Krans von 1917, 2012 die übrigen noch vorhandenen Kräne – die Hafenschuppen jedoch nicht.[48]

In der „Bürgerinitiative Rettet Lübeck e.V." (BIRL) wuchs schließlich der Widerstand gegen die Abrisspläne. Eine betriebsame Arbeitsgruppe bildete die „Initiative Hafenschuppen" und ging an die Öffentlichkeit mit Veranstaltungen, Vorträgen und Ausstellungen. „Die erste Ausstellung und die neue Webseite der PIH (Projekt Initiative Hafenschuppen) wurden maßgeblich von der Possehl-Stiftung finanziert."[49] Sie erarbeitete 2012 eine Machbarkeitsstudie[50] mit dem Ergebnis, „dass die Bebauung der nördlichen Wallhalbinsel unter Erhalt der historischen Lagerhallen machbar ist – mit städtebaulichem, kulturellem und auch wirtschaftlichem Gewinn für die Hansestadt."

---

45 Wiese (2010).

46 Nutzungsperspektiven (1993): 30 f. und 131 f.

47 Ideenwettbewerb (1994).

48 Sellerbeck (2012).

49 Holst (2014).

50 BIRL (2012): Konzept Klaus Dieter Sehlcke; Text, Fotos und Kalkulation Jörg Sellerbeck; Zeichnungen Frank Herion; Mitwirkende: Bruno Böhm, Peter Kröger, Stephan Teichmann, Gabriele Ullrich.

Während der Auseinandersetzungen um den Erhalt der Hafenschuppen wurde von der „Fraktion Die Linke" gemutmaßt: „Schuppen F wurde komplett von Zwangsarbeitern errichtet".[51] Weitergehend forderte sie in der Bürgerschaftssitzung am 28. Februar 2013 für alle in Lübeck eingesetzten Zwangsarbeiter und Kriegsgefangenen ein Ehrenmal aufzustellen; in der Begründung wurde ausdrücklich der Schuppen F genannt.

Die gesichteten Akten des Tiefbauamtes ermöglichen eine genauere Einschätzung: Der gesamte Personalaufwand für den Schuppenbau war mit 26 Wochen bei täglich 75 Arbeitskräften vertraglich geregelt; das konnte die erfahrene Baufirma Blunck & Sohn bedenkenlos zusagen. Vor dem Krieg konnte 12 Wochen gearbeitet werden. Der Personalaufwand für die Restarbeiten nach dem Krieg war gering, kein Zweifel, das hätte die Baufirma unter den Bedingungen der Vorkriegszeit in einer Woche geschafft und damit vor und nach dem Krieg zusammen also die Hälfte der veranschlagten Zeit benötigt, 13 von 26 Wochen. Die andere Hälfte während des Krieges zog sich in mehreren Phasen über insgesamt 262 Wochen hin, in denen gebaut werden konnte, mit einem ständigen Tauziehen um die Arbeitskräfte. Die sehr unvollständigen Aufstellungen erlauben den Schluss, dass nur so viele „Ausländer" und Kriegsgefangene beschäftigt wurden, wie sie von „Inländern" (gestellt von Fa. Blunck, der LHG oder dem Arbeitsamt) beaufsichtigt und angeleitet werden konnten. Der Einsatz von Zwangsarbeitern wurde wegen der Gefahr von Sabotage bei kritischen Arbeiten wie in Abb. 11 nach Möglichkeit vermieden. Der Anteil der „Ausländer" beträgt demnach etwa ein Viertel der gesamten Arbeitsleistung am Schuppen F. Nicht bei allen handelte es sich um Zwangsarbeiter, die Dänen und Norweger kamen wegen der Arbeitslosigkeit in ihren Ländern, wurden bezahlt und konnten jederzeit wieder gehen, was auch viele taten. Es bleibt aber die Tatsache, dass eine geringe Anzahl zur Arbeit gezwungener Kriegsgefangener am Bau des Schuppen F beteiligt war.[52]

2015 wurde das „Konzept für die behutsame Entwicklung der Nördlichen Wallhalbinsel in Lübeck – PIH-Konzept"[53] gedruckt in einer Auflage von 5.000 Stück und in die Öffentlichkeit gebracht. Darin werden die Möglichkeiten und Chancen dargestellt und begründet, auch zeigt es finanzielle Perspektiven auf. Aus der Arbeitsgruppe entstand die PIH, „Projektgruppe Initiative Hafenschuppen", der es 2015 gelang, die Conplan GmbH unter der Leitung ihres Geschäftsführers Volker Spiel als professionellen Projektentwickler mit ins Boot zu holen. Die Investorengemeinschaft formierte sich als Vertragspartnerin der Stadt in der „PIH Entwicklungs- und Erschließungsgesellschaft mbH". Sie hatte sich zum Ziel gesetzt, das Areal im Sinne des zugrunde gelegten PIH-Konzepts

51 HL-live.de, 28.10.2012.

52 Veröffentlichungen aus Lübeck zu diesem Thema: Wiehmann (2002); Rathmer (1999); zur Situation im „deutschen Machtbereich": Kroener (1988): 774-778.

53 BIRL (2015): Mitwirkende des PIH-Konzepts waren: Bernd Ahrens, Vera Detlefsen, Fritz Ehrenstein, Antje Freiesleben, Heiner Freiesleben, Stephanie Göhler, Daniel Groß, Frank Herion, Detlev Holst, Detlef Kluth, Peter Kröger, Johannes Modersohn, Holger Maack, Frank Müller-Horn, Gabriele Pott, Ulrike Schäfer, Volker Spiel, Tilo Strauß, Detlev Stolzenberg, Roland Vorkamp, Eva-Maria Zarnack.

gemeinschaftlich zu entwickeln. Mit Unterstützung verschiedener Planungsbüros konnte nicht nur der neue Bebauungsplan 01.77.00 zusammen mit dem Fachbereich 5 der Hansestadt Lübeck erstellt, sondern auch ein mit der Stadt abgestimmtes maßgeschneidertes Erschließungs- und Verkehrskonzept entwickelt werden. Nach Vorlage der Grundstücksbewertungen durch den Gutachtachterausschuss der Hansestadt Lübeck werden die Wirtschaftlichkeitsnachweise für die Teilvorhaben erstellt, Bewertungsfragen von bisher nicht berücksichtigten Aspekten geklärt und die Verhandlungen über die Grundstückskaufverträge geführt. Der Satzungsbeschluss der Bürgerschaft für den Bebauungsplan 01.77.00 zwecks Herstellung des erforderlichen Baurechts für das einmalige städtebauliche Entwicklungsprojekt liegt vor. Die Unterzeichnung des Kaufvertrages für den Erwerb der Grundstücksflächen durch die „PIH Erschließungs- und Entwicklungsgesellschaft GmbH & Co. KG" ist für Ende Dezember 2023 terminiert. Die Übergabe der geräumten Grundstücke ist zum 1. März 2024 vorgesehen. Unmittelbar danach werden die Erschließungsarbeiten ausgeschrieben, vergeben und durchgeführt. Gleichzeitig können dann die Sanierungs- und Umbauarbeiten für die historischen Schuppen und die Neubauarbeiten für das Hotel, das Mediengebäude und den Strandsalon starten.

Inzwischen sind die fünf noch aus der Rehder-Zeit erhaltenen oder nach den Bombenschäden reparierten Hafenschuppen A bis D (Holzbauweise) sowie F (Stahlbetonkonstruktion) von der Abteilung Denkmalpflege der Hansestadt Lübeck nach dem Denkmalschutz-Gesetz von 2014 unter dem Sammelbegriff „Mehrheit baulicher Anlagen" als Denkmalensemble erkannt worden. Mit überregionaler Ausstrahlung sind die Hafenschuppen in der Lübecker Denkmaltopographie gewürdigt.[54]

Die Nutzung von Schuppen F als große Halle fand keinen Interessenten und war auch politisch nicht gewollt. Die Luftschutzräume bleiben nach den vorliegenden Plänen unverändert, hier soll die Haustechnik eingebaut werden. Im südlichen und im nördlichen Drittel erhält der Schuppen F eine gewerbliche Nutzung und im Mittelteil 23 Wohnungen.

Die Weichen sind somit gestellt: Die Hafenschuppen auf der Nördlichen Wallhalbinsel sind nach Sanierung mit neuer Nutzung als Denkmale der Lübecker Hafengeschichte gerettet, so auch Schuppen F. Seine hier geschilderte Baugeschichte steht exemplarisch für die Auswirkungen der Wechselfälle des Krieges und der unklaren Kompetenzen auf die Wirtschaft. Kroener (1988) beschreibt, was schon zu Beginn des Krieges vorherrschte: Polyzentrismus, Ämteranarchie, polykratisches System, Wildwuchs neuer Machtzentren, Zerfall alter Strukturen, Planungswirrwarr, selbst auferlegte bürokratische Fesseln, Durcheinander von Dringlichkeitsbefehlen, Kampf der verschiedenen Bedarfsträger gegeneinander, Streit der Wehrmachtteile um Prioritäten und Kontingente, Kampf um Führungspositionen, Entscheidungsschwäche des NS-Regimes – warum sollte es auf der Nördlichen Wallhalbinsel anders gewesen sein?

---

54 Wilde (2017): 776-778

Literaturverzeichnis

AK Hafen (1996)
Arbeitskreis Lübecker Hafengeschichte (Hrsg.), Der Lübecker Hafen ab Mitte des 19. Jahrhunderts bis in die heutige Zeit, Lübeck 1996.

Bernadotte (1945)
Folke Bernadotte, Das Ende: Meine Verhandlungen in Deutschland im Frühjahr 1945 und ihre politischen Folgen, Zürich 1945.

BIRL (2012)
Machbarkeitsstudie und Konzeptskizze für die Nutzung und Bebauung der Nördlichen Wallhalbinsel in Lübeck unter Erhalt der bestehenden Lagerhallen: WHIN-Konzept/Bürgerinitiative Rettet Lübeck (BIRL) e.V., Initiative Hafenschuppen, Lübeck 2012.

BIRL (2015)
Jörg Sellerbeck, Konzept für die behutsame Entwicklung der Nördlichen Wallhalbinsel in Lübeck: PIH-Konzept/Projektgruppe Initiative Hafenschuppen. Lübeck: Bürgerinitiative Rettet Lübeck (BIRL) e.V., Lübeck 2015.

Foedrowitz (1998)
Michael Foedrowitz, Bunkerwelten: Luftschutzanlagen in Norddeutschland, Berlin 1998.

Gehrke (2002)
Michael Gehrke, Zur Geschichte des Eschenburgparks, in: Der Wagen 2002, S. 97-110.

Hammel-Kiesow (2011)
Rolf Hammel-Kiesow, Hanse, in: Antjekathrin Graßmann (Hrsg.), Das Neue Lübeck-Lexikon, Lübeck 2011, S. 161-163.

Heine (2018)
Stephan Heine, Otto Hespeler (1887-1978), Leiter der Lübecker Baupolizei 1922-1945, in: Zeitschrift für Lübeckische Geschichte 98 (2018), S. 249-265.

Holst (2014)
Detlev Holst und Jörg Sellerbeck, Nördliche Wallhalbinsel I/Zum Stand der Dinge, in: Bürgernachrichten, Bürgerinitiative Rettet Lübeck (BIRL) 114 (2014), S. 1 f.

Ideenwettbewerb (1994)
Städtebaulicher Ideenwettbewerb Nördliche Wallhalbinsel Lübeck: Auslobung (Lübeck plant und baut, Heft 51), Lübeck 1994.

Kalimedia (2008)
Kalimedia (Hrsg.), Stadtkartenwerk Lübeck, Teil 3: Spuren der Zeit, Lübeck 2008.

Kastorff (2008)
Otto Kastorff, Peter Rehder und die Entwicklung der Lübecker Häfen, hrsg. vom Verein für Lübecker Industrie- und Arbeiterkultur, Lübeck 2008.

Klee (2009)
Ernst Klee, Das Personenlexikon zum Dritten Reich. Wer war was vor und nach 1945, Frankfurt 2009.

Korte (1987)
Detlef Korte und Rolf Schwarz, Die Bernadotte-Aktion – Eine Fotodokumentation, in: Demokratische Geschichte, Jahrbuch der Arbeiterbewegung und Demokratie in Schleswig-Holstein 2 (1987), S. 263-283.

Kroener (1988)
Bernhard R. Kroener, Rolf-Dieter Müller, Hans Umbreit, Organisation und Mobilisierung des deutschen Machtbereichs, Deutsche Verlags-Anstalt, Stuttgart 1988.

LHG (1960)
Lübecker Hafen-Gesellschaft mbH (Hrsg.), Ostseehafen Lübeck, Lübeck 1960.

LHG (1977)
Lübecker Hafen-Gesellschaft mbH (Hrsg.), Die bisherige und zukünftige Entwicklung der öffentlichen Seehäfen Lübecks, Lübeck 1977.

Meyer (2008)
Gerhard Meyer, Vom Ersten Weltkrieg bis zum Anfang des 21. Jahrhunderts: Lübeck im Kräftefeld rasch wechselnder Verhältnisse, in: Antjekathrin Graßmann (Hrsg.), Lübeckische Geschichte, 4. verb. u. erg. Aufl. Lübeck 2008, S. 687-778.

Niet (2015)
Helga Niet, Aktion „Weiße Busse“. Rettung in letzter Minute aus den Konzentrationslagern in Deutschland im Jahre 1945, in: Wismarer Beiträge, Schriftenreihe des Archivs der Hansestadt Wismar, Heft 21 (2015), S. 120-131.

Niet (2017)
Helga Niet, Rettungsaktionen in den letzten Kriegsmonaten des Jahres 1945, in: Mitteilungen des Heimatbundes für das Fürstentum Ratzeburg von 1901 e.V. 27 (2017), S. 8-11.

Nutzungsperspektiven (1993)
Nutzungsperspektiven Altstadt-Randbereiche: Standortbestimmung und Marktanalyse (Lübeck plant und baut, Heft 46), Lübeck 1993.

Rathmer (1999)
Christian Rathmer, „Ich erinnere mich nur an Tränen und Trauer … “ Zwangsarbeit in Lübeck 1939 bis 1945, Essen 1999.

Rehder (1906)
Peter Rehder, Die bauliche und wirtschaftliche Ausgestaltung und Nutzbarmachung der lübeckischen Hauptschiffahrts-Straßen unter besonderer Berücksichtigung der für Handel, Industrie und Verkehr [...], Lübeck 1906.

Schneider (1941)
Gerhard Schneider, Die Neuordnung des Lübecker Hafens, in: Der Wagen 1941, S. 70-79.

Sellerbeck (2012)
Jörg Sellerbeck, Nördliche Wallhalbinsel/Denkmalschutz nur wo es nützt, in: Bürgernachrichten, Bürgerinitiative Rettet Lübeck (BIRL) 110 (2012), S. 9-12.

Stockhost (1967)
Erich Stockhorst, Fünftausend Köpfe/Wer war was im Dritten Reich, Velbert/Kettwig 1967, S. 397.

Voss (1975)
Dietrich von Voss, Entwicklung des Hafens Lübeck, in: Handbuch für Hafenbau und Umschlagstechnik, III. Seehäfen, Hamburg 1975, S. 52f.

Wiehmann (2002)
Otto Wiehmann, Zwangsarbeiter in Lübeck 1940-1944, in: Zeitschrift des Vereins für Lübeckische Geschichte und Altertumskunde 82 (2002), S. 361-364.

Wiese (1995a)
Hans-Wolfgang Wiese, 850 Jahre Geschichte Lübecks – 850 Jahre Geschichte einer Hafenstadt (Lübeck plant und baut, Heft 58), Lübeck 1995.

Wiese (1995b)
Hans-Wolfgang Wiese (Red.), Bestandsaufnahme der Lübecker Hafenanlagen und Flächen entlang der unteren Trave (Lübeck plant und baut, Heft 59), Lübeck 1995.

Wiese (2010)
Hans-Wolfgang Wiese, Die Lübecker Häfen auf dem Weg in die Zukunft, in: Hansa, International Maritime Journal 147 (2010), S. 92-97.

Wilde (2017)
Lutz Wilde und Margrit Christensen (Bearb.), Hansestadt Lübeck: Altstadt (Denkmaltopographie Bundesrepublik Deutschland, Kulturdenkmale in Schleswig-Holstein, hrsg. vom Bereich Archäologie und Denkmalpflege der Hansestadt Lübeck, Abteilung Denkmalpflege, Bd. 5.1), Kiel 2017.

Abkürzungen

AHL Archiv der Hansestadt Lübeck
BIRL Bürgerinitiative Rettet Lübeck
IKRK Internationales Komitee vom Roten Kreuz
LHG Lübecker Hafengesellschaft
PIH Projektgruppe Initiative Hafenschuppen

Anschriften der Autoren:
Dr. med. habil. Heiner Freiesleben
Engelsgrube 45
23552 Lübeck
E-Mail: freiesleben.hl@t-online.de

Prof. Dipl.-Ing. Antje Freiesleben
Bayernallee 47
14052 Berlin
E-Mail: info@mofrei.de

Zu viele Fragen bleiben
Die Deportation jüdischer Gemeindemitglieder aus Lübeck nach Riga am 6. Dezember 1941

Heidemarie Kugler-Weiemann

Man könnte vielleicht der Meinung sein, dass nach über achtzig Jahren die Umstände der Deportation von Lübeck nach Riga und dass vor allem die Namen und Schicksale der verschleppten und ermordeten jüdischen Menschen hinlänglich geklärt seien. Das ist aber keineswegs der Fall. Zwar arbeitete auch in Lübeck die Bürokratie vor allem in der NS-Zeit mit aller Gründlichkeit, erstellte Listen und Dokumente und hielt sie verwahrt. Ab 1933 setzte sie sämtliche Verordnungen und Erlasse akribisch um, mit denen die antisemitische NS-Ideologie zu staatlichem Handeln und die jüdische Minderheit mit immer weitergehenden Schritten rechtlich ausgegrenzt, finanziell ausgeplündert und vertrieben wurde. Aber sehr viele dieser Verwaltungsvorgänge wurden gegen Kriegsende gezielt in den Lübecker Behörden vernichtet, und auch in Riga waren die deutschen Verantwortlichen[1] vor ihrem Rückzug bemüht, die Spuren ihrer Mordtaten zu beseitigen. Die Geschehnisse der Deportation von Lübeck nach Riga ließen sich daher vor allem nur nach den Erinnerungen der Überlebenden rekonstruieren, die als Bücher veröffentlicht, als Interviews oder Zeugenaussagen der wenigen Strafprozesse vorliegen.[2]

Abb. 1: Zwischen den Steinen des Mahnmals Bikernieki. – Foto: Verf., Mai 2010

---

1 Das „Reichskommissariat Ostland", das die besetzten baltischen Staaten und einen Teil Weißrusslands umfasste, war Hinrich Lohse unterstellt, dem schleswig-holsteinischen NSDAP-Gauleiter. Zur Verwaltung zählten viele weitere Schleswig-Holsteiner, so auch der Lübecker Bürgermeister Dr. Otto Heinrich Drechsler und der Lübecker Polizeipräsident Walther Schröder. Bästlein (1989): passim.

2 Schon 1993 bei der Recherche zur Namensgebung der Geschwister-Prenski-Schule konnte die Verfasserin Kontakt zu dem lettischen Historiker Margers Vestermanis aufnehmen, der selbst ein Überlebender der Shoah in Riga ist. Durch viele Gespräche mit ihm bei seinen Besuchen in Deutschland und auf ihren Reisen nach Riga konnte sie einen Eindruck vom damaligen Geschehen gewinnen und erhielt Hinweise auf wichtige Quellen. Im Laufe der 1990er Jahre konnte sie mehrfach intensive Gespräche mit den Lübecker Überlebenden Richard J. Yashek, Erika Richter, geb. Kendziorek und Siegfried Fisch führen. Einen weiteren Einblick gaben die Erinnerungen von Josef Katz, die er unmittelbar nach dem Krieg aufgeschrieben hatte. Richard J. Yashek schrieb seine Erinnerungen in den 1990er Jahren auf.

Von Ausgrenzung und Entrechtung zu gewaltsamer Vertreibung[3]

Verdrängten ab 1933 die Maßnahmen der neuen Machthaber zumeist bestimmte Gruppen der jüdischen Minderheit aus dem wirtschaftlichen und gesellschaftlichen Leben, so wurden mit den „Nürnberger Gesetzen" 1935 alle „nichtarischen" Menschen aus der Reichsbürgerschaft ausgeschlossen und als „Staatsangehörige" zu Personen minderen Rechts gemacht. Das „Gesetz zum Schutz des deutschen Blutes und der deutschen Ehre" griff mit dem Verbot von Beziehungen zwischen jüdischer und „arischer" Bevölkerung und den Kategorien von „Mischlingen" verschiedener Grade tief in die Persönlichkeitsrechte ein und hatte Auswirkungen in alle Bereiche des Lebens.

Mitte der 1920er Jahre hatten über 600 Menschen zur jüdischen Gemeinde gezählt, 1933 noch knapp 500. 1938 legten die Lübecker Behörden ein „Verzeichnis der in Lübeck wohnhaften Juden" und ein „Verzeichnis der in Lübeck polizeilich gemeldeten Juden" mit jeweils 293 Namen und dazugehörigen Geburtsdaten sowie Anschriften an.[4] Somit hatten seit Beginn der NS-Zeit etwa 200 Angehörige der jüdischen Minderheit die Stadt verlassen, waren entweder ins Ausland geflüchtet[5] oder in größere Städte umgezogen. Auf Grundlage der Namenslisten wurde im Herbst 1938 die sog. „Polenaktion"[6] vorbereitet und durchgeführt, ebenso dann auch die Plünderungen und Verhaftungen während des Novemberpogroms. Nahezu alle noch in Lübeck lebenden jüdischen Familien wurden in der Nacht vom 9. auf den 10. November 1938 in ihrem Zuhause von uniformierten bewaffneten Trupps überfallen; die Männer und auch ältere Jugendliche wurden verhaftet. Viele von ihnen wurden aus dem Lübecker Marstallgefängnis abtransportiert in das Konzentrationslager Sachsenhausen. Nur mit dem Nachweis einer bevorstehenden Ausreise aus Deutschland konnten die Angehörigen und jüdischen Organisationen ihre Entlassung erwirken.[7]

---

3 Die Vielzahl der antisemitischen Verordnungen und Maßnahmen kann in diesem Rahmen nicht beschrieben werden, nur ein grober Überblick soll veranschaulichen, was der Deportation bereits vorausgegangen war.

4 Beide Listen sind im Archiv der Hansestadt Lübeck vorhanden (2.6 Staatliche Polizeiverwaltung Lübeck 109 und 110). Die „Judensachen" in diesem Bestand (Nr. 16, 108-147) gehören zu den wenigen erhaltenen Akten und geben insbesondere einen Einblick in Geschehnisse von 1938 und 1939. Zur Deportation nach Riga allerdings sind darin mit Ausnahme der Fahrtanträge und -bewilligungen für die drei Begleitpersonen bis Bad Oldesloe (siehe Fußnote 14) keine Unterlagen enthalten.

5 Viele der geflüchteten Menschen aus Lübeck waren damit keineswegs in Sicherheit vor Verfolgung durch das NS-Regime.

6 Jüdische Familien mit polnischer Staatsangehörigkeit wurden am 30. Oktober 1938 im ganzen Reich an die Grenze zu Polen transportiert und gewaltsam über die Grenze getrieben. Der Zug mit den 21 betroffenen Menschen aus Lübeck wurde allerdings in Berlin gestoppt und nach Lübeck zurückgeschickt, vermutlich angesichts der chaotischen Zustände am Grenzübergang Zbaszyn.

7 Nur in die chinesische Hafenstadt Shanghai war eine Flucht ohne Einreisevisum möglich. Die Reichsvereinigung der Juden organisierte so viele Schiffspassagen wie nur möglich, um den Männern aus den Konzentrationslagern herauszuhelfen.

Verzweifelte Fluchtbemühungen bestimmten das Leben der jüdischen Menschen in den folgenden Monaten.[8] Gleichzeitig wurden finanzielle Sorgen größer, mit dem Ausschluss aus dem Wirtschaftsleben fielen Einnahmen weg, die geforderte „Judenvermögensabgabe" nach dem Novemberpogrom ließ Ersparnisse schrumpfen, und für eine Emigration musste neben der Bezahlung von Reisepapieren, Schiffspassagen, Frachtkosten und Devisen im Einwanderungsland eine nicht unerhebliche „Reichsfluchtsteuer" an das Deutsche Reich entrichtet werden.[9]

Mit Beginn des Krieges am 1. September 1939 waren viele Fluchtwege unterbrochen und eine Auswanderung kaum noch möglich. Der Alltag wurde von weiteren Einschränkungen bestimmt. Dabei dürfte die Kennzeichnungspflicht mit einem „Judenstern" für die Menschen eine besondere Demütigung gewesen sein. Im Oktober 1941 schließlich wurde die legale Emigration der jüdischen Minderheit generell untersagt, und gleichzeitig begann die Planung von Deportationen ins besetzte Osteuropa.

In Lübeck wurde dies in der Beigeordneten-Besprechung am 28. Oktober 1941 thematisiert. Laut Protokoll äußerte Stadtbaudirektor Pieper: „Nach einer ihm gewordenen Mitteilung sollen sämtliche Juden in Hamburg auf Betreiben des Reichsstatthalters nach dem Generalgouvernement abgeschoben werden. Es frage sich, ob auch Lübeck die hier noch wohnenden Juden auf diese Weise loswerden könne. Stadtrat Schneider will diese Angelegenheit bei der nächsten Oberbürgermeisterbesprechung zur Erörterung stellen."[10]

An der dann beginnenden Organisation der Deportation nach Riga waren neben den Beamten des Judenreferats der Gestapo[11] viele weitere Ämter beteiligt. Unter erzwungener Beteiligung der Reichsvereinigung der Juden wurde die Deportationsliste erstellt.[12] Die zur Deportation vorgesehenen Menschen erhielten einen „Evakuierungsbescheid": Darin hieß es, es würde zum „Arbeitseinsatz in den Osten" gehen, 50 kg Gepäck und ein geringer Geldbetrag pro Person seien erlaubt; es musste eine detaillierte Vermögenserklärung

---

8 Die Briefe der Schwestern Bertha und Dora Lexandrowitz aus den Jahren 1939 bis 1941 an ihre nach Shanghai und Palästina geflüchteten Verwandten geben ein deutliches Bild der verschlossenen Grenzen und von den verzweifelten Anstrengungen, noch einen Weg aus Deutschland heraus zu finden. Kugler-Weiemann (2000).

9 Dem Ehepaar Wiener gelang im März 1939 die Flucht nach Südafrika. Hatte die Familie in Lübeck in Wohlstand gelebt und fünf große Häuser an der Ecke Königstraße/Wahmstraße besessen, so kamen sie mittellos in Pietersburg an. Schreiber (2015).

10 AHL, 4.00-0 Gemeindeorgane 1937-1945, Beigeordnetenbesprechung vom 28. Oktober 1941.

11 Das „Judenreferat" wurde während des Krieges von Wilhelm Düwel geleitet. Der gelernte Maschinenbauer war seit 1926 bei der Schutzpolizei und seit 1936 bei der Gestapo tätig. Vom Spruchgericht Bielefeld wurde er 1949 zu vier Jahren Gefängnis verurteilt, Anfang der 1950er Jahre wieder in den Polizeidienst übernommen und 1965 mit 60 Jahren in Lübeck pensioniert. Paul (1996): 46, 255, 266.

12 Zeitgleich wurde bereits geplant, welche der betagteren Menschen mit einem späteren Transport im Sommer 1942 in das Konzentrationslager Theresienstadt deportiert werden sollten.

abgegeben werden, möglichst maschinengeschrieben. Wann genau dieses Schreiben bei den Betroffenen ankam, ist unklar.

Der gemeinsame Suizid des Ehepaares Bach am 29. Oktober 1941 könnte im Zusammenhang mit dem Deportationsbefehl für Hans Leopold Bach stehen.[13] Auch die mit ihren beiden Schwestern in der Charlottenstraße lebende Clara Grünfeldt versuchte einige Tage vor dem Deportationstermin sich das Leben zu nehmen.[14]

Am 4. Dezember 1941 hatten alle ihre Wohnungsschlüssel bei der Polizei abzugeben und sich in der Sammelstelle, dem einstigen Altersheim der Jüdischen Gemeinde in der St.-Annen-Straße 11, einzufinden. Der für den 5. Dezember geplante Transport wurde kurzfristig auf Samstag, den 6. Dezember 1941 verschoben. Zwei Omnibusse der Lübecker-Straßenbahn-Gesellschaft sowie ein LKW brachten die Menschen zum Bahnhof, wo ein Sonderzug mit zwei Personenwagen bereit stand. Als Beauftragte der Reichsvereinigung der Juden begleiteten Hermann Schild, Walter Frank und Juliane Mansbacher den Transport bis nach Bad Oldesloe; sie kehrten dann nach Lübeck zurück.[15] Nach dem Abtransport der Menschen wurde ihr zurückgelassener Besitz zu Gunsten der Staatskasse öffentlich versteigert. Die NSDAP-Kreisleitung stellte kurz darauf in ihrem Bericht „zur weltanschaulichen Lage des Kreises Lübeck" fest: „Die teils durchgeführte Judenevakuierung hat tiefste Befriedigung ausgelöst."[16]

Zur Shoah im „Reichskommissariat Ostland"

Was es für die betroffenen Menschen aus Lübeck bedeutete, nach Riga deportiert worden zu sein, kann hier nur sehr knapp skizziert werden. Der „Hamburger Transport", dem die Lübecker zusammen mit Menschen aus anderen Orten Schleswig-Holsteins in Bad Oldesloe angeschlossen wurden, kam nach einer Fahrt von drei Tagen und Nächten mit annähernd tausend Menschen in überfüllten und verriegelten Waggons am 9.12.1941 am Vorortbahnhof Skirotova in Riga an.

---

13 Hans Leopold Bach (Jg. 1889) war bei der Eheschließung mit seiner nichtjüdischen Frau Eleonore Catharina Marie Bach, geb. Rehling, zum evangelisch-lutherischen Glauben konvertiert. Sein Name findet sich auf den Listen von 1938, und er wurde am 9. November 1938 in „Schutzhaft" genommen. Am 29. Oktober 1941 nahmen sich die Eheleute in ihrer Wohnung in der Nelkenstraße 8 das Leben. AHL, 7.2 Testamente 560/1941.

14 Der zuerst gerufene Arzt weigerte sich zu kommen, ein zweiter versorgte Clara Grünfeld notdürftig. Guttkuhn (2001).

15 Der Antrag und die polizeiliche Reiseerlaubnis liegen im beschriebenen Bestand 2.6 Staatliche Polizeiverwaltung Lübeck, Nr. 121, vor. Das ursprünglich eingetragene Datum 5.12.1941 für die Fahrt von Lübeck nach Bad Oldesloe wurde vom Leiter des „Judenreferats" korrigiert auf 6.12.1941. – Hermann Schild und seine Frau kamen im März 1942 beim Bombenangriff auf Lübeck in ihrem Wohnhaus in der Breiten Straße ums Leben; Juliane Mansbacher wurde im Juli 1942 zusammen mit ihrer hochbetagten Mutter Margarethe Falk und 16 weiteren Lübeckerinnen und Lübeckern in das KZ Theresienstadt und später nach Auschwitz deportiert, wo sie ermordet wurde; Walter Frank war mit einer nichtjüdischen Frau verheiratet und blieb durch diese „Mischehe" von einer Deportation verschont. Kugler-Weiemann (2018).

16 Paul (1998): 514.

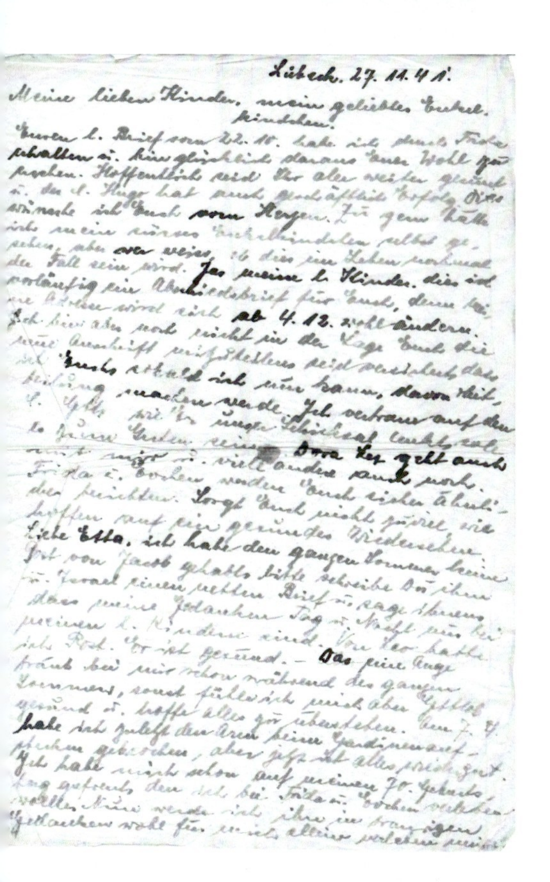

Lübeck. 27. 11. 41.

Meine lieben Kinder, mein geliebtes Enkelkindchen.

Abb. 2b: Die siebzigjährige Sarah Opler schickte mit ihrem Abschiedsbrief vom 27.11.1941 ein Foto an ihre Tochter, die mit ihrem Mann nach New York geflüchtet war. – Foto: im Besitz der Enkeltochter Susan Llewellyn

ob. 2a: Erste Seite des Abschiedsbriefs von Sarah oler, Transkription einiger Zeilen: „Zu gern hätte ı mein süsses Enkelkindchen selbst gesehen, aber :r weiss, ob dies im Leben nochmal der Fall sein rd. Ja, meine lieben Kinder, dies ist vorläufig ein oschiedsbrief für Euch, denn meine Adresse wird h ab 4.12. wohl ändern. Ich bin aber noch nicht in r Lage Euch die neue Anschrift mitzuteilen, seid rsichert, dass ich Euch sobald ich nur kann, dan Mitteilung machen werde. Ich vertraue auf den G'tt, wie er unser Schicksal lenkt, soll es ja zum ıten sein. Dora Lex geht auch mit mir u. viele anre auch noch.“ Brief im Besitz der Enkeltochter san Llewellyn

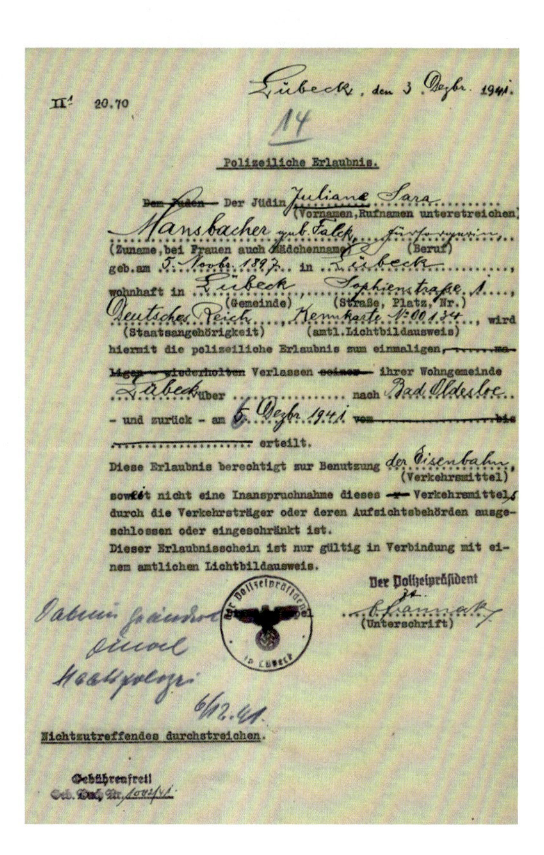

II¹ 20.70 Lübeck, den 3. Dezbr. 1941.

14

Polizeiliche Erlaubnis.

~~Dem Juden~~ Der Jüdin Juliane Sara (Vornamen, Rufnamen unterstreichen)
Mansbacher geb. Falck,
(Zuname, bei Frauen auch Mädchenname) (Beruf)
geb. am 5. Novbr. 1897. in Lübeck,
wohnhaft in Lübeck, Sophienstraße 1,
(Gemeinde) (Straße, Platz, Nr.)
Deutsches Reich, Kennkarte No 00134, wird
(Staatsangehörigkeit) (amtl. Lichtbildausweis)
hiermit die polizeiliche Erlaubnis zum einmaligen, ~~mehrmaligen, wiederholten~~ Verlassen ~~seiner~~ ihrer Wohngemeinde
Lübeck über .... nach Bad Oldesloe
– und zurück – am 6. Dezbr. 1941 ~~vom .... bis ....~~ erteilt.

Diese Erlaubnis berechtigt zur Benutzung der Eisenbahn, (Verkehrsmittel)
soweit nicht eine Inanspruchnahme dieses ~~r~~ Verkehrsmittels durch die Verkehrsträger oder deren Aufsichtsbehörden ausgeschlossen oder eingeschränkt ist.
Dieser Erlaubnisschein ist nur gültig in Verbindung mit einem amtlichen Lichtbildausweis.

Der Polizeipräsident
I.A.
(Unterschrift)

6/12.41

Nichtzutreffendes durchstreichen.

Gebührenfrei!

bb. 3: Polizeiliche Erlaubnis für Juliane Mansbacher, ıs: AHL, 2.6 Staatliche Polizeiverwaltung 121

Abb. 4: Stätten des NS-Terrors in Riga. – Übersicht aus: Nachtwei (1993)

Abb. 5: Bahnhof Skirotova bei Riga. – Foto: Verf., Mai 2010

Angetrieben von bewaffneter deutscher Sicherheits- und lettischer Hilfspolizei mussten sich die erschöpften und verängstigten Menschen zu einer Marschkolonne formieren, um dann zu Fuß bei Schnee und Eis einige Kilometer weit zum „Lager Jungfernhof" zu gelangen. Josef Katz, der sich zur Deportation freiwillig gemeldet hatte, um seiner Mutter Emma zur Seite zu stehen, wurde wie auch andere junge Männer zurückgehalten. Er schrieb in seinen „Erinnerungen eines Überlebenden": „Meine Mutter muß ich alleine weitergehen lassen. Langsam schreitet sie mit ihrem schweren Rucksack an der Seite meines Onkels dahin. Es ist ein Zug unbeschreiblichen Elends."[17]

17 Katz (1988): 27

Die jungen Männer mussten das Gepäck aus dem Zug laden und dabei erleben, wie eine Vielzahl von Koffern in Privatautos von SS-Offizieren verschwand, bevor sie schließlich mit dem übrig gebliebenen Gepäck ebenfalls zum „Lager Jungfernhof" gebracht wurden.

Auf dem heruntergekommenen ehemaligen Gutshof nahe der Daugava hatten lettische Juden kurz zuvor ein provisorisches Lager mit mehrstöckigen Holzpritschen in den Scheunen vorbereiten müssen; in einiger Entfernung zu den für Frauen und Männern getrennten Bereichen befanden sich primitive Latrinen. Vor dem „Hamburger Transport" waren drei Transporte aus Nürnberg, Wien und Stuttgart mit jeweils circa tausend Menschen auf den Jungfernhof gebracht worden.[18]

Bittere Kälte, Eis und Schnee, Unterbringung in ungeheizten Scheunen mit teils undichten Dächern, Hunger, völlig unzureichende hygienische Bedingungen, Krankheiten, Trennung der Familien und Paare, extreme Enge so vieler Menschen, und das in großer Angst und Verzweiflung – es ist kaum vorstellbar und nicht in Worte zu fassen, was die Menschen in den nächsten Tagen, Wochen und Monaten ertragen mussten. Hinzu kamen eine militärische Organisation des Lageralltags mit Appellen und Arbeitseinsätzen, verbunden mit Demütigungen, Schikanen und Gewaltakten durch die Wachmannschaften.[19]

Eine wichtige Rolle im Lager kam dem aus Lübeck stammenden Hamburger Rabbiner Dr. Joseph Carlebach zu, der sich mit aller Kraft dafür einsetzte, die Bedingungen auf dem Jungfernhof zu verbessern und den verzweifelten Menschen mit Rat und Trost zur Seite zu stehen. Er war es, der für seinen Bruder das „Sch'ma Jisrael" (Höre Israel) sprach, als Simson Carlebach auf dem Marsch zum Lager Jungfernhof einen tödlichen Schlaganfall erlitt. Er war es, der für die Kinder im Lager eine kleine Chanukka-Feier improvisierte, der Unterricht und Gottesdienste organisierte, so weit es eben ging. In den Armen Joseph Carlebachs, eines guten Freundes schon aus Kindheitstagen, verstarb die Lübeckerin Emma Katz am 21. Januar 1942. Ihr Sohn Josef erhielt im KZ Salaspils die heimlich übermittelte Nachricht seiner Tante Lina, der Schwester seiner Mutter.[20]

Abb. 6: Stolperstein für Emma Katz in der Braunstraße 6, verlegt im April 2010. – Foto: Ralf Küpper

18 Die ersten Transporte jüdischer Menschen aus dem Reich konnten nicht wie geplant im Ghetto Riga untergebracht werden, da dessen Räumung noch nicht abgeschlossen war. Die darin seit Sommer 1941 inhaftierten lettischen Juden wurden im Waldgebiet Rumbula erschossen, mit ihnen auch die Ankommenden eines ersten Transportes aus Berlin.

19 Der Kommandant des Lagers, SS-Oberscharführer Rudolf Seck, ein Landwirt aus Schleswig-Holstein, und die ihm unterstellten lettischen Hilfspolizisten agierten mit großer Brutalität.

20 Katz (1988): 44.

Abb. 7: Richard J. Yashek und seine Frau Rosalye 1997 bei ihrem Besuch der Geschwister-Prenski-Schule, Integrierte Gesamtschule Lübeck. – Foto: Verf.

Abb. 8: Kimberley Yashek, die Tochter von Richard J. Yashek (Jürgen Jaschek), bei den Stolpersteinen für die Familie Jaschek in Bad Schwartau während ihres Besuchs in Lübeck und Bad Schwartau im Dezember 2022. – Foto: Klaus Nentwig

Zahllose Menschen verloren auf dem Jungfernhof ihr Leben. Richard J. Yashek, der damals zwölf Jahre alte Jürgen Jaschek, schrieb später in seinen Erinnerungen: „Täglich wurden Leichen aus den engen Etagenbetten gezerrt. Die Kleidung wurde entfernt, und die Leichen wurden acht oder zehn Meter hoch übereinander gestapelt. Wir konnten die Leichen nicht begraben, weil der Erdboden dermaßen hart und tief gefroren war, dass wir keine Gräber schaufeln konnten.“[21]

Im Februar 1942 ließ Kommandant Seck eine größere Zahl kranker Menschen, aber auch Kinder und Frauen mit Lastwagen abtransportieren. Im „Hochwald“ von Riga, dem Bikerniekiwald, wurden sie erschossen. Am 26. März 1942 folgte eine zweite Mordaktion: Zu einem in Aussicht gestellten Arbeitseinsatz in einer Fischkonservenfabrik in Dünamunde, die nicht existierte, meldeten sich viele Menschen freiwillig. Tatsächlich fuhren die Lastwagen auch mit ihnen in das Waldgebiet Bikernieki, wo alle 1700 bis 1800 selektierten Menschen von Angehörigen der deutschen Sicherheitspolizei und des lettischen „Sonderkommandos Arajs“ erschossen und in Massengräbern verscharrt wurden.

Ein Großteil der aus Lübeck Deportierten dürfte im Februar 1942 und vor allem an diesem 26. März 1942 das Leben verloren haben, ältere Menschen, Kinder und mit ihnen viele der Mütter. So wurde an diesem Tag die Familie Jaschek aus Bad Schwartau auseinandergerissen. Lucy Judith Jaschek blieb an der Seite ihres jüngeren Sohnes Jochen, als er bei der Selektion zum Abtransport bestimmt wurde, der ältere Sohn Jürgen konnte mit seinem Vater im Lager Jungfernhof bleiben.[22] Sonja Prenski soll versucht haben, mit ihren Kindern zu gehen, aber gewalt-

21 Yashek (1996): 30. Im Lager Jungfernhof umgekommen sein sollen am 19.12.1941 auch der sechzehnjährige Arno Werner Blumenthal und am 1.1.1942 Selma Isaak.

22 Yashek (1996): 32.

sam daran gehindert worden sein, so der Bericht eines Überlebenden. Siegfried und Hanna Fisch verloren am 26. März 1942 ihre Mutter Betty Fisch, geborene Cohn. Auch für Resi Carlebach steht der 26.3.1942 als Todesdatum fest.

Im Lager Jungfernhof blieben 450 arbeitsfähige Menschen zurück, die während der folgenden Monate zur Instandsetzung von Gebäuden und zu landwirtschaftlichen Arbeiten eingesetzt wurden, bis im Frühjahr 1943 das Lager aufgelöst wurde. Die noch dort Verbliebenen kamen dann wie alle weiteren aus dem Reich nach Riga Deportierten in das Ghetto Riga und von dort aus zu unterschiedlichen Arbeitseinsätzen.[23]

Wenig später wurde auch das Ghetto geräumt, und alle nach Riga Verschleppten wurden in das neu eingerichtete Konzentrationslager Kaiserwald im Nordosten des Stadtgebietes gebracht. Im dortigen Stammlager sowie seinen 15 Außenlagern

Abb. 9: Gedenkzeichen am Ort des Konzentrationslagers Kaiserwald in Riga. – Foto: Verf., Mai 2010

---

23 Im Ghetto Riga wurde Natalie Heimann irgendwann bei Schneeräumarbeiten von einem Lübecker Soldaten gesehen, der sie als frühere Kundin der Buchbinderei seines Vaters gut kannte (Zeitzeugengespräch mit Friedel David, geb. Haase, Lübeck [2013]).

waren bis zum Herbst 1944 über 19.000 jüdische Frauen, Männer und Kinder inhaftiert und zu Zwangsarbeit eingesetzt. Außenlager im Stadtgebiet, sog. Kasernierungen, bestanden u.a. für die Reichsbahn, die AEG und das Armeebekleidungsamt.

Während dieser Zeit verloren Erika und Inge Kendziorek ihre Mutter: Gertrud Kendziorek wurde am 27.7.1944 selektiert und ermordet. Im Oktober 1944 musste sich Jürgen Jaschek auch von seinem Vater trennen. Eugen Jaschek hatte eine Typhuserkrankung zwar überstanden, wurde dann aber bei einer Selektion als nicht mehr arbeitsfähig eingestuft. „Wie das ablief, ist mir noch vor Augen. Eine Gruppe Nazioffiziere ging in ihren blitzenden Stiefeln und gestärkten Uniformen vorbei, im Hintergrund SS-Wachen. Mit lässigen Handbewegungen beförderten sie die Menschen einzeln zum Leben oder zum Tode. Alle, die in dieselbe Richtung gingen wie mein Vater, wurden in eine Scheune gesperrt, die die ganze Nacht bewacht wurde, bis die Lastwagen am nächsten Tag kamen, um sie abzuholen“, so erinnerte der damals 15-Jährige noch viele Jahre später diesen Tag des Abschieds für immer.[24]

Schon zu Beginn des Jahres 1944 hatte die SS begonnen, Spuren der Verbrechen zu verwischen. Dokumente wurden vernichtet, Lagergebäude zum Teil gesprengt, und zwei Sonderkommandos von Häftlingen des KZ-Kaiserwald mussten die zahlreichen Massengräber öffnen und Leichen verbrennen.

Beim Heranrücken der Roten Armee wurden über 10.000 jüdische Häftlinge auf dem Seeweg von Riga in das KZ Stutthof bei Danzig transportiert, darunter auch Josef Katz und Jürgen Jaschek, ebenso Sonja Prenski und Hanna Fisch. In den Sterbebüchern von Stutthof ist Sonja Prenski im Dezember 1944 verzeichnet, die 23-jährige Hanna Fisch im Januar 1945.

Josef Katz hatte im August 1944 in Riga vor der Frage gestanden, sich freiwillig einem Transport nach Deutschland anzuschließen, sich aber dagegen entschieden. „So nehme ich dann von vielen meiner Freunde, besonders von Honig, Abschied. Heute weiß ich, dass es der einzige Fehler dieses kühl kalkulierenden Denkers war, dass er mit nach Deutschland gegangen ist.“[25] Jener Transport führte den Lübecker Kaufmann Noah Honig ins KZ Buchenwald und weiter nach Bergen-Belsen, wo er sein Leben verlor.

Die wenigen Überlebenden aus Lübeck kehrten auf unterschiedlichen Wegen zurück. Jürgen Jaschek wurde im Lager Burggraben bei Thorn von der Roten Armee befreit. Nach Kriegsende und mehreren Wochen in einem Lazarett erhielt er einen Passierschein der russischen Kommandantur, der ihm ermöglichte, mit dem Zug in mehreren Etappen nach Lübeck zu gelangen. Seine vage Hoffnung, hier vielleicht Mutter und Bruder wiedersehen zu können, erfüllte sich nicht.

Kurt Kendziorek und seine beiden Töchter Erika und Inge gehörten zu denjenigen, die im April 1945 auf dem Seeweg in die Lübecker Bucht transportiert wurden. Auf einer Getreideschute strandeten sie in der Neustädter Bucht. Schwer an Typhus erkrankt, waren sie zunächst im Neustädter Krankenhaus und dann etwa ein Jahr lang im Genesungsheim Lenste, bevor sie nach Lübeck zurückkehrten.

---

24 Yashek (1996): 38f.

25 Katz (1988): 193.

Für Josef Katz bedeuteten die letzten Monate des Krieges eine unendliche Leidenszeit. Nach dem KZ Stutthof folgten drei Monate schwerster Arbeit auf einer U-Boot-Werft in Danzig, eine Typhuserkrankung überlebte er nur knapp. Ein Todesmarsch in Richtung Westen endete in einem Lager in Rieben, wo die Häftlinge wochenlang zum Bau von Panzergräben getrieben wurden, bis endlich am 8. März 1945 die Rote Armee das Lager erreichte. Viele erlebten diese Befreiung nicht mehr, Josef Katz war schwer krank und am Ende seiner Kräfte. Nach Wochen in einer Krankenstation bemühte er sich um einen Passierschein und machte sich auf eine beschwerliche Zugreise nach Lübeck, um dort feststellen zu müssen: „Man nimmt wenig Notiz von den Zurückgekehrten.“[26]

Für ihn gab es kein Bleiben mehr in Lübeck. Zusammen mit seiner Frau, einer Leidensgefährtin aus den Jahren in Riga, emigrierte er 1946 in die USA, im Gepäck seine Erinnerungen, die er bereits in Lübeck aufgeschrieben hatte.[27]

Auch Jürgen Jaschek konnte 1948 über Schweden in die USA zu dort lebenden Verwandten auswandern, die ihn liebevoll aufnahmen und unterstützten.

Siegfried Fisch hatte ebenfalls vor, Deutschland zu verlassen. Doch dann kam sein Vater nach Lübeck zurück; Wolf Fisch hatte nach Shanghai entkommen können und nach Kriegsende vergeblich versucht, in Israel Fuß zu fassen. So blieb auch der Sohn Siegfried Fisch in Lübeck, lernte seine Frau kennen und gründete hier mit ihr eine Familie.

Kurt Kendziorek und seine Tochter Erika blieben in Lübeck; seine Tochter Inge wanderte nach Australien aus.

Gleichgültigkeit und Ignoranz nach 1945

Nach Ende der NS-Zeit blieb es weitestgehend nur den Überlebenden selbst überlassen, mit Hilfe internationaler jüdischer Organisationen den Spuren der Verbrechen nachzugehen. Mit ihren Fragen stießen sie bei Behörden und der Mehrheit der Bevölkerung auf Gleichgültigkeit und Desinteresse. Diese Haltung bestimmte auch die Verfahren um „Entschädigung“, in denen Überlebende der Shoah über Monate und Jahre um berechtigte Ansprüche kämpfen mussten.[28] Viel Kraft dürfte es sie darüber hinaus gekostet haben, bei den wenigen Gerichtsverfahren ihren Peinigern gegenüber zu stehen und dabei ihre eigenen Aussagen von Juristen in Zweifel gezogen zu sehen.[29]

---

26 Ebd.: 262.

27 Unter dem Titel „One who came back – The diary of a jewish survivor“ wurden die Erinnerungen von Josef Katz 1973 in New York von Herzl Press veröffentlicht. Erst 1988 gab der Neue Malik Verlag in Kiel eine deutsche Ausgabe heraus. Da sie seit vielen Jahren vergriffen ist, wäre eine Neuauflage sehr wünschenswert.

28 Die Unterlagen zu den „Entschädigungsverfahren“ der Lübecker befinden sich im Landesarchiv Schleswig-Holstein, Abt. 352 und 357, Kiel, Abt. 510 und Abt. 761.

29 Rudolf Seck hatte sich ab 1949 in Hamburg vor Gericht zu verantworten und wurde 1951 vom Landgericht Hamburg zu lebenslanger Haft verurteilt. Bereits 1964 wurde er aus der Haft entlassen. Nachtwei (1993); Urteil des Landgerichts Hamburg vom 29.12.1951, (50) 14/50, in: Justiz und NS-Verbrechen (1961): 179ff.

Ralph Giordano prägte angesichts dieser Verdrängung und Verleugnung der Verbrechen den Begriff einer „zweiten Schuld" der Deutschen.[30] Einen Eindruck davon gibt die Antwort des Oberstadtdirektors der Hansestadt Lübeck an das Zentralkomitee der befreiten Juden in München vom 25.11.1946, mit der er den Fragebogen zum Verbleib der jüdischen Menschen aus Lübeck zurückschickte. Er gibt die Zahl der Juden für das Jahr 1933 mit 497 (= 0,36 % der Bevölkerung) und für 1939 mit 203 (= 0,13 %) an und schreibt dann: „Eine grosse Anzahl der ortsansässigen Juden ist rechtzeitig in das Ausland ausgewandert. Etwa im Dezember 1941 wurde ein Teil, dessen genaue Zahl nicht mehr festzustellen ist, nach Riga transportiert, eine weitere kleinere Anzahl wurde 1942 durch die Gestapo einem Transport nach Theresienstadt beigegeben."

Ergänzend heißt es weiter:

„Die wohlhabenden ansässigen Judenfamilien sind durchweg rechtzeitig in das Ausland ausgewandert, insbesondere nach Amerika und England. Von den aus früherer Zeit eingesessenen sind nur noch 12 Glaubensjuden, die sämtlich in Mischehe leben, in Lübeck verblieben, bezw. 3 von diesen, die nach Riga und 1 Person, die nach Theresienstadt deportiert waren, sind nach Lübeck zurückgekehrt. Es handelt sich zumeist um ältere, in bescheidenen wirtschaftlichen Verhältnissen lebende Personen, deren wirtschaftliche Verhältnisse auch vor den Judenverfolgungen durchweg einfacher Art waren. Für die Auswanderung interessieren sich nur wenige dieser Personen. Nach der Besetzung haben die deutschen Behörden eine Sonderaktion zur Unterstützung der Juden veranstaltet und in bevorzugter Weise Kleidung, Möbel und sonstige Einrichtungsgegenstände sowie Geldunterstützungen und Hilfe bei der Beschaffung einer wirtschaftlichen Existenz, insbesondere auch Hilfe bei der Wiedereinrichtung des noch vorhanden gewesenen Synagogen- und Gemeindegebäudes geleistet. Darüber hinaus erhalten die betr. Personen bevorzugte Förderung durch den Kreissonderhilfsausschuss. Nach der Besetzung haben noch einige Juden aus den übrigen Teilen des Reiches im Zuge der Auflösung der Konzentrationslager sowie Juden poln. Staatsangehörigkeit, die weiter wandern bzw. auswandern wollen, vorübergehend zeitweilig ihren Aufenthalt in Lübeck genommen." [31]

Diese Antwort des Repräsentanten der Stadt Lübeck zeigt nicht nur völliges Desinteresse, zur Aufklärung der Verbrechen beizutragen, sondern versucht die Geschehnisse zu verharmlosen und kleinzureden. Anteilnahme am Schicksal der verfolgten Menschen lässt sich nicht erkennen, stattdessen wird eine angebliche „Bevorzugung" der Überlebenden betont. Auffallend ist auch die Verwendung von NS-Vokabular.

Sechs Jahre später versuchte die Jüdische Gemeinde Lübeck im Dezember 1951 die Namen der Menschen zusammenzustellen, die nach Riga deportiert worden waren. Dies dürfte vor allem nach Erinnerungen der Überlebenden geschehen sein. So enthält diese handschriftliche Übersicht weitestgehend zutreffende Angaben mit teilweise genauen Hinweisen auf Familienzugehörigkeit, Anschriften und Alter, ande-

30 Giordano (1987): 11.

31 Archiv der Gedenkstätte Yad Vashem, Jerusalem Record group O.89, file number 7 („Questionnaires filled by Landraete in Germany on the Jewish communities in their areas").

rerseits aber werden irrtümlich drei Frauen erwähnt, die nicht nach Riga, wohl aber nach Theresienstadt deportiert worden waren, auch fehlen manche Angehörige der deportierten Familien oder werden erwähnt, obwohl sie nicht dabei waren.[32]

Weitere zwölf Jahre später waren die Ordnungsämter in der Bundesrepublik offiziell aufgefordert, detaillierte Auskünfte über die Angehörigen der jüdischen Minderheit während der NS-Zeit zu geben. Zum „Verbleib der Juden aus Lübeck" wurden im Dezember 1961 und im Juli 1963 zwei Listen erstellt. Liste 1 umfasst 270 Namen mit Geburtsdatum und -ort sowie dem Vermerk „wann und wohin abgemeldet", Liste 2 nennt weitere 229 Namen. In beiden Listen lautet der Vermerk zur Deportation nach Riga lapidar „13.12.1941, unbekannt evakuiert".[33]

Schwierige Suche nach Spuren

Erst ausgehend von der 1968er Studentenbewegung änderten sich die gesellschaftlichen Verhältnisse in der Bundesrepublik. Auf verschiedenen Ebenen begann eine Auseinandersetzung mit Ideologie und Verbrechen des Nationalsozialismus. Vielerorts begannen interessierte Einzelpersonen und Einrichtungen wie Geschichtswerkstätten, den Spuren der jüdischen Familien nachzugehen und Kontakte zu geflüchteten und überlebenden Menschen zu suchen. Der ab Januar 1979 im Fernsehen gezeigte vierteilige US-amerikanische Film „Holocaust" über eine jüdische Familie aus Berlin rüttelte eine größere Öffentlichkeit auf. Nach und nach veränderte sich auch die Haltung offizieller Stellen.

Die Einladungen der Landesregierungen an ehemalige jüdische Schleswig-Holsteiner und Hamburger zu einem Besuch in den einstigen Heimatorten in den 1980er Jahren waren ein wichtiger Schritt. Sie bewirkten unter vielem anderen, dass sich in Israel der „Verein jüdischer ehemaliger Schleswig-Holsteiner und Schleswig-Holsteinerinnen" gründete und es sich zur Aufgabe machte, die Namen aller jüdischen Menschen aus Schleswig-Holstein zusammenzutragen, die zwischen 1933 und 1945 Opfer der Schoah geworden waren. Federführend dabei war das Joseph Carlebach Institut der Bar-Ilan-Universität Tel Aviv mit seiner Leiterin Miriam Gillis-Carlebach, einer ehemaligen Hamburgerin und Tochter des in Riga ermordeten Rabbiners Joseph Carlebach. Unterstützt von Erich Koch (Institut für Schleswig-Holsteinische Zeit- und Regionalgeschichte in Schleswig) und Jürgen Sielemann (Hamburger Staatsarchiv) konnte 1996 das Memorbuch mit sechzehnhundert Namen veröffentlicht werden.[34]

---

32 Welchen Anlass es gab, diese Übersicht zu erstellen, und wo sich das Original befindet, lässt sich nicht sagen. Die Verfasserin erhielt vor Jahren eine Kopie dieser Namensliste.

33 „13.12.1941, unbekannt evakuiert" oder „13.12.1941 evakuiert amtlich" lautet auch der Eintrag auf den jeweiligen Meldekarten. Beide Listen sind verzeichnet in: AHL, 4.1-0 Zentralamt/Hauptamt 218.

34 Gillis-Carlebach (1996). Der ehemalige Lübecker Abraham Domb-Dotan konnte viele wichtige Informationen zum Memorbuch beitragen. Er ging davon aus, dass seine beiden Tanten Dora und Berta Lexandrowitz gemeinsam aus Lübeck nach Riga deportiert worden waren. Erst bei einer späteren genauen Recherche stellte sich heraus, dass nur Dora Lexandrowitz allein dabei war, während Berta Lexandrowitz erst später aus Brandenburg in das Warschauer Ghetto verschleppt worden war, wo sich ihre Spur verlor.

Erich Koch und Jürgen Sielemann waren es dann auch, die vom Volksbund Deutsche Kriegsgräberfürsorge und dem Deutschen Riga-Komitee[35] die Aufgabe erhielten, die Namen der mit dem „Hamburger Transport" nach Riga verschleppten Menschen zusammenzustellen. Bei der Einweihung der Gedenkstätte im Bikerniekiwald Ende November 2001 wurden alle Namen von Repräsentanten der einstigen Heimatstädte in einen zentralen Marmorschrein gelegt.[36] Im umfangreichen zweibändigen „Buch der Erinnerung" wurden sie 2003 veröffentlicht.

Abb. 10: Mahnmal im Bikerniekiwald Riga. – Foto: Verf., Mai 2010

An der Einweihung der Gedenkstätte Bikernieki in Riga nahmen der damalige Lübecker Stadtpräsident Peter Oertling, die frühere Leiterin des Kulturforums Burgkloster Dr. Ingaburgh Klatt sowie die Verfasserin dieses Textes

35 Das Deutsche Riga-Komitee wurde im Mai 2000 in Berlin gegründet. Neben dem Volksbund Deutsche Kriegsopferfürsorge gehören ihm mittlerweile 75 Städte an, darunter auch Riga und Wien. Regelmäßig treffen sich ihre Abgesandten, um an die Schicksale der nach Riga deportierten über 25.000 jüdischen Bürgerinnen und Bürger sowie die mehr als 26.000 lettischen jüdischen Opfer zu erinnern. Auch die Hansestadt Lübeck hat sich dem Deutschen Riga-Komitee angeschlossen.

36 Goldberg (2011): 690f., Anm. 231, weist auf drei Irrtümer hin, die Deportierten aus Lübeck betreffend.

mit zwei weiteren Lehrkräften und zwei Schülerinnen der Geschwister-Prenski-Schule teil.[37] Dort in Riga entstand die Idee, auch in Lübeck mit Stolpersteinen des Künstlers Gunter Demnig die Namen der verschleppten und ermordeten Menschen im Stadtbild sichtbar zu machen.[38]

Abb. 11: „Um die Inschriften zu lesen, verneigen wir uns vor den Opfern“, so der Künstler Gunter Demnig zu den Stolpersteinen Lübeck in der Hartengrube im Mai 2016. – Foto: Elisabeth Reinert

Seit etlichen Jahren findet in Lübeck am Jahrestag der Deportation nach Riga ein Gedenken statt, initiiert vom Haus der Kulturen und der Initiative Stolpersteine für Lübeck. In einer Lesung wird namentlich an die verschleppten und ermordeten Kinder und Jugendlichen sowie ihre Familien erinnert. Mit dieser Gedenkveranstaltung am 6. Dezember, an der sich auch die Jüdische Gemeinde beteiligt, endet die seit 1991 jährlich in Lübeck stattfindende „Zeit des Erinnerns“.

---

37 Anfang 1994 hatte die erste Lübecker Gesamtschule ihren Namen erhalten.

38 2007 konnte die Initiative Stolpersteine für Lübeck zusammen mit dem Team des Künstlers mit der Verlegung von Stolpersteinen beginnen.

Zudem wird jährlich vor dem Lübecker Hauptbahnhof am 6. Dezember der Deportation nach Riga gedacht mit einem Wechsel der Textbanner des 2013 von der Künstlerin Ute Friederike Jürß geschaffenen Gedenkzeichens „Vor den Augen aller", das den Ort als „Platz der deportierten Menschenwürde" markiert.

Abb. 12: „Vor den Augen aller" – Gedenkzeichen an die Deportationen vom Lübecker Hauptbahnhof. Ute Friederike Jürß, 2013. Textbanner zur Deportation am 5. Dezember 1941 nach Riga. – Foto: © Ute Friederike Jürß

Die Namensliste

Den Anstoß zur erneuten Überarbeitung der Namensliste gab die zweisprachige Wanderausstellung „Der Tod ist ständig unter uns, Nāve mīt mūsu vidū, Die Deportationen nach Riga und der Holocaust im deutsch besetzten Lettland", die bisher in Riga und Anfang 2023 in Hamburg zu sehen war. Es bleibt sehr zu wünschen, dass die Hansestadt Lübeck bald eine Möglichkeit findet, diese Ausstellung auch hier einer größeren Öffentlichkeit zugänglich zu machen. Vorerst sei die Lektüre des umfangreichen Ausstellungskataloges ausdrücklich empfohlen.[39]

---

39 Der von Oliver von Wrochem 2022 herausgegebene Begleitkatalog zur gleichnamigen Wanderausstellung „Der Tod ist ständig unter uns/Nāve mīt mūsu vidū, Die Deportationen nach Riga und der Holocaust im deutsch besetzten Lettland" ist in der Gedenkstätte Neuengamme in Hamburg erhältlich.

Abb. 13: Im April 2013 wurden Stolpersteine für Ida und Siegmund Cohn in der Bismarckstraße 12 verlegt. – Foto: Ralf Küpper

Abb. 14: Marina Herbst, die Urenkelin von Ida und Siegmund Cohn mit ihrer Mutter Enda bei der Verlegung im April 2013. – Foto: Ralf Küpper

Abb. 15: Stadtpräsidentin Gabriele Schopenhauer inmitten der vielen Anwesenden bei der Verlegung in der Bismarckstraße 12 im April 2013. – Foto: Ralf Küpper

Die intensive Recherche zu den Schicksalen der einzelnen jüdischen Familien für die Verlegung von Stolpersteinen[40] machte es möglich, die Namensliste der nach Riga deportierten Menschen nun Anfang 2023 erneut in Absprache mit Erich Koch[41] zu prüfen und zu korrigieren. Danach waren es 87 Menschen, die von Lübeck aus nach Riga deportiert wurden, darunter die Familie Jaschek aus Bad Schwartau und das Ehepaar Rosenberg aus Ratzeburg: 51 Frauen, 23 Männer, 6 Jugendliche und 7 Kinder. Die vierjährige Simmy Beutel war die jüngste, Emanuel Levi und Benzion Morgenstern waren mit ihren 77 Jahren die ältesten der Verschleppten und Ermordeten. Nur sechs der Menschen gelang es, die Jahre in Riga zu überleben, zwei jungen Frauen und deren Vater sowie zwei jungen Männern und einem Jugendlichen. Die Daten des Todes sind für 16 Menschen bekannt, bei allen anderen 65 ist nicht bekannt, wann und wie sie ihr Leben verloren haben. Anzunehmen ist, dass die meisten von ihnen am 26. März 1942 im Bikerniekiwald erschossen worden sind.

Abb. 16: Gebäudereste auf dem Gelände des einstigen Lagers Jungfernhof in Riga. – Foto: Verf., Mai 2010

---

40 Auf der Website der Initiative www.stolpersteine-luebeck.de sind bereits viele der Biografien dokumentiert.

41 Bis heute kümmert sich Erich Koch um die Datenbank „Juden in Schleswig-Holstein“ und ergänzt die zunächst aus den Entschädigungsakten gewonnenen Informationen mit seinen akribischen Recherchen.

Abschließend sei noch hingewiesen auf die intensiven Bemühungen der amerikanischen Kulturhistorikerin Karen Frostig in Zusammenarbeit mit Ilya Lensky, dem jetzigen Leiter des jüdischen Museums in Riga, und vielen Angehörigen von Überlebenden, auch auf dem Gelände des Lagers Jungfernhof einen würdigen Gedenkort zu schaffen. Geplant ist die Eröffnung am 4. Juli 2024.[42] Auf der englischsprachigen Website „Lock (er) of Memory“ lassen sich die Aktivitäten verfolgen.

---

42 Dabei waren die Schilderungen von Richard J. Yashek hilfreich, die dortigen Massengräber zu lokalisieren.

Namen der Menschen, die am 6. Dezember 1941 von Lübeck aus nach Riga deportiert wurden. Nur wenige von ihnen überlebten.

Grundlage für die folgende Liste ist das Gedenkbuch des Bundesarchivs, Opfer der Verfolgung der Juden unter der nationalsozialistischen Gewaltherrschaft in Deutschland 1933-1945[43] und die Angaben im Gedenkbuch für Riga[44] sowie zahlreiche weitere Quellen, die untereinander abgeglichen wurden. Trotz aller Sorgfalt kann auch diese Zusammenstellung Fehler enthalten.

Name	**Geburtsdatum und -ort (Angaben zum Tod lt. Bundesarchiv)**	**Hinweise**	**Adresse/ Stolperstein (ST)**
Frieda **Alexander**, geb. Segal	26.3.1880 in Minsk	Mutter von Herta A.	ST Breite Str. 41
Herta **Alexander**	13.3.1916 in Landeck, Schlesien	Tochter von Frieda A.	ST Breite Str. 41
Fanny **Aronsohn**	7.3.1874 in Lübeck	Tante von Flora Hess	ST Fischstr. 31
Hinda Helene Frieda **Beutel**, geb. Schorr	10.8.1880 in Letnia/Galizien für tot erklärt	Witwe v. Rubin Tanchem B., verstorben 1937	ST Hüxstr. 110
Kalmann **Beutel**	16.12.1903 in Letnia/Galizien	Sohn v. Hinda Helene B.	ST Hüxstr. 110
Simon **Beutel**	7.12.1918 in Lübeck	Sohn v. Hinda Helene B.	ST Hüxstr. 110
Rebekka Sonja **Beutel**	26.12.1915 in Lübeck	Tochter v. Hinda H. B.	ST Hüxstr. 110
Rosa **Beutel**	5.6.1935 in Lübeck	Tochter v. Rebekka B.	ST Hüxstr. 110
Simmy **Beutel**	5.3.1937 in Lübeck	Tochter v. Rebekka B.	ST Hüxstr. 110
Isaak **Beutel**, gen. Liepschütz	16.1.1882 in Boryslaw/Galizien	Bruder v. Rubin Tanch. B.	ST Hartengrube 5
Iwan Isaac **Blumenthal**	29.9.1874 in Lübeck		ST St.-Annen-Str. 13
Minna **Blumenthal**, geb. Wagner	1.6.1893 in Lübeck	Ehefrau von Iwan Isaac B.	ST St.-Annen-Str. 13
Arno Werner **Blumenthal**	1.4.1925 in Lübeck lt. Datenbank am 19.12.1941 umgekommen	Sohn von Iwan Isaac B. u. Minna B.	ST St.-Annen-Str. 13
Carl **Camnitzer**	26.5.1873 in Deutsch-Losek, Kreis Schwetz/Westpreußen für tot erklärt		ST Breite Str. 41

43 www.bundesarchiv.de/gedenkbuch (zuletzt eingesehen 18.8.2023).

44 Scheffler/Schulle (2003).

Name	Geburtsdatum und -ort (Angaben zum Tod lt. Bundesarchiv)	Hinweise	Adresse/ Stolperstein (ST)
Lina **Camnitzer**, geb. Hirschfeld	6.6.1873 in Kasparus für tot erklärt	Ehefrau von Carl C.	ST Breite Str. 41
Elsa **Camnitzer**	25.8.1900 in Schwetz/Westpreußen	Tochter von Carl und Lina C.	ST Breite Str. 41
Simson **Carlebach**	1.11.1875 in Lübeck Tod am 16.12.1941 in Riga		ST Sophienstr. 10
Rosa (Resi) **Carlebach**, geb. Graupe	1.5.1884 in Jarotschin, Provinz Posen für tot erklärt, Todesdatum 26.3.1942	Ehefrau von Simson C.	ST Sophienstr. 10
Siegmund Selig **Cohn**	30.8.1874 in Friedland, Mecklenburg		ST Bismarckstr. 12
Ida **Cohn** geb. Wintersberg	13.8.1875 in Wolfhagen, Hess.Nassau	Ehefrau von Siegmund S.	ST Bismarckstr. 12
Rosa **Cohn**, geb. Heimann	14.5.1864 in Hamburg	Witwe von Selig C., gestorben 1937	ST Mühlenstr. 51
Nathan **Cohn**	16.7.1895 in Lübeck	Sohn von Rosa C.	ST Mühlenstr. 51
Anna (Chana) **Daicz** geb. Finkelberg	17.10.1893 in Brzezany, Polen		ST Fünfhausen 5
Gisela **Daicz**	20.2.1917 in Brzezany für tot erklärt	Tochter von Anna D.	ST Fünfhausen 5
Hanny Rosa **Daicz**	13.9.1926 in Lübeck für tot erklärt	Tochter von Anna D.	ST Fünfhausen 5
Betty **Fisch**, geb. Cohn	14.3.1891 in Lübeck Todesdatum 26.3.1942		ST Engelsgrube 50
Hanna **Fisch**	30.9.1921 in Lübeck 9.8.1944 Ankunft Stutthof, für tot erklärt	Tochter von Betty F.	ST Engelsgrube 50
Siegfried **Fisch**	30.12.1922 in Lübeck	Sohn von Betty F., **hat überlebt**	
Rosa **Fordonski**, geb. Fränkel	30.8.1895 in Kolomea, Galizien	Ehefrau von Jakob F.	ST in Rendsburg
Emma **Grünfeldt**	8.9.1880 in Wismar	Schwester v. Clara u. Minna G.	ST Charlottenstr. 26
Clara **Grünfeldt**	25.1.1875 in Wismar	Schwester v. Emma u. Minna G.	ST Charlottenstr. 26
Minna **Grünfeldt**	25.10.1876 in Wismar	Schwester v. Emma u. Clara G.	ST Charlottenstr. 26
Natalie **Heimann**	14.1.1888 in Posen		ST Mühlenbrücke 17
Flora **Hess**	24.12.1895 in Bünde, Westfalen für tot erklärt	Nichte von Fanny Aronsohn	ST Fischstr. 31
Martha **Hoczner**	2.5.1885 in Lübeck		ST St.-Annen-Str. 11

Name	Geburtsdatum und -ort (Angaben zum Tod lt. Bundesarchiv)	Hinweise	Adresse/ Stolperstein (ST)
Noah **Honig**	13.7.1899 in Jezow, Kreis Lodz Tod 1945 Bergen-Belsen		ST Reiherstieg 2
Josephine **Honig**, geb. Markuszewitz	23.4.1903 in Bialystok für tot erklärt	Ehefrau von Noah H.	ST Reiherstieg 2
Selma **Isaac**, geb. Bernhard	30.11.1884 in Mönchengladbach für tot erklärt, Todesdatum 1.1.1942	Witwe von David I., verstorben 23.2.1939 in Lübeck	ST Schwartauer Allee 9a
Richard **Isaaksohn**	8.8.1883 in Saatzig, Pommern		ST Schwartauer Allee 9a
Hertha **Isaak-sohn**, geb. Hammerschmidt	5.7.1886 in Ravenstein, Kreis Saatzig	Ehefrau von Richard I.	ST Schwartauer Allee 9a
Eugen **Jaschek**	21.3.1894 in Hohenlinde, Kreis Beuthen, Schlesien Tod Oktober 1944	aus Bad Schwartau	ST Bad Schwartau Auguststraße
Lucy Judith **Jaschek**, geb. Hammel	21.6.1901 in Frankfurt/Main Tod 26.3.1942	Ehefrau von Eugen J.	ST Bad Schwartau Auguststraße
Jürgen **Jaschek**	15.2.1929 in Lübeck	Sohn von Eugen u. Lucy J. **hat überlebt** später: **Richard J. Yashek**	ST Bad Schwartau Auguststraße
Jochen **Jaschek**	1.1.1931 in Lübeck Tod 26.3.1942	Sohn v. Eugen u. Lucy J. Bruder v. Jürgen J.	ST Bad Schwartau Auguststraße
Bruno **Katz(enfuß)**	25.12.1880 in Preußisch Holland für tot erklärt		ST Fischergrube 22
Caroline **Katz(enfuß)**, geb. Cohn	5.8.1887 in Moisling für tot erklärt	Ehefrau von Bruno K.	ST Fischergrube 22
Emma **Katz(enfuß)**, geb. Cohn	1.10.1880 in Lübeck für tot erklärt, Todesdatum 21.1.1942	Witwe von Max K., verstorben 30.12.1921 in Altona, Mutter von Josef K.	ST Braunstr. 6
Josef **Katz(enfuß)**	1.4.1918 in Lübeck	Sohn von Emma K. **hat überlebt**	
Gertrud **Kend-ziorek**, geb. Aronsohn	16.6.1893 in Gnesen Tod 27.7.1944 in Riga		ST Schwartauer Allee 9a

Name	Geburtsdatum und -ort (Angaben zum Tod lt. Bundesarchiv)	Hinweise	Adresse/ Stolperstein (ST)
Kurt Alfons **Kendziorek**	4.7.1896 in Neustadt/Warthe	Ehemann v. Gertrud K. **hat überlebt**	
Erika **Kendziorek**	31.10.1921 in Stargard	Tochter v. Gertrud u. Kurt K., **hat überlebt**	
Inge **Kendziorek**	5.6.1924 in Stettin	Tochter v. Gertrud u. Kurt K., **hat überlebt**	
Laura **Langsner**, geb. Freibig	15.9.1882 in Potok Zloty, Polen		ST Marlesgrube 52
Sophie Minna **Langsner**	7.2.1907 in Lübeck	Tochter von Laura L.	ST Marlesgrube 52
Emanuel **Levi**	10.6.1864 in Willmars/Bayern		ST Fleischhauerstr. 1
Jettchen **Levi**, geb. Birkenruth	13.3.1868 in Wehrda/Hessen	Ehefrau von Emanuel L.	ST Fleischhauerstr. 1
Frieda **Levi**	28.2.1907 in Willmars/Bayern	Tochter v. Emanuel u. Jettchen L.	ST Fleischhauerstr. 1
Dora **Lexandrowitz**	30.12.1908 in Lübeck		ST Marlesgrube 50
Rosa **Lissauer**, geb. Gombinski	12.1.1876 in Stargard/Pommern	Witwe von Markus L., verstorben 22.12.1930 Lübeck	ST Hartengrube 5
Isaac **Ljublinski/ Lubinski**	23.12.1883 in Lubranitz, Polen		ST Balauerfohr 9
Benzion **Morgenstern**	9.12.1864 in Rypin, Kreis Leuschna, Polen für tot erklärt		ST Marlesgrube 41
Rahel **Morgenstern**	14.10.1904 in Lübeck	Tochter von Benzion M.	ST Marlesgrube 41
Sara **Morgenstern**	4.11.1893 in Rypin, Kreis Leuschna, Polen	Tochter von Benzion M.	ST Marlesgrube 41
Sara **Opler**, geb. Terkeltaub	17.1.1872 in Melnik, Polen		ST St.-Annen-Str. 11
Sonja **Prenski**, geb. Lawenda	20.5.1894 in Grajewo, Polen Tod Dezember 1944 Stutthof	Witwe	ST Adlerstr. 7
Max **Prenski**	23.6.1924 in Lübeck für tot erklärt	Sohn von Sonja P.	ST Adlerstr. 7
Martin **Prenski**	24.2.1930 in Lübeck, für tot erklärt	Sohn von Sonja P.	ST Adlerstr. 7
Margot **Prenski**	22.3.1931 in Lübeck, für tot erklärt	Tochter von Sonja P.	ST Adlerstr. 7

Name	Geburtsdatum und -ort (Angaben zum Tod lt. Bundesarchiv)	Hinweise	Adresse/ Stolperstein (ST)
Repi Betty **Redner**, geb. Rosenheck	24.7.1860 in Peczenizyn, Kreis Kolomea, Polen		ST Mühlenstr.
Sali Selma **Redner**	14.4.1882 in Kolomea, Polen	Tochter von Repi Betty R.	ST Mühlenstr.
Willy **Rosenberg**	26.12.1875 in Ratzeburg für tot erklärt	aus Ratzeburg	Gedenkstein Ratzeburg
Martha **Rosenberg**, geb. Schulenklopper	22.6.1888 in Norden für tot erklärt	Ehefrau von Willy R.	Gedenkstein Ratzeburg
Regina **Rosenthal**, geb. Saalfeld	10.8.1889 in Lübeck	Witwe, Mutter von Fina R., Schwester von Leopold Saalfeld	ST Marlesgrube 9
Fina **Rosenthal**	17.7.1928 in Lübeck	Tochter von Regina R.	ST Marlesgrube 9
Leopold **Saalfeld**	19.10.1887 in Lübeck	Bruder von Regina R.	ST Fleischhauerstr. 1
Helene **Saalfeld**, geb. Sternfeld	15.11.1887 in Baden-Baden	Ehefrau von Leopold S. Mutter von Margot S.	ST Fleischhauerstr. 1
Margot Fanny **Saalfeld**	20.4.1926 in Leipzig	Tochter von Leopold und Helene S.	ST Fleischhauerstr. 1
Daniel **Salomon**	4.5.1874 in Kiel		ST Wahmstr. 42
Fanny **Salomon**	3.5.1881 in Kiel	Ehefrau v. Daniel S.	ST Wahmstr. 42
Michaelis **Schachtel**	21.2.1880 in Znin, Posen, für tot erklärt		ST Beckergrube 90
Martha **Schachtel**, geb. Rawicz	14.7.1885 in Rogasen, Kreis Obornik für tot erklärt	Ehefrau von Michaelis Sch.	ST Beckergrube 90
Selma **Schachtel**, geb. Rawicz	16.6.1882 in Rogasen, Kreis Obornik für tot erklärt	Schwester von Martha Sch., Schwägerin von Michaelis (Witwe seines Bruders Jakob Sch.)	ST Beckergrube 90
Salomon Selman **Selmanson**	11.3.1886 in Berditschew, Russland für tot erklärt		ST Bei St. Johannis 4
Heinz **Selmanson**	3.1.1926 in Lübeck für tot erklärt	Sohn von Salomon Selman S.	ST Bei St. Johannis 4
Elsa **Strauß**, geb. Stern	10.4.1880 in Gelnhausen/Hessen für tot erklärt		ST Adolfstr. 5A

Name	Geburtsdatum und -ort (Angaben zum Tod lt. Bundesarchiv)	Hinweise	Adresse/ Stolperstein (ST)
Mimi **Sussmann**	3.12.1888 in Lübeck für tot erklärt	Schwester von Margarethe S.	ST Hüxstr. 64
Margarethe Juliane **Sussmann**	28.1.1893 in Lübeck für tot erklärt	Schwester von Mimi S.	ST Hüxstr. 64

Irrtümlich waren im Gedenkbuch für Riga folgende Namen aufgeführt:

- „Bertha **Cohn**": Die Tochter von Ida und Siegmund Cohn wurde am 3.10.1908 in Lübeck geboren und hieß Gerta. Sie konnte mit ihrem Ehemann Arnold Herbst und ihren beiden Söhnen 1939 über Shanghai nach Südamerika flüchten.
- Jakob **Cohn**, am 27.9.1884 in Lübeck geboren, wurde am 11.12.1941 von Düsseldorf nach Riga deportiert.
- David **Isaac**: Der Ehemann von Selma Isaac verstarb am 23.2.1939 in Lübeck.
- Siegmund **Jakobsohn**, am 15.4.1881 in Lübeck geboren, wurde am 11.12.1941 von Düsseldorf nach Riga deportiert.
- Max **Katz(enfuß)**: Der Ehemann von Emma Katz und Vater von Josef Katz war bereits am 30.12.1921 in Altona verstorben.
- Markus **Lissauer**: Der Ehemann von Rosa Lissauer starb am 22.12.1930 in Lübeck.
- Hans Eduard **Möller**, am 9.7.1909 in Gleiwitz geboren, meldete sich laut Meldekarte 1937 nach Leipzig ab.

Stand Februar 2023

Quellen- und Literaturverzeichnis

Quellen (in Auswahl)

Adressbücher der Hansestadt Lübeck

Archiv der Hansestadt Lübeck
- 2.6 Staatliche Polizeiverwaltung 109, 110, 121
- 4.0-0 Gemeindeorgane 1937-1945 (1946)
- 4.1-0 Zentralamt/Hauptamt 218
- 4.3-2 Ordnungsamt, Meldekartei bis 1964
- 6.2 Israelitische Gemeinde 1-6
- 7.2 Testamente 560/1941

Bundesarchiv
- Gedenkbuch, Opfer der Verfolgung der Juden unter der nationalsozialistischen Gewaltherrschaft in Deutschland 1933-1945, www.bundesarchiv.de/gedenkbuch

Datenpool JSHD der Forschungsstelle „Juden in Schleswig-Holstein" an der Universität Flensburg

Gedenkstätte und Archiv Yad Vashem, Jerusalem
- The Central Database of Shoah Victims' Names
- Record group O.89, file number 7 („Questionnaires filled by Landraete in Germany on the Jewish communities in their areas")

Landesarchiv Schleswig-Holstein
- Entschädigungsverfahren, Abt. 352 und 357, Kiel, Abt. 510 und Abt. 761

Lock(er) of Memory. Jungfernhof Concentration Camp Riga, Latvia (www.lockerofmemory.com; zuletzt eingesehen 16.8.2023)

Zeitzeugengespräche der Autorin, Unterlagen und Briefwechsel in ihrem Besitz
- Margers Vestermanis, Riga (seit 1993)
- Richard J. Yashek, Reading/Pennsylvania (1994-2005)
- Erika Richter, geb. Kendziorek, Bad Münstereifel (1997-2000)
- Siegfried Fisch, Lübeck (1993-2002)
- Abraham Domb-Dotan, Ramat-Hasharon, Israel (1993-2010)
- Friedel David, geb. Haase, Lübeck (2013)

Literatur

Angrick/Klein (2006)
Andrej Angrick/Peter Klein, Die „Endlösung“ in Riga, Ausbeutung und Vernichtung 1941-1944, Darmstadt 2006.

Bästlein (1989)
Klaus Bästlein, Das „Reichskommissariat Ostland“ unter schleswig-holsteiner Verwaltung und die Vernichtung der europäischen Juden, in: Beirat für Geschichte der Arbeiterbewegung und Demokratie in Schleswig-Holstein und Pressestelle der Landesregierung Schleswig-Holstein (Hrsg.), 50 Jahre nach den Judenpogromen, Kiel 1989, S. 65-85.

Bergmann (2009)
Alexander Bergmann, Aufzeichnungen eines Untermenschen. Ein Bericht über das Ghetto in Riga und die Konzentrationslager in Deutschland, Bremen 2009.

Danker/Schwabe (2005)
Uwe Danker/Astrid Schwabe, Schleswig-Holstein und der Nationalsozialismus, Neumünster 2005.

Englard (2009)
Fanny Englard, Vom Waisenhaus zum Jungfernhof. Deportiert von Hamburg nach Riga: Bericht einer Überlebenden, Hamburg 2009.

Gillis-Carlebach (1996)
Memorbuch zum Gedenken an die jüdischen, in der Schoa umgekommenen Schleswig-Holsteiner und Schleswig-Holsteinerinnen, hrsg. v. Miriam Gillis-Carlebach, Hamburg 1996.

Gillis-Carlebach (1998)
Miriam Gillis-Carlebach und Gerhard Paul (Hrsg.), Menora und Hakenkreuz, Zur Geschichte der Juden in Schleswig-Holstein, Lübeck und Altona 1918-1998, Neumünster 1998.

Giordano (1987)
Ralph Giordano, Die zweite Schuld oder Von der Last ein Deutscher zu sein, Hamburg 1987.

Goldberg (2011)
Bettina Goldberg, Abseits der Metropolen, Die jüdische Minderheit in Schleswig-Holstein, Neumünster 2011.

Goldberg/Paul (2002)
Bettina Goldberg/Gerhard Paul, Matrosenanzug – Davidstern. Bilder jüdischen Lebens aus der Provinz, Neumünster 2002.

Gurewitsch (1997)
Arkadij Gurewitsch, Singende Pferde. Eine Jugend im Konzentrationslager, Hamburg 1997.

Guttkuhn (2001)
Peter Guttkuhn, Die Lübecker Geschwister Grünfeld, Vom Leben, Leiden und Sterben „nichtarischer“ Christinnen, Lübeck 2001.

Guttkuhn (2004)
Peter Guttkuhn, Kleine deutsch-jüdische Geschichte in Lübeck. Von den Anfängen bis zur Gegenwart, Lübeck 2004.

Justiz und NS-Verbrechen (1961)
Justiz und NS-Verbrechen, Bd. IX, Verfahren Nr. 298-322 (1951-1952), hrsg. von C. F. Rüter und D. W. de Mildt, Amsterdam 1961 [online: https://junsv.nl/westdeutsche-gerichtsentscheidungen, zuletzt abgerufen 22.8.2023].

Katz (1988)
Josef Katz, Erinnerungen eines Überlebenden, Kiel 1988.

Kaufmann (1999)
Max Kaufmann, Churbn Lettland. Die Vernichtung der Juden Lettlands, Konstanz 1999.

Klatt (1993)
Ingaburgh Klatt, „...dahin wie ein Schatten". Aspekte jüdischen Lebens in Lübeck, Lübeck 1993.

Kugler-Weiemann (2000)
Heidemarie Kugler-Weiemann/Hella Peperkorn (Hrsg.), „Hoffentlich klappt alles zum Guten". Die Briefe der jüdischen Schwestern Bertha und Dora Lexandrowitz, 1939-1941, Neumünster 2000.

Kugler-Weiemann (2006)
Heidemarie Kugler-Weiemann unter Mitarbeit von Sabine Seidensticker und Brigitte Söllner-Krüger, Spuren der Geschwister Prenski, Eine Schule lebt mit ihrem Namen, Geschwister-Prenski-Schule, Integrierte Gesamtschule Lübeck, Lübeck 2006.

Kugler-Weiemann (2018)
Heidemarie Kugler-Weiemann, Fahrt in den Tod. Vom Schicksal der Lübecker Jüdin Juliane Mansbacher, in: 875 Jahre, Lübeck erzählt uns was. Das Buch zur Ausstellung, Lübeck 2018, S. 343-345.

Landeszentrale (2011)
Landeszentrale für Politische Bildung Schleswig-Holstein. Zum Gedenken, 6.12.2011: 70. Jahrestag der Deportation der Juden aus Schleswig-Holstein, mit Beiträgen von Miriam Gillis-Carlebach, Gerhard Paul und Bettina Goldberg, Kiel 2011.

Nachtwei (1993)
Winnie Nachtwei, Nachbarn von nebenan – verschollen in Riga, in: Mythos Münster, hrsg. von U. Bardelmeier und A. Schulte-Hemming, Münster 1993, S. 207-223.

Paul (1996)
Gerhard Paul, Staatlicher Terror und gesellschaftliche Verrohung. Die Gestapo in Schleswig-Holstein, Hamburg 1996.

Paul (2022)
Gerhard Paul/Michael Wildt, Nationalsozialismus, Aufstieg – Macht – Niedergang – Nachgeschichte, Bonn 2022.

Press (1992)
Bernhard Press, Judenmord in Lettland 1941-1945, Berlin 1992.

Scheffler/Schulle (2003)
Buch der Erinnerung, Die ins Baltikum deportierten deutschen, österreichischen und tschechoslowakischen Juden, bearbeitet von Wolfgang Scheffler und Diana Schulle, München 2003.

Schneider (2008)
Gertrude Schneider, Reise in den Tod. Deutsche Juden in Riga 1941-1944, 2. Auflage Dühnen/Westfalen 2008.

Schreiber (1992)
Albrecht Schreiber, Zwischen Davidstern und Doppeladler. Illustrierte Chronik der Juden in Moisling und Lübeck (Kleine Hefte zur Stadtgeschichte, hrsg. vom Archiv der Hansestadt Lübeck, Heft 8), Lübeck 1992.

Schreiber (2015)
Albrecht Schreiber, Hirschfeld, Asch und Blumenthal... Jüdische Firmen und jüdisches Wirtschaftsleben in Lübeck 1920-1938. Blüte, Enteignung, „Wiedergutmachnung" (Veröffentlichungen zur Geschichte der Hansestadt Lübeck, hrsg. vom Archiv der Hansestadt; Reihe B, Bd. 53), Lübeck 2015.

Sherman-Zander (1984)
Hilde Sherman-Zander, Zwischen Tag und Dunkel, Mädchenjahre im Ghetto, Frankfurt a.M., Berlin 1984.

Spungina (2008)
Elena Spungina, Jewish Latvia, Brief Guide Book, Riga 2008.

Stolz (1991)
Gerd Stolz (Hrsg.), Zwischen gestern und heute. Erinnerungen jüdischen Lebens ehemaliger Schleswig-Holsteiner, Heide 1991.

Stolz (1997/98)
Gerd Stolz, Von Lübeck fort und nach Lübeck zurück – Der Lebensweg des Kantors Berthold Katz, in: Der Wagen. Ein Lübeckisches Jahrbuch 1997/98, S. 169ff.

Vestermanis (1995)
Margers Vestermanis, Juden in Riga. Auf den Spuren des Lebens und Wirkens einer ermordeten Minderheit. Ein historischer Wegweiser, Bremen 1995.

Vortragsreihe (2008)
Die Vernichtung der Juden in Lettland 1941-1945, eine Vortragsreihe, Riga 2008.

Walk (1996)
Joseph Walk (Hrsg.), Das Sonderrecht für die Juden im NS-Staat, Heidelberg 1996.

von Wrochem (2022)
Oliver von Wrochem (Hrsg.), Der Tod ist ständig unter uns/Nāve mīt mūsu vidū. Die Deportationen nach Riga und der Holocaust im deutsch besetzten Lettland. Begleitkatalog zur gleichnamigen Ausstellung von Natascha Höhn, Franziska Jahn und Clemens Maier-Wolthausen, Hamburg 2022.

Yashek (1998)

Richard J. Yashek, Die Geschichte meines Lebens. Wie ein zwölfjähriger Junge aus Lübeck und Bad Schwartau die Konzentrationslager überlebte, aus dem Amerikanischen übersetzt von Martin Harnisch und Heidemarie Kugler-Weiemann, hrsg. vom Schulverein der Geschwister-Prenski-Schule, Lübeck 1998.

Yashek (2009)

Richard J. Yashek, The story of my life, Expanded Edition, Reading PA 2009.

Günter Meyer (1935-2023)

Durch den Tod Günter Meyers fehlt eine tragende Säule des Vereins für Lübeckische Geschichte und Altertumskunde. Er wurde am 17.7.1935 fern von Lübeck in Lupken im früheren Ostpreußen als Sohn eines Stellmachers geboren und verbrachte seine langbemessene Lebenszeit in Holstein. Damit vollzog sich ein typisches Nachkriegsleben. Die bewussten Eindrücke seiner ersten Kindheit nahm er noch in seinem Heimatort in der Nähe von Rastenburg (heute: Kętrzyn) auf. Die Flucht seiner Mutter mit ihm und seinem fünf Jahre jüngeren Bruder 1945 vor dem Einmarsch der Russen gelang glücklicherweise. Er erzählte oft davon, wie sein kindliches Widerstreben, über das zugefrorene Frische Haff zu gehen, sie vor dem Untergang bewahrt hatte, waren doch die Flüchtlinge bei dem gefährlichen Übergang von der Roten Armee beschossen worden. Günter sah die schwarzen Löcher der versunkenen Fuhrwerke und die verendeten Pferde auf dem Eis. Der Schlitten mit dem Gepäck ging verloren. Man konnte nur eine Handtasche mit Familienpapieren und eine Wolldecke retten. Nach etwa drei Wochen erreichte die Mutter mit ihren Söhnen schließlich das Auffanglager in Bad Münden am Deister, von wo aus sie nach Norden strebten und den Vater fanden, der als Soldat in Norwegen stationiert gewesen war. Nach diversen Tätigkeiten wurde dieser Hausverwalter in einem evangelischen Tagungszentrum auf der Bäk bei Ratzeburg. So waren sie schließlich nach Lübeck gekommen, und Günter Meyer besuchte die Oberschule zum Dom, deren aufs Praktische bezogene Ausbildung die Interessen des Jungen traf, der noch in hohem Alter nicht zu erwähnen vergaß, wie ihn der Blick aus dem Schulzimmer auf den ausgebrannten Ostchor des größtenteils zerstörten Lübecker Doms immer wieder erschüttert hatte. Nach dem Abitur begann er zunächst eine Ausbildung bei der Flugsicherung in Frankfurt/Main zum Fluglotsen, die er später zugunsten eines Studiums an der Universität Hamburg mit den Fächern Geschichte und Latein (unter Nachholung des Graecums) aufgab. Die finanzielle Studienförderung (Honnefer Modell) ergänzte er durch Jobs bei Lübecker Firmen wie Erasmi und Hochofenwerk. Für das Staatsexamen bei dem Hanseforscher Prof. Dr. Paul Johansen, der aus dem Baltikum stammte, wählte er ein Thema aus der schwedischen Geschichte, die ihn Zeit seines Lebens interessierte, nämlich „Gustav Vasa und Lübeck auf den Reichstag von Strängnäs 1523“. Er legte hiermit auch den Grund zu seinen Kenntnissen der schwedischen Sprache, die ihm im Zusammenleben mit seinem späteren schwedischen Schwiegersohn nützlich wurden.

Als Referendar lernte er seine spätere Frau Dörte, ebenfalls Lehramtskandidatin für Latein und Geschichte, kennen. 1965 kam es zur Hochzeit und Übersiedlung nach Uetersen; 1967 und 1969 wurden zwei Töchter geboren. Die Kindererziehung bedurfte der Mutter, die sich späterhin mit Erfolg der Malerei (Skizzen und Aquarelle) zuwandte. Die Familie zog nach Wellingsbüttel (im Hamburger Norden) ins Haus seiner Schwiegereltern. Inzwischen hatte Günter Meyer seine Tätigkeit am Emil von Behring-Gymnasium in Großhansdorf aufgenommen. Sein einstiger Chef bemerkte später, er sei „einer der besten" Lehrer gewesen. Als Studiendirektor konnte er dann seine Fähigkeiten unter Beweis stellen und ergänzte sie noch, indem er die Facultas für Spanisch (Universität Salamanca) sowie die Lehrberechtigung für Mathematik und Philosophie erwarb. Zeitweise unterrichtete er zusätzlich an der Deutschen Angestellten-Akademie das Fach Wirtschaftsgeschichte. 1971 übersiedelte die Familie nach Bad Malente-Gremsmühlen in ein Strohdachhaus mit parkartigem Garten am Ausfluss der Schwentine aus dem Kellersee. Die Meyersche Gastfreundschaft wurde sprichwörtlich. Es seien nur die legendären Treffen der Doktoranden-Freunde Dörtes genannt, die sich im Otto-Brunner-Kreis zusammengefunden hatten. Sie brachten anregende Menschen zusammen, – besonders seit Günter Meyer 1997 pensioniert worden war. 26 fruchtbare Jahre ohne die Belastung durch die Schule blieben ihm nun, und das Ehepaar Meyer nutzte sie weidlich für das soziale Leben und für Reisen (besonders nach Griechenland), Skilaufen, den Garten, Segeln. Noch rückte die wissenschaftliche Arbeit an einer Edition des Kulmer Stadtbuchs, die 2017 im Rahmen der „Quellen und Darstellungen zur Geschichte Westpreußens" im Druck erschien, in den Hintergrund. Aber auch auf diesem Felde begannen Meyers beide intensiv unterwegs zu sein. So redigierte Günter Meyer nebenbei noch eine Ortschronik des benachbarten Sieversdorf.

Ein neuer Lebensabschnitt war 1977 mit Günter Meyers Eintritt in den Verein für Lübeckische Geschichte und Altertumskunde eingeläutet worden. Hier war er am rechten Ort, und hier hat der Verein 1987 mit seiner Wahl in den Vorstand einen Glückstreffer gelandet: Vorträge, Aufsätze, vor allem aber Exkursionen, ja sogar größere Vereinsreisen wurden seine Domäne (zuerst allmählich, nach 1997 dann sogar mehrmals jährlich). Was inhaltliche Kenntnisse betraf, so konnte er aus dem Vollen schöpfen, und über didaktisches Geschick verfügte er durch seinen Lehrerberuf ohnehin. 2009 wurde diese Leistung durch seine Ernennung zum Korrespondierenden Mitglied des Vereins gewürdigt.

Seit der Wende 1989 boten sich besonders mecklenburgische und andere Orte in der ehemaligen DDR – man kann wirklich sagen – als unbekannte Gegenden zur Erkundung an. Um über 40 wissenschaftliche Exkursionen handelte es sich wohl insgesamt: Sie seien hier stichwortartig in ihrer Vielfalt angedeutet: Güstrow, Grevesmühlen, Groß Strömkendorf (das historische Rerik?), Teterow, Dargun, Plau, Ludwigslust, Dömitz, Lenzen, Neustadt-Glewe, Doberan, die Steinkreise von Boitin, Schönberg (ehem. Fürstentum Ratzeburg), Gadebusch, Freilichtmuseum Mueß, Tellow mit Thünen-Museum, Klützer Winkel mit Schloß Bothmer, Zarrentin, Stintenburg, Lassahn, die innerdeutsche Grenze von Herrnburg bis Ratzeburg.

Aber auch Schleswig-Holstein wurde intensiv erkundet: Reinbek, Ahrensburg, Neukirchen/OH, Plön, Emkendorf, Oldenburg mit Wallmuseum, Rieseby, Ludwigsburg (mit der berühmten Bunten Kammer), Eutin, Jagdschloss Ukleisee, Panker, Lütjenburg, Altenkrempe, Neustadt/Holst., Büchen, Selenter See, Siebeneichen, Wotersen, Preetz, Rastorf, Fehmarn, Priwall (mit den Resten des Land- und Wasserflughafens), Ratzeburg, Schmilau, Gudow, Drüsensee, Lauenburg/Elbe, Gut Kletkamp, Lensahn, Schönwalde (Dorfmuseum). Doch es wurden auch ferne Ziele angesteuert: Stade und Jork, Salzwedel, Kloster Diesdorf und Osterwohle (Kirche). Gemeinsam mit dem Reisebüro Uwe Bölts, Bremen, fuhren die Vereinsmitglieder unter seiner Leitung auch ins europäische Ausland, z.B. nach Barcelona und Katalonien, Estremadura, Kastilien und Südfrankreich. Eine „Erfindung" Günter Meyers waren die attraktiven Kurzreisen mit ein oder zwei Übernachtungen nach Köln, Trier, Tangermünde und Jerichow, Rendsburg, Eiderkanal und Kiel oder auch eine Fahrt zu den Klöstern in der Lüneburger Heide und ins Freilichtmuseum Hösseringen, nach Maastricht, Lüttich oder auch nach Bremen.

Es gelang Günter hierbei auch, weitere Fachleute zur Mitthilfe zu gewinnen, wie Prof. Dr. Horst Keiling, Dr. Hans-Jürgen Vogtherr, Gerhard Lange, Gerhard Eggert oder Prof. Dr. Hartmut Freytag. Aber die Organisation und wissenschaftliche Vorbereitung im Einzelnen lastete immer auf seinen Schultern, der sich akribisch vorbereitete und auch in „unbekannte" Orte Mecklenburgs vorstieß, die dem Tourismus damals noch nicht erschlossen waren. Etwas positiv Abenteuerliches haftete den Unternehmungen an, die mit privaten PKW durchgeführt wurden. Per Mitfahrgelegenheit lernten sich die Vereinsmitglieder zudem näher kennen, ein schöner Nebeneffekt für das Vereinsleben, der sich ganz in seinem Sinne ergab. Man kann von geglückter Integration sprechen.

Nach dem Tod seiner Frau 2015 zog Günter Meyer sich mehr und mehr nach Malente zurück und kam seltener nach Lübeck, wo er aber noch einige Vorträge gehalten hat. Thematisch behandelten sie: Eine Reise von Lübeck nach Travemünde 1830, Schifffahrtsabfertigung und Hafenbetrieb, Schwedisches Eisen in Lübeck, das Bistum Lübeck, Ratsgießer und Kanonenhandel, Lufthansa auf dem Priwall. Sein gastfreies Wesen ließ ihn aber weiterhin gern Besuch bei sich sehen, und sein Studierstübchen lockte ihn weiterhin (siehe die Liste seiner Veröffentlichungen unten). Er vertiefte die freundschaftlichen Kontakte zu seinen Malenter Nachbarn, wirkte im Eutiner Schlossverein mit und freute sich über den Besuch seiner Töchter und der vier Enkel. Gern weilte er auch auf dem Anwesen seiner jüngeren Tochter in Schweden, vergaß aber auch seine weiter entfernten Freunde nicht. Wir erinnern uns immer noch gern an die Feier seines 85. Geburtstags unter der schattigen Hängebirke im schönen Garten. Am 17.5.2023 ist ihm ein sanftes Einschlafen im Kreis seiner Familie vergönnt gewesen. Unseren Mitgliedern wird Günter Meyer als ein liebenswürdiger, stets zugewandter Freund in dankbarer Erinnerung bleiben.

Veröffentlichungen

Dr. Olof Ahlers (1913-1996), in: Zeitschrift für Lübeckische Geschichte und Altertumskunde 77 (1997), S. 290f.

Zur Geschichte des Hanseatischen Flughafens für Land- und Wasserflugzeuge auf dem Priwall, in: ebd., 85 (2005), S. 251-278.

Der Hanseatische Flughafen auf dem Priwall im Streckennetz der Lufthansa 1926-1934, in: ebd. 86 (2006), S. 183-209.

Der Hanseatische Flughafen auf dem Priwall – Einsprüche und Proteste gegen den Flugbetrieb 1914-1945, in: ebd. 89 (2009), S. 275-299.

Von der Reformschule zum Studienseminar: Der Lübecker Physiker Ernst Zimmer (1887-1965), in: Zeitschrift für Lübeckische Geschichte 91 (2011), S. 397-400.

Ein KdF-Zentrum am Hemmelsdorfer See, in: ebd. 92 (2012), S. 341-347.

Treideln auf der Trave, in: ebd. 93 (2013), S. 233-251.

Geschützverkäufe zur „Sublevirung" (Entlastung) der Lübecker Stadtkasse im 18. Jahrhundert, in: ebd. 94 (2014), S. 171-188.

Bronzekanonen aus Lübeck – Produktion und Handel der Ratsstückgießer, in: ebd. 96 (2016), S. 143-163.

Schwedenkupfer – Lübecker Kaufleute als Betreiber von Kupfermühlen zwischen Lübeck und Hamburg, in: ebd. 97 (2017), S. 161-169.

Artikel Mulich, Matthias (gest. 2.12.1528), in: Biographisches Lexikon für Schleswig-Holstein und Lübeck, Band 12, Neumünster 2006, S. 321-324. – Nachdruck in: Alken Bruns (Hrsg.), Neue Lübeckische Lebensläufe, Neumünster 2009, S. 457-461.

Von seinen zahlreichen Beiträgen im Lübeck-Lexikon seien hier nur herausgegriffen: Lübeck (Bistum), Travemünde, Landgebiet, Lübecker Maschinenbau-Gesellschaft, Mühlen, Priwall, Puppenbrücke, Ratskeller, Ratzeburger See, Reichsgerichtsprozesse, Stadtstiftsdörfer, Stecknitzkanal, Territorialpolitik, Trave, Wakenitz. Quelle: Antjekathrin Graßmann (Hrsg.) Das Lübeck-Lexikon. Die Hansestadt von A-Z. Lübeck 2006; überarbeitete und ergänzte Ausgabe: Das neue Lübeck-Lexikon. Die Hansestadt von A-Z. Lübeck 2011.

Antjekathrin Graßmann

Abb. 1: Das Museum für Natur und Umwelt in Lübeck (Foto: Museum für Natur und Umwelt)

Zur Geschichte des Museums für Natur und Umwelt: Die Forschungen des Gotthilft von Studnitz in Halle und der Vertrieb von Schädelmodellen in Lübeck während der NS-Zeit

Susanne Füting

Zur Entwicklung und Bedeutung von Naturkundemuseen

Naturkundemuseen sind Bildungs- und Forschungsstätten der naturwissenschaftlichen Fächer wie Geologie, Paläontologie und Biowissenschaften. Sie sind mit ihren Gründungsgeschichten und ihrer Tradition in Europa tief verwurzelt und entwickelten sich von „Wunderkammern" und Naturalienkabinetten zu den heutigen modernen Häusern. Mit ihren vernetzten Sammlungen sind sie das „Gedächtnis der Erde". Sie dokumentieren die Erdgeschichte der unbelebten Welt ebenso wie die Evolution des Lebens. Sie bewahren Zeugnisse der Biodiversität und der enormen Variabilität von Fauna und Flora vergangener Erdzeitalter sowie der Gegenwart. Ihre Sammlungen und Aufzeichnungen sind die Grundlage für Forschungsarbeiten, vielfach auch von Arbeiten, deren Erkenntnisse für unsere aktuellen und drängenden Zukunftsfragen, wie etwa nach dem Umgang mit dem Verlust der Artenvielfalt und dem Klimawandel, große Bedeutung haben. Mit ihren Ausstellungen und Veranstaltungsangeboten leisten die Einrichtungen wichtige Beiträge zur Vermittlung von naturwissenschaftlichem Wissen und Bildung im Sinne des Nachhaltigkeitsgedankens. Sie richten sich an ein breites Publikum und haben eine große Anziehungskraft auf Besucherinnen und Besucher aller Altersgruppen.

Die Arbeit der Museen ist stets geprägt und beeinflusst von der jeweiligen Zeit – von landläufig herrschenden Normen, Weltsicht und Politik. Dies hat Auswirkungen auf die gesamte Museumsarbeit, von der Gestaltung der Dioramen bis hin zur Konzeption ganzer Ausstellungen und der inhaltlichen Ausrichtung von Veranstaltungen.

Die Erforschung der Geschichte der Institutionen und des jeweils geltenden Leitbildes sind eine wichtige Aufgabe. Damit einhergehen muss eine kritische Aufarbeitung der Ergebnisse und eine Auseinandersetzung mit der Geschichte des eigenen Hauses, z. B. bei Fragen zur Provenienz von Objekten und zum Agieren der Mitarbeitenden in der Zeit des Nationalsozialismus.

Zur Geschichte des Lübecker Naturkundemuseums und seiner Sammlungen

Das heutige Lübecker Museum für Natur und Umwelt blickt auf eine lange und bewegte Geschichte zurück. Während manche Einrichtung in Deutschland auf die Sammlungen eines Adelshauses zurückgeht, wurde die Geschichte des Naturkundemuseums der Hansestadt von Anfang an durch engagierte Bürger und Bürgerinnen bestimmt. So umfasste die Privatsammlung des Jacob von Melle (1659-1743)[1], Hauptpastor an St. Marien, u.a. zahlreiche Naturalien[2]. Eine weitere wichtige Persönlichkeit im Zusammenhang mit den Anfängen der heutigen Stadtmuseen und des heutigen Naturkundemuseums ist der angesehene Arzt und Naturforscher Johann Julius Walbaum (geb. 30. Juni 1724 in Wolfenbüttel, gest. 21. August 1799 in Lübeck).

Walbaum war vielseitig interessiert und widmete sich neben seinem Beruf auch der Botanik und der Zoologie. Er hat die Bedeutung der Linné'schen Systematik früh erkannt und arbeitete nach der neuen Lehre selbst als anerkannter Taxonom, vor allem im Bereich der Ichthyologie. Weiterhin war es ihm ein Anliegen, Wissen auch einem größeren Publikum zu vermitteln. Er gehörte 1789 zu den Gründern der „Gesellschaft zur Beförderung gemeinnütziger Tätigkeit", die bis heute besteht und gemeinsam mit ihren Tochter-Organisationen sehr aktiv zum Wohle der Stadt wirkt. Zu Walbaums Zeit waren die Naturwissenschaften ein besonderer Schwerpunkt und standen im Fokus der wohltätigen Gesellschaft. Im Januar 1800 schenkten die drei Töchter und die Schwiegersöhne Walbaums dessen umfangreiche Naturaliensammlung der „Gemeinnützigen" mit dem Auftrag, diese zu pflegen, auszustellen und der Allgemeinheit mittels naturkundlicher und naturwissenschaftlicher Bildung zugänglich zu machen. Damit wurde schließlich der „Grundstein" für das spätere Lübecker Naturkundemuseum gelegt.[3] Danach wuchsen die Sammlungen stetig, befördert durch Bürgerinnen und Bürger der Stadt. Die Bestände wurden in wechselnden Häusern gezeigt.[4] Ende des 19. und Anfang des 20. Jahrhunderts waren sieben Museen mit ihren Sammlungen in einem prachtvollen „Mehrspartenhaus", dem Dom-Museum, untergebracht (siehe Abb. 2).

Einzelne Abschnitte der Geschichte des Hauses, seines Personals und seiner Sammlungen wurden bereits untersucht und dargestellt. So zeigte zum Beispiel der Verbund der Lübecker Museen anlässlich des Stadtjubiläums im Jahr 2018 zusammen mit weiteren Partnern die Ausstellung „875 Jahre – Lübeck erzählt uns was". Das Museum für Natur und Umwelt beteiligte sich mit historischen Exponaten zum Thema „Affen" sowie mit einem großen Gibeon-Meteoriten aus seinen Sammlungen. Für die Ausstellung und das Begleitbuch wurden diese beiden Themen wissenschaftlich aufgearbeitet.[5]

Es ist wünschenswert, die Forschung zur Geschichte des Hauses und seiner Sammlungen in den kommenden Jahren gezielt fortzusetzen. Ergebnis sollte eine umfassende Darstellung der Entwicklung des Lübecker Naturkundemuseums sein.

---

1 Zu von Melle siehe Spies (1993): 255-257.

2 Siehe auch Templin (2017): 251.

3 Zu J. J. Walbaum siehe Eckloff D. (1999).

4 Zur Geschichte der naturwissenschaftlichen Sammlungen und des Naturhistorischen Museums Lübeck siehe Lenz (1889, 1895, 1897 und 1900).

5 Füting (2018a) und Füting (2018b).

Abb. 2: Museum am Dom, Lübeck, neugotisches Mehrspartenhaus einschließlich des Naturhistorischen Museums (Foto: Johannes Nöhring/Slg. Jan Zimmermann)

Abb. 3: Domviertel mit Museum am Tag nach dem Bombenangriff, Lübeck 28.3.1942 (Postkarte nach Foto von W. Castelli, Archiv der Hansestadt Lübeck)

Das Museum am Dom 1933-1945 und in der Nachkriegszeit: Schlaglichter

Im folgenden Abschnitt werden einzelne Aspekte der jüngeren Zeit behandelt. Es geht zum einen um die pseudomedizinischen und inhumanen Forschungen des Lübecker Museumsleiters Gotthilft von Studnitz in Halle, bevor er seine Tätigkeit als Direktor des Lübecker Museums aufnahm. Der zweite Teil beschreibt den Verkauf von Schädelmodellen von Vor- und Frühmenschen aus Gips. Sie wurden von Instituten und Lehreinrichtungen beim Lübecker Naturkundemuseum bestellt, um sie in Bildung, Wissenschaft und zu Unterrichtszwecken einzusetzen.

Die Museen generell wie auch die musealen Einrichtungen in Lübeck speziell gerieten sehr bald nach der Machtergreifung in den Fokus der Nationalsozialisten. Im März 1934 übertrug die „Gemeinnützige" die bisher unter ihrer Verwaltung stehenden Museen, darunter auch das Museum am Dom, und damit auch das Naturhistorische Museum, der Stadtgemeinde Lübeck, vertreten durch den Senat, Abteilung II, Finanz- und Wirtschaftsverwaltung. Im diesbezüglichen Vertrag findet sich unter § 4 folgender Passus: „Lübeck übernimmt die Verpflichtung, die Sammlungen im Sinne des Kulturideals der nationalsozialistischen Bewegung zu verwalten".[6] In welchem Ausmaß dies geschah, ist noch

6 AHL, Urkunden, Verträge seit 1.1.1933, Vertrag 2.

zu untersuchen, z. B. inwieweit die damaligen Ausstellungen wie „Der Mensch“ (über den gesunden menschlichen Körper im Gegensatz zu „kranken“ Menschen) sowie Veranstaltungen des Museums im Sinne der Machthaber rassenideologisch „aufgeladen“ wurden.

1942 wurde das Dom-Museum beim Bombenangriff auf Lübeck zerstört und verlor den Großteil der naturwissenschaftlichen Ausstellungs- und Sammlungsstücke (siehe Abb. 3). Von den Beständen konnte nur ein kleiner Rest geborgen werden. Diese verbliebenen Objekte wurden zum Teil an andere Institute übergeben und zum Teil im neu geschaffenen „Biologischen Schulmuseum“ bzw. „Naturhistorischen Heimatmuseum“ im Haus Königstr. 77 ausgestellt.[7]

Engagierte Lübeckerinnen und Lübecker bauten in den folgenden Jahren neue naturgeschichtliche Sammlungen und Schaueinheiten auf. Anfang der 1960er Jahre wurde am Ort des zerstörten Museums am Dom ein Neubau vollendet (Abb. 4), seine Eröffnung im Mai 1963 gefeiert. Im Oktober desselben Jahres fand im neuen Haus die 13. Jahrestagung des Deutschen Museumsbundes, Abteilung Naturwissenschaftliche und Technische Museen, statt.[8] Die „Lübecker Nachrichten“ titelten: „Lübecks neues Dom-Museum entlockt den Fachleuten anerkennende Worte“, und Dr. H. Wolf aus Bonn, der 1. Vorsitzende der Fachgruppe, wurde mit folgendem Kompliment zitiert: „Mancher von uns ist neidisch und wäre froh über so ein lichtvolles, großes Haus.“[9]

Ein wichtiger Förderer des Wiederaufbaus war der erste Direktor des Lübecker Naturkundenmuseums nach dem Zweiten Weltkrieg, Prof. Dr. Gotthilft von Studnitz. Er führte das Haus über zwei Jahrzehnte von 1951 bis 1973 und hat sich um das Museum, die lokale Naturwissenschaft und die naturwissenschaftliche Bildung Verdienste erworben.[10] Andere Kapitel seiner Vita sind jedoch weniger glanzvoll.

Abb. 4: Neubau des Naturkundemuseums am alten Standort in den 1960er Jahren (Postkarte nach Foto von W. Castelli, Fotoarchiv der Hansestadt Lübeck, St. Annen-Museum)

---

7 Von Studnitz (1959): 5-6.

8 Von Studnitz (1964): 4-15.

9 Lübecker Nachrichten 10.10.1963.

10 Von Studnitz (1964): 5-16.

Gotthilft von Studnitz

Abb. 5: Prof. Dr. Gotthilft von Studnitz (Foto: H. Kripgans, Lübecker Nachrichten)

Wer war Gotthilft von Studnitz (geb. 31.1.1908, gest. 11.3.1994)? Stationen seiner Vita sind im Folgenden basierend auf dem Nachruf Manfred Diehls verkürzt wiedergegeben und in der Berichtsreihe des Museums für Natur und Umwelt vollständig nachzulesen.[11] Er wurde als Sohn des Marineoffiziers Oswald von Studnitz und seiner Ehefrau Johanna, geb. von Bulmerincq, am 31.1.1908 in Kiel geboren. Als Schüler erkrankte er an einer Knochenentzündung, in deren Folge sein linkes Bein steif blieb. Dies hinderte ihn jedoch nicht daran, in die Natur zu gehen und dort insbesondere Vögel und Säugetiere in ihrem Verhalten zu beobachten und auch an Jagden teilzunehmen.

Seinem Interesse entsprechend, studierte von Studnitz Zoologie in Kiel und Breslau. Weiterhin belegte er die Fächer Botanik, Geologie, Chemie und Physik. Anschließend arbeitete er zunächst als Assistent am Zoologischen Institut der Kieler Universität unter Leitung des Physiologen Prof. Dr. Wolfgang Freiherr von Buddenbrock-Hettersdorff[12], bei dem er 1930 promovierte. Danach widmete er sich dort seiner Habilitation. Entsprechend dem thematischen Schwerpunkt der Arbeit des Institutsleiters, unternahm auch von Studnitz vergleichende physiologische Untersuchungen. Er veröffentlichte zahlreiche Texte, darunter auch umfassendere Werke, wie zum Beispiel die „Physiologie des Sehens – Retinale Primärprozesse“ und „Sein und Werden eines Organs“. Diehl scheibt über Gotthilft von Studnitz: „Als besonderes Spezialgebiet wählte er die Netzhaut der Wirbeltiere, ein Thema, das ein überraschend reges Interesse bis in die Medizin, Technik und Wirtschaft fand, und das ihn zu Vorträgen führte und zu Publikationen veranlaßte, die auch auswärts gewichtige Beachtung fanden. Während des zweiten Weltkrieges griffen auch militärische Dienststellen seine Ergebnisse zur Verbesserung der Dunkelanpassung und Reduzierung von Blendwirkungen auf. Deshalb wurde er nach dem Kriege für einige Wochen nach England an das Luftfahrt-Forschungsinstitut Farnborough gerufen. Gleichzeitig trugen die von ihm vorausgesehenen Wirkungen auch im medizinischen Bereich Früchte und gipfelten in der Entwicklung des Bayer-Präparates Adaptinol. Es klingt wie eine Ironie des Schicksals, daß ausgerechnet der Schöpfer eines solchen Heilmittels in höherem Alter unter einer Beeinträchtigung der Retina zu leiden hatte.“[13]

---

11 Diehl (1999): 213-219.

12 Kurze Biografie siehe Wikipedia-Artikel Wolfgang von Buddenbrock-Hettersdorff: https://de.wikipedia.org/wiki/Wolfgang_von_Buddenbrock-Hettersdorff [zuletzt abgerufen am 3.8.2023].

13 Diehl (1999): 213-219.

Zu den Forschungen von Gotthilft von Studnitz in Halle

Gotthilft von Studnitz genoss während und nach seiner Zeit als Direktor des Lübecker Naturkundemuseums einiges Ansehen in Lübeck, insbesondere wegen seiner Leistungen für Aufbau und Arbeit des neu errichteten Museums an der Musterbahn. Unbekannt blieben oder verschwiegen wurden jedoch seine Forschungen in Halle vor 1945. Das heißt, der genaue Gegenstand seiner Forschungsarbeiten und Details der Durchführung der praktischen Experimente, die er dort unternommen hatte, waren öffentlich kein Gesprächsthema.[14]

Von Studnitz erhielt, nachdem er sich 1935 erfolgreich habilitiert hatte, am 18. Mai 1936 die Ernennung zum Dozenten für Zoologie. Im selben Jahr folgte er von Buddenbrock-Hettersdorff an das Zoologische Institut in Halle, wohin dieser zwangsversetzt worden war, und arbeitete hauptsächlich über Probleme der Muskel- und Sehphysiologie. Nachdem von Buddenbrock-Hettersdorff Halle verlassen hatte, übertrug man Gotthilft von Studnitz am 1. April 1942 zunächst kommissarisch, nach seiner Berufung zum ordentlichen Professor für Zoologie am 14. September 1942 offiziell die Leitung des Instituts.

Dessen Leistungen schätzte der Dekan der Universität Halle in einem Antrag vom 24. Mai 1939 für eine außerplanmäßige Professur, die Gotthilft von Studnitz am 6. Mai 1941 erhalten hatte, so ein: „Der Dozent der Zoologie Dr. v. Studnitz hat sich in seiner ganzen bisherigen Dozentenzeit bestens bewährt. Er gehört unstreitig zu den besten Köpfen des akademischen Nachwuchses in der Zoologie, und ich zweifle nicht, daß er eine gute Laufbahn machen wird. Da er auch charakterlich einwandfrei ist, so ist gegen seine Eingliederung unter die neu zu ernennenden Dozenten nichts einzuwenden. […] Nachdem er in einer ersten Reihe den Reaktionsmechanismus der Iris in den verschiedensten Wirbeltierklassen weitgehend aufgeklärt hat, wandte er sich dem Nachweis einer lichtempfindlichen Substanz in den Zapfen zu. Es handelt sich hierbei darum, zu erforschen, ob auch beim Tagessehen, das mit Hilfe der Zapfen geschieht, eine ähnliche Substanz eine Rolle spielt, wie der Sehpurpur beim Dämmerungssehen. Dieser Nachweis ist Dr. v. Studnitz vollkommen geglückt. Es liegt hier eine ganz große Entdeckung vor, die Dr. v. Studnitz schon jetzt, trotz seiner großen Jugend, in die Reihe der bedeutenden Naturforscher unserer Zeit stellt. Bei einer Fortsetzung dieser Studien ist ihm der Nachweis gelungen, daß diese Zapfensubstanz kein einheitlicher Stoff ist, sondern sich aus 3 Farbsubstanzen zusammensetzt. Mit dieser 2. großen Entdeckung ist v. Studnitz der experimentelle Beweis der berühmten Young-Helmholtzschen Dreikomponentenlehre des Farbensehens gelungen."[15]

Diese Beurteilung wurde damals nicht einhellig geteilt und die erwähnte experimentelle Bestätigung der Helmholtzschen Dreikomponententheorie des Sehens durch von Studnitz angezweifelt. Sein Fachkollege, der Berliner Zoologe

---

14 Grundlage für die folgenden Ausführungen ist im Wesentlichen „Die Geschichte der Zoologie von Halle" von Rolf Gattermann und Volker Neumann. Die Institutschronik der Martin-Luther-Universität Halle-Wittenberg wurde bei der Jahresversammlung der Deutschen Zoologischen Gesellschaft 2002 vorgestellt und anschließend publiziert: Gattermann u. Neumann (2002): 15-19.

15 Zitiert nach: Ebd: 15

Hansjochen Autrum (1907-2003),[16] äußerte sich dahingehend, dass die Untersuchungen methodisch unzulänglich und die Aussagen unsicher seien.[17]

Studnitz war am 1. Mai 1937 der NSDAP beigetreten.[18] Er stellte seine Forschungen in der Folge in den Dienst des NS-Staates, insbesondere zur Unterstützung der Kriegsführung. Bei der Industrie stießen seine Untersuchungen bald auf Interesse. Er arbeitete in der Abteilung Filmfabrik Wolfen der IG Farben an einem Forschungsprojekt zur Entwicklung der Farbfotografie mit. 1941 erhielt er einen Forschungsauftrag von Wolfen zum Farbensehen. Zudem bezog er finanzielle Mittel im Rahmen der militärischen Auftragsforschung vom Oberkommando der Kriegsmarine. Er führte Untersuchungen zur Verbesserung der Dunkelanpassung und zur Reduzierung von Blendwirkungen bei Soldaten durch und kooperierte dazu mit dem Zuchthaus „Roter Ochse" in Halle, das von 1942 bis 1945 als Hinrichtungsstätte der NS-Vollstreckungsbehörden diente. Auftrag und Ziel seiner Forschung beschrieb von Studnitz in einem Brief vom 13. März 1944 an den halleschen Oberstaatsanwalt wie folgt:

„Sehr geehrter Herr Oberstaatsanwalt!

Unter Bezugnahme auf unsere soeben stattgehabte kurze mündliche Unterredung darf ich mir gestatten, kurz folgendes auszuführen: Seit nunmehr 14 Jahren beschäftigt mich die Grundlage des Farben- und Helligkeitssehens in experimentellen Untersuchungen. […] Die gesamten Untersuchungen mußten aus naheliegenden Gründen bisher immer an Tieraugen durchgeführt werden, ohne daß wir eine unmittelbare Bestätigung der Übertragbarkeit unserer Befunde auch auf das menschliche Auge erlangen konnten. Durch Fühlungnahme mit Herrn Prof. SCH. bin ich nun in die Lage gekommen von Hingerichteten unmittelbar nach der Hinrichtung die Augen entnehmen lassen zu können. Die ersten hiermit angestellten Versuche sind durchaus erfolgversprechend und lassen eine Fortsetzung mehr als wünschenswert erscheinen. Eine vollendete Parallele zu unseren Tierversuchen und gewissermaßen endgültige Bestätigung unserer Auffassungen und Vorschläge wären jedoch erst nach Erfüllung gewisser Vorbedingungen zu erwarten. Ich wäre Ihnen deshalb außerordentlich dankbar, wenn Sie sich, nach Möglichkeit, für die Erfüllung dieser, bei Tierversuchen übrigens selbstverständlichen, Voraussetzungen einsetzen könnten und würden. Wenn ich mich auf das Notwendigste und Wichtigste beschränke, so würden diese Voraussetzungen die folgenden Punkte betreffen [...]:

Die Grundlagen des gesamten Sehvorganges sind lichtempfindliche Stoffe, die nach dem Tode durch Licht zerfallen und, im Gegensatz zum lebenden Organismus, nur dann erhalten bleiben bzw. in voller Stärke wieder aufgebaut werden, wenn sich das Auge in völliger Dunkelheit befindet, äußerstenfalls in nur schwachem Rotlicht. Unsere gesamten Erkenntnisse wurden an Tieren gewonnen, die vor dem Tode bereits in voller Dunkelheit zugebracht hatten, deren Tötung bei schwachem roten Dunkelkammerlicht erfolgte, in welchem auch die Weiterbehandlung der Augen und Netzhäute vorgenommen wurde. Exekutierte kommen nun, wie mir mein Mitarbeiter berichtet hat, im Krematorium in Särgen an, die nicht als völlig lichtdicht zu betrachten sind; außerdem findet offenbar natürlich die Hinrichtung bei Tageslicht statt. Trotzdem die Köpfe

---

16 Wikipedia-Artikel Hansjochem Autrum: https://de.wikipedia.org/wiki/Hansjochem_Autrum [zuletzt abgerufen am 3.8.2023].

17 Siehe oben Fußnote 14.

18 Wikipedia-Artikel Gotthilft von Studnitz: https://de.wikipedia.org/wiki/Gotthilft_von_Studnitz [zuletzt abgerufen am 3.8.2023].

der Hingerichteten von meinem Mitarbeiter unmittelbar nach Ankunft im Krematorium im Dunkeln behandelt wurden (d.h. bei rotem Dunkelkammerlicht) und auch die Augen selbst weiter in der selben Beleuchtung weiter behandelt wurden, scheint mir doch, daß bezüglich der das Sehen bedingenden lichtempfindlichen Stoffe schon nicht mehr die günstigsten Verhältnisse vorlagen – einfach deswegen, weil die Delinquenten im Tageslicht starben und auch hinterher nicht sofort ins Dunkle kamen. Da sich die genannten Stoffe nun sowieso schon in jeder Netzhaut nur in minimalen Mengen vorfinden, ist jeder Verlust recht empfindlich, andererseits immer die Möglichkeit gegeben, statt der eigentlichen Stoffe ihre Zersetzungsprodukte zu bekommen, was natürlich ein falsches Bild abgeben würde. Das beste wäre, die der Exekution zu unterwerfenden Personen eine kurze Zeit vor, dann während und vor allen Dingen auch nach der Hinrichtung vor jeglichem Lichteinfall in die Augen zu schützen.

Wäre es möglich, den betreffenden Personen etwa 15 bis 30 Minuten vor der Hinrichtung eine fest abschließende, absolut lichtdichte Binde auf die Augen zu legen und diese solange am Kopfe zu belassen, bis die Augen im Dunkelraum bei der geeigneten Rotbeleuchtung entfernt werden? – Da, wie gesagt, die fraglichen Stoffe in außerordentlich geringer Menge in jeder Netzhaut enthalten sind, benötigen wir, um Material zu bekommen für das unsere Apparate überhaupt ausreichen, immer eine ganze Anzahl von Augen bzw. Netzhäuten. In der vorigen Woche bekamen wir 10 Augen, welche Menge kaum ausreicht. Die obengenannte Prozedur der Binde würde also nur dann Sinn haben, wenn gleichzeitig einmal eine größere Zahl von Hinrichtungen stattfindet und das gleiche an allen Delinquenten vorgenommen werden könnte.

Zur Steigerung der Leistungsfähigkeit des Organismus probieren [wir] hier im Auftrage des OKW einige von mir vorgeschlagene Mittel aus, deren Effekt durchaus zufriedenstellend ist. Weitergehende Unklarheiten bestehen aber über die Wirkungsweise und den Angriffspunkt der Mittel. Wüßte man sie, so hielte ich eine weitere Leistungssteigerung und evtl. ganz andere Aufschlüsse wichtigster Natur für nicht ausgeschlossen. Auch hier machen wir umfangreiche Tierversuche, doch wäre, wie leicht einzusehen, zumindest eine ein- oder zweimalige Bestätigung an menschlichen Organismen von unschätzbarem Wert. Wäre es möglich, einigen Delinquenten einige Stunden vor der Hinrichtung eine gewisse Menge dieser Mittel (es handelt sich um Flüssigkeiten) einzugeben, so daß nach der Hinrichtung von uns der Gehalt speziell der Leber und des Auges auf bestimmte Stoffe untersucht werden könnte? Indem ich Ihnen, sehr geehrter Herr Oberstaatsanwalt, das Vorstehende zur Begutachtung überreiche, wäre ich Ihnen für die Unterstützung in dem angedeuteten Sinne zu außerordentlichem Dank verpflichtet.

Heil Hitler!“.[19]

Dem Antrag von Studnitz‘, diese menschenverachtenden Experimente durchzuführen, wurde stattgegeben. Es gab – in einer von gleichgeschalteten, zum Teil wissenschaftlich gebildeten Gesinnungsträgern mitgestalteten Diktatur nicht überraschend – keinen Widerspruch. Lediglich von Seiten der Wehrmacht kam ein Einwand. Der Stellvertreter des Generalkommandos gab in seinem Schreiben vom 19. Juni 1944 zu bedenken, dass unter den Verurteilten auch Wehrmachtsangehörige seien: „Zu derartigen Versuchen mögen Berufsverbrecher und Volksschädlinge verwandt werden. Bei den zum Tode verurteilten Soldaten handelt es sich meist nicht um derartige Delinquenten.“[20]

---

19 Gattermann u. Neumann (2002): 17f.

20 Ebd.: 18f.

Den Gang der Dinge hielt das nicht auf: Am 19. Juni 1944 kam es zur Hinrichtung von 16 Verurteilten und die Untersuchungen konnten durchgeführt werden. Bei weiteren 19 Hinrichtungen wurden den Opfern die lichtundurchlässigen Augenbinden angelegt, wobei von Studnitz selbst anwesend war und die Ausführung beaufsichtigte.

1945, nach Kriegsende, verließ von Studnitz Halle mit den amerikanischen Besatzungstruppen. Er arbeitete anschließend für kurze Zeit im englischen Farnborough beim Luftfahrtforschungszentrum. Schließlich kehrte er nach Schleswig-Holstein zurück und zog nach Bad Schwartau. Zwar erhielt er den Status eines „Professors zur Wiederverwendung", konnte aber nicht wieder an einer Hochschule Fuß fassen. Die Universität Hamburg lehnte eine Anstellung aus politischen Gründen ab. Damit endete seine weitere Hochschulkarriere. 1951 wurde er in Lübeck mit dem Aufbau des Naturkundemuseums betraut – zunächst unter der Direktion der Lübecker Museen für Kunst und Kulturgeschichte („Biologisches Schulmuseum") und ab 1.4.1952 direkt der Kultusverwaltung unterstellt. Hierzu Diehl: „Durch seine Arbeit an den naturwissenschaftlichen Katalogen der Lübecker Stadtbibliothek und Teilnahme an Versammlungen und Debatten naturkundlich interessierter Kreise wurde die zuständige Kultusverwaltung auf ihn aufmerksam. Fast unversehens wurde er 1951 durch die Kultursenatorin Dr. Luise Klinsmann mit der Leitung der Lübecker Volkshochschule und – für ihn noch wichtiger – mit dem Wiederaufbau eines neuen Naturkundemuseums anstelle des 1942 im Kriege zerstörten beauftragt."[21]

Von Studnitz leitete und prägte das Haus über zwei Jahrzehnte von 1951 bis 1973, veröffentlichte in diesem Zeitraum einige umfangreiche Werke, wie z. B. „Biologisches Brevier", „Wahn und Wirklichkeit – eine Geschichte der Erforschung der Natur" sowie „Einführung in die Zoologie".

Er begann mit der Sammel- und Aufbauarbeit für einzelne biologische Schaugruppen und fand z. B. mit Carl Lunau und Karl Petersen und später mit Hans Saager, Karl-Friedrich Marquardt und Heinrich Tannert kundige und tatkräftige Unterstützer. Von Studnitz' Streben galt der Errichtung eines neuen Museums. Am 4. Mai 1963 – 70 Jahre nach der Eröffnung des alten Dom-Museums – konnte er dann tatsächlich die Pforten des ersten Neubaus eines Naturkundemuseums in der damals jungen Bundesrepublik für das Publikum öffnen. Er verstarb am 11.3.1994 in Lübeck.

Vertrieb von Schädelmodellen für den rassenkundlichen Unterricht durch das Museum

Die Unterlagen des Museums für Natur und Umwelt enthalten Dokumente, die bislang nicht ausgewertet wurden. Es handelt sich in erster Linie um eine dünne Mappe, die Einblicke in die Museumsarbeit während der Zeit des Nationalsozialismus in den Kriegsjahren gibt. Diese noch im Museum für Natur und Umwelt befindliche, für die Abgabe an das Archiv der Hansestadt Lübeck bestimmte Akte, gibt Auskunft über das damalige Netzwerk von „Rassekundlern" und die damaligen Akteure auf diesem Gebiet.

---

21 Diehl (1999): 219.

In diesem schmalen Hefter mit dem Titel „Weinert-Angeleg. Rekonstruktionen“[22] befinden sich Schreiben zum Vertrieb von Schädelmodellen aus Gips aus den Jahren 1942 bis 1944 sowie ein einzelner Brief aus dem Jahr 1955. Die „Schädelausgabe“, das heißt der Verkauf der Rekonstruktionen an zahlreiche „rassenbiologische“ Institute und Lehreinrichtungen in Deutschland und im Ausland (z. B. Kopenhagen, Salzburg und Wien), wurde vom damaligen Museumsmitarbeiter Dr. Ludwig Benick (geb. 15.11.1874, gest. 29.3.1951), nachdem das Dom-Museum Ende März 1942 zerstört worden war, schon im April desselben Jahres unmittelbar wiederaufgenommen und fortgesetzt. Das Geschäftsbüro des Naturhistorischen Museums war übergangsweise im St. Annen-Museum untergebracht und zwar zunächst in der Düvekenstraße 21 und später in der St.-Annen-Straße 17.

Bei dem in der Beschriftung der Akte genannten Hans Weinert (geb. 14. April 1887 in Braunschweig, gest. 7. März 1967 in Heidelberg) handelt es sich um den Anthropologen und Direktor des Anthropologischen Instituts der Universität Kiel. Er wirkte während der Zeit des Nationalsozialismus im Sinne der damals propagierten „Rassenhygiene“. Nach dem Krieg setzte er seine Lehrtätigkeit am nun in „Institut für menschliche Erblehre und Eugenik“ umbenannten Haus in Kiel fort.[23] Aus fragmentarischen Fossilfunden von Vor- und Frühmenschen rekonstruierte Weinert in den 1930er Jahren zeichnerisch mehrere Schädel und publizierte darüber, wie etwa über einen sogenannten „Sinanthropus-Schädel“. Für dessen plastische Modellierung gab das Museum „am Dom“ in Lübeck 1935 den Auftrag, der Berliner Ottomar Gurth führte die bildhauerische Arbeit in enger Zusammenarbeit mit Weinert aus.[24]

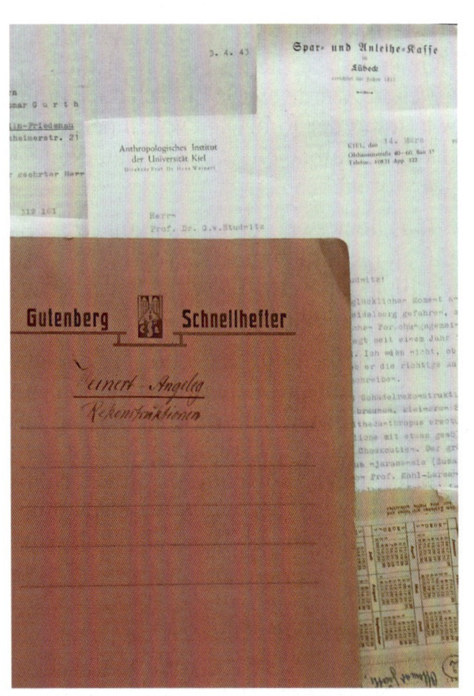

Abb. 6: Akte „Weinert-Angeleg. Rekonstruktionen“ (Foto: Museum für Natur und Umwelt)

Von solchen Weinert´schen Schädelrekonstruktionen hatte das Lübecker Naturkundemuseum vier im Bestand. Es handelte sich um den genannten „Sinanthropus pekinensis“, um „Pithekanthropus erectus (Dubois)“, „Africanthropus njarasensis“ und „Homo soloensis von

22 Museum für Natur und Umwelt, Registratur, Akte „Weinert-Angeleg.-Rekonstruktionen“.

23 Wikipedia-Artikel Hans Weinert: https://de.wikipedia.org/wiki/Hans_Weinert [zuletzt abgerufen am 3.8.2023].

24 Weinert (1937): 367.

Ngandong".[25] Der Künstler Ottomar Gurth vervielfältigte und kolorierte Gipsabgüsse der genannten Schädelmodelle als Auftragsarbeiten, diese wurden dann auf Bestellung vom Museum an externe Interessenten versendet und fanden in Ausstellungen und im Schulunterricht im Sinne der NS-Rassenkunde Verwendung.

Aus einer Abrechnung vom 12.4.1943 geht hervor, dass ein Vertrag zwischen Weinert, dem Naturhistorischen Museum und dem Bildhauer Gurth bestand, der regelte, wie die Einnahmen für die Reproduktionen aufzuteilen waren: Der Künstler erhielt etwas mehr als ein Drittel des Verkaufspreises, Weinert und das Museum teilten sich den Rest jeweils zur Hälfte. Unbekannt ist bislang noch, aus welchen Motiven und auf wessen Veranlassung dieser „Lieferdienst" durch das Lübecker Museum zustande kam. Sicher ist, dass Lübeck sich auf diese Weise an der NS-Rassenideologie und dessen Verbreitung aktiv beteiligte.

Hans Weinert lobte als Ideologe den Einsatz seiner Schädelrekonstruktionen von Vor- und Frühmenschen für die „Rassenkunde" in Ausstellungen und im Unterricht.[26] Im „Lübecker General-Anzeiger" heißt es in einem Artikel vom 24. November 1937: „Affenmenschen und Urmenschen im Museum am Dom zu Lübeck: [...] Das Museum am Dom und andere Ausstellungen, die aus Lübeck sich die Rekonstruktion angeschafft haben, erfüllen eine äußerst wichtige Aufgabe. In der heutigen Zeit, wo die gesamte Biologie, besonders aber die Rassenkunde als ein Kernfach unserer Weltanschauung zu gelten hat, brauchen wir auch völlige Klarheit und Unvoreingenommenheit in der Frage nach der Herkunft des Menschen".

Heute distanziert sich die Mehrheit der Biologinnen und Biologen vom Rassebegriff und den Ideen des Rassismus. In einer gemeinsamen Stellungnahme anlässlich der 112. Jahrestagung der Deutschen Zoologischen Gesellschaft in Jena im September 2019, der sogenannten „Jenaer Erklärung", heißt es, dass „das Konzept der ‚Rasse' das Ergebnis von Rassismus und nicht dessen Voraussetzung ist".[27] Der Begriff „Rasse" ist auch insbesondere wegen der Geschichte und der Ideologie des NS-Regimes nicht haltbar.[28]

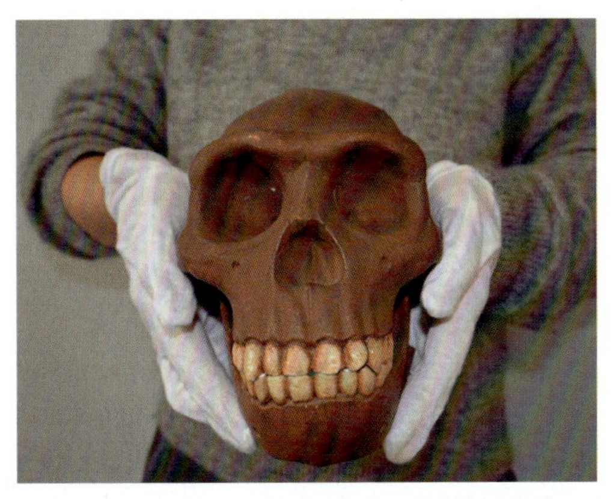

Abb. 7: Homo erectus (Dubois, 1893) – Rekonstruktion nach Weinert – Gipsmodell (Inventar MNU. MNUL.Zoo.100.004). Solche Rekonstruktionen konnten in Lübeck bestellt werden.

25 Bestellungen und Brief von H. Weinert an G. von Studnitz vom 14.3.1955, in: Museum für Natur und Umwelt, Registratur, Akte „Weinert-Angeleg. – Rekonstruktionen.

26 Lübecker General-Anzeiger 24.11.1937.

27 Wikipedia-Artikel Jenaer Erklärung: https://de.wikipedia.org/wiki/Jenaer_Erkl%C3%A4rung [zuletzt abgerufen am 3.8.2023].

28 Kattmann (2022).

In der Akte „Weinert-Angeleg. – Rekonstruktionen“ finden sich u.a. Angebotsanfragen und Bestellungen von knapp 40 verschiedenen Einzelpersonen und Einrichtungen sowie die zugehörigen Rechnungsstellungen. Von manchen Personen und Institutionen liegen mehrere Schreiben vor. Die Anfragen kamen aus ganz Deutschland, z.B. aus Augsburg, Erfurt oder Frankfurt am Main, aber auch aus dem Ausland. Aufschlussreich für die Verbreitung des rassenkundlichen Gedankenguts in deutschen Museen ist insbesondere die Liste der Institute und Einrichtungen im In- und Ausland, die Abgüsse der Weinert‘schen Rekonstruktionen erhielten:

– Anstalt für Rassenkunde, Völkerbiologie und Ländliche Soziologie der Universität Freiburg i. Br.
– K.O.B.-Lehrgang Göbenkaserne Koblenz
– Institut für Vererbungswissenschaft, Greifswald
– Rassenbiologisches Institut der Universität Königsberg (Pr.)
– Rassenbiologisches Institut der Universität Wien
– Nationalsozialistische Deutsche Arbeiterpartei „Die Hohe Schule“ Institut für Biologie und Rassenlehre, Außenstelle Stuttgart
– Staatliche Museen für Tierkunde, Rassenkunde und Völkerkunde Dresden
– Zoologisches Institut der Friedrich-Schiller-Universität Jena
– Haus der Natur Salzburg
– Württembergische Landesanstalt für Erziehung und Unterricht Stuttgart
– Universität Kopenhagen Anatomie/Zoologische Technik, Histologisk-Embryologisk Laboratorium der Universität
– Bestellung durch die Firma Brook & Michelsen, Repräsentant der Firma Zeiss Jena in Kopenhagen
– Alfred Wilke Lehrmittel Schulbedarf Leipzig, Bestellung für Lehrerinnenbildungsanstalt Oranienbaum/Anhalt
– Oldesloer-Land Haushaltungsschule
– Institut für Erb- und Rassenforschung der Medizinischen Akademie, Danzig
– Zoologisches Institut Reichsuniversität Posen
– Paläontologisches und Paläobiologisches Institut der Universität Wien
– Geologisches und paläontologisches Institut der Universität Heidelberg
– Museum für Völkerkunde Wien
– Kultusverwaltung Schulamt Lübeck
– Anatomisches Institut der Universität Köln-Lindenthal
– Institut für Rassenbiologie der Universität Berlin

Die Häuser standen untereinander in Kontakt. Zum Beispiel bat Dr. Gustav Perret vom Rassenbiologischen Institut der Universität Königsberg im Auftrag von Dr. Hüttig, Stuttgart, in seinem Schreiben vom 9.12.1942 darum, dass das Museum in Lübeck Abgüsse an das im Aufbau begriffene Institut für Biologie und Rassenlehre der Hohen Schule der Partei in Stuttgart senden möge.

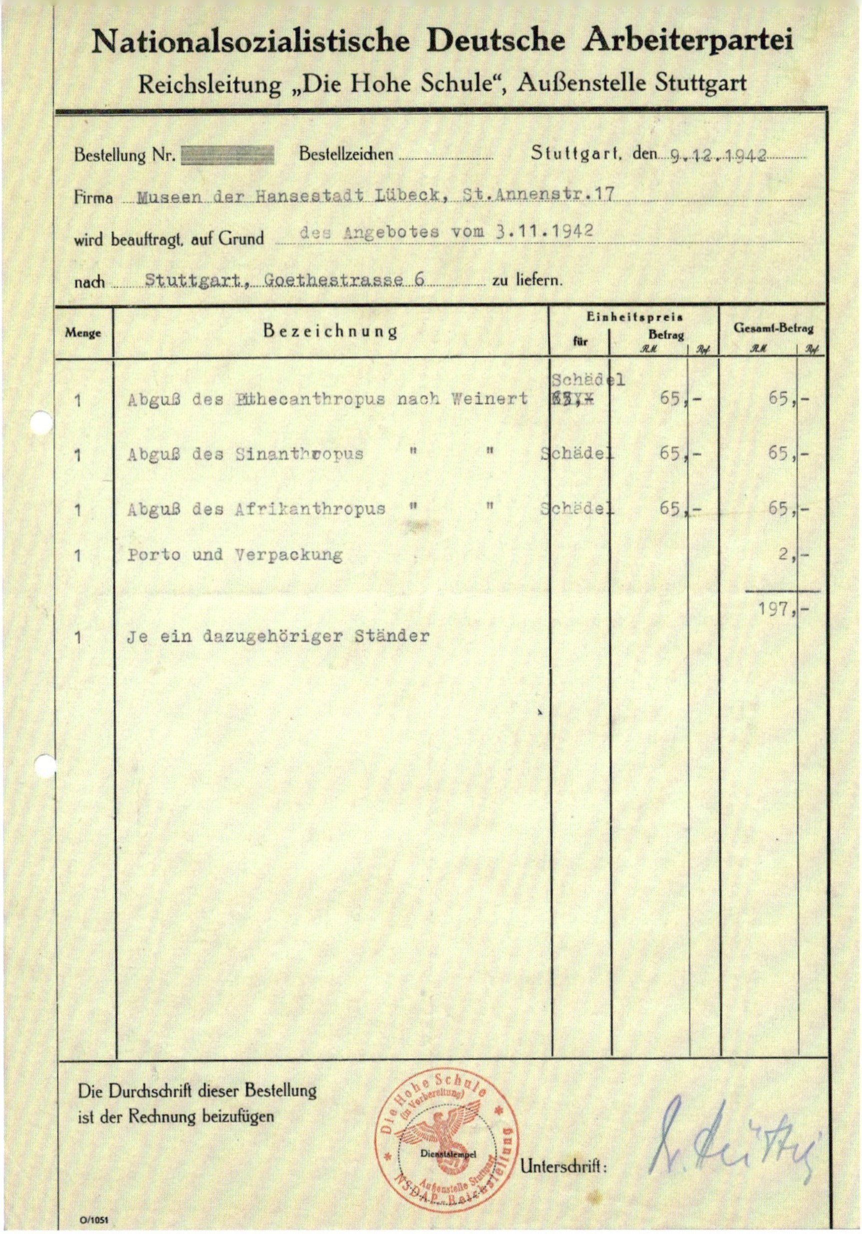

Nationalsozialistische Deutsche Arbeiterpartei

Reichsleitung „Die Hohe Schule“, Außenstelle Stuttgart

Bestellung Nr. ▬▬▬ Bestellzeichen .... Stuttgart, den 9.12.1942

Firma Museen der Hansestadt Lübeck, St.Annenstr.17

wird beauftragt, auf Grund des Angebotes vom 3.11.1942

nach Stuttgart, Goethestrasse 6 zu liefern.

Menge	Bezeichnung	Einheitspreis für	Betrag RM	Rpf	Gesamt-Betrag RM	Rpf
1	Abguß des Pithecanthropus nach Weinert	Schädel	65,	-	65,	-
1	Abguß des Sinanthropus " "	Schädel	65,	-	65,	-
1	Abguß des Afrikanthropus " "	Schädel	65,	-	65,	-
1	Porto und Verpackung				2,	-
					197,	-
1	Je ein dazugehöriger Ständer					

Die Durchschrift dieser Bestellung ist der Rechnung beizufügen

Die Hohe Schule (in Vorbereitung) Dienststempel Außenstelle Stuttgart NSDAP. Reichsleitung

Unterschrift: [signature]

O/1051

Abb. 8: Bestellung von Rekonstruktionen für die „Hohe Schule“, Stuttgart (Museum für Natur und Umwelt, Akte „Weinert-Angeleg. – Rekonstruktionen“)

Es werden auch kriegsbedingte Engpässe mitgeteilt. So schrieb der damalige Museumsmitarbeiter Dr. Benick am 25.7.1944 an die Kollegen im Anatomischen Institut der Universität Köln-Lindenthal, dass der „Bildhauer Gurth durch Prothesen und derartiges sehr beansprucht“ sei. Am gleichen Tag teilte er dem Institut für Rassenbiologie der Universität Berlin mit, „dass keine Rekonstruktionen am Lager“ seien.

Ein weiterer umfangreicher Teil der Akte umfasst verschiedene Briefe und Postkarten aus den Jahren 1943 und 1944. Die Schriftstücke sind teilweise persönlicher Natur, auch wird auf das Kriegsgeschehen Bezug genommen. Es han-

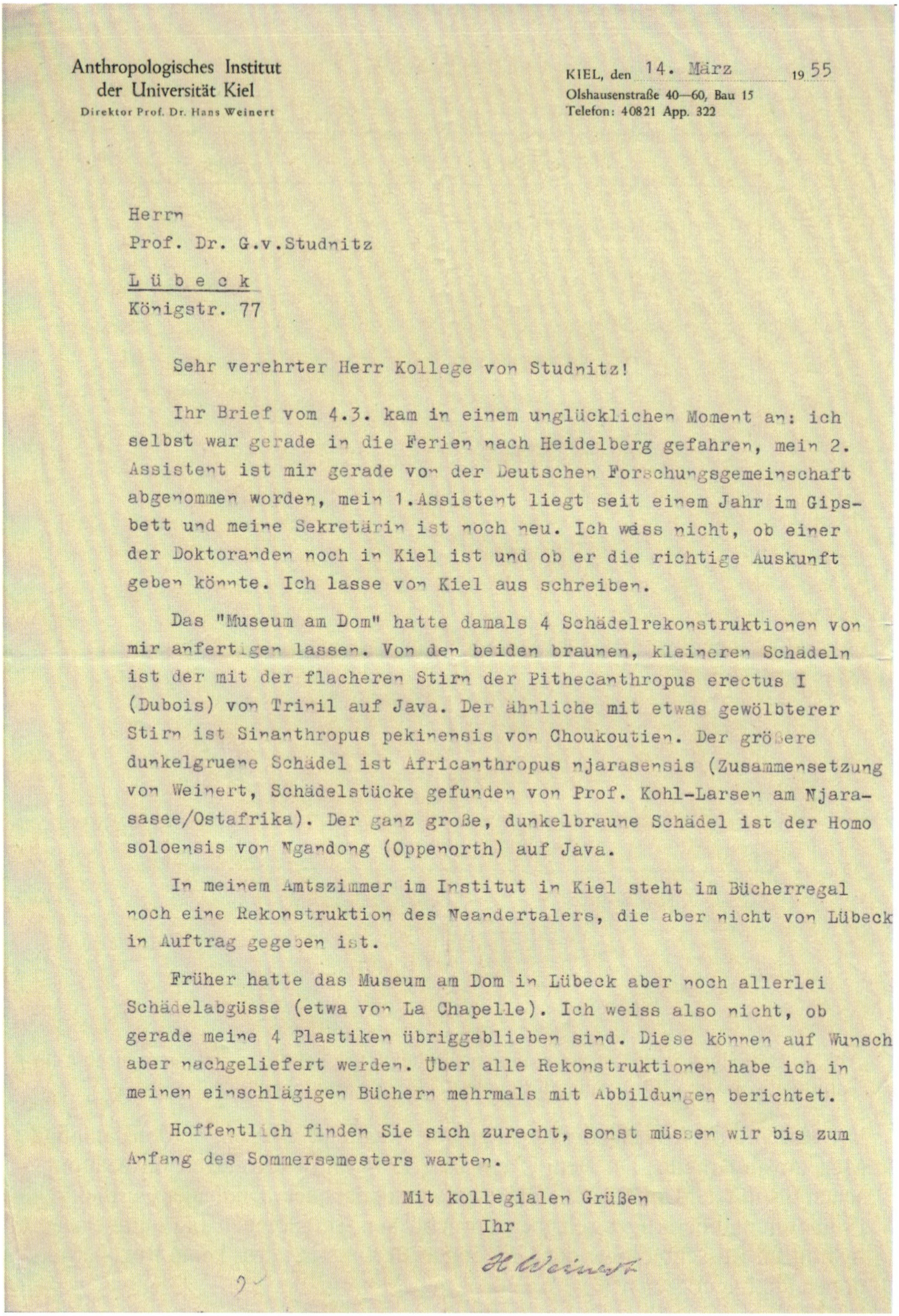

Anthropologisches Institut
der Universität Kiel
Direktor Prof. Dr. Hans Weinert

KIEL, den 14. März 1955
Olshausenstraße 40—60, Bau 15
Telefon: 40821 App. 322

Herrn
Prof. Dr. G.v.Studnitz

Lübeck
Königstr. 77

Sehr verehrter Herr Kollege von Studnitz!

Ihr Brief vom 4.3. kam in einem unglücklichen Moment an: ich selbst war gerade in die Ferien nach Heidelberg gefahren, mein 2. Assistent ist mir gerade von der Deutschen Forschungsgemeinschaft abgenommen worden, mein 1.Assistent liegt seit einem Jahr im Gipsbett und meine Sekretärin ist noch neu. Ich weiss nicht, ob einer der Doktoranden noch in Kiel ist und ob er die richtige Auskunft geben könnte. Ich lasse von Kiel aus schreiben.

Das "Museum am Dom" hatte damals 4 Schädelrekonstruktionen von mir anfertigen lassen. Von den beiden braunen, kleineren Schädeln ist der mit der flacheren Stirn der Pithecanthropus erectus I (Dubois) von Trinil auf Java. Der ähnliche mit etwas gewölbterer Stirn ist Sinanthropus pekinensis von Choukoutien. Der größere dunkelgruene Schädel ist Africanthropus njarasensis (Zusammensetzung von Weinert, Schädelstücke gefunden von Prof. Kohl-Larsen am Njarasasee/Ostafrika). Der ganz große, dunkelbraune Schädel ist der Homo soloensis von Ngandong (Oppenorth) auf Java.

In meinem Amtszimmer im Institut in Kiel steht im Bücherregal noch eine Rekonstruktion des Neandertalers, die aber nicht von Lübeck in Auftrag gegeben ist.

Früher hatte das Museum am Dom in Lübeck aber noch allerlei Schädelabgüsse (etwa von La Chapelle). Ich weiss also nicht, ob gerade meine 4 Plastiken übriggeblieben sind. Diese können auf Wunsch aber nachgeliefert werden. Über alle Rekonstruktionen habe ich in meinen einschlägigen Büchern mehrmals mit Abbildungen berichtet.

Hoffentlich finden Sie sich zurecht, sonst müssen wir bis zum Anfang des Sommersemesters warten.

Mit kollegialen Grüßen
Ihr

H. Weinert

Abb. 9: Brief von Weinert an G. von Studnitz vom 14. März 1955, in dem er sich nach den Rekonstruktionen erkundigt (Museum für Natur und Umwelt, Akte „Weinert-Angeleg. – Rekonstruktionen“)

delt sich um Korrespondenz zwischen Dr. Benick und Professor Dr. Weinert als Leiter des Anthropologischen Instituts der Universität in Kiel. Es geht um den Verlust früherer Abrechnungen und Akten durch die Zerstörung des Dom-Museums. Thema ist auch die Frage nach einer Preiserhöhung und einer damit einhergehenden Erhöhung der Bezahlung für den Künstler Gurth. Weinert berichtet mit Datum vom 6.3.1944 über das schwer zerstörte Kiel.

Auch die weitere Korrespondenz in der Akte spiegelt die zunehmenden Engpässe gegen Kriegsende. Ottomar Gurth, der Berliner Künstler, der die Abgüsse anfertigte und lieferte, schildert Benick im Februar 1944, dass er „zweimal ausgebombt" worden sei. Daher und weil er mit der Herstellung von Prothesen für Kriegsversehrte beschäftigt sei, könne er keine Modelle mehr anfertigen.

Im Weiteren geht es bei der Korrespondenz zwischen Kiel und Lübeck auch darum, ob der gewerbliche Vertrieb der Weinert-Rekonstruktionen durch die Firma F. Krantz, Bonn, übernommen werden könne – was mehrfach abgelehnt wurde. Dies lässt vermuten, dass das Geschäft mit den Schädelmodellen als lukrativ empfunden wurde. Das letzte Schreiben in der Mappe datiert vom 14. März 1955. Weinert antwortet hierin auf eine nicht überlieferte Anfrage von Studnitz' vom 4. März 1955, in der dieser sich Klarheit über die trotz des Krieges in Lübeck noch erhalten gebliebenen Schädelrekonstruktionen verschaffen wollte.

Diese wenigen Einblicke in die Unterlagen des Museums mögen genügen, um einen ersten Eindruck der ideologischen Ausrichtung des Museums und seines Personals vor 1945 und in der Nachkriegszeit zu vermitteln. Die weitere Auswertung dieser Quellen steht noch aus.

Quellen- und Literaturverzeichnis

Ungedruckte Quellen

Archiv der Hansestadt Lübeck
Urkunden, Verträge seit 1.1.1933, Verträge 002

Museum für Natur und Umwelt, Lübeck
Registratur, Akte „Weinert-Angeleg. – Rekonstruktionen“

Zeitungen

Lübecker General-Anzeiger, Ausgabe vom 24.11.1937
Lübecker Nachrichten, Ausgabe vom 10.10.1963

Literatur

Diehl (1999)
Manfred Diehl, Prof. Dr. Gotthilft von Studnitz 1908-1994. Vom Physiologen und Hochschullehrer zum Direktor des Lübecker „Museums für Natur und Naturgeschichte in Schleswig-Holstein“, in: Museum für Natur und Umwelt – Walbaum-Festschrift, Berichte des Vereins „Natur und Heimat“ und des Naturhistorischen Museums zu Lübeck, Heft 25/26, 1999, S. 213-219 (Nachdruck aus: Die Heimat 11/12. Zeitschrift für Natur- und Landeskunde von Schleswig-Holstein und Hamburg, 103. Jahrgang, November/Dezember 1996, S. 237-243).

Eckloff, D. (1999)
Dorothea Eckloff, Johann Julius Walbaum zum 200. Todestag, in: Museum für Natur und Umwelt – Walbaum-Festschrift, Berichte des Vereins „Natur und Heimat“ und des Naturhistorischen Museums zu Lübeck, Heft 25/26, 1999, S. 8-20.

Eckloff (1999)
Wolfram Eckloff, Dr. Manfred Diehl 1931-1997, in: Museum für Natur und Umwelt – Walbaum-Festschrift, Berichte des Vereins „Natur und Heimat“ und des Naturhistorischen Museums zu Lübeck, Heft 25/26, 1999, S. 220-225.

Füting (2018a)
Susanne Füting, Aus dem All nach Lübeck, in: 875 Jahre – Lübeck erzählt uns was. Das Buch zur Ausstellung, Lübeck 2018, S. 19-21.

Füting (2018b)
Susanne Füting, Menschenaffen als Lübecker Sensation, in: 875 Jahre – Lübeck erzählt uns was. Das Buch zur Ausstellung, Lübeck 2018, S. 247-251.

Füting (2020)
Susanne Füting, Das Lübecker Museum für Natur und Umwelt – Evolution und Perspektiven, in: Natur im Museum, Mitteilungen der Fachgruppe Naturwissenschaftlicher Museen im Deutschen Museumsbund, Heft 10, Jg. 2020, S. 14-22.

Gattermann u. Neumann (2002)
Rolf Gattermann † und Volker Neumann, Die Geschichte der Zoologie in Halle. Vortrag anlässlich der 5. Jahresversammlung der Deutschen Zoologischen Gesellschaft, vom 20.-24. Mai 2002 in Halle, in: Zoologie 2002, Mitteilungen der Deutschen Zoologischen Gesellschaft, S. 1-26 [online: https://www.yumpu.com/de/document/read/8158285/die-geschichte-der-zoologie-in-halle-fachbereich-biologie-der-uni].

Kattmann (2022)
Ulrich Kattmann, Zoologen und „Rasse“. Wie sich Wissenschaftler zum Thema „Rassen“ verhalten (haben), in: Naturwissenschaftliche Rundschau 75 Jg. (2022), Heft 12, S. 590-595 [online: https://www.researchgate.net/publication/367253716_Kattmann_NR_12-22_Zoologen_und_Rasse_Teil_1_Haeckel_und_Darwin].

Lenz (1889)
Heinrich Lenz, Geschichte des Naturhistorischen Museums zu Lübeck. Der Gesellschaft zur Beförderung gemeinnütziger Thätigkeit in Lübeck als Stifterin und Pflegerin des Naturhistorischen Museums zur Jubelfeier ihres hundertjährigen Bestehens ehrfurchtsvoll gewidmet von der Vorsteherschaft, Lübeck 1889.

Lenz (1895)
Heinrich Lenz, Das Naturhistorische Museum in Lübeck, Eine Skizze seiner Entwicklung und seines gegenwärtigen Zustandes, in: Festschrift den Theilnehmern der 67. Versammlung Deutscher Naturforscher und Ärzte gewidmet von dem Ärztlichen Verein und dem Naturwissenschaftlichen Verein zu Lübeck, Lübeck 1895, S. 1-327.

Lenz (1897)
Heinrich Lenz, Die Anthropoiden des Museums zu Lübeck, in: Festschrift zur XXVIII. Versammlung der Deutschen Anthropologischen Gesellschaft, Lübeck, August 1897, S. 1-27.

Lenz (1900)
Heinrich Lenz, Die Sammlungen der Gesellschaft zur Beförderung gemeinnütziger Thätigkeit. Begründung und Entwicklung derselben im ersten Jahrhundert des Bestehens 1800-1900, in: Das Museum zu Lübeck. Festschrift und Erinnerung an das 100jährige Bestehen der Sammlungen der Gesellschaft zur Beförderung gemeinnütziger Thätigkeit 1800-1900, Lübeck 1900, S. 1-54.

Spies (1993)
Hans-Bernd Spies, Melle, Jacob von, in: Alken Bruns (Hrsg.), Lübecker Lebensläufe aus neun Jahrhunderten, Lübeck 1993, S. 255-257.

von Studnitz (1959)
Gotthilft von Studnitz, Der Neuaufbau des Lübecker Naturhistorischen Museums, in: Berichte des Vereins „Natur und Heimat“ und des Naturhistorischen Museums zu Lübeck, Heft 1 (1959), S. 5-19.

von Studnitz (1964)
Gotthilft von Studnitz, Das Museumsjahr 1963 – Zum Aufbau des Naturhistorischen Museums, in: Berichte des Vereins „Natur und Heimat“ und des Naturhistorischen Museums zu Lübeck, Heft 6 (1964), S. 4-15.

Tannert (1964)
Heinrich Tannert, Die geologisch-mineralogischen Sammlungen des Naturhistorischen Heimatmuseums in Lübeck, VI. Die Meteorite des Naturhistorischen Museums, in: Heinrich Tannert u. Gotthilft von Studnitz (Hrsg.), Berichte des Vereins „Natur und Heimat“ und des Naturhistorischen Museums zu Lübeck, Heft 6 (1964), S. 39-42.

Templin (2017)
Brigitte Templin, Die Sammlung Julius Carlebach (1909-1964) im Lübecker Museum für Völkerkunde, in: Zeitschrift für Lübeckische Geschichte 97 (2017), S. 251-267.

Weinert (1937)
Hans Weinert, Eine Rekonstruktion des Sinanthropus-Schädels auf Grund der Calvaria Nr. I (Locus E) und des Unterkiefers (Locus A), gefunden 1929/30 bei Chou-Kou-tien (Peking), in: Zeitschrift für Morphologie und Anthropologie, Band 36, H. 3 (1937), S. 367-374.

Weinert (1938)
Hans Weinert, Afrikanthropus. Der erste Affenmensch-Fund aus dem Quartär Deutsch-Ostafrikas, in: Quartär – Internationales Jahrbuch zur Erforschung des Eiszeitalters und der Steinzeit, Bd. 1 (1938), S. 177-179 [online: https://journals.ub.uni-heidelberg.de/index.php/qu/issue/view/5685].

Anschrift der Autorin:
Dr. Susanne Füting
Museum für Natur und Umwelt
Mühlendamm 1-3
23552 Lübeck
E-Mail: susanne.fueting@luebeck.de

Gesunken am Abend der Hanse. Erste Erkenntnisse zu Lübecks erstem Schiffswrack[1]

Felix Rösch

Um die Mitte des 17. Jahrhunderts kommt es an Bord eines vollbeladenen Handelsschiffs zu einem folgenschweren Navigationsfehler. Kurz vor dem Zielhafen Lübeck läuft das Schiff in der Trave auf Höhe der schwierig zu passierenden Engstelle Stülper Huk auf Grund, schlägt leck und versinkt kurz darauf in den Fluten. Schiff und die sehnsüchtig erwartete Ladung sind unwiederbringlich verloren. So oder so ähnlich könnte sich die Situation vor etwa 370 Jahren abgespielt haben.

So dramatisch dieser Vorgang für die beteiligten Zeitgenossen auch abgelaufen sein mag – für die Archäologie stellt dieser Umstand einen außergewöhnlichen Glücksfall dar, wurden doch Rumpfschale und große Teile der Ladung alsbald von Sediment überdeckt und blieben so bis in die jüngste Vergangenheit vor Zerstörung bewahrt. Erst durch die Fahrrinnenvertiefung der jüngeren Vergangenheit scheint das Fahrzeug wieder freigelegt worden zu sein.

Das Wrack bildet somit eine regelrechte Zeitkapsel aus der späten Hansezeit, die nicht nur Information zu Schifffahrt und Konstruktionstechnik liefert, sondern auch Aufschluss über Handelsbeziehungen und den Alltag an Bord erwarten lässt. Da bislang weder aus Lübeck noch an der südlichen Ostseeküste gut erhaltene Handelsschiffsfunde der frühen Neuzeit bekannt sind, ist es nicht zu hoch gegriffen, wenn man beim Schiffswrack von einem Sensationsfund spricht.

Entdeckungsgeschichte

So bekannt die Lübecker Archäologie für Forschungen auf dem Gebiet der Stadtarchäologie auch ist, sie darf deutschlandweit wohl nicht nur die frühesten, sondern auch die umfangreichsten Grabungen für sich reklamieren, so war es der Stadt, die ihren mittelalterlichen Wohlstand maßgeblich dem schiffsgestützten Handel zu verdanken hatte, bisher nicht vergönnt, einen Schiffsfund ihr Eigen zu nennen.

Dies änderte sich im Februar 2020, als die Firma Nicola Engineering bei einer Fächerlotpeilung in der Trave im Auftrag des Wasser- und Schifffahrtsamts Ostsee (WSA) auf eine wrackähnliche Anomalie unmittelbar südlich der Stülper Huk stieß (Abb. 1). Es sollten jedoch noch weitere eineinhalb Jahre ins Land gehen, bis sich bei einem Kontrolltauchgang durch Taucher des WSA ein in 11 m Tiefe liegendes historisches Holzschiff mitsamt Fassladung offenbarte. Nach erfolgter Meldung an den Bereich Archäologie wurde das Wrack im September 2021 durch Eintragung in die Denkmalliste der Hansestadt Lübeck unter Schutz gestellt und weitere Untersuchungen geplant. Bis Ende des Jahres folgten Aufnahmen der Fundstelle mit einem Sidescansonar sowie 13 Tauchgänge an insgesamt zwei Tauchtagen durch Forschungstaucher der Arbeitsgruppe für maritime

1 Bei diesem Beitrag handelt es sich um einen leicht veränderten und aktualisierten Artikel aus der Festschrift für Manfred Schneider. Vgl. Rösch (2023): 247-262.

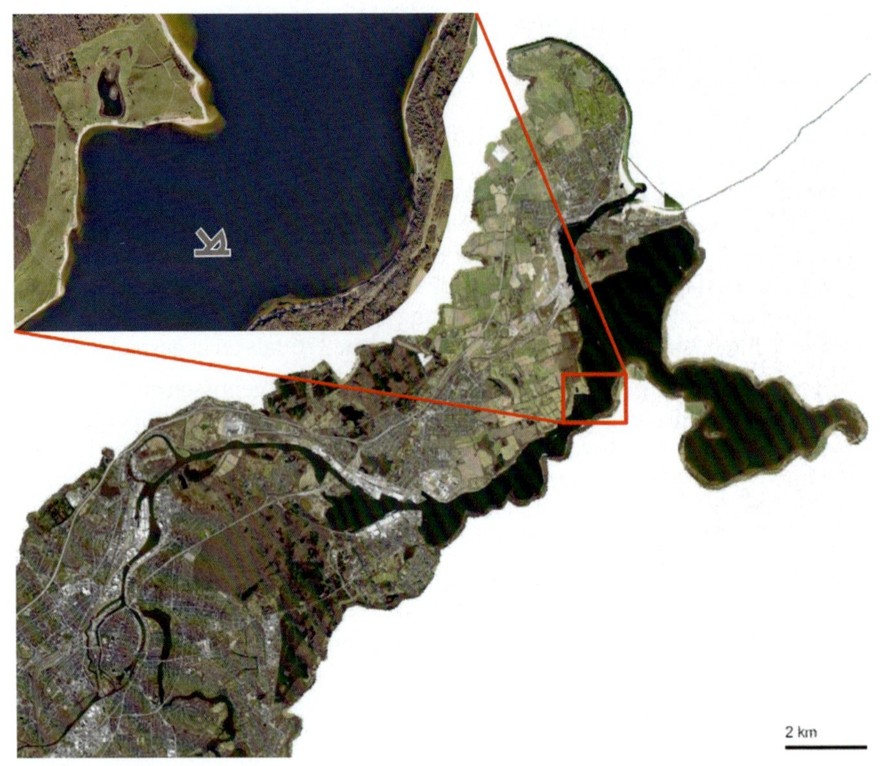

Abb. 1: Fundstelle des Wracks vor der Stülper Huk im Lübecker Stadtgebiet (Grafik: F. Rösch unter Verwendung von Luftbildern © Aerowest GmbH 2022).

und limnische Archäologie (AMLA) an der Christian-Albrechts-Universität zu Kiel (CAU). Begünstigt durch gute Sicht ließ sich ein kraweelbeplanktes, auf ca. 17 m Länge erhaltenes Handelsschiff identifizieren und fotogrammetrisch dokumentieren. In sechs Reihen fanden sich noch 77 in situ liegende Fässer im Schiffsrumpf, weitere Fässer lagen westlich davon in der Fahrrinne verstreut. Im nördlichen Teil konnte zudem ein ca. 4 x 4 m großes, abgebrochenes Stück Bordwand identifiziert werden.

Im Sommer 2022 erfolgte schließlich noch der gezielte Einsatz eines Multibeams, einer Sonartechnik, die es ermöglicht, hochauflösende Bilder des Gewässerbodens zu erzeugen (Abb. 2). Am 26. Juli wurde der Wrackfund der Öffentlichkeit im Rahmen einer Pressekonferenz durch Bürgermeister Jan Lindenau, Vertreter:innen des Bereichs Archäologie und Denkmalpflege und der CAU bekannt gemacht.

Ende November 2022 stimmte die Lübecker Bürgerschaft der Bereitstellung der finanziellen Mittel für die Bergung zu. Nach einer zu Beginn des Jahres 2023 erfolgten Ausschreibung konnte die polnische Spezialfirma Archcom für die Ausführung der Bergungs- und Dokumentationsarbeiten gewonnen werden. Sie hat Anfang Juni mit den Taucharbeiten begonnen und wird diese voraussichtlich in der ersten Augusthälfte abschließen (Abb. 3).

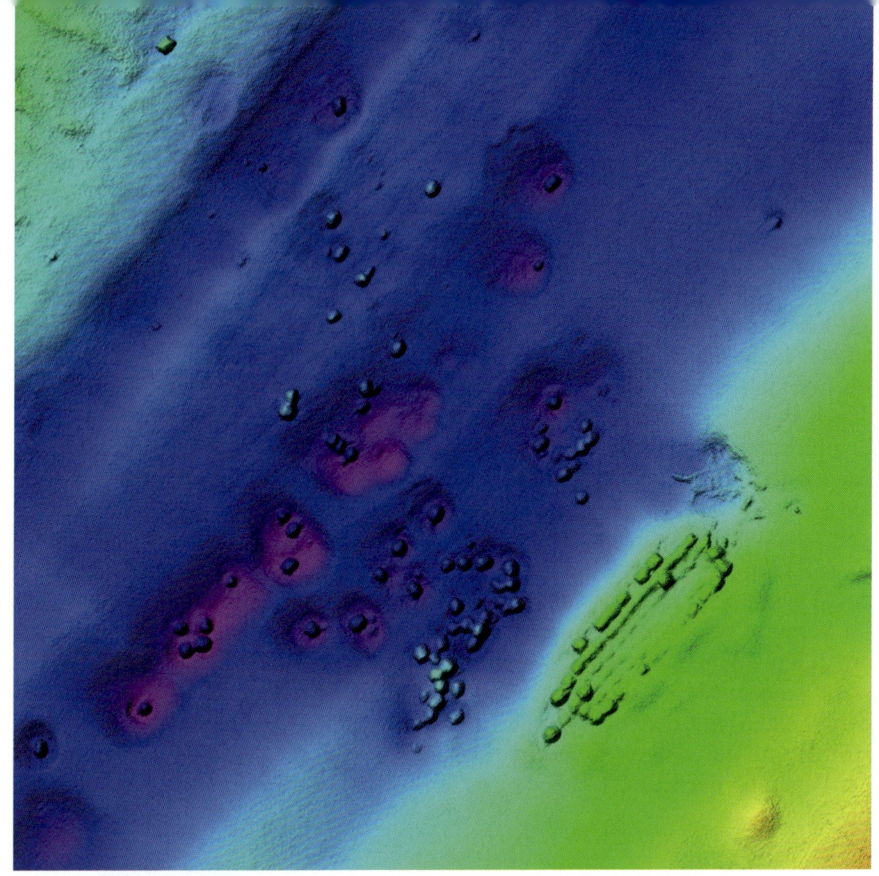

Abb. 2: Multibeamaufnahme der Fundstelle. Im Südosten ist die in Schiffsform angeordnete Fassladung zu erkennen, unmittelbar darüber befindet sich die abgebrochene Bordwand. Westlich davon sind die zahlreichen Fässer zu erkennen, die im tiefsten Bereich der Fahrrinne verstreut sind (Graphik: EGGERS Kampfmittelbergung).

Abb. 3: Bergung eines Fasses durch Taucher der Firma Archcom (Foto: © O. Malzahn).

Das Wrack

Die gesamte Fundstelle erstreckt sich über eine Fläche von ca. 90 x 40 m. Während sich etwa die Hälfte der Fassladung auf 90 m Länge von Nordosten bis Südwesten verteilt, liegt das Schiffswrack in gleicher Ausrichtung parallel zur Kante der Richtung Westen abfallenden Fahrrinne der Trave. Es war noch auf ca. 17 m Länge und ca. 5 m Breite sichtbar. Ein Großteil des Schiffsrumpfes ließ sich durch die aus 77 Fässern bestehende Ladung nachvollziehen, von denen sich die meisten noch in sechs parallel zueinander angeordneten Reihen in situ befanden. Hölzerne Konstruktionsbestandteile waren hingegen nur an der westlichen Seite des Schiffsrumpfes, wo die Oberkanten erodierter Spanten und Teile der Beplankung und Wegerung offen liegen, sowie im nördlichen Teil des Schiffes sichtbar. Hier konnte, ein Stück nordöstlich versetzt von der Fässerladung, das vom Rumpf abgetrennte Stück Bordwand dokumentiert werden. Dieses setzt sich aus sieben Planken und sechs Spantteilen, die sich noch im Verbund befinden, zusammen. Die Planken sind auf Stoß gesetzt, was für ein in Kraweeltechnik gebautes Schiff spricht. Die Hölzer dieses Stücks Bordwand sind teilweise stark beschädigt und einige Spanten beginnen, sich von den Planken, mit denen sie durch Holznägel verbunden sind, zu lösen. Andere Hölzer sind bereits gelöst und liegen lose verstreut im Umfeld oder stecken in der Wandung der Kuhle (Abb. 4). Da Teile des Bordwandfragments bereits von

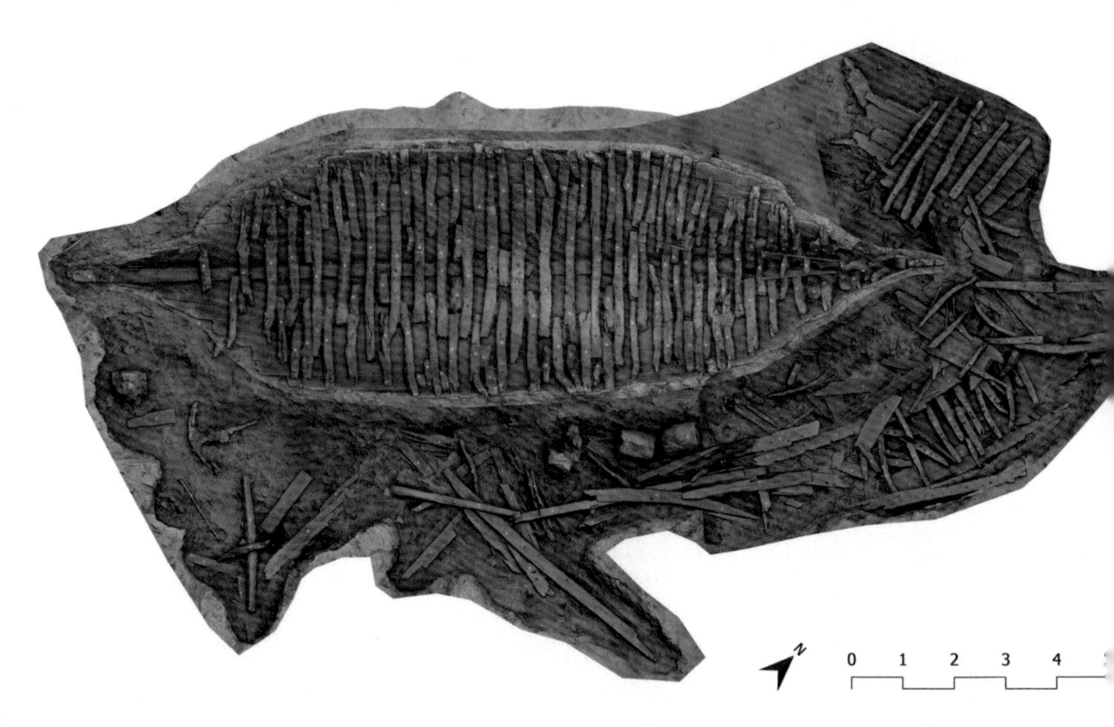

Abb. 4: Fotogrammmetrie des Spantengerüsts und des Wrackumfeldes (Graphik: F. Rösch unter Verwendung von Graphiken von P. Stencel).

der Schiffsbohrmuschel *teredo navalis* befallen sind, ist davon auszugehen, dass es schon seit einigen Jahren offenliegt. Auch die sich lösenden Teile sprechen dafür. Vormals muss es jedoch von Sediment bedeckt und geschützt gewesen sein, denn sonst hätte die in den frühen 1990ern in die Ostsee eingedrungene Bohrmuschel die offenliegenden Holzteile bereits stärker befallen.[2] Ähnliches indiziert die geringe Größe der anhaftenden Miesmuscheln.[3]

Die verstreuten Fässer umfassen mindestens 80 Exemplare, sodass insgesamt mit etwa 160 Fässern zu rechnen ist. Weitere Anomalien in der Fahrrinne könnten zudem auf weitere Fässer hinweisen. Die weite Streuung verwundert nicht, da hier das Unterwasserrelief von 11 m Tiefe auf Höhe des Wracks in Richtung Fahrrinne bis auf 13 m abfällt (Abb. 2). Die Fässer scheinen also regelrecht ins Zentrum der Fahrrinne hinabgerollt zu sein. Dort wurden sie dann durch moderne Baggerungen auf 90 m Länge verteilt.[4] Die Fässer sind aus Holz gefertigt und weisen standardisierte Größen von 72 cm Länge und Durchmesser von 50 cm an den Deckeln und 60 cm im Bauchbereich auf. Ihr Volumen liegt bei 200 l. Sie sind mit einem festen Konglomerat aus Kalk, Sand und Holzkohle gefüllt, das als Branntkalk identifiziert werden konnte.[5] Sie wiegen zwischen 270 und 330 kg. Der Erhaltungszustand der Fässer ist unterschiedlich. Während an den offenliegenden Partien der Fässer kein Holz mehr vorhanden ist, sind an den vom Sediment geschützten Seiten noch Dauben, Deckel und Ringe erhalten (Abb. 5).

Abb. 5: Ein geborgenes Fass in der Lagerhalle erwartet seine Dokumentation. Deutlich sind die Überreste von Dauben und Reifen zu erkennen (Foto: F. Rösch).

Im Zuge der taucherischen Untersuchungen wurden zur Holzartbestimmung und dendrochronologischen Untersuchung drei Hölzer, zwei Wrangen und eine Wegerungsplanke geborgen. Die Planke wurde aus südschwedischer Kiefer gefertigt und um/nach 1650 geschlagen. Die Wrangen stammen von Eichen aus

2 Vgl. Lippert u.a. (2017).

3 Vgl. Enzmann u.a. (2022): 36.

4 Vgl. Lilienfeld-Toal (1982): 53-70.

5 Enzmann u.a. (2022): 30.

dem Raum Lüneburg sowie dem westlichen Schleswig-Holstein. Eine Probe wies ausschließlich Kernholz auf und datiert nach 1553. Das Holz der anderen wurde laut Waldkante 1554 geschlagen, ist aber aufgrund von nur 38 Jahrringen ebenfalls als wenig belastbar einzustufen. Sollte das Stück der Wegerungsplanke, die an beiden Enden eine Laschung aufweist, kein Reparaturstück sein, so ist ein Baudatum des Fahrzeugs gegen Mitte des 17. Jahrhunderts wahrscheinlich. Damit fällt das Fahrzeug in die späte Hansezeit[6].

Mittlerweile konnten die hölzernen Überreste des gesunkenen Schiffs soweit freigelegt werden, dass sie präzise Rückschlüsse auf die Ausmaße des Fahrzeugs zulassen. Der Kiel ist 17,2 m lang, während ein 5,15 m langer Decksbalken Hinweise auf die ursprüngliche Breite liefert. Zuzüglich Vorder- und Achtersteven wird das Schiff eine Länge von 21-23 m bei einer Breite von 5,5-6 m gehabt haben. Das resultiert in einem Längen- zu Breitenverhältnis von 1:3,8 bis 1:4, was für einen recht schnittiges Fahrzeug spricht. Das ebenfalls nahezu vollständig erhaltene Ruderblatt liefert mit einer dokumentierten Länge von 5,2 m einen Hinweis auf die Höhe des Schiffs, die im Heck mind. 5 m betragen haben wird (Abb. 6).

Abb. 6: Das noch mit 5,2 m Länge erhaltene Ruderblatt am Heck des Schiffes. Daneben liegt einer der drei Anker (Graphik: P. Stencel).

6 Zum Begriff „späthansisch“ bzw. späte Hansezeit vgl. Grassel (2018): 16.

Weiterhin konnten drei Anker in unterschiedlichen Erhaltungszuständen freigelegt werden. Der größte von ihnen besitzt einen Ankerstock von über 3 m Länge. Auch Hinweise auf Masten liegen vor. Ein mittig auf dem Kielschwein angeordneter Mastschuh markiert den Standort des Hauptmastes, während sich eine weitere Mastaufnahme im Heck befindet. Ein dritter Mast ist im Bugbereich zu vermuten (Abb. 7).

Abb. 7: Der exakt mittschiffs im Kielschwein eingelassene Mastschuh des Hauptmastes (Foto: P. Stencel).

Kraweelschiffbau in der frühen Neuzeit

Im Mittelmeerraum schon seit dem frühen Mittelalter bekannt, verbreitet sich der Kraweelschiffbau in Nordeuropa erst am Ende des Mittelalters. Ab Mitte des 15. Jahrhunderts häufen sich die Nachrichten über in den Niederlanden, England und Dänemark gebaute Kraweelschiffe, wofür gezielt Experten von der Atlantikküste angeheuert wurden.[7] Als das erste bekannte Kraweelschiff im Ostseeraum gilt gemeinhin die „Peter von Danzig", ein französisches Fahrzeug aus La Rochelle, das 1462 nach Danzig kam, dort havarierte und von der Stadt gekauft und instandgesetzt wurde.[8] Im Gegensatz zu der in der Literatur häufig zu findenden Argumentation handelt es sich dabei nicht um den Beginn des Kraweelschiffbaus in der Ostsee. Dieser etablierte sich nach Ausweis des aktuellen Forschungsstandes erst in den folgenden beiden Jahrhunderten.[9] So werden in den 1570ern, also hundert Jahre später, Danziger Schiffsbauer erwähnt, die große Kraweelschiffe bauen.[10]

---

7 Hocker (1999): 21f.; Belasus (2019): 181; Probst (1994): 143-145; Friel (1995): 175-178.

8 Możejko (2020).

9 Belasus (2014): 264.

10 Probst (1994): 143.

Die Einführung des Kraweelschiffbaus in Nordeuropa bedingte sich vor allem durch ökonomische Vorteile, der sich die Schiffsbauer und ihre Financiers kaum entziehen konnten und nicht, wie oft behauptet, dadurch, dass er die Kiellegung größerer Fahrzeuge ermöglichte. Durch die Eigenschaft, dass die Planken nicht mehr miteinander verbunden werden mussten, konnten teils mehrere Tonnen Eisen eingespart werden. Auch die Sinteln bzw. Kalfatklammern fielen weg, indem man Bretter zur Abdeckung von Kalfat verwendete. Beides hatte zudem eine wesentliche Reduktion der aufgewendeten Arbeitszeit zur Folge. Auch im Hinblick auf die Rumpfgestaltung und spätere Reparaturmaßnahmen brachte die kraweele Beplankung deutliche Vorteile mit sich, denn erstere bot größere Variationen, während zweitere einfacher durchzuführen waren. Um jedoch die notwendige Rumpfstabilität, die zuvor durch die geklinkerte Schiffshaut gewährleistet wurde, zu erhalten, waren jetzt mehr Spanten notwendig.

Allerdings konnte der mediterrane Kraweelschiffbau von den nordeuropäischen Schiffbauern, die in der für im Klinkerschiff- oder „Koggenbau" bzw. „Typ Bremen" angewendeten Schalenbauweise geschult waren, nicht ohne weiteres übernommen werden. Die hiesigen Schiffbautraditionen wurden mündlich überliefert und durch praktische Ausübung über Generationen hinweg vermittelt. Es existierten keine schriftlichen Aufzeichnungen über diese Art des Schiffbaus, da die Schiffsform bei der Schalenbautechnik erst während des Baus des Rumpfes beziehungsweise des Bodens festgelegt wurde. Dem gegenüber stand der Kraweelbau, der nach mediterranem Vorbild in Skelettbauweise ausgeführt wurde. Dabei wurde zunächst das Spantengerüst gefertigt, an das dann die Beplankung angebracht wurde. Entsprechend musste die Schiffsform bereits vor dem Bauprozess feststehen, was eine umfassendere Planung und Aufzeichnungen voraussetzte. Eine Kopie der Skelettbauweise mit dem Wissen aus den nordeuropäischen Schiffbautechniken war daher nicht möglich. In den Niederlanden setzte sich allerdings schnell eine eigene Kraweelbauweise durch, die der mittelalterlichen Tradition verhaftet blieb, aber dennoch viele Vorteile des Kraweelschiffs umzusetzen vermochte. Bei dieser Bauweise wurde, wie vom „Typ Bremen" gewohnt, zuerst der Boden als eigenständige Struktur gebaut, um dann die Seiten des Rumpfs mit weiteren Spantteilen und Planken auszuarbeiten. Diese, in der englischsprachigen Literatur als *dutch bottom-based* oder *dutch flush* bezeichnete Technik war bis weit in das 17. Jahrhundert hinein insbesondere im privaten Schiffbau verbreitet (Abb. 8). Ihre wesentlichen Merkmale sind ein relativ leichtes Spantgerüst, bei dem die Bodenwrangen nicht mit Auflangern verbunden waren und eine große Variation in der Länge und Breite einzelner Hölzer, Holznägel an Planken und Wegerung sowie die besonders charakteristischen Reihen von dünnen Holzpropfen, sogenannten *spijkerpennen*, die durch das Anbringen von temporären Klammern und Leisten während des Baus des Rumpfes zurückblieben. Darüber hinaus fanden sich auch Bestandteile des Klinkerschiffbaus noch in kraweelbeplankten Fahrzeugen wieder.[11]

11 Hocker (1999): 22-26; Hocker (2004); Adams (2003); Bill (2003): 16; Lemée (2006): 303-311; Cattrysse (2013); Belasus (2019); Maarleveld (2013): 355.

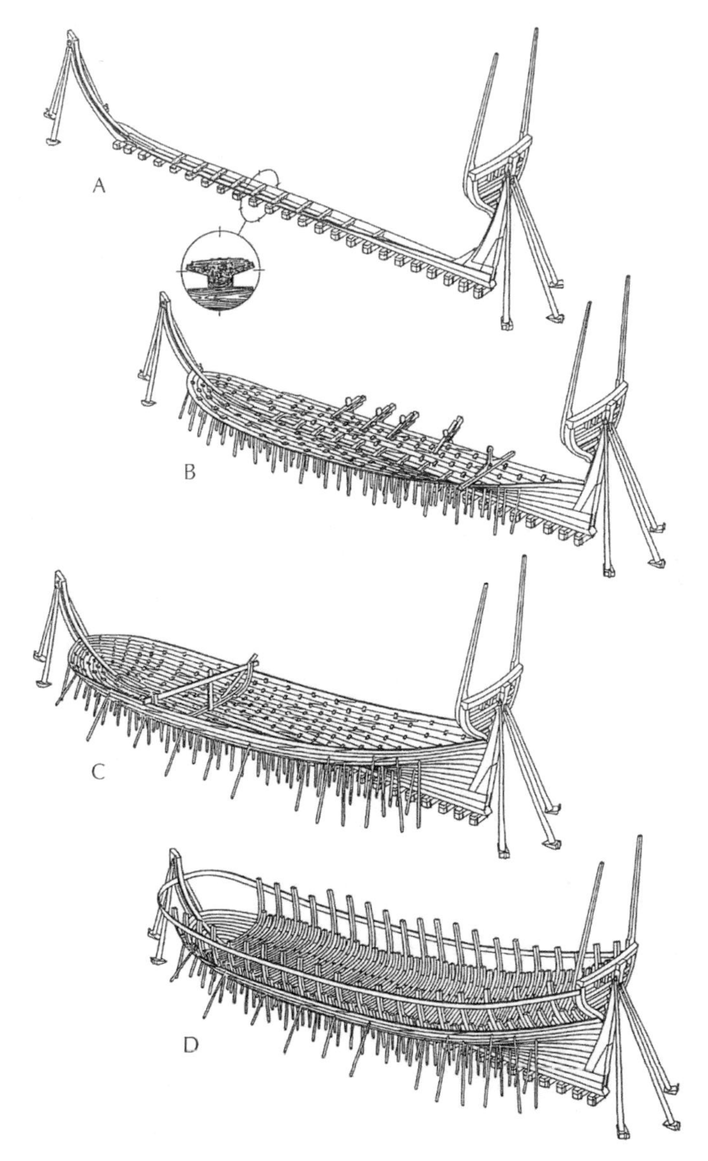

Abb. 8: Vier Phasen der Schalenbauweise bzw. niederländischen Bodenbauweise, wie sie im 17. Jahrhundert in Holland und um Amsterdam praktiziert worden sein soll (nach Lemée [2006]: Fig. 2.3).

Die kraweele Schiffskonstruktion der frühen Neuzeit in Nordeuropa stellt sich also mitnichten als eine singuläre Bauweise dar, sondern vielmehr als Melange verschiedener Techniken und Typen. Dabei ist mit Schiffen aus dem Atlantikraum und durch angeworbene Schiffbaumeister in Nordeuropa in Skelettbauweise gebauten Schiffen genauso zu rechnen wie mit Kraweelbautechniken, die noch regionalen Traditionen des „Typ Bremen“ aus dem Gebiet des

Wattenmeerraums und der südlichen Ostseeküste oder dem nordischen Klinkerbau verhaftet waren.

Allgemein stellt sich der Stand zur (archäologischen) Erforschung der frühneuzeitlichen Schifffahrt in Nord- und Ostsee sehr lückenhaft dar (Grassel 2018, 127). Archäologische Untersuchungen zu Schiffsfunden der frühen Neuzeit in Deutschland liegen, abgesehen von der Dissertation von M. Belasus (2014) zum Klinkerschiffbau, bislang nur vereinzelt und selten ausführlich vor (vgl. Springmann 1997; Auer 2004; Auer/Schweitzer 2012). In den skandinavischen Ländern, wie auch in England und den Niederlanden, ist generell ein deutlich größeres gesellschaftliches Interesse an der maritimen Geschichte zu verzeichnen. Doch mit Ausnahme der Niederlande (Unger 1978; Maarleveld 1992, 161-163; Maarleveld 2013) steht hier vor allem der wikingerzeitlich-mittelalterliche Schiffbau oder der Marineschiffbau im Fokus.

Auch wenn es in den genannten Ländern einige umfangreichere Arbeiten und eine Reihe von Einzeluntersuchungen zu frühneuzeitlichen Schiffswracks, die der Handelsschifffahrt zuzurechnen sind, gibt,[12] so ist doch zu konstatieren, dass die Anzahl der Untersuchungen gering ist und auch das generelle Verständnis zu den entsprechenden Schiffstypen und ihren Entwicklungen noch vielfach im Dunkeln liegt. Dies ist nicht nur dem Umstand der nationalen Schiffsarchäologien und des Fundaufkommens beziehungsweise der Erhaltungsbedingungen geschuldet, sondern auch Resultat der zeitgenössischen Quellen. Im Gegensatz zum Marineschiffbau wurden die Konstruktionstechniken des privaten Schiffbaus erst deutlich später Gegenstand von Aufzeichnungen.[13]

Es muss als bezeichnend gelten, dass der niederländische Schiffsarchäologe T. Maarleveld in seiner 2013 publizierten Auflistung von 40 kraweelbeplankten Handelsschiffen des ausgehenden 16. und 17. Jahrhunderts aus dem Ostseeraum nur den auf dem Gelände von Burmeister & Wain (B&W) ausgegrabenen Schiffsfundkomplex von Christianshavn in Kopenhagen und die Fleute von Jutholmen bei Stockholm auflistet. Auch wenn nicht alle archäologisch untersuchten Wrackfunde von Maarleveld Berücksichtigung fanden, so bildet diese Auflistung doch in etwa das Desiderat ab, welches für die frühneuzeitliche Handelsschifffahrt im Ostseeraum existiert.[14]

Vor dem Hintergrund dieser sowie einiger jüngst entdeckter Wrackfunde zeichnet sich jedoch eine deutliche Dominanz des niederländischen Schiffbaus unter den kraweelen Fahrzeugen ab. Von den acht auf dem B&W-Gelände ausgegrabenen Exemplaren wiesen allein vier größere Schiffe eine niederländische Bodenbautechnik auf. Chr. Lemée geht davon aus, dass die zwischen 1584 und 1630 gefertigten Schiffe allesamt im Wattenmeergebiet zwischen Hoorn und Ribe, die meisten wahrscheinlich in Holland vom Stapel liefen. Es handelt sich um ein kleineres, 15 m langes Küstenschiff, zwei Fleuten mit 27 und 35 m Län-

12 Vgl. bspw. Lemée (2006).

13 Lemée (2006): 311.

14 Maarleveld (2013): Tab. 3.

ge sowie ein nachträglich von 19 auf 26 m verlängertes Schiff, einen sogenannten *verlanger*.

Die Fleute (niederl. fluit, engl. fluyt) gilt als der am weitesten verbreitete Transportschifftyp des 17. Jahrhunderts. Es handelt sich um ein sehr bauchiges und langgestrecktes Schiff, mit einem Längen-Breitenverhältnis von um die 4:1 bis zu 6:1 mit flachem Boden und schmalem Deck. Die Schiffe wurden in den Niederlanden im 16. Jahrhundert unter Anwendung der niederländischen Bodenbautechnik entwickelt. Sie lösten durch ihre in hohem Maße standardisierte und ökonomische Bauweise auf der einen und ihre herausragenden Segeleigenschaften bei geringer Mannschaftsstärke auf der anderen Seite eine regelrechte Revolution aus, wodurch die Niederlande der Hanse im Ostseehandel den Rang abliefen.[15] Trotz geringer Gesamtzahlen scheint sich die frühneuzeitliche Dominanz der Fleute auch unter den bekannten Wrackfunden widerzuspiegeln. Im Ostseeraum sind eine Reihe von Fleuten des 17. Jahrhunderts bekannt, von denen einige hervorragend erhalten sind. Neben dem Jutholmen-Wrack[16] sind es vor allem die bis in jüngerer Zeit entdeckten Schiffe wie die „Anna-Maria",[17] das „Lions-Wrack",[18] das „Ghost-Ship"[19] oder die durch das finnische „Badewanne"-Tauchteam im Finnischen Meerbusen entdeckte Fleute „The Swan".[20] Damit scheint sich die bisher aus Schriftquellen abgeleitete Dominanz niederländischer Akteure im Ostseeraum des ausgehenden 16. und 17. Jahrhunderts auch materiell zu bestätigen.

Im norddeutschen Küstengebiet sind trotz zahlloser bekannter Wracks bislang nur drei größere kraweelbeplankte Fahrzeuge aus dem Zeitraum des Lübecker Fundes genauer untersucht. Darunter befindet sich das sogenannte Mukran-Wrack (auch Jasmund 7), das vor Rügen entdeckt wurde. Bei dem um die Mitte des 16. Jahrhunderts aus mit südlich von Hamburg geschlagenem Holz gebauten Schiff handelt es sich um ein auf ca. 25-30 m Länge zu rekonstruierendes mehrmastiges Transportschiff, welches zu einem Kriegsschiff umfunktioniert und 1565 auf Grund gesetzt wurde.[21] Lange wurde angenommen, dass es sich bei dem Schiff um ein in niederländischer Bodenbautechnik angefertigtes Fahrzeug handelt,[22] was jedoch durch jüngst erfolgte Nachuntersuchungen widerlegt wurde.[23]

---

15 Olechnowitz (1960): 13-22; Unger (1994), Hocker (1999): 25-28; Eriksson (2014).

16 Cederlund (1982).

17 Ahlström (1997): 87-110.

18 Eriksson (2012); Eriksson (2013).

19 Eriksson/Rönnby (2012).

20 Badewanne (2021).

21 Springmann (1997); Springmann (1998); Förster (1999).

22 Förster (1999); Belasus (2019): 182.

23 So fehlen unter anderem die *spijkerpennen* (freundl. mündl. Mitteilung Mike Belasus) – und auch der große Abstand der Bodenwrangen, nur 20 Stück auf 20 m Schiffsrumpf, spricht dagegen.

Ein weiterer Wrackfund ist das Wittenbergen-Wrack. Das Schiff, das durch eine umfangreiche Waffenladung auch als Schmugglerschiff bekannt ist, wurde ebenfalls aus niedersächsischer Eiche gebaut, die um 1571 geschlagen wurde.[24] Durch eine Reihe von Merkmalen ist der Fund als ein in niederländischer Bodenbautechnik gefertigtes Handelsschiff anzusprechen.[25]

Von der Südspitze der Insel Sylt stammt ein nach 1690 ebenfalls in niederländischer Bodenbautechnik konstruiertes Fahrzeug. Eine Besonderheit des noch auf 15 m Länge erhaltenen Schiffs ist eine doppelte Eichenbeplankung, auch als *double dutch* bekannt, die unter anderem bei Schiffen der niederländischen Ostindienkompanie im frühen 17. Jahrhundert auftrat.[26] Daneben sind noch die Funde kleinerer Küstenschiffe um die 12 m Länge aus dem Wattenmeer wie die Wracks von Uelvesbüll, das sogenannte Zuckerschiff, und Hedwigenkoog zu nennen, die beide ebenfalls in niederländischer Tradition stehen.[27]

Eine erste Einordnung

Vor diesem Hintergrund stellt der Wrackfund vor der Stülper Huk allein schon durch die geringe Zahl zeitgenössischer Vergleichsfunde eine Besonderheit dar. Eines der wesentlichen wissenschaftlichen Potenziale ist in den schiffsbautechnischen Aspekten zu sehen. Bau- und Betriebszeit des Schiffs fallen in eine Epoche, in der der Schiffsbau zunehmend gezwungen ist, sich von aus dem Mittelalter tradierten Methoden zu lösen oder diese entsprechend anzupassen. Unter dem Eindruck der bisher erforschten Wracks ist eine Dominanz des niederländischen Einflusses auf den Schiffsbau durch die Bodenbautechnik und die zahlreichen Fleuten offensichtlich.

Da beim Wrackfund mittlerweile eine Reihe von konstruktiven Elemente freigelegt werden konnten, lassen sich bereits einige Tendenzen äußern.

Die Rumpfform ist, anders als zunächst vermutet, nicht flachbodig, sondern besitzt einen ausgezogenen Kiel. Der Übergang von der Bodenschale zu den Bordwänden setzt Höhe Mittschiffs in 1,65 m Entfernung vom Kiel ein und ist durch zwei in gleichförmigen stumpfen Winkeln angeordnete Planken gekennzeichnet. Die Planken sind durch z-förmige Langscherben miteinander verbunden.

Beim Spantengerüst lassen sich gleich mehrere Details hervorheben. So die Anordnung der ca. 18-22 cm breiten Bodenwrangen, die mittschiffs in Abständen von etwa 25 cm eingebracht sind, und den darin versetzt eingepassten Auflangern bzw. Kimmstücken, deren Breiten zwischen 14 und 19 cm liegen. Weiterhin sticht die große Zahl der Spantbestandteile ins Auge. Zwischen den einzelnen Hölzern liegt kaum mehr als 5 cm Abstand, sodass nahezu die komplette Bodenschale mit Spanthölzern bedeckt ist (Abb. 4).

---

24 Bracker (1986).

25 Stanek (2011).

26 Zwick/Klooß (2017); Zwick (2021).

27 Englert (1997); Kühn (1999).

Zum einen die hohe Anzahl und enge Anordnung, zum andern das versetzte Auftreten von Bodenwrangen und Kimmstücken sprechen für ein in Schalenbauweise gefertigtes Fahrzeug. Im Gegensatz dazu kommt die Skelettbauweise mit deutlich weniger, dafür wesentlich massiveren und untereinander verbunden Spanthölzern aus. Die Plankenverbindungen, Holznägel an Planken und Wegerung sowie die Ausprägung des Übergangs von Bodenschale zu Bordwand deuten in Richtung niederländische Bodenbauweise. Die Formgebung könnte entweder mithilfe von Leisten und Klammern und/oder einigen formgebenden Spantteilen erfolgt sein. Der finale Nachweis wäre jedoch erst mit der Identifikation von *spijkerpennen* und/oder entsprechenden Bodenwrangen erbracht. Im Gegensatz zu den für das Wattenmeergebiet gefertigten Schiffen hat das Hanseschiff jedoch keinen flachen Boden, was dafür spricht, dass es für den Einsatz in der Ostsee konzipiert wurde.

Häufig wird bei den in niederländischer Bodenbauweise angefertigten Schiffsfunden davon ausgegangen, dass diese auch in den Niederlanden oder zumindest im südlichen Wattenmeergebiet gefertigt worden sind.[28] Das Bauholz dieser Schiffe stammt aber nicht aus örtlichen Vorkommen, sondern wurde größtenteils aus Norddeutschland, der Weichselregion, dem Baltikum und Skandinavien importiert.[29] Das wirft die Frage auf, wo die zu Tausenden in den Hansestädten gebauten Handelsschiffe geblieben sind.[30]

Allein für Lübeck lassen sich über Lastadiebücher, Kämmerei- und Drögelisten zwischen 1560 und 1800 2.450 gebaute Schiffe mit insgesamt etwa 150.000 Lasten (ca. 300.000 t) Ladekapazität feststellen. Es ist eine größere Anzahl von zeitgleich tätigen Schiffbaumeistern in Lübeck belegt, die bei einer durchschnittlichen Bauzeit von vier Monaten im Schnitt etwa zwei Schiffe pro Jahr fertigen konnten. So liefen an den Lübecker Werftplätzen auf der Lastadie in manchen Jahren bis zu 20 Schiffe vom Stapel. Die Fahrzeuge konnten Kapazitäten von bis zu 300 Lasten aufweisen, wobei die durchschnittlichen Größen stark von der herrschenden Konjunktur abhängig waren. In manchen Zeiten wurden Schiffe mit im Schnitt gerade einmal 35-40 Lasten gefertigt, während der Durchschnitt in anderen Zeiträumen bei um die 100 Lasten lag.[31]

Wollte ein Schiffer in Lübeck ein Schiff bauen lassen, meldete er die Größe des Schiffes, gerechnet in Ellen des Kiels, bei der Kämmerei an. Zudem erfolgte eine Schätzung der späteren Transportkapazitäten. Die nach der Fertigstellung errechneten Lasten wichen dabei mitunter gravierend, bis zu 50 Lasten sind belegt, von der Schätzung ab. Dies verdeutlicht eindrücklich, dass in Lübeck Schiffe nach Erfahrungswerten, deren letztliche Form erst im Bauprozess entstand, und nicht nach Aufzeichnungen gebaut wurden. Entsprechend darf von einer Fortführung der aus dem Mittelalter bekannten Boden- und Schalenbautechnik ausgegangen werden. Entsprechend glich kein Schiff dem anderen. Der Schiffbau entzog sich

28 Vgl. Lemée (2006),

29 Heußner (2005); Daly (2007).

30 Vgl. dazu Olechnowitz (1965).

31 Olechnowitz (1960): 35-40.

damit weitestgehend einer systematischen Standardisierung und Qualitätskontrolle und erwies sich lange Zeit als resistent gegenüber technischen Neuerungen. Erst ab 1617 wird ein Schiff auf *Nye Ardth* und nach *Nyen Munsters* in Lübeck gebaut, womit eine Fleute gemeint sein könnte,[32] während zahlreiche Schiffe unter dem Eindruck dieses erfolgreichen Schiffstyps nachträglich verlängert wurden. Ein Vierteljahrhundert später, ab 1642, wurde von angehenden Schiffszimmermeistern verlangt, einen Spantenriss anzufertigen.[33]

Sollte sich bei weiteren Untersuchungen ergeben, dass noch mehr Konstruktionshölzer des Wracks aus dem norddeutschen Raum stammen, so ist eine regionale Fertigung realistisch. Auch wenn hier eine niederländisch geprägte Technik zum Einsatz kam, so zeigt die Rumpfform doch deutlich, dass das Fahrzeug nicht für den Wattenmeerraum gebaut worden ist. Dadurch eröffnet sich die große Chance, erstmals den Einfluss des westeuropäischen Schiffsbaus auf die lokalen Traditionen in den Städten der südlichen Ostseeküste genauer untersuchen zu können.

Ladung

Insgesamt konnten bisher 160 Fässer identifiziert werden – 77 im Rumpf mehrheitlich in situ liegend, drei daneben auf der Backbordseite, die übrigen etwa 80 Stück südwestlich in der Fahrrinne verteilt (Abb. 2).

Allgemein weisen Fässer im späten Mittelalter und in der frühen Neuzeit eine große Bandbreite an Abmessungen auf. Betrachtet man Schiffsladungen wie die des in der ersten Hälfte des 15. Jahrhunderts gesunkenen Danziger Kupferschiffs, so wird offensichtlich, dass Fässer mit dem gleichen Inhalt in der Regel die gleiche Größe besitzen.[34] Die in Längsrichtung zum Rumpf liegende Ausrichtung darf zudem als typisch für Fassladungen gelten.[35] Generell sind Ladungen auf mittelalterlichen Schiffen jedoch meist kleinteilig und sehr divers. An umfangreich untersuchten Ladungen neuzeitlicher Schiffe fehlt es bislang. Fassladungen in der Größenordnung des Lübecker Wracks sind bislang unbekannt.

Der Inhalt der Fässer des Lübecker Wracks konnte als Branntkalk identifiziert werden. Dieser wurde in großen Mengen zum Herstellen von Mörtel benötigt, fand aber auch für Putz oder beim Gerben Verwendung und war daher in den durch Backsteinbauten geprägten Hansestädten unabdingbar. Der gebrannte Kalk, chemisch CaO (Calciumoxid), ist jedoch ein gefährliches Transportgut, da er sich bei Kontakt mit Wasser erhitzt und an Volumen zunimmt.[36]

Über die große Anzahl der identifizierten Fässer lassen sich Rückschlüsse auf die Ladekapazität des Schiffs ziehen. Die Fässer haben ein Volumen von

32 Olechnowitz (1960): 14 Anm. 50 spricht in diesem Zusammenhang von einer Fleute, auch wenn in der Primärquelle, dem Lastadienbuch, ausschließlich von *Nye Ardth* und *Nyen Munsters* die Rede ist.

33 Olechnowitz (1960): 14-22, Anhang Nr. XXXV.

34 Capelle (1981); Ossowski (2014): 263 ff.

35 Arbin (2012): 69; Ossowski (2014).

36 Munthe (1945): Anm. 1.

200 l und nach dem Bergen ein Gewicht von bis 330 kg. Ihr Inhalt setzt sich nach knapp 350-400 Jahren Lagerung auf dem Travegrund wie folgt zusammen: Calciumcarbonat ($CaCO^3$) 80 % (160 l), Holzkohle 5 % (10 l), Sand 10 % (20 l) und tonige Bestandteile 5 % (10 l). Da Branntkalk mit 3,37 g/cm³, eine um etwa 23 % höhere Dichte als Calciumcarbonat besitzt, dürfte ein Fass ursprünglich um die 400 kg gewogen haben, denn durch den Kontakt mit Wasser wurde das Bei 160 Fässern kommt so ein Ladungsgewicht von 65 metrischen Tonnen zustande. Da noch weitere Fässer zu vermuten sind, ist die Kapazität entsprechend höher Anzusetzen. Das bedeutet, dass das Schiff wohl mindestens 70 t Ladung aufnehmen konnte, was ab dem späten 16. Jahrhundert 35 Lasten des Hanseraums entspricht. Damit dürfte das Wrack von der Stülper Huk unter den zeitgenössischen Fahrzeugen eine durchschnittliche Ladungskapazität aufgewiesen haben – beispielsweise liegen die mittleren Kapazitäten der Schiffe, die in Lübeck zwischen 1608-1620 gebaut wurden, bei 70-80 t, die der hansischen Schiffe, die im 16. Jahrhundert die Shetlandinseln erreichten, bei 80 t und die derjenigen, die nach Island fuhren, bei 120 t.[37]

Der Handel mit Kalk im Ostseeraum ist seit dem frühen 13. Jahrhundert belegt, als Kalksteine von Gotland in Städte der Hanse und in die Niederlande ausgeführt wurden.[38] Der erste Nachweis, der explizit Branntkalk erwähnt, stammt von 1460. In diesem Jahr werden Kalksteine und Branntkalk von Visby in zahlreiche Städte des Ostseeraums, Westfalens, der Rheinregion, der Niederlande und Englands geliefert.[39] Dass Branntkalk jedoch noch früher verhandelt wurde belegen zwei Schiffsfunde mit entsprechender Ladung. Das Skaftö-Wrack, in den 1430ern gebaut, und das 1390 auf Kiel gelegte Skjernøysund-Wrack 3.[40] Damit ist Handel mit Branntkalk schon für das ausgehende 14. Jahrhundert im Ostseeraum belegt und damit deutlich früher als angenommen, denn lange Zeit wurde davon ausgegangen, dass Branntkalk erst ab Mitte des 17. Jahrhunderts von Gotland ausgeführt wurde.[41] Zumindest scheint der Branntkalkexport ab dieser Zeit deutlich zuzunehmen.

Auch aus der Neuzeit lassen sich Schiffsfunde anführen, die im Zusammenhang mit dem Branntkalkhandel stehen. Ein um 1550 gebautes und 16 m langes Schiff, das vor der estnischen Insel Saaremaa gefunden wurde, wies eine doppelte Beplankung auf: innen Klinker und außen Kraweel. Da sich auf der Innenseite der inneren Beplankung Reste von verhärtetem Branntkalk fanden, wird die doppelte Beplankung als Bemühung verstanden, einen möglichst wasserdichten Rumpf für eine wasserempfindliche Ladung zu schaffen. Zudem spricht die bei diesem Fahrzeug besonders tiefe Bilge dafür.[42] Auch das in den 1740er

37 Olechnowitz (1960): 37; Hofmeister (2000): 40-44; Grassel (2018): 46f.

38 Ansorge (2005a): 129.

39 Munthe (1945): 115.

40 Arbin (2012); Arbin (2014); Auer/Maarleveld (2013): 25-27.

41 Sjöberg (1972): 52; Ansorge (2005a): 129f.; Eriksson (2010): 81.

42 Mäss (1994).

Jahren konstruierte Björns-Wrack, das im Stockholmer Schärengarten gefunden wurde, transportierte Branntkalk.[43]

Wie bereits angeklungen, war Gotland der wichtigste Lieferant für den Rohstoff Kalk, der hier als hellgrauer Korallenkalk ansteht. Ebenfalls weit verbreitet ist der graue und rote Orthocerenkalk von der Insel Öland. Zudem sind Exporte aus dem Baltikum, Finnland und Dänemark bekannt.[44] Eine Herkunft des Kalks aus den Fässern des Lübecker Hanseschiffs von den Ostseeinseln darf als wahrscheinlich gelten. Im Umkehrschluss muss angenommen werden, dass die Schiffsladung für Lübeck bestimmt war. Die hansischen Seestädte hatten einen immensen Bedarf an Branntkalk, der schon im Mittelalter nicht allein durch lokale Kalkvorkommen gedeckt werden konnte.[45]

Auf einigen erhaltenen Fassdeckeln konnten bereits Hausmarken identifiziert werden (Abb. 9). Sie bieten die Möglichkeit, Rückschlüsse auf den Produzenten oder Eigentümer der Ladung zu ziehen.[46]

Ob die Fässer beziehungsweise ihr sensibler Inhalt ursächlich für den Untergang des Schiffsfundes waren, lässt sich zum gegenwärtigen Zeitpunkt nicht entscheiden. Sollten die Fässer jedoch in Kontakt mit größeren Mengen eindringendem Wasser gekommen sein, hätten sie eine Kettenreaktion ausgelöst, die unweigerlich zum Untergang des Schiffes geführt hätte. Auf jeden Fall ist es auf den ersten Blick auffällig, dass ein Schiff so kurz vor dem Zielhafen und nach der erfolgreichen Überquerung des offenen Meeres in einem Binnengewässer havariert. Wird allerdings die Wrackstelle unter historisch-geographischen Gesichtspunkten betrachtet, wird offenbar, dass es sich bei diesem Abschnitt der Trave um einen äußerst kritischen Punkt handelte, der die Schiffer vor große Herausforderungen stellte. Im Gegensatz zur heutigen Situation, wo die Fahrrinne unmittelbar östlich der Stülper Huk vorbeiführt, sah die Situation vor der *Ersten Traven-Correction* 1850-1854 noch gänzlich anders aus.[47] Ein langer Sandhaken reichte von der Stülper Huk bis auf 100 m ans Mecklenburger Ufer her-

Abb. 9: Teile einer Hausmarke auf einem Fassdeckel (Foto: F. Rösch).

43 Eriksson (2010): 81f.

44 Ansorge (2005a): 129; Ansorge (2005b): 308.

45 Vgl. allg. Ansorge (2005b).

46 S. zus. Falk (2003), Rösch (2021): 88.

47 Seelhoff (1995): 56.

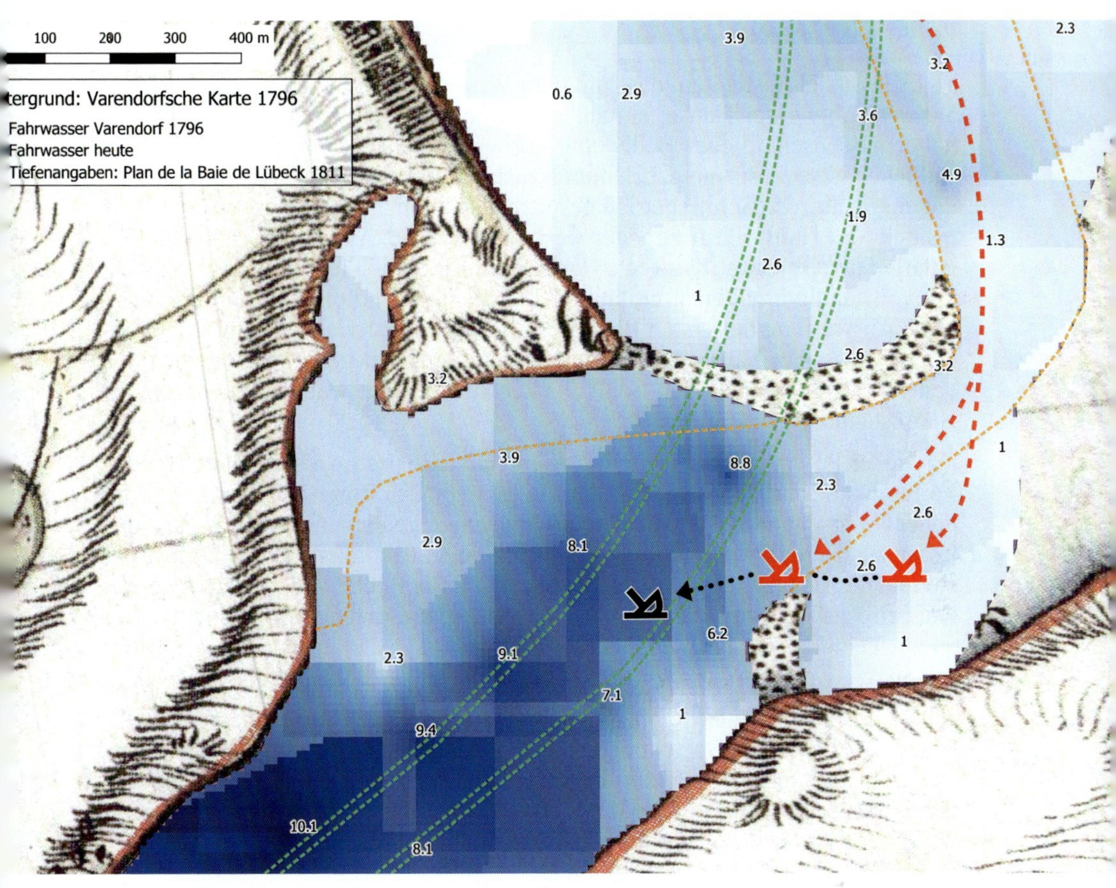

Abb. 10: Möglicher Verlauf der Havarie im Bereich der Stülper Huk. Von Norden kommend läuft das Hanseschiff beim Versuch den Stülper Haken zu umfahren auf einer Muschelbank oder dem Sandhaken Teschauer Ort auf Grund, schlägt leck und sinkt kurz darauf (Grafik: F. Rösch)

an[48]. Zusätzlich verengte sich die Fahrrinne, die hier gerade einmal 2,2-2,5 m tief war, auf 30 m. Unmittelbar nach Passieren der Engstelle musste das Schiff, das sich auf Kurs 170-180° befand, hart Steuerbord auf etwa 260° einschlagen, um nicht auf einer sich in der Teschauer Wiek befindlichen Muschelbank oder den Sandhaken Teschauer Ort aufzulaufen (Abb. 10). Das enge Fahrwasser, die Untiefen wie auch die erforderte abrupte Kursänderung dürften diese Stelle selbst für erfahrene Seeleute zu einer großen Herausforderung gemacht haben. Gut möglich, dass die Stülper Huk nur unter optimalen Wind- und Strömungsbedingungen oder getreidelt passiert werden konnte. Schon kleinste Fehler oder abweichende Bedingungen können zu folgenschweren Ereignissen geführt haben, sodass das eingangs beschriebene Havarieszenario des Hanseschiffs durchaus in dieser Form vonstattengegangen sein könnte.

48 Heute beträgt der Abstand ganze 500 m.

Fazit

Es lässt sich festhalten, dass mit dem Wrackfund in der Trave, einem Schiff aus dem Abend der Hanse, ein auf mehreren Gebieten bedeutender Fund von hoher wissenschaftlicher Bedeutung vorliegt. So macht einerseits der für die südliche Ostseeküste gute Erhaltungszustand und der Umstand, dass es sich um ein im aktiven Schiffsbetrieb gesunkenes und nicht abgewracktes Fahrzeug handelt, das Hanseschiff zu einer wertvollen Quelle. Anderseits ist es die Singularität des Objektes. Kraweele Handelsschiffe des 17. Jahrhunderts, erst recht mit vollständig erhaltener, umfangreicher Ladung, sind bisher kaum erforscht. Nach Auswertung der ersten Befunde spricht zunächst vieles für ein mittelgroßes, dreimastiges Fahrzeug, das in einer Zeit auf Kiel gelegt wurde, die stark von einer sich wandelnden Schiffsbautechnik geprägt war, die auch vor den Hansestädten nicht Halt machte.

Großes Potenzial liegt weiterhin in einer detaillierten Archivrecherche, denn Verlust von Schiff und Ladung unmittelbar vor den Toren der Stadt sind mit hoher Wahrscheinlichkeit nicht undokumentiert geblieben. Unter Umständen lassen sich so der Eigentümer des Schiffes, gegebenenfalls auch der Schiffsname und der Besitzer der Ladung ausmachen. Erste Recherchen lieferten bereits Hinweise auf eine ganze Reihe von Havarien im entsprechenden Gebiet, darunter auch eine 1680 gestrandete Galliot.[49]

Durch Verbindung der Quellen wird sich das Hanseschiff nicht nur in seinen zeithistorischen Kontext einbetten lassen, sondern auch in der Lage sein, ein ganzes Netzwerk von Beziehungen und Mechanismen am Abend der Hanse aufzudecken, das unser Verständnis dieser Epoche deutlich zu bereichern vermag.[50] Das wissenschaftliche Potenzial des ersten Lübecker Schiffswracks geht damit weit über technisch-konstruktive Aspekte des Schiffbaus hinaus.

---

49 Enzmann u.a. (2022): 23-30.

50 Vgl. Ewert/Sunder (2012); Burkhardt (2012); Eriksson (2013); Eriksson (2014).

Literaturverzeichnis

Adams (2003)
J. Adams, Ships, innovation and social change. Aspects of carvel shipbuilding in northern Europe 1450-1850 (Stockholm marine archaeology reports 3), Stockholm 2003.

Ahlström (1997)
C. Ahlström, Looking for leads. Shipwrecks of the past revealed by contemporary documents and the archaeological record (Suomalaisen Tiedeakatemian toimituksia 284), Helsinki 1997.

Ansorge (2005a)
J. Ansorge, Handel mit Natursteinen und mineralischen Rohstoffen, in: H. Jöns, F. Lüth und H. Schäfer (Hrsgg.), Archäologie unter dem Straßenpflaster. 15 Jahre Stadtkernarchäologie in Mecklenburg (Beiträge zur Ur- und Frühgeschichte Mecklenburg-Vorpommerns 39), Schwerin 2005, S. 129-134.

Ansorge (2005b)
J. Ansorge, Kalkbrennerei und Ziegelherstellung, in: H. Jöns, F. Lüth und H. Schäfer (Hrsgg.), Archäologie unter dem Straßenpflaster. 15 Jahre Stadtkernarchäologie in Mecklenburg (Beiträge zur Ur- und Frühgeschichte Mecklenburg-Vorpommerns 39), Schwerin 2005, S. 307-310.

Arbin (2012)
S. von Arbin, A 15th Century Bulk Carrier, Wrecked off Skaftö Western Sweden, in: N. Günsenin (Hrsg.), Between continents (ISBSA 12), Istanbul 2012, S. 67-74.

Arbin (2014)
S. von Arbin, Skaftövraket – ett senmedeltida handelsfartyg. Rapport över arkeologisk forskningsundersökning 2006 och 2008 samt redovisning av vårdinsatser 2009. Bohusläns museum Rapport Uddevalla 2014.

Auer (2004)
J. Auer, Fregatten Mynden. A 17th century Danish frigate found in northern Germany, in: The International Journal of Nautical Archaeology 33/2, 2004, S. 264-280.

Auer/Maarleveld (2013)
J. Auer and T. J. Maarleveld, Skjernøysund Wreck 3. Fieldwork Report 2011 (Esbjerg Maritime Archaeology Reports 5), Esbjerg 2013.

Auer/Schweitzer (2012)
J. Auer and H. Schweitzer, The wreck of Prinsessan Hedvig Sophia. The archaeology and history of a Swedish ship of the line during the Great northern War, in: Skyllis 12, 2012, S. 57-63.

Badewanne (2021)
Badewanne Tauchteam. „The Swan“ – 1636. Onlineeintrag vom 30.07.2021. http://badewanne.fi/?page_id=1129 (zuletzt abgerufen am 05.05.23).

Belasus (2014)
M. Belasus, Tradition und Wandel im neuzeitlichen Klinkerschiffbau der Ostsee am Beispiel der Schiffsfunde Poel 11 und Hiddensee 12 aus Mecklenburg-Vorpommern. Dissertation Universität Rostock, Rostock 2014.

Belasus (2019)
M. Belasus, The ships that headed north – an archaeological perspective, in: N. Mehler, M. Gardiner and E. Elvestad (Hrsgg.), German Trade in the North Atlantic c. 1400-1700. Interdisciplinary Perspectives (AmS Skrifter 27), Stavanger 2019, S. 175-186.

Bill (2003)
J. Bill, Schiffe als Transportmittel im nordeuropäischen Raum, in: Mitteilungen der deutschen Gesellschaft für Archäologie des Mittelalters und der Neuzeit 14, 2003, S. 9-19.

Bracker (1986)
J. Bracker, Ein Wrackfund aus der Elbe bei Wittenbergen, in: H. Stoob (Hrsg.), See- und Flusshäfen vom Hochmittelalter bis zur Industrialisierung (Städteforschung 24), Köln 1986, S. 229-260.

Burkhardt (2012)
M. Burkhardt, Kaufmannsnetzwerke und Handelskultur. Zur Verbindung von interpersonellen Beziehungsgeflechten und kaufmännischem Habitus im spätmittelalterlichen Ostseeraum, in: S. Kleingärtner und G. Zeilinger (Hrsgg.), Raumbildung durch Netzwerke? Der Ostseeraum zwischen Wikingerzeit und Spätmittelalter aus archäologischer und geschichtswissenschaftlicher Perspektive (Beihefte Zeitschrift für Archäologie des Mittelalters 23), Bonn 2012, S. 117-130.

Capelle (1981)
T. Capelle, Faß und Tonne. Ein Beitrag zu Wörter und Sachen, in: R. Schmidt-Wiegand (Hrsg.), Wörter und Sachen im Lichte der Bezeichnungsforschung, Berlin 1981, S. 52-57.

Cattrysse (2013)
A. Cattrysse, Deviations in Northern-European Carvel Ship-building. Masterarbeit University of Southern Denmark, Esbjerg 2013.

Cederlund (1982)
C. O. Cederlund (Hrsg.), Vraket vid Jutholmen. Fartygets byggnad (Projektet undervattensarkeologisk dokumentationsteknik 16), Stockholm 1982.

Daly (2007)
A. Daly, Timber, trade and tree-rings. A dendrochronological analysis of structural oak timber in Northern Europe, c. AD 1000 to c. AD 1650, Odense 2007.

Englert (1997)
A. Englert, Das neuzeitliche Wrack aus dem Hedwigenkoog, Kr. Dithmarschen (Universitätsforschungen zur prähistorischen Archäologie 41), Bonn 1997.

Enzmann u.a. (2022)
J. Enzmann, F. Jürgens und F. Wilkes, Ergebnisse der unterwasserarchäologischen und historischen Voruntersuchungen des Schiffswracks am Stülper Huk/Untertrave. Unpubl. Bericht Institut für Ur- und Frühgeschichte, Christian-Albrechts-Universität zu Kiel, Kiel 2022.

Eriksson (2010)
N. Eriksson, Between Clinker and Carvel. Aspects of hulls built with mixed planking in Scandinavia between 1550 and 1990, in: Archaeologia Baltica 14, 2010, S. 77-84.

Eriksson (2012)
N. Eriksson, The Lion Wreck. A survey of a 17th century Dutch merchant ship – an interim report, in: International Journal of Nautical Archaeology 41/1, 2012, S. 17-25.

Eriksson (2013)
N. Eriksson, Sailing, Sleeping and Eating on board 17th century ships. Tapping the Potential of Baltic Sea Shipwrecks with regard to the Archaeology of Space, in: J. Adams and J. Rönnby (Hrsgg.), Interpreting shipwrecks. Maritime archaeological approaches (Södertörn Academic Studies 56 / Southampton Archaeology Monographs New Series 4) Southampton 2013, S. 97-109.

Eriksson (2014)
N. Eriksson, Urbanism under sail. An archaeology of fluit ships in early modern everyday life (Södertörn Doctoral Dissertations 95/Södertörn Archaeological Studies 10), Södertörn 2014.

Eriksson/Rönnby (2012)
N. Eriksson and J. Rönnby, „The Ghost Ship". An intact Fluyt from c. 1650 in the Middle of the Baltic Sea, in: International Journal of Nautical Archaeology 41/2, 2012, S. 350-361.

Ewert/Sunder (2012)
U. C. Ewert and M. Sunder, Trading networks, monopoly and economic development in medieval Northern Europe, in: S. Kleingärtner und G. Zeilinger (Hrsgg.), Raumbildung durch Netzwerke? Der Ostseeraum zwischen Wikingerzeit und Spätmittelalter aus archäologischer und geschichtswissenschaftlicher Perspektive (Beihefte Zeitschrift für Archäologie des Mittelalters 23), Bonn 2012, S. 131-153.

Falk (2003)
A. Falk, Fässer mit Marken: Ein Beitrag zur Transport- und Handelsgeschichte, in: Mitteilungen der Deutschen Gesellschaft für Archäologie des Mittelalters und der Neuzeit 14, 2003, S. 45-49.

Förster (1999)
T. Förster, Das Mukranwrack. Ein ungewöhnlicher Schiffsfund aus dem 16. Jahrhundert, in: Nachrichtenblatt Arbeitskreis Unterwasserarchäologie 5, 1999, S. 12-21.

Friel (1995)
I. Friel, The good ship. Ships, shipbuilding and technology in England 1200-1520, London 1995.

Grassel (2018)
P. Grassel, Die späthansezeitliche Schifffahrt im Nordatlantik vom 15. Jahrhundert bis zum 17. Jahrhundert. Das maritim-archäologische Potenzial hansischer Handelsplätze auf den Shetland-Inseln, den Färöer-Inseln und Island anhand archäologischer und historischer Quellen (Unpubl. Dissertation Universität Kiel), Kiel 2018.

Heußner (2005)
K.-U. Heußner, Handel mit Holz, in: H. Jöns, F. Lüth und H. Schäfer (Hrsgg.), Archäologie unter dem Straßenpflaster. 15 Jahre Stadtkernarchäologie in Mecklenburg (Beiträge zur Ur- und Frühgeschichte Mecklenburg-Vorpommerns 39), Schwerin 2005, S. 125-128.

Hocker (1999)

F. M. Hocker, Technical and organizational development in European shipyards 1400-1600, in: J. Bill and B. L. Clausen (Hrsgg.), Maritime topography and the medieval town (Publications from the National Museum. Studies in archaeology & history 4), Copenhagen 1999, S. 21-32.

Hocker (2004)

F. M. Hocker, Bottom-based shilpbuilding in northwestern Europe, in: F. M. Hocker and C. A. Ward (Hrsgg.), The philosophy of shipbuilding. Conceptual approaches to the study of wooden ships, College Station 2004, S. 65-93.

Hofmeister (2000)

A. E. Hofmeister, Hansische Kaufleute auf Island im 15. und 16. Jahrhundert, in: Deutsch-Isländische Gesellschaft Bremerhaven/Bremen (Hrsg.), Kirche – Kaufmann – Kabeljau. 1000 Jahre Bremer Islandfahrt, Bremen 2000, S. 33-45.

Kühn (1999)

H. J. Kühn, Gestrandet bei Uelvesbüll. Wrackarchäologie in Nordfriesland, Husum 1999.

Lemée (2006)

C. P. P. Lemée, The renaissance shipwrecks from Christianshavn. An archaeological and architectural study of large carvel vessels in Danish waters, 1580-1640 (Ships and boats of the North 6), Roskilde 2006.

Lilienfeld-Toal (1982)

S. von Lilienfeld-Toal, Der Ausbau der Untertrave, in: Jahrbuch der Hafenbautechnischen Gesellschaft 38/1981, Berlin/Heidelberg/New York 1982, S. 49-70.

Lippert u.a. (2017)

H. Lippert, R. Weigelt, K. Glaser, R. Krauss, R. Bastrop and U. Karsten, Teredo navalis in the Baltic Sea. Larval dynamics of an invasive wood-boring bivalve at the edge of its distribution, in: Frontiers in Marine Science 4, 2017, S. 1-12.

Maarleveld (1992)

T. J. Maarleveld, Archaeology and early modern merchant ships. Building sequence and consequences: an introductory review, in: A. Carmiggelt (Hrsg.), A contribution to medieval archaeology. Teksten van lezingen gehouden tijdens het symposium ‘Handel, handelsplaatsen en handelswaar vanaf de Vroege Middeleeuwen in de Lage Landen‘ te Rotterdam (Rotterdam Papers VII), Rotterdam 1992, S. 15-173.

Maarleveld (2013)

T. J. Maarleveld, Early Modern Merchant Ships, Nicolas Witsen and a Dutch-Flush Index, in: International Journal of Nautical Archaeology 42, 2013, S. 348-357.

Mäss (1994)

V. Mäss, A Unique 16th century Estonian Ship Find, in: C. Westerdahl (Hrsg.), Crossroads in ancient shipbuilding (ISBSA 6), Oxford 1994, S. 189-194.

Możejko (2020)

B. Możejko, Peter von Danzig. The story of a great caravel, 1462-1475 (The northern world 86), Leiden/Boston 2020.

Munthe (1945)
H. Munthe, Om kalkindustrien på Gotland (Med hammare och fackla 13), Stockholm 1945.

Olechnowitz (1960)
K.-F. Olechnowitz, Der Schiffbau der hansischen Spätzeit. Eine Untersuchung zur Sozial- und Wirtschaftsgeschichte der Hanse (Abhandlungen zur Handels- und Sozialgeschichte 3), Weimar 1960.

Olechnowitz (1965)
K.-F. Olechnowitz, Handel und Seeschiffahrt der späten Hanse (Abhandlungen zur Handels- und Sozialgeschichte 6), Weimar 1965.

Ossowski (2014)
W. Ossowski, The Copper Ship's cargo. Ładunek Miedziowca, in: W. Ossowski (Hrsg.), The Copper Ship. A medieval shipwreck and its cargo. Miedziowiec. Wrak średniowiecznego statku i jego ładunek (Archaeological research of the Polish Maritime Museum 2), Gdańsk 2014, S. 241-300.

Probst (1994)
N. M. Probst, The introduction of flushed-planked skin in Northern Europe – and the Elsinore wreck, in: C. Westerdahl (Hrsg.), Crossroads in ancient shipbuilding (ISBSA 6), Oxford 1994, S. 143-152.

Rösch (2021)
F. Rösch, The technology of medieval maritime trade. An archaeological perspective on northern Germany and beyond, in: L. Rahmstorf, G. Barjamovic und N. Ialongo (Hrsgg.), Merchants, Measures and Money. Understanding Technologies of Early Trade in a Comparative Perspective (Weight & Value 2), Kiel/Hamburg 2021, S. 69-98.

Rösch (2023)
F. Rösch, Hanseschiff aufgetaucht! Lübecks erstes Schiffswrack, in: D. Rieger (Hrsg.), Vom Ende her denken. Beiträge zur Archäologie im Hanseraum und darüber hinaus. Festschrift für Manfred Schneider, Lübeck 2023, S. 247-262.

Seelhoff (1995)
I. Seelhoff, 850 Jahre Geschichte Lübecks – 850 Jahre Geschichte einer Hafenstadt (Lübeck plant und baut 58), Lübeck 1995.

Sjöberg (1972)
Å. G. Sjöberg, Den gotländska kalkbränningens genombrott – gamla synpunkter och nya, in: Gotländskt arkiv 44, 1972, S. 39-54.

Springmann (1997)
M.-J. Springmann, Ein Wrack des 16. Jahrhunderts bei Mukran, Rügen, in: Deutsches Schiffahrtsarchiv 20, 1997, S. 459-486.

Springmann (1998)
M.-J. Springmann, The Mukran wreck, sunk off the Isle of Rügen, Germany in 1565. A preliminary report, in: The International Journal of Nautical Archaeology 27/2, 1998, S. 113-125.

Stanek (2011)

A. Stanek, The Wittenbergen wreck: an example of flush-planked ship construction in northern Europe. Masterarbeit University of Southern Denmark, Esbjerg 2011.

Unger (1978)

R. W. Unger, Dutch Shipbuilding before 1800. Aspects of economic history (The Low Countries 2), Assen 1978.

Unger (1994)

R. W. Unger, The Fluit: Specialist Cargo Vessels 1500 to 1650, in: R. Gardiner (Hrsg.), Cogs, caravels and galleons. The sailing ship 1000-1650, London 1994, S. 115-130.

Zwick (2021)

D. Zwick, Archäologie in der Tidenzone. Die neuen Wrackfunde aus dem nordfriesischen Wattenmeer, in: F. Huber (Hrsg.), Zeitreisen unter Wasser. Spektakuläre Entdeckungen zwischen Ostsee und Bodensee, Darmstadt 2021, S. 130-143.

Zwick/Klooß (2017)

D. Zwick und S. Klooß, Das frühneuzeitliche Schiffswrack von Hörnum Odde, Sylt, in: Skyllis 17, 2017, S. 204-216.

Anschrift des Autors:
Dr. Felix Rösch
Bereich Archäologie und Denkmalpflege der Hansestadt Lübeck,
Abt. Archäologie
Meesenring 8
23566 Lübeck
E-Mail: felix.roesch@luebeck.de

Jahresbericht der Abteilung Denkmalpflege der Hansestadt Lübeck 2022/23

Amtschronik

Für den Zeitraum der Jahre 2022 und 2023 kann über verschiedenste personelle Veränderungen in der Abt. Denkmalpflege und im Bereich Archäologie und Denkmalpflege berichtet werden. Mit den Änderungen in den Jahren 2021 und 2022 fand zugleich ein Wandel und Generationswechsel statt, der die Abt. Denkmalpflege und den Bereich zukunftsorientiert an ihre Aufgaben in der Hansestadt Lübeck anpasst. Bereits im vergangenen Jahr konnten wir dabei über einige personelle Neuerungen berichten, die sich in 2022 und Anfang 2023 vorsetzten. Mit der Verabschiedung in den wohlverdienten Ruhestand von Frau Dr. Hunecke wurde diese Stelle mit Frau Lutter neu besetzt. Sie betreut seit Anfang 2023 die kirchliche Denkmalpflege und verstärkt die Inventarisation mit dem Schwerpunkt auf mittelalterliche Gebäudestrukturen zusammen mit Frau Dr. Seemann, die seitdem vor allem den Denkmalobjektbestand in den Vorstädten erfasst. So soll eine umfänglichere Qualifizierung des Denkmalbestandes erfolgen. Eine weitere Verstärkung in der Erfassung und Kenntnis des lübischen Denkmalbestandes wird 2024 durch eine neu geschaffene Bauforschungsstelle erfolgen.

Zusammen mit Frau Dr. Hunecke wurde unsere langjährige Verwaltungskraft Frau Schlösser ebenfalls in den wohlverdienten Ruhestand verabschiedet, ihre Stelle anschließend umstrukturiert und das Aufgabenspektrum erweitert. In diesen Funktionen ist seit Frühjahr 2023 Frau Lunks im Vorzimmer der Abteilung tätig. Bereits zuvor in 2022 war nach längerer Vakanz die Stelle der Abteilungsleitung für Verwaltungsaufgaben des Bereichs – ehemals von Herrn Anderl geführt – mit Frau Feßel neu besetzt worden. Abschließend kann von einer stadtinternen Umstrukturierung berichtet werden, dank derer eine weitere Stelle in der Verwaltung eingerichtet worden ist. Auf dieser arbeitet seit kurzem Frau Scholz, sie ist für die Pflege der internen Bibliothek und die Vertretung im Vorzimmer zuständig. Mit einem nun verjüngten und vergrößerten Team der Abteilung blicken wir hoffnungsvoll auf die anstehenden Aufgaben.

Publikationen, Teilnahme an Wettbewerben und Vorträgen:

Frau Marianne Lutter:

- Teilnahme an der 70. und 71. Sitzung des Welterbe- und Gestaltungsbeirates der Hansestadt Lübeck
- Digitale Teilnahme an der Veranstaltung „Energiewende. Innovative Lösungen für historische Gebäude"
- Teilnahme am Baufachgespräch des Landeskirchenamtes der Nordkirche zum Thema „Nachhaltigkeit und Klimaschutz" in Flensburg
- Digitale Teilnahme an der Veranstaltung „Anpassungsstrategien für Denkmale im Klimawandel" von ICOMOS Deutschland, Kompetenzzentrum für Denkmaltechnologien der Universität Bamberg in Kooperation mit dem Deutschen

Nationalkomitee für Denkmalschutz, der Vereinigung der Denkmalfachämter in den Ländern und der Deutschen Bundesstiftung Umwelt
- Teilnahme an einer gemeinsamen Dienstbesprechung mit den Unteren Denkmalbehörden Schleswig-Holsteins, veranstaltet durch das Landesamt für Denkmalpflege Schleswig-Holstein
- Impulsvortrag zum Fredenhagen-Altar im Rahmen des 4. wissenschaftlichen Fachbeirates St. Marien zu Lübeck (Projekt Innenraumsanierung und Orgeln)

Frau Ulrike Köhn:
- Teilnahme an den Treffen der Vereinigung der Denkmalfachämter in den Ländern/Arbeitsgruppe Industrie und Technik
- Digitale Teilnahme an der Veranstaltung „Energiewende. Innovative Lösungen für historische Gebäude"
- Teilnahme am Treffen der UDB zum Thema Solarenergiegewinnung am Denkmal, Kiel
- Besuch der Denkmalmesse 2022, Leipzig
- Teilnahme an der Tagung „Das Projekt Heritage. Conservation Center Ruhr – Innovative Impulse und Einblicke in die Erhaltung von Industriekultur. Potentiale der Interaktion von Geschichtswissenschaft und Konservierungstechnik, Zeche Zollverein Essen
- Teilnahme an der Tagung Denkwerkstatt 2023 – Hochmoderne ertüchtigen, TU Braunschweig

Frau Dr. Eva Seemann:
- Teilnahme an den Treffen der Vereinigung der Denkmalfachämter in den Ländern/Arbeitsgruppe Inventarisation

Herr Gisbert Knipscheer:
- Teilnahme an den Sitzungen der Arbeitsgruppe „Grundsatzfragen der praktischen Denkmalpflege" der Vereinigung der Denkmalfachämter in den Ländern

Herr Christoph Wojtkiewicz:
- Teilnahme am parlamentarischen Abend der AG Historische Städte in Berlin
- Teilnahme an den Sitzungen der AG Historische Städte
- Teilnahme an der Tagung der Vereinigung der Denkmalfachämter in den Ländern/Dendrochronologie in der Denkmalpflege
- Teilnahme an der 70. und 71. Sitzung des Welterbe- und Gestaltungsbeirates der Hansestadt Lübeck

Dendrochronologie

Nach längeren Verhandlungen ist es dem Bereich Archäologie und Denkmalpflege gelungen, das dendrochronologische Labor für den norddeutschen Raum an der Materialprüfanstalt der Technischen Hochschule Lübecks zu verorten.

Denkmalschutz

Im Jahr 2022 und 2023 (Stand Juni 2023) wurden insgesamt 86 Objekte auf ihre Denkmalwertigkeit untersucht, davon sind 40 Objekte in die Liste der Kulturdenkmale der HL eingetragen worden. Aktuell umfasst der Denkmalbestand der Hansestadt Lübeck damit 1921 Kulturdenkmale von insgesamt 2231 zu betreuenden Einzelobjekten, die in Gebäudegruppen als Denkmale mit besonderem Wert ausgewiesen wurden.

Einige Eintragungsbeispiele:

Heynaths Gang, Haus 2, Erweiterung der 1930er Jahre mit Schuppen-Anbau

Das Haus Nr. 2 ist Bestandteil der westlichen, in Nord-Süd-Richtung verlaufenden Bebauung des Heynaths Gangs (Hartengrube 44), der nachweislich seit 1581 besteht. Im Zuge der sog. „Altstadtsanierung“ im Jahr 1937 wurde der Block 1 – der Bereich zwischen Dankwartsgrube, Hartengrube, Lichter Querstraße und Obertrave – zur Schaffung licht- und luftreicheren Wohnraums überformt und planmäßig umgestaltet. Um eine einheitliche Gestaltung des neu gewonnenen Freiraums und der nun rahmenden rückwärtigen Bebauung zu erreichen, wurden Neubauten errichtet, bestehende Gebäude überformt und ergänzt sowie die Buden 3-9 abgebrochen. An der Westseite sind nur die Häuser 1 und 2 – anschließend an einen historischen Flügelbau (Haus 1a, abgeteilt und verputzt) hinter dem 1903/04 errichteten Mietwohnhaus Hartengrube 46 – und die Häuser Nr. 10 und 11 auf der Ostseite erhalten. Das Ganghaus Nr. 2 ist demnach ein bauliches Dokument der ersten Gangbebauung an dieser Stelle und von besonderem städtebaulichem Wert. Der Schuppenanbau entstand nach der Freistellung der Nordfassade des Ganghauses Nr. 2. Durch seine Kubatur gliedert er die Wandfläche und unterstützt die raumwirkende Funktion der Seitenwand des Gebäudes. Zusammen mit dem benachbarten Gebäude Kalands Gang 9 ergibt sich eine Raumkante zum anschließenden Platz. Aufgrund seiner bewusst strukturgebenden und raumbildenden Funktion trägt der Schuppenanbau zum besonderen städtebaulichen Wert des Gebäudes bei (Abb. 1).

Abb. 1: Heynaths Gang, Haus 2, Erweiterung 1930er-Jahre mit Schuppen-Anbau (Foto: HL Abteilung Denkmalpflege)

Fischstr. 2-6

Die Fischstraße befindet sich unweit der Marienkirche im einstigen Kaufmannsviertel. Nach den Zerstörungen im Zweiten Weltkrieg wurde das Gebiet zwischen Marienkirche und Untertrave neu bebaut. Nach einem ersten Bebauungsvorschlag des Architekten Bruno Schnoor von 1955 sollte auf dem Eckgrundstück Fischstraße/Schüsselbuden ein zweigeschossiges Lichtspieltheater entstehen. Da dieser Entwurf jedoch zu stark vom Durchführungsplan XIII für das Kaufmannsviertel abwich, kam die Ausführung nicht zustande. Das heutige Büro- und Geschäftshaus für die renommierte und in Lübeck gegründete National-Versicherung, die Ende der 1960er Jahre mit anderen Versicherungen zur Colonia fusionierte, wurde ab 1957 nach Plänen des Lübecker Architekten K. A. Müller-Scherz errichtet. Der klar gegliederte und kubische Bau mit freigestelltem Giebelfeld ist ein herausragendes Beispiel der Architektur der Wiederaufbauphase in den 1950er Jahren, die sich zwischen Traditionalismus und Moderne bewegte und durch die Rückbesinnung auf das Neue Bauen der 1920er Jahre und Einflüsse aus Europa und den USA geprägt war. In der Lübecker Innenstadt sind in erster Linie Blöcke der westlichen Innenstadt durch die Nachkriegsarchitektur gekennzeichnet, die in direkter Nachbarschaft zu den erhaltenen Vorkriegsbauten und durch den Verzicht auf historische Fensterteilungen, Erker oder andere tradierte Details besonders schlicht und funktional wirkt. Als besonders charakteristisch ausgeprägtes Beispiel für die Architektur des Wiederaufbaus in der Lübecker Innenstadt ist das raumbildprägende Gebäude in Bezug auf Konzeption und Gestaltung von besonderem geschichtlichem Wert.

Zur Gestaltung der Fassaden griff man auf eine Vielzahl hochwertiger Materialien zurück, die durch kreative Kombinationen die Experimentierfreude der Wiederaufbauphase veranschaulichen. Durch die Verwendung des Rasters und des freigestellten Giebelfeldes mit rautenförmigen Betonstreben ergab sich eine plastische Fassade mit schlanken Proportionen, die dem Gebäude Leichtigkeit verleiht. Insbesondere der Kontrast zwischen den hellen Marmorstreifen, die das Raster darstellen, und dem dunklen Schiefer als Füllung gibt dem sonst schlichten Baukörper eine elegante Gestaltung. Die Fassade, die als Hauptsitz einer Versicherung repräsentative Bedeutung hatte, die charakteristische aufgelöste Erdgeschosszone sowie das geschwungene Treppenhaus im Inneren sind nur wenige Aspekte, die zum besonderen künstlerischen Wert des Büro- und Geschäftshauses beitragen (Abb. 2).

Abb. 2: Fischstr. 2-6, Straßenansicht (Foto: HL Abteilung Denkmalpflege)

Plönniesstr. 4

Die 1909 angelegte und nach dem Lübecker Bürgermeister Hermann Plönnies († 1533) benannte Straße verbindet den St.-Jürgen-Ring mit der Kronsforder Allee. Sie ist beidseitig von zweigeschossigen Wohnhäusern in offener Bauweise auf großen Gartengrundstücken eingefasst, die überwiegend aus der Zeit zwischen den Weltkriegen stammen. Die ältesten Villen und Zweifamilienhäuser stehen am Beginn nahe dem St.-Jürgen-Ring und wurden in den frühen 1920er Jahren errichtet; 1936/37 kamen neben Einzelhäusern auch Mehrfamilienhäuser in Doppelhausform zur Ausführung. Das Gebäude Plönniesstraße 4 wurde als eines der frühen freistehenden Einfamilienhäuser in dieser Vorstadtstraße errichtet. Die beiden benachbarten Gebäude wurden ebenfalls von Schöss & Redelstorff (Nr. 2 und Nr. 4) bzw. Julius Schöss (Nr. 6) geplant.

Das Gebäude ist ein charakteristisches Beispiel für die Heimatschutzarchitektur des frühen 20. Jahrhunderts. Diese ist als Reformstil zu verstehen und die Architekten jener Zeit strebten auf dem Weg zu einer neuen Moderne die Überwindung von Historismus und Jugendstil an. Kennzeichen der Heimatschutzarchitektur sind die Rückbesinnung auf regionale Materialien zur Förderung des Handwerks und die Einpassung der Architektur in die umgebende Landschaft. Das ganzheitlich entworfene und in Backstein errichtete Gebäude überliefert zudem die historische Raumaufteilung und zahlreiche typische Ausstattungselemente, wie beispielsweise Einbauschränke, hölzerne Klappläden und Alkoven. Zusammen mit der Laube inmitten der großzügigen Gartenanlage ist das Wohngebäude damit von besonderem (architektur-)geschichtlichem Wert. Als gut überliefertes Beispiel für die Wohn- und Lebenskultur des gehobenen Bürgertums in der Lübecker Vorstadt St. Jürgen in der Zeit der Reformbewegung des frühen 20. Jahrhunderts ist das Gebäude von besonderem (sozial-)geschichtlichem Wert.

Sachgesamtheit Obstgut Semiramis

Lübeck blickt auf eine lange Obst- und Gartenbautradition zurück. Bereits im 13. Jahrhundert ist der Berufsstand des Gärtners in Lübeck nachweisbar. Sie bewohnten meist kleine Häuser in der Innenstadt und pachteten vor den Stadttoren große Flächen zum Anbau von Nutzpflanzen. Für das Jahr 1280 sind im Kämmereibuch insgesamt 33 verpachtete Gärten verzeichnet. Da die Bevölkerung stetig anwuchs und man zudem die Stadt durch Feuerwaffen verteidigen musste, was wiederum die Entstehung der schützenden Verteidigungsanlagen in Form von Wällen und Bastionen erforderte, wurden die Gärtner umgesiedelt und deren Flächen verlegt. Für das Jahr 1829 sind in Lübeck über 200 Gärtnereien und konzessionierte Apfelhöker belegt, vor den Stadttoren weitere 204 Betriebe, die für den nordeuropäischen Raum Obst und Nutzpflanzen züchteten. Die Obst- und Gemüsebauern, zu denen auch die Hopfengärtner für die Lübecker Bierproduktion zählten, sorgten mit ihren Erzeugnissen für die Bereitstellung von Grundnahrungsmitteln und Fastenspeisen. Neben Dörrfisch und Lübecker Marzipan war auch das Obst fester Bestandteil der Lübecker Märkte. Mitte des 19. Jahrhunderts galt Lübeck, das durch seine günstige Lage über gute Kontakte nach Russland und ins Inland verfügte, als Obst-Metropole und Vorreiterin für die später entstandenen Obstbaumschulen im Alten Land um Hamburg. Im späten 19. Jahrhundert war der Anbau von Hopfen und später von Samen am beliebtesten. Im weiteren Verlauf begannen die einzelnen Betriebe sich auf wenige Erzeugnisse zu spezialisieren, womit die Entstehung des modernen Erwerbsgartenbaubetriebes eingeleitet wurde. Durch die neu erworbenen Erkenntnisse im Bereich der Ernährungslehre sowie der Entstehung von Konservenfabriken wurde der gesamte Absatzmarkt mit der Zeit vergrößert. Aus ganz Deutschland reisten bis ins 20. Jahrhundert Pomologen in die Hansestadt, um neue Sorten zu studieren. Einige der Obstgüter, Baumschulen, Streuobstwiesen und Obstalleen fielen der vermehrten Bautätigkeit nach den Kriegen zum Opfer, da die Einwohnerzahl stark anstieg und neuer Wohnraum benötigt wurde.

Die Anfänge des letzten bestehenden Obstgutes Semiramis gehen bis ins Jahr 1661 zurück. Die für ihre Produkte bekannte Familie Vollert war seit dem 17. Jahrhundert Eigentümerin mehrerer Betriebe, unter anderem auch jenes Obstgutes. Seine Blütezeit hatte es im frühen 20. Jahrhundert unter der Leitung Rudolf Vollerts. Zu jener Zeit gab es dort eine ganzjährig beheizte Schauhalle, die weithin bekannt war und 1907 vom Deutschen Pomologen-Verein besichtigt wurde.

Abgesehen von jener Schauhalle sind die baulichen Anlagen weitestgehend erhalten und vermitteln in ihrer Gesamtheit einen anschaulichen Eindruck eines solchen Betriebes. Insbesondere die Nebengebäude – mitsamt den baulichen Veränderungen – lassen Rückschlüsse auf die Betriebsabläufe und historische Vorratshaltung zu. Als letztes Obstgut im Lübecker Stadtgebiet hat die Anlage zudem Seltenheitswert. Sie ist als gut überliefertes Dokument der Geschichte und langen Tradition des Obst- und Gartenbaues in Lübeck von Kulturlandschaft prägendem Wert sowie von besonderem geschichtlichem und wissenschaftlichem Wert (Abb. 3).

Abb. 3: Luftbild Obstgut Semiramis (Foto: HL Abteilung Denkmalpflege)

Mehrheit baulicher Anlagen Trappenstraße

Zwischen 1919 und 1933 wurden in Deutschland fast drei Millionen Wohnungen errichtet. Die Siedlungen der Weimarer Republik entstanden als Antwort auf die Wohnungsnot vor dem Ausbruch des Ersten Weltkrieges unter dem Einfluss sozialer Befreiungsstrategien und dem Motto Sozialreform statt Sozialrevolution. Getragen wurde dieses Vorhaben durch gemeinnützige Wohnungsunternehmen, die es sich zum Ziel machten, Verbesserungen in Bereichen wie Sozialhygiene, Gesundheitspolitik und Wohnkultur zu erreichen. Errichtet werden sollten die Siedlungen der 1920er Jahre für die einkommensschwache Bevölkerungsschicht; aufgrund der hohen Mieten kamen die Neubauten jedoch in erster Linie dem Mittelstand zugute. Für die Gestaltung der Gebäude waren bis 1918 die Bauunternehmer selbst verantwortlich, wofür sie Vorlagen aus Musterbüchern heranziehen konnten. Zu Beginn der 1920er Jahre wurden die Siedlungen in Gänze durch Architekten – wie beispielsweise die Hufeisensiedlung von Bruno Taut in Berlin oder die Weißenhofsiedlung in Stuttgart – gestaltet. Wurden bei der Konzeption der Siedlungen zunächst vor allem soziale Aspekte berücksichtigt, wichen diese Ende der 1920er Jahre zunehmend zweckorientierten Zielen. In Deutschland werden bei jenen Siedlungen der 1920er Jahre, die von der funktionalistischen Gestaltungsweise abweichen, regional typische Merkmale sichtbar. So wurde eine expressionistische Formensprache, die sich um 1919 entwickelte, primär im Norden und Nordwesten der Republik ausgeführt. Gekennzeichnet ist diese durch dekorative Fassaden mit der Betonung der Vertikalen, spitzwinklig vorstehenden Gliederungselementen, Spitzbögen und kleinteiligen Sprossenfenstern sowie Kanten und Winkeln. Die Siedlung im Lübecker Stadtteil St. Lorenz Nord weist durch die Formensprache insbesondere der straßenseitigen Fassade eine qualitätvolle expressionistische Gestaltung auf. Der Regionalbezug wird durch die Verwendung des Backsteins deutlich. Aufgrund der großen Ästhetik ist diese Siedlung von besonderem künstlerischem Wert. Beim Bau der Siedlung ging die gestalterische Qualität mit dem sozialreformerischen Interesse kommunaler und staatlicher Instanzen einher. Sie können entsprechend als geglücktes Zusammenspiel von verantwortungsbewusstem staatlichem Handeln und kulturpolitisch motiviertem künstlerischem Erbe bezeichnet werden. Das Errichten zahlreicher Wohnungen in kurzer Zeit war die einzige Möglichkeit, dem fehlenden Wohnraum entgegenzuwirken. Die Siedlung Trappenstraße ist als Dokument der erfolgreichen Bewältigung dieser Herausforderung durch die staatliche Wohnungspolitik von besonderem (sozial-)geschichtlichem Wert (Abb. 4).

Abb. 4: Blockbebauung Trappenstraße (Foto: HL Abteilung Denkmalpflege)

Kirchliche Denkmalpflege

Der Dom zu Lübeck ist Teil der international bekannten „Sieben-Türme“-Silhouette der Stadt, die einen ausgewiesenen, geschützten Teil des UNESCO-Weltkulturerbes „Lübecker Altstadt“ ausmacht – er begeht in diesem Jahr seinen 850. Geburtstag. Mit dem Wiederaufbau nach den Beschädigungen im Zweiten Weltkrieg entwickelte sich der Dom zu einer bis heute sehr aktiven Gemeindekirche mit neuer, denkmalwerter Innengestaltung der Nachkriegszeit und stellt ein vielbeachtetes Beispiel im Umgang mit großen Kirchenräumen sowohl im Hinblick auf deren Erhaltung als auch bezüglich angepasster moderner Nutzungen für liturgische und profane Veranstaltungen dar.

Durch die Einwirkungen des Zweiten Weltkrieges stark beschädigt, sind in den zurückliegenden Jahrzehnten kontinuierlich erhaltende und restauratorische Baumaßnahmen durchgeführt worden.

Aufgrund der aktuell festgestellten Schäden am Mauerwerk der Türme, die teilweise in der Materialität des Gebäudes selbst begründet, teilweise als „Erbe“ der zerstörerischen Wirkung der Bombardierungen Lübecks 1942 und teilweise als normale Alterungsprozesse einzustufen sind, befürwortet die Denkmalfachbehörde vollumfänglich die nun in Planung stehenden Turmsanierungsmaßnahmen.

Die mit großer Sorgfalt und Sachverstand angefertigten Maßnahmenbeschreibungen, Beprobungs- sowie statische und bauhistorische Untersuchungsergebnisse der beauftragten Fachleute liegen der Denkmalbehörde vor. Bei der Umsetzung der Maßnahmen setzt die Abt. Denkmalpflege des Bereichs Archäologie und Denkmalpflege der Hansestadt Lübeck auf die Praxis der bisherigen guten Zusammenarbeit mit allen Beteiligten.

Die Finanzierung der unaufschiebbaren Sanierungsmaßnahme ist nach aktuellem Kenntnisstand noch nicht abschließend gesichert. Die Gemeinde ist weiter auf der Suche nach geeigneten Fördermöglichkeiten (Abb. 5).

Die Innenraumsanierung der *Ev.-Luth. Kirche St. Johannes in Kücknitz*, einer Backsteinkirche aus dem Jahr 1910 nach Entwurf des Architekten Carl Mühlenpfordt mit Umbauphasen in den 1950er Jahren, wurde bereits im Jahresbericht 2021/22 geschildert.

Was ursprünglich mit einer Anfrage der Gemeinde zur Erneuerung der Auslegeware im Innenraum begann, gipfelte 2016 in einen Wettbewerb zur Neugestaltung des Kirchenraumes unter Hinzufügung neuer Prinzipalien. Im Rahmen des Wettbewerbs durchgeführte restauratorische Befunderhebungen brachten Fragmente eines bauzeitlichen Gestaltungskonzeptes zum Vorschein, das sich an der Decke des Kirchenschiffes sowie auf den Stützen der Emporen nachweisen ließ.

Abb. 5: Dom zu Lübeck, Turm mit Geburtstagsschleife (Foto: HL Abteilung Denkmalpflege)

Aus Sicht der Lübecker Denkmalpflege ist diese Raumgestaltung aus dem beginnenden 20. Jahrhundert ein wertvolles Dokument für die kunsthistorische und regionalgeschichtliche Forschung, da sie Rückschlüsse auf die Entwicklung architektonischer und städtebaulicher Ansätze der sogenannten Heimatschutz- bzw. Reformarchitektur, die, abseits der programmatischen „Bauhaus“-Kunst und -Architektur dieser Zeit entstand, ermöglichen könnte.

Die Denkmalbehörde der Hansestadt Lübeck wertschätzt die intensive Auseinandersetzung der Kirchengemeinde mit dem geschichtlichen Hintergrund des Gebäudes und begrüßt ausdrücklich die Planung zur Neugestaltung des Innenraums in der durch einen Wettbewerb entschiedenen Weise als eine Form des Weiterbauens am Denkmal in zeitgemäßer Form, mit Rücksichtnahme auf den historischen Bestand und in erkennbar dem Denkmal angemessener Weise.

Die Abteilung Denkmalpflege sieht dem Fortgang der seit Mai/Juni 2023 laufenden Maßnahme mit Spannung entgegen und freut sich auf die weiteren Abstimmungen im Prozess.

Im Rahmen der anstehenden Innenraumsanierung in *St. Marien* – die Instandsetzungsarbeiten an und in der Briefkapelle haben bereits begonnen – stellt sich mit dem notwendigen Austausch der defekten Heizungsanlage unter anderem die Frage nach der künftigen Art der Wärme- und Energiegewinnung für die Kirche. Hierbei wird im laufenden Prozess auch das Thema um die Verwendung erneuerbarer Energien diskutiert, deren Einsatz die Lübecker Denkmalpflege grundsätzlich begrüßt. Dies setzt jedoch voraus, dass die entsprechende Technik nur unter Wahrung der denkmalfachlichen sowie der Belange in Zusammenhang mit dem UNESCO-Weltkulturerbe „Lübecker Altstadt“ eingesetzt wird. Ein langfristig tragfähiges Konzept sowie die Berücksichtigung und Prüfung aller relevanter Heizungs- und Energievarianten werden hierbei für die späteren Abwägungsprozesse seitens der Denkmalpflege gefordert.

Die Lübecker Denkmalpflege nimmt – ebenfalls in Zusammenhang mit der geplanten Innenraumsanierung St. Marien – mit Wohlwollen wahr, dass sich die Gemeinde erneut mit dem Thema der Wiederaufstellung des Fredenhagen-Altars beschäftigt, der im Zuge der Nachkriegsumgestaltung von St. Marien zum Bischofssitz im Jahre 1959 abgebaut worden war und dessen einzelne Werkstücke heute an verschiedenen Stellen in der Marienkirche lagern (das Skulpturenprogramm wurde sukzessive restauriert und ist seither im Chorumgang aufgestellt). Der ehemalige Hochaltar wurde in den Werkstätten des Antwerpener Künstlers Thomas Quellinus 1696/97 gefertigt und gilt als Kunstwerk von europäischem Rang, das die Altarkunst des Barock im norddeutschen Raum wesentlich beeinflusste. Der Stifter des Altars war Thomas Fredenhagen (1627-1709), seinerzeit angesehener Ratsherr und Vorsteher der Gemeinde St. Marien. Seine Stiftung war verbunden mit der Auflage, seine Grablege unter dem Hochaltar einzurichten – bis dato ein Novum in einer nachreformatorischen Kirche. Bis heute sind die Grablege, der Fußbodenaufbau und Teile der Mensa im Hochchor unterhalb der erhöhten Stufenanlage in situ erhalten. Die Stufenanlage gehört zur Nachkriegsgestaltung des Hochchores aus den 1950er Jahren von Prof. Denis Boniver, ist aber ihrerseits heute nur noch fragmentarisch erhalten.

Abb. 6: St. Marien zu Lübeck, Fredenhagen-Altar, hist. Aufnahme (Foto: HL Abteilung Denkmalpflege)

Die Diskussionen zum Abbau und in der Nachfolge zum Wiederaufbau des Altars werden seit den 1950er Jahren intensiv von allen Beteiligten geführt – zusammengefasst unter anderem 1995 vom damaligen Landeskonservator Schleswig-Holsteins Johannes Habich in seinem Artikel „Ist der Wiederaufbau der Lübecker Marienkirche abgeschlossen?“, abgedruckt in den Lübeckischen Blättern.

Der Altar ist eines der wenigen originalen Ausstattungsstücke von St. Marien, welches die Kriegseinwirkungen Palmarum 1942 zum Großteil unbeschadet überstanden hat. Die Denkmalpflegebehörde der Hansestadt Lübeck setzt sich, auch mehr als eine Generation später, für den Wiederaufbau des Altars an seinem Ursprungsort im Hochchor von St. Marien ein, unter Einbeziehung in ein Gesamtkonzept für den Innenraum. Hierfür wird eine umfassende Bestandsanalyse der einzeln gelagerten Werkstücke des Altars notwendig sein, die seit 1959 schon mehrfach ihren Standort gewechselt haben (Abb. 6 und 7).

Abb. 7: St. Marien zu Lübeck, Chor mit Umgestaltung der 1950er Jahre (Foto: HL Abteilung Denkmalpflege)

Profane Denkmalpflege

Innenstadt

Bei den umfänglichen geplanten Sanierungsarbeiten des Wohnhauses *Wakenitzmauer 6* wurden nach der Freilegung und Entfernung sämtlicher nicht relevanter Zeitschichten Reste von Deckenmalerei am Gebälk der Geschossdecke über Erdgeschoss entdeckt. Die konstruktiven Bestandteile des Mauerwerks, der Deckenbalken und des Dachstuhls weisen auf einen mittelalterlichen Ursprung hin. Das Objekt wird im Weiteren bauforscherisch untersucht und dendrochronologisch befundet werden. Das Gebäude an der Wakenitzmauer gehört zu einer traufständigen Objektgruppe unter einem Dach.

Der Abschluss der Instandsetzungs- und Umbauarbeiten des Wohnhauses *Fleischhauerstraße 87* steht kurz bevor und es werden nur noch letzte Details abgestimmt. Die Ursprünge des spätgotischen Dielenhauses gehen bis ins späte 15. Jahrhundert zurück. Das Haus wurde im 19. Jahrhundert mit einer klassizistischen Putzfassade versehen, welche in den 1970er Jahren aber wieder entfernt wurde. Die jetzige straßenseitige Erscheinung entspricht aber keinem originär nachweisbarem Bild mehr. Die Treppe des Hauses entstammt dem Spätbarock. Während der seit 2020 laufenden, umfänglichen Sanierung sind dabei einige sehenswerte Befunde zu Tage getreten. Beispielhaft dafür sind die ausgemalten Wandnischen der westlichen Dielenwand.

Vorstädte

Aus einer Reihe von Vorstadtvillen aus dem späten 19. Jahrhundert stechen die modernen Baukörper des heutigen Lübecker Land- und Amtsgerichts, *Am Burgfeld 7-9*, errichtet zwischen 1957 und 1962 nach Plänen der Hamburger Architekten Hans Atmer und Jürgen Marlow, heraus. Zur Straße *Am Burgfeld* dominiert ein 3-geschossiger Saalbau, der im Inneren über eine Reihe von Gerichtssälen sowie an seiner Stirnseite über einen großen Schwurgerichtssaal mit einem Wandmosaik des Lübecker Künstlers Peter Thienhaus in der Ausführung der Firma August Wagner, vereinigte Werkstätten für Mosaik und Glasmalerei aus Berlin verfügt. Rückwärtig zum *Kleinen Vogelsang* schließt sich ein 7-geschossiges Bürogebäude an. Auf seinem Dach befindet sich eine öffentlich zugängliche Kantine mit Panoramablick über die Stadt.

2010 wurde der Gebäudekomplex als Denkmal erkannt. Als freistehender, moderner Verwaltungsbau kommt ihm eine städtebauliche Bedeutung zu. Ferner liegt der besondere geschichtliche Wert in seiner Funktion als Raum für alle in der Stadt tätigen Gerichtsbarkeiten – Land- und Amtsgericht, Sozialgericht, Arbeitsgericht und Staatsanwaltschaft. Besonders die offene Konzeption, in der sich die Gerichte im übertragenen Sinne transparent zeigen, bezeugt beispielhaft die strukturalistische, stereometrische Architektur der Nachkriegsmoderne bzw. des internationalen Stils, welchen die Architekten Atmer und Marlow als Anhänger der „Braunschweiger Schule“ vertreten. Die Qualität ihrer Gestaltung zeichnet die Gerichtsgebäude in ihrer künstlerischen Bedeutung aus.

Teilweise erfolgten Sanierungsarbeiten der Außenfassaden bereits in den Jahren 1974 und 1996. Auch im Inneren wurden Umbauten und erste Sanierungsmaßnahmen in den Jahren 1982 und 1987 vorgenommen. Um dem Platzmangel entgegen zu treten, wurden seit 2010 Erweiterungsbauten nördlich des Gebäudekomplexes notwendig.

Seit 2012, beginnend mit dem Vorhaben, die Betonfertigteilfassaden zu sanieren, erwuchs daraus die Gesamtsanierung des Gebäudekomplexes inklusive ihrer Außenanlagen. Zudem sollten energetische Anforderungen erfüllt werden und die Bereitstellung technischer Notwendigkeiten zur künftigen Führung von elektronischen Akten erfolgen.

Über einen Verbindungsbau werden die Gebäudeteile erschlossen. Der gebotene Raumeindruck wird erheblich durch die erhaltenen Bauteile in der Originalfarbigkeit bestimmt und mittels moderner digitaler Ausstattungsstücke ergänzt. Im Bürogebäude sind moderne Einzel- und Doppelarbeitsplätze, eine Bibliothek, Mediationsräume sowie erneuerte Funktionsbereiche entstanden. Dabei wurden bauzeitliche wandfeste Ausstattungsstücke, die Materialität und Farbigkeit der Oberflächen und somit der historische Raumeindruck erhalten. Als herausragend ist allerdings die Sanierung des Saalgebäudes zu nennen. Zwar musste substanziell in die kleineren Gerichtssäle eingegriffen werden, dennoch erscheinen sie jetzt äußerst frisch und zeitlos modern durch die nach restauratorischen Befunden hergestellten farbigen Rückwände in blauen, grün-gelblichen und bräunlichen Wassertönen. Gleiches trifft zu auf die behutsame Sanierung der bauzeitlichen Ausgestaltung des Atriums und des großen Schwurgerichtssaals, welche durch zeitgemäße technische Ausstattung auf den neusten Stand gebracht wurden.

In enger Anlehnung an die bauzeitliche Gestaltung sowie nach restauratorischen Befunduntersuchungen ist die Sanierung des zukunftsfähigen Gerichtsgebäudekomplexes unter Einbeziehung aktueller digitaler und sicherheitstechnischer Anforderungen gelungen. Siebeneinhalb Jahre nach ihrem baubedingten Auszug konnten die Nutzer ihre Arbeit am originären Ort wiederaufnehmen. Die feierliche Übergabe erfolgte im März 2023 (Abb. 8-10).

Die zwischen 1903 und 1907 nach einer Planung von Carl Mühlenpfordt errichtete Julius-Leber-Schule am *Marquardplatz 7* in St. Lorenz Nord ist geprägt durch ihr herrschaftliches Erscheinungsbild.

2017 begann, nach dem Herabfallen einer Flurlampe und der Erkenntnis, dass umfangreiche Arbeiten unausweichlich geworden sind, die Planung einer Grundinstandsetzung und Modernisierung auf Grundlage von verschiedenen Voruntersuchungen des Bestandes sowie künftiger Anforderungen an Bauteile und Raumnutzungsbedarfe.

Abb. 8: Land- und Amtsgericht Lübeck, Detail Wandmosaik (Foto: HL Abteilung Denkmalpflege)

Abb. 9: Land- und Amtsgericht Lübeck, Atrium (Foto: HL Abteilung Denkmalpflege)

Abb. 10: Land- und Amtsgericht Lübeck, Gerichtssaal (Foto: HL Abteilung Denkmalpflege)

Daran schloss sich eine dreijährige Bauphase an. Das Schulgebäude wurde unter Beibehalt der denkmalkonstituierenden Eigenschaften umfassend modernisiert sowie dem Brandschutz und den aktuellen Anforderungen der Elektrik Genüge getan. Im Inneren vermitteln insbesondere die Flure einen bauzeitlichen Eindruck. Auf der Basis von restauratorischen Befunduntersuchungen bieten in Teilen sichtbare Freilegungen den Nutzern didaktische Einblicke in die Historie ihres Schulgebäudes. Die bauzeitlichen Fenster wurden erhalten und als Kastenfenster energetisch saniert. Wie Untersuchungen verdeutlichten, war eine Schadstoffsanierung notwendig. Hierbei gingen Putze zum großen Teil verloren, welche durch nach heutigem Wissen erkannte Schadstoffe, die nach 1940 eingebracht wurden, belastet waren. Die Unterrichtsräume werden, wie schon zuvor, auch nach der Sanierung (und umfassender Modernisierung) durch eine Lehrküche sowie einen Werkraum ergänzt. Im historischen Malsaal, wie auch an anderer Stelle, befinden sich noch historische Ausstattungsstücke.

Das äußere Erscheinungsbild zeichnet sich durch einen sandsteinfarbenen Anstrich der Fassaden nach historischem Befund aus. Auf gleicher Grundlage wurden die Fenster in Weiß gefasst sowie die Türen mit dünnem, lasierendem

Silikatanstrich versehen. Zudem besteht nun die Möglichkeit über eine außenliegende Aufzugsanlage, das Schulhaus barrierefrei zu erschließen.

Im Außenbereich erfolgte eine Neugestaltung des Schulhofes, ebenfalls unter Berücksichtigung des Denkmalschutzes. Der Klinkerbelag konnte in Teilen erhalten bleiben und wurde durch Nachbrände ergänzt. Die Schulhofmauer wurde in Stand gesetzt.

Nach Abschluss der Sanierungsarbeiten ist ein modernes und zukunftsfähiges Schulgebäude unter Wahrung seiner Denkmaleigenschaften am 31. Mai 2023 feierlich seinen Nutzern übergeben worden (Abb. 11 und 12).

Abb. 11: Julius-Leber-Schule, Befundfenster Flur (Foto: HL Abteilung Denkmalpflege)

Abb. 12: Julius-Leber-Schule, Hofbereich (Foto: HL Abteilung Denkmalpflege)

Besprechungen und Hinweise

Allgemeines, Hanse

Anette Baumann, Karten vor Gericht. Augenscheinkarten der Vormoderne als Beweismittel, Darmstadt: wbg Academic 2022, 240 S., 82 Abb., ISBN 978-3-534-27609-7. – Seit vielen Jahren wird Interdisziplinarität auch in der Rechtswissenschaft großgeschrieben. Aber während inzwischen viele Arbeiten aus dem Bereich Law and Economic und immerhin einige Arbeiten aus dem Querschnittsbereich von Recht und Literatur vorliegen, sind Untersuchungen zu Recht und Naturwissenschaft oder auch zu Recht und Kunst selten. Umso erfreulicher ist das Buch „Karten vor Gericht“ von Anette Baumann. Nicht nur, weil es eine Forschungslücke füllt, gutgeschrieben und wegen der vielen Fallbeispiele aus dem ganzen Reich von Wien bis Lübeck und der reichen Bebilderung sehr unterhaltsam ist, sondern weil B. die in juristischen Zusammenhängen gebrauchten Bilder außerordentlich geschickt in ihren (rechts-)historischen, wissenschaftsgeschichtlichen, kunstgeschichtlichen sowie kartographischen Zusammenhängen beschreibt und somit ganz neue Forschungsperspektiven in der Gerichtsaktenforschung eröffnet. – Wie ein Betrachter eine Landschaft aus verschiedenen Blickwinkeln oder vor verschiedenen Folien betrachten kann, so nähert sich B. den in Reichskammergerichtsakten überlieferten Bildern aus verschiedenen Perspektiven. Mal gibt sie Einblick in die Lebensbilder der Kartenproduzenten, wobei sie zeigen kann, dass sich ein Wandel von überwiegend künstlerisch ausgebildeten Malern im 16. Jh. hin zu naturwissenschaftlich vorgebildeten Kartographen und Feldmessern im 18. Jh. vollzieht (39-58), mal gibt sie Einblick in die praktische Arbeit des Vermessers (65-72), etwa sein Reisen in der Landschaft oder die Verwendung von Feldzirkeln und schweren Messketten. Nebenbei erfährt der Leser etwas zu technischen und methodischen Entwicklungen auf dem Gebiet der Kartographie, etwa zu Visierinstrumenten oder der Erfindung des Fernrohrs, zur Zentralperspektive oder der Triangulation. – Eine besondere Stärke des Buchs ist das ständige Mäandern zwischen Mikro- und Makroansichten, etwa zwischen der Aufbewahrung der Karten im Rahmen eines Verfahrens (77-80) und der reichsweiten Gründungswelle von Vermessungsämtern im Nachgang des 30-jährigen Krieges (58 f.). Auch in zeitlicher Hinsicht spannt B. einen weiten Bogen: Von der Bedeutung des Sehens in der Antike bis zu Google Street View (112) und Augmented Reality (200). – Immer schildert sie die Entstehungszusammenhänge der einzelnen Karten. Überwiegend wurden diese im Zusammenhang mit Rechtsstreitigkeiten in Auftrag gegeben, seltener auch als vorbeugende Maßnahme, also zur Beweissicherung, um drohende Streitigkeiten zu verhindern. Den Entstehungszusammenhängen folgen stets Beschreibungen der vielfach auch abgebildeten Karten. Dabei lenkt B. den Blick des Lesers oft auf unscheinbare, teils verblüffende, teils amüsante Details. Etwa wenn sie im Zusammenhang mit den Gratifikationen der Teilnehmer einer Beweiskommission darauf hinweist, dass sich diese über die bezahlte Kommissionsarbeit hinausgehenden Entgelte auch bildlich niedergeschlagen haben (etwa in Abb. 9, S. 38 oder auch Abb. 42, S. 101), indem Zeichner die Kommissionsteilnehmer bei „üppigen Picknicks oder Imbisse[n]“ zeigten (29). – Für den modernen Rechtshistoriker ungewohntes Terrain betritt sie in den Kapiteln, in denen sie sich der Konstruktion von Wahrheit durch Sehen und Darstellen widmet (Kapitel IV: Darstellungsformen von Augenscheinkarten, 98-162; Kapitel VI: Von der Erfindung der Landschaft zur Vermessung der Welt?, 178-184). B. arbeitet heraus, dass Sehen ein historischen Gegebenheiten unterworfener Akt ist, eine subjektiv individuelle Wahrnehmung des Augenzeugen, die sich in einer Karte materialisiert (B. nennt die Karten deswegen konsequenterweise Augenscheinkarten). Sie beschreibt die verschiedenen Darstellungsformen, denen sich die Kartographen bedienten (Der wandernde Blick, 99-112; Der drehende Blick, 112-129; bis hin zum statischen beziehungsweise dem körperlosen Blick, 129-138), deren Wirkung auf den Betrachter und die damit verbundene Konstruktion von vermeintlicher Wahrheit. Wobei sich Wahrheit im modernen Sinne einer objektiven Nachprüfbarkeit erst nach der Ablösung der Augenzeugenschaft durch formale Abmessungskriterien entwickeln konnte (181). – Mit bewundernswerter Könnerschaft hat B. ein Buch geschrieben, das trotz seiner inhaltlichen Dichte sehr gut zu lesen ist. Einziges Manko ist die Verwendung von stark eingekürzten Endnoten, die dem an weiterführender Literatur interessierten Leser einiges an Blätterei abverlangen.

Sarah A. Bachmann

Jan von Bonsdorff, Kerstin Petermann und Anja Rasche (Hrsg.), Gotland. Kulturelles Zentrum im Hanseraum / Cultural Centre in the Hanseatic Area (Coniunctiones – Beiträge des Netzwerks Kunst und Kultur der Hansestädte 2), Petersberg: Michael Imhof Verlag 2022, 240 S., zahlr. Abb., ISBN978-3-7319-0994-1. – 2015 fand in Visby auf Gotland die Tagung statt, auf den dieser Band zurückgeht, durchgeführt als Homburger Gespräch der Böckler-Mare-Balticum-Stiftung in Kooperation mit Prof. Dr. Jan von Bonsdorff und dem Netzwerk Kunst und Kultur der Hansestädte. Die bemerkenswert lange Zeit von sieben Jahren, die zwischen dieser Tagung und dem Erscheinen des Tagungsbandes liegt, erklären die Hrsg. mit Schwierigkeiten bei der Finanzierung des Buches. Bei manch einem anderen Thema müsste man fragen, ob die Beiträge noch dem aktuellen Forschungsstand entsprechen. Hier ist diese Gefahr weniger gegeben, da die Erforschung der gotländischen Kulturgeschichte in vielen Einzelaspekten in relativ langen Intervallen verläuft. So kommen nur wenige Beiträge in dem Band ohne Verweis auf die wissenschaftlichen Arbeiten des schwedischen Kunsthistorikers Johnny Roosval (1879-1965) aus, der bis in die fünfziger Jahre des 20. Jhs. maßgebliche Werke zu den Kirchen Gotlands, ihrer Innenausstattung und vielen anderen kulturhistorischen Aspekten der Geschichte dieser Insel verfasst hat. Folgerichtig enthält der Band auch zwei Aufsätze zu Roosval: „Johnny Roosval und die Geschichte der mittelalterlichen Kunst auf Gotland“ von *Lars Olof Larsson* und *Matthias Legnér*: „Johnny Roosval and the protection of churches and ecclastical objects on Gotland in the Second World War“. Roosval hatte sich im 2. Weltkrieg als leitender „monuments officer“ um die Sicherung mittelalterlicher Kunstwerke auf Gotland verdient gemacht. – Das Netzwerk Kunst und Kultur der Hansestädte hat es sich seit über zehn Jahren zur Aufgabe gestellt, den kulturellen Interdependenzen zwischen den Städten und Landschaften in der weite Räume umspannenden Hanse nachzugehen und damit der Hanse eine Kontur zu geben, die bei einer rein wirtschafts- oder politikgeschichtlichen Perspektive auf deren Geschichte kaum sichtbar gemacht werden kann. So bemüht sich auch dieser Band, diesem Anspruch gerecht zu werden. Die 17 Beiträge des Bandes werden vier Themenblöcken zugeordnet: „Gotland – Handelszentrum im Mittelalter“, „Künstlerische Austauschprozesse“, „Gotlands Kirchen – Architektur und Ausstattung“ und „Erhaltung, Erforschung und Pflege des kulturellen Erbes“. Auf den Anspruch auf Vollständigkeit wird verzichtet. „Vielmehr ist es erklärtes Ziel, aufbauend auf der bisherigen Forschung, die Vielfalt des auf Gotland Erhaltenen in den Blick der europäischen Hanseforschung zu integrieren …“ (9). Einige Beiträge kommen dem Thema der Verbindung der Hanse mit Gotland und damit fast zwangsläufig auch mit Lübeck nahe, in anderen ist der Hanseaspekt eher schwer zu entdecken. – Der 2021 verstorbene Lübecker Hanseforscher von Rang *Rolf Hammel-Kiesow* liefert mit seinem Aufsatz „Die Bedeutung Gotlands für die Hanse“ die historische Basis für das Thema. Visby bzw. Gotland spielen in der Hanseforschung seit jeher eine herausragende Rolle. Verf. entlarvt mehrere Annahmen, die sich in der älteren Hanseforschung in Bezug auf die Rolle Gotlands in der Hanse hartnäckig festgesetzt haben, als Mythen. Hervorzuheben ist davon der Gründungsmythos der Hanse, der so lautete, dass Herzog Heinrich der Löwe, seit 1158/59 Herr über Lübeck, den durchaus ernsthaft ausgetragenen Streit zwischen deutschen und gotländischen Kaufleuten im Artlenburger Privileg von 1161 nicht nur beigelegt, sondern damit auch den Grundstein für das Entstehen der Hanse gelegt hätte. Denn die deutschen Kaufleute hätten sich daraufhin zur „Gotländischen Genossenschaft" zusammengeschlossen, aus der heraus dann die Hanse entstanden sei, die bis 1298 Bestand hatte, als Lübeck mit der Zustimmung anderer Hansestädte das gemeinsame Siegel der Gotland besuchenden Kaufleute einziehen ließ. Zum einen hat es die „Gotländische Genossenschaft" unter diesem Namen nie gegeben und zum anderen liegt der erste gesicherte wissenschaftliche Nachweis über die Gemeinschaft der Gotland besuchenden deutschen Kaufleute erst für das Jahr 1252 vor. – Dennoch war Visby natürlich von größter Bedeutung in der frühhansischen Zeit, vor allem als Zwischenhandelsstation zwischen West und Ost. Besonders der Handel nach Novgorod war von erheblicher Bedeutung, wo im Laufe des 13. Jhs. neben Brügge, London und Bergen das vierte Auslandskontor der Hanse entstand. Zugleich entwickelte sich zwischen Visby und Lübeck im 13. Jh. ein Kampf um die Vorherrschaft in der Ostsee, den am Ende Lübeck gewann. 1361 nahm König Waldemar von Dänemark Gotland ein, was die Bedeutung Visbys als Hansestadt und Handelsdrehscheibe erheblich schwächte. Das Ende Visbys als Hansestadt kam wohl mit der dänisch-lübischen Eroberung der Stadt 1525. – Wie eine Klammer umschließen dieser Beitrag und der Aufsatz von *Anja Rasche* „Lübeck und Visby – eine schwierige Beziehung?" am Ende des Bandes die anderen 15 Beiträge. Rasche geht auf die hochinteressante mittelalterliche Topographie Visbys, dabei vor allem auf die berühmte Stadtmauer aus dem 13. Jh., ein, die eine scharfe Trennung zwischen der Stadt- und der Landbevölkerung zementierte, die in der Folge sogar zu einem Bürgerkrieg zwischen den beiden Bevölkerungsgruppen führte. Ein besonderer Akzent liegt auf den gegenwärtigen Beziehungen der beiden Städte, die ja durchaus keine konfliktfreie Geschichte aufzuweisen haben. Seit 1999 existiert zwischen Lübeck und Visby/Gotland eine Städtepartnerschaft, die auf wirtschaftlichen und freundschaftlichen Beziehungen seit dem Mittelalter beruht und u.a. das Ziel hat, die Ostsee zu einem europäischen Binnenmeer zu entwickeln. – In den weiteren Beiträgen wird vor allem die kirchliche Kunst auf Gotland auf ihre vielfältigen Beziehungen nach Skandinavien, Mitteleuropa und auch weiter entfernte Räume wie etwa Byzanz oder Russland untersucht. Inwieweit bei der Errichtung von Kirchen und der Schaffung kirchlicher Kunst Anregungen von außen aufgenommen und auf Gotland in Werken verarbeitet wurden oder es sich um Importe handelte, kann häufig nur gemutmaßt werden. Der enorme Warenaustausch auf Gotland über Jahrhunderte hinweg hatte nicht nur eine wirtschaftliche Bedeutung, sondern brachte auch vielfältige kulturelle Impulse mit sich, was man beispielhaft an der Marienkirche, der heutigen Bischofskirche von Visby, die im 12. Jh. von deutschen Gotlandfahrern errichtet und 1225 geweiht wurde, ablesen kann. „St. Marien in Visby – Abbild und Vorbild" lautet der Beitrag von *Agnese Bergholde-Wolf.* Sie untersucht vor allem die Bezüge zwischen St. Marien in Visby und dem Dom zu Riga sowie dem Dom zu Magdeburg und kommt zu dem Schluss: „Weitab von europäischen Kunstzentren, mitten in der Ostseeregion, stellt der Bau ein Abbild zeitgenössischer europäischer Stilströmungen dar. Dazu gehört auch die Bauplastik, der Kapitell- und Portalschmuck, der wohl von Visby ausgehend sich vor allem zum charakteristischen Kennzeichen mittelalterlicher gotländischer Landkirchen entwickelte." (99) – Der vorliegende Band stellt durch seine eindrucksvolle Vielfalt an Beiträgen zur kulturgeschichtlichen Bedeutung Visbys und die vorzügliche Bildauswahl und -qualität eine Bereicherung dar. Die Frage nach einer spezifisch hansischen Kunst und Architektur im Mittelalter bleibt allerdings weiterhin offen. Es verfestigt sich aber gerade auch durch diese Publikation immer mehr der Eindruck, dass diese Frage möglicherweise falsch gestellt wird. Es müsste wohl eher danach gefragt werden, welchen Anteil der hansische Handel und die damit entstandene und über Jahrhunderte gepflegte Kommunikation zwischen großen Teilen Europas an dem Entstehen einer von vielen Einflüssen geprägten Kultur in Europa besaß und wie man diesen Anteil identifizieren kann.

Matthias Puhle

Berthold Friemel u.a. (Hrsg.), Briefwechsel der Brüder Jacob und Wilhelm Grimm mit Johann Martin Lappenberg, Friedrich Lisch und Georg Waitz, im Anschluss an Wilhelm Braun und Ludwig Denecke (Jacob und Wilhelm Grimm, Briefwechsel, Kritische Ausgabe in Einzelbänden 8), Stuttgart: S. Hirzel Verlag 2022, 835 S., ISBN 978-3-7776-2625-3. – Der Band mit „drei bedeutenden und bisher weitgehend unbekannten Briefwechseln der Brüder Grimm" (Vorwort, 5) enthält 103 Briefe von und an Johann Martin Lappenberg, 60 Briefe von und an Friedrich Lisch sowie 47 Briefe von und an Georg Waitz. Umfangreiche Einleitungen zu Lappenberg, Lisch und Waitz geben biographische Informationen, kontextualisieren historische, philologische, methodische und methodologische Fragestellungen und Interessen der Briefpartner der Brüder Grimm und diskutieren forschungsgeschichtlich und rezeptionshistorisch bedeutende Themen des brieflichen Austausches. Jedem Brief sind detaillierte Angaben zur Überlieferungs- und Textgeschichte beigegeben sowie ein ausführlicher Sachkommentar. Die Kommentare stehen untereinander in einem systematischen Verweisungszusammenhang. – Die Anfänge der Beschäftigung mit speziell diesen drei Briefkonvoluten reicht zurück bis in die Zeit um 1989. Sie entwickelte sich zu einem modellhaften Experiment, um „Angehörigen späterer Generationen eine Spielart philologischer Praxis" zu vermitteln, „die für die Erschließung solcher Briefwechsel unabdingbar ist, aber in neueren germanistischen Studiengängen selten geübt wird." (Vorwort, 5ff.) „Der vorliegende Band mag dafür stehen, dass die Kritische Ausgabe neben der Textqualität besonderen Wert darauf legt, die Briefe durch Sachkommentare unmittelbar verständlich zu machen, sodass bei der Benutzung nicht zwangsläufig weiter recherchiert und nachgeschlagen werden muss." (Vorwort, 6) – Einer breiteren Öffentlichkeit, die mit dem Namen Johann Martin Lappenberg dessen Beschäftigungen mit der frühen Chronistik Norddeutschlands verbindet sowie von seiner Bedeutung für die Anfänge des Vereins für Hamburgische Geschichte einige Kenntnis haben dürfte, wird nun erstmals mit den auch gemeinsamen Forschungen des Hamburgers mit Jacob Grimm zur angelsächsischen Geschichte ab dem 4. Jh. n. Chr. bekannt gemacht. Der Leser kann teilhaben an dem sich über 40 Jahre (1823-1863) erstreckenden Austausch zu Fragen der Chronistik, zu Orts- und Personennamen, der Periodisierungsversuche ältester Schichten der Sprach- und Mythologiegeschichte im Feld der germanischen Kulturüberlieferung. Man tauschte neueste Forschungsliteratur aus, gab Wünsche mit für Archivreisen, berichtete sich wechselseitig von neu aufgefundenen Manuskripten und Kopien, bspw. von Epen, Gedichten und Rechtstexten. Der häufig reine Fachaustausch wird durch den Sachkommentar erhellt und zur Anregung für weiterführende Beschäftigungen des Lesers. – Was alle drei Briefpartner der Grimms mit diesen, zumeist unausgesprochen, verbindet, sind die großen Themen und Fragestellungen des „nationalen Jahrhunderts", Stichworte sind hier bspw. die Ereignisse im Jahr 1837 mit der Ausweisung der „Göttinger Sieben" und die Germanistenversammlungen in Frankfurt (1846) und Lübeck (1847). Ausdrücklich bindend und spannungsreich werden die Diskurse zu den politischen Einheitsbestrebungen, zu den Anfängen deutscher Kultur und zur zukünftigen Staatsstruktur im Briefwechsel zwischen Jacob Grimm und Georg Waitz. Beide saßen 1848 in der Nationalversammlung in Frankfurt und beide orientierten sich im Rahmen der Mehrheitsfraktion, auch bezeichnet als das „rechte Zentrum" oder die „Casinofraktion". Zukünftige lokale Forschungen zu Ernst Deecke, Abgeordneter Lübecks in Frankfurt seit Juli 1848, er ordnete sich ebenfalls dieser Interessengruppe zu, werden in der Einleitung zu Georg Waitz etliche Anregungen und Hinweise finden. Einig blieben sich Jacob Grimm und Waitz bis zu Grimms Tod 1863 in der Schleswig-Holstein-Frage. Aber seit 1858 wendete sich Jacob Grimm von einer an England orientierten Vision einer konstitutionellen Monarchie für Deutschland ab und wurde explizit zum radikalen Demokraten mit revolutionärer Tendenz, so das Forschungsfazit in der Einleitung zum Briefwechsel (Waitz, Einleitung, 613-628). Weit auseinander gingen die Urteile in der Frage, ob Jacob Grimm zurecht die These vertrete, man habe es bei den „Goten" und den „Geten" mit einer zusammenhängenden Kulturformation zu tun (Waitz, Einleitung, 607-612). (Am Rande soll nicht unerwähnt bleiben, dass Georg Waitz erhebliche Verdienste zukommen bei der Sicherung von Quellen zur Hansischen Geschichte u. a. durch seine Tätigkeit in und für die Historische Kommission in München.) – Der Briefwechsel der Brüder Grimm mit Friedrich Lisch zwischen 1826 und 1859 ist geprägt durch längere Pausen in der Korrespondenz und durch eine Beschränkung auf fachliche Themen und Fragen. Beide Grimms griffen in ihren Publikationen Anregungen und Hinweise des rastlos forschenden Lisch, ein Ausstellungskatalog nannte ihn 2001 „Mecklenburgs Humboldt" (Lisch, Einleitung, 428), auf, und sie übernahmen Texte und verschriftlichte Erzählungen, die er zu ihren Projekten beisteuerte, etwa zu den Märchen, zur deutschen Sprachgeschichte und zur Mythologie sowie zu den Rechtsaltertümern. Lisch seinerseits nutzte die Bekanntschaft auch zur Aufwertung seiner landesgeschichtlichen Großprojekte. Die Wertschätzung der von Lisch begründeten „Jahrbücher des Vereins für mecklenburgische Geschichte und Altertumskunde" und weiterer Publikationen des Historikers war bei beiden Brüdern Grimm hoch. Zahlreiche Unterstreichungen in den Ausgaben ihrer Bibliothek zeigen aber auch, dass Jacob Grimm skeptisch blieb gegenüber eines von Lisch ins Gespräch gebrachten „Dreiperiodensystems" für die Vor- und Frühgeschichte im norddeutschen Raum. Auch mahnte Jacob Grimm an, über das Zusammentragen von Dingen wie etwa Eisen und Bronze nicht den Aussagewert von datierten Sprachzeugnissen zu Metallen zu vernachlässigen. – Wer mit Gewinn in die Wissenssphäre gleich mehrerer Themen der nationalen Kulturtheorieforschung des 19. Jhs. Einblick gewinnen möchte, dem seien die „Einleitungen" zu Lappenberg, Lisch und Waitz empfohlen. Die sehr ausführlichen Sachkommentare zu jedem einzelnen der Briefe sind gelegentlich schwerer genießbar wegen der notwendigen sachlichen und sprachlichen Verknappung. Das ehrwürdige Ziel der Herausgeber, möglichst vollständig zu kommentieren, verdient Respekt und Dank.

Manfred Eickhölter

Hansische Geschichtsblätter / Hanseatic History Review 140, 2022, 363 S., ISSN 0073-0327. – Der neue Band der „Hansischen Geschichtsblätter" umfasst sechs Beiträge. Die ersten beiden Beiträge widmen sich dem dynamischen späten 13. Jh. und sind beide aus dem Kontext jüngerer Publikationen entstanden: *Albrecht Cordes*, der jüngst zusammen mit einem internationalen Team eine beeindruckende, mehrbändige Ausgabe des Bardewikschen Codex (Der Bardewiksche Codex des Lübischen Rechts von 1294, 3 Bde., 2021-22) vorgelegt hat, beschreibt die inhaltliche, begriffliche und systematische Umgestaltung des Lübischen Rechts in den 1260er bis 1290er Jahren und bezieht dabei auch die Auswirkungen des Sprachwechsels vom Lateinischen zum Niederdeutschen mit ein. Die Veränderung war durchaus tiefgreifend: Eine nennenswerte Zahl alter Artikel verschwand, insgesamt nahm der Umfang des Lübischen Rechts aber merklich zu. Interessanterweise waren es aber, wie Cordes überzeugend und detailreich zeigt, nicht neue Vorbilder und neue Ansprüche, die zu einem programmatisch fundierten neuen Anspruch geführt hätten. Vielmehr kennzeichnet er den Grundzug der umfassenden Umarbeitungen als zutiefst pragmatisch, ja mitunter geradezu eklektisch.

Das Ergebnis allerdings war hochinnovativ: Es war „mobil im Sinne von leicht änderbar und rational“, es „stärkte nach besten Kräften den Zusammenhalt und den Frieden zwischen den Bewohnern“ und es berücksichtigte die „geänderten Formen des Wirtschaftens durch Handel und Gewerbe anstelle der auf Landbesitz beruhenden Produktion“, die sich durch den lübischen take-off während des 13. Jhs. herausgeschält hatten (26). – *Tobias Boestad*, dessen lesenswerte Pariser Dissertation unlängst erschienen ist (Pour le profit du commun marchand. La genèse de la Hanse, 2022), greift mit seinem Beitrag über einen „ersten ‚hansischen‘ Moment“ die Kooperationsbemühungen der norddeutschen Städte in den 1280er und 1290er Jahren auf, die, wie er zeigen kann, in dieser Zeit eine erste Intensivierungsphase erlebten. Zugleich ist dies die Zeit, in der mit den Seestädten (*civitates maritimae*) und die jetzt im Singular adressierte „Gemeinschaft der Kaufleute“ (*mercatorum communitas*) begriffliche Novationen auftraten, die sich so nachhaltig durchsetzten, dass man sie mit Fug und Recht (und mit Boestad) als „Innovationen“ (36) bezeichnen kann. Begleitet wurde das von einer Zunahme zwischenstädtischer Korrespondenz. Boestad betont die Bedeutung Lübecks in diesem Prozess „als Leiterin und Mittelpunkt größerer Städtekoalitionen“ (50), auch über gewisse Vorbehalte anderer Städte gegenüber der lübischen Handelspolitik, hinweg. – Dass die Hanse kein „Staat“ war und auch nicht in staatsähnlichen Begrifflichkeiten beschrieben werden kann, ist heute, im Gegenteil wohl noch zum 19. und frühen 20. Jh., ein Allgemeinplatz. Alternative Beschreibungsmodelle, um gerade die politische Qualität konkreter zu beschreiben, stehen aber noch aus und werden in den letzten Jahren wieder stärker diskutiert. Der Beitrag von *Sören Koch*, *Ulla Kypta* und *Johann Ruben Leiss* schlägt als Beitrag zu dieser Diskussion das Governance-Konzept vor und buchstabiert die Folgen für die hansische Geschichte des 16. und 17. Jhs. durch. Dabei nehmen sie einerseits die Pluralität von Governance-Strukturen an und betonen wiederholt, man möge nicht in den Übertrag moderner Strukturen und Mittel verfallen, und suchen andererseits ein funktionalistisches Beschreibungsmodell, wobei auch hier eindringlich vor dem Missverständnis gewarnt wird, Funktionserfüllung mit Effizienz gleichzusetzen. Das alles ist nachvollziehbar und richtig, aber es ist keineswegs neu und es wird ziemlich umfassend eingeführt, um dann auf wenigen Seiten (im Kern nur 77-79) einem Test an sehr überschaubarem historischem Material unterzogen zu werden. Denn auch der Pluralismus der Jurisdiktionen in Mittelalter und früher Neuzeit ist der Rechtsgeschichte (und seit einiger Zeit auch der hinterherhinkenden allgemeinen Geschichtswissenschaft) längst hinlänglich bekannt. Dass es daneben Institutionen außergerichtlicher Konfliktlösung gab, ist ebenfalls keine furchtbar neue Einsicht, aber gerade auch in jüngerer Zeit auch und insbesondere in der Hanseforschung wieder stark betont worden. Wenn die Hanse „eben kein einheitliches Gebilde [war], deren Governance als feststehendes System beschrieben werden könnte“ (71), und die „Stärke“ des Ansatzes darin liegt, „herauszustellen, dass es weder die eine Hanse gegeben hat, noch, dass sie von einer einzelnen Instanz oder Institution regiert wurde“ (73), dann ist beides die Feststellung des längst Akzeptierten. So wird eine schwierige Spannung erzeugt zwischen sehr allgemeinen Hinweisen (etwa auf die Frage nach der Trennung von Öffentlichkeit und Privatem im Mittelalter) und dann sehr konkreten Vorwürfen gegenüber der älteren Forschung. Gegen die Befunde von Knut Helle beispielsweise, die er eindeutig auf das Mittelalter bezieht, mit zwei Fällen aus dem späten 16. und fünf aus dem 17. Jh. zu argumentieren (78), würde zumindest noch etwas der Unterfütterung durch älteres Material bedürfen. Außerdem stellen sich hier selbstverständlich gänzlich andere politische Rahmenbedingungen als in den Jahrhunderten zuvor. Diese kritischen Anmerkungen sollen nicht abstreiten, dass die Frage vom Verhältnis zwischen historischem Befund und modernen Governance-Konzepten nicht interessant wäre. Im Gegenteil. Insbesondere wäre es reizvoll, die unzähligen Hanse-Referenzen in der politikwissenschaftlichen Governance-Literatur der letzten drei Jahrzehnte einer kritischen Durchsicht zu unterziehen, bevor man ein offenbar immer wieder mit historischen (und nicht immer treffsicheren) Referenzen weiter entwickeltes Konzept wieder auf historisches Material rückanwendet. Die Hanseforschung kann sicher von diesem Konzept profitieren. Die politikwissenschaftliche Governance-Forschung aber auch vom Dialog mit der Hanseforschung. Den freilich, fürchte ich, müssten wir eröffnen. – Einen erinnerungsgeschichtlichen Beitrag legt *Carsten Jahnke* vor. Er stellt (nach den im engeren Sinne historischen Belegen ihres Wirkens) die sich wandelnden Darstellungen und Indienstnahmen zweier Persönlichkeiten der dänisch-deutschen Geschichte vor. Hans Pothorst und Diderik Pining, der eine ganz sicher, der andere möglicherweise gebürtiger Hildesheimer, die beide in dänischen Diensten standen, galten der deutschen Historiografie des 16. Jhs. vor allem als Piraten und wurden in der Zeit des Nationalsozialismus dann als „Seehelden" und vorkolumbianische Entdecker Amerikas wiederentdeckt. – *Valentin L. Portnykh* und *Emil E. Otakulov* besprechen einen Lübecker *Liber memorialis* aus der Universitätsbibliothek Tomsk und machen damit erneut eine Handschrift aus Lübecker Beständen bekannt, die ihren Weg in den 1990er Jahren nicht zurück nach Deutschland gefunden hat und es auf absehbare Zeit auch nicht mehr tun wird. Sie ist von der älteren verfassungsgeschichtlichen Stadtforschung durchaus genutzt und einzelne Passagen sind sogar bereits gedruckt worden. Genau aus diesem Material ist die Vorstellung entstanden, in Lübeck habe während des späten Mittelalters die Regel bestanden, die Ratsherren hätten jeweils eine Amtszeit von zwei Jahren und ein darauf folgendes Ruhejahr absolviert, wobei der Begriff *ordo*, den die Handschrift verwendet, als Amtszeit gedeutet wurde. Das deckte sich hervorragend mit einem Privileg Heinrichs des Löwen, das heute meist als Fälschung angesehen wird, und entsprechenden Aussagen in der für Lübeck so wichtigen Detmar-Chronik. Im vorliegenden Beitrag nun zeigen die Autoren, dass die Interpretation der *ordines* in den Lübecker Ratslisten des 14. und 15. Jhs. doch komplexer sein könnte: leider (wenngleich verständlicherweise) ohne einen Neuvorschlag machen zu können. – Den Aufsatzteil beschließt der Abdruck eines kurzen, aber sehr aussagekräftigen Berichts aus dem 16. Jh. über die so genannten „Bergener Spiele", den grausamen Ritus der Aufnahme ins Kontor also, gegen den die Hansetage des 16. Jhs. wiederholt versuchten vorzugehen. Er stammt aus einer Berliner Sammelhandschrift (Staatsbibliothek Preußischer Kulturbesitz, Ms. Germ. Fol. 97) mit Aufzeichnungen über die portugiesische Tier- und Pflanzenwelt des Baseler Mediziners und Alchemisten Leonhard Thurneysser zum Thurn. *Bernardo Jerosch Herold* vermutet, dass er durch den Danziger Diplomaten Heinrich Giese, möglicherweise ein Bruder des durch sein Holbein-Porträt so unsterblich gewordenen Georg Giese, von den Spielen erfuhr, den er im Haus des berühmten Humanisten Damião de Góis in Lissabon traf. Der Text ist eigentlich über eine Online-Publikation schon seit 2019 greifbar. Dennoch ist es gut, ihn hier erneut und mit allen nötigen Kontextualisierungen noch einmal gedruckt zu finden, denn innerhalb einer Publikation zu einer frühneuzeitlichen „Historia naturalis" über Portugal wäre er der Hanseforschung doch ziemlich sicher entgangen. Und auch wenn er inhaltlich gegenüber den bekannten Berichten nicht viel Neues zu bieten hat, ist doch interessant, dass Thurneysser die Grausamkeit der Spiele so besonders hervorhebt. – An den Aufsatzteil schließt sich ein gewohnt umfassender Besprechungsteil, die „Hansische Umschau", an, dessen Wert sich besonders in der konsequenten Abdeckung der internationalen Literatur zeigt. Die Bemühungen der Redaktion um entsprechende Rezensent:innen kann man nicht hoch genug schätzen. Zu erwähnen sind schließlich die eingehenden Nachrufe auf die verstorbenen Kollegen Wilfried Ehbrecht (1941-2022) und Heinrich Schmidt (1928-2022).

Hiram Kümper

Volker Henn, Die Hanse – Einheit in der Vielheit?, Trier: Verlag für Geschichte & Kultur 2022, 162 S., ISBN 978-3-945768-297. – Der vorliegende Sammelband enthält fünf Aufsätze, die um die vieldiskutierten Fragen nach den hansischen Teilräumen sowie der Mitgliedschaft von Kaufleuten und Städten in der Hanse kreisen. Zu diesem Zweck wägt der Verf. die traditionellen und „postmodernen" Forschungsbilder der Hanse gegeneinander ab, indem er einen empirischen, auf die Quellenbefunde gestützten Forschungsansatz vertritt. Seine andernorts bereits publizierten Beiträge hat er aus gegebenem Anlass überarbeitet, um sie als aktuellen Diskussionsbeitrag erneut einzubringen. Die Drucklegung erleichtert zudem den Zugriff auf die Beiträge, die an entlegener Stelle veröffentlicht worden sind. – Den Rahmen der Darstellung steckt der mit dem Gesamttitel gleichlautende Aufsatz ab, in dem der Verf. den Entstehungs- und Wirkungskontext der Hanse prägnant vor Augen führt. Ihr Bündnischarakter wird darin *ex negativo* definiert. Bekanntlich hat es der Hanse an einer gemeinsamen Kasse, einem eigenen Siegel sowie den Statuten gefehlt, die die Rechte und Pflichten der Mitgliedsstädte verbindlich geregelt hätten. Bedenkt man darüber hinaus, dass auch der Gründungsvertrag nicht vorlag und dass ein zentrales Verwaltungsamt in Person des Hansesyndikus erst Mitte des 16. Jhs. geschaffen wurde, so stellt sich berechtigt die Frage, wie die Städte überhaupt zu geschlossenem, einvernehmlichem Handeln fähig waren. Die Antwort darauf mag paradox klingen. Die Vielheit der ökonomischen und politischen Interessen, die von den landschaftlichen Besonderheiten der hansischen Teilräume und dem regionalen Eigenbewusstsein der Städte herrührten, ließ sich in der Hanse gerade durch den Mangel an bündischer Festigkeit bei zugleich vorhandenen engen personalen Bindungen und Verbindungen verwandtschaftlicher und geschäftlicher Art unter einen Hut bekommen (28f.). Diese Feststellung ergänzt wesentlich das aus dem 19. Jh. tradierte „travezentrische" Hansebild, indem sie die Perspektive umkehrt. Statt das Phänomen der Hanse als hierarchisches Gefüge von Lübeck „nach unten" zu betrachten, empfiehlt sich, die Hanse von den Städten und Regionen her zu begreifen. Dabei stellt sich heraus, dass die übliche Praxis, die Mitgliedschaft gerade in Hinblick auf kleinere Städte unscharf und vage zu handhaben, nicht nur für die auswärtigen Handelspartner ein Problem darstellte. Auch für die Hanseforschung birgt dieser Umstand die Gefahr in sich, die Zugehörigkeit zur Hanse inflationär „nach Gutdünken" zu behandeln (45f.). – Als eine Grundlage, um über die Mitgliedschaft der Städte in der Hanse handfest zu urteilen, bieten sich insbesondere zwei Kriterien an: die tatsächliche Nutzung der hansischen Handelsprivilegien durch die heimischen Kaufleute sowie die Teilnahme an den hansischen Tagfahrten. Vor diesem Hintergrund skizziert der Verf. im zweiten Aufsatz des Sammelbandes den Erwerb von Privilegien und die Herausbildung der hansischen Kontorgemeinschaft in Novgorod, London, Brügge und Bergen vom späten 12. bis ins 14. Jh. hinein. Zeitgleich und parallel zu dem Rückgrat des hansischen Handelssystems etablierte sich um die Mitte des 14. Jh. auch das maßgebliche Leitungsgremium der Hanse, die gesamthansische Tagfahrt. Mit den vier Kontoren im Ausland sowie der allgemeinen Tagfahrt als Koordinationsinstanz nahm die Hanse am Ende einer vom Verf. als Entstehung der Hanse apostrophierten Zeit dauerhaft ihre Gestalt an (64). – Diese allgemeinen Ausführungen laden im Folgenden dazu ein, die vorgestellte Faktenlage anhand von drei Fallstudien zu vertiefen. Zunächst behandelt der Verf. das Spannungsverhältnis zwischen regionaler Eigenständigkeit und gesamthansischer Verbundenheit am Beispiel der niederrheinischen und ostniederländischen Städte mit dem Ziel, durch „die Untersuchung der kommunikativen Beziehungen und der regionalen Bindungen der Städte das binnenhansische Raumgefüge zu erfassen" (82). In einer weiteren Studie dreht der Verf. den Spieß um und zeigt, wie gering es um den hansestädtischen Charakter der „nachrangigen Hansestädte", die der Stadt Soest in Westfalen zu- und nachgeordnet waren, tatsächlich bestellt gewesen ist (92, 108, 110). Der Sammelband schließt mit dem Aufsatz, in dem der Verf. auf die Ideologisierbarkeit des Phänomens Hanse vom 19. Jh. an bis in die Gegenwart eingeht. Dabei nimmt er auf die politische Instrumentalisierung des Forschungsgegenstandes durch nationalliberale, nationalsozialistische und marxistische Historiker Bezug und warnt ausdrücklich vor der Überhöhung „struktureller Ähnlichkeiten" etwa zwischen der Hanse und der Europäischen Union, weil die Hanseforschung „darauf achten sollte, nicht wieder dem Zeitgeist zu erliegen und in den Dienst politischer Gegenwartsforderungen gestellt zu werden" (135).

Iwan Iwanov

Anna Paulina Orlowska, Johan Pyre. Ein Kaufmann und sein Handelsbuch im spätmittelalterlichen Danzig. Darstellung und Edition (Quellen und Darstellungen zur hansischen Geschichte 77), 2 Bde., Wien/Köln/Weimar: Böhlau 2022, 448 und 259 S., ISBN 978-3-412-51723-6. – Mit dieser grundlegenden Dissertation (bei Prof. Dr. Gerhard Fouquet, Universität Kiel) wird endlich ein Quellenschatz des spätmittelalterlichen Danzigs gehoben, der zugleich einen wesentlichen Beitrag zur hansischen Handelsgeschichte leistet. Es geht um Edition und Kommentar eines Kaufmannsbuchs mit Aufzeichnungen von 1421 bis 1454, spiegelt also die wirtschaftsgeschichtliche Situation zwischen dem 1. und dem 2. Thorner Frieden. Um die Wende zum 20. Jh. versuchten Witold von Slaski und zwei Generationen später Walter Stark (Univ. Greifswald), beide vergeblich, dieses 6,5 cm Umfang aufweisende Archivale im schmalen Hochformat (verwahrt im Staatsarchiv Danzig) zu erschließen. Die politische Abschottung des Ostblocks vor der Wende behinderte den Fortgang der Forschungen in Ost und West. O. gelingt es nun, diese Hürde zu bewältigen, kann sie doch endlich auch das Geheimnis des Verfassernamens „Johan Pyre" lösen. Bisherige falsche Lesungen wie Pisz oder Piß blockierten bis dahin die Befragung ergänzender Quellen. So kann sie Pyre als Danziger Bürger identifizieren, der allerdings sonderbarerweise ohne eigenen Hausbesitz, dafür aber „Bei den Brodbänken", also in für den Handel vorteilhafter Lage, seit 1424 bei Johan van dem Hagen zur Miete wohnte. Mit diesen Angaben wird ein erfolgreicher Großkaufmann erfasst, dem ohne die üblichen Vorteile einer günstigen Einheirat, und daher ohne verwandtschaftliche Hilfe, der wirtschaftliche Aufstieg gelingt. Er wird durch die engen Kontakte zu seinem Hauswirt ins örtliche und überörtliche Handelsnetzwerk integriert. Sein Hauptgeschäftsbuch wird hier von O. nach allen Regeln der Kunst vollständig ediert und durch Personen-, Orts- und Sachregister (bzw. Personen- und Sachregister) erschlossen sowie durch ein umfangreiches Verzeichnis bisher nicht rezipierter Literatur ergänzt. Die Edition gestattet, die gewonnenen Informationen also nicht nur nachzuprüfen, sondern sie auch mit weiterem Material zu verknüpfen oder auch Vergleichsstudien vorzunehmen. Eine bisher fühlbare Lücke in der überschaubaren Menge überlieferter historischer Geschäftsbücher wird gefüllt! Methodische Fragen (wie z.B. nach der Entwicklung seiner Buchungstechnik und Funktion des Buches) werden beantwortet. Zugleich werden Schriftlichkeit eines Kaufmanns und seine buchhalterischen Fähigkeiten in einem solchen Ego-Dokument augenfällig. – Ausführlich geht O. auf die Geschäftskontakte des Kaufmanns ein und kann das weite Spektrum der Geschäftsfreunde Pyres ausbreiten. Der Hauptwarenaustausch besteht erwartbar aus Tuchen und Baiensalz aus dem Westen gegen Pelze, Wachs und Talg aus dem Osten. Eine geringere Rolle spielen Wein, Hering und Holz. Überdies kann die Verf. die steigende Bedeutung englischer Kaufleute in Pyres Handelsumfeld feststellen und ebenso das Eindringen der Holländer in die Ostsee. Unter den Handelspartnern Pyres spielen die wichtigste Rolle Hans Bakker (Verbindung zum Westen) und van dem Hagen (Warenaustausch hinsichtlich Preußens und Danzigs). Pyre selbst steht in engem Austausch mit Litauen (Wilna!), aber auch mit Riga. Sogar Verbindungen nach Flandern erhielt Pyre aufrecht. Am Rande finden sich übrigens auch Angaben über handeltreibende Frauen, wie die Ehefrau seines Hauswirts: Es fehlt also nicht an „farbigen" Einzelheiten. Register erschließen beide Bände des Werkes, und auch eine Übersicht der Handelsmarken Pyres bietet Handreichungen. – Grundsätzlich erlaubt diese Quelle vielfältigen Einblick in die Organisation des hansischen Handelsgeschäfts, der Benutzer lernt Handelsorte und -wege kennen, aber auch die Transaktionskosten für einzelne Güter. Bewundernswert sind die Kenntnisse der Verf.in in Warenkunde, z.B. in Tuch- und Pelzsorten, aber auch in Salzsorten. Ähnlich geschickt gelingt ihr das Kapitel über Geld und Münzen. Hier finden sich auch Überlegungen zur Kreditfeindlichkeit der Hanse. Umsätze, Preisentwicklungen, Gewinnspannen und Entwicklung der Handelsvolumina sowie konjunkturelle Schwankungen werden thematisiert. Was die Durchführung des Handels betrifft, so nutzte Pyre die üblichen Formen der „Wederlegynge" und der „selscop" in verschiedenen Ausprägungen. Kurz erwähnt sei, dass der allgemeine politische Hintergrund hineinspielt. Pyres Aufzeichnungen vermitteln Informationen über die Kontakte zwischen Danziger Kaufleuten und Amtsträgern des Deutschen Ordens. Beziehungen zu Lübeck sind allerdings selten. – Grundsätzlich liegt hier ein glücklicher Überlieferungsfall vor, der fast 35 Jahre der ersten Hälfte des 15. Jhs. hindurch über die Tätigkeit eines erfolgreichen mittelrangigen Kaufmanns aus Danzig eingehend Auskunft gibt. Die Verf. hat ihre Chance mit Edition und Interpretation umsichtig genutzt. Die vielseitige Auswertung vermag künftiger Forschung ganz neue Impulse zu geben.

Antjekathrin Graßmann

Stephen H. Rigby und Robert C. Nash, The Overseas Trade of Boston 1279-1548 (Quellen und Darstellungen zur hansischen Geschichte 79), Wien/Köln: Böhlau 2022, 135 S., ISBN 978-3-412-52658-0. – During the fourteenth century, Boston was one of the greatest ports of England and its tenth largest urban centre. As Rigby and Nash show in this volume, the port's trade collapsed during the fifteenth century, with almost all branches of its overseas commerce being lost to London. While Boston was not alone in losing out to the metropolis, it was hit earlier and more completely. More distant ports, such as Exeter, Bristol and Chester were able to survive because they faced the Atlantic and had geographic advantages over London in some markets. Boston, by contrast, was just 150 km by sea from the mouth of the Thames. It dealt with the same overseas markets as London, particularly the Netherlands and the Hanseatic cities. As London grew, Boston declined, with its wider region focusing increasingly on producing food and materials for the capital. Boston has never recovered: today it ranks below two hundred among the towns of the United Kingdom measured by population. Rated by wealth, it would be lower. – Boston's decline explains in part why it has been less studied than many of England's other medieval towns. Decline is both less attractive than growth and it leaves fewer people to be interested in their community's past. Beyond this, as Rigby notes, Boston suffers from a paucity of medieval borough records with which to study its history. On the other hand, these very factors mean that there is much to be learnt from Rigby and Nash's book. Moreover, the paucity of Borough records makes this study, based on the enrolled customs accounts of England's Exchequer, more important. The customs accounts are one of the few sources available for investigating Boston's late medieval economic history. – Rigby and Nash (whose chief input was to produce the book's many graphs) have presented us with an immensely useful and valuable study. It is sure to be a key reference work for those researching Boston and its trade, including its trade with the Hanseatic ports. The volume is not an 'easy read', however, and it does not attempt a broad history of the port. It is a highly technical exercise. Indeed, the book comes across more like an appendix to a monograph than a stand-alone volume. As Rigby's preface makes clear, his hope is to follow up this study with 'a more in-depth analysis of Boston's trade in a future account of the town's history'. In effect, he seems to be providing a statistical analysis in the current volume, so that he can then write a general history that is not burdened by the need to explain the intricate technicalities of his data. This seems like a sensible way to proceed, particularly if there is any doubt that the general history will be published. It would have been a tragedy to lose the data, expert analysis and technical discussion presented in this volume. And if Rigby is unable to produce the more general history, others will have a firm basis to build on in the current volume. – The book commences with a chapter that briefly outlines the history of the port and the limited research that has been conducted on it to date. Rigby then shifts his attention to his chief source, the Exchequer customs accounts. These recorded the collection of royal duties on England's imports and exports, which accounted for a large part of the country's revenue from the late thirteenth century to the nineteenth. Rigby also makes some use of the 'particular' accounts, which recorded every ship, merchant and item of merchandise passing through the port. Indeed, he even includes a full Latin transcription of one 'particular' account by way of example. Yet, like many others before, Rigby concentrates on the enrolled customs accounts. These were the summary records kept by the Exchequer. They indicate how much of each type of duty was collected each year from every English port. Their great virtue is that most of the enrolled accounts still survive in The National Archives in London, providing a near-continuous annual series. It is thus possible to use them to chart annual changes in the level of customs duties. They can also be used to measure the trade in certain goods, such as broadcloth, wine and leather. Since alien merchants paid different duties to denizens, with Hanseatic merchants sometimes paying different duties to other alien merchants, the enrolled accounts also throw light on who conducted Boston's trade. – Rigby's general discussion of the customs accounts, their potential use and their limitations is useful, accurate and up-to-date. He highlights general issues the reader should be aware of when using the data to determine trade. This includes changes to the jurisdiction of a port and shifts in the prevalence of smuggling. On the illicit trade he makes a good case for why smuggling in Boston was uncommon in his period: the duties and regulation of trade were not high enough to make the activity worthwhile. The accounts can thus be relied on to provide an accurate general indication of long-term commercial trends during this period. – The great bulk of the book is taken up by chapter 2, which examines and discusses the data derived from the enrolled accounts. The chapter is heavy on tables, graphs and very technical discussions of how administrative and fiscal changes affected the duties collected. While future scholarship may nuance some of this, it seems very unlikely that the broad results will alter. Boston's success in the fourteenth century was followed by a steep decline over the following eighty years. Woolen cloth exports, for instance, shrank from around three thousand cloths per year to less than a hundred. Wine imports went from several hundred tons per year to just a few dozen. As Rigby summarizes in the short conclusion: 'What the enrolled accounts reveal, above all, is the long-term decline which all the branches of the port's trade underwent in the later Middle Ages.' (104). The downturn was led by the loss of interest from merchants from Italy, the Netherlands and Gascony. They had abandoned the port by 1400. The Hanseatics stayed longer, exchanging stockfish for cloth. Yet during the fifteenth century the Hanseatics also shifted their trade almost entirely to London. Thereafter, foreign mercantile interest in Boston was limited largely to the provision of salted herring from Holland and Zeeland. The port's own merchants continued to import some goods, including wine, some foodstuffs and a variety of minor manufactured goods from northern Europe. Yet the low volumes involved suggest these goods were destined only for Boston and its immediate hinterland. – In short, this is a book that libraries and scholars interested in the medieval trade and urban development of the North Sea and Baltic should buy. It is a valuable reference work. But do not expect a comfortable read.

Evan Jones

Stephan Selzer (Hrsg.), Aus hansischer und niederdeutscher Geschichte (Contributiones 10), Norderstedt: Books on Demand 2022, 212 S., ISBN 978-3-7557-7392-4. – Die Reihe Contributiones, Mittelalterforschung an der Helmut-Schmidt-Universität, in welcher nun bereits der zehnte Band vorliegt, erweist sich zunehmend als Fundgrube meist kleiner, innovativer und immer informativer, quellennaher Beiträge. Sie sind in den jeweiligen Bänden, manchmal monographisch, manchmal eher lose versammelt, auf das mittelalterliche Norddeutschland bezogen. Der vorliegende Band verfolgt keine gemeinsame Leitfrage, der Wert liegt in den einzelnen Beiträgen für sich. *Knut Schulz* beschäftigt sich mit der Bedeutung von Wirad und Jordan von Boizenburg für Hamburg und die Hanse im 13. Jh. (9-46), *Stephan Selzer* mit städtischen Experten und Gelehrten auf Hansetagen (47-133), *Gert Koppe* stellt den Handel des Revaler Kaufmanns Gotke van Telchten um 1500 vor (135-181) und *Christian Ashauer* diskutiert Normierungsbestrebungen im hansischen Bierhandel (183-204). Ein Blick in das gemeinsame Personen- und Ortsregister weist für Lübeck die meisten Einträge auf. – Knut Schulz bettet Hamburgs städtische Frühgeschichte in den regionalen und hansischen Kontext ein. Hierzu stellt er zunächst eine Beziehung zwischen den beiden zentralen Dokumenten der Lübecker und Hamburger Stadtgeschichte her, dem Lübecker „Barbarossa-Privileg“ und dem auf 1189 datierten kaiserlichen Privileg für die Neustadt Hamburg. Die Region sei in ihrer künftigen Bedeutung von den unterschiedlichen Machthabern erkannt worden, auch die Notwendigkeit einer Verkehrsachse zwischen dem Ostseehafen Lübeck und der Nordsee mit dem Hafen Hamburg. Im Folgenden werden die üblichen Stationen abgegangen: Bornhöved, Zollprivileg, Münzverein, Straßenschutz und Verkehrsrouten. Jordan von Boizenburg (gest. 1274) wird als bedeutender Kanzlist und Diplomat Hamburgs vorgestellt. Auf ihn gehen wohl die ersten Stadtbücher zurück, und er verhandelte mit der Gräfin von Flandern und dem schwedischen Statthalter über hamburgisch-hansische Handelsprivilegien. Er gilt zudem als Verfasser des sog. Ordeelbook von 1270, dem Hamburger Stadtrecht, auf dessen Aufbau Schulz kurz eingeht. Das dem Ordeelbook angefügte Schiffrecht bildet schließlich den Anlass für Schulz, Hamburg eine Vorreiterrolle im hansischen Schiffrecht zuzuweisen: eine Argumentation, die auch aufgrund der fehlenden Rezeption der rechtsgeschichtlichen Literatur zu Recht nur vorsichtig vorgebracht wird. – Stephan Selzer geht von dem bekannten hansischen Beschluss von 1418 aus, nach dem nur Ratsherren das Recht besaßen, an den Hansetagen als Gesandte teilzunehmen. Damit wurden explizit Schreiber, Syndici oder andere städtische Bedienstete als Vertreter ausgeschlossen, bzw. allenfalls als Begleitung ohne Rederecht geduldet. Dennoch finden sich eine ganze Reihe solcher Experten auf den Versammlungen. Vor allem wurden sie, wenn auch zögerlich, d.h. vergleichsweise spät, in der Diplomatie mit Herrscherhöfen eingesetzt. Provokant fragt Selzer, ob es sich hier nicht vielleicht um einen weiteren „innovatorischen Rückstand“ der Hanse gehandelt haben mag. Im Rahmen eines studentischen Projektseminars ließ er die Anwesenheit solcher Experten als Teil der Delegationen auf Hansetagen zwischen 1356 und 1520 erheben und analog zu Poecks „Herren der Hanse“ verzeichnen. Sie sind im detaillierten Anhang zum Beitrag alle namentlich aufgeführt. Gut die Hälfte der 334 Nennungen (nicht Individuen) entfällt auf die wendischen Städte, wobei das Personal Lübecks als hauptsächlicher Tagungsort der Hansetage in den Rezessen nicht einmal konsequent verzeichnet ist. Etwa die Hälfte war (zugleich) Kleriker, als Ratsschreiber beispielsweise auch Kaplan der Ratskapelle. Allerdings zeichnet sich zur Mitte des 15. Jhs. ihre Verdrängung durch akademisch ausgebildetes Personal ab, wie überhaupt zu dieser Zeit die Zahl der mitgebrachten Sekretäre/Syndici sprunghaft anstieg. Nun finden sich mindestens Magister, aber auch promovierte Syndici, allen voran aus Lübeck mit Arnd Sommernat, Simon Batz, Johann Osthusen, Matthäus Pakebusch und Albert Krantz. Selzer spricht hier von einem „juristischen Kompetenzzuwachs an der Spitze der hansestädtischen Kanzleien“

(74), der möglicherweise Folgen hatte für den Argumentationsverlauf auf den Hansetagen und letztlich die Verfasstheit der Hanse an sich. – Gert Koppe bietet am Beispiel des in Reval ansässigen Kaufmanns Gotke van Telchten (gest. 1503) einen Einblick in Abläufe des Handels am Ende des 15. Jhs. Telchten deckte in seinem Handel den klassischen Raum zwischen Novgorod und Antwerpen ab, mit Lübeck und Hamburg als Scharniere zwischen Ostsee- und Nordseehandel. Von seinem Geschäftspartner und Gesellschafter in Lübeck, Thomas Schrove (gest. 1503), hat sich eine Abrechnung über dessen Anteil am Gesellschaftshandel erhalten, die näher vorgestellt wird. Ganz typisch setzte Schrove die von Telchten erhaltenen Pelze, Wachs und Flachs ab und versandte retour in erster Linie Tuche, dazu Spiegel und Metallwaren. Aus dem im Tallinner Archiv erhaltenen Schuldbuch Telchtes lassen sich weitere Geschäftspartner und Abläufe im Kommissionshandel erschließen, darunter die Lübecker Livlandhändler Redeke und Possick. Auch die Gäste, die vorübergehend bei ihm logierten, wurden dort verzeichnet. Unter ihnen fanden sich aus Lübeck der Kaufmann Godert Bisping sowie als Schüler Brand Hoghevelt jr. und Mauricius Wittenborch, die dort auch Sprachunterricht erhielten. Den Kölner Weinhändler Tönnies Bratvisch brachte er nicht nur unter, sondern scheint ihn vor Ort und in Novgorod auch eingeführt zu haben. Im Anhang werden die im Schuldbuch notierten Handelsmarken wiedergegeben. – Im letzten Beitrag widmet sich Christian Ashauer dem Thema Normierung von Tonnengrößen im hansischen Handel. Man möchte meinen, als Kernthema des Handels und durch Witthöfts zahlreiche metrologische Arbeiten müsste dies abschließend geklärt sein. Anhand der Größe der Biertonnen fragt Ashauer jedoch aus verschiedenen Perspektiven nach Mechanismen der Vereinheitlichung und ihrem Erfolg. Er kann herausarbeiten, dass zentrale Vorgaben seitens der Hansetage erfolglos blieben, es dafür in begrenztem Maße regionale Absprachen gab (insb. im Ordensstaat), letztlich aber vermutlich erst der Druck seitens der Absatzmärkte zu einer Tendenz zur Vereinheitlichung führten. Dies ist am Ende schon ein überraschendes Ergebnis mit Konsequenzen für das Bild von der Hanse als Organisation, für die Bedeutung von Transaktionskostensenkung im Handel im Hanseraum, etc. – Man muss unwillkürlich an den genannten Gotke van Telchten denken, der seinem Geschäftspartner Jacob Wedekind zwei Fass Malvasier übersandte: er wird doch wohl genau gewusst haben, welches Volumen sie hatten, oder? – Man wünscht diesen Beiträgen eine breite Rezeption, die leichter wäre, würde die Reihe nicht in einem eher abseitigen Verlag erscheinen. Eine zumindest parallele Publikation in einem online-Format wäre hier vielleicht eine Möglichkeit.

Niels Petersen

Jochen Hermann Vennebusch und Klaus Gereon Beuckers (Hrsg.), Hans Apengeter. Norddeutscher Bronzeguss des 14. Jahrhunderts im Kontext (Opera Borealia. Beiträge zur norddeutschen Kunst des Mittelalters und der Frühen Neuzeit 1), Regensburg: Schnell & Steiner 2022, 368 S., zahlr. Abb., ISBN 978-3-7954-3603-2. – Hans Apengeter zählt zu den herausragenden norddeutschen Bronzegießern der ersten Hälfte des 14. Jhs. Vermutlich aus Halberstadt stammend, wird er vor 1300 geboren worden sein und ist nach 1351 verstorben; in den Jahren 1332 bis 1344 ist er in Lübeck nachweisbar, seine Werke finden sich darüber hinaus u.a. auch in Kiel, Wismar, Rostock, Kolberg und Stettin und – falls er mit Johannes von Halberstadt identisch ist – auch in Hildesheim. Dieser prächtige Sammelband vereinigt genaue Untersuchungen seiner einzelnen Werke sowie Einschätzungen seiner Vorbilder und Arbeitsweise, denn zu seiner Biografie ist kaum etwas bekannt. *Anna Kajsa Hill* betrachtet einleitend die Forschungsgeschichte zu Apengeter im 19. und 20. Jh.: „Zur (Re)Konstruktion eines mittelalterlichen Bronzegießers. Forschungsstand und Zuschreibungsdiskurse im Werk von Hans Apengeter“ (13-25). Einzelnen kirchlichen und profanen Objekten widmen sich sodann *Vera Henkelmann*, „Der Siebenarmige Leuchter von Hans Apengeter in der Marienkirche zu Kolberg. Ein Monument des Repräsentations- und Memorialstrebens von Hans Apengeter und Gottfried von Wida gleichermaßen" (27-49), der die älteste, auf 1327 datierbare Arbeit Apengeters ist, und *Joanna Olchawa*, „Geschaffen, um verkauft zu werden. Apengeters fünf Aquamanilien und ihre retrospektiven Stiltendenzen" (51-63). *Krista Profanter* untersucht „'von einem unbekannten Meister'. Das Bronzetaufbecken der Wismarer Marienkirche und der Erzgießer Hans Apengeter" (75-95), und einer weiteren Fünte widmet sich *Anna Lena Frank*, „Der dreifache Johannes. Zur Intermedialität der Kieler Bronzetaufe" (135-164). *Christina Link* kann in ihrem Aufsatz „Bronzeguss im Dienste der Aufsicht über Maß und Gewicht. Die vier bronzenen Rostocker Scheffelmaße" (65-73) nachweisen, dass die bekannten Scheffelmaße nicht, wie bisher angenommen, im Auftrag des Rostocker Rates, sondern als private Stiftung an das dortige Heilig-Geist-Hospital entstanden, das als Wirtschaftsbetrieb durchaus solche Normmaße benötigte und dadurch auch eine Bedeutung im Wirtschaftsleben der Stadt hatte. Weitere Aufsätze wenden sich speziell Lübecker Werken zu: *Jochen Hermann Vennebusch*, „Innovation – Variation – Rezeption. Das Taufbecken in der Lübecker Marienkirche im Kontext des nord- und mitteldeutschen Bronzegusses" (97-133) bietet eine neue Einschätzung dieser aus seiner Sicht bisher verkannten Fünte und *Antje Fehrmann* analysiert „Das Grabmal des Bischofs Heinrich II. von Bocholt im Dom zu Lübeck" (191-211), ein singuläres und ausgesprochen beeindruckendes Werk. *Klaus Niehr* untersucht „Geschichte – Technik – Kunst. Hans Apengeters Werke in historisch vergleichender Perspektive" (167-189) und fragt berechtigt nach der Rolle Apengeters bei der Herstellung der Objekte, den Fertigkeiten damaliger Handwerker sowie der Arbeitsteilung in den Werkstätten. Ebenfalls Bezüge zu Lübeck weisen die folgenden Aufsätze aus. *Otto A. Baumgärtel* ermöglicht „Einblicke in eine spätmittelalterliche Bildguss-Werkstatt. Ein neu entdeckter Türzieher, sein stil- und handwerksgeschichtliches Umfeld und Beiträge zu Hans Apengeters Biografie" (213-241) und *Ursula Prinz* äußert sich „Ego sum ostium. Zum Bildprogramm der Türzieher der Bronzewerkstatt Hans Apengeters aus Kolberg und Stettin – mit einem Vergleich des Hamburger Löwenkopfbeschlags" (243-261). *Faline Eberling* wiederum betrachtet „'Dat wy des rikes ere vorden unde vordsetten'. Der Türzieher am Lübecker Rathaus: Abbild der Beziehung zum Reich und des Selbstverständnisses des Rates" (263-275). Da die schriftlichen Nachrichten auf den Werken der Gießer besonders wichtig für deren Identifizierung und die Datierung der Objekte sind, befassen sich zwei Autoren speziell mit diesen: *Claus Peter* äußert sich zu „Ein Meister ut Sascen Lant. Zur Frage der Signaturen „Hans Apengeter" und „Johan von Halverstad" auf Glocken und anderen Bronzegüssen" (277-313) und *Jörg H. Lampe* untersucht „Die Inschriften auf den Werken Hans Apengeters und Johannes von Halberstadts. Eine epigraphische Analyse" (325-349); dazu liefert er einen Katalog von 15 Werken. Nur ganz vorsichtig stellt *Tobias Schoo* in seinem Aufsatz „Geschaffen am Hohen Weg. Eine Glockengussgrube des 13./14. Jahrhunderts in Halberstadt" (315-323) Bezüge zur Arbeit Apengeters her. Abschließend bieten die Herausgeber *Jochen Hermann Vennebusch* und *Klaus Gereon Beuckers* mit ihrem Beitrag „Hans Apengeter. Ein Epilog" (351-358) eine generelle Einschätzung der Werke und der Tätigkeit dieses bedeutenden Bronzegießers, zu denen durch diesen Sammelband neue Erkenntnisse geliefert werden, aber der schwierigen Überlieferung wegen auch Fragen offen bleiben. Das Buch besticht durch die detaillierten Analysen der Werke Apengeters und die unterschiedlichen Sichtweisen der einzelnen Autoren, die leider nicht durch ein Personen- und Ortsregister erschlossen werden. Darüber hinaus werden die Werke Apengeters und insbesondere deren Bildprogramme dem Leser des Bandes durch aussagekräftige historische und aktuelle Abbildungen nahegebracht, was bei der Betrachtung der Originale an ihren Standorten in dieser Form gar nicht möglich wäre und das Lesevergnügen an dem Buch noch erhöhen.

Ortwin Pelc

Christl Wickert, Keine Gerechtigkeit. Die ungleiche Unterstützung des KZ-Überlebenden Fritz Bringmann und des SS-Mannes Walter Filsinger nach 1945 (Reihe Neuengammer Kolloquien 9), Berlin: Metropol 2022, 208 S., zahlr. Abb., ISBN 978-3-86331-676-1. – Eine Stele auf dem Vorwerker Friedhof in Lübeck erinnert an die sozialistische Arbeiterfamilie Bringmann, die mit ihren acht Söhnen von 1933 und 1945 „kompromisslos und unerschrocken gegen die nationalsozialistische Diktatur" eintrat. Allen, die sich mit der Geschichte des Konzentrationslagers Neuengamme beschäftigen, wird der Name des gebürtigen Lübeckers Fritz Bringmann (1918-2011) bekannt sein. Nicht allein wegen seiner dortigen, fünfjährigen Haftzeit von 1940 bis 1945, sondern insbesondere wegen seines jahrzehntelangen Kampfes um eine Gedenkstätte am Ort des ehemaligen Konzentrationslagers und seiner kontinuierlichen Aufklärungs- und Erinnerungsarbeit: Anlässlich seines 80. Geburtstages würdigte die damalige schleswig-holsteinische Ministerpräsidentin Heide Simonis den in Aukrug bei Neumünster lebenden Fritz Bringmann als einen Mann, „der seit 1945 seine ganze Kraft dafür eingesetzt hat, die nationalsozialistischen Verbrechen nicht in Vergessenheit geraten zu lassen" (Die Welt, 9.2.1998). Zwei Jahre später, im Januar 2000, wurde ihm im Hamburger Rathaus das Bundesverdienstkreuz 1. Klasse verliehen. Eine Auszeichnung, die ihm zuvor die Bundesinnenminister Rudolf Seiters und Manfred Kanther verweigerten, weil er doch Kommunist war. – Nun hat die Historikerin Christl Wickert mit ihrer jüngsten Veröffentlichung keine Biographie Fritz Bringmanns geschrieben. Unter dem Titel „Erinnerungen eines Antifaschisten" hatte er sie 2004 selbst publiziert. W., die von 2000 bis 2005 als Kuratorin in der KZ-Gedenkstätte Neuengamme gearbeitet hatte, ist Bringmann persönlich begegnet, führte mit ihm, wie seinen Mithäftlingen Jean Le Bris und Robert Pinçon, intensive Gespräche zur Darstellbarkeit der Verbrechen und ihrer Beurteilung. Daraus entstand, so die Autorin, die Idee einer „konkreten Gegenüberstellung eines Täters mit einem ehemals Verfolgten, insbesondere die Betrachtung ihres jeweiligen Lebens nach dem Ende des Nationalsozialismus" (8). Dass ihre Wahl auf den in Freiburg im Breisgau geborenen Walter Filsinger (1922-2010) fiel, kann nicht verwundern, denn 2005 lag ihr als Gutachterin für das Hamburger Sozialgericht Filsingers Sozialakte von 1948 bis 2005 vor. Filsinger, der der Waffen-SS freiwillig beigetreten war, war von Oktober 1940 bis Ende 1942 Blockführer und zeitweise Kommandoführer im Konzentrationslager Neuengamme. Einer von ca. 4.500 SS-Männern, die hier ihren „Dienst" taten. Es ist nicht auszuschließen, dass sich die Wege der beiden sehr unterschiedlichen Männer gekreuzt haben. – W.s klar gegliederte Veröffentlichung ist keine Doppelbiographie, wiewohl sie im ersten Teil ihrer Darstellung Fritz Bringmanns Weg in den Widerstand, seine Verhaftung, Inhaftierung im KZ Sachsenhausen, später im KZ Neuengamme sowie im Zuchthaus Bremen-Oslebshausen detailliert nachzeichnet, ebenso wie Filsingers Herkunft aus einem religiös geprägten Elternhaus in Baden-Württemberg und seinen Eintritt in die Waffen-SS. Bei aller biografischen Ausführlichkeit liegt der Schwerpunkt im zweiten Teil ihres Buches auf der ungleichen finanziellen Unterstützung des KZ-Überlebenden und des SS-Mannes nach dem Ende des Nationalsozialismus. Filsinger, der nach seiner Zeit als KZ-Aufseher an die Front versetzt und verwundet worden war, hatte noch Anfang des Jahrhunderts gegen die Streichung einer Zusatzrente geklagt. Eine Klage, die schließlich auf der Grundlage von W.s Sachverständigengutachten abgewiesen wurde. Schlagzeilen der Hamburger Tagespresse lauteten: „SS-Mann forderte Versehrtenrente – Klage abgewiesen" und noch entschiedener „KZ-Schläger lebte 55 Jahre auf Staatskosten. Das Sozialgericht streicht ihm die Bezüge – endlich!" – Trotz W.s langjähriger Freundschaft mit Fritz Bringmann stellt sie die Ergebnisse ihrer Recherchen so sachlich wie engagiert vor. Ihr nüchternes Resümee lässt es an Deutlichkeit nicht vermissen: „Es war leichter für ein Kriegsopfer, Unterstützung zu erlangen, als es einem Opfer der Verfolgung möglich war, seine Rechte auf Entschädigung durchzusetzen." (8) W.s Blick richtet sich auch auf die Familien beider Männer: „Insbesondere die Nachkommen von Verfolgten … litten unter sozialer Not, den damit verbundenen Diskriminierungen und dem Mangel an Unterstützung für ihre Bildung." (191) Bezogen auf die Familie des früheren SS-Mannes stellt sie fest: „Täterschaft und Verantwortung sind nach wie vor in vielen deutschen Familien kein Thema und auch mit Scham verbunden. Nur so lässt sich wohl erklären, dass Filsingers Familie dieses Buchprojekt zwar nicht behinderte, aber auch nicht bereit war, über den Vater bzw. Großvater, Schwager und Onkel zu sprechen." (191) – W. durchbricht dieses für die deutsche Nachkriegsgesellschaft nicht untypische Beschweigen der Verbrechen gegen die Menschlichkeit. Ihr geschichtspolitisches Engagement erklärt W. mit einem Zitat des ungarischen Literaturnobelpreisträgers und Auschwitz-Überlebenden Imre Kertész: „Es gibt Fragen, auf die die Antwort zu geben unmöglich ist, doch ebenso unmöglich ist es, sie nicht zu stellen."

Wilfried Weinke

Lübeck

125⁺ Jahre. Vom Meister zum Master. Festschrift, Hrsg.: Dekanat des Fachbereichs Bauwesen der Technischen Hochschule Lübeck, Lübeck: Eigenverlag der Technischen Hochschule Lübeck 2022, 114 S., zahlr. Abb. [= Festschrift] und *Joachim Heisel, Von der Freyen Zeichenschule zur Staatsbauschule – die Baulehre in Lübeck 1795-1945. Chronik. Mit einem Beitrag von Peter Wilberg-Vignau, Lübeck: Eigenverlag der Technischen Hochschule Lübeck 2022, 142 S., 57 Abb., 33 Tab.* [= Chronik] – 2022 hat der Fachbereich Bauwesen der TH Lübeck sein 125-jähriges Jubiläum gefeiert. Aus diesem Anlass sind die hier anzuzeigenden beiden Druckschriften erarbeitet worden. Eines fällt bei ihrer Titelgestaltung sofort auf: das Pluszeichen nach der 125. Denn zum einen datiert die Gründung der Baugewerkschule, auf die sich das Jubiläum bezieht, in das Jahr 1896, hätte also schon 2021 gewürdigt werden können, zum anderen ist die Tradition des Unterrichts im Baufach in der Hansestadt Lübeck sogar noch wesentlich älter als das 2022 gefeierte 1¼-Jahrhundert, denn 1795 entstand in Lübeck die „Freye Zeichenschule für angehende Handwerker". Dies beleuchtet sehr anschaulich und auf Basis reichhaltiger Quellen im Archiv der Hansestadt Lübeck Joachim Heisel, 2006-2021 Professor am Fachbereich Bauwesen der TH Lübeck, seit 2021 Seniorprofessor, sowohl zusammenfassend in der Festschrift (Vom Meister zum Master – zur Geschichte der Baulehre in Lübeck, 16-29) als auch wesentlich ausführlicher und mit Schwerpunkt auf dem Zeitraum 1795-1945, illustriert durch erhellende Tabellen zu Lehrinhalten, Lernenden und Lehrenden, in der Chronik. Sie ermöglicht, zum Teil in Exkursen, auch einen umfassenden Einblick in die Entwicklung des Unterrichts im Baufach und seiner Trägerinstitutionen in Deutschland und Europa seit dem 16. Jh., ohne den die Geschichte des heutigen Fachbereichs in Lübeck nicht vollständig wäre. So griff die Gemeinnützige bei der Gründung der Freyen, also kostenlosen, Zeichenschule eine Idee auf, die zuvor schon in vielen deutschen Städten und vor allem in Hamburg realisiert worden war. Die Lübecker Einrichtung wurde im Zeitraum von 1805-1827 wesentlich durch ihren Leiter, den Architekten Joseph Christian Lillie geprägt. Dieses besondere Kapitel beleuchtet der Beitrag von Peter Wilberg-Vignau (Joseph Christian Lillie und die Lübecker Zeichenschule 1795-1827, 27-33, übrigens eine vom Autor genehmigte Verwendung eines erstmals in der ZVLGA 50 (1970), S. 147-151, erschienenen „Kleinen Beitrags"). Träger der Ausbildung war im Anschluss die 1841 gegründete Gewerbeschule der Gemeinnützigen, die 1875 verstaatlicht worden ist. Als deren selbständiger Zweig entstand 1896 die Baugewerkschule, am 11. November des Jahres nahmen die ersten 18 Schüler ihren Unterricht mit 44 Wochenstunden auf. 1923 wurde dieser Bereich eingestellt, der

Unterricht konnte eineinhalb Jahre später nur zum Teil wieder an der Lübecker Gewerbeschule stattfinden, als Vorbereitung für auswärtige Baugewerkschulen. Dies änderte sich Ende 1933 mit Einrichtung der staatlichen „Höheren Technischen Staatslehranstalt für Hochbau", die seit 1937 (nun in Folge des Verlustes der Eigenstaatlichkeit in preußischer Zuständigkeit) unter „Staatsbauschule Lübeck" firmierte und spätestens seit 1938 im Gebäude Langer Lohberg 24 untergebracht war. Hierher kamen die Schüler, die 1942 in andere Räume verlegt worden waren, zum Sommersemester 1946 zurück. Ihre Lehranstalt hieß seit der Gründung des Bundeslandes Schleswig-Holstein fortan „Landesbauschule Lübeck", wurde 1955 umbenannt in „Staatsbauschule Lübeck, Ingenieurschule für Bauwesen" und erhielt 1965 die Bezeichnung „Staatliche Ingenieurschule für Bauwesen". 1969 wandelte sich die Staatsbauschule zum „Fachbereich Hoch- und Ingenieurbau" der neu gegründeten Lübecker „Fachhochschule für Technik und Seefahrt" – und war trotz wachsenden Zulaufs noch immer untergebracht in den inzwischen museumsreifen Räumen am Langen Lohberg. Dies änderte sich erst im August 1971 mit der offiziellen Übergabe der Gebäude 14 und 15 auf dem FH-Campus am Mönkhofer Weg. Die Geschichte des Unterrichts im Bauwesen an der Fachhochschule Lübeck (so der Titel seit 1973) blieb aufgrund der Entwicklung des staatlichen Hochschulwesens auch in den folgenden Jahrzehnten wechselvoll. Das Jahr 2007 hebt sich dabei hervor durch die Umsetzung der 2003 von der Landesregierung beschlossenen Konzentration aller schleswig-holsteinischen Architektur- und Bauingenieurstudiengänge in Lübeck, deren Status als Weltkulturerbe zu dieser Entscheidung beigetragen hatte: „Die baukulturelle Tradition der Hansestadt sollte eine wichtige Grundlage des neuen, einzigen Fachbereichs Bauwesen im Land sein." (Festschrift, 25). Eine Vergrößerung des Lehrköpers sowie die Sanierung und Erweiterung der Lehrgebäude gingen mit diesen Veränderungen einher. Auch in den folgenden Jahren unterlag der Fachbereich einem ständigen Wandel, neue Studiengänge sind hinzugekommen, 2018 erfolgte die Umbenennung in Technische Hochschule Lübeck. Der Fachbereich Bauwesen bietet heute „alle relevanten Baustudiengänge in der erforderlichen inhaltlichen Breite und der notwendigen fachlichen Tiefe mit Erfolg" an und ist damit „eine gut aufgestellte Lehr- und Forschungsstätte für das Bauwesen" (Festschrift, 29). Dies zeigt die Festschrift mit ihren anschaulich bebilderten und von den jeweils verantwortlichen Lehrenden verfassten Einblicken in die Studiengänge Bachelor und Master Architektur, Stadtplanung, Bachelor und Master Bauingenieurwesen, Nachhaltige Gebäudetechnik und Water Engineering sowie in zehn Kompetenzfelder, hierunter z.B. „Baugeschichte und Stadtbaukultur", „Nachhaltigkeit" und „Digitalisierung im Bauwesen". Der folgende Abschnitt „Aktivitäten" berichtet u.a. über die Kooperationen mit Hochschulen in Hangzhou, China, sowie Chernivtsi, Ukraine, über die seit 1997 bestehende Zusammenarbeit mit der NordBau in Neumünster sowie die Anbindung der Materialprüfanstalt Schleswig-Holstein an die TH Lübeck. Die Festschrift schließt – wie könnte es anders sein bei dieser wandelbaren, sich immer wieder neu erfindenden Lübecker Institution – mit einer Definition ihrer Ziele für die Zukunft, für die ihr weiterhin viel Erfolg zu wünschen ist.

Meike Kruse

Wolfgang Czieslik und Jan Zimmermann (Hrsg.), NaWi(e) war das? 150 Jahre Naturwissenschaftlicher Verein zu Lübeck 1872-2022, Lübeck: Schmidt-Römhild 2022, 224 S., zahlr. Abb., ISBN 978-3-7950-5261-4. – Die Publikation entstand, wie dem Namen unschwer zu entnehmen, anlässlich des 150jährigen Jubiläums des Vereins. Unter den Grußworten an den Verein sticht das des Wissenschaftlers und Politikers *Ernst Ulrich von Weizsäcker* hervor, der Fortschrittsoptimismus einerseits und die Abschätzung der Folgen der Nutzung von modernen Technologien andererseits kritisch unter die Lupe nimmt. – Die Veröffentlichung umfasst zahlreiche Aufsätze versierter Autoren, welche die vielfältigen Facetten und Interessen dieses Vereins aufzeigen. Im ersten Beitrag diskutiert *Dietrich von Engelhardt* eher philosophisch die unterschiedlichen Ansätze der Natur- und Geisteswissenschaften und ihr Ringen um ihren gemeinsamen Bildungsauftrag. – Ausführlich widmen sich folgend die beiden Herausgeber, *Wolfgang Czieslik* und *Jan Zimmermann*, sowie *Rudolf Taurit* der Historie des Naturwissenschaftlichen Vereins zu Lübeck im Kontext der Zeitgeschichte im deutschsprachigen Raum. Aus den Reihen der seit 1864 in Lübeck bestehenden Naturwissenschaftlich-medizinischen Gesellschaft kam es im Jahr 1872 zur Gründung des heute noch bestehenden Naturwissenschaftlichen Vereins. Entsprechend seines Satzungszweckes, „...die Förderung und Pflege naturwissenschaftlicher Interessen im Kreise von Fachgenossen", beschränkte sich der Verein in der Anfangszeit auf vereinsinterne Aktivitäten für seine Mitglieder, deren Kreis begrenzt war („nur akademisch gebildeten Herren, die sich auf naturwissenschaftlichem Gebiet betätigen"). In monatlichen Sitzungen und regelmäßigen Vortragsabenden wurde zahlreichen naturwissenschaftlichen Fragestellungen aus der Medizin, Physik und Chemie nachgegangen, neue technische Entwicklungen vorgestellt, Geräte vorgeführt und Experimente durchgeführt. Gerade in den ersten Jahren befasste er sich zudem mit Themen der öffentlichen Gesundheitsvorsorge. Neben Vorträgen fanden Exkursionen statt, im Kaiserreich z.B. zu den neuen technischen Versorgungswerken der Stadt. Ab 1920 öffnete sich der Verein auch für akademisch gebildete Frauen. Die Autoren beleuchten darüber hinaus die Auswirkungen des Nationalsozialismus auf die Vereinsorganisation, die verbunden waren mit der Angliederung des Vereins an die Gesellschaft zur Beförderung gemeinnütziger Tätigkeit. Nach Schlaglichtern auf die Weiterbildungsarbeit des Vereins, sein gesellschaftliches Leben und sein umfangreiches pädagogisches Wirken wird der Entwicklung des Vereins seit Einführung der neuen Satzung im Jahr 1945 Rechnung getragen. Sie war u.a. geprägt durch seine Öffnung für alle unbeschränkt geschäftsfähigen Personen. Heute dient der Verein als Austauschplattform für sämtliche Naturwissenschaften nach innen und durch viele öffentliche Veranstaltungen vor allem auch nach außen. – Nachstehende Artikel analysieren fachspezifisch die unterschiedlichen Richtungen des Vereins. Ausgehend von den abwechslungsreichen Vortragsthemen nehmen die Autoren Bezug zu früheren Forschungen bis in die Gegenwart. *Cornelius Borck* wertet die Vorlesungen des Vereins mit besonderem Blick auf die medizinischen Vorträge aus, die gerade in den ersten Jahrzehnten einen breiten Raum einnahmen. *Eckhard Scheufler* unternimmt den Versuch, den Lesenden die pharmakologischen und toxikologischen Inhalte nahe zu bringen und *Einhard Schierenberg* widmet sich den eher seltenen biologischen Themen. Physikalische und chemische Diskussionen des Vereins erläutert sehr anschaulich *Wolfgang Czieslik.* Ihnen allen gemein ist, dass sie eine Verantwortung des Vereins sehen „mit naturwissenschaftlichem Sachverstand und bürgerlichem Engagement die Überlebensmöglichkeiten auf diesem Planeten zu sichern", wie es Cornelius Borck so treffend formuliert hat. – Zur Geschichte der Astronomie in Lübeck, insbesondere der Lübecker Sternwarten, informiert ein Aufsatz von *Ulrich Bayer* und *Jan Zimmermann.* Sie heben die besondere Rolle von Dr. Peter von der Osten-Sacken für die Lübecker Astronomie hervor, der die Sternwarte von 1952 bis 1990 leitete. Er prägte obendrein den Naturwissenschaftlichen Verein als Vorsitzender von 1964 bis 1994. – In seinem engagierten Beitrag weist *Wolfram Eckloff*, ausgehend von seiner Tätigkeit als langjähriger Leiter des Naturhistorischen Museums und als Vereinsvorsitzender, auf die Verantwortung insbesondere der Wissenschaften für den Erhalt unserer Natur hin: „Das Ethos der Wissenschaft kennt nur einen höchsten Wert: die Schaffung zuverlässiger Information." Gleichzeitig appelliert er energisch an die Kommune Lübeck und an jeden Einzelnen, sich des Klimawandels bewusst zu werden und Veränderungen für den Erhalt unseres Lebens nicht zögerlich anzugehen. – *Susanne Füting,* die derzeitige Leiterin des nunmehr in „Museum für Natur und Umwelt" umbenannten Museums, vermittelt in ihrem fachkundigen Aufsatz einen Überblick über die Geschichte des Museums, dessen Grundstein im Jahr 1800 die Schenkung der Sammlungen des Arztes und Naturforschers Johann Julius Walbaum an die Gesellschaft zur Beförderung gemeinnütziger Tätigkeit bildete. 1884 wurde die Sammlung in das „Naturhistorische Museum“ umgewandelt und seit 1893 präsentierte es sich in den Räumen des „Museums am Dom“. Die Autorin zeigt neben der historischen Entwicklung des Museums besondere Sammlungsgebiete früher und heute auf. Und auch sie weist abschließend auf die große Aufgabe unserer Zeit hin: der Verantwortung für die Zukunft der Biodiversität. – Zwei kleinere Aufsätze runden die Schrift ab: *Christoph Hinkelmann* berichtet über eine inzwischen nicht mehr vorhandene kleine Vogelsammlung des Museums und *Hans-Jürgen Kämpfert* zieht einen Vergleich des Lübecker Naturwissenschaftlichen Vereins zu den Naturforschenden in Danzig. – Den Abschluss dieser sachlich fundierten Veröffentlichung bilden Biografien ausgewählter Mitglieder des Vereins von *Jan Zimmermann,* ausgezeichnet bebildert und mit Quellennachweisen versehen, wie alle Artikel. Anhand der Quellennachweise fällt auf, dass fast keinem dieser Naturwissenschaftler ein Artikel im Biografischen Lexikon für Schleswig-Holstein und Lübeck gewidmet wurde, ein Beispiel für die eben eher „kunstdominierte“ Kulturszene Lübecks, wie es Wolfram Eckloff treffend geschrieben hat. – Abschließend sei angemerkt, dass die Schrift nicht nur äußerst informativ ist, sie zeigt zudem das hohe Engagement der Autoren für ihr Sachgebiet im Zusammenhang mit dem Erhalt unserer einzigartigen Erde auf. Dem Verein ist zu dieser hervorragenden Broschüre zu gratulieren und es ist zu wünschen, dass die Stimmen der Naturwissenschaften heute nicht nur wahrgenommen werden, sondern Veränderungen umgesetzt und die Menschen der Verantwortung für ihren Planeten Erde endlich gerecht werden.

Kerstin Letz

Lars Frühsorge (Hrsg.), Spuren der Lübecker Kolonialgeschichte. Begleitheft zu dem Ausstellungszyklus „Afrika in Lübeck“ der Völkerkundesammlung in den Lübecker Museen, Lübeck: Die Lübecker Museen, Völkerkundesammlung 2022, 153 S., zahlr. Abb., ISBN 978-3-943210-39-0. – Der Band setzt sich zum Ziel, wie Lars Frühsorge, Herausgeber und Verfasser der überwiegenden Zahl der Beiträge, einleitend erläutert, „das verdrängte Kapitel des Kolonialismus in der Geschichte wieder sichtbar und einem breiten Publikum zugänglich zu machen“ (1). Dies geschieht in 17 unterschiedlich ausführlichen Einzelbeiträgen, die sich sowohl allgemeinen Themen wie „Menschenhandel“, „Mission“ oder „Völkermord“, als auch speziellen Aspekten im Zusammenhang mit den ethnologischen Sammlungen oder Persönlichkeiten mit Bezug zu Lübeck widmen. Die Gliederung folgt einer gewissen Chronologie, wobei der Rez. immer wieder auf inhaltliche Redundanzen stößt und sich schwertut, einen roten Faden zu erkennen. Der Versuch einer thesenartigen Zusammenfassung ist am ehesten im einleitenden Beitrag „Grundzüge der Lübecker Kolonialgeschichte“ (2-9) zu erkennen. Dem Anspruch, ein breites Publikum anzusprechen, wird das Buch durch eine reichhaltige Bebilderung und eine verständliche Sprache gerecht (sofern man sich nicht an dem „selbstgestrickt“ wirkenden Layout oder an Wortkonstruktionen wie „vierzehn Nothelfer:innen“ (12) stört). Der Herausgeber verfolgt, ohne dass dies theoretisch reflektiert würde, einen sehr weiten Kolonialismusbegriff, der es ermöglicht, weit über die Zeit der deutschen Kolonialherrschaft 1884 bis 1918 hinauszublicken und unterschiedlichste Aspekte weltweiter Vernetzungen, die in der Regel von europäischer Dominanz und Unterdrückung fremder Völker geprägt waren, mit Hilfe von Lübecker Beispielen aufzuzeigen. Es liegt in der Natur der Sache, dass dabei der Lübecker Völkerkundesammlung besondere Aufmerksamkeit zukommt, versteht sich diese doch heute als „Impulsgeber für diese wichtige gesellschaftliche Debatte“ (1). Der Fokus richtet sich dabei nicht allein auf Sammlungsobjekte und ihren kolonialen Kontext sowie damit einhergehend auf eine kritische Reflexion der eigenen Museums- und Sammlungsgeschichte.

Darüber hinaus gehend finden Themen wie die Zurschaustellung von „exotischen" Menschen (die im Übrigen auch aus dem Norden Europas stammen konnten) in Völkerschauen ebenso Raum wie aktuelle Stimmen aus der lübeckisch-afrikanischen Community. Ohne Zweifel ist dies alles, gerade für eine sicherlich nicht besonders üppig ausgestattete Institution, als höchst verdienstvoll und innovativ einzuschätzen. Schwer tut sich der Rez. allerdings damit, der Lektüre Charakteristika einer spezifischen „Lübecker Kolonialgeschichte", wie sie der Titel suggeriert, zu entnehmen. Dass in Lübeck heute Menschen afrikanischer Herkunft leben, hat nur bedingt mit dem (deutschen) Kolonialismus und sicherlich nicht mit einer besonderen lokalen Ausprägung zu tun. Ebenso wenig wie die Tatsache, dass sich unter vorreformatorischen Heiligendarstellungen, die sich in den Lübecker Sammlungen wiederfinden, auch Christen aus Nordafrika befinden oder dass im früheren Zoo Löwen gehalten wurden. Es geht hier also weniger um Kolonialismus an sich, sondern (wie es der Titel des zugrundeliegenden Ausstellungszyklus nahelegt) um Bezüge zum afrikanischen Kontinent, die sich in der Stadt in verschiedenster Weise widerspiegeln. Im Gegensatz zum Ausstellungstitel bleibt der Band aber nicht auf Afrika beschränkt, sondern versucht, Kolonialismus als globales Phänomen zu fassen, wobei auch Sammlungsobjekte von Samen in Skandinavien oder Tscherkessen im Kaukasus vorgestellt werden. Da auch dort koloniale Herrschaftsinstrumente eingesetzt wurden, ist dies als durchaus legitim zu erachten. Auf den Rez. wirkt es aber irritierend, wenn in manchen Textpassagen, etwa über die Legende der Heiligen Drei Könige (14f.) oder die „komplexe Geschichte der Gottheit Mami Wata" (126) keinerlei stadtgeschichtlicher Bezug erkennbar ist, wenn sich der Herausgeber moralisierend darüber auslässt, dass „das historische Kapitel der Sklaverei bis heute in höchst fragwürdiger Weise instrumentalisiert" (40) werde, oder wenn wiederholt vom „Nürnberger [sic!] Handelshaus der Fugger" (3, 19) die Rede ist. Gänzlich rätselhaft erscheint der Umgang mit Fußnoten. Diese sind nämlich in den Beiträgen nur spärlich gesetzt (insgesamt an 62 Stellen); oftmals fehlen sie genau da, wo man sie erwarten würde, etwa bei Zitaten, und sie beziehen sich insgesamt nur auf wenige Titel (mitunter auf die eigenen) aus dem überschaubaren Literaturverzeichnis. Hinweise auf Archivquellen, etwa im Archiv der Hansestadt Lübeck, sucht man dort vergebens. – Wie stark war und ist die Lübecker Stadtgeschichte von kolonialen Aspekten geprägt? Wie präsent war etwa im Kaiserreich die Deutsche Kolonialgesellschaft als lokale Vertreterin der „Koloniallobby"? Was bedeutet es für eine Stadt, dass in ihren Mauern einige überregional bedeutende Kolonialisten zu Hause waren, wie etwa der Expeditionsleiter Günther Tessmann (1884-1969), der an der Kolonialgesetzgebung des Deutschen Reiches maßgeblich beteiligte Diplomat Friedrich Richard Krauel (1848-1918) oder der Tierbildhauer Fritz Behn (1878-1970)? Diese und andere interessante Personen werden zwar vorgestellt, aber darüberhinausgehende Fragen kaum gestellt, geschweige denn beantwortet. – Wer eine wissenschaftlichen Ansprüchen genügende, verschiedene Formen und Ausprägungen des Kolonialismus differenzierende Lokalstudie erwartet (wie etwa der nur wenig umfangreichere, 2018 erschienene Sammelband „Freiburg und der Kolonialismus", hrsg. von Bernd-Stefan Grewe u.a.), wird von den „Spuren der Lübecker Kolonialgeschichte" enttäuscht sein. Wer Anregungen für eine tieferschürfende Beschäftigung mit kolonialen Phänomenen in Lübeck oder auch nur für die persönliche selbstkritische Reflexion mit dem Kolonialismus sucht, wird solche hier durchaus finden. Denn es dürfte das erste Mal sein, dass kolonialgeschichtliche Spuren in Lübeck in solcher Weise zusammengetragen worden sind. Dabei ist es schade, dass der Band thematisch unentschlossen wirkt, sich auch konzeptionell nicht entscheiden kann, ob er Sammelband, Ausstellungskatalog, Studie, erinnerungspolitisches Statement oder doch nur ein knappes Begleitheft sein will – für Letzteres wirkt er eigentlich schon zu ausführlich. Kolonial- und globalgeschichtliche Perspektiven, die für Lübeck und darüber hinaus von Interesse sein können, zeigt er trotz der genannten Schwächen allemal auf.

Markus Seemann

Natalija Ganina, Albrecht Cordes und Jan Lokers (Hrsg.), Der Bardewiksche Codex des Lübischen Rechts von 1294. Band 3: Albrecht Cordes, Rechtshistorischer Kommentar, Oppenheim: Nünnerich-Asmus 2022, 288 S., ISBN 978-3-96176-178-4. – Die Jahre 2021 und 2022 markieren ein Großereignis in der Erforschung des Lübischen Rechts: es erschien das dreibändige Werk über den im Jahre 1294 im Auftrag des Lübecker Ratsherrn Albrecht von Bardewik erstellten luxuriösen Rechtscodex. Die zwei ersten Bände dieser Ausgabe wurden in ZLG 101, 2022, S. 299-302 rezensiert. Den dritten Band bildet der rechtshistorische Kommentar von Albrecht Cordes, Inhaber des Lehrstuhls für Mittelalterliche und Neuere Rechtsgeschichte und Zivilrecht an der Goethe Universität Frankfurt, der auch eine gewichtige Rolle als Mitverfasser der zwei ersten Bände innehatte, u.a. bei der Übersetzung des Codex und der Darstellung der frühen Geschichte des Lübischen Rechts. – Als Ziel der Kommentare wird die Erklärung des Inhalts der Rechtsnormen des Codex für einen Leser ohne juristische Vorbildung gesetzt. So wie in der Textedition des 1. und 2. Bandes wurden die Artikel des Codex vom Herausgeber in Kapitel eingeteilt. Dem allgemeinen Profil eines jeden Kapitels folgen die Edition der Artikel und die Übersetzung in der im 1. und 2. Band veröffentlichten Form (geringfügige Korrekturen der Art. 112, 146 und 199 ausgenommen), die Zusammenfassung des Inhalts eines jeden Artikels und der Kommentar. Der Band endet mit Kommentaren zu aus rechtlichem Blickwinkel interessanten Teilen der Anhänge des Bardewikschen Codex (Hopfen- und Salzverkauf, Brotgewichtstaxe, Ratswahlordnung, Ratseid), einschließlich Glossar und Register. Eine besondere Hervorhebung verdienen die zahlreichen Illustrationen, die nicht nur der Verzierung dienen, sondern auch helfen, eine bessere Vorstellung von der materiellen und rituellen Anwendung des Rechts zu vermitteln. – C. hebt insbesondere die Bedeutung der Erforschung der Reihenfolge der Artikel hervor, denn es hilft, das Rechtsverständnis der mittelalterlichen Redakteure der Codices des Lübischen Rechts besser zu verstehen. Die Artikel 1-172 bilden inhaltliche Gruppen nach verschiedenen Rechtsbereichen. Obwohl bei der Formulierung mehrerer Artikel ein konkreter Präzedenzfall zugrunde gelegen zu haben scheint, kann man im Codex auch Versuche der Verallgemeinerung finden. Oder wie C. sagt: „Die Regelungstechnik der nächsten Epoche, also die Fähigkeit, die Prinzipien statt der Ausnahmen zu regeln, wirft ihre Schatten voraus. Der Bardewiksche Codex stellt sich als Produkt einer Übergangszeit heraus.“ (42) Der Verf. gesteht, dass die Eingrenzung der Kapitel nach Bereichen gelegentlich dennoch kompliziert ist und die Erwägungen der Redakteure der Rechtshandschrift nicht immer verständlich sind. So z. B. decken sich z. T. die Themen des 1. und 2. Kapitels (I. Eherecht, II. Erb- und Grundstücksrecht). Zwischen den Artikeln finden sich inhaltliche Überschneidungen (z. B. Art. 43, 48 und 51; Art. 53 und 54; Art. 77 und 78), aber auch Widersprüche (z. B. Art. 26 und 40, s. S. 44). – C. vermutet, dass die Artikel mit überschneidendem Inhalt aus unterschiedlichen Rechtskreisen stammen konnten und bei der Einfügung in den Bardewikschen Codex nicht redigiert wurden (47). Die inhaltliche Einteilung der Artikel zeigt sich nicht im ganzen Codex. Laut C.: „Das Experiment, den Stoff des lübischen Rechts in eine neue Form zu gießen, endet mit Art. 208, nachdem bereits ab ca. Art. 146 die kreativen Kräfte und geeigneten Themen aufgebraucht waren.“ (163) Diese Feststellung steht in einem gewissen Widerspruch zu der später geäußerten Meinung, dass die Systematisierung des dem 172. Artikel folgenden Teils durch den Umstand wesentlich erschwert werden konnte, dass der Codex schon vor der Niederschrift des Textes mit Initialen und Dekor ausgestattet war und darin für jeden Artikel eine entsprechende Lücke gelassen worden war (185). Ein solches Vorgehen deckte sich nicht mit der allgemeinen Praxis der Anfertigung mittelalterlicher Handschriften, die kodikologischen und paläographischen Merkmale, sichtbar im Faksimile des Codex (Bd. 1), weisen nicht darauf hin (ihnen entsprechend wurde zuerst der mit der schwarzen Tinte geschriebene Text fertiggestellt, danach die roten Artikelüberschriften und zuletzt die Initialen und das Dekor) und es widerspricht auch Inna Mokretsovas Artikel im 2. Band der Ausgabe (S. 216, 218). – Die Kommentierung des rechtlichen Inhalts der Artikel des Codex ist eine keineswegs leichte Aufgabe: die Formulierung vieler Paragraphen ist sehr lakonisch und beinhaltet nicht den zum Verstehen notwendigen Kontext, dessen Kenntnis für die Juristen des 13. Jhs. selbstverständlich war; die genaue zeitgenössische Bedeutung vieler niederdeutscher Begriffe ist oft schwer verständlich. Deshalb ist insbesondere der Beitrag hervorzuheben, den C. aus dem juristischen Blickwinkel bei der Kommentierung von wichtigen Begriffen leistet, die eine breite oder variierende Bedeutung haben (z. B. *erve*, *vorsate*, *wedde*, *were*, *wicbelde*) und die in der früheren Literatur nicht genug Beachtung gefunden haben. Dabei lässt C. bewusst lieber so manches Fragezeichen stehen, als den Leser möglicherweise auf einen Irrweg zu führen. – C. betont in der Einführung wiederholt, dass er sich auf einen Kommentar des Bardewikschen Codex beschränkt und keine breitere Analyse unternimmt. In diesem Punkt ist der Verf. vielleicht viel zu bescheiden: da es den Artikeln des Bardewikschen Codex ähnliche Bestimmungen zahlreich auch in anderen mittelalterlichen Codices des Lübischen Rechts gibt, trägt der Kommentar auch zum besseren Verständnis dieser Texte wesentlich bei. Außerdem sind in den Kommentaren bei passender Gelegenheit auch Parallelen zu anderen historischen Rechtscodices, d. h. zu anderen deutschen Stadtrechten, aber auch heutigen Rechtsbestimmungen und -prinzipien gezogen worden. C. hält sich dabei aber sehr gezielt zurück, verbleibende Wissenslücken willkürlich mit Texten aus anderen Zeitaltern oder Gebieten füllen zu wollen, was in der deutschen Rechtsgeschichte hin und wieder vorgekommen ist (10-11, 22). Zudem stellt er manche tief verwurzelten Deutungen zur Art des deutschen Rechts in Frage, beispielsweise, ob es im Falle des Mittelalters angemessen ist, über ein scharf umrissenes, einheitliches deutsches Privatrecht zu sprechen (15-16). Das Ziel sollte eher der Vergleich verschiedener mittelalterlicher Rechtsgebiete sein. – Zusammenfassend handelt es sich um eine vorbildliche Leistung auf dem Gebiet der rechts- und begriffsgeschichtlichen Analyse, und neben der Übersicht über die Entwicklung der rechtlichen Verhältnisse in Lübeck im 13. Jh. erhält der Leser auch ein farbenprächtiges Bild des mittelalterlichen Stadtlebens.

Tiina Kala

Philipp Höhn, Kaufleute in Konflikt. Rechtspluralismus, Kredit und Gewalt im spätmittelalterlichen Lübeck (Schwächediskurse und Ressourcenregime 11), Frankfurt/New York: campus 2021, 429 S., ISBN 978-3-593-51397-3. – Eine grundlegende Einsicht der Geschichtswissenschaft besteht darin, dass es vornehmlich Konflikte waren, die für das Zustandekommen von Quellen (genauer: von Schriftquellen) sorgten, welche der heutigen Geschichtsforschung zur Verfügung stehen. Mit der Frage, wie im Spätmittelalter Konflikte zwischen Fernhändlern geführt wurden, wendet sich die vorliegende Saarbrücken-Frankfurter Dissertation (bei Brigitte Kasten und Albrecht Cordes) folglich einem zentralen Gegenstand zu. Zwei Argumentationsstränge werden miteinander verbunden, die die Arbeit prägen, die Darstellung einzelner Konfliktfälle, die zur Bildung von Überlieferungskomplexen führten, und die theoretischen Ansätze zur Interpretation dieser Überlieferungen. – Was die theoretischen Ansätze angeht, so sind mehrere Dimensionen zu berücksichtigen. Zum einen lässt sich das Thema aus einer genuin rechtlich-rechtsgeschichtlichen Perspektive erschließen, daneben ist die Diplomatiegeschichte (was beispielsweise die Korrespondenz gegenüber fremden Königen angeht) zu berücksichtigen und nicht zuletzt wird auf die Historische Anthropologie bzw. auf die Sozial- und Kulturgeschichte mit ihrem Fokus auf der Gewalt als Zwangsmittel zur Interessensdurchsetzung Bezug genommen. Zugleich greift die Untersuchung jüngere quellenkritische Forschungen auf, die die im Zuge von Prozessen verfassten Schriftstücke nicht als Abbild einer Realität oder Wahrheit, sondern als Produkte eines Diskurses begreift, bei dem einmal mehr die Interessensdurchsetzung im Mittelpunkt steht; Schadenslisten beispielsweise können in diesem Sinn eher als „politische“ (in der weiteren Bedeutung des Worts) Texte verstanden werden. Lübeck kommt als „Haupt der Hanse“ immer wieder zur Sprache, doch ist die Nennung im Untertitel etwas irreführend, weil die Prozessbeteiligten aus dem gesamten Hanseraum stammen. Aber wenn auch die Arbeit die Hanse allgemein betrifft, so spielt Lübeck eine zentrale Rolle, sei es als Partei, als Ort von Hansetagen oder als politischer Akteur. – Ein erstes (und gleich in der Einleitung angeführtes) Problem besteht darin, dass es im Hanseraum (wie überhaupt im Alten Reich) kein geschlossenes Rechtssystem gab, sondern eine Fülle verschiedener örtlicher und landesweiter Rechte, die im Detail unterschiedliche Bestimmungen hatten, gerade, was die Regelung von Konflikten anging. Deswegen spricht die jüngere Forschung von einem Rechtspluralismus, der geherrscht habe. Von diesem ist grundsätzlich auszugehen, so der Tenor der neueren Rechtsgeschichte, die das vor allem im 19. Jh. in Wechselwirkung mit der Nationalbewegung geschaffene Bild vom „Deutschen Recht“, das dem Römischen und dem Kanonischen an die Seite gestellt werden könnte, als zu vereinheitlichend ablehnt. Folglich spielt das Lübecker Recht eine wichtige Rolle und damit auch das Lübecker Niederstadtbuch, dem der einleitende Fall eines Streits über einen Schiffsverkauf aus dem Jahr 1377 entnommen ist (9-11). – Gegliedert ist die Arbeit in sieben große Kapitel, zunächst der Einleitung in Kap. 1 (9-30), sodann einer Skizzierung des theoretischen Hintergrunds in Kap. 2 (31-55), verstanden überdies als Wiedergabe des Forschungsstandes, woraufhin es in Kap. 3 (57-94) eine Übersicht der relevanten Quellen gibt, hier allerdings gewendet als Frage nach der Schriftlichkeit. In Kap. 4 (95-207) werden die verschiedenen Gerichtshöfe von den Stadträten bis hinauf zum Königshof vorgestellt, wobei es dem Verf. darum ging, das Verhalten der Verfahrensbeteiligten zu skizzieren. Gegenstand des Kap. 5 (209-279) ist es, argumentative Kernbegriffe wie Recht, Ehre usw. herauszuarbeiten, die elementar für das „soziale Kapital“ waren, das wiederum konstitutiv für die Kreditwürdigkeit der Kaufleute war. Das 6. Kap. (281-349) gilt dem Problem des Raubs, der Piraterie, die abstrakter als „Warennahme“ gewertet wird. Es handelt sich gleichsam um die Ultima ratio der Schädigung eines Gegners, wobei deren Stilisierung als Piraten einerseits sichtliche Parteiäußerung ist, andererseits Parallelen zur städtischen Diffamierung Adliger als Raubritter nahelegt. – Insgesamt ein weitgespanntes Programm, jedes Thema allein hätte schon eine Dissertation verlangt. Eine Rezension fällt nicht ganz leicht, da sowohl den herangezogenen Beispielkonflikten als auch den unterschiedlichen theoretischen Interpretationsmodi Gerechtigkeit widerfahren zu lassen ist. – Im Mittelpunkt stehen Kaufleute. Zur Erklärung kaufmännischen Verhaltens wird von einer Richtung innerhalb der Wirtschaftswissenschaften seit den 1970er Jahren untersucht, wie sich allgemein-soziale, d.h. (vordergründig) außerökonomische Einrichtungen auf die Entscheidungen der Kaufleute (sowie andere Wirtschaftseinheiten) auswirkten bzw. umgekehrt, wie sich diese an die gegebenen Bedingungen anpassten. Zusammengefasst wird diese Forschungsrichtung als Neue Institutionenökonomik, die ganz folgerichtig am Anfang steht, hier im Kap. 2, erhebt sie doch den Anspruch, kaufmännisches Verhalten zu erklären. Der Verf. geht zu diesem Ansatz auf Distanz. Die Frage sei zwar überaus berechtigt, doch die Lösungen, die die Neue Institutionenökonomik anbietet, seien zu anstaltsstaatlich (42) und überhaupt gehe sie stillschweigend von Grundannahmen aus wie der Ineffizienz der Herrschaft in der Vormoderne (41) und der Stilisierung des Kaufmans als Homo oeconomicus (45), die für das Spätmittelalter nicht (oder nicht in dieser Form) zuträfen. – Stattdessen rekurriert der Verf. auf die Historische Anthropologie. Das hat grundsätzliche Folgen für die Fragestellung. Es geht nicht um die Konfliktlösung, sondern um die Konfliktführung (49), um nicht zu sagen Konfliktpraxis (zur jüngeren Forschungsrichtung der Praxeologie, 69):

Sichtbare Eröffnung, Geltendmachung von Forderungen, Aktivieren von Verbündeten („politischen Freunden"), Durchsetzung von Interessen, argumentative Abwertung des Gegners, nicht nur symbolische, sondern praktische Besetzung von Räumen, Anrufung fremder Gerichte, schließlich sogar Ergreifung von Gewaltmaßnahmen, andererseits Versuche der Deeskalation, und schließlich Verhandlungen und das Erzielen einer Einigung: auf all´ diese Formen stößt man bei der Quellenauswertung. Eine ganze Bandbreite möglichen Verhaltens tut sich auf, jeder Vorgang will in seinen je eigenen (Konflikt-) Kontext gestellt werden. Dieses Programm wird sodann in den drei Kapiteln der eigentlichen Untersuchung (Kapp. 4-6) umgesetzt in einer Tiefe und Ausführlichkeit, die hier nicht annähernd wiedergegeben werden kann. – Lediglich einzelne Punkte seien genannt. Von den Quellen (im Sinne der Arbeit „Konfliktschriftlichkeit") ist das Lübecker Niederstadtbuch hervorzuheben (71-76 und öfter), was den Rez. (er kann es nicht verhehlen) erfreut, arbeitet er doch intensiv über diese besondere, in ihrem Umfang und ihrer Reichhaltigkeit einzigartigen Registerserie. Ein gleichsam ewiger „Stein des Anstoßes" war das Bergen gestrandeter Schiffsgüter, weswegen das Strandrecht eigens behandelt wird zusammen mit der kirchlichen Gerichtsbarkeit (161-170); insbesondere für die Küstenschifffahrt in der Nordsee mit den Gezeiten und dem mehrere Kilometer breiten Wattenmeer, das im Spätmittelalter keine geschlossene Deichlinie kannte, war dieser Rechtsbereich von großer Relevanz. Sowohl Hansestädte als auch einzelne Kaufleute riefen mitunter das Gericht des römisch-deutschen Königs an, wobei man dort tunlichst über Informanten und Zuträger verfügen sollte, um das Verfahren zu eigenen Gunsten zu lenken (171-184). Nicht zuletzt konnte auch der Hansetag selbst als Forum des Konfliktausgleichs fungieren, während die Hanserezesse wiederum vor einem ordentlichen Gericht keine Beweiskraft hatten (185-204). Dass die Konflikte sich gelegentlich zu größeren Störungen des innerstädtischen Friedens steigern konnten, wenn selbst Ratsfamilien als Partei involviert waren, zeigt ein Fall aus Reval von 1406, bei dem der Revaler Ratsherr Gerd van der Beke dem Tideman Hadewerk aus einer Lübecker Ratsfamilie gegenüberstand (215-230). Die Strafverfolgung durch die Geschädigten, die sich durch einen städtischen Amtsträger unterstützen ließen, war Auslöser von Tätlichkeiten, Bruch des Hausfriedens bis hin zum Totschlag; Fragen der Ehre und des „social standings" werden berührt. Die in diesem Zusammenhang entstandenen Texte sind hinsichtlich ihres Detailreichtums und ihres gesamten Narrativs hingegen mit Vorsicht zu genießen. Sie geben keine Wahrheit wieder, sondern sind Parteiäußerungen, lediglich der Konflikt als solches und die sich gegenüberstehenden Gruppen (Klientelverbände, hier Netzwerke genannt) sind mit Sicherheit zu eruieren. Derartige Gruppen standen sich auch beim Streit zwischen Altem und Neuen Rat in Lübeck 1408-1416 gegenüber. Mehrere Mitglieder des Neuen Rats waren in einer Gläubigergemeinschaft zusammengeschlossen, die ausstehende Kredite beim Lübecker Münzmeister Peter Huck einforderten, während vom Alten Rat kein Mitglied dazugehörte (262-268); dass nicht bediente Kredite ein weites Feld der Konfliktforschung sind und folglich eine breitere Darstellung erfahren, sei nur am Rande vermerkt. – Konflikte konnten sich regelrecht auswachsen, wie es zwischen Kaufleuten aus Stralsund und King´s Lynn im Jahr 1400 geschah (294-311). Die entstandene Auseinandersetzung war eine große und schwierige Sache, handelte es sich doch um einen Konflikt mit denjenigen, auf deren Goodwill man angewiesen war, da man mit ihnen in Zukunft auch weiterhin Geschäfte treiben wollte (aber am liebsten zu Bedingungen, die man selbst diktierte); es ging damals nicht um die Vernichtung des Gegners, sondern um die Gefügigmachung. Letztlich handelt es sich um das Modell der „Fehde" (zu dieser nach Otto Brunner, 306), wobei Höhn die Fehde nicht wie Brunner als „subsidiäres Rechtsmittel", sondern als gewalttätigen Ausdruck eines Konfliktdiskurses interpretiert. Folgt man dieser Interpretation, gewinnen beispielsweise Schadensverzeichnisse, die im Mittelpunkt stehen, eine neue Bedeutung, indem diese nicht als

„Wahrheit", als Ausdruck einer Sachgegebenheit, sondern als Prozessäußerung, als Ausdruck einer subjektiven machtpolitischen Haltung verstanden werden. Von daher erklärt sich, warum die Parteien beim Konsensschluss auf einige Ansprüche verzichten konnten (wobei auch dieses sich als diskursive Form begreifen lassen könnte: Man verzichtete um des lieben Friedens willen auf einem eigentlich zustehende Ansprüche, die man nicht durchsetzen konnte.). Es bleibt noch das Problem, dass die auf dem Fehdewege erbeuteten Waren zu Geld gemacht werden mussten, was den Vorwurf der Hehlerei hervorrufen konnte. Schützen konnte man sich davor, indem man auf die kleinen Häfen, die sog. Klipphäfen, auswich, die wiederum von den großen Hafenstädten als „Piratennester" verunglimpft wurden, gegen die man vorgehen musste (313-347). – Es empfiehlt sich, sowohl die spätmittelalterlichen Quellen als auch die jüngeren Theorien der Sozial- und Kulturwissenschaften zu kennen, um den Gehalt dieser Dissertation erfassen zu können. Zugegeben wird, dass der Verf. es seinen Leserinnen und Lesern nicht ganz einfach macht, da es, so hat es den Anschein, zu einem jeden Befund eine Theorie und eine Gegentheorie gibt. Mitunter hätte der Rez. sich eine stringentere Gedankenführung gewünscht, ja, vielleicht wäre es angemessener gewesen, die Arbeit nicht in wenige Großkapitel zu gliedern, die sich um Allgemeinbegriffe wie Ehre, Kredit usw. anlegen, sondern kleinteiliger nach Theorien, so dass man beispielsweise einen Abschnitt zu Bourdieus Sozialkapital hätte finden können, oder nach einzelnen Konflikten, an denen sich bestimmte Erkenntnisse gewinnen lassen (ein bisschen versuchte ich dies mit der Inhaltswiedergabe aufzufangen). So, wie die Arbeit angelegt ist, befürchtet der Rez., dass manche wichtigen Erkenntnisse verloren gehen, was doch schade ist, denn dem Grundanliegen, sowohl die Überlieferung als auch die modernen Theorien gleichberechtigt in Beziehung zueinander zu setzen, kann man nur beipflichten. Was allerdings fehlt, ist die lebensweltliche Dimension: Welche Folgen hatte insonderheit die Fehdepraxis für die Schiffsbesatzungen, Unterlegenen, Opfer? Die Herrschaftsträger nahmen sie im Rahmen ihrer Konfliktführung in Kauf, für sie stand „Höheres" auf dem Spiel, nämlich die Wahrung der Selbständigkeit, pragmatisches Miteinander und Kooperation mussten demgegenüber zurücktreten.

Harm von Seggern

Carsten Jahnke, Gott gebe, dass wir alle selig werden mögen. Die Mitgliederverzeichnisse der Heilig-Leichnams-, St. Antonius- und St. Leonhards-Bruderschaft zur Burg in Lübeck sowie das Bruderschaftsbuch der Heilig Leichnams- und St. Mauritiusbruderschaft der Weydelude zu St. Katharinen (Nova Mediaevalia 20), Göttingen: V&R unipress 2022, 387 S., 15 Abb., ISBN 978-3-8471-1358-4. – Wer sich im Archiv der Hansestadt Lübeck (=AHL) mit den Fundationsbüchern der Heilig-Leichnams-, St. Antonius- und St. Leonhards-Bruderschaft zur Burg auseinandergesetzt hat, wird die 2022 erschienene Edition dieser Quellen im Geiste herbeigesehnt haben. Carsten Jahnke hat sich dieser anspruchsvollen und langwierigen Quellenarbeit dankenswerterweise behände angenommen und bietet nicht nur einen profunden Einblick in die religiöse und gesellschaftliche Rolle dieser bedeutenden Vereinigungen innerhalb Lübecks. Auch schafft er dem mühevollen Suchen nach Namen und Daten in den Originalquellen endlich Abhilfe. Das Interesse an den religiösen Bruderschaften Lübecks im Spätmittelalter ist zweifelsohne vorhanden, wie Dormeier, Graßmann und Jahnke selbst in jüngeren Aufsätzen darlegten, die einschlägigen Forschungsarbeiten (H. Link, G. Fink, M. Zmyslony) allerdings sind mittlerweile in die Jahre gekommen, wie auch J. in seinem Vorwort treffend festhält. Ebenso stellten diese keine systematischen Aufarbeitungen der überlieferten Fundations- und Rechnungsbücher dar, die J. mit seinem Werk nun vorlegt. Der kriegsbedingten Auslagerung, dem daraus resultierenden Mangel an Forschungsmöglichkeiten über Jahrzehnte hinweg und der unausgewogenen und geringen

Überlieferungsdichte geschuldet ist, dass auch J. die fast hundert Jahre alte Conclusio annehmen muss, es habe „um die 70“ Bruderschaften in Lübeck gegeben. Gleichwohl deuten Quellen wie die Lübecker Testamente, mit denen sich die Rez. in ihrem Promotionsvorhaben beschäftigt, darauf hin, dass es im 15. Jh. um die 90 Bruderschaften in Lübeck gegeben hat. Dies stellt aufgrund der oben genannten Problematik allerdings keinen Grund des Anstoßes dar. Vielmehr mahnt J. selbst an, dass weiterführende Forschungen diesbezüglich unabdinglich seien. – Er widmet sich zunächst einer knappen Einführung in den Themenkomplex der religiösen Bruderschaften und in die Quellenlage sowie einer akkuraten Formalbeschreibung der untersuchten Fundations- und Rechnungsbücher (11-17). Von besonderem Wert ist der anschließende historische Überblick über die „drei großen“ Bruderschaften zur Burg (17-44), da J. nicht nur in aller Kürze ihre Gründungsdaten und -mitglieder, die Mitgliederzahlen, ihre finanziellen Mittel, ihre Begängnisse und ihre Funktion (Memoria, Armenfürsorge, „Kontaktbörse“) ausführt, sondern ebenfalls Verbindungslinien zwischen den drei Bruderschaften untereinander wie auch die personellen Überschneidungen mit anderen Bruderschaften Lübecks (Greveradenkompanie, Zirkelgesellschaft, Rochus-Bruderschaft zum Dom u. w.) darlegt. Neu ist diese Feststellung zwar nicht, allerdings gelingt es J., nicht nur eigene und somit aktuelle Erkenntnisse einzubinden, sondern ebenso, das obligatorische Rahmenwerk einer jeden Edition, die Einbettung der edierten Quellen in die historischen Hintergründe, nicht als bloßes Beiwerk verstanden zu wissen. Die strukturelle Zusammenführung der bereits von Hanna Link und Monika Zmyslony festgestellten Mehrfachmitgliedschaften eines Großteils der Heilig-Leichnams-, St. Antonius- und St. Leonhards-Brüder mit der Edition ihrer Mitgliederlisten per se ist hier nicht nur geboten gewesen, sondern in übersichtlicher und leicht verständlicher Weise rundum geglückt. Die Untersuchung der personellen Zusammensetzung einer jeden Bruderschaft erlaubt es J., bisherige Forschungsthesen zur Rekrutierung der Mitglieder aus der obersten Schicht Lübecks (Kaufleute, Ratsherren) zu verifizieren, aber auch weitere Annahmen zu falsifizieren, wie beispielsweise die angenommene Überzahl der oberdeutschen Kaufleute in der St. Leonhards-Bruderschaft (G. Fink). Interessant ist des Weiteren J.‘s Beobachtung, dass Ratsdiener jeglicher Art (Weinkeller, Rats- und Gerichtsschreiber), aber auch Krämer, Müller oder gar ein Töpfer Mitglieder in den angesehensten Bruderschaften Lübecks sein konnten. Wie J. jedoch betont, könne nur eine Gesamtanalyse der großen Masse aller Mitglieder wirklich Aufschluss über das genaue soziale Gefüge der Bruderschaften geben. – An die allgemeinen Betrachtungen anknüpfend, folgt das eigentliche Editionswerk der Mitgliederlisten, wobei J. diese Kapitel jeweils in „aufgenommene Brüder und Schwestern“, „Begängnisse“, „Älterleute“ und im Falle der Leichnamsbruderschaft zur Burg auch in Almissenregister unterteilt hat. Der Quellenteil zur ältesten Bruderschaft Lübecks, der Heilig-Leichnams-Bruderschaft zur Burg (1393), ist der längste Teil der Edition (47-184), was sich nicht nur durch die am weitesten zurückliegende Gründung, sondern ebenfalls durch die Vielzahl der erhaltenen Quellen erklärt (Liber vivorum et defunctorum, Rechnungsbuch von 1415-1520, Fragment eines Rechnungsbuches 1521-1530). Es folgt die Edition der Bruderschaftsbücher der St. Antonius-Bruderschaft (1436), in der zusätzlich informative Ergänzungen nach Hanna Link vorgenommen wurden (185-230). Das kürzeste Editionskapitel stellt das des Fundationsbuches der jüngsten Bruderschaft (1458) dar, der St. Leonhards-Bruderschaft (231-257). Dank der Zuweisung von durchnummerierten Kürzeln in den Zeilen, wie sie auch im Personenindex zu finden sind, bietet die Auflistung der Mitglieder eine bequeme Recherchegrundlage, da Namen aus dem Personenindex schnell zugeordnet werden können. In den Anmerkungen weist J. nicht nur auf vorhandene Rasuren, Radierungen, Streichungen und Nicht-Streichungen hin, sondern gibt dem Lesenden Bemerkungen zu Ratsherren (nach E. Fehling/M. Lutterbeck) und im

Falle der Begängnislisten auch Informationen zu dazugehörigen Testamenten im AHL mit. – Nach den (teils bekannten) Fakten rund um die wichtigen Bruderschaften zur Burg und der Edition ihrer Quellen, wirkt die anschließende Auseinandersetzung mit der seit 1415 an St. Katharinen angesiedelten Leichnams- und Mauritiusbruderschaft der Weydelude (259-289) zunächst wie ein örtlicher und inhaltlicher Bruch. Allerdings schafft J. es, die Brücke zu dieser wenig bekannten Bruderschaft Lübecks zu schlagen, indem er die Eigenheiten und das Innenleben dieser „mittelständischen Bruderschaft" sogleich in Bezug zu den Vorherigen setzt. Er beleuchtet hierbei nicht nur ihre Gemeinsamkeiten, sondern beschreibt ebenfalls die offensichtlichen Unterschiede sehr detailliert. Hiermit findet der Lesende ein natürliches Gegengewicht zu den häufig behandelten, eher elitären Kaufleute-Bruderschaften zur Burg, was die Edition enorm bereichert. Details wie der fast doppelt so hohe Preis für eine Bruderschaftsmahlzeit bei der St. Antonius-Bruderschaft oder die weniger gute Ausstattung der Leichnams- und Mauritiusbruderschaft mit Trinkbechern verdeutlichen die starken Unterschiede in den finanziellen Mitteln, die gleichfalls die beruflichen und gesellschaftlichen Sphären widerspiegeln, in denen ihre Mitglieder lebten und arbeiteten. Vor allem die Leichnamsprozessionen, die mit der Aufarbeitung des Bruderschaftsbuches der Weydelude nun auch für Lübeck quellenbasiert nachgewiesen werden können, unterstreicht die sinnvolle Mitaufnahme dieser Quelle in den vorliegenden Editionsband. Besonders wertvoll ist die gesonderte Auflistung der Ältermänner, die über Jahre hinweg die Geschicke der Bruderschaft und die ihres eigenen Standes (meist Handwerker) vertraten, ohne jedoch in anderen Quellen aufzutauchen. Wichtige Namen also, die ohne die Arbeit J.s wohl in Vergessenheit geraten wären. Durch die gelungene Gegenüberstellung wird deutlich, dass nicht alle Bruderschaften neben Memoria und Totenfürsorge auch aktiv in der Armenfürsorge tätig sein konnten. J. zeigt ebenso auf, dass noch große Wissenslücken herrschen, insbesondere in Bezug auf die Jagd in Lübeck oder die Prosopographie des Lübecker Handwerks. Die anschließende Edition der alphabetisch und nach Vornamen sortierten Mitgliederliste der „Weydelude-Bruderschaft" (291-322) rundet J.s Anliegen, „eine Bruderschaft inmitten der Gesellschaft" darzustellen, ab. – So grundlegend die Edition der vorliegenden Mitgliederlisten ist, so unverzichtbar ist allerdings auch der Personenindex, den J. am Ende seines Werks bietet (323-384). Hier sind dankenswerterweise nicht nur die Namen der Brüder und Schwestern noch einmal alphabetisch aufgelistet, zusätzlich werden ihre Berufe oder der Wohnsitz mit aufgeführt. Hier zeigt sich nochmals die berufliche Diversität, wie sie in lübeckischen Bruderschaften herrschte. Überaus nützlich sind die querverweisenden Kürzel, die auf die jeweilige Bruderschaft hindeuten (und ebenso auf einen Blick Mehrfachmitgliedschaften offenbaren) sowie auf die jeweilige Quelle. Wünschenswert wäre es gewesen, auch die Namen der Brüder und Schwestern der Leichnams- und Mauritiusbruderschaft im Personenindex zu finden. Die nach Vornamen sortierte Mitgliederliste bleibt so das einzige Mittel, nach Personennamen zu suchen. Es ist schade, dass J.s Aufruf, sich mehr mit der lübeckischen Mittelschicht und den Personen dahinter zu beschäftigen, zumindest im Personenindex so keinen Widerhall findet. – Im Gesamten ist die vorliegende Edition ein Meilenstein für die Erforschung der „drei großen" Bruderschaften zur Burg und ebenso eine regelrechte Einladung, sich intensiver mit weniger bekannten, mittelständischen Bruderschaften auseinanderzusetzen. Hierfür gebührt J. nicht nur aus Forscherperspektive großer Dank. Denn neben der so wichtigen Auflistung von Namen und Daten gibt die Edition einen weitreichenden Einblick ins Wirken und in das Innenleben der Vereinigungen. Insgesamt ist die auf den ersten Blick fragwürdige „Melange" der Quellen äußerst geglückt und bietet eine gute Basis für weiterführende, vergleichende Forschungen.

Ann-Mailin Behm

Karen Michels, Der verborgene Schatz. Das Fredenhagenzimmer zu Lübeck, Kiel/Hamburg: Wachholtz-Verlag 2022, 160 S., 120 Abb., ISBN 978-3-529-05072-5. – Die an historischen Raumausstattungen reiche Hansestadt Lübeck bewahrt einige wenige der prachtvollen Exemplare bürgerlicher Wohnkultur bis heute in Baudenkmalen auf, deren Inneres nicht permanent der interessierten Öffentlichkeit zur Verfügung stehen. Aber auch diese machen den Betrachter mit ihren Darstellungen, die sie nach dem Wunsch ihrer Auftraggeber schufen, auf die enormen Fähigkeiten der damals tätigen Handwerker bzw. Künstler aufmerksam. Des Weiteren bezeugen sie die Bildung, die Persönlichkeit und den Reichtum der Hausherren jener Zeit, die mit dieser Pracht ihre Gebäude jeweils im Stil der Zeit schmücken ließen. Bekannt sind dem interessierten Lübeck-Betrachter zumeist die wissenschaftlich seit vielen Jahren vermehrt untersuchten Wand- und Deckenmalereien in denkmalgeschützten Häusern. Der vorliegende Band gehört zu den seltenen Glücksfällen, in denen eine andere künstlerische Gestaltungsform, nämlich die Raumausstattung mit geschnitzten Wandbildern und einer holzvertäfelten Kassettendecke, ausführlich beschrieben und ikonographisch erläutert wird. – Das nach seinem bekanntesten Eigentümer, dem Kaufmann Thomas Fredenhagen, nicht nach seinem Auftraggeber, dem Kaufmann Claus von Berken, benannte, zur Wende des 16. zum 17. Jh. entstandene Fredenhagenzimmer besticht durch die Fülle der über 1000 einzelnen Elemente, aus denen die Raumgestaltung besteht. Die Figuren und Szenen zusammen folgen einer heute nur noch schwer zu verstehenden Aussage, die in diesem Buch sowohl durch sorgfältige Beschreibung der Figuren und bildlichen Darstellungen, ihrer Zusammensetzung je Raumseite, als auch ihrer ikonographischen Deutung gewürdigt werden. Ergänzend ist dieses Buch durch mit Bedacht ausgewählte Fotos von Theis Ibold, Hamburg, umfangreich bebildert worden. Die Autorin, Karen Michels, Kunsthistorikerin mit Forschungsschwerpunkten im Bereich der Architektur- und Wissenschaftsgeschichte, konzentriert sich auf die Interpretation der vielgestaltigen Darstellungen, ihren Aussagen und sowohl gesellschaftlichen als auch religiösen Inhalten. Diese mit Sorgfalt recherchierten Erläuterungen der bildlichen Zusammenhänge beschert der Leserschaft eine Fülle von Erkenntnissen, die sich vor Ort nicht unbedingt sofort erschließen lassen und in vielen Fällen auch dem gut gebildeten Betrachter unbekannt sind. Als mögliche Adressaten und Zielgruppe des Werkes nennt die Autorin selbst den „Lübecker Leser“ des Werkes und das „nicht wissenschaftliche Publikum“. Sie erreicht damit sicherlich große Kreise der potentiellen Leserschaft. – Nach bislang nur wenigen Auseinandersetzungen mit dem Raum, wie z.B. „Fredenhagensche Zimmer in Lübeck“ im Centralblatt der Bauverwaltung 1884 und „Die Vertäfelung des sogenannten Fredenhagenzimmers von 1572/1583 im Haus der Kaufmannschaft zu Lübeck. Beschreibung und historische Daten“, Stephanie Westermann, 2003, unter jeweils speziellen Aspekten, wird durch M. ein wesentlicher Beitrag zum Verständnis für dieses außerordentliche Kunstwerk hinzugefügt. – Es bleibt zu wünschen, dass neben den nun vorliegenden Erläuterungen des Raumes auch dessen wechselvolle Geschichte diverser Ortswechsel und damit einhergehender konstruktiver Veränderungen des Raumgefüges gelegentlich eine ebenso umfassende Würdigung erhält. Die mehrfache Translozierung vom ursprünglichen Entstehungsort in der Straße Schüsselbuden 16 bis zum heutigen Standort im Haus der Kaufmannschaft, Breite Str. 6, birgt ebenfalls zahlreiche bislang weitgehend unbekannte Fakten über die Entscheidungen zum Erhalt dieses Kunstwerkes durch die Jahrhunderte. Durch das stete Bemühen der aktuellen Eigentümerin des nach Schleswig-Holsteinischem Denkmalschutzgesetz geschützten Fredenhagenzimmers wird die ursprüngliche Funktion des Prachtraums quasi „in situ“ aufrechterhalten, was einer erneuten Translozierung an jeglichen anderen Ort uneingeschränkt vorzuziehen ist.

Irmgard Hunecke

Dirk Rieger (Hrsg.), Die Ausgrabungen im Lübecker Gründungsviertel II. Archäoparasitologie, Handelsgeschichte, Paläopathologie und Anthropologie, Lübeck: Schmidt-Römhild 2022, 324 S., zahlr. Abb., ISBN 978-3-7950-5264-5. – Die Lübecker Stadtarchäologie präsentiert mit „Die Ausgrabungen im Lübecker Gründungsviertel II" den zweiten Band einer neuen Buchreihe, der auf den erfolgreichen Analysen der Großgrabung im Lübecker Gründungsviertel (2009-2016) basiert. Finanziert durch die Lübecker Possehl-Stiftung, ermöglicht das Forschungsprojekt mit dem Titel „Lübecks Archäoparasiten als Transmitter zur Erforschung des mittelalterlichen Individuums" eine detaillierte Untersuchung des Mittelalters in Lübeck aus interdisziplinärer Sicht. Das Buch liefert einen faszinierenden Einblick in die Archäoparasitologie, die Handels- und Kontaktgeschichte der Kaufleute im Gründungsviertel sowie die anthropologischen Untersuchungen der Menschen, die zu dieser Zeit in Lübeck lebten und arbeiteten. – Das Buch entstand aus der Zusammenarbeit eines interdisziplinären Forschungsteams bestehend aus Archäolog:innen, Mikrobiolog:innen, Historiker:innen und Anthropolog:innen verschiedener internationaler Institutionen, Universitäten und Forschungseinrichtungen. Die enge Zusammenarbeit dieser unterschiedlichen Disziplinen hat zu einer fachübergreifenden Synergie geführt, deren Ergebnisse weit über eine klassische Betrachtung hinausgehen. Die Idee zu dem Forschungsprojekt entstand noch während des Großgrabungsprojekts im Lübecker Gründungsviertel, als in den Grabungszelten die ersten Kloaken freigelegt wurden. Die Forscher:innen erkannten das Potenzial, dass in den menschlichen Fäkalien Informationen über das tägliche Leben der Menschen vor Hunderten von Jahren enthalten sein könnten. Durch die Untersuchung von über 100 Fäkal- und Skelettproben konnten die Forscher:innen letztendlich mithilfe der ancient DNA (aDNA) erstaunliche Einblicke in das Leben der mittelalterlichen Bewohner:innen des Gründungsviertels gewinnen. Darüber hinaus ermöglicht die Analyse der Proben nicht nur Einblicke in die Verbreitung von Parasiten und die epidemiologischen Muster verschiedener Infektionen, sondern liefert auch Informationen über die Bevölkerungsstruktur und Handelsbewegungen. Exklusive des Vorworts ist das Buch in sieben Kapitel unterteilt. Die jeweiligen Kapitel sind von unterschiedlichen Autorinnen und Autoren verschiedenster Disziplinen verfasst. Dank der heterogenen Forschungsgebiete können die mittelalterliche Lübecker Infrastruktur und der Handel mit Lebensmitteln und diversen Gütern dank der genetischen Signaturen der Parasiten in einem völlig neuen Licht betrachtet werden. Die Ergebnisse der aDNA lassen Rückschlüsse auf die Anbindung Lübecks an die Seidenstraße und andere globale Handelsverbindungen zu. Zudem konnten durch aDNA-Untersuchungen an Pesttoten des Heiligen-Geist-Hospitals Informationen über Krankheiten und hygienische Verhältnisse von über 600 Jahren Stadtgeschichte gewonnen werden. Die Zusammenarbeit mit Vertreter:innen anderer historischer Disziplinen, wie z.B. der Wirtschaftsgeschichte und der Archäologie des Handels, trägt zusätzlich zum ganzheitlichen Verständnis des mittelalterlichen Lübecks bei. Die Analysen der Handelsgüter, des Hafenbetriebs und des Marktes erweitern das Bild und tragen zur Interpretation der sozioökonomischen Zusammenhänge bei. Die anthropologischen Untersuchungen der Skelette der Bestatteten des Heiligen-Geist-Hospitals liefern weitere Erkenntnisse über die Menschen jener Zeit und ermöglichen eine umfassendere Betrachtung der pathogenen Todesumstände. – Das Buch ist gut strukturiert und die Kapitel ergänzen sich gegenseitig, um ein umfassendes Bild des mittelalterlichen Lübecks zu zeichnen. Die Autor:innen haben mit großem Engagement und Expertise an diesem interdisziplinären Projekt gearbeitet und tragen dazu bei, die verschiedenen Wissenschaftsdisziplinen miteinander zu verbinden. Die einzelnen Kapitel sind reich bebildert und mit Hilfe schöner Karten, Diagramme und Tabellen verständlich dargestellt. „Die Ausgrabungen im Lübecker Gründungsviertel II" ist eine beeindruckende Zusammenstellung interdisziplinärer Forschungsergebnisse, die einen neuen Blick auf das Mittelalter der Hansestadt Lübeck ermöglicht. Das Buch ist für alle Leserinnen und Leser von Interesse, die an Archäologie, Geschichte, Mikrobiologie und Anthropologie interessiert sind. Es bietet eine Fülle von Informationen, die auch für zukünftige Arbeiten und die moderne Medizin von großem Wert sein werden.

André Dubisch

Peter Sahlmann, Der Kayserlichen Freyen und des Heiligen Reichs-Stadt Lübeck Statuta und StadtRecht. Katalog der gedruckten Ausgaben des revidierten Lübischen Stadtrechts (Beiträge zur Lübeckischen Geschichte 2), Lübeck: Schmidt-Römhild 2022, 80 S., ISBN 978-3-7950-5263-8. – Die Revision des Lübecker Stadtrechts im Jahr 1586 hat es zu sprichwörtlicher Berühmtheit gebracht: nicht im positiven Sinne. Heute beschreiben wir eine als Verbesserung geplante, aber tatsächlich verschlechterte Veränderung eines Texts als eine Verballhornung. Dieses Wort leitet sich vom Namen des Druckers der vom Lübecker Rat veranlassten und autorisierten Fassung des Lübecker Stadtrechts, Johann Balhorn (* um 1550; † nach 1604), ab. Es wird dabei außer Acht gelassen, dass Balhorn für den Inhalt des Werks keine Verantwortung trug. Auch ist bisher unzureichend wissenschaftlich aufgearbeitet, inwiefern das vernichtende Urteil einer Verschlimmbesserung tatsächlich zutrifft. Allenfalls „lauwarm“ ist die Stadtrechtsrevision bislang in der Literatur gewürdigt worden (so schreibt es auch S. in seiner Einführung, S. 9, mit Verweis auf Peter Oestmann). Zwar ist die Attraktivität, sich eines solchen Themas anzunehmen, angesichts des schlechten Rufs nicht sonderlich hoch, allerdings blieb das Stadtrecht über Jahrhunderte in Geltung, was gegen ein völlig entstelltes Stadtrecht spricht. – S. möchte die Forschungslücke nun angehen, indem er eine künftige Untersuchung auf eine „gesicherte bibliographische Grundlage“ (9) stellt. Anders als sonst üblich sammelt S. aber nicht sämtliche zum Thema erschienene Arbeiten, sondern allein die Titelblätter der Druckwerke und, soweit dies auf den Titelblättern vermerkt wurde, den Namen des Druckers sowie Informationen zum Umfang des jeweiligen Drucks und zum Vorhandensein verschiedener Beigaben und Anhänge. Eine Kommentierung, wie S. das nennt (9), ist diese kurze Beschreibung der Quellen aber nicht. Trotzdem erleichtert die Auflistung das Auffinden der überwiegend digitalisierten Ausgaben im Netz. Denn bis auf wenige Ausnahmen sind diese im „Verzeichnis der im deutschen Sprachraum erschienen Drucke“ erschlossen. – Dem Hauptteil mit den gedruckten Titelblättern ist eine kurze Einführung vorangestellt, die insgesamt sechzehn Seiten umfasst. S. vollzieht in ihr streng chronologisch die Entstehungsgeschichte der verschiedenen Ausgaben nach. Er benennt exemplarisch Veränderungen in den Titeln, formale Fehler in den Drucken, etwa Paginierungs- oder Setzfehler, und korrigiert fehlerhafte Klassifikationen, etwa der Glücksstädter Drucke (21f.). Auf inhaltliche Änderungen geht er nur am Rand ein (z.B. S. 20). Ganz richtig und wertvoll ist S.s Hinweis, dass die Geschichte des revidierten Stadtrechts auch anhand einzelner Handexemplare nachvollzogen werden könnte. Dass sich hier das von S. angesprochene Exemplar Johann Friedrich Hachs (1769-1851), also eines Richters am überaus angesehenen Oberappellationsgerichts der vier Freien Städte, eignen dürfte, steht sicherlich außer Frage.

Sarah A. Bachmann

Johannes Schilling, Evangelische Stundenliturgie im lutherischen Lübeck. Hermann Bonnus, Hymni et Sequentiae 1559, in: Lutherjahrbuch 89 (2022), S.142-188, ISSN 0342-0914. – Der angezeigte Aufsatz ist im neuesten Lutherjahrbuch erschienen. Hierbei handelt es sich um das zentrale wissenschaftliche Organ der Luthergesellschaft. Diese wurde am 26.9.1918 gegründet und verfolgt das Ziel: „Luther im Ganzen seines Wesens und Wirkens der Gegenwart immer aufs Neue nahezubringen“, wie es in der Satzung heißt. Dabei kommen auch Weggefährten und allgemeine Aspekte der Reformationszeit in den

Blick. Erster Präsident ist zur Zeit Prof. Dr. Dr. Dr. h.c. Johannes Schilling. – Schilling, em. Kirchenhistoriker an der Universität Kiel, beschäftigt sich vornehmlich mit der Frömmigkeits- und Theologiegeschichte der Reformation. Martin Luther steht hierbei besonders im Fokus. Auch interessiert sich der Autor sehr für die Musikgeschichte dieser Zeit. So verfasste er den einschlägigen Beitrag „Musik" (S. 276-284) im Lutherhandbuch, hg. von Albrecht Beutel, 2017. Deswegen ist es nicht verwunderlich, dass er sich mit dem Büchlein „Hymni et Sequentiae, tam de tempore quam de sanctis cum suis Melodiis, sicut olim sunt cantata in Ecclesia Dei, et iam passim correcta" (Hymnen und Sequenzen sowohl für die Kirchenjahreszeiten als auch für die Heiligentage mit ihren Melodien, so wie sie von alters in der Kirche Gottes gesungen wurden und weitgehend gebessert), 1559 bei Georg Richolff in Lübeck erschienen und herausgegeben von Hermann Bonnus, auseinandersetzte. – Hermann Bonnus (1504-1548), in Quakenbrück geboren, wurde 1531 Rektor des Katharineums, 1532 dann erster Superintendent in Lübeck, 1543 vollzog er die Reformation in Osnabrück, kehrte 1543 nach Lübeck zurück, wo er 1548 verstarb und in der Marienkirche beigesetzt wurde. Bonnus führte nicht die Reformation in Lübeck ein, dies vollzog vornehmlich Johannes Bugenhagen. Er stabilisierte aber die reformatorische Veränderung im Sinne der Wittenberger Theologen gegen Altgläubige (so im Lübecker Rat) und gegen Anhänger der Täuferbewegung. Auch führte er die Kirche durch die Wullenwever-Zeit. Bonnus verfasste eine Chronik Lübecks von den Anfängen bis 1538. Er war Pädagoge und praktischer Theologe und brachte Gesangbücher sowie einen Katechismus heraus (so stammen die Strophen 2 und 3 des Passionsliedes Nr. 75 im heutigen Evangelischen Gesangbuch von ihm). – Schilling unterteilt seinen Aufsatz in zwölf Abschnitte. Im ersten stellt er die besondere Bedeutung der Musikkultur für die Reformation heraus. Danach skizziert er die reiche Musikkultur in Lübeck. Im dritten Abschnitt wird die Bedeutung der geistlichen Gesänge zur Zeit der reformatorischen Bewegung in Lübeck beschrieben. Es gab eine enge Verbindung von Kirche und Schule. Schüler singen im Gottesdienst, so vor allem in den Nebengottesdiensten, in den Stundengebeten (Horen), denn nach der Schulordnung sollen Schüler die gute Kunst der Musik erlernen, wie etwa das Singen von geistlichen Hymnen. Im vierten Abschnitt skizziert er die Neuformierung des Gottesdienstes durch Martin Luther. Hierbei wird auch mitgeteilt, dass die Horen in Lübeck noch weiter begangen wurden, in der Schulordnung von 1571 kamen sie nicht mehr vor. Nach diesen Hintergrundinformationen wird der Lebenslauf des Superintendenten Bonnus kurz beschrieben. – Im sechsten Abschnitt stellt Schilling das reformatorische Bekenntnis der Bürgerschaft Lübecks heraus, das sich in der sog. „Bugenhagenbibel" von 1534 und in der ersten lutherischen Kanzel in der Marienkirche zeigt. Zur Letzteren hätte in der Anmerkung ein Hinweis auf den Aufsatz von Johann Anselm Steiger, Die erste lutherische Kanzel, in: Zeitschrift für Kirchengeschichte 126 (2015), S. 35-57 stehen können. Dann wird Bonnus Büchlein als solches vorgestellt. Im achten Abschnitt wird das Werk beschrieben. Es handelt sich um 91 Texte mit Noten. Die einzelnen Lieder werden kurz vorgestellt. Im neunten Abschnitt kommen die Texte, die Bonnus zugeschrieben werden, in den Blick. Es sind keine Neuschöpfungen, sondern „gebesserte" Lieder, also den reformatorischen Glaubensvorstellungen angepasst. Dann wird das letzte Lied der Hymnensammlung „Erhalt uns Herr bei deinem Wort" vorgestellt. Es folgt ein Ausblick auf die Hymnensammlungen im deutschen Sprachraum und schließlich auf die Tradition des Stundengebets. In einem Anhang wird eine Inhaltsübersicht über die „Hymni et Sequentiae" beigegeben. – Neben diesem Aufsatz von Schilling sind in dem Lutherjahrbuch zudem u.a. Beiträge über die Vorstellung von Reinheit und Vergänglichkeit bei Martin Luther, über die Reformatoren Martin Chemnitz und Johannes Bernhardi aus Feldkirch und über Verbindungslinien Martin Luthers in die Moderne bei Max Weber, Rudolf Otto und Ernst Troeltsch zu finden.

Thorsten Jessen

Der Wagen 2022/23. Lübecker Beiträge zur Kultur und Gesellschaft, Hrsg. im Auftrag der Gesellschaft zur Beförderung gemeinnütziger Tätigkeit von Manfred Eickhölter, Lübeck: Hansisches Verlagskontor 2022, 244 S., zahlr. Abb., ISBN 978-3-87302-125-9. – Herausgeber Manfred Eickhölter hat in dieser Ausgabe neben lyrischen, essayistischen und musikalischen Beiträgen (zum ersten Mal nach fast sechzig Jahren sogar wieder mit einer Notenbeilage) auch zahlreiche Aufsätze von geschichtlichem Interesse versammelt, die durchweg gehaltvoll und von hoher Qualität sind. Unter den im engeren Sinne historischen Arbeiten ragt der Aufsatz von *Michael Hundt* (126-158) über eine von der Stadtgeschichte bislang vernachlässigte Affäre vom Ende des 17. Jhs. hervor, in der es um anonyme Schmähschriften und versuchte Brandstiftung ging und bei der die Krisenreaktion des Senats Anlass zu verfassungsrechtlichen Auseinandersetzungen mit der Bürgerschaft gab. Obwohl die Gerichtsakten selbst nicht erhalten sind, gelingt Hundt dank akribischer Auswertung der archivalischen Quellen und umfassender Kenntnis der Sekundärliteratur eine schlüssige und anschauliche Rekonstruktion der Ereignisse. Über den spannend geschilderten Kriminalfall hinausgehend, stellt er die Vorgänge nicht nur in den Kontext der lübeckischen Verfassungsgeschichte, sondern auch in den größeren Rahmen einer Theorie krisenbewältigenden Regierungshandelns und sieht sie als Beispiel für eine spezifisch lübische, auf Konsens ausgerichtete politische Tradition. – *Antjekathrin Graßmann* (164-173) erinnert an die Auffindung dreier eingemauerter Handskelette bei Renovierungsarbeiten im Sankt-Johannis-Jungfrauenkloster 1841. Auch hier stellt sich das Problem fehlender Quellen; die dürftige Überlieferung schweigt sich über die Herkunft und den späteren Verbleib dieser Skelette völlig aus. Mit ihrer genauen Darstellung des rechtshistorischen Hintergrundes leistet Graßmann alles, was angesichts der unbefriedigenden Quellenlage zur Erhellung dieses wohl auf eine Körperstrafe verweisenden Fundes möglich ist. – Eine Reihe von Beiträgen ist der Lübecker Musik-, Literatur- und Kunstgeschichte gewidmet. Ein Schwerpunkt liegt dabei auf der Musikgeschichte Lübecks: *Günter Zschacke* (53-58) ergänzt die Chronik der Lübecker Generalmusikdirektoren gewohnt kenntnisreich mit einer faktengesättigten Zusammenfassung der Epoche des Schweizers Roman Brogli-Sacher (2001-2013), *Arndt Schnoor* (59-70) bietet einen informativen Überblick über die Geschichte und die reichen historischen Bestände der von ihm geleiteten Musikabteilung der Lübecker Stadtbibliothek und *Svea Regine Feldhoff* (71-89) würdigt in einer ausführlichen biografischen Skizze das Ehepaar Renate und Kurt Hoffmann, deren Sammel- und Forschungstätigkeit Lübeck hauptsächlich das Brahms-Institut zu verdanken hat. – Im Bereich der Bildenden Kunst stellt *Jan Zimmermann* (182-193) sachkundig das Leben und Schaffen des Buchillustrators und Gebrauchsgrafikers Erich M. Simon (1892-1978) vor, der vor allem durch seine Illustrationen zu Thomas Manns „Tonio Kröger“ mit Lübeck verbunden ist. Der Artikel ist reich bebildert mit zahlreichen Arbeitsbeispielen, die einen guten Eindruck von Simons filigran-biedermeierlichem Stil geben; leider fehlen zum Teil genauere Angaben zu den abgebildeten Arbeiten. – *Marlies Zahn* und *Heiko Jäckstein* (107-125) veröffentlichen umfangreiche Auszüge aus den Tagebüchern und Erinnerungen von Tony Eitner geb. Bißling (1871-1945), der in Lübeck aufgewachsenen Frau des Malers Ernst Eitner. Ihre Aufzeichnungen, die das bunte und lebendige Bild eines Kinderparadieses im alten Lübeck des ausgehenden 19. Jhs. entwerfen, werden durch zahlreiche historische Fotografien sinnvoll ergänzt. – Bei den literaturgeschichtlichen Beiträgen knüpft der leider in diesem Sommer verstorbene *Karsten Blöcker* in seinem wie stets präzise recherchierten und eingehend belegten Artikel (37-52), ausgehend von einer kritischen Kontroverse um Thomas Manns „Königliche Hoheit“ in der Zeitschrift „Der Kunstwart“, ein weitgespanntes Beziehungsnetz, dessen Fäden über eine dichtende Prinzessin bis hin zu Schokoladentäfelchen und Ausflugsdampfern reichen. Im Mittelpunkt stehen dabei Leben und Werk der Feodora zu Schleswig-Holstein-Sonderburg-Augustenburg

(1874-1910). – *Marion Hinz* (203-216) gibt einen Überblick über das Leben und Schaffen der Lübecker Schriftstellerin Ida Boy-Ed (1852-1928), der im Wesentlichen auf deren eigenen autobiografischen Aufzeichnungen beruht und auch aus unveröffentlichten Briefen zitiert. Es befremdet ein wenig, dass Boy-Ed darin bis ins hohe Alter „Ida" genannt wird – würde man in einem biografischen Abriss etwa zu Günter Grass auch von „Günter" sprechen? – *Karin Lubowski* (175-181) berichtet über eine Ausstellung der Völkerkundesammlung im Industriemuseum Herrenwyk, die frühe Berührungspunkte zwischen Lübeck und Afrika zum Thema hat und eine eingehendere wissenschaftliche Auseinandersetzung mit der afrikanischen Vergangenheit Lübecks einleiten soll. – Eine Besonderheit stellt schließlich der Beitrag von *Horst Gädert* (195-202) über das Haus Beckergrube 16 dar, denn er ist komplett in Plattdeutsch verfasst. Gädert schildert darin die denkmalgerechte Restaurierung des aus dem 15. Jh. stammenden Hauses, das mit Mitteln der Possehl-Stiftung von der Stadt erworben und für die Nutzung durch das benachbarte Stadttheater hergerichtet wurde, und stellt überzeugend unter Beweis, dass sich die alte Sprache Lübecks nicht nur für nostalgische Heimatliteratur und heiter-besinnliche Betrachtungen eignet, sondern auch für handfeste und informative Sachtexte. – An den Verlag ergeht abermals die Bitte um eine sorgfältigere Endredaktion. In manchen Beiträgen finden sich auf jeder Seite Druckfehler, und bizarre Verschreibungen wie „Ausschwitz" (13, 15) oder „transkrepieren" (35) müsste man fast schon für gewollte Verfremdungseffekte halten, wenn sie denn einen Sinn ergäben.

Klaus Bailly

Jan Zimmermann (Hrsg.), Die Augen der Lübecker Nachrichten. Fotografien 1970-1979. Aufnahmen aus dem LN-Archiv. Marianne Schmalz & Hans Kripgans, Hamburg: Junius Verlag 2022, 224 S., ca. 350 Duoton-Abb., ISBN 978-3-96060-561-4. – Zum dritten Mal lädt der (Foto-) Historiker Jan Zimmermann zu einer fotografischen Zeitreise ein. Schwarz-weiß-Fotografien aus dem Archiv der „Lübecker Nachrichten" aus dem Zeitraum 1970 bis 1979 präsentiert ein großformatiger Fotoband. Im Unterschied zu den beiden vorangegangenen Publikationen ist es nicht allein Hans Kripgans, das „Auge der Lübecker Nachrichten", der die Motive dieser fotografischen Rückschau bestimmt. Die Zahl der Augen hat sich verdoppelt, an Kripgans' Seite trat die Fotografin Marianne Schmalz (1928-2005), zuweilen ergänzt durch Arbeiten der Fotografinnen Alice Kranz-Pätow und Jo Marwitzky. Von einem dezidiert „‚männlichen' oder ‚weiblichen' Blick in der Bildsprache der Genannten" (5) lässt sich, so der Herausgeber, nicht sprechen, wohl eher von einer thematischen Zuordnung. – Es war vor allem Kripgans, der bis Mitte der 1970er Jahre kulturelle und politische Prominenz ablichtete. Gleiches gilt für sportliche Ereignisse, für die sich der leidenschaftliche Sportfan Kripgans interessierte. Es kann daher nicht verwundern, dass er anlässlich der ersten Fußballweltmeisterschaft in Deutschland die Vorbereitungen der deutschen Nationalmannschaft in der Sportschule Malente dokumentierte. So geraten neben Franz Beckenbauer, Gerd Müller, Berti Vogts auch ein langhaariger Wolfgang Overath und ein betont lässiger Paul Breitner ins Visier seiner Kamera. Zeitgleich konzentrierte sich Marianne Schmalz auf Themen wie Mode und Konzerte. Nachdem Hans Kripgans 1975 in den Ruhestand gegangen war, übernahm sie alle relevanten lokalpolitischen wie kulturellen Ereignisse, die für die Bildberichterstattung der „Lübecker Nachrichten" von Interesse waren, als da sind: Lübecks Dauerthema, die Sanierung und der Schutz der Altstadt, Wahlkampfauftritte vom damaligen Bundesaußenminister Hans-Dietrich Genscher, Ex-Kanzler Willy Brandt oder des rheinland-pfälzischen Ministerpräsidenten Helmut Kohl. Als jedoch im August 1976 Prince Charles als Commander des britischen Minenjägers „HMS Bronington" der Stadt einen Besuch abstattete, Kirchen und Türme Lübecks ebenso besichtigte wie die Dräger-Werke, war Kripgans zur Stelle, um alles im Bild festzuhalten. Auch die Aufnahmen für den Weihnachten 1976 ausgestrahlten Film „Kein Abend wie jeder andere" mit den berühmten Darstellern Heinz Rühmann und Peter Ustinov ließ sich Kripgans nicht entgehen. – Marianne Schmalz war thematisch nicht eingeschränkt. Sie erstellte Aufnahmen der Auftritte des Schlagersängers Jürgen Drews, des Moderators Dieter Thomas Heck und seiner „Hitparade", des Sängers Michael Holm, des Komikers Otto Waalkes sowie von Udo Lindenberg und seinem Panik-Orchester in Lübecks Hansehalle. Nicht zu vergessen Rex Gildo, zu dem die „Lübecker Nachrichten" notierte: „Vom Klatschtakt umbrandet, verwandelte der blauäugige Dauerstar die brechend volle Hansehalle endgültig zu einem Hexenkessel der Begeisterung. Die ‚Fiesta Lübeckana' erreichte ihren Höhepunkt. Sexy-Rexy macht's noch immer möglich." Dass die Fotografin jenseits der Auftritte dieser aus heutiger Sicht eher biedermännisch wirkenden Schlagergrößen einen genauen Blick für soziale Themen hatte, zeigen ihre Aufnahmen der aus Italien stammende Pizza-Bäcker und Eiskonditoren, den aus der Türkei stammenden Bewohnern der Engelsgrube, einer Straße, die wegen der dort lebenden Menschen als „Klein-Anatolien" bezeichnet wurde. Marianne Schmalz dokumentierte aber auch Frauenarbeit in lokalen Industrieunternehmen, wie die Marmeladenabfüllung in den Schwartauer Werken (die mit der Silhouette Lübecks werben), die Suppenabfüllung bei „Erasco" oder die Fließbandverarbeitung von Fisch bei dem Fisch- und Feinkostenunternehmen „Hawesta", benannt nach ihrem Firmengründer Hans Westphal. Auch Sozialkonflikte wurden von ihr fotografisch erfasst, so der Streik von Schauerleuten für höhere Löhne im Januar 1978. – Wie die beiden ersten Bände dieser Fotobuchreihe, die in Kooperation mit den „Lübecker Nachrichten" entstanden, folgt auch diese Publikation dem chronologischen Ablauf des Jahrzehnts, jeder Jahresabschnitt wird von einem knappen Überblick des Herausgebers eingeleitet. Zitate aus den die Fotos illustrierenden Artikeln der Tageszeitung reichern die Bildkommentare an und bezeugen zugleich die Zeitgebundenheit so manchen journalistischen Beitrages, wenn es z.B. zu einer Glasscherben auffegenden Politesse heißt: „Frau bleibt Frau, da helfen keine Uniformen! Auch Lübecks Politessen erinnern trotz strenger Miene und oft schnell verteilter Strafzettel an ihre eigentlichen Pflichten als Hausfrau." (29) Nicht weniger ironiefrei, sondern geschlechtstypisch fiel der Kommentar zur Einführung des Frauenfußballs und einem Lokalderby auf der Lohmühle aus: „Bevor die Frauen sich entschließen, Fußball zu spielen, sollten sie doch lieber erst tüchtig Gymnastik betreiben und für eine ausreichende Kondition sorgen. ‚Sterbende' Frauen auf dem Fußballrasen geben kein sportliches Bild ab." (64) – Auch dieser Band zu den „Augen der Lübecker Nachrichten" legt die Hansestadt an der Trave sympathischerweise nicht auf Holstentor und Buddenbrookhaus, nicht auf Backsteingotik und Marzipan fest. Lübeck ist mehr als Niederegger, dessen Fertigungsanlage nur ein einziges Mal im Bild erscheint. Schließlich würdigt die fotografische Rückschau nicht nur Thomas, sondern auch dessen Bruder Heinrich, als anlässlich seines 100. Geburtstages im März 1971 eine Tagung zu seinen Ehren stattfand und seine Tochter Leonie die Stadt besuchte. Auch der Besuch des gebürtigen Lübeckers Willy Brandt, der kurz nach der Verleihung des Friedensnobelpreises nach Lübeck kam, weil ihm die Stadt im Februar 1972 die Ehrenbürgerwürde verlieh, wurde durch eine Fotoserie von Hans Kripgans für die Nachwelt festgehalten. Dass der Filmemacher Rainer Werner Fassbinder im Juni 1977 für seinen Film „Despair – Eine Reise ins Licht" Szenen in der Hüxtertorallee drehte, Werner Herzog für seinen Film „Nosferatu – Phantom der Nacht" Lübecks Salzspeicher als Kulisse nutzte, dokumentierte Marianne Schmalz. Es ist die Themenvielfalt von Politik und Kultur, Architektur, Mode, Musik und Sport, die den Reiz eines solchen Fotobuches ausmacht: beginnend bei der Altstadtsanierung, der City-Bildung, der Errichtung hässlichster Neubauten (wie der Kreuzkirche in St. Jürgen, des Parkhauses an der Ecke Kanalstraße/Hüxterdamm), der vermeintlichen innerstädtischen Auto-Mobilität, den permanenten Parknöten, hilfloser innerstädtischer Begrünung in Betonkübeln bis hin zur Einführung von aufwendig gestalteten Selbstbedienungstankstellen 1971, die den Tankwart überflüssig machten, und der Aufstellung von Telefonzellen 1973, die für heutige Benutzer von Mobiltelefonen wohl erklärungsbedürftig wären. Dass die „Lübecker Nachrichten" nicht einäugig waren, lässt die Vorschau des Junius-Verlages vermuten, der für den Herbst 2023 einen erneut von Jan Zimmermann verantworteten Band zu den 1980er Jahren mit 350 Aufnahmen der Hausfotografinnen und Hausfotografen der „Lübecker Nachrichten" ankündigt.

Wilfried Weinke

Günter Zschacke, Harmonien und Dissonanzen. 75 Jahre Lübecker Musikgeschichte 1945-2020, Lübeck: Schmidt-Römhild 2022, 192 S., ISBN978-3-7950-5265-2. – 1997 gaben Karsten Bartels und Günter Zschacke einen geschichtlichen Überblick über 100 Jahre Orchester in der Hansestadt Lübeck heraus. Ein Vierteljahrhundert später, 2022, ist Zschackes Lübecker Musikgeschichte erschienen: von Juli 1945 „mit einer kleinen Flut von Konzerten jeder Art" (Dr. Fritz Jung am 7. November 1945 im „Lübecker Nachrichtenblatt") bis 2020, als ein unscheinbarer Virus den Konzerten durch Aufführungsverbote ein Ende bereitet hatte. – Der Anspruch „Ein Geschichtswerk prägen Namen, Daten und Fakten" (Anhang, 158) verspricht klare, eindeutige objektiv bewertete Tatsachen: beeindruckend die Menge der Daten und Fakten, verwirrend hingegen die Aufzählung der vielen Namen. Prägten sie alle die Lübecker Musikgeschichte? – Eine Reihe von Sätzen in diesem Geschichtswerk halte ich für sehr fragwürdig: „Die Barockmusik [...] ist sogar Allgemeingut geworden, wie die Beschallung im öffentlichen Konsumraum bezeugt" (12); „...jene preiswerten Klangkörper aus dem Ostblock, die Devisen brachten" (21); „Er erhöhte die Zahl der Sinfoniekonzerte [...] um den beiden Gastorchestern [...] Paroli zu bieten." (21); „Erdmann und Hanschke gingen noch mit der Partitur in Konzerte und Premieren, ehe eine neue Rezensenten-Generation sich auf ihr Ohrenmerk verließ und mehr auf die Interpretation achtete." (11); „Haupt-Spielstätten waren anfangs die Stadthalle und der Dom, während der Stadthalle-Schließung 1993 [?] wurden es die Phönix-Sporthalle [?] und St. Petri." (88); „Bis ins 20. Jahrhundert war Forschen abseits universitärer Zentren ein Steckenpferd, dann Hobby genannt, also reine Privatsache. Daher stammt die Bezeichnung ‚Privatgelehrter' für diejenigen Menschen, die es sich finanziell leisten konnten, sich überwiegend oder gar ausschließlich einem Gebiet zu widmen, das nicht ihr Beruf war. In Bezug auf die Musik beschäftigten sich in Lübeck [...] vornehmlich Kirchenmusiker ..." (125); „Dabei war und bleibt es [das Komponieren] [...] ein Nebenerwerb; und nicht immer gab und gibt es dafür eine Entlohnung" (99); „2003 [!] wurde Dieter Mack [...] auf den Lehrstuhl für Komposition [...] berufen. Nun entstanden u.a. ‚Tunjuk' [...], das die Lübecker Philharmoniker 2000 [?] uraufführten" (107). – Passt die Verwendung folgender Begriffe und Redewendungen in ein wissenschaftliches Geschichtswerk: „Ewig-Gestrige" (11), „Saubermänner", „Besatzungsmacht" (16), „den Steigbügel halten" (17), „Kakophonien an der Beckergrube" (25), „Paroli bieten" (21), „den Laden zusammenhalten" (155), „Vorgestrige" (176), „auf Vordermann gebracht" (126), „auf die Beine stellen" (66)? – Der Zeitabschnitt bis 1965 enthält Fehler und Widersprüche, was in Hinblick auf die vorhandenen Quellen unverständlich ist. – Falsch ist: „Dreimal [...] gab sie [...] Bachs Kantate Nr. 21 Ich hatte viel Bekümmernis" (9). Richtig wäre: „Bachs Kantate Nr. 51 Jauchzet Gott in allen Landen. Mitwirkende: Gertrud Fey, Sopran; Julius Löding, Solotrompete; Erwin Zillinger, Walter Kraft, Cembalo und Orgel. Erstes Benefizkonzert nach dem Kriege. 4000 RM für den Wiederaufbau der Lübecker Kirchen." (Quellen: „Lübecker Nachrichtenblatt"; Musikgeschichte Lübecks, Bd. 1, S. 237). – Falsch ist: „Die Oper begann kurz darauf mit Bizets ‚Carmen' und Glucks ‚Orpheus und Eurydike'. An die dritte Neuinszenierung erinnerte sich Lehmann" (13). Richtig wäre: „Wieder Oper in Lübeck am Sonnabend 12.1.46, welche erstmals im Kolosseum mit einer Neuinszenierung von ‚Figaros Hochzeit' in Erscheinung trat." (Quellen: „Lübecker Nachrichtenblatt"; Lübecker Bühnenbuch 1945/46, S. 6). – Die vorgegebene Einteilung in „Sektionen" (z.B. Chöre und Orchester) wird nicht eingehalten. Vollständige Vorgänge und Fakten muss man umständlich zusammensuchen. Die Possehl-Stiftung sucht man vergebens im Kapitel „Förderer". Das Archiv der Hansestadt Lübeck wird im Kapitel „Forschung" nicht erwähnt. – Für bedenklich halte ich den Abschnitt Kulturpolitik (16-17), u.a. „... der versierte Rudolf Schulze[!]-Dornburg konnte auf eine exzellente Vita verweisen [...] seit über zehn Jahren keine Praxis mehr in der Leitung des ‚Apparats'...". Es gibt keinen Hinweis auf Schulz-Dornburgs (so sein korrekter Name) umstrittene Rolle in der NS-Zeit. Belege dafür finden sich im Archiv Prieberg, so u.a. Briefe an Goebbels und Göring. Auf Görings Wunsch gründete er das Reichsorchester Deutscher Luftsport und war dessen Dirigent. 1942 wurde er Abteilungsleiter beim Großdeutschen Rundfunk. Gehört man bei Erwähnung dieser Fakten auch zu den „Saubermännern vor denen weder Lehmann noch sein Nachfolger Rudolf Schulze[!]-Dornburg sicher waren" (16)? – Das gesamte Buch hätte einer kritischen Durchsicht bedurft. Für ein Geschichtswerk enthält es zu viele falsche Jahresangaben, Ungenauigkeiten und Wiederholungen. Wenig hilfreich sind die fehlerhaften Seitenangaben im Namenregister.

Gerhard Szperalski

Weitere Lübeck-Literatur

(zusammengestellt von Ruth Engbers und Dominik Kuhn)

Auer, Leopold, Ein Passbrief Kaiser Ferdinands III. für Lübecker Kaufleute, in: Mitteilungen des Instituts für Österreichische Geschichtsforschung 130, 2022, S. 333-339.

Erich-Mühsam-Gesellschaft e.V. Lübeck (Hrsg.), „Kennst Du das Land, wo die Faschisten blühn?" Mühsams politischer und literarischer Kampf gegen den Faschismus – Vorbild für heute? Verleihung des Erich-Mühsam-Preises 2022 am 6. April 2022 in der Synagoge Lübeck (Schriften der Erich-Mühsam-Gesellschaft 48), Lübeck 2022, 105 S., Abb.

Europäisches Hansemuseum, Guter Stoff. Textile Welten von der Hansezeit bis heute/ Good stuff. Textile Worlds from the Hanse Era to the Present, Lübeck 2022, 129 S., zahlr. Abb.

Fechner, Rolf, Travemünder Ansichten. Private Fotografien der 50er bis 70er Jahre, Norderstedt 2022, 116 S., überw. Abb.

Flucke, Christoph (Bearb.), Die litterae annuae der Gesellschaft Jesu von Lübeck (1644 bis 1772), und der Liber Baptizatorum, Copulatorum ac Defunctorum (1683-1799) der Lübecker katholischen Gemeinde, 2 Bde., Münster 2022, 1146 S.

Hansestadt Lübeck, Bereich Archäologie und Denkmalpflege (Hrsg.), Archäologie in Lübeck 2021, Rahden/Westf. 2022, 123 S., Abb.

Hundt, Michael, Das Lübecker „Wunderkind" Christian Henrich Heineken (1721-1725). Facetten seines Lebens und seines Umfelds (Beiträge zur Lübeckischen Geschichte 1), Lübeck 2022, 79 S., Abb.

Kamp, Michael, Lars Plettenberg und Ingo Welling, Mehr als 100 Jahre Betriebsratsgeschichte bei Dräger. Ein Ausstellungsprojekt während der Corona-Pandemie, in: Archiv und Wirtschaft 55.2, 2022, S. 101-105.

Knebel, Günter, Vergessene jüdische Kinder und Jugendliche aus Lübeck. Den Holocaust im 21. Jahrhundert unterrichten, 2 Hefte und 5 Materialmappen, Neustadt/Holstein 2022.

Kubitzki, Henning, Es ist ein Junge. Das Familienunternehmen wird 125. 125 Jahre Junge, Rostock 2022, 265 S., zahlr. Abb.

Lange, Eckhard, Lübeck ganz in Grün. Ein Wegbegleiter durch 50 Parks und Grünanlagen, Lübeck 2022, 128 S., zahlr. Abb.

Lindenberg Lima Sawaya, Luiza und Marina Lindenberg Lima Horst, Os Lindenberg de Lübeck ao Brasil. Séculos XVIII-XXI. Fios da Memória, Lissabon 2022, 687 S., Abb.

Martens, Helga, Kindheits(T)räume. Sammeln – Ergründen – Mitteilen. Die Geschichte eines kleinen Museums, Lübeck 2022, 152 S., Abb., 1 Begleitheft [Spielzeugsammlung Geschichtswerkstatt Herrenwyk].

Martens, Helga, Der Alltag des Hüttenmanns in Zeiten der Industrialisierung. Vergessene Berufe am Hochofen, Lübeck 2022, 75 S., Abb.

Mende, Bernard, Lübeck in Luftbildern. Ergänzung 2011-2021 (Lübeck in Luftbildern 13), Norderstedt 2022, ca. 100 S., überw. Abb.

Petersen, Jan, Kunstwerke in der Hansestadt Lübeck, Kiel 2022, 216 S., überw. Abb.

Querfurth, Gustav, Vom weißen Dom zu Lübeck. Ein Immortellenkranz aus 39 Kapiteln in zwei Büchern. Band I und II zu Geschichte und Gegenwart, suchen, finden und erfinden, Lübeck 2022, Bd. 1: 100 S., Bd. 2: 84 S., zahlr. Abb.

Schwanitz, Lara, „suster Elsebe, en dennersche der susteren". Ein Besitzeintrag im Kontext der Handschriftenproduktion des Schwesternhauses St. Michaelis in Lübeck, in: Natalija Ganina u.a. (Hrsg.), Deutsche Kultur in russischen Buch- und Handschriftenbeständen, Erfurt 2022, S. 95-112.

Schwarz, Andreas (Hrsg.), Wie der Fußball in Lübeck ins Rollen kam, die Gründungsgeschichte des ersten Lübecker Fußballclubs LBC, dem Vorgängerverein des LBV Phönix v. 1903 e.V. und des 1. FC Phönix Lübeck e.V. 1903-1910, Lübeck 2022, 240 S., Abb.

Spies, Hans-Bernd, Die Bewerbung von Stadtarchivar Alfred Overmann um das Amt des Staatsarchivars in Lübeck (1907), Jahrbuch für Erfurter Geschichte 17, 2022, S. 195-209.

Stimmann, Hans, Stimmanns Stadtlektüren. Texte, Vorträge und Interviews 2012 bis 2022, Berlin 2022, 191 S., Abb. [darin: zwei Lübeck-Aufsätze].

Tunn, Sabine, Die Wege zur Freiheit. Von Kägsdorf nach Lübeck – Chronik einer Migration im 18. Jahrhundert, Lübeck 2022, 247 S.

Verein für Familienforschung e.V. Lübeck (Hrsg.), 1422-2022. 600 Jahre Amt der Stecknitzfahrer (Lübecker Beiträge zur Familien- und Wappenkunde 72), Lübeck 2022, 398 S., Abb.

Wilson, Ben, Metropolen. Weltgeschichte der Menschheit in den Städten, Frankfurt am Main 2022, 592 S. [darin: „Kriegerische Städte. Lübeck 1226-1491", S. 191-220].

Zimmermann, Jan, Hermann Eschenburg (1872-1954). Eine Erinnerung zum 150. Geburtstag, Bad Schwartau 2022, 60 S., zahlr. Abb.

Lübeckische Blätter 187, 2022

K. Lubowski, „Wälder brauchen Wildnis". Das Konzept des Lübecker Stadtwaldes und die Aktivitäten der Naturwald Akademie (7-11). – D. Täube, Das St.-Annen-Museum, das Museum Holstentor und die Katharinenkirche im Jahr 2021 (13-18). –

H. Scheffler, 125 Jahre Schleppreederei J. Johannsen & Sohn (30-33). – K. Lubowski, Neue Forschungsansätze. Die Werke Hans Kemmers unter der Infrarotkamera (42-44). – M. Eickhölter, Heinrich Mann und Lübeck. Eine Spurensuche (48-50). – D. Mührenberg, Der Beginn der Altstadtsanierung (52-54). – K. Lubowski, Auf den Spuren der Hanse. Ein Citizen-Science-Projekt (58). – H. Scheffler, WSV: „Wir machen Schifffahrt möglich“ – Ausbaumaßnahmen des Elbe-Lübeck-Kanals zurückgestellt (64-66). – K. Lubowski, Ein Tintoretto im hohen Norden (73-74). – J. Zimmermann, Kirchenglocken im Krieg. Verlust und Rettung (77-81). – H. Scheffler, „Hier ist bald alles parterre“. Erinnerungen an 1945 und Gedanken zu 2022 (82-83). – K. Lubowski, Aus der Not eine Tugend gemacht. Neue Ausstellung im Drägerhaus (88-89). – M. Eickhölter, 400 Jahre öffentliche Bibliothek in der Hundestraße. Eine kurze Zeitreise (113-116). – D. Mührenberg u. M. Eickhölter, Mengstraße 21 (118-121). – J. Zimmermann, NaWi(e) war das?, 150 Jahre Naturwissenschaftlicher Verein zu Lübeck 1872-2022 (129-131). – D. Mührenberg, Ausgrabungen in der Hundestraße (132-134). – G. Zschacke, Die Althaussanierergemeinschaft. Eine Erinnerung (138-139). – K. Lubowski, Die Musikabteilung der Stadtbibliothek (145-147). – M. Brumlik, Laudatio auf Rolf Verleger anlässlich der posthumen Verleihung des Erich-Mühsam-Preises an ihn (148-152). – K. Lubowski, Kostbare Stücke für die Lübecker Völkerkunde [Sammlung Muhlack] (163-165). – B. Zarnack, Die angespannte Brückensituation Lübecks (168-170 u. 181-183). – K. Blöcker, Es lebe die Republik. Über Arnold Brechts Anteil an Thomas Manns Republik-Rede von 1922 (188-191). – D. Mührenberg, „Brennen sollstu!“. Über Lübecker Hexenprozesse (213). – H. Scheffler, Tag des Offenen Denkmals. Kaisertor und Alte Seefahrtschule (241-243). – K. Lubowski, Afrika und Lübeck. Eine Spurensuche (254-255). – H.-D. Grünefeld, Ein Museum wird zeitgemäß. Ein Gespräch mit Prof. Jörg Linowitzki [Haus Danzig] (262-266). – J. Lokers, Ein Lübecker Exportschlager. Das Schicksal des „Bardewikschen Codex“ von 1294 (266-269). – D. Mührenberg, Abenteuer Sanierung. Ein Haus mit Kegelbahn: Schwönekenquerstraße 16 (277-281). – U. Albrecht, Das Fredenhagenzimmer zu Lübeck. Eine Entdeckungsreise in die Kunst der Renaissance [Buchbesprechung] (283-285). – M. Eickhölter, Startschuss für den Neubau des Museums Buddenbrookhaus (297-299). – H. Scheffler, Zum Untergang des Segelschulschiffs „PAMIR“ vor 65 Jahren (304-309). – H. Scheffler, Die verheerende Sturmflut vor 150 Jahren in der Ostsee (324-326). – K. Lubowski, Geschichte diskutieren oder ignorieren. Tagung zu Fragen um die Restitution (334-336). – J. Zimmermann, Der Verein von Kunstfreunden in Lübeck, 1872-1931 (352-355). – M. Eickhölter, Drehorgeln heute und damals (361-363). – C.-P. Lorenzen, Streifzug durch die 64. Nordischen Filmtage 2022 (368-370). – M. Lorenzen, Junger Blick auf die Nordischen Filmtage Lübeck (370-375).

Schleswig-Holstein und Nachbargebiete

Oliver Auge und Gerald Schwedler (Hrsg.), Impulse der Kieler Geschichtsforschung einst und heute für die deutschsprachige Geschichtsschreibung. Zum 150-jährigen Bestehen des Historischen Seminars der Christian-Albrechts-Universität zu Kiel, Kiel: Universitätsverlag 2022, 407 S., ISBN 978-3-928794-79-4. – Um es vorwegzunehmen: ein sehr interessanter, lesenswerter Band über ein nicht alltägliches Thema wird hier vorgelegt, sehr informativ und methodisch anregend durchdacht, indem die Autoren „das historische Forschen historisieren und Einblick in die jeweiligen Umstände der Erkenntnissuche geben“ (9). Aus Anlass eines etwas künstlich anberaumten Jubiläums hat sich eine eindrucksvolle Bestandaufnahme und Situationsschilderung geschichtswissenschaftlicher Arbeit ergeben, und zwar unter der Fragestellung: Welche Einflüsse von außen nahm das Historische Seminar der CAU auf? Inwiefern trug es zur Forschung in Deutschland (und vielleicht auch darüber hinaus) bei? Die Namen Dahlmann, Waitz und Droysen sprechen für sich, und so mag auch mit Recht behauptet werden, dass „gerade in Kiel der politische Geschichtsprofessor auf die Welt gebracht worden" ist (14). – In der weitgefassten Einleitung (10-17), der auch ein Schaubild der Professuren und ihrer Inhaber (18f.) – erst 2010 tritt die erste Inhaberin auf! – beigegeben ist, stimmen die beiden Herausgeber die Leserschaft in die 15 Beiträge ein, die den umfangreichen Stoff unter insgesamt vier Aspekten betrachten: 1. Methode und Prinzipien, 2. Regionen, 3. Themen und 4. Institutionalisierung. – *Josef Wiesenhöfer* beginnt mit einer Darstellung der Alten Geschichte in Kiel 1863-1976 (23-37). Die frühe Kieler Mediävistik und ihren Beitrag zu den Historischen Grundwissenschaften stellt *Gerald Schwedler* (39-77) unter dem programmatischen Titel „Wahrheiten und Methoden" vor. *Gerhard Fouquet* nimmt sich kundig des Themas „Mittelalterliche und frühneuzeitliche Wirtschafts- und Sozialgeschichte" (79-101) an, ein Fach, das er 1994 erst selbst in der Palette der historischen Thematik des Kieler Studienangebots ergänzend eingebracht hat: Man setzte mit dieser einzigen auf das Mittelalter bezogenen wirtschafts- und sozialgeschichtlichen Professur in Deutschland „ein wirtschaftspolitisches Zeichen" (80). „Gelebte und erforschte Zeitgeschichte am Historischen Seminar der CAU" breitet *Christoph Cornelissen* vor dem inneren Auge des Lesers aus (103-125), und *Swantje Piortkowski* schließlich versucht, die Frage zu beantworten: „Strg+Alt+Ent: Ein Neustart für die Geschichtswissenschaft durch die Digital Humanities?" (127-144). – Den Abschnitt „Regionen" führt *Oliver Auge* an (Vom Grenzkampf bis zu globalen Bezügen in der Geschichte Schleswig-Holsteins, 147-181) und vermittelt eine sehr interessante, eingehende Vorstellung der 1924 endgültig entstandenen Professur für Landes- bzw. Regionalgeschichte Schleswig-Holsteins, das immer dem Einfluss und den politischen Interessen mächtiger Nachbarn ausgesetzt gewesen ist. Unter diesem Aspekt sollte man auch die folgenden beiden Darstellungen lesen: *Martin Krieger*, Geschichte Nordeuropas am Historischen Seminar (183-200). Der Verf. weist auf den wesentlichen Impuls hin, den die Kieler Nord-Europa-Forschung durch den von der DFG geförderten Sonderforschungsbereich 17 (Skandinavien- und Ostseeraumforschung) erhielt, aus dem die eigenständige Professur für Nordeuropäische Geschichte hervorging. *Ludwig Steindorff* skizziert die „Osteuropäische Geschichte an der CAU" bis hin zur Institutionalisierung des Faches (233-256). Da liegen der Bericht über außereuropäische Geschichte von *Stephanie Zehnle/Martin Krieger* (257-266) und ein Interview mit *Hermann Kulke* über Beziehungen zur indischen Geschichte (267-275) allein schon geographisch weiter ab. Das besondere Interesse der Lübecker Leserschaft wird jedoch die ausführliche Schilderung von *Stefan Brenner* über die Hanseforschung an der CAU zum Thema „Kiel und die Hanse" (201-231) finden. Nach einem kurzen Rückblick auf die Nestoren Georg Friedrich Sartorius und Johann Martin Lappenberg wendet sich B. der Gegenwart zu und blickt in die Zukunft. Am Anfang steht sehr passend der Hinweis auf Rudolf Usinger (1835-1874), ein Schüler Georg Waitz', der über Göttingen und Greifswald 1862 nach Kiel kommend als der Gründer des dortigen Historischen Seminars gelten kann. Hinzuweisen ist auch auf Paul Ewald Hasse (1845-1907), der zwar alle Voraussetzungen erfüllte, aber vergeblich ein Ordinariat in Kiel anstrebte und sich daher 1889 nach Lübeck zurückzog, als Senatssekretär und Staatsarchivar. Ausführlich wird auf die tragenden Professorenpersönlichkeiten eingegangen. Dabei wird wieder deutlich, dass deren Hauptschaffensperiode gerade in die Zeit des Nationalsozialismus fiel und ihre positive Reaktion auf ihn erklärt. Diese und die anschließend versuchte Fortsetzung ihrer Karriere werden in der Publikation sachlich und eingehend dargestellt. Dies trifft beispielweise zu bei Fritz Rörig (dessen Berufung nach Kiel übrigens ohne Habilitation geschah) und Wilhelm Koppe, auch Karl Jordan und Karl Dietrich Erdmann. Fouquet spricht übrigens in seinem Beitrag für die Zeit von 1920-1945 treffend von „der Pervertierung wissenschaftlicher Methodik" (84). Doch werden nicht nur Ordinarien und ihre Leistungen betrachtet, auch Lehrbeauftragte, dem Seminar Attachierte, werden erwähnt. Auf einschlägige Forschungen anderer Bereiche des Seminars wird ebenfalls verwiesen, um Inhalte zuzuordnen. Dies gilt z. B. für Werner Paravicini, der sich einem typischen Hansethema mit dem Projekt „Hansekaufleute in Brügge" (1991-1996) zuwandte. Einen Blick in die Zukunft tut B. mit dem Hinweis auf „die stärkere konzeptionelle Einbindung von regionalhistorischen Arbeitsweisen und Perspektiven in die gegenwärtige wissenschaftliche Auseinandersetzung mit der Hanse" (229), wie sie Auge anstreben möchte. – Unter dem Begriff „Themen" werden zwei heterogene Beiträge erfasst. Gemeint ist der ausführliche Bericht (279-310) aus der Feder ihres langjährigen Organisators *Werner Paravicini* über Entstehung und Wirken sowie Leistung der „Residenzenkommission" (seit 1985/86). Es ergibt sich eine beeindruckende Reihe von Forschungsarbeiten, Symposien und Veröffentlichungen der Reihe „Residenzenforschung", die man nur bewundern kann. Verständlich ist, dass ein derart gelungenes Unternehmen mit dem Projekt „Residenzstädte im Alten Reich" eine Fortsetzung erfahren hat. Mit einem findigen methodischen Ansatz versucht *Martin Göllnitz*, ein ganz anderes Schlaglicht auf das Gesamtthema zu werfen: unter dem Titel „Klios Totenlob. Nachrufe auf Kieler Historiker in der ‚Historischen Zeitschrift'" (311-339). Von 42 Professoren, die zwischen 1872 und 2022 in Kiel tätig waren und verstarben, sind nur 18 dieser Ehre teilhaftig geworden, wobei G. besonders auf das Beispiel Fritz Rörig eingeht. G. ist sich der Eigenart geschichtswissenschaftlicher Erinnerungskulturen bewusst und fragt daher nach dem Quellenwert der Kieler Gelehrtennachrufe. Die Frage ist, ob dieses Genre überhaupt noch weiterhin der identitätsstiftenden Kultur der Universitäten angehören wird. *Christian Hoffarth* richtet einen Blick auf Kieler Historiker als Herausgeber wissenschaftlicher Zeitschriften (unter dem programmatischen Titel „Prestigestreben, Pflichteifer und politischer Ausdruckswille", 343-369). Es geht um die „Preußischen Jahrbücher", die „Zeitschrift der Gesellschaft für Schleswig-Holsteinische Geschichte", und „Geschichte in Wissenschaft und Unterricht" sowie um „Das historisch-politische Buch". Interessant sind hier Beobachtungen, inwiefern gerade die Herausgeber Karl Dietrich Erdmann (GWU) einerseits und Otto Becker und Michael Salewski (HPB) andererseits Einfluss auf den politischen und akademischen Diskurs ihrer Zeit nahmen. *Gerhard Fouquet* schließlich betrachtet „Politiker, Wissenschaftsorganisatoren und Verbandsfunktionäre. Kieler Historiker vom 19.-21. Jahrhundert" und kann als gewesener Präsident der Universität aus eigener Erfahrung berichten (371-396). Besonders zu erwähnen sind u.a. die Direktoren des Deutschen Historischen Instituts in Washington und des gleichen Instituts in Paris Hartmut Lehmann bzw. Werner Paravicini. – Fazit: Die Darstellung von Inhalten und Themen, von Interpreten und Persönlichkeiten der Geschichte wird hier verwoben zu einem farbigen, dichten und lebendigen Bild des Kieler Wissenschaftsbetriebs am Beispiel des Historischen Seminars einer deutschen Universität, die ihre eigene Prägung hat. Würdigungen, Schwerpunkte, Eigentümlichkeiten gestatten einen Blick hinter die Kulissen des akademischen Betriebs, befriedigen also auch das genuine Bedürfnis der Neugier. Dazu bietet dieser Sammelband reiches Material. Er hat richtig Appetit auf weitere Informationen gemacht: z.B. über Zahlen der Geschichtsstudierenden, Zahlen der Studienwechsler und -abbrecher, über die Anzahl der Promotionen und Habilitationen, über den Verbleib der Absolventen. Bemerkenswert (aber sicher schwierig) wären auch Auskünfte über das Gewicht des Faches Geschichte im Rahmen des Lehrangebots der Philosophischen Fakultät der CAU, und schließlich könnte man vielleicht sogar seine qualitative Verortung in der deutschen Hochschullandschaft versuchen.

Antjekathrin Graßmann

Christof Beyer et al., Wissenschaftliche Untersuchung zu Formen von Leid und Unrecht bei der Unterbringung von Kindern- und Jugendlichen in schleswig-holsteinischen Einrichtungen der Behindertenhilfe und der Kinder- und Jugendpsychiatrie in den Jahren 1949 bis 1990. Abschlussbericht im Auftrag des Schleswig-Holsteinischen Ministeriums für Soziales, Gesundheit, Jugend und Familie, Lübeck: Institut für Medizin- und Wissenschaftsgeschichte, Universität zu Lübeck 2022, 256 S., ISBN 978-3-9823428-1-8. – In der Fachwelt war von vornherein klar, dass der „Runde Tisch" zur Heimerziehung der Bundesrepublik Deutschland, der 2009 seine Arbeit aufnahm, eine schwere Lücke aufwies: zwar wurde endlich die Aufmerksamkeit auf Leid und Brutalität bei der Unterbringung von Heimkindern gerichtet und es gab einen Fonds zur Abmilderung der Folgen, aber die große Gruppe der Kinder und Jugendlichen, die im selben Zeitraum nach dem 2. Weltkrieg in Einrichtungen der Behindertenhilfe und Psychiatrien lebten, blieb außen vor. Daraufhin baute sich Druck auf, der 2017 zwar nicht zu einem weiteren Runden Tisch führte, stattdessen wurde die Stiftung „Anerkennung und Hilfe" gegründet, in der Bund, Länder und die beiden großen christlichen Kirchen Beratungsangebote und „Ausgleichszahlungen" bereitstellten, was in der Folge auch vielfach angenommen wurde. Gleichzeitig machten sich Gruppen von Wissenschaftlern mehrerer Disziplinen an die Arbeit, die Situation in den Einrichtungen zu erforschen. In Schleswig-Holstein widmete man sich dem Thema besonders ausführlich: viele ähnlich gelagerte Forschungsprojekte mit Fokus auf die BRD beschränken sich auf den Zeitraum 1949-75, sie enden also mit Veröffentlichung der Ergebnisse der Psychiatrie-Enquête-Kommission 1975 – als ob danach alles besser geworden sei. Dass dies nicht der Fall war, erkannte man in der Forschungsgruppe unter Federführung des Lübecker Instituts für Medizingeschichte und Wissenschaftsforschung (IMGWF) rasch und erweiterte den Forschungszeitraum mit Einverständnis des Kieler Sozialministeriums um die Jahre 1975 bis 1990. – Zum Glück, muss man angesichts der Ergebnisse sagen! Denn wir erfahren hier nicht nur etwas zu den unwürdigen Lebensbedingungen von Menschen, die doch jede Form des Schutzes und der Hilfe gebraucht hätten. Sondern es zeigt sich gerade für die Achtzigerjahre ein erschreckendes Maß an parteipolitischem Kalkül, wenn es darum ging, Finanzierungsangebote zur Verbesserung der Situation von Seiten des Bundes zurückzuweisen, obwohl gleichzeitig auf die prekäre Finanzsituation des Landes verwiesen wurde, und dies trotz massiver Appelle seitens der Verantwortungsträger vor Ort an die Landesregierung, sich dem 1980 von Bonn aufgelegten „Modellprogramm Psychiatrie" anzuschließen. Zu diesem Zeitpunkt lag Schleswig-Holstein bei den Ausgaben für die Dezentralisierung der Angebote weit hinter anderen Bundesländern zurück. – Dieses spektakuläre und zu Recht mit einem empörten Unterton geschilderte Vorgehen der Landesregierung verlängerte die Vernachlässigung einer großen Gruppe von Menschen, deren Bedürfnisse von der politischen Öffentlichkeit nicht ernstgenommen wurden und über die ein Staatssekretär im Kieler Sozialministerium noch 1979, mit dem Vorwurf konfrontiert, in Schleswig-Hesterberg würden sie aufgrund von Personalmangel ausschließlich in ihren Betten verwahrt, sagte, da diese Kinder „außergewöhnlich schwerbehindert" seien, bräuchten sie kein Tageslicht, denn „das Verbringen an die Sonne [habe] keinen besonderen therapeutischen oder psychologischen Nutzen mehr". So redete man sich an verantwortlicher Stelle aus einer skandalösen Grundstruktur heraus, die sich seit Beginn des Untersuchungszeitraums nicht wesentlich verändert hatte. – Die Studie legt Wert auf eine systematische und gleichzeitig den Individuen zugewandte Untersuchungsmethode. So erhält der Leser zunächst einen detailreichen und vielseitigen Überblick über die rechtlichen und rechtshistorischen Grundlagen auf Bundes- und Landesebene; diese Darstellung wird konkretisiert bzw. kontrastiert durch eine Untersuchung der strukturellen Voraussetzungen und Unterbringungsrealität, wobei die Verf. betonen, dass für sie die Frage nach dem Zusammenhang von Versorgungs- und Betreuungsbedingungen und den darauf zurückzuführenden Leid- und Unrechtserfahrungen im Mittelpunkt gestanden habe. – Die Vernachlässigung der Interessen von jungen Menschen mit geistigen Beeinträchtigungen und psychischen Erkrankungen zeigt sich auch im Umgang mit den zugehörigen Akten, die zu großen Teilen vor einer möglichen Auswertung vernichtet worden sind, so dass eine quantitativ einwandfreie Studie dieses Themas allein aus Mangel an Quellen nicht möglich ist. Statt eines möglichst umfangreichen Überblicks konzentrierten sich die Autoren daher auf drei exemplarische Einrichtungen, deren Aktenbestände dies erlauben und deren Auswahl dennoch den Vergleich lohnt, da es sich um sehr unterschiedliche Einrichtungstypen handelt, was Größe und Zielgruppe anbelangt: Das Landeskrankenhaus Schleswig-Hesterberg (heute Helios Klinikum Schleswig) ist die größte der Einrichtungen und beherbergte Kinder und Jugendliche mit psychischen Erkrankungen, aber auch sehr viele mit geistigen Beeinträchtigungen; die Berliner Kinderheilstätte Schöneberg in Wyk auf Föhr (heute: Paritätisches Haus Schöneberg), dessen Zweck die Langzeitunterbringung von Kindern und Jugendlichen mit geistigen Beeinträchtigungen aus Schöneberg bei Berlin, später Berlin-Schöneberg, war, und schließlich die Gehörlosenschule Schleswig mit angeschlossenem Internat (heute Landesförderzentrum Hören und Kommunikation), eine Einrichtung für Kinder und Jugendliche mit einer körperlichen Einschränkung. Besonders für Lübecker Leser dürfte zudem interessant sein, dass die in einer bundesweit angelegten Studie zum Thema von H. Fangerau et al. 2021 veröffentlichten ausführlichen Forschungsergebnisse von Nils Löffelbein zum „Erziehungs- und Pflegeheim Vorwerk“ (heute Diakonie Nord-Nord-Ost) in der SH-Studie zumindest in ihren wesentlichen Ergebnissen als Extrakapitel enthalten sind, schließlich handelte es sich um die größte reine Einrichtung der Behindertenhilfe im Land. – Dies allein garantiert schon die Diversifizierung des Blicks, was dann noch verstärkt wird, indem die Studie neben Standardquellen wie Akten aller Art auf den Schatz der Stiftung „Anerkennung und Hilfe“ in Form von Interviews mit Betroffenen zurückgreift. Gerade die Berücksichtigung dieser Gespräche macht den besonderen Wert der Studie aus, sie ermöglichen erst die detailreiche Übersicht über die Formen von Gewalt, die sich in unterschiedlicher Weise in den drei erwähnten Einrichtungen zeigten, was wiederum mit deren jeweiligen Strukturen zusammenhing. So gehörte teils massive körperliche Gewalt in allen drei Einrichtungen zum Alltag; während sie jedoch in Schleswig-Hesterberg eher der Aufrechterhaltung von Disziplin und Ordnung des völlig überfüllten Heims diente, wurde im Haus Schöneberg häufig spontan geschlagen mit dem, was gerade zur Hand war (Bügel, Taschenlampe). In der Gehörlosenschule wurde offenbar systematisch „fehlerhaftes“ Sprechen mit Prügeln sanktioniert. Daneben berichten die Interviewten von etlichen anderen Gewalterfahrungen wie Fixierungen tagsüber und nachts (Schleswig-Hesterberg), Anbinden im Bett (Haus Schöneberg), Isolation, weil Rückzugsräume fehlten, teilweise in Kombination mit Essensentzug und Zwangsjacken (Hesterberg), Verbannung in „Besinnungsstübchen“ (Haus Schöneberg), Zwangsarbeit, z. T. in der Pflege. Auch das Thema „Essen“ hatte nicht viel mit Lust, sondern vielmehr mit der mühsamen Organisation des Abfütterns zu tun. In den stationären Einrichtungen gab es erhebliche qualitative und quantitative Mängel, so musste teilweise Verschimmeltes und Verdorbenes gegessen werden, und dies unter Zwang. Daneben stehen Formen von psychischen, medizinischen oder sexualisierten Gewalterfahrungen teils unterschiedlicher Ausprägung. – All dies resultierte in der Normalität von Gewalterfahrung unter den Kindern und Jugendlichen und schweren Traumatisierungen, die die Lebenswege bestimmten. – Das Gesamtbild wird ergänzt durch das, was fehlt: so sprechen die Autoren zurecht von der „Vorenthaltung von Schulbildung“ und von heilpädagogischer Förderung, von sozialer Bildung und Hinführung zur Selbständigkeit oder so etwas wie „Privatsphäre“. In Hesterberg kam noch die horrende Zahl an Fehlbelegungen hinzu: so lebten dort über Jahrzehnte hunderte Kinder und Jugendliche mit geistigen Beeinträchtigungen, denen in der Psychiatrie keinerlei angemessenes Angebot gemacht werden konnte. Einzig relevante Größe bei der Einweisung war die Anzahl verfügbarer Betten. – Damit sich an diesen skandalösen Zuständen etwas ändern konnte, musste sich zunächst eine Gesellschaft, die z. B. Lehrern bis 1973 das Recht auf Prügeln erteilte, besinnen; allmählich wurden die Verhältnisse in großen Einrichtungen der Psychiatrie als Problem an sich gesehen, in der Behindertenhilfe dauerte alles noch erheblich länger. Das nördlichste Bundesland erwies sich als besonders träge, wie die Studie zeigt. Auch nach dem Regierungswechsel 1988 wurde nicht gleich „alles besser", es dauerte noch bis 2005, dass der Landesverband der Psychiatrieerfahrenen Schleswig-Holstein konstatieren konnte: „Die großen Anstalten auf dem Land werden geschleift!" – Das Thema bleibt eine Herausforderung für uns alle, nicht nur für die „Profis" und die Juristen, denn die Menschen, denen sich die Studie widmet, sind Teil der Gesellschaft!

Ursula Häckermann

Frank Braun, Wismarer Fassaden erzählen Baugeschichte(n) (Schriftenreihe der Freunde und Förderer des Archivs der Hansestadt Wismar e.V. 18), Wismar: callidus 2022, 177 S., zahlr. Abb., ISBN 978-3-949534-07-2. – Die Wismarer Altstadt ist 2002 zusammen mit Stralsund aufgrund der umfassenden und vielfältigen historischen Bauten und Strukturen in die Welterbeliste der UNESCO aufgenommen worden. Für Fremde und Einheimische ist das Besondere einer Welterbestätte dabei oftmals unmittelbar zu spüren, vielfach richtet sich gerade bei Altstädten dann aber zunächst der Blick auf die repräsentativen und die Stadtsilhouette prägenden Großbauten. Mit dem vorliegenden Band möchte Frank Braun, Professor für Bauingenieurwesen an der Hochschule Wismar, der sich seit vielen Jahren baugeschichtlichen Forschungen widmet, den Blick nun stärker auf die „Alltagsarchitektur" richten. Und dieser Blick soll nicht wie so oft „hinter die Fassaden", sondern auf diese und ihre Details gerichtet werden. Im Vorwort wird betont, dass dies aber nicht nur zu einer Stilkunde führen, sondern die einzelnen Beschreibungen in eine umfassendere Wirtschafts- und Sozialtopographie eingebettet werden sollen. Diesem Anspruch wird der handliche Band überaus gerecht. – Auf 25 Seiten erhält der Leser zunächst einen umfassenden Überblick zur baugeschichtlichen Entwicklung Wismars, welcher über die Stadtgründung und die Hansezeit, die Zeit unter schwedischer Herrschaft, die spätere Zugehörigkeit zum Großherzogtum Mecklenburg-Schwerin sowie die Entwicklungen unter den wechselnden politischen Systemen zwischen 1918 und 1990 bis hin zur Stadterneuerung seit 1990 reicht. Dieser flüssig zu lesende Abschnitt verliert sich nicht in kleinste Einzelheiten, vermittelt aber dennoch fundiert die wesentlichen Hintergründe und Entwicklungen aus 800 Jahren Baugeschichte. Besonders hilfreich sind dabei die bei den entsprechenden Ausführungen eingefügten Verweise auf die konkreten Fassaden, welche sodann im sich anschließenden und nach Straßen sowie Hausnummern sortierten „Katalog" nachgeschlagen werden können. Illustriert wird der Überblick mit Reproduktionen historischer Stadtpläne bzw. Grundrisse, welche leider etwas klein ausgefallen sind, was allerdings aufgrund des Taschenbuchformats verständlich ist. – Im Katalog werden 34 Fassaden aus der Zeitspanne zwischen dem 14. Jh. und den Fünfzigerjahren des 20. Jhs. in unterschiedlichem Umfang beschrieben und erläutert sowie mit den entsprechenden Hintergründen ihrer Entstehung verknüpft. Daneben wird immer wieder auch auf Veränderungen des jeweiligen Erscheinungsbildes im Laufe der Jahrhunderte eingegangen (soweit rekonstruierbar). Die Ausführungen werden durch historische Zeichnungen und insbesondere durch Fotografien (oftmals auch von einzelnen Details) veranschaulicht. Diesbezüglich sind vor allem die Vergleichsfotos zwischen dem Zustand vor bzw. um 1990 und dem heutigen Zustand hervorzuheben. Im Falle der Lübschen Straße 1 treten dazu Abbildungen historischer Werbeanzeigen, denn bei diesem Gebäude aus den Jahren 1907/08 handelt es sich um das Karstadt-Stammhaus. – Neben einem auf wesentliche Titel beschränkten Literaturverzeichnis wird der Gebrauchsnutzen des vorliegenden Werkes insbesondere für die Vor-Ort-Inaugenscheinnahme der beschriebenen Fassaden durch einen in der hinteren Umschlagsinnenseite abgedruckten Stadtgrundriss mit den eingezeichneten Katalognummern erhöht. – Alles in allem liegt somit mit *Wismarer Fassaden* nicht nur ein anschaulicher Überblick zur Baugeschichte der Stadt vor, sondern man wird vielmehr auch dazu angeregt, noch bewusster auf diese und andere Fassaden zu blicken und den Wert ihrer Details entsprechend stärker zu schätzen.

Hauke Wegner

Bremisches Jahrbuch 101, 2022, 352 S., ISSN 0341-9622. – Die neueste Ausgabe der bremischen Geschichtszeitschrift bietet wiederum ein breites, vom Mittelalter bis in die Zeit nach dem Zweiten Weltkrieg reichendes Spektrum von Themen, von denen diejenigen, die überregionales Interesse beanspruchen können, im Folgenden vorgestellt werden. – Den 2022 präsentierten Film über die 1831 in Bremen enthauptete Giftmörderin Gesche Gottfried nimmt *Gisela Wilbertz* zum Anlass, der Person des bisher wenig bekannten Nienburger Scharfrichters Johann Heinrich Dietz nachzugehen (64-107). Sie kann dabei über die Bremer Vorgänge hinaus zugleich detaillierte Informationen über diesen gewöhnlich mit der Abdeckerei einhergehenden Berufsstand und seine gesellschaftliche Einbettung geben. – *Maria Hermes-Wladarsch* beleuchtet unter dem Titel „Ein Zifferblatt, ein Kalender und die Ewigkeit" die „Frühzeit gedruckter Kalender in und für Bremen" (108-131). Diese ursprünglich dem alltäglichen Umgang mit der Zeit dienende Literaturgattung, die sich üblicherweise an eine regional und sozial differenzierte Leserschaft wendet und insofern Identitätsbildung fördert, hat im Laufe ihrer Entwicklung eine vielfältige Ausprägung erfahren, der sich die Autorin im Einzelnen zuwendet. – Eis hat als Kühlmittel bis weit ins 20. Jh. eine nicht zu unterschätzende Rolle gespielt. *Ingo Heidbrink* geht am Beispiel der Hochseefischerei und der örtlichen Eisnutzung in Bremen auf den Übergang von Natureis zum Kunsteis vor allem unter hygienischen Aspekten ein (132-144). In diesem Zusammenhang kann er mit dem 1893 gegründeten Bakteriologischen Institut eine Einrichtung benennen, mit der Bremen eine Vorreiterrolle hinsichtlich der Überwachung hygienischer Standards beim Handel mit Natur- und Kunsteis übernommen hat. – Dem bekannten Schnelldampfer „Europa" des Norddeutschen Lloyds, der zuletzt als „Liberté" unter französischer Flagge fuhr, hat der Schifffahrtshistoriker *Christian Ostersehlte* eine eingehende Studie gewidmet, die die Aufliegezeit des Schiffes in den Kriegsjahren 1939-1945 zum Gegenstand hat (162-214). – Die Tätigkeit der Großwerft „Bremer Vulcan" im Zweiten Weltkrieg und in den ersten Nachkriegsjahren ist Gegenstand eines wirtschafts- und gesellschaftsgeschichtlichen Beitrages von *Harald Wixforth* (215-250). Die Frage nach Umbrüchen und Kontinuitäten sowie der Einbindung in die nationalsozialistische Rüstungswirtschaft und den Langzeitfolgen des Krieges für das Unternehmen steht dabei im Vordergrund. Der Autor geht von einer erheblichen Verstrickung in das NS-System, vor allem in Bezug auf den Einsatz von Zwangsarbeitern, aus, konstatiert aber auch Handlungsspielräume des Vorstandsvorsitzenden Robert Kabelac, die dieser u.a. nutzte, um die Selbstzerstörung der Anlagen in den letzten Kriegstagen zu verhindern und damit, unter Rückendeckung durch die amerikanische Militärregierung, den Grundstein für den Neuaufbau des Unternehmens nach 1945 zu legen. Eine wichtige Rolle spielte dabei, dass die Besitzverhältnisse und die Führungsstrukturen nahezu unverändert blieben. – Den Aufsatzteil beschließen drei thematisch nahestehende, biographisch orientierte Beiträge. *Frank Mecklenburg* wirft neues entlastendes Licht auf den jüdischen Kaufmann Karl Katz, einen Überlebenden des Konzentrationslagers Theresienstadt, dem in seiner Eigenschaft als Vorstandsmitglied der jüdischen Gemeinde und als Mitwirkender in der Selbstorganisation des Lagers später Kollaboration mit den Nationalsozialisten vorgeworfen wurde. Katz′ Entlastung wird von *Sabine Pamperrien* geteilt, die sich anschließend mit dem „fragwürdigen Umgang mit Gerüchten über den jüdischen Werder-Bremen-Präsidenten Alfred Ries" auseinandersetzt (273-283). Dem angesehenen Kaufmann wurde unterstellt, sich als Agent der Abwehr in Jugoslawien in den Dienst der Nationalsozialisten gestellt zu haben. Beide Autoren sehen in den Anschuldigungen gegen die von ihnen jeweils untersuchten Persönlichkeiten von interessierter Seite lancierte „propagandistische Fallstricke", die sie quellenkritisch offenlegen. Hinweise auf weitere Vorgänge dieser Art zeigen, dass es sich nicht um Einzelfälle handelt. Der als „Anti-Nationalsozialist" bezeichnete Amtsgerichtsrat Makarius Ritzer ist Gegenstand einer Miszelle, in der sich *Hans Wrobel* mit einem Vorgang der Bremer Nachkriegsgeschichte befasst: der Klage Otto Ernst Remers von der Sozialistischen Reichspartei, der als Kommandeur des Berliner Wachbataillons am 20. Juli 1944 eine unrühmliche Rolle gespielt hat, gegen SPD-Senator Hermann Wolters wegen übler Nachrede und falscher Behauptung. Die zum Umfeld der Landtagswahlen von 1951 gehörende gerichtliche Auseinandersetzung fiel in das Ressort von Ritzer, der den Fall in unkonventioneller Weise zugunsten von Wolters entschied.

Hartmut Bickelmann

Sven Hamann, „Jeder Käufer sucht möglichst günstig zu kaufen". Raub, Rückerstattung und Entschädigung jüdischen Eigentums in Schleswig-Holstein, Kiel/Hamburg: Wachholtz 2022, 660 S., ISBN 978-3-529-05071-8. – Mit dem (bewusst in Anführungsstriche gesetzten) Titel begibt sich der Autor absichtsvoll auf glattes Eis: Hat er doch recht! Ja, so ist es!, möchte der Leser sagen: „Jeder Käufer sucht möglichst günstig zu kaufen." Seit es im modernen, staatlich gesetzten Recht nicht mehr die Lehre vom *pretium iustum* gibt, ist das eben ein Grundsatz kaufmännischen Handelns: Hole heraus, was Du herausholen kannst! Ja, aber: Wie ist es, wenn „der Staat" sich selbst dadurch bereichert, dass er nach diesem Satz handelt? Und überdies: Wenn er seinen Bürgerinnen und Bürgern nicht länger Schutz durch den Gleichheitssatz gewährt und garantiert, sondern dem/der einen Rechte und seinen Schutz entzieht, um dem/der anderen besondere Vorteile zukommen zu lassen? Dann wird dieser „§ 1 kaufmännischen Handelns", so könnte man ja den in der Überschrift enthaltenen und zugleich ironisierten und perhorreszierten Satz nennen, zum Ausplünderungs- und Unterdrückungsgrundsatz. Dass dies in den Jahren ab 1933, mit rasant wachsender Tendenz, im Nazi-Deutschland zu Lasten der jüdischen Bevölkerung der Fall war, das arbeitet Sven Hamann in dieser zu Recht preisgekrönten Arbeit meisterhaft heraus. – H. beschreibt zunächst (Kap. 1, 9-36) in der Frageform „Raub, Rückerstattung und Entschädigung – Schleswig-Holstein als Sonderfall?" die Forschungslage und die Fragestellungen. Unter Kap. 2 (37-62) schildert er sodann, wie sich zeigt: die Frage weitgehend bejahend, die „Jüdische Bevölkerung Schleswig-Holsteins vor 1933" und kann bei allem zu Schleswig-Holstein insbesondere auf die Arbeiten von Bettina Goldberg und Gerhard Paul und im Allgemeinen auf Frank Bajohr, Jürgen Lillteicher und Constantin Goschler verweisen. – Die dann folgenden Hauptkapitel sind (Kap. 3, 63-351) „‚Arisierung' jüdischen Eigentums 1933-1945", (Kap. 4, 352-488) „Gegen den Widerstand der Behörden in Schleswig-Holstein: Rückerstattung jüdischen Eigentums nach den Gesetzen der Militärregierung" und (Kap. 5, 489-604) „Sparen um jeden Preis: Entschädigungsverfahren in Schleswig-Holstein", ehe H. dann (Kap. 6, 605-616) die Bilanz zieht: „Ökonomisch, politisch, unmoralisch: Raub, Rückerstattung und Entschädigung in Schleswig-Holstein. Ergebnisse und offene Fragen". – Ein hilfreiches Quellenverzeichnis und ein (angemessen) opulentes Literaturverzeichnis sowie ein Personenregister runden die Arbeit ab. – Was ist es, das mich oben zu der Kennzeichnung des Werkes als meisterhaft veranlasst hat? Die große Stärke der

Arbeit liegt in der Anschaulichkeit und hier wieder ganz besonders in der Darstellung einzelner Akte der Beraubung. H. verliert sich aber nicht in den Details, vielmehr weiß er sie in den Zusammenhang zu stellen und den Terror gegen ausgegrenzte Bevölkerungsgruppen und hier ganz besonders gegen Juden als Teil eines groß angelegten, politisch und normativ („rechtlich") durchgeplanten, bis ins Detail durchdachten und im wahrsten Sinne des Wortes exekutierten Vorhabens zu beschreiben. So erweist sich an den Beispielen im Text, welchen Sinn die Aufführung einer Vielzahl „Gesetze und Verordnungen zur ‚Arisierung'" (einschließlich der Normen der Alliierten und dann des Landes Schleswig-Holstein und der Bundesrepublik Deutschland) im Quellenverzeichnis hat, mit denen der Autor kenntnisreich und verständig gearbeitet und seine Thesen begründet hat: Erst im Zusammenwirken der „Normsetzer" auf den verschiedensten Regierungs- und Verwaltungsebenen, der individuellen Profiteure, der Finanzämter, der Banken und Sparkassen, der Meldeämter, der Standesämter, der Zollfahndung, der Gerichtsvollzieher und der Vollstreckungsbeamten der Finanzverwaltung kommen „Vor den Augen aller" (so der Titel des Gedenkzeichens der Künstlerin Ute Friederike Jürß vor dem Hauptbahnhof Lübeck als Ort der Deportationen) all die menschenverachtenden, Existenz und schließlich zu Millionen Leben vernichtenden „Maßnahmen" zu Stande. – Wenn es dann, und so war es, „der Staat" selbst ist, der von der Beraubung profitiert, dann liegt es fast auf der Hand, dass derselbe Staat *post festum* (nach 1945) ungern einräumt, Unrecht begangen zu haben und entsprechend hartleibig reagiert, wenn die Verfolgten oder ihre Hinterbliebenen „mit Forderungen kommen". Zumal, wenn dafür die ohnehin immer zum Sparen neigenden Finanzministerien und -behörden zuständig sind. Hinzu kommt: Mit der Reintegration eines großen Teils der NS-Beamtenschaft entscheiden, um es zugespitzt zu formulieren, die gleichen Beamten und auch Richter über die Entschädigungsansprüche, die zuvor an der Formulierung des Unrechts und seiner Durchsetzung teil hatten. Das alles ist nicht neu. Aber es ist und bleibt bitter, vor allem für die Opfer. Es ist H.s großes Verdienst, das noch einmal ausgesprochen und vor allem im Detail belegt zu haben. – Selbst wo so viel Aufklärung ist, ist auch Schatten, gibt es Anlass zur Kritik: Völlig zu Recht zitiert H. den juristischen Autor und hohen Bonner Ministerialbeamten im Bundesfinanz(!)ministerium Ernst Féaux de la Croix als Nachkriegs-Autorität zu vielen Fragen des Entschädigungsrechts. Aber dieser erscheint nicht im Literaturverzeichnis; wohl aber erscheint er im Personenregister. Für eine nähere und vor allem kritisch(er)e Befassung mit Féaux de la Croix hätte allerdings Anlass bestanden. Eine genauere Betrachtung seines wissenschaftlichen Werkes wie auch seiner Person wäre nämlich auch deshalb angebracht gewesen, weil Féaux de la Croix selbst eine Vergangenheit als hoher NS-Beamter im Reichsjustizministerium hatte und dies durchaus auch wissenschafts- und vergangenheitspolitisch öffentlich diskutiert worden ist. H. hat sich hier also gewissermaßen eine Pointe entgehen lassen, mit der er seine wohlbegründeten Thesen nur noch hätte erhärten können. Aber dieser (ich wiederhole: einzige) Kritikpunkt wiegt relativ gering im Verhältnis zu dem großen Verdienst, das in H.s Kärrnerarbeit ebenso wie im zutreffenden Ziehen großer Linien liegt. – Das Werk ist auch deshalb so wichtig, weil seit Neuestem (2021, also 76 Jahre nach 1945 [!]) das Deutsche Richtergesetz den für die Jurist:innenausbildung Verantwortlichen und damit auch den zukünftigen Kolleg:innen aufgibt, Kenntnisse über das Unrecht des NS-Staates und seiner Wirklichkeit zu vermitteln bzw. zu haben. So anspruchsvoll und schwierig es sein wird, dieses Postulat zu verwirklichen: Der „Hamann" könnte ein Reader im akademischen Unterricht der Jurist:innen, für die Ausbildung der Rechtsreferendar:innen und für die Fortbildung der Richter:innen, Anwält:innen und Verwaltungs-Beamt:innen sein. Natürlich ohnehin ein Musterbeispiel für den akademischen Unterricht der Historiker:innen und eine großartige, beispielhafte Hilfe für den Unterricht an den Schulen.

Hans-Ernst Böttcher

Nils Jörn, Adina Kolenda und Antje Laasch, „Umb alle eingerissene Unordnungen abzutun ...“. Wismarer Rang- und Kleiderordnungen im Mittelalter und in der Frühen Neuzeit (Schriftenreihe der Freunde und Förderer des Archivs der Hansestadt Wismar 16), Wismar: callidus 2022, 524 S., zahlr. Abb., ISBN 978-3-949534-03-4. – „Zeig mir Deine Kleider – ich sage Dir, wer Du bist“. Dieses „Kleider-machen-Leute“-Phänomen mag ein abgegriffenes Klischee sein, es ist jedoch so alt wie aktuell. Heute begegnet es uns z.B. in der in verschiedenen Berufen und Schulen teilweise herrschenden Uniformpflicht oder beim Schaulaufen der Stars und Sternchen auf dem roten Teppich. Ratsuchende finden in den sozialen Medien tausenderlei Ratschläge für die do's and don'ts in Sachen richtiger Businesslook. Im Mittelalter und verstärkt in der Frühen Neuzeit waren es Luxus- und Kleiderordnungen, die den Menschen vorschrieben, in welcher Art und Weise sie sich zu kleiden hatten. Die Kleidergesetzgebung setzte in den Städten des Deutschen Reiches ab etwa Mitte des 14. Jhs. ein und versiegte im 18. Jh. Diese Verordnungen dienten zum einen der sozialen Disziplinierung und fixierten eine vorhandene bzw. erwünschte gesellschaftliche Rangordnung. Ausdruck dessen sind z.B. die Vorschriften für „unehrenhafte“ Frauen bzw. Prostituierte, für alle Menschen sichtbar ein bestimmtes, oftmals farbiges Kennzeichen als soziales Stigma (s. Definition bei Goffman, Stigma, 1975, S. 9) zu tragen. Vor allem aber sollten die Verordnungen vor übermäßigem Prunk und einhergehendem finanziellen Ruin schützen. So wurden den niederen Ständen bestimmte teure Stoffe oder Schmuck verboten, bei Hochzeiten die Anzahl erlaubter Gäste und die Speisen streng begrenzt. – Das wissenschaftliche Interesse am Thema ist seit der frühen, grundlegenden Untersuchung Eisenbarts (1962) ungebrochen. Es existieren alleine im deutschsprachigen Raum eine Vielzahl von Veröffentlichungen, die sich lokal, regional oder übergreifend der Frage nach Form und Regulierung früherer Kleidung widmen (u.a. Dölves [2000] und Schlüter-Klein [2002] für Hamburg, Reich [2005] für Hannover, Hagedorn [1883/1884] mit einer einzelnen Kleiderordnung für Lübeck, Lehner [1984] für Nürnberg, Hanisch [1994 und 2001] für Stralsund. Regional z.B. Baur [1975] für Bayern, Burgemeister [2019] für Nürnberg, Regensburg und Landshut). Bei u.a. Eisenbart und Sandhaus (2009) steht deutlich der ordnungspolizeiliche Aspekt im Vordergrund. Andere Autorinnen und Autoren beleuchten das Thema eher unter kulturhistorischem, auch künstlerischem/textilhandwerklichem Aspekt (z.B. Scott [2009], Schwinges u.a. [2010], Keupp [2011]). – Für die Hansestadt Wismar existierte bislang keine systematische Abhandlung zum Thema, wenn auch mit Techen (1906) die in den Burspraken getroffenen Kleiderregelungen schon zugänglich gemacht wurden. Insofern ist es mehr als verdienstvoll, dass jetzt ein über 500 Seiten starkes Werk diese Lücke füllt. Dessen drei Verf. stellen gleich eingangs dar, dass es sich um ein gemeinschaftliches, über die Jahre gewachsenes Projekt handelt, in welchem verschiedene Aspekte der o.g. Thematik beleuchtet werden. Es ist in vier große Teile gegliedert. Im ersten Teil werden einzelne Wismarer Rang- und Kleiderordnungen aus dem 16. bis 18. Jh. in ihrem Wortlaut präsentiert. Der zweite Hauptteil beschäftigt sich mit den Amtsrollen derjenigen Wismarer Ämter, welche unmittelbar mit der Einkleidung der Stadtbevölkerung zu tun hatten, als Schuster, Schneider, Altlapper, Pelzer, Hutmacher und Perückenmacher. Im nachfolgenden dritten Teil werden verschiedene Inventare aus dem 16. bis 19. Jh. als Quelle für die Anwendung der erlassenen Ordnungen aufgeführt. Schlussendlich bietet der vierte Hauptteil des Buches mit seiner Präsentation einer Sammlung von Kupfertafeln für das „Journal des Luxus und der Moden“ eine farbenfrohe Illustration der weiblichen Wismarer Mode der 1790er und 1800er Jahre. – Weisen die im ersten Hauptteil aus den jährlichen Burspraken des Wismarer Rates überlieferten Kleiderregulierungen des 14. Jh. noch eine sehr geringe Binnendifferenzierung auf, so werden die Bestimmungen im Laufe der Zeit immer umfangreicher und spezieller. 1356 werden neben ärmeren Schichten nur die Dirnen (brakrowen) mit dem verpflichtenden Tragen einer Kapuze mit rotem Kreis speziell adressiert. In den Kleiderordnungen des 17. Jhs. werden genaue Unterscheidungen zwischen Ehefrauen und Töchtern und auch detaillierte Angaben für die Kleidung von Junggesellen und minderjährigen Knaben gemacht. Die als Anhang zu Teil 1 aufgeführten Anekdoten zeigen, zu welchen Verwicklungen und Übertretungen der Ordnungen es im Alltagsleben Wismars bisweilen kam. Oft wird die Häufigkeit der Kleiderregulierung als Beleg für deren Wirkungslosigkeit angeführt, als eine nachholende Reaktion auf Missstände, oder, wie Jörn es formuliert, als „ein Wettlauf zwischen Hase und Igel" (17). Gleichzeitig zeigen die geschilderten Konflikte jedoch auch, mit welcher Genauigkeit und bitterem Ernst die Stadtgesellschaft auf Übertretungen reagierte. Ein Bürgermeister Restorff wird es sich kaum geleistet haben, den in seinem Inventar von 1649 aufgeführten „sehr verdorbenen" Mantel (343) bei repräsentativen Anlässen zu tragen. Da auch in den anderen im dritten Hauptteil des Werkes aufgeführten Inventaren auffällig häufig verschlissene Kleidung, ja selbst kleinere Stoffteile aufgeführt werden, lässt dies nur den Schluss zu, dass Kleidung im Gegensatz zur heutigen fast fashion ein sehr, sehr kostbares Gut war, das es bis zur letzten Faser zu hegen und pflegen galt. Ohnehin geben uns die überlieferten Wismarer Zeugnisse nur einen kleinen Einblick in die besser gestellten und vermögenden bürgerlichen Gesellschaftsschichten. Auch die im vierten Hauptteil präsentierten wundervollen Mode-Illustrationen werden eher Inspiration für die wohlhabendere Bürgerschicht Wismars gewesen sein. – Die Verf. sind sich der unbefriedigenden Quellenlage zur Kleidung der armen Schichten durchaus bewusst (287). Insgesamt gesehen haben sie jedoch ein sehr reichhaltiges, rundes Werk geschaffen, das mit den transkribierten Ordnungen nicht nur den Soll-Zustand umfänglich darlegt, sondern mit der Präsentation der Inventare und insbesondere den kunstvollen Illustrationen eine sehr gelungene Vorstellung davon vermittelt, wie die Menschen in Wismar tatsächlich gekleidet waren. Die aus vorliegender Publikation erkennbare Entwicklung der Kleidergesetzgebung unterscheidet sich kaum von derjenigen anderer untersuchter Städte und reiht sich in den bekannten Forschungskontext ein. Man kann darüber streiten, ob die vielen Doppelungen in den Anmerkungen hätten sein müssen, die das Werk stark aufblähen. Andererseits erspart dies ein umständliches Blättern. Es ist sowohl für Laien sehr gut lesbar als auch eine Fundgrube für fachliche Experten, die hiermit eine grundlegende Studie an die Hand bekommen, die ihresgleichen für andere Hansestädte noch sucht.

Dagmar Hemmie

Anette Löffler (Bearb.) und Nils Jörn (Hrsg.), Katalog der mittelalterlichen Makulatur im Archiv der Hansestadt Wismar. Teil 1: Die abgelösten Fragmente (Schriftenreihe der Freunde und Förderer des Archivs der Hansestadt Wismar 15.1), Wismar: callidus 2022, 585 S., zahlr. Abb., ISBN 978-3-940677-53-2. – Der vorliegende Band von Anette Löffler (Bearb.) und Nils Jörn (Hrsg.) erschließt die mittelalterliche Makulatur im Archiv der Hansestadt Wismar, allerdings nur den Teil der Bestände, die bereits abgelöst sind. Es ist demnach ein zweiter Band mit ähnlich spektakulären Funden zu erwarten. – Die aktuellen Erschließungsarbeiten durch Anette Löffler fußen auf Vorarbeiten von Pater Ludger Maier, Hans Illig und Anneliese Düsing, die 1954 ein erstes maschinenschriftliches Findbuch angefertigt hatte. Die reichen Erträge sind im vorliegenden Band zusammengestellt, sollen aber laut Kataloghinweis gleichzeitig auch im Archivportal des Landes Mecklenburg-Vorpommern unter dem Reiter „Stadtarchiv Wismar" zugänglich sein: ARIADNE URL: https://ariadne-portal.uni-greifswald.de/ (allerdings konnte ich sie dort nicht finden [letzter Zugriff: 24.08.2023]. Es existiert weder ein Überblicksordner „Fragmente" noch sind in der Suche die relevanten Titelansetzungen und Autoren sowie eine Rubrik „Fragmente" angelegt). – Dem ausführlichen Bestandsverzeichnis mit Abbildungen aller Fragmente, wobei nicht zwischen Handschriften und Inkunabeln unterschieden wird, ist eine Skizze mit Institutionen-, Bestands-, Makulierungs- und Erschließungsgeschichte vorgeschaltet, die, in vorbildlicher Weise und mit reichen

Literaturangaben versehen, die Schrift-, Buch- und Buchnutzungsgeschichte Wismars aufbereitet. In das so entworfene Koordinatensystem werden die Makulaturfunde einsortiert, d.h. es werden ebenso die mittelalterlichen Institutionen und Orte, aber auch nachmittelalterliche Erwerbungshintergründe identifiziert wie mögliche Zerstörungs- und Nachnutzungsszenarien. Der Fokus für das Recycling alter Pergamentbücher liegt dabei in Wismar nicht anders wie fast überall vornehmlich auf Büchern liturgischen bzw. allgemeinen geistlichen Inhalts sowie im Gefolge ihrer Zerstörung auf dem nachnutzenden „Einbinden von Akten, städtischer Rechnungen und anderem Schriftgut" (8). – Für den Katalognutzer gewinnbringend erweist sich, dass der Nachweis von mittelalterlichen Autoren und Werken sowie die Identifikation der frühneuzeitlichen Trägerbände im Ratsarchiv und im Museum gleichsam exhaustiv erfolgen. Nichts bleibt dem Zufall überlassen. Löffler kann hier auf umfangreiche Vorarbeiten zurückgreifen und führt diese konsequent weiter. Nicht überraschend datiert das Gros der identifizierten Trägerbände in die Zeit von 1531 bis 1645, mithin in die große Epoche der Zerstörung mittelalterlicher Pergamenthandschriften bzw. Inkunabeln und ihres Recyclings in der Zeit von der Reformation bis zum 30jährigen Krieg. Für die einzelnen Teilbestände und Textsorten bietet die Einleitung jeweils luzide Erläuterungen zu den ursprünglichen Nutzungsorten, den ehemals besitzenden Institutionen (Klöster, Kirchen, Privatleute) und mögliche Hintergründe der Buchzerstörungen. – Blicken wir in den Fragmentkatalog hinein: Er ist in vier Teile aufgegliedert: Teil 1 „Katalog der lateinischen Fragmente" von Nr. 1-251; Teil 2 „Katalog der deutschen/niederländischen Fragmente" von Nr. 252-264; Teil 3 „Katalog der Handschriften(teile)" von Nr. 265-268 und Teil 4 „Katalog Stadtgeschichtliches Museum" von Mus. 1-10. – Die erste und zugleich mit weitem Abstand größte Abteilung widmet sich den lateinischen Fragmenten (dazu muss man auch Teil 3 rechnen, dessen Separierung mir nicht einleuchtet). Die Beschreibungen und Abbildungen sind im ersten Teil streng nach Sachgebieten organisiert und bieten in linearer Folge Abteilungen zu Liturgie, Theologie, Philosophie, Kanonischem Recht, Zivilrecht, Grammatik, Vokabularien, Medizin, Astrologie und Urkunden. Genau diesen Abteilungen folgend sind alle Fragmente fortlaufend durchgezählt und beschrieben. Für den schnellen Zugriff etwas irritierend mag dabei sein, dass bisweilen auch Fragmente aus ein und demselben Kodex z.T. jeweils Blatt für Blatt einzeln durchnummeriert und einzeln beschrieben werden, so gehören das Fragment 3 und 4 zu einem „Missale" und Fragment 5 und 6 zu einem weiteren „Missale". Weil für jede Fragmentnummer eine eigene Beschreibung angelegt ist, erzeugt dies unnötige Redundanzen, die man als Leser jedoch verschmerzen kann, zumal hin und her verwiesen wird. Gegen dieses System ist allerdings z.B. das Fragment 175 (Inkunabel der „Legenda aurea") mit z w e i Blättern unter einer Fragmentnummer subsummiert. – Grundsätzlich folgen alle Beschreibungen einem einheitlichen System. In einer Schlagzeile werden Signatur und Werk sowie Basisinformationen zum Umfang, dem Beschreibstoff, dem Schreib-/Druckort und der Datierung geboten. Es folgen eine detaillierte Autor-/Werkbestimmung samt minutiöser Inhaltsbeschreibung und in einer eigenen Spalte diverse weiterführende Informationen etwa zur Größe, zur Einrichtung, zur Ausstattung, zu Einträgen, zu Nutzungsspuren, zur Nutzungsgeschichte, zum Trägerband (wo ermittelbar), ggf. zum zeitgenössischen Druck mit Nachweis der GW- und ISTC-Nummer (bei Inkunabeln) und ggf. zu modernen Editionen sowie zur Forschungsliteratur. Diesem System verpflichtet sind auch die Beschreibungen in den anderen Teilen. – Den Germanisten interessiert hierbei natürlich besonders der zweite Teil mit den deutschen und niederländischen Fragmenten. Sie seien deshalb genauer in den Blick genommen: Der zunächst als Nr. 252 und 253 verzeichnete Rest einer voluminösen mittelniederländischen Handschrift von Jakobs van Maerlant „Der naturen blome" erweist sich als Teil einer großen für die Maerlant-Überlieferung spannenden (einzigartigen?) Überlieferungssymbiose, denn zum Band gehören auch die

Fragmente Nr. 255-259 mit dem „Dietschen Doctrinale". In Einrichtung und Ausstattung identisch sind die Fragmente in Leiden (UB, LTK 1527,1-16; Beschreibung mit Literaturhinweisen und Digitalisat in https://www.handschriftencensus.de/14899 [Aufruf 13.7.2023]). Auf das Zusammengehörigkeitsfaktum weist Löffler mit überzeugender Beweisführung bereits in einem früheren Aufsatz dezidiert hin [Anette Löffler, Membra disiecta im Archiv der Hansestadt Wismar. Neue Funde zu Jakob van Maerlants 'Der Naturen bloeme' sowie des 'Dietsche Doctrinale', in: ZfdA 149, 2020, S. 462-478, hier 470-472], verzichtet im vorliegenden Katalog aber leider darauf, dies auszuführen. Jene stammen ursprünglich aus dem Archiv in Schwerin. Die hier beschriebenen Wismarer Fragmente und die Leidener Fragmente gehören übrigens zu e i n e m Codex discissus. – Zu den deutschen Fragmenten zählen noch eine niederdeutsche Historienbibel aus dem 15. Jh. (Nr. 260-261), ein ebenfalls aus dem 15. Jh. stammendes „Lübisches Recht" (Nr. 262), Unterlagen zu den baulichen Veränderungen an Häusern aus der Zeit nach 1425 (Nr. 263; wobei es sich hier vermutlich nicht um ein Fragment, sondern eine Art Urkunde/Aktenstück handelt) und Reste eines ungewöhnlich großformatigen Mariengebetbuchs (eher: separates Mariengebet auf einem Einzelblatt?) aus der Mitte des 15. Jhs. (Nr. 264). – Bleibt nach der Lektüre dieses überreich mit hervorragenden Abbildungen ausgestatten Bandes zu konstatieren, dass der Wismarer Fragmentbestand nun ebenso umfassend wie gründlich erschlossen ist. Die Nutzung erleichtern ein umfangreiches Personen-, Orts- und Sachregister (561-568), ein liturgisches Register (569-575), ein Glossar mit werk-, buch- und schreibtechnischen Fachbegriffen (576-577), ein Abkürzungs- und ein Literaturverzeichnis (578-585). Wo jetzt noch Fragen offenbleiben, helfen die Abbildungen.

Jürgen Wolf

Eckardt Opitz, Das Herzogtum Lauenburg. Seine Geschichte in Texten, Bildern und Dokumenten, Husum: Husum Druck- und Verlagsgesellschaft 2022, 284 S., zahlr. Abb., ISBN 978-3-96717-105-1. – Der Kreis Herzogtum Lauenburg ist einer der besterforschten Landkreise der Bundesrepublik, wofür es mehrere Ursachen gibt: Erstens ist er eine historisch gewachsene Einheit mit eigener bemerkenswerter Geschichte und kein künstlich zugeschnittener Bereich, in dem sich Teile unterschiedlicher historischer Herkunft zwangsweise bündeln müssen. Zweitens verfügt er über ein eigenes geschichtliches Bewusstsein, das sich durch Gründung der „Stiftung Herzogtum Lauenburg" 1977 manifestierte, die in den vergangenen 50 Jahren wissenschaftliche Kolloquien veranstaltete, einen historischen Atlas und ein umfangreiches Handbuch über den Kreis (von über 800 S.) sowie ein biographisches Lexikon herausgab, wofür Eckardt Opitz verantwortlich zeichnete. Damit steht drittens in ebendiesem ein aktiver wissenschaftlicher Interpret zur Verfügung. Er ist es daher auch, der mit dem vorliegenden Band die lauenburgische Geschichte anschaulich präsentiert und damit das oben erwähnte, inzwischen vergriffene Handbuch ersetzt und ergänzt. Es zeigt sich dabei, wie vorteilhaft es für die logische Folgerichtigkeit ist, wenn eine durchgehende Darstellung in ein und derselben Hand liegt. – Das eigentümliche Schicksal dieses kleinen Herzogtums entwickelte sich in der südöstlichen Ecke der Kimbrischen Halbinsel, auf der potentere Mitspieler, die Herzogtümer Schleswig und Holstein sowie die Reichsstadt Lübeck, sich miteinander auseinandersetzten, überschattet von den überregionalen Mächten wie Dänemark und Preußen, und dies alles vor dem Hintergrund der allgemeinen Entwicklung Deutschlands. Nach einem kurzen Blick auf die Vor- und Frühgeschichte folgt der chronologische Durchgang vom Mittelalter bis zum Ende der askanischen Herrschaft 1689, dem lauenburgischen Erbfolgestreit und die Inbesitznahme des Herzogtums durch die Welfen. Nach dem Einschnitt durch die „Franzosenzeit" zu Anfang des 19. Jhs. wird dann die dänische Zeit des Herzogtums behandelt, bis König Wilhelm I. von Preußen Herzog von Lauenburg wurde. Man liest diese Kapitel mit Spannung und begreift die komplizierten Zusammenhänge, die unter der geschickten Hand Bismarcks als „Minister für Lauenburg“ die Integration des Landes in Preußen beförderten. Hervorzuheben ist, dass dem Verf. auch immer die ausführliche Darstellung der jeweiligen Wirtschafts- und Sozialgeschichte ebenso wie von Einzelheiten zu Schule und Kultur gelingt, hier nun vor dem Hintergrund der wilhelminischen Zeit und des Ersten Weltkriegs. Sehr eingehend schildert O. die Entwicklung Lauenburgs in der Weimarer Republik, und das Aufkommen des Nationalsozialismus wird an einem regionalen Beispiel, wie dem Herzogtum Lauenburg, so recht deutlich, und dies nicht zum wenigsten durch die akribische Untersuchung der Lebensläufe der lauenburgischen NS-Exponenten. So bekommt der Leser einen nachhaltigen Eindruck von deren personeller Kontinuität: Fast bruchlos finden sich diese Leute nach dem Zusammenbruch 1945 wieder rehabilitiert. Die Nachkriegszeit, die Gründung der Bundesrepublik sowie die Lösung des Flüchtlingsproblems nach dem Zweiten Weltkrieg und der Bodenreform dieses agrarisch bestimmten Landkreises – dies alles wird eingehend behandelt und erbringt mancherlei bisher Unbekanntes. Ebenso eindringlich werden die Zonengrenzziehung zur DDR, die 86 km betrug, und ihre Folgen unter der treffenden Überschrift „Hochgerüstet. Der Landkreis Herzogtum Lauenburg im Kalten Krieg und danach“ (241ff.) beispielhaft geschildert. Bewegt liest man daher auch den Bericht über die Grenzöffnung 1989 und die Wiedervereinigung Deutschlands 1990. Wie schnell geraten diese weltbewegenden Geschehnisse in Vergessenheit! Unter der Überschrift „Einblicke in die Jahre 2000-2020“ fasst O. abschließend die Gegenwartsgeschichte zusammen. – Verständlicherweise sollte und wird die Lübecker Leserschar zu diesem interessanten Band greifen, der über eine jahrhundertelange Nachbarschaft so einsichtig berichtet. Er sei ihr besonders empfohlen, und das nicht nur für Themen, wie die fast vierhundertjährige Möllner Pfandschaft in der Hand Lübecks, den Querelen wegen des Stecknitzkanals oder das Groß-Hamburg-Gesetz von 1937. Die von O. angemahnte wissenschaftliche Darstellung hierzu liegt übrigens schon seit 2014 vor [Jan Lokers und Michael Hundt (Hrsg.), Das Ende des eigenständigen Lübecker Staates im Jahre 1937, Lübeck 2014]. Eine noch bessere Akzeptanz und Eingängigkeit wäre diesem bewusst anschaulich gehaltenen geschichtlichen Leitfaden noch zugutegekommen durch Aufbrechen der Seiten mit „Kästen“ zu einzelnen Themen und durch Vorausschicken von kurzen Zusammenfassungen am Anfang der Kapitel (sog. Trailern). Gewünscht hätte man sich auch eine übersichtliche Zeittafel. Schon ein Sachregister, welches das Personen- und Ortsregister ergänzt hätte, wäre nützlich gewesen. – Aber diese Bemerkungen sollen das gelungene Werk in keiner Weise schmälern. Den Autor kann man nur beglückwünschen, möge er Nachahmer finden: für derart gelungene Visitenkarten deutscher Landkreise! Denn hier wird die wichtige Funktion der Regionalgeschichte als Unterbau für die „große“ Geschichte wieder so recht deutlich.

Antjekathrin Graßmann

Anja Rasche und Nils Jörn, Wismars verlorene Mitte. Das gotische Viertel. Bedeutung, Zerstörung, Mythos (Schriftenreihe der Freunde und Förderer des Archivs der Hansestadt Wismar 17), Wismar: callidus 2022, 219 S., zahlr. Abb., ISBN 978-3-949534-05-8. – Die vorliegende Publikation ist als Dokumentationsband zur gleichnamigen Ausstellung entstanden, die im April 2020 im Archiv der Hansestadt Wismar und von August bis September 2021 in St. Georgen zu Wismar gezeigt wurde. Das Autorenduo hat bereits in der Vergangenheit über Wismarer Geschichte publiziert, zuletzt 2018 über die Reformationszeit. Beide Autoren machen sich seit Langem durch ihre wissenschaftlichen Tätigkeiten um die Aufarbeitung hansischer Geschichte verdient. Anja Rasche ist Kunsthistorikerin und Mitbegründerin des bereits seit über zehn Jahren bestehenden Netzwerkes Kunst und Kultur der Hansestädte, das Fachleute aus verschiedenen Disziplinen auf internationaler Ebene zusammenbringt. Nils Jörn ist Historiker und Leiter des

Stadtarchivs der Hansestadt Wismar. Er engagiert sich ferner als Vorstandsmitglied in zahlreichen historischen Vereinigungen wie dem Hansischen Geschichtsverein und ist stellvertretender Vorsitzender des Vereins zur Förderung der internationalen und interdisziplinären Hanseforschung. – Im Jahr 2022 legten sie den hier zu besprechenden Titel über das Gotische Viertel in der Hansestadt Wismar vor. Dieses Viertel, 1945 im Zweiten Weltkrieg bei Luftangriffen teilweise zerstört, liegt inmitten der Wismarer Altstadt, die seit 2002 zusammen mit der Altstadt von Stralsund in die Liste des UNESCO-Welterbes der Kultur aufgenommen wurde. Vergleichbar mit der Altstadt der Hansestadt Lübeck repräsentieren diese Städte mit ihren Stadtgrundrissen, einem Gefüge aus Straßen, Quartieren, Plätzen und Grundstücken, mit ihren sakralen und profanen Baudenkmalbeständen sowie ihren archäologisch überkommenen Strukturen u.a. typische mittelalterliche Hansestädte, die vor allem durch den Seehandel zu beträchtlichem Reichtum und politischem Einfluss gelangten. – Die Autoren nehmen im vorliegenden Band ein Areal in den Blick, das für die Wismarer Stadtgeschichte von enormem Wert ist. In sieben Kapiteln werden Entwicklung und Architekturgeschichte des Gotischen Viertels mittels Auswertung bisheriger Forschungserkenntnisse und anhand von Archivalien aufbereitet. Die Verf. geben einen Überblick über die Rezeptionsgeschichte des Gotischen Viertels unter Hinzuziehung bildlicher Quellen. Sie skizzieren überdies, welche Rolle bei der Architektur das Baumaterial Backstein und sein reich angewandter Formenkanon spielen. Im Übergang vom 19. ins 20. Jh. etabliert sich für diesen architektonischen Stil der Begriff der „Backsteingotik", dessen Formen von den zeitgenössischen Baukünstlern und Architekten auch in Wismar aufgegriffen und neu interpretiert wurden. – Im dritten Kapitel werden die einzelnen Gebäude des Gotischen Viertels durch eine textliche Beschreibung und durch historisches Bildmaterial gewürdigt. Besonders für die im Zweiten Weltkrieg zerstörten Bauwerke sind die „Porträts" eine wichtige Quelle für das Verständnis der Entwicklungsgeschichte des Viertels. Während sich das folgende Kapitel mit den Luftangriffen auf Wismar im Zweiten Weltkrieg beschäftigt, werden im fünften Abschnitt die verheerenden Kriegseinwirkungen und die damit einhergehenden Verluste von Bausubstanz thematisiert. Eine wichtige Frage, die bis heute eine hohe Relevanz aufweist, wirft der nachfolgende Umgang mit dem teilweise zerstörten Gotischen Viertel auf, dem im vorletzten Kapitel des Buches nachgegangen wird. Während Gebäude der Nachkriegsbebauung bereits heute einen denkmalwürdigen Charakter aufweisen, gilt es auch in der Gegenwart, die Weiterentwicklung des Viertels durch eine behutsame städtebauliche Planung voranzutreiben. Dies gelingt durch die Aufarbeitung der Stadt- und Architekturgeschichte, also durch das Wissen um das überkommene historische Erbe in allen seinen Facetten. Mit dem Status des UNESCO-Welterbes der Kultur wird den betreffenden Städten eine besondere Anerkennung für die bisherige Pflege und den Erhalt zuteil, aber auch eine Verantwortung, ihre Welterbestätten zu erforschen und behutsam städtebaulich weiterzuentwickeln. – Nicht nur für diesen Prozess des künftigen Umgangs mit dem Gotischen Viertel leistet die vorliegende Publikation einen wichtigen Beitrag und klärt über die denkmalfachlichen sowie die Belange des UNESCO-Weltkulturerbes auf. Durch die prägnanten Texte und die Verarbeitung zahlreicher Quellen und Abbildungen, vor allem aus dem reichen Fundus des Wismarer Stadtarchivs, ist das Buch ein Zugewinn für die geschichtliche Aufarbeitung dieses für Wismar zentralen Areals, das sich kontinuierlich vom Mittelalter bis in die heutige Zeit gewandelt hat und damit auch ein Abbild der Stadtgeschichte ist. Gleichwohl ist die Lektüre nicht zuletzt durch das ansprechende Layout für einen breiteren, interessierten Leserkreis auch über Wismars Stadtgrenzen hinaus zu empfehlen. Die aus dem Buch gewonnenen Erkenntnisse über das Gotische Viertel und seine Architekturgeschichte lassen sich überdies gut für den Vergleich mit anderen hansestädtischen Vierteln oder Quartieren heranziehen.

Marianne Lutter

Verfasserregister

Jahresbericht des Vereins für Lübeckische Geschichte und Altertumskunde für das Jahr 2022

Die Jahresmitgliederversammlung fand am 12. Mai 2022 im Vortragsraum des Museums für Natur und Umwelt statt. Anwesend waren etwa 40 Mitglieder des Vereins.

Ein Tagesordnungspunkt betraf Vorstandsangelegenheiten: Die dreijährige Amtszeit der Schatzmeisterin Frau Letz war abgelaufen. Sie kandidierte – unter Niederlegung ihres Amtes– erneut für den Vorstand und wurde in dieser Funktion einstimmig wiedergewählt. Der Vorsitzende sprach Frau Letz seinen persönlichen und den Dank des Vorstands für ihr Engagement und ihre verlässliche Arbeit in den zurückliegenden 10 Jahren aus. Die Mitgliederversammlung wählte als neue Schatzmeisterin Frau Stefanie Edler, die sich den Anwesenden kurz vorstellte. Den anschließenden Festvortrag hielt Herr Prof. Ahrens über das Thema „Zwischen Ehrung und Dokumentation. Das Goldene Buch der Stadt". Für die Jahresrechnung 2021 erfolgte die einstimmige Entlastung des Vorstandes durch die Mitgliederversammlung (bei Enthaltung der Vorstandsmitglieder).

Der Vorstand trat an zwei Terminen zusammen, und zwar am 21.3.2022 und am 26.9.2022. Allen Vorstandsmitgliedern ist zu danken für ihre Mitarbeit zum Wohle des Vereins.

Die Mitgliederzahl des Vereins belief sich Stand 31.12.2022 auf 365 Personen. Es traten bis zum Jahresende 2022 19 Mitglieder neu ein, dem standen vier Todesfälle und neun Kündigungen (vielfach aus Krankheits- oder Altersgründen) gegenüber. Das ergibt ein Plus von sechs Mitgliedschaften. Das ist angesichts der schwierigen Rahmenbedingungen, die dem Vereinsleben in den letzten drei Jahren sehr enge Grenzen gesetzt haben, eine sehr zufriedenstellende Entwicklung, aber dennoch kein Ruhekissen. In den kommenden Jahren müssen wir die Werbung für den Verein fortsetzen. Meine Bitte an Vereinsmitglieder und Vorstand ist auch in diesem Jahr, wo immer möglich für den Verein zu werben, z.B. durch das Verteilen der Vereinsflyer.

Die Redaktionsarbeit an der ZLG, hier der Jahrgang 2022, Band 101, nahm wieder viel Zeit in Anspruch. Die Einwerbung der Beiträge, die inhaltliche Prüfung sowie die verschiedenen Korrekturgänge waren dieses Mal sehr aufwändig; Frau Dr. Kruse wie auch Unterzeichner waren hier stark gefordert, wobei die Arbeit an einzelnen Manuskripten wiederum freundlich begleitet wurde durch Frau Prof. Graßmann und Herrn Prof. Ahrens. Ebenso unterstützt wurde die Redaktion durch die Expertise von Prof. Hartmut Freytag, Landgerichtspräsident a.D. Hans-Ernst Böttcher, Herrn Christian Rathmer und Dr. Jan Philipp Richter aus Berlin. Die Redaktion für den umfangreichen Rezensionsteil lag in den bewährten Händen von Herrn Dr. Kuhn; auch hier binden Autorenbetreuung und die gesamte Redaktionsarbeit viel Arbeitszeit.

Mit vereinten Kräften war es somit möglich, den Jahresband noch vor Weihnachten durch den Verlag Schmidt-Römhild ausliefern zu lassen; er enthält auf 335 Seiten zehn Beiträge, eine Miszelle, den Jahresbericht der Denkmalpflege, einen Beitrag der Archäologie sowie 31 Rezensionen von Publikationen zur Hansegeschichte und zur Geschichte unserer Stadt. Diese Buchbesprechungen liefert Herr Kuhn, wie auch die der vorangegangenen Bände, an die Internet-Redaktion der online-Seite „Recensio regio", eine Rezensionsplattform für Landesgeschichte, wodurch unser Besprechungsteil eine weit über Lübeck hinausreichende Rezeption findet.

Ein „Nachklapp" zum großen Vereinsjubiläum in 2021 war das Erscheinen des dritten Editionsbandes zum sogenannten „Bardewikschen Codex" aus dem Jahr 1294. Die Reihe mit Faksimile und Kommentarbänden zu dieser herausragenden Handschrift des Lübischen Rechts, einstmals im Besitz des Archivs, heute (wie es momentan scheint unerreichbar) in Russland befindlich, ist damit komplett. Prof. Albrecht Cordes erläutert in Band 3 kompetent diese wichtigste Rechtsordnung im Ostseeraum im Spätmittelalter. Band 1 dieses Gesamtwerks war bereits kurz nach Erscheinen vergriffen; Band 2 mit profunden Hintergrundtexten ist noch im Buchhandel erhältlich. Diese können von Mitgliedern des VLGA zum Vorzugspreis von 20 Euro statt 40 Euro erworben werden.

Das Vortragsprogramm in 2022, das noch von den Ausläufern der Corona-Pandemie und seinen Folgen für das öffentliche Leben geprägt war, bestand aus folgenden Veranstaltungen:

8. April: Citizen Science-Tag – Gemeinsam Hanse-Quellen entziffern: Die Forschungsstelle für die Geschichte der Hanse und des Ostseeraums und das Archiv der Hansestadt Lübeck luden ein zu ihrem zweiten Quellen- und Lese-Workshop. Die gemeinsame Entschlüsselung alter Handschriften stand auf dem Programm. Zum Abschluss statteten die Teilnehmerinnen und Teilnehmer den Hansedokumenten im Archiv der Hansestadt einen Besuch ab [steht auch in 2023 wieder auf dem Programm].

12. Mai Jahres-Mitgliederversammlung des VLGA mit Festvortrag von Herrn Prof. Ahrens über das Thema „Zwischen Ehrung und Dokumentation. Das Goldene Buch der Stadt".

19. Mai Ein vergessenes „Glanzstück": Die Lübecker Getrudenherberge. Einblicke in den Herbergsalltag und in das Pilger- und Fürsorgewesen Lübecks. Der Vortrag von Carsten Siebenbürgen, Master of Education, fand am authentischen Ort, der Gertrudenherberge, statt.

16. Juni Doppel-Vortrag über Lübecker Hexenprozesse im Gewölbekeller des Heiligen-Geist-Hospitals. Dr. Rolf Schulte, Ahrensburg, Vorsitzender des Landesverbandes der Geschichtslehrkräfte Schleswig-Holstein, und Dr. Martin Schaad, Potsdam, Stellvertretender Direktor Einsteinforum Potsdam, sprachen über die Geschichte der Prozesse in Lübeck und auf der Insel Poel.

30. Juni Der leitende Architekt für die Restaurierung der Carlebach-Synagoge Lübeck Herr Thomas Schröder-Berkentien führte uns durch das wunderbar restaurierte Gebäude.

27. Oktober Exkursion/Führung in zwei Gruppen mit je 10 Personen zu Wand- und Deckenmalerei in Lübecker Bürgerhäusern. Kenntnisreich geführt wurden die beiden Gruppen durch Dr. Manfred Eickhölter und Frau Dr. Annegret Möhlenkamp.

17. November Vortrag von Prof. Dr. Gerhard Ahrens, Lübeck: Bürgerstolz und Kaisertreue. Die Hanseaten im Deutschen Reich (1871-1918). Er referierte gewohnt souverän über das Selbstverständnis der Hanseaten zwischen Reichsgründung und Erstem Weltkrieg.

1. Dezember Vortrag von Prof. Dr. Arnd Reitemeier, Göttingen, über „Natur"-Schutz in Lübeck und Norddeutschland. Eine Erfindung des 16. Jahrhunderts? Prof. Reitemeier stellte in Frage, ob es sich bei den frühneuzeitlichen Verboten des Lübecker Rates, Vögel zu fangen oder zu schießen, oder andere städtische Mandate, die wir als Naturschutz interpretieren könnten, tatsächlich um Naturschutz handelte oder nicht vielmehr dem Ressourcenschutz und finanziellen und machtpolitischen Interessen diente. Es handelte sich um eine gut besuchte Kooperationsveranstaltung mit dem Museum für Natur und Umwelt.

8. Dezember Multivisionsvortrag mit Filmeinspielungen im Europäischen Hansemuseum von Unterwasserarchäologen Dr. rer. nat. Florian Huber, Kiel, über den Fund des 1564 von Lübeckern versenkten schwedischen Admiralsschiffs, der „Mars". Er gab einen spannenden und anschaulichen Einblick in die Welt der Unterwasserarchäologie. Es handelte sich um eine Kooperationsveranstaltung mit dem Europäischen Hansemuseum.

Es hat sich wiederum gezeigt, dass Kooperationsveranstaltungen des Vereins mit anderen Trägern der Lübecker Bildungs- und Kulturszene und das Zusammenkommen an wechselnden, besonderen Orten (Beispiel Heiligen-Geist-Hospital) sich sehr fruchtbar auf die Wahrnehmung des VLGA und die Zuhörerresonanz auswirken. Beide Seiten profitieren davon, wenn sich die Zuhörer- und Interessentenkreise mixen.

Dank gebührt auch der Abteilung Archäologie der Hansestadt Lübeck. Ihre ausführlichen Jahresberichte können bekanntlich aus Platzgründen künftig nicht mehr in der Zeitschrift für Lübeckische Geschichte abgedruckt werden, sondern erscheinen als eigenständige Veröffentlichung. Für Mitglieder unseres Vereins ist dieser reich bebilderte Sonderbericht kostenfrei. Ausgewählte „Highlights" der archäologischen Forschung werden aber weiterhin in der ZLG erscheinen. Per Vereinspost wurde abgefragt, wie viele Mitglieder diesen Bericht in Papierform möchten und wem eine digitale Version genügt.[1]

Zum Schluss des Jahresberichts danken Vorstand und Vorsitzender erneut den Mitgliedern des Vereins herzlich für ihre Treue zum Verein und für ihr Interesse an der Lübeckischen Geschichte in all ihren Perspektiven.

Lübeck, den 26. Januar 2023 Dr. Jan Lokers

1 67 Berichte Druck zur Abholung, 26 Berichte Druck per Postversendung, 15 Berichte Druck für das Archiv = 108 gedruckte Berichte. Digital: 35 Berichte per PDF (fünf Mitglieder möchten den Bericht per Druck und per PDF).